Wolfgang Böcher

Natur, Wissenschaft und Ganzheit

Wolfgang Böcher

Natur, Wissenschaft und Ganzheit

Über die Welterfahrung des Menschen

Westdeutscher Verlag

Die Deutsche Bibliothek – CIP-Einheitsaufnahme

Böcher, Wolfgang:
Natur, Wissenschaft und Ganzheit: über die Welterfahrung des Menschen / Wolfgang Böcher. – Opladen: Westdt. Verl., 1992
ISBN 3-531-12054-9

Der Westdeutsche Verlag ist ein Unternehmen der Verlagsgruppe Bertelsmann International.

Umschlaggestaltung: Horst Dieter Bürkle, Darmstadt
Umschlagbild: Alexander Calder, Untitled, 1968 © VG Bild-Kunst, Bonn, 1992
Druck und buchbinderische Verarbeitung: W. Langelüddecke, Braunschweig
Gedruckt auf säurefreiem Papier
Printed in Germany

ISBN 3-531-12054-9

Inhalt

Vorwort 9

Einführung 11

Zur Komplexität der Welt und des Menschen 11
Die biologische Seite der menschlichen Wirklichkeit 12
Die Einbindung der Biologie in ein umfassendes Bild vom Menschen 13
Über Ziel, Inhalt und Form des Buches 15

I. Vom Denken in Zusammenhängen und Systemen

1. Geschichten von Geckos, Tupajas und der großen Politik 22

Zusammenhänge in der Natur und Eingriffe des Menschen 22
Auch biologische Eingriffe stören ein Gleichgewicht 26
„Natürliche" Regulationen 27
Steht der Mensch außerhalb „natürlicher" Regulationen? 29
Weltwirtschaft, Gaia-Hypothese und zweiter Hauptsatz der Thermodynamik 32

2. „Fakten" und Zusammenhänge, Probleme und Lösungen 40

Beziehungsgeflechte und Umfeld 40
Zum Stellenwert „klarer Fakten" 43
Komplexität und Kompliziertheit 45
Komplexe Probleme erfordern komplexe Lösungen 47
Spezialisierung und interdisziplinäre Ansätze 49
Vom Schaden der Parteilichkeit 51
Mängel linearen Denkens 52
Die zeitliche Dimension: von der Zukunft zurück in die Gegenwart . 57
Selbstregulation und Optimierung 59

3. Warum können wir Menschen so schwer in Zusammenhängen denken? 61

Die Einfachheit der Einfalt 61
Der Einfluß des soziokulturellen Umfeldes 62
Grenzen des Verstehens 66

Dinge, die sich gegenseitig ausschließen 66
Jeder ist sich selbst der Nächste 69

4. Systeme und Systemdenken 70

Der Begriff „System" 70
Ganzheits- und gestaltpsychologische Parallelen 73
Sogenannte Bezugssysteme 77
System, Struktur, Organisation 79
Das Prinzip der russischen Puppen und die Wahl der optimalen Systemebene 81
Die Realität der Außenwelt und des Denkens 84
Worum geht es der Systemforschung? 85
Allgemeine Systemtheorie und Systemanalyse 87
Das Entscheidende: die Einstellung zur Wirklichkeit 89
Der Begriff der Situation 90

5. Das Kräftespiel im System: Gleichgewicht, Regelkreise und Rückkoppelungen 93

Gleichgewicht und Spannung 93
Spezialisierung, Zentralisierung, Erstarrung 97
Strategiefehler im Umgang mit Systemen 100
Das Regelkreis-Modell 101
Das Prinzip der negativen Rückkoppelung 104
Das Prinzip der positiven Rückkoppelung 107
Das Zusammenspiel beider Prinzipien 111

II. Organismus und Gehirn als Systeme

1. Systembedingungen des menschlichen Lebens 118

Was ist Leben? 118
Die Wechselbeziehung von Organismus und Umwelt 121
Leben und Geist 124
Die sozio-kulturelle Einbettung des Menschen 127

2. Die große Zentrale 129

Die Sonderstellung des Gehirns 129
Zur Funktion des Zentralnervensystems 130
Gehirn und Seele 133
Einige wissenswerte Daten zum Gehirn 134
Gehirn und Computer 137
System und „Zufall": Ungewißheit und Unabhängigkeit 139

3. Ganzheitliche Leistungen des Nervensystems 144

Was ist Integration? 144
Die Zelle als integrierendes Gebilde 145
Integrationsfunktionen im Rückenmark 149
Integrationen auf der Ebene des Stammhirns 153
Die höchste Ebene der Integration: das Großhirn 157
Das Zusammenspiel von Integrationen auf verschiedenen Ebenen des Zentralnervensystems 167

4. Das Gehirn: eine Einheit von Gegensätzen 171

Die grundlegende Bedeutung polarer Strukturen 171
Selbstbestimmung und Gebundenheit 172
Beständigkeit und Wandel 174
Plastizität und Festlegung 175
Begrenzung und Ausbreitung 180
Spezialisierung und Ganzheit 184

5. Holographie und Hirntätigkeit 187

Das Prinzip der Holographie 187
Holographie, Wahrnehmung und Gedächtnis 190
Holographie und allgemeine Erkenntnisvorgänge 193
Aspekte einer holoskopischen Praxis 195
Holographie als grundlegendes Naturprinzip 197

6. Biologische Grundlagen des Lernens 199

Lernen und die Komplexität des Lebens 199
Lernen und Wahrscheinlichkeiten 206
Entwicklungsgeschichtliche Stufen des Lernens 210
Drei Lernebenen 217
Entwicklungsgeschichte, Erziehung und Lernen 218

III. Wege ganzheitlicher Erfahrung

1. Vom Umgang mit Systemen 224

Die Bedeutung systemischen Denkens 224
Systemdynamik und mitmenschliche Beziehungen 225
Systemaspekte beim Lernen 228
Wie ist systemisches Denken erlernbar? 232
Das Aufbrechen von Systemen 236
Das laterale Denken 239

2. Vom Umgang mit Ganzheitlichkeit 245

Die „heile“ Ganzheit des Menschen 245
Die Verschmelzung von Subjekt und Objekt und der Begriff des Feldes 251
Plädoyer für ganzheitliches Denken 254
Vom Wert der Offenheit 256

3. Ganzheitlichkeit und Relativität 260

Zur Relativität unserer Erkenntnis 260
Unvorstellbare Größenordnungen! 264
Übungen im Relativieren 266
Ganzheitlichkeit zeitlich: das Grundprinzip dynamischen Werdens . . 268
Der Wunsch nach festem Halt: die Utopie der Sicherheit 271
Leben heißt Unsicherheit akzeptieren 272

4. Ganzheitliche Aspekte des Lernens 275

Lernen, Lehren und Erfahrung 275
Lernen, Motivation und Umfeld 279
Lernen und die Welt der Gefühle 281
Zur Ganzheitlichkeit motorischer Lernvorgänge 287
Der lange Weg vom Reden zum Handeln 289

5. Polaritäten und Synthesen 297

Zur grundsätzlichen Bedeutung von Polaritäten 297
Polaritäten menschlichen Daseins 299
Maß und Synthese 304
Das rechte Maß der Kritik 306

6. Das Prinzip der Komplementarität 308

Das Komplementaritätsprinzip in der Physik 308
Komplementarität als logisches Prinzip 312
Komplementäre Erkenntnis in Biologie und Physiologie 314
Psychosoziale und kulturelle Aspekte der Komplementarität 317
Das komplementäre Verhältnis von Wissenschaft und Religion 321
Tagwelt und Nachtwelt, Logik und Intuition 324
Spannung und Harmonie 327

Literatur 330

Personenregister 343

Sachregister 347

Vorwort

Während im traditionellen Denken eher ein Gegensatz zwischen analytisch-exakten Naturwissenschaften und mehr ganzheitlich orientierten Geisteswissenschaften gesehen wird, liegt ein Ziel des vorliegenden Buches speziell in der Überbrückung dieses Gegensatzes. Ja, im gewissen Sinne handelt es sich geradezu um eine naturwissenschaftliche Begründung ganzheitlicher Ansätze. Es geht letztlich darum, Verständnis für die komplexen Zusammenhänge unseres Daseins zu wecken und grundlegende Gesetzmäßigkeiten herauszuarbeiten, die das Geschehen der Welt und des Lebens bestimmen. Darüber hinaus sollen die Betrachtungen auch den Blick öffnen für die Relativität unseres jeweiligen Wissensstandes und das auch in der ständigen Wandlung unserer Erkenntnisse zutage tretende grundsätzliche Prinzip des Werdens.

Der 1. Teil führt, sozusagen von Alltagsüberlegungen ausgehend, in eine ganzheitliche, systematische Betrachtungsweise ein, deren Bedeutung im 2. Teil am Beispiel der komplexen Funktion des menschlichen Gehirns aufgezeigt wird. Der 3. Teil schließlich soll als Konsequenz der bis dahin gewonnenen Erkenntnisse Sinn und Nutzen einer ganzheitlichen Betrachtungsweise für den Umgang von Menschen mit sich selbst und miteinander aufzeigen. Dabei wird insofern noch einmal eine fächerübergreifende Sichtweise angestrebt, als sowohl physikalische, biologische, psychologische, pädagogische, soziologische, aber auch grundlegende philosophisch-religiöse und erkenntnistheoretische Gesichtspunkte in die Betrachtung einbezogen werden.

Das Entstehen des Manuskripts liegt mittlerweile viele Jahre zurück. Dies mag bedauerlicherweise an einigen Beispielen deutlich werden, die aber als solche trotz eines Mangels an direkter Aktualität nichts von ihrer grundsätzlichen Aussagekraft verloren haben. Sicher hätte ich, wenn ich den Text 1992 und nicht in den 80er Jahren geschrieben hätte, einiges anders formuliert, als zur damaligen Zeit, obwohl ich auch heute noch hinter der grundlegenden Intention und den einzelnen Feststellungen stehe. Auch hätte ich gerne den Text an einigen Stellen durch neuere wissenschaftliche Erkenntnisse ergänzt, die in den Jahren, in denen das Manuskript im Verlag ruhte, hinzugetreten sind. Dies fand aber seine Grenzen im technischen Ablauf und stellt im übrigen ein Problem dar, mit dem praktisch jeder Autor konfrontiert ist.

Nachdem aber nun endlich das Erscheinen des Buches Wirklichkeit geworden ist, möchte ich all denen danken, die mir in dieser oder jener Form bei der Entstehung des Buches geholfen haben, ohne daß ich hier, wie oft üblich, eine ausführliche namentliche Nennung der vielen Helfer anschließen möchte. Ebenso gilt mein Dank, wenn ich mehr an den Inhalt des Buches denke, all jenen Autoren, die meine Überlegungen durch ihre zum Teil faszinierenden Veröffentlichungen befruchtet haben. Es ist wahrscheinlich bei einem Thema wie dem vorliegenden gar nicht möglich, wirklich alle in dem Literaturverzeichnis, das ohnehin schon für ein solches Buch sehr umfangreich ist, aufzuführen. Denn das eigene Denken ist durch vieles mitbestimmt, was man in langer und umfangreicher Lektüre aufgenommen hat, ohne es sozusagen bewußt zu archivieren. Insofern schließt mein Dank das gesamte geistige „Ambiente" ein, aus dem heraus dieses Buch entstand.

Dank - und zugleich Entschuldigung - gilt auch meiner Frau Anne. Denn ich kann sehr wohl ermessen, was es bedeutet, mit einem Mann verheiratet zu sein, der Bücher schreibt. Nicht zuletzt aber möchte ich das Buch meinem langjährigen treuen Freund und Weggefährten widmen, meinem lieben Kater Matzemann, der das Entstehen dieses Buches aus unmittelbarer Nähe verfolgte und mir durch seine unwandelbare Zuwendung, seine ruhige Gelassenheit und seine verständnisvolle Toleranz eine wichtige Bedingung für meine Arbeit schuf, abgesehen davon, daß auch er mich in meinem Denken entscheidend mitgeformt hat.

Januar 1992 *W. Böcher*

Einführung

Zur Komplexität der Welt und des Menschen

„Was ist Schicksal?" wurde Nasruddin einmal von einem Gelehrten gefragt. – „Eine endlose Aufeinanderfolge von ineinandergeschlungenen Ereignissen, die sich alle gegenseitig beeinflussen." – „Die Antwort kann schwerlich zufriedenstellen. Ich glaube an Ursache und Wirkung."

„Also gut", sagte der Mulla. „Siehst Du das?" Dabei zeigte er auf eine Prozession, die eben die Straße herunterkam. „Dieser Mann wird zu seiner Hinrichtung geführt. Rührt das nun daher, daß ihm jemand die Silbermünze gegeben hat, damit er sich das Messer kaufen konnte, mit dem er den Mord beging; oder daher, daß ihn jemand dabei gesehen hat, oder daher, daß ihn niemand daran gehindert hat?" (Shah 1982).

Ähnlich könnte man fragen, ob ein Patient gestorben ist, weil er eine Infektionskrankheit bekam; oder weil seine körperliche Widerstandskraft durch ständige zusätzliche Nachtarbeit zu sehr geschwächt war; oder weil er zu spät zum Arzt ging; oder weil der Arzt ihn falsch behandelte; oder weil er genau zu diesem Zeitpunkt seinen Arbeitsplatz verloren hatte, an dem er über 20 Jahre tätig gewesen war.

Es ist eigenartig: Alle sprechen davon, alle scheinen es zu wissen; und doch hat man den Eindruck, daß die meisten entweder die tatsächliche Komplexität der Zusammenhänge gar nicht recht begriffen haben, auf die wir in der Welt und im Verlauf unseres Lebens treffen, oder es aus irgendwelchen Gründen ablehnen, Konsequenzen aus ihren Erkenntnissen zu ziehen.

Der Mensch ist aber nun einmal ein äußerst komplexer Organismus. Er lebt zudem in vielfältigen sozialen Beziehungen in einer Welt, die zunehmend komplexer wird und sich außerdem immer rascher verändert.

Die Dinge und Geschehnisse dieser Welt werden von ihm in einem sehr komplexen System, dem zentralen Nervensystem, verarbeitet. Das geschieht im wesentlichen in dem mit dem ganzen Körper verbundenen Gehirn. Hier werden auch die Handlungen des Menschen, durch die er seinerseits auf die Umwelt einwirkt, vorbereitet, gesteuert und kontrolliert, und hier entfaltet sich auch eine reiche und überaus komplexe Vorstellungswelt.

Verständnis für die grundlegenden komplexen Zusammenhänge unseres Daseins zu wecken, ist daher ein erstes wesentliches Ziel dieses Buches.

Dieses Ziel wird noch durch eine andere Erkenntnis gestützt: Da sich die „exakten Wissenschaften" nur mit einem sehr begrenzten Ausschnitt unserer tatsächlichen umfassenden Wirklichkeit beschäftigen, bleibt vom traditionell wissenschaftlichen Denken vieles ausgeschlossen, was für das Glück und vielleicht das Überleben der menschlichen Art notwendig ist. Ganz offensichtlich treten gerade heute, wo viele Menschen und Völker wegen des von ihnen (einseitig) Erreichten mit Hochmut auf andere blicken, die Grenzen exakten Wissens und auch die derzeitigen Grenzen der menschlichen Vernunft noch deutlicher hervor, als es vielleicht in der Vergangenheit der Fall war.

Die biologische Seite der menschlichen Wirklichkeit

Ein zweites Anliegen, um das es in diesem Buch geht, möchte ich im folgenden etwas eingehender begründen: Ausgangspunkt und grundlegende Orientierungsgröße aller sinnvollen und erfolgreichen Bemühungen um Menschen muß die Wirklichkeit des Menschen sein, der Mensch, so wie er nun einmal ist.

Zu dieser Wirklichkeit des Menschen gehören nicht nur die individuelle „Persönlichkeit" und Lebensgeschichte sowie die sozialen und kulturellen Bedingungen seines Daseins, sondern ganz entscheidend auch seine biologische Grundausstattung, die Art und Weise, wie beispielsweise sein Gehirn „arbeitet".

Was geschieht zum Beispiel, ganz konkret gefragt, mit erzieherisch beabsichtigten Schallwellen ab Trommelfell (des Angesprochenen) aufwärts? Warum geschieht dies und nicht jenes beim Empfänger, warum geschieht es so und nicht anders?

Gerhard Reichel stellte in seinem Buch „Der sichere Weg zum überdurchschnittlichen Gedächtnis" dem Leser folgende Frage: „Haben Sie die Betriebsanleitung zu der Super-Riesen-Denkmaschine, die Sie in Ihrem Kopf mit sich herumtragen, auf die Sie täglich angewiesen sind, schon einmal gründlich durchgelesen? Sie meinen, so eine Betriebsanleitung hat man Ihnen noch gar nicht in die Hand gedrückt. Stimmt! Die gibt es nämlich gar nicht. Eine Katastrophe! Das muß man sich einmal vorstellen: Zu jeder Küchenmaschine, zu jedem Bügeleisen, zu jedem Staubsauger gibt es eine Bedienungsanleitung. Die Hersteller raten uns auch immer ganz dringend, diese Anleitungen vor dem Gebrauch sorgfältig durchzulesen. Für unser Gehirn, dem kompliziertesten Organ, das die Natur je hervorgebracht hat, gibt es nichts dergleichen. Ist das nicht eine wirkliche Katastrophe? Müßte eine solche Betriebsanleitung nicht dem Menschen spätestens dann in die Hand gedrückt werden, wenn er als 6jähriger zum ersten Mal die Schulbank drückt?"

Ich möchte diesen eindrucksvollen Hinweis nicht zu eng - etwa auf rein mechanische Funktionen bezogen - verstanden wissen, sondern auch die umfassenden, ganzheitlichen Merkmale menschlichen Lebens und Erlebens einbeziehen. Schrieb doch schon Blaise Pascal in seinen Pensées: „Es ist gefährlich, den Menschen zu sehr merken zu lassen, wie sehr er den Tieren gleicht, ohne ihm seine Größe zu zeigen. Es ist aber auch gefährlich, ihn zu sehr seine Größe fühlen zu lassen, ohne ihm seine Niedrigkeit zu zeigen. Und es ist noch gefährlicher, ihn über beides im unklaren zu lassen."

Daß ich die biologisch-physiologischen Zusammenhänge bewußt betone, geschieht aus mehreren Gründen: Ein erster Grund ist darin zu sehen, daß diese Aspekte, obwohl sie eine so entscheidende Grundlage allen menschlichen Erlebens und Verhaltens darstellen, über lange Zeit zugunsten eines reinen Theoretisierens und zugunsten ideologischer Vorstellungen im weitesten Sinne vernachlässigt wurden.

Ist aber nicht das Verstehen der Grundlagen unseres Erlebens und Verhaltens eine unabdingbare Voraussetzung dafür, daß wir unser Leben und Zusammenleben in sinnvoller und befriedigender Weise gestalten, vielleicht sogar eine Voraussetzung für das Überleben der menschlichen Art?

In dieser großen und im Grunde gar nicht zu überschätzenden Bedeutung liegt ein zweiter Grund für die Betonung der biologischen Grundlagen des Menschen und der physiologischen Funktionsbedingungen seines Gehirns, diesem „neben der Unendlichkeit des Universums und den Geheimnissen der subatomaren Welt faszinierendsten Gebiet menschlicher Forschung" (Eccles 1975).

Das muß durchaus nicht zwangsläufig eine einengende und alle umfassenden und ganzheitlichen Betrachtungsweisen ausschließende Beschränkung auf ein niederes Erklärungsniveau bedeuten. Gerade die moderne Biologie beginnt sich mehr und mehr als eine Wissenschaft vom Leben in seinem umfassenden Sinne zu begreifen, und allgemein grundlegende Prinzipien, um die sich die Systemwissenschaft bemüht, bilden vielleicht sogar eine entscheidende Schaltstelle von Geist und Materie.

Ein dritter Grund schließlich für die starke biologische Orientierung des Buches liegt in dem inzwischen enorm angewachsenen biologisch-neurophysiologischen Fachwissen mit jährlich über eine halbe Million wissenschaftlichen Veröffentlichungen. Vieles sieht man inzwischen mit völlig anderen Augen als früher. Die Verwendbarkeit dieses Wissens über die engeren Grenzen hinaus wurde bisher jedoch noch kaum überdacht. Aufgrund der eingetretenen Entwicklung bieten sich aber heute sehr viel größere Chancen, den in der Vergangenheit tiefen Graben zwischen den biologisch-physiologischen Erkenntnissen und den anderen Wissenschaften vom Menschen - wie etwa der Psychologie, Soziologie und Pädagogik - mit Hoffnung auf erfolgreiche Expedition und Rückkehr zu überqueren.

Die Einbindung der Biologie in ein umfassendes Bild vom Menschen

Die grundlegenden Erkenntnisse der modernen Biologie, insbesondere der Hirnphysiologie und Entwicklungsgeschichte, möchte ich nun wiederum in umfassendere Zusammenhänge eingliedern und einen großen Bogen spannen zwischen der Welt der anorganischen Natur und der Welt des Geistes und Bewußtseins sowie nicht zuletzt auch der Welt menschlicher Gesellschaften. Dabei leitete mich einmal der Wunsch, ein rein abstraktes Gerede über Ganzheitlichkeit zu vermeiden und ganzheitliche Sichtweisen auf einer sehr soliden und konkreten Grundlage zu entwickeln. Zum anderen schien es mir sinnvoll zu versuchen, ernsthaft und in sehr viel stärkerem Maße als bisher von der in Millionen Jahren bewährten „Weisheit" der Natur zu lernen und sich auch der Grenzen und Gefahren unseres „exakten" und abstrakten Denkens bewußter zu werden.

Dabei stellt sich die Frage, inwieweit das Gehirn als komplizierte Anordnung unterschiedlicher Zellkomplexe überhaupt auf so grundlegend andere Weise arbeiten kann als die Zellen, aus denen es sich zusammensetzt; inwieweit sich im Erleben und Verhalten der Menschen nicht zwangsläufig die Funktionsmerkmale des menschlichen Nervensystems spiegeln und inwieweit in der Art, wie menschliche Gesellschaften funktionieren (oder auch nicht!), das zum Ausdruck kommt, was menschliches Erleben und Verhalten kennzeichnet. Ein Weg von der Zelle bis zu Kultur und Politik, vielleicht vergleichbar dem entwicklungsgeschichtlichen Weg vom Molekül zum Organismus. Quarks und subatomare Teilchen, Atome und Moleküle, Organellen, Zellen und Gewebe, Organe und Organismen, verschiedenartige Gruppierungen von Lebewesen, Ökosysteme unterschiedlicher Größenordnung bis hin zum gesamten Ökosystem der Erde sowie schließlich das Sonnensystem, die Galaxien und das Universum wären in einer solchen Sicht nicht willkürlich der Größenordnung nach aufgereihte Phänomene, sondern stünden in einem inneren, auch entwicklungsgeschichtlich bedeutsamen Zusammenhang miteinander. Und ist ein solcher Weg eigentlich nicht ganz folgerichtig in der Entwicklung vorgezeichnet, die sich seit 15 Milliarden Jahren in Richtung auf eine zunehmende Komplexität der Erscheinungen vollzieht? Dabei ist es, wenn man diesen Weg in aller Offenheit zurückblickt, gar nicht mehr so erstaunlich, in der Unterscheidung von Lebendem und Leblosem nicht mehr einen grundsätzlichen Bruch im Kontinuum des Seins, sondern eine vom menschlichen Geist vollzogene Abgrenzung zu erkennen.

Auch die menschliche Kultur und die menschliche Geschichte sind als späte Erscheinungen der Entwicklungsgeschichte des Lebens nicht ohne Kenntnis biologischer Grundgesetzlichkeiten, die schon Millionen Jahre vor dem Auftreten hochindustrialisierter menschlicher Gesellschaften bestanden, ausreichend zu verstehen. „In einer zusammenhängenden Weltschau setzt das Leben - selbst in seinen höchsten Formen - unausweichlich, und zwar unabsehbar weit zurückliegend, das 'Vor'-Leben voraus" (Teilhard de Chardin).

Anknüpfend an diese geschichtliche Sichtweise stellt es schließlich ein weiteres grundlegendes Ziel des Buches dar, die Augen des Lesers für das Prinzip der immer möglichen Wandlung der Erkenntnis zu öffnen und damit ein Gefühl für die Relativität unseres jeweiligen Erkenntnisstandes zu fördern.

Kein Ansatz, der sich mit dem Menschen beschäftigt, ist für sich allein ausreichend und angemessen. Menschliches Verhalten kann nur im Licht vieler Strahlen aus unterschiedlicher Richtung erhellt werden. Denn es ist der Schnittpunkt biologischen, psychologischen, gesellschaftlichen und kulturellen Geschehens.

Hier stellen sich die eigentlich entscheidenden Fragen: „Was ist der Mensch? Wie 'funktioniert' er, nicht in einem engeren, sondern in einem ganz weiten Sinn verstanden? Wie kommt es zu Erleben, Erfahrung und Verhalten? Was ist die Welt? Nach welchen grundlegenden Prinzipien laufen die Geschehnisse in der Welt ab? Wie steht der Mensch in der Welt und zur Welt?"

Es mag manchem sinnlos erscheinen, diese Fragen zu stellen. Aber ist es, wenn man weiter zu denken versucht, nicht eher sinnlos, diese Fragen nicht zu stellen? (Morin 1973, 1980)

Es geht dabei nicht nur um die Erkenntnis des Lebens und des Menschen, sondern gleichzeitig auch um die Erkenntnis des Erkennens, um die Erkenntnis der Gesetze, die hinter den Prozessen unseres Erkennens stehen. Dabei kann die Biologie mit ihrem modernen Wissen über die Funktion und die Möglichkeiten des menschlichen Gehirns zum Erkennen des Erkennens wesentliche Beiträge liefern.

Sind wir nicht - wie der französische Wissenschaftler Edgar Morin sagt - Wesen geworden, die inzwischen fähig sind, eine Unmenge von Dingen auf dieser Welt zu bewirken und zu kontrollieren, bevor wir eigentlich fähig wurden, uns selbst und vor allem aber auch unsere unkontrollierten Kontrolleure zu kontrollieren?

Wir müssen den abstrakten Mythos vom „über-natürlichen" Menschen, die Vorstellung eines unbeschränkt über die Natur verfügenden, sie bemeisternden und beherrschenden Über-Wesens aufgeben. Denn diese Vorstellung führte zu kaum wieder gutzumachenden Schäden am Leben und zu einem hohen Ausmaß an destruktiver Gewalt. Die sogenannte Eroberung der Natur und der Welt durch den Menschen hat keineswegs Natur und Welt um uns in positivem Sinne menschlicher gemacht. Sie hat sogar, von der Manipulation der Natur und der Welt auf den Menschen übergreifend, auch die eigentlich menschliche Sphäre angegriffen und den Menschen bereits heute zum großen Teil zu einem manipulierten Objekt entwertet.

Diesen Menschen müssen wir wieder in seiner realen Komplexität sehen lernen. Das ist heute auch wesentlich leichter als früher, nachdem die Wissenschaft über viele, bis dahin nicht bekannte Erkenntnisse verfügt. Wir müssen die Natur (auch die in uns) wiederfinden, sie aber zugleich überschreiten. Wir müssen wieder lernen, den Prinzipien des Lebens und der Natur zu folgen, uns ihnen einzuordnen, zugleich aber auch das Leben mit weiser Hand zu lenken und in echtem Sinne zu „führen" (Morin 1980).

Über Ziel, Inhalt und Form des Buches

Unter dieser Zielsetzung setzt sich das Buch inhaltlich mit Komplexität, Ganzheitlichkeit, Systemzusammenhängen und grundlegenden Funktionsprinzipien von Natur und Leben auseinander, wie sie sich in unterschiedlichen Bereichen und auf unterschiedlichen Ebenen aufweisen lassen. Es soll nicht den Anspruch erfüllen, genauestens sämtliche Detailbefunde eines Gebietes oder Problems aufzureihen. Es soll vielmehr immer wieder aus unterschiedlichen Blickwinkeln Zusammenhänge beleuchten und zu einer begründeten Gesamtschau hinführen. Auf dem Boden unterschiedlicher Fakten und Forschungsergebnisse will es zum Nachdenken anregen und versuchen, Verbindungen zwischen einzelnen Ergebnissen, aber auch zwischen Fakten und Gedanken, zwischen den vérités de fait und den vérités de raison, wie Leibniz es nannte, herzustellen.

Denn woraus lernen wir letztlich? Doch nicht durch den Erwerb isolierter Wissens-Bruchstücke, sondern durch das Erkennen der hinter den vielfältigen Erscheinungen stehenden Gesetzmäßigkeiten und dadurch, daß wir, wie Doris Lessing sehr richtig bemerkt, über ein gefühlsmäßiges Angesprochensein andere Menschen, Zusammenhänge, Ereignisse und Ereignisketten, Atmosphärisches innerlich annehmen und „einverleiben".

Ich möchte ausdrücklich Verstand, Gefühl *und* Phantasie ansprechen. Wenn ich hin und wieder auch eigenwilligen Spekulationen und „gewagten" Überlegungen folge, sollte das - bei gleichzeitiger kritischer Wachheit - als belebend und für das Gewinnen kreativer Einsichten nützlich verstanden werden.

Im Verlauf der Lektüre wird der Leser auf einen mehrfachen Wechsel stoßen. Es wird einmal - in Blickrichtung auf die Qualität der Inhalte - ein Wechsel sein zwischen konkreten wissenschaftlichen Untersuchungsergebnissen, erkenntnistheoretischen Überlegungen, philosophischen Gedanken, Beispielen aus der Alltagserfahrung und gesellschaftspolitischen Aspekten. Nicht zuletzt auch lebenspraktische Folgerungen einzubeziehen, erschien mir auch aus dem Grunde besonders wichtig, weil gerade einer Systembetrachtung bzw. einem vernetzten Denken leicht der Vorwurf gemacht wird, einen bei dem Versuch einer Umsetzung in praktisches Handeln in Resignation und Verzweiflung zu stürzen. Insofern soll das Buch, vor allem in seinem letzten Teil, auch einige ganz konkrete Anwendungsmöglichkeiten in der täglichen Praxis aufzeigen.

Dabei bemühte ich mich ausdrücklich darum, klare und konkrete Befunde nicht zugunsten reiner Spekulation, aber auch eine gewisse Nachdenklichkeit nicht zugunsten einer angeblichen Objektivität zu vernachlässigen.

Ein zweiter - mehr die Organisation unseres Wissens betreffender - Wechsel entsteht aus der bewußten Berücksichtigung vieler Fachdisziplinen, Wissens- und Lebensbereiche. Denn so wie jedes Fach ohne ständigen Kontakt zu anderen Bereichen sich in seiner eigenen Spezialisierung eingittert, wird auch jede Erfahrung und jede Erkenntnis ohne Verbindung zu anderen Inhalten eng und arm bleiben. Ohne eine Öffnung auch zu Neuem und Ungewohntem hin werden Denkweisen erstarren und Erkenntnischancen verkümmern.

Auch hinsichtlich der *Argumentationsrichtung* wird der Leser auf unterschiedliche Ansätze treffen: Einmal wird er auf dem Boden gesicherter Tatsachen (induktiv) zu umfassenderen Überlegungen gelangen, ein anderes Mal (deduktiv) von grundlegenden Erkenntnissen und Ableitungen zu konkreten Veranschaulichungen. Einmal wird er, von relativ feststehenden Begebenheiten ausgehend, in den Nebel des Unbekannten hinein vorstoßen, ein anderes Mal, aus dem Nebel vielfältiger Probleme heraustretend, die ersten erhellenden Strahlen einer möglichen Erkenntnis auffangen. Einmal wird der Ausgangspunkt in einer verwirrenden Vielzahl von Aspekten liegen, die sich im weiteren Verlauf zu ordnen beginnen, ein anderes Mal wird er, von der - vermeintlichen - Klarheit einer Erkenntnis ausgehend, mit (erneut) verwirrenden und relativierenden Gesichtspunkten konfrontiert.

Unter bewußter Vermeidung einer Festlegung auf eine bestimmte Schulmeinung oder Fachterminologie und auch ohne allzu starke Anlehnung an wissenschaftliche Autoritäten möchte ich schlichte Alltagserfahrung, konkrete empirische Befunde und angestellte Überlegungen möglichst für sich selbst sprechen lassen. Ich möchte, daß der Leser unmittelbar über die innere und äußere Wirklichkeit nachdenkt und sich weniger mit Argumentationen und Kommentaren auseinandersetzt. Zitate sollen deshalb weniger getroffene Aussagen autoritativ stützen, sondern das Gemeinte in einer Form plastisch werden lassen, die meine persönlichen Darstellungskünste übersteigt.

Auch in formaler Hinsicht strebte ich eine relativ *weitgespannte Palette der Veranschaulichung* an. Diesem Ziel sollen u.a. eingestreute Verse und Erzählungen dienen. Nur auf diesem Wege und nicht auf dem Wege eines linear-folgerichtigen Vorgehens und einer widerspruchsfreien Aneinanderreihung von in sich bedeutungslosen Detailaussagen schien es mir möglich, am Ende einer im einzelnen vielleicht immer wieder verwirrenden Betrachtung zu einer Zusammenschau zu gelangen, in der das, was ich sagen wollte, wirklich nachvollziehbar und erlebbar wird.

Damit hängt zusammen, daß die einzelnen Kapitel in Stil und Aufbau unterschiedlich sind. Einige sollen, wie ein kleines Feuerwerk, einfach zum Anschauen verführen, andere sollen den Leser mit einer zum Teil recht schwierigen wissenschaftlichen Thematik bekannt machen, wieder andere knüpfen an banale alltägliche Erfahrungen an und sollen zum Nachdenken über diese anregen. Hier liegt sogar ein gewisser Schwerpunkt.

Ich möchte durch die Lektüre des Buches anregen, über die Dinge und Zusammenhänge der Welt, aber auch über sich selbst nachzudenken, sich unterschiedlichen und vielleicht auch ungewöhnlichen Sichtweisen aufzuschließen und sich im Grunde immer wieder neue Fragen zu stellen, anstatt vorgefertigte Antworten zu erwarten.

Dabei kann es durchaus sein, daß der Leser aufgrund seiner persönlichen Voraussetzungen auch zu anderen Erkenntnissen und Erlebnissen gelangt, als ich sie selbst beim Schreiben hatte. Das fände ich sogar gut. Denn ich meine, daß ich anderen Menschen *ihre* Gedanken weder vorgeben kann noch sollte. Deshalb hatte ich auch beim Schreiben eine gewisse Scheu, zu ausdrücklich herauszustellen, was in jedem Falle das geistige Ergebnis einer Reihe von Überlegungen sein sollte. Vieles ist also nicht in erster Linie als Vermittlung einer Erkenntnis gedacht, obwohl es auch so gesehen und erlebt werden kann, sondern als ein Impuls, der dazu führen könnte, im Leser etwas anklingen und in Gang kommen zu lassen. Dabei würde ich mich natürlich nicht mißverstanden fühlen, wenn das, was im Leser angeregt wird, in Richtung einer Einsicht in den Wert einer umfassenden Denkweise ginge und vielleicht sogar eine Freude über diese Einsicht entstünde. Entscheidend wäre für mich als Autor aber, daß überhaupt etwas in Gang kommt und nicht nur ein gehaltloser Konsum von Seiten erfolgt. So besehen wollte ich beim Schreiben des Buches das Prinzip der Selbstorganisation, des spontanen und nicht vorgeplanten Herauskristallisierens von Erkenntnissen, im Leser lebendig werden lassen. Deshalb mußte ich immer wieder mit mir kämpfen, einen roten Faden, der ja zwangsläufig „mein" roter Faden sein mußte, zu ausdrücklich in die Darstellung zu flechten. Manchmal ritt mich sogar der Teufel, den Faden zu verstecken und ihn an einem ganz anderen Ende wieder auftauchen zu lassen.

Der erste Teil des Buches beschäftigt sich schlechthin mit der Komplexität von Zusammenhängen und mit einer systemorientierten Sichtweise. Es klingen aber auch schon erzieherische und politische Konsequenzen an.

Biologisch-physiologische Aspekte stellen den Schwerpunkt des zweiten Teils dar, und zwar unter der im ersten Teil erarbeiteten Sichtweise. Denn der Organismus des Menschen und die Funktion des menschlichen Gehirns werden unter dem speziellen Blickwinkel struktureller und dynamischer Gesetzmäßigkeiten, grundlegender integrativer Prinzipien, d.h. unter dem Aspekt einer Systemorientierung behandelt. Dabei ergeben sich unter der Fragestellung, was wir nun für unser Verhalten, für unseren Umgang miteinander und für die Funktion menschlicher Gesellschaften von der Natur lernen können, auch immer wieder Beziehungen zu erzieherischen und gesellschaftspolitischen Problemen.

Diese kommen dann im dritten Teil ausführlicher zur Sprache. Dort sollen auf dem Boden der erarbeiteten grundlegenden Gesichtspunkte der Ganzheitlichkeit, der Systembezogenheit, der Ergänzung von Gegensätzen und der übergeordneten Vereinigung von Widersprüchen Folgerungen aufgezeigt werden, die das Erleben und Verhalten menschlicher Individuen, aber auch ihr Miteinanderumgehen im privaten und gesellschaftlichen Bereich betreffen.

Erst in der Beziehung der Teile zueinander wird aber wohl das eigentliche Anliegen und der Sinn des Ganzen deutlich - und hoffentlich auch überzeugend. Auch einzelne Sätze gewinnen erst aus der Kenntnis des Ganzen ihre eigentliche Bedeutung. So mag es oft sinnvoll sein, nicht an einem Satz zu kleben, dessen Verständnis auf den ersten Blick Schwierigkeiten bereitet, sondern weiter zu lesen, weil der Sinn eines Satzes aus seinem Umfeld und aus der Kenntnis des Ganzen heraus viel eher verständlich wird. Genauso werden sich manche vordergründigen Widersprüche, die bei isoliertem Gegenüberstellen einzelner Sätze aufzutreten scheinen, bei Berücksichtigung des Kontextes und bei der Bereitschaft zu einem ganzheitlichen Verständnis in einem größeren Bedeutungszusammenhang auflösen, und es mag sich eine Einsicht herauskristallisieren, in der die Widersprüchlichkeit des Ganzen verarbeitet ist.

So besehen mag das Buch auch ein Versuch sein, Menschen zu helfen, sich aufgrund eines tieferen und umfassenderen Verständnisses mit sich selbst und in der Welt besser zurechtzufinden.

Angesichts dieser hoffnungsvoll klingenden Aussagen muß ich allerdings gestehen, daß mir beim Sammeln und Darstellen der Inhalte zunehmend Schwierigkeiten bewußt wurden, mit denen ich in dieser Form zunächst nicht gerechnet hatte. Sie lagen einmal in der Summe und Verschiedenartigkeit der inzwischen auf den verschiedensten Wissensgebieten vorliegenden Erkenntnisse, zum anderen in dem Wissen um die schier unendliche Fülle des Nicht-Gelesenen.

Beim Schreiben wurde mir ferner klar, daß im Grunde jede Vermittlung einer Botschaft mit einem Verlust an Information verbunden ist. Eine Einheit von Dingen und Gesichtspunkten, die man denkend empfindet, verwandelt sich zwangsläufig in ein Hintereinander des Sprechens, Schreibens und Lesens.

Unabhängig davon erfährt wohl jeder, der sich intensiver mit einer Sache oder einem Problem beschäftigt, daß die Wahrheit nicht etwas ist, von dem man sozusagen Besitz ergreifen kann, sondern immer nur etwas, dem man sich bestenfalls in einem sich in die Unendlichkeit erstreckenden Prozeß mit großer Mühe jeweils ein Stückchen annähern kann. Deshalb verrät sich jedes Denken selbst, wenn es vorgibt, die letzte „Wahrheit" erfaßt zu haben (Bohm 1984).

Das menschliche Gehirn, das im übrigen auch biologisch nicht dazu geschaffen ist, wird wohl trotz aller Fortschritte der Wissenschaft nie die „letzte Wahrheit" des Weltalls erfassen. Denn das Weltall, von dem unser Denken ein winziger Aspekt ist, ist jenseits dessen, was vorstellbar und denkbar ist. Jedes Bemühen in dieser Richtung wirft uns letztlich auf die eigene Relativität zurück und widerlegt jeden absoluten Glauben an die Effizienz unseres rationalen Denkens.

So kann es im Grunde für jeden eine tiefe und auch konkret nützliche Bereicherung bedeuten, immer wieder zu versuchen, den eigenen Horizont über die Grenzen des bisher Gewohnten hinaus zu erweitern und sich sogar - bewußt - gegenüber Erkenntnissen aufzuschließen, die für einen persönlich, für die Gruppe oder die Gesellschaft, der man angehört, belastend und schmerzlich sein mögen.

Schließlich möchte ich eine persönliche Betroffenheit sowie eine gewisse moralisch-ethische Zielsetzung nicht unerwähnt lassen. Sie liegt zum einen in der dringend erlebten Verpflichtung begründet, die Albert Camus einmal so eindrucksvoll formulierte, als er schrieb, daß der Schriftsteller in erster Linie nicht denen dienen dürfe, die Geschichte machten, sondern denjenigen dienen müsse, die ihr Gegenstand seien.

Zum anderen bewegte mich eine Sorge um die Zukunft. Hängt doch meines Erachtens die Zukunft des Menschen ganz entscheidend davon ab, daß es gelingt, das Gemeinsame in den Unterschieden, die Vielseitigkeit und Vielschichtigkeit bestehender Probleme zu sehen, größere und tiefere Zusammenhänge mit vernetzten Beziehungen zu erkennen und zu begreifen, Beziehungen herzustellen, ein umfassendes Verständnis für sich und die Welt zu gewinnen, über tiefere Hintergründe nachzudenken und auch unter Hintanstellung kurzzeitiger Vorteile langfristige Ziele anzustreben.

Die Situation erscheint heute im Grunde so, daß wir das Schlimmste befürchten müssen von einem Denken, das die Komplexität der Wirklichkeit nicht zu begreifen vermag. Solange Menschen kein Auge, keinen Sinn, keine Verständnisbereitschaft und keine Verständnismöglichkeit in dieser Richtung haben, werden sie auch kaum die tatsächlichen komplexen Probleme dieser Wirklichkeit lösen können. Es stellt sich also die Frage, ob und wie lange der Mensch das bleibt, was er ist, oder ob und in welcher Zeit er zu dem wird, was er sein könnte. Es geht im Grunde um ein verzweifeltes Angehen gegen unmittelbar oder mittelbar selbstzerstörerische Tendenzen, die die Menschheit bedrohen: Wenn die Menschheit nicht lernt, Komplexität zu begreifen und die grundlegenden, Weltall, Natur und auch den Menschen beherrschenden Gesetzmäßigkeiten zu verstehen, geht sie bei dem heute erreichten technischen Entwicklungsstand ein kaum verantwortbares Risiko ein.

I. Vom Denken in Zusammenhängen und Systemen

1. Geschichten von Geckos, Tupajas und der großen Politik

Zusammenhänge in der Natur und Eingriffe des Menschen

„Als man vor einigen Jahren in Malaysia beschloß, die Malaria intensiv zu bekämpfen, setzte man zu diesem Zweck chemische Mittel gegen die Moskitos ein, die die Malaria verbreiten. Dabei gingen allerdings gleichzeitig andere kleine Tiere, wie beispielsweise Küchenschaben, ein. Das schuf an sich keine besonderen Probleme, war vielleicht sogar nicht unwillkommen. Dadurch aber verminderte sich die Zahl der Geckos, jener echsenartigen Kriechtiere, die mit Hilfe ihrer typischen Haftzehen an Wänden und Decken entlanglaufen und die von diesen Tieren leben. Das wiederum hatte ein Absinken der Zahl der Katzen zur Folge. Weniger Katzen bedeutete aber mehr Ratten und damit mehr pestübertragende Läuse. Daher bot es sich an, die Ratten durch Rattengift auszuräumen. Das hätte jedoch die Läuse gezwungen, sich einen neuen Wirt zu suchen, was mit einiger Wahrscheinlichkeit der Mensch gewesen wäre. So wäre letztlich im Gefolge einer erfolgreichen Malariabekämpfung eine unmittelbare Pestgefahr für die Bevölkerung der betroffenen Gegend entstanden."

Diese weitreichenden und unvorhergesehenen Folgen eines menschlichen Eingriffs in natürliche Kreisläufe schildert der britische Biologe Gordon Rattray Taylor in seinem Bestseller „Das Selbstmord-Programm". An einer anderen Stelle seines Buches beschreibt er den Zusammenhang zwischen dem Schießen von Adlern und dem Entstehen einer Heuschreckenplage:

„Wenn man Adler schießt, lädt man sich eine Heuschreckenplage auf den Hals. Denn die Adler halten die Eidechsen in Schach. Wenn aber die Eidechsen überhand nehmen, nehmen die Frösche ab, von denen die Eidechsen sich ernähren. Wenn aber die Frösche abnehmen, vermehren sich die Heuschrecken, die sonst von den Fröschen gefressen werden."

Ich möchte diese, aus unterschiedlichen Lebensbereichen stammenden Berichte hier gar nicht ausführlicher erklären oder kommentieren. Die Zusammenhänge, die sich in ihnen auftun, mögen zunächst erstaunen und in ihrer Verschiedenartigkeit sogar verwirren.

Genau das ist im Grunde meine Absicht. Dieses erste Kapitel soll sozusagen eine weite, abwechslungsreiche Landschaft entfalten. Betrachten Sie dieses Kapitel wie ein Kaleidoskop, das eine Vielfalt interessanter Eindrücke vermittelt. Anschließend wollen wir uns dann fragen, was das alles eigentlich bedeutet, wollen versuchen, Zusammenhänge zu erklären und Gesetzmäßigkeiten zu entdecken, die dem allem zugrunde liegen.

Ich möchte Sie deshalb bitten, zunächst gar nicht angestrengt nach einem roten

Faden zu suchen. Ein der Wirklichkeit angemessenes Erkennen und Verstehen stellt sich nämlich nach meiner Auffassung sehr viel eher ein, je länger man die Dinge als solche auf sich wirken läßt, ohne ihnen in begreiflicher Ungeduld möglichst bald einen festen Standort im eigenen Weltverständnis zuzuweisen. Am Ende der Lektüre mag sich dann vielleicht sogar leichter ein umfassendes Verständnis von Zusammenhängen herauskristallisieren, das wahrscheinlich einen sehr viel lebendigeren und nachhaltigeren Eindruck ermöglicht.

Wenden wir uns deshalb, unbeeinflußt von dem Wusch nach grundsätzlichen theoretischen Erklärungen, möglichst unvoreingenommen weiteren, sehr unterschiedlichen Zusammenhängen zu: Betrachten wir zunächst die Entwicklungshilfe!

Viele Projekte wirkten sich trotz allen aufgewandten Geldes und intensiven Einsatzes engagierter Menschen zum Nachteil der betreffenden Länder aus. So berichtet z.B. Campbell über die Folgen des riesigen Projekts des Assuan-Staudamms, der lange Jahre als Modell erfolgreicher Entwicklungshilfe gerühmt worden war: „Am folgenreichsten ist der Umstand, daß die gewaltigen Massen fruchtbaren Schlamms, die der Nil früher in das landwirtschaftlich genutzte Stromtal und -delta, aber auch ins Mittelmeer verfrachtet hat, heute bereits oberhalb des Staudamms im Nasser-See abgelagert werden. Infolgedessen verlandet nicht nur allmählich der See, sondern es muß auch teurer Kunstdünger in großen Mengen für das Ackerland verwendet werden, das einst eine natürliche Fruchtbarkeit besaß. Die Sardinenfischerei vor der Nilmündung ist bereits zusammengebrochen, und im gesamten östlichen Mittelmeer gehen die Fänge zurück. Darüber hinaus ist die Verdunstungsrate im Nasser-See inzwischen so stark angestiegen, daß die gesamte Menge des Nilwassers abnahm und in Ägypten Wassermangel herrscht."

Durch die angelegten Bewässerungsgräben entstand eine weitere Gefahr für Millionen Menschen: die durch eine bestimmte Art von Plattwürmern, den Pärchen-Egel verursachte Bilharziose oder Schistosomiasis. Sie ist mit über 100 Millionen Erkrankten eine der am weitesten verbreiteten Seuchen der Welt und führt sowohl zu Durchfällen und Oberbauchbeschwerden als auch zu zentralen Lähmungen, Müdigkeit und Gleichgültigkeit. Die Schistosomen oder Pärchen-Egel, die die Krankheit verursachen, breiten sich vorwiegend in seichten Gewässern bestimmter Höhenlage aus. Während in Unterägypten schon immer eine starke Bilharziosegefährdung bestand, war der Sudan lange Zeit vergleichsweise frei davon. Mit der Anlage von Bewässerungskanälen jedoch, die einer besseren Nutzbarmachung des Bodens dienen sollten, drohte sich die Bilharziose auch nach Oberägypten auszuweiten. Das bedeutete, daß zwar der Boden, wie geplant, fruchtbarer wurde, daß aber zugleich aufgrund der häufigeren Bilharziose-Erkrankungen weniger Menschen in der Lage waren, ihn zu bebauen (Taylor).

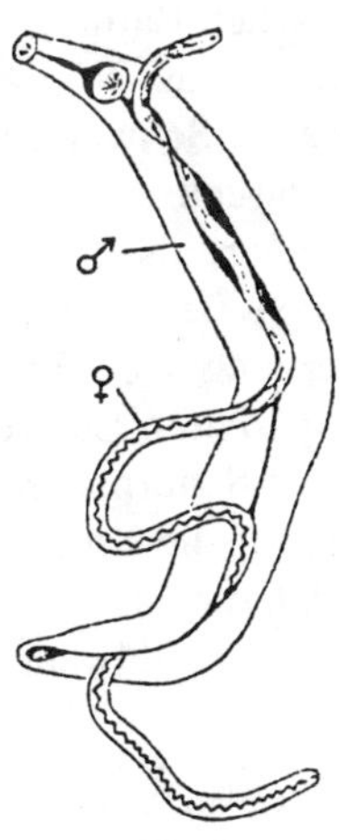

Abbildung 1: *Pärchen-Egel Schistosoma.*

In ähnlicher Weise förderte man an der türkischen

Südküste, indem man die Ernteerträge durch ein großzügiges Bewässerungssystem verbesserte, die Lebensbedingungen der Anopheles-Mücke, so daß die Häufigkeit von Erkrankungen an Malaria in drastischer Weise zunahm (Knaul 1985, S. 222).

Bei der Anwendung vieler Gifte trifft man auf Zusammenhänge, die bei oberflächlicher oder einseitiger Betrachtung verborgen bleiben: Ein Gift, das beispielsweise 1950 in Clear Lake in Californien zur Mückenbekämpfung eingesetzt wurde, führte nach einem Jahr zum Verschwinden der dort brütenden Seetaucher. Es wurde nämlich vom Plankton des Sees aufgenommen, das von kleinen Fischen verzehrt wurde, die wiederum größeren Fischen und u.a. eben auch den Seetauchern als Nahrung dienten. Durch diese Anreicherung an der Spitze der Nahrungskette mag sich auch die Meldung erklären, die bereits vor etlichen Jahren durch die Presse ging: daß die Muttermilch amerikanischer Mütter mehr DDT enthalte, als nach dem Lebensmittelgesetz erlaubt sei.

Über welche Räume und Distanzen hinweg sich solche ökologischen Wechselwirkungen erstrecken können, zeigt etwa die Tatsache, daß ein bestimmtes Insektengift, mit dem Ernten in Ostafrika besprüht worden waren, einige Zeit später in der Bucht von Bengalen, also mehrere tausend Kilometer entfernt, festgestellt wurde (Heyerdahl).

Ein weiteres aktuelles Beispiel sind die Erkenntnisse über den „sauren Regen“, der selbstverständlich nur eine, wenn auch wohl sehr wichtige Ursache des sogenannten Waldsterbens darstellt[1]. Sogar in Schweden, das trotz seiner Industrialisierung immer noch über riesige Naturgebiete verfügt, wurde er als eine ernste, vielleicht sogar die ernsteste Umweltgefahr bezeichnet (Hägerhäll).

Bei der Verbrennung von Kohle und Öl werden bekanntlich unter anderem Schwefel und Stickstoff frei, die vorwiegend in Form von Schwefeldioxid und Stickoxiden in die Luft gelangen. In den Industrieländern geschieht das mittlerweile in einem beachtlichen Ausmaß. So stoßen die europäische Industrie und die städtischen Ballungszentren in Europa pro Jahr etwa 60 Millionen Tonnen Schwefeldioxid aus. Wie alle anderen in die Atmosphäre abgegebenen Stoffe kehren aber auch Schwefel und Stickstoff in irgendeiner Form früher oder später auf die Erde zurück.

Früher, als die Schornsteine noch niedriger waren, fielen die im Abgas enthaltenen Bestandteile schon nach kurzer Zeit und in verhältnismäßig geringer Entfernung vom Emissionsort wieder zu Boden. Das führte zu einer erheblichen und spürbaren Luftverschmutzung. Die im Sinne der Luftreinhaltung geforderten höheren Schornsteine verhindern nun, daß die betreffenden Abgasteilchen unmittelbar auf die Erde zurückfallen. Höhere Schornsteine tragen also durchaus dazu bei, daß die Luft in der direkten Umgebung einer Schadstoff-Quelle sauberer ist.

Aber irgendwann und irgendwo kommen die ausgestoßenen Stoffe eben doch

1 Von vielen Seiten wird inzwischen die Auffassung vertreten, daß die Waldschäden auf eine Summe von Einflußgrößen zurückzuführen sind und daß chemische Umweltveränderungen, wie wir sie im folgenden noch näher erwähnen werden, neben dem Ozongehalt der Luft sozusagen Wegbereiter für bestimmte, den Bäumen schädliche Bakterien, Viren und Pilze darstellen.

wieder auf die Erde. Während der längeren Verweildauer in der Luft sind sie allerdings u.a. vermehrt Sauerstoff und Feuchtigkeit ausgesetzt und verändern sich dadurch in Stoffe anderer chemischer Zusammensetzung: aus Schwefeldioxid (SO_2) und Stickoxiden (NO_2) werden Schwefelsäure und Salpetersäure (H_2SO_4 und H_2NO_3). Oft mehrere tausend Kilometer von der Abgasquelle entfernt, gelangen diese Säuren, in Wasser gelöst, an die Erdoberfläche - als jener „saure Regen“, der wahrscheinlich eine der Hauptursachen des fortschreitenden Waldsterbens ist.

Außerdem wirkt der „saure Regen“ sich auch nachteilig auf Böden und Gewässer aus. Untersuchungen an Seen und Wasserläufen ließen deutliche Veränderungen des Ökosystems erkennen: Fische und Pflanzen verschwanden zunehmend durch die Übersäuerung des Wassers, ja es konnte sogar ein Zusammenhang zwischen Säurewerten und Quecksilberanreicherungen in Fischen festgestellt werden. Andere Untersuchungen am Grundwasser zeigten, daß „saurer Regen“ den Boden der Quellgebiete verändert. Die Säurezufuhr beeinflußt die biologischen Vorgänge im Boden. Grundabbau und Umwandlungsprozesse im Boden verlangsamen sich, weil die Bodenorganismen in Mitleidenschaft gezogen sind. Die zur Verwesung des Laubes nötigen Bakterien werden getötet und der Boden dadurch einer sehr wichtigen Nährstoffquelle beraubt. Auch die Blätter der Pflanzen und Bäume werden anfälliger gegenüber Keimen und Schädlingen, weil der „saure Regen“ beispielsweise das natürliche Wachs von den Blättern abwäscht.

Die an sich gutgemeinte Maßnahme, die Luftverschmutzung möglichst gering zu halten, hatte also mittelbar eine Reihe nachteiliger Folgen - und das oft weit entfernt von dem Ort, an dem die Abgase in die Luft gelangten.

In ähnlicher Weise wirken sich auch manche chemischen Mittel auf die natürlichen Jäger von Schädlingen weit stärker aus als auf die Schädlinge selbst, die getroffen und vernichtet werden sollen. Zum Schutz der von Astbohrerlarven bedrohten Kakaobaum-Pflanzungen auf Sabah setzte man Dieldrin und DDT in hohen Konzentrationen und später noch andere chemische Gifte ein. Erstaunlicherweise verfehlte der schwere chemische „Beschuß“ nicht nur völlig sein Ziel, sondern es traten auch neue Schädlinge (bestimmte Raupen, Sackwürmer) in hoher Zahl auf den Plan, die den Kakaopflanzungen erheblichen Schaden zufügten. Erst als man mit dem „chemischen Krieg“ gegen die Schädlinge aufhörte, gab man natürlichen Feinden dieser Schädlinge positive Entwicklungschancen und konnte dadurch das Problem weitgehend lösen. Die auf Sabah gemachte Erfahrung belegt u.a., daß es nicht immer ratsam ist, Bemühungen in einer bestimmten Richtung, die sich zunächst als nicht sonderlich wirksam erwiesen hat, immer weiter zu verstärken, sondern daß es in solchen Fällen nützlich sein kann, das ganze Vorgehen grundlegend zu überdenken bzw. in echtem Sinne umzudenken (Taylor).

Bezeichnend dürften auch Erfahrungen mit dem Ende der 30er Jahre entdeckten DDT (*D*ichlor-*D*iphenyl-*T*richloraethan) sein, von dem sich mittlerweile über eine halbe Milliarde Kilogramm in der Biosphäre befinden dürften. Es wurde zunächst als eine entscheidende Waffe zur Malariabekämpfung und zur Steigerung der Getreideernten gefeiert. Heute weiß man, daß inzwischen zahlreiche Arten der

Malaria-verbreitenden Moskitos dagegen resistent sind, daß aber andererseits Tiere, die sich von den resistenten Insekten ernähren, vernichtet wurden.

Auch eine durch chemische Mittel künstlich herbeigeführte intensive Bodennutzung mag durchaus für eine gewisse Zeit eine erhebliche Steigerung der landwirtschaftlichen Produktivität bewirken. Werden hierbei aber „die letzten Reserven aus dem Boden herausgepeitscht“, gleicht das, wie Frederic Vester schreibt, „eher einem Ausverkauf“, weil mit hoher Wahrscheinlichkeit der Boden auf lange Sicht ruiniert wird. Man vergißt dabei nur zu leicht, daß das, was wir Boden oder Erde zu nennen pflegen, nur eine ganz dünne Schicht der Oberfläche dieser Erde darstellt, „unter der ein Planet liegt, so leblos wie der Mond“ (F. Vester nach Jacks und White). Der Preis künstlich erwirkter Ertragssteigerung ist indes oft sehr hoch: größere Anfälligkeit der Pflanzen, höherer Bedarf an künstlichen Düngern und Pflanzenschutzmitteln, Verlust an Arbeitsplätzen, höheres Gesundheitsrisiko und ähnliches mehr. Und für eine Ertragssteigerung um 50 % benötigt man oft den mehrfachen Aufwand an Energie.

Auf lange Sicht gesehen, kann also ein intensiver Einsatz bestimmter chemischer Mittel zu einer eindeutigen Verschlechterung der natürlichen Bodenfruchtbarkeit und - als Nebeneffekt - zu einer zunehmenden Ausrottung von Nützlingen und zu einer steigenden Widerstandskraft von Schädlingen führen (Zahn).

Auch biologische Eingriffe stören ein Gleichgewicht

Daß irgendwelche - vielleicht noch so gut gemeinten - Maßnahmen in einem größeren Rahmen Wirkungen zeigen, die weder beabsichtigt noch erwünscht waren, gilt sogar für Eingriffe, die mit biologischen Mitteln im eigentlichen Sinne arbeiten.

Das konnte z.B. in einer experimentellen Untersuchung mit Kolonien von Erbsenläusen nachgewiesen werden. Sie wurden in einem Gewächshaus auf bestimmten Pflanzen, einer Bohnenart, angesiedelt und dann systematisch dem Angriff von Schwebfliegenlarven ausgesetzt. Deren Einsatz führte nun bei den Blattläusen zu einer typischen Reaktion: sie ließen sich fallen, und die meisten kletterten anschließend auf andere Pflanzen. Durch das Auftauchen ihres „Feindes“ war es in wenigen Tagen statt zu der erwarteten Wirkung zu einer Ausbreitung der Beutetiere gekommen. Außerdem entlastete die mittelbar durch die Bedrohung bewirkte Auflösung der normalerweise dichten Kolonien die Blattläuse vom Druck einer hohen Populationsdichte. Dadurch war zusätzlich im Vergleich zu ungestörten Kontrollgruppen eine stärkere Fortpflanzung der Erbsenläuse zu beobachten (Niku).

Karl von Frisch schildert in seinem Lehrbuch der Biologie ein weiteres sehr bezeichnendes Beispiel dafür, wie durch einen scheinbar kleinen biologischen Eingriff ein eingespieltes Gleichgewicht in der Natur zerstört wird:

„Auf den Antillen wurde der Zuckerrohrbau durch Ratten arg geschädigt. Ein kleines Marder-ähnliches Raubtier, der Mungo, ist in seiner ostindischen Heimat als bewährter Rattenjäger bekannt. Durch seine Einfuhr dachte man, dem unliebsamen Gesindel den Garaus zu machen. Einige Männchen und Weibchen wurden 1872 ausgesetzt und eine Verordnung zu ihrem Schutze erlassen. Sie fanden günstigere Lebensbedingungen als in ihrer Heimat. Nach zehn Jahren hatten sie sich reichlich vermehrt, und der Schaden in den Zuckerrohrfeldern war auf die Hälfte zurückgegangen. Bald hatten sie aber unter den Ratten so aufgeräumt, daß sie ihre Speisekarte erweitern mußten, um nicht Hunger zu leiden. Sie überfielen junge Ferkel und Ziegen, Wild und Geflügel und vertilgten sogar Bananen, Mais und Ananas. Der gesuchte Helfer in der Not wurde nun selbst zu einer gefürchteten Landplage. Auch die einheimische Tierwelt litt schweren Schaden. Manche Vögel, Schlangen, Eidechsen und Schildkröten verschwanden immer mehr, da der Mungo sie selbst und ihre Eier als Nahrung schätzen lernte."

Die Bewohner mußten ihre Haustiere hoch über dem Boden in Käfigen halten, damit die Mungos sie nicht fraßen.

„Durch die Verminderung ihrer Feinde vermehrten sich andererseits manche Insekten, die als Schädlinge an Kulturpflanzen schlimmer waren als zuvor die Ratten." Unter anderem wurde die Ameiva-Eidechse von den Mungos fast ganz ausgerottet. Das führte dazu, daß die weißen Engerlinge der dortigen Maikäfer enorm zunahmen. Sie untergruben das Zuckerrohr und benagten die Wurzeln, so daß der Zuckerertrag erheblich abnahm (Milne und Milne).

„Zu spät kam man zu der Einsicht, daß man im Netzwerk einer Lebensgemeinschaft keine einzelne Masche lösen kann, ohne das Ganze zu stören. Das Gesetz zum Schutze der Mungos wurde aufgehoben, und allmählich stellte sich ein neues Gleichgewicht her; aber es war gegenüber früher verändert."

„Natürliche" Regulationen

Wir haben gesehen, wie verwickelt die Zusammenhänge sind, die das Geschehen in der Natur bestimmen, und wir haben auch gesehen, wie schwierig es ist, ohne eine fundierte Kenntnis dieser Zusammenhänge durch willkürliche Eingriffe von außen, die oft nur Schüsse ins Dunkel darstellen, irgendetwas auf Dauer wirkungsvoll in einer gewünschten Richtung zu verändern. In dem unglaublich feinen Netz wechselseitiger Abhängigkeiten, das in der Natur gesponnen ist, handelt es sich zudem nicht um Beziehungen zwischen statischen Größen, sondern um ein äußerst lebendiges dynamisches Zusammenspiel mit ständigen Einwirkungen, Veränderungen, Rückwirkungen. Es ist geradezu genial, auf welche Weise sich in der unendlich langen Zeitspanne der Entwicklungsgeschichte des Lebens auf der Erde, die man immerhin auf drei bis vier Milliarden Jahre beziffert, biologisch sinnvolle Regulationsnetzte gebildet haben. Sie verfügen, auch wenn sie nicht perfekt sind, im Gesamtrahmen der Natur über eine sehr viel tiefere Verankerung und eine weit bessere Bewährung als die Willensentscheidungen des Menschen, dessen Eintritt in die Entwicklungsgeschichte als homo sapiens nach Schätzungen von Forschern gerade vierzigtausend Jahre, oder, wenn man „großzügig" ist, etwa hunderttausend Jahre zurückliegt.

Kehren wir, um das Prinzip dieser Regulation an einem Beispiel zu veranschaulichen, noch einmal eine kurze Weile nach Südostasien zurück. Dort leben die sogenannten Tupajas, die unserem Eichhörnchen ähnlich sind. Unter Stress sträubt sich das Fell ihres Schwanzes so deutlich, daß man dieses Zeichen geradezu als Test für den Stressgrad benutzen kann.

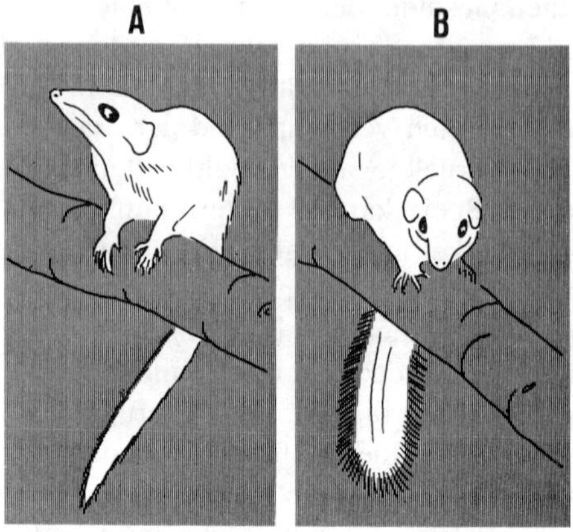

Abbildung 2: *Tupaja-Weibchen mit normal angelegten Schwanzhaaren (A) und mit gesträubtem Schwanz (B)*

Nach der Geburt bleibt der „Testwert" der Tiere über längere Zeit ziemlich gleich, bis zu dem Zeitpunkt, an dem die Jungen, die mit ihren Eltern im Familienverband leben, geschlechtsreif werden und mit ihren charakteristischen Aussonderungen im Gehege Duftmarken setzen. Je höher nun die Populationsdichte ist, je mehr Tupajas also auf einem bestimmten Raum zusammenleben, um so größer ist zwangsläufig die Anzahl der Duftmarken. Und für die Tupajas, wie im übrigen auch für andere Tiere, ja selbst für den Menschen, stellt es eine Art von sozialem Stress dar, ständig mit „Duftmarken" anderer in Berührung zu kommen. Übersteigt nun dieser soziale Stress ein bestimmtes Maß, so kommt es dazu, daß die Mutter ihre eigenen Jungen auffrißt.

Das klingt zunächst unglaublich roh und „tierisch", dient aber offenbar dem biologischen Zweck, ein weiteres Ansteigen der „Bevölkerungszahl" bei den Tupajas zu verhindern. Der Mechanismus, über den dieser Effekt erreicht wird, ist im Grunde einfach: Normalerweise markiert die Mutter ihre Jungen mit dem Sekret einer Drüse, die sich an ihrem Brustbein befindet. Dadurch werden die Jungen „instinktiv" vor ihren Artgenossen und auch vor der Mutter selbst geschützt. Wird die Mutter aber durch das enge Zusammenleben mehr und mehr gestreßt, dann stellt jene Drüse ihre Funktion ein. Der spezielle Markierungsstoff wird nicht mehr abgesondert, was die Jungen des Schutzes beraubt und damit die Bevölkerungsdichte absinken läßt (Ewert).

Es ist inzwischen bei einer ganzen Reihe von Tierarten beobachtet worden, daß unter Zuständen der Übervölkerung verschiedenartige „Mechanismen" einsetzen, die in einer Art „Selbstkontrolle" die Zahl der Nachkommenschaft verringern. Der weltbekannte Stress-Forscher Hans Selye fand darüber hinaus beispielsweise durch Untersuchungen an weiblichen Ratten, daß auch andere Einflußgrößen als Übervölkerung oder Dichte des Zusammenlebens sich auf die Zahl der Nachkommen auswirkt. Bei einschneidender Herabsetzung der Nahrung nahm das Gewicht der Eierstöcke ab, die Nebennieren nahmen dagegen an Gewicht zu, es kam zu vermehrter Ausschüttung von Nebennierenhormonen (Stresshormonen), der Geschlechtszyklus blieb aus und die Ratten wurden unfruchtbar.

Selye selbst brachte diese Ergebnisse mit Beobachtungen in Zusammenhang, die man während des Ersten Weltkrieges in zahlreichen Städten an deutschen Frauen gemacht hatte: Im Verlaufe ausgesprochener Hungermonate konnten Ärzte einen deutlichen Anstieg der Fälle feststellen, in denen Frauen über einen Ausfall ihrer Regelblutung klagten. Zum Beispiel stieg die Zahl solcher Fälle in Königsberg von 0,55 % im Jahre 1912 auf 14 % im Jahre 1917. Diese sogenannte „Kriegs- oder Hungeramenorrhoe", die Unfruchtbarkeit der Frauen zur Folge hat, wurde aber nicht nur in Deutschland beobachtet. Es liegen übereinstimmende Berichte aus aller Welt und verschiedenen historischen Epochen vor: von mittelalterlichen Hungersnöten mit einem Geburtenrückgang um 62 % (Le Roy Ladurie), über die Kriegsamenorrhoe während des spanischen Bürgerkrieges und in verschiedenen Ländern während des Weltkrieges (Polen, Holland) bis hin zu einer weit über 50 % liegenden Amenorrhoe der in Konzentrationslagern internierten Frauen. Man sprach in diesem Zusammenhang auch von einer „Katastrophen-bedingten Geburtenkontrolle".

Regulationen, wie wir sie allenthalten in der Natur antreffen, scheinen also wohl auch für das Lebewesen „Mensch", zumindest für dessen biologische Seite, zu gelten. Denn das Aufhören der Regelblutung in Zeiten des Hungers ist ja nicht die Folge einer bewußten Entscheidung, weil sich die Frauen ganz auf Probleme zu konzentrieren wünschten, die ihnen aktuell für das Überleben wichtiger erschienen.

Wenn wir also einerseits das „automatische" Auftreten natürlicher Regulationen als ein umfassendes biologisches Phänomen erkennen und uns andererseits der Unwägbarkeiten und Risiken von außen erfolgender künstlicher Eingriffe bewußt sind, ist es naheliegend, solche Überlegungen, so wenig man zunächst daran denken mag oder denken möchte, auch auf die Medizin auszudehnen und auch hier von einem weiteren Betrachtungshorizont auszugehen. Ich habe das in meinem Buch „Der Mensch im Fortschritt der Medizin" ausführlicher beschrieben.

Steht der Mensch außerhalb „natürlicher" Regulationen?

Nun ließe sich gegen all diese Beispiele und Überlegungen einwenden: Das mag alles interessant und auch bezeichnend für das Gleichgewicht in der Natur sein. Aber der Mensch in seiner historischen Rolle steht doch jenseits solcher Betrachtungen. Er erhebt sich Kraft seines Geistes, seiner Freiheit oder wie auch immer über die Natur, beherrscht sie.

Zweifellos hat der Mensch bis heute stets neue und verfeinerte Möglichkeiten für sein Leben auf dieser Erde entwickelt. Das gilt vor allem für den technischen Bereich. Aber ebenso gewiß stürmte er Jahrhunderte durch die Geschichte „wie ein Elefant im Porzellanladen"; er fiel über die Natur her, eroberte und zerstörte sie; machte sie und andere Menschen seinem Willen untertan. Das war zumindest die beherrschende Tendenz der Menschheit, auch wenn einzelne Persönlichkeiten und Gruppen sich im Verlauf der Geschichte immer wieder durch höhere Vernunft, Weisheit und Güte auszeichneten.

Seit einigen Jahren öffnet sich die Menschheit allerdings mehr und mehr der Frage, ob wir natürliche Gleichgewichte nicht nur angetastet, sondern sogar schon teilweise zerstört haben. Hat der Mensch nicht bereits die Fähigkeit unseres Planeten, Leben zu erhalten, auf die (Zerreiß-)Probe gestellt? Ist der Mensch nicht schon deutlich an Grenzen gestoßen? Wir beginnen in der Tat heute, die Frage nach dem Menschen und seinem Standort in der Welt neu und auf einer weiteren wissenschaftlichen Grundlage zu stellen.

Die entscheidende grundsätzliche Frage ist dabei eigentlich: Steht der Mensch in seiner oft betonten Sonderrolle als „gottähnliches" Wesen und stehen menschliche Gesellschaften nicht überhaupt außerhalb natürlicher Gleichgewichtsfunktionen? Oder gibt es auch im sozio-kulturellen Bereich so etwas wie „natürliche" Regulationen?

Ist es - so besehen - nicht auch eine Art Gleichgewichtsfunktion, wenn realisierte Lohnforderungen zu Preiserhöhungen führen, wenn dadurch die Wettbewerbsfähigkeit eines Unternehmens sinkt und insgesamt die Zahl der Konkurse und Arbeitslosen ansteigt?

Der Volkswirt Wolfgang Stützel schildert in seinem Buch „Marktpreis und Menschenwürde", wie manche aus guter sozialer Absicht getroffenen Maßnahmen ausgesprochen nachteilige soziale Folgen haben können. Er verweist unter anderem auf das Beispiel, wenn Arbeiter „von ihren Betrieben nicht nach Maßgabe ihres Beitrages zur Produktion, sondern nach ihrem sozialen Status entlohnt" werden, so daß ledige Kinderlose am wenigsten erhalten, Verheiratete mehr und Kinderreiche - abgestuft nach ihrer Kinderzahl - wiederum mehr. Da sich Betriebe jedweder Art, um sich bei zunehmender wirtschaftlicher Konkurrenz behaupten zu können, natürlicherweise das jeweils kostengünstigste Verfahren wählen, werden dadurch Personengruppen, zu deren Wohl die soziale Maßnahme gedacht war, im Falle einer Arbeitslosigkeit wesentlich mehr Schwierigkeiten haben, einen neuen Arbeitsplatz zu finden. Gleiche Überlegungen gelten für Personen mit gesundheitlichen Einschränkungen, für Auszubildende, für Frauen und ältere Personen. Die Arbeitsplatzgarantie für junge Mütter wäre als ähnliches aktuelles Beispiel zu nennen.

Auch im sozialen und wirtschaftlichen Bereich menschlicher Gesellschaften bestehen also offenbar in einem vielfältigen Geflecht von Einflußgrößen ähnliche Zusammenhänge, wie wir sie im Bereich der Biologie kennengelernt haben.

Mitunter stößt man sogar auf ausgesprochene Kreis- oder Spiralprozesse, wenn beispielsweise im Rahmen industrieller Investitionspolitik Menschen zunehmend durch Maschinen und Elektronik ersetzt werden, um das Wirtschaftswachstum zu fördern, das angeblich benötigt wird, um Menschen, die gerade durch diesen Prozeß arbeitslos gemacht wurden, wieder Arbeit zu geben (Lovins). Oder denken Sie an das Erzwingen von Steuerzahlungen, das zum Konkurs von Unternehmen führt, die daraufhin ihre Belegschaft entlassen, was wiederum die Zahl der Arbeitslosen erhöht und dadurch das Steueraufkommen erniedrigt.

Politiker geraten bei solchen Verflechtungen, wie Jürgen Eick, Mitherausgeber der FAZ, einmal treffend bemerkte, sehr leicht in die Rolle des Arztes, der eine

Arznei verschreibt, deren schädliche Nebenwirkungen in keinem Verhältnis zum bestenfalls möglichen Heilerfolg stehen. Lösungen, mit denen man bestehende Konflikte einseitig, beispielsweise aus eng „partei-politischer" Sicht zu beseitigen hofft, schaffen oft noch größere Probleme als die, die man zu lösen glaubte oder zu lösen vorgab.

Daß nachteilige Folgen einer Maßnahme sich gelegentlich sogar vermeiden ließen, wenn man die bestehenden Zusammenhänge angemessen berücksichtigte, zeigt Stützel an einem anderen Beispiel: „Damit Sozialwohnungen zu 3,50 DM je Quadratmeter an Bedürftige angeboten werden konnten, zahlte die Landeshauptstadt Saarbrücken im selben Jahr je Quadratmeter und Monat an einen Produzenten, nämlich ihre Gemeinnützige Siedlungsgemeinschaft, die Differenz zur Kostenmiete von 14,- DM; das macht 10,50 DM oder 1.050,- DM pro Monat für eine 100 qm-Wohnung. In derselben Zeit waren Wohnungen dieser Größe in den besten Wohnlagen zu Preisen zwischen 500 und 800 DM angeboten. 350 DM muß der Mieter in städtischen Sozialwohnungen ohnehin zahlen. Also wären durch Direktzahlung an den Mieter, etwa in Form einer Mietbeihilfe, nur 150 bis 450 DM pro Monat benötigt worden, um denselben sozialen Effekt zu erzielen, der mit der Produzenten-Subvention 1.050 DM kostete."

Die seinerzeitige, unter rein bürokratischen Effizienzgesichtspunkten durchgepaukte „Gebietsreform" hat den Abstand zwischen Bürger und Verwaltung in vielen Fällen erheblich vergrößert, zahlreiche Unzufriedenheiten und Entfremdungen hervorgerufen und den notwendigen Verwaltungsaufwand entgegen allen Versprechungen in die Höhe getrieben.

Solche Zusammenhänge lassen sich bis zu unzähligen kleinen Maßnahmen hin verfolgen: Man errichtet eindrucksvolle Bauten mit hochmodernden Einrichtungen, spart aber im Personalsektor, so daß sich ein sinnvolles Zusammenspiel zwischen aufwendigen Einrichtungen und den Menschen, die sie benutzen sollen, nicht einstellt. Eine Steuerbehörde schickt den Gerichtsvollzieher, weil ein Bürger bei der Zahlung der Müllgebühren einen Pfennig zu wenig überwiesen hatte. Der Gerichtsvollzieher sollte diesen Pfennig einschließlich 6,50 DM Bearbeitungsgebühren eintreiben (Bund der Steuerzahler). Manches Porto und Telefonat kostet mehr, als die Sache wert ist, um die es geht.

Völlig unabhängig von einem eigentlichen Sinn drohen mehr und mehr allein formal-juristische Maßstäbe zur Richtschnur des Handelns zu werden. Immer mehr Bürokraten werden benötigt, um immer mehr Gesetze, Verordnungen und Erlasse anzuwenden und ihre Anwendung zu kontrollieren. Kaum noch jemand kann heute den ständig zunehmenden Papier- und Paragraphenwirrwarr durchschauen.

Läuft nicht auch schon in mancher Beziehung die „Demokratie" Gefahr, zu einem System zu werden, in dem mit formal demokratischen Mitteln höchst Undemokratisches realisiert wird? Und wie oft wird selbst und gerade von maßgeblichen Repräsentanten eines Staates, einer Institution oder Organisation mit Moral-triefenden Worten Unmoralisches vertreten oder verschleiert! Ein Staat aber, der sich auf formale Verwaltung und Kontrolle beschränkt und dem es nicht gelingt, Motivation und begründetes Engagement der in ihm lebenden Menschen anzusprechen, muß auf Dauer mit erheblichen Schwierigkeiten, wenn nicht mit einer Bedrohung seiner Existenz rechnen.

Weltwirtschaft, Gaia-Hypothese und zweiter Hauptsatz der Thermodynamik

Wir erkennen immer deutlicher, in welchem Ausmaß umfassende Zusammenhänge das Geschehen in unserer Welt und das menschliche Leben bestimmen. Letztlich geschieht auf der Erde nichts mehr, das nicht in irgendeiner Weise die Zukunft jedes einzelnen betrifft.

Starke Unsicherheiten der weltwirtschaftlichen Entwicklung und hohe Zinssätze hemmen bekanntlich längerfristige Investitionen privater Unternehmen. Diese stoßen wiederum bei zunehmender Marktsättigung auf immer stärkere Absatzprobleme. Staatliche Investitionen zur Wirtschaftsbelebung sind aber im Grunde nur durch höhere Steuern oder zunehmende Verschuldungen möglich.

Bezeichnenderweise waren zwei der aufsehenerregenden Veröffentlichungen des Club of Rome mit den Titeln „Grenzen des Wachstums" und „Menschheit am Wendepunkt" überschrieben. In dem zweiten Buch belegen Mesarovic und Pestel an mehreren Beispielen, etwa der Welt-Weizen-Produktion und der afrikanischen Hungerkatastrophe im Winter 1971/72, wie leicht sich eine Veränderung oder Störung des „normalen" Zustandes in einem Bereich der Welt über die ganze Erde auswirken kann.

Auch bei der Betrachtung des Ölmarktes im zurückliegenden Jahrzehnt zeigten sich weltweite Zusammenhänge, von erheblichen Kapitalverschiebungen bis zum Wandel weltwirtschaftlicher Machtverhältnisse.

Für die erdölimportierenden Länder stellte sich dabei die Frage, inwieweit eine Erhöhung der Erdölpreise durch Preiserhöhungen von Exportgütern ausgeglichen werden kann. Auf diese reagieren aber wiederum entsprechende Absatzländer, die zum Teil durch zusätzliche günstige Kreditangebote bei der Stange gehalten werden müssen. So drehte sich die Weltinflationsspirale - und höhere Einnahmen waren trotzdem immer weniger wert.

Aber auch für die erdölexportierenden Länder entstand, wie im Harvard-Energie-Report festgestellt wurde, eine ganze Reihe von Problemen: Inflation infolge der raschen wirtschaftlichen Entwicklung, unzuträgliche Verstädterung mit unkontrolliertem Bauboom, starker Zustrom von Ausländern, nachteilige Einflüsse auf die Landwirtschaft und auf herkömmliche Industriezweige usw.

Die Situation der sogenannten Entwicklungsländer ist in diesem Rahmen besonders ungünstig, zumal in den betreffenden Ländern, in denen heute schon der weitaus größere Teil der Weltbevölkerung lebt, die Bevölkerung vergleichsweise sehr viel stärker zunimmt als in den Industrienationen. Die Ausgaben dieser Länder für Öleinfuhren stiegen in wenigen Jahren um ein Vielfaches und verminderten dadurch natürlich u.a. das Kapital zum Aufbau einer eigenen Wirtschaft.

Aus diesen Überlegungen darf man nicht ausklammern, welche Unsummen derzeit für Rüstung ausgegeben werden. Bereits 1978 wurden bei etwa 450 Milliarden Dollar jährlicher Rüstungsausgaben auf der gesamten Welt in jeder Minute über 2 Millionen DM für militärische Zwecke aufgewendet; 1984 sollen die weltweiten Militärausgaben etwa 800 Milliarden Dollar betragen haben, weltweit stehen heute über 25 Millionen Soldaten unter Waffen, und die Zahl der Wissenschaftler, die direkt oder indirekt für die Rüstung arbeiten, wird auf über die Hälfte aller Wissenschaftler geschätzt (Meyer-Abich).

Mittlerweile steht ein Waffenarsenal zur Verfügung, mit dem die Existenz des Menschen auf der Erde mehrfach ausgelöscht werden kann, und für jeden einzelnen Menschen auf dieser Welt liegen einige Tonnen Munition bereit. Zugleich sterben aber Millionen Kinder jährlich an Hunger, und über eine Milliarde Menschen sind heute auf der Welt unterernährt.

Zwischen Energie- und Ernährungsproblemen bestehen ebenfalls enge Zusammenhänge. Außerdem schafft das Ansteigen der Weltbevölkerung neben Energie- und Ernährungsschwierigkeiten ein Beschäftigungsproblem. Gegenwärtig leben nach Ablauf einer Stunde zehntausend Menschen mehr auf der Erde; das bedeutet: in Zukunft werden pro Jahr etwa 40 Millionen neue Arbeitsplätze benötigt.

Im übrigen sind die Ursachen für Unterernährung in der sogenannten Dritten Welt sehr vielgestaltig und von Land zu Land anders gelagert. Vergleichsuntersuchungen verschiedener Länder (Nordostbrasilien, Sambia, Bangladesch, Sahel-Zone) ließen beispielsweise erkennen, daß mehrere Faktoren in einer für jedes Land charakteristischen Weise zusammenwirken: Probleme des Bevölkerungszuwachses und des Entwicklungsstandes, Probleme der Infrastruktur (Wirtschaft, Industrie, Finanzen, Transport, Landwirtschaft usw.), ungünstige Umweltbedingungen (Klima, Wasservorräte, Bodenqualität, Rohstoffe, Energie usw.) und die Struktur der Außenbeziehungen (Mettler und Oltersdorf).

Je näher man hinsieht, um so unüberschaubarer scheinen die Wechselwirkungen zahlloser Faktoren zu werden. Zusammenhänge solcher Art entstehen aber nicht nur in Form einer gewaltigen Vernetztheit der Dinge, sondern auch im zeitlichen Ablauf. So wies der sowjetrussische Volkswirtschaftler Vladimir Kondratjew auf bestimmte Wellenbewegungen weltwirtschaftlicher Entwicklungen hin. Nach ihm bezeichnet man den Verlauf von einer weltwirtschaftlichen Hochphase über eine nachfolgende jahrzehntelange Depression, eine Erholungsphase und eine erneute jahrzehntelange wirtschaftliche Aufwärtsentwicklung als Kondratjew-Zyklus.

Der Wirtschaftswissenschaftler Jay W. Forrester vom Massachusetts Institute of Technology (MIT) in Cambridge, USA, griff die von Kondratjew beobachteten Zusammenhänge auf und versuchte, das Zusammenspiel der zahlreichen an den Abläufen beteiligten und sich gegenseitig beeinflussenden Faktoren aufzuschlüsseln. Er gelangte zu dem Ergebnis, daß der wesentliche Faktor für die von Kondratjew beschriebene Entwicklung ein überstarkes Anwachsen des Kapitals sei. Nach einem Schub technischer Neuerungen werde in den folgenden Jahrzehnten verhältnismäßig viel Kapital in der Gesamtwirtschaft angelegt, und zwar mehr, als für einen langfristigen Gleichgewichtszustand sinnvoll und notwendig wäre. Die übersteigerte Kapitalinvestition münde dann zwangsläufig bei der eingetretenen und nicht mehr entsprechend nutzbaren Überkapazität (nahezu jeder Haushalt verfügt beispielsweise inzwischen über ein Fernsehgerät und einen Eisschrank), bei verschärftem Wettbewerb und demzufolge sinkenden Erträgen in eine wirtschaftliche Depression. Im Verlaufe dieser Depression werde das überschüssige Kapital aufgezehrt, bis anschließend wieder die nächste Wachstumsphase auf dem Boden neuer technischer Entwicklungen möglich werde (Heck).

In gewisser Weise läßt sich die heutige Weltsituation in den Kategorien des zweiten Hauptsatzes der Thermodynamik verstehen[2]. Dieser Satz besagt in seiner engeren, rein thermodynamischen Form: Alle Temperaturunterschiede in einem abgeschlossenen System unterliegen einer Tendenz, sich aufzuheben, der Tendenz zur „Entropie" (vom griechischen entrepein = umkehren). Diese Entropie erreicht ihren Höchststand im thermodynamischen Gleichgewicht des Systems, wenn alles Gefälle eingeebnet, alle Unterschiede ausgeglichen sind. Das ist wie bei einem Tropfen Tinte, der sich in einem mit Wasser gefüllten Gefäß mehr und mehr in der umgebenden Flüssigkeit auflöst, bis am Ende eine gleichmäßige, homogene hellblaue Lösung im Gefäß ist, oder wie bei einer Anzahl von Gegenständen, die in einem Raum verstreut herumliegen, bis jemand - durch Energiezufuhr von außen - sich daran gibt, „Ordnung zu schaffen". Der umgekehrte Vorgang, die spontane Bildung eines Tropfens Tinte aus einer völlig durchmischten Flüssigkeit oder eine ohne äußere Energiezufuhr spontan zustande kommende Ordnung ist unter natürlichen Bedingungen noch nie beobachtet worden. Er bedarf eines zusätzlichen, von außen kommenden Aufwandes, der aber Energie verbraucht.

Eine ursprünglich vorhandene Temperatur kann beispielsweise nur durch zusätzliche Energiezufuhr von außen aufrechterhalten werden. Der Tee in einer Kanne, die nicht zusätzlich erwärmt wird, verliert mit der Zeit seine Wärme. Der Mensch erhält seine Körpertemperatur durch Nahrungsaufnahme und mit Verbrennungen einhergehende Stoffwechselvorgänge aufrecht - oder er nimmt eine Wärmflasche ins Bett. In beiden Fällen ist diese Energie verbraucht: Das gleiche Schnitzel kann nicht noch einmal gegessen werden, und die Holzscheite des Feuers, mit denen die Wärmflasche erhitzt wurde, sind verbrannt. Weder die Ausscheidungen des Menschen noch die Asche der Holzstücke stellen in vergleichbarer Weise nutzbare Energie dar. Jedes Ereignis, in dem Energie aufgewendet wird, führt zur „Wertminderung" eines Teils der Energie in Richtung zufälliger Molekularbewegung. Der zweite Hauptsatz der Thermodynamik hat also praktisch eine Erhöhung der Entropie durch Umwandlung in Wärme zum Inhalt.

Es mag interessant sein, daß das für viele zunächst schwer verständliche Phänomen der Entropie nicht eine „verschwommene Vorstellung, sondern eine

---

2 Trotz der überragenden Bedeutung des primär an mechanischen Prozessen von Dampfmaschinen belegten und für geschlossene Systeme zweifelsfrei voll gültigen Satzes, den Einstein auch als Hauptgesetz der gesamten Wissenschaft bezeichnet hat, ist verschiedentlich auf „Gegenbelege" aus der Natur (etwa in Form von Kristallbildungen, der pflanzlichen Photosynthese oder von allgemeinen Wachstums- und Entwicklungsprozessen) hingewiesen worden. Kritische Stimmen betonen sogar, daß die Möglichkeit einer teilweisen Widerlegung grundsätzlich denkbar erscheine. Wir werden darauf auf Seite 34 zurückkommen.

ganz konkrete meßbare physikalische Größe" darstellt (Schrödinger), die übrigens auf dem absoluten Nullpunkt von - 273° den Wert null annimmt[3]. Die Unordnung entspricht sozusagen - vereinfacht gesehen - einem Zustand statistischer Homogenität (Gleichartigkeit), und Entropie läßt sich in diesem Sinne als Maß gleichförmiger submikroskopischer Verteilung erklären.

Alles auf dieser Erde Existierende spiegelt eigentlich die unterschiedlichen Konzentrationen und Zustandsformen von Energie. Das Maß an Konzentration, etwa an gleichmäßiger Verteilung der Tinte in der Flüssigkeit des Gefäßes, läßt sich aus der Wahrscheinlichkeitsverteilung der Tinten-Moleküle beschreiben, d.h. als Wahrscheinlichkeit, praktisch an jeder Stelle in der Flüssigkeit Tinten-Moleküle vorzufinden.

Die Hauptenergiequelle, die wir kennen, die Wärme, bedeutet in diesem Rahmen ein bestimmtes Maß an Molekularbewegung. Je schneller, ungeordneter und „zufälliger" sich die Moleküle in allen möglichen Richtungen bewegen, um so höher ist der Grad der Wärme. Arbeit und Ortsveränderungen von Materie dagegen bedingen eine verhältnismäßig gleichmäßige Bewegung einer größeren Anzahl „geordneter" Moleküle in der gleichen Richtung.

Makroskopisch bedeutet Entropie also ein nicht in Arbeit umsetzbares Wärmemaß, ein Maß an Ungewißheit über die energetischen Zustände von Molekülen. Und dieses Maß, bezogen auf eine große Anzahl von Molekülen, bringt die makroskopisch nicht nutzbare Wärme zum Ausdruck. Rein wahrscheinlichkeitstheoretisch ausgedrückt, sind daher solche Zustände, die im Laufe der Zeit am häufigsten vorkommen, diejenigen mit der höchsten Entropie.

Das bedeutet mit anderen Worten: Die Entropie, gleichbedeutend mit dem Fehlen nutzbarer Energie, wird, wie sich sehr deutlich am Entstehen immer größerer Abfallmengen und dem Phänomen der Umweltverschmutzung zeigt, immer größer. Die verfügbare nutzbare Energie nimmt zugleich, vergleichbar der vergänglichen, unentrinnbar dahinschwindenden Zeit, unabdingbar notwendig immer mehr ab. Und jede Umwandlung, jede Energieumsetzung, vermehrt zwangsläufig die Entropie.

Die für uns Bewohner der Erde zur Verfügung stehende Energie ist einerseits die unmittelbare Strahlungsenergie der Sonne, andererseits sind es die mittelbar auf die Sonneneinstrahlung zurückführbaren Energie-Ressourcen der Erde, die sich teilweise in überschaubaren, zum größeren Teil aber in geologischen Zeiträumen von Jahrmillionen bzw. Jahrmilliarden erneuern. Es hat eine unvorstellbar lange entwicklungsgeschichtliche Zeit gedauert, bis sich die in der Erde schlummernden Energiereserven gebildet haben, die wir seit etwa einem Jahrhundert im Verlaufe des „industriellen Fortschritts" ausbeuten. Je intensiver dieser Fortschritt ist und je intensiver die Industrialisierung auch auf die sogenannte Dritte Welt übergreift, um so schneller werden sie aufgebraucht sein. Alle Energie, die wir

3 Ihre Beziehung zur Wahrscheinlichkeit - und damit auch zur Informationstheorie - kommt in einer ganz bestimmten mathematischen Formel, der sogenannten Boltzmann-Planckschen Formel ($S = k \cdot \log^P$) zum Ausdruck.

- ob in Form des Waldbestandes der Erde oder in der Erde ruhenden Erdölquellen - in der historischen Vergangenheit verbraucht haben und die wir heute verbrauchen, wird unwiderruflich künftigen Generationen nicht mehr zur Verfügung stehen. Man schätzt immerhin, daß ein großer Teil unserer heutigen Wälder gegen Ende dieses Jahrhunderts nicht mehr existieren wird und weiß auch, daß trotz aller Bemühungen die Wüstenfläche der Erde beständig zunimmt.

Nun trifft man im Universum nicht nur auf das Phänomen der Energieminderung, sondern auch auf eine Vermehrung von Organisation und Ordnung. Man hat gerade das Leben als ein der Entropie entgegenwirkendes, „neg-entropisches" Prinzip bezeichnet, das außerdem an nach außen hin offene Systeme gebunden ist. Die biologischen Vorgänge in der Natur laufen, weil sie eben in „natürlicher" Weise ineinandergreifen, mit möglichst geringer Energiebelastung und ohne wesentliche Abfall-(= Entropie)-Probleme ab. Ähnlich wie beim bekannten Wasserkreislauf in der Natur findet seit mehr als 2 Milliarden Jahren in Pflanzenzellen eine Umwandlung der Strahlungsenergie der Sonne in chemische Energie statt. Dabei werden mit Hilfe des Chlorophylls - unter maßgeblichem Einfluß der Lichtenergie - aus Wasser und Kohlendioxid Kohlenhydrate, also chemische Stoffe von geringerer Entropie wie Zucker und Stärke gebildet. Gleichzeitig fällt als

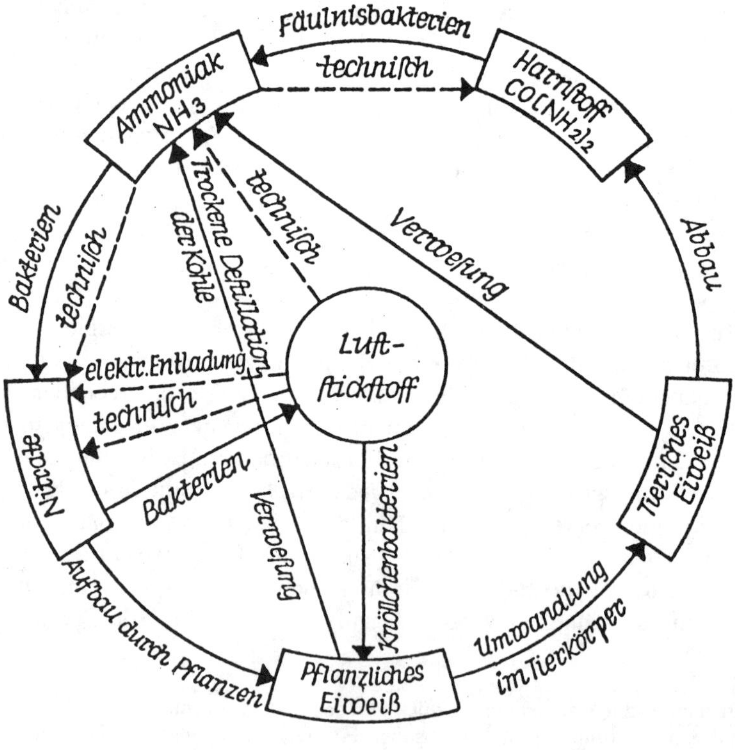

Abbildung 3: *Kreislauf des Stickstoffs*

Nebenprodukt der für menschliches und tierisches Leben unentbehrliche Sauerstoff ab.

Pflanzliches Eiweiß wird wiederum im Körper von Lebewesen in tierisches Eiweiß verwandelt, zum Aufbau der Körpersubstanz verwertet bzw. abgebaut und als Harnstoff ausgeschieden. Dieser wird durch Fäulnisbakterien in Ammoniak verwandelt, den bestimmte Bakterien in Nitrate verwandeln, die wiederum von Pflanzen zu pflanzlichem Eiweiß aufgebaut werden. Man mache sich einmal die Dimensionen klar: Jährlich werden etwa hundert Milliarden Tonnen Sauerstoff, zweihundert Milliarden Tonnen Kohlenstoff und organisches Material produziert und in Umwandlung erneut genutzt. Allein die Meeresalgen setzen zum Beispiel das dreißigtausendfache ihres geschätzten Gesamtgewichts an Trockensubstanz um (Vester 1980), und die Pflanzen der Erde nehmen durch sogenannte Assimilationsvorgänge um die 500 Milliarden Kohlendioxid im Jahr auf. Sie „vernichten" also einen wesentlichen Anteil des in der Atmosphäre enthaltenen Gases, das ja für den Menschen schädlich ist.

Das alles geschieht nicht in Form isolierter Einzelleistungen, sondern in einem großen Zusammenhang der Geschehnisse und Funktionen, der das feste Land, die Ozeane und die Atmosphäre mit allen auf diesem Planeten „Erde" lebenden Organismen umfaßt. In diesem Sinne entwickelten der britische Chemiker James E. Lovelock und die amerikanische Mikrobiologin Lynn Margulis 1974 ihre „Gaia-Hypothese", benannt nach der Göttin der Erde in der antiken Mythologie. Nach dieser Auffassung ist der Planet Erde ein großes pulsierendes Etwas, in dem Erde, Meere und Luft miteinander verbunden sind, ein einziger lebender Organismus, eine große komplexe Einheit, zu der auch alle lebenden Geschöpfe gehören.

Wie oft begann nach Abtragen eines Bergrückens im Kohleabbau der ganze Berg zu erodieren mit der Folge, daß der Baumbewuchs litt, ein Tiersterben einsetzte und eine ehedem bezaubernde Landschaft zur kahlen Wüste wurde. Deshalb könnte sich z.B. zunehmende Abholzung der tropischen Regenwälder wegen ungenügender Kompensation des Gashaushalts der Erdatmosphäre außerordentlich gefährlich für die Erde auswirken. Viele angeblich so erfolgreiche, auf Kosten der Natur durchgeführte Großunternehmungen des Menschen haben sich mittlerweile als Pyrrhus-Siege erwiesen, wie sich erst kürzlich wieder bei Flurkatastrophen zeigte, die durch das Verschwinden der Regenwälder entscheidend mitverursacht gewesen sein dürften. Und plötzlich findet sich der so erfolgsgewohnte Mensch auf der Verliererseite wieder.

Die umgreifende Einheit dieses Systems „Erde" wird auch am Beispiel des Kohlendioxids (CO_2) deutlich. Sein Verbrauch durch eine überwuchernde Pflanzenwelt im Verlaufe der Erdfrühgeschichte war ja wahrscheinlich ein entscheidender Faktor für das Auftreten der Eiszeit. Denn das Kohlendioxid in der Atmosphäre stellt sozusagen einen Wärmespeicher dar. Es verringert nämlich durch die Absorption von infraroten Strahlen den Verlust an Sonnenenergie, die auf die Erde gelangt ist, durch deren Abstrahlung in den Weltraum. Umgekehrt führt eine Vermehrung des CO_2-Gehaltes der Atmosphäre, wie sie einerseits durch massenweise Verbrennung fossiler Kohlenstoffverbindungen und andererseits durch rodungsbedingten Wegfall CO_2-verbrauchender Wälder bzw. die Erosion von Grünland stattfindet, zu einer Erwärmung.

Gegenüber solchen natürlichen Regulationen läuft die vom Menschen eingeleitete Industrialisierung, die die erwähnten energetischen Aspekte im Wirtschaftsprozeß zunächst außer acht läßt, auf eine Massenproduktion von Entropie in Form von Abwärme und Abfall hinaus, derer man sich zudem immer schwieriger entledigen kann. Das Wesen des industriellen Produzierens ist nach den Worten des Journalisten und Ökologie-Experten Christian Schütze nichts anderes „als ein Wettlauf des Menschen um die vorhandenen - aber immer spärlicher werdenden - Reste von niedriger Entropie“, die dann in hohe Entropie umgesetzt werden, d.h. für kommende Generationen wertloser werden. Machen wir uns doch einmal klar: Was in Jahrmillionen letztlich durch Sonnenenergie entstanden ist, wird derzeit in einem Jahrhundert ausgeschlachtet. Und dann?

Vor allem die moderne Rüstung bedeutet einen gewaltigen Aufwand und bindet unvorstellbare Mengen an Energie und Material, mit dem alleinigen - irrsinnigen - Ziel der Zerstörung und der letztendlichen Umwandlung in Abfall.

In letzter Zeit wird daher immer häufiger darauf hingewiesen, daß viele wirtschaftliche Probleme, die sich heute in der Welt stellen, ihre eigentliche Ursache in einer vor allem durch die starke Industrialisierung bedingten unaufhaltsamen Verarmung der Welt hätten. In dieser Sicht erscheint es auch nicht abwegig, die weltweite Inflation als einen deutlichen Spiegel der Entropie-Vermehrung, d.h. der Entwertung der Welt zu deuten.

So stehen wir heute weltweit vor einer Situation mit zahlreichen paradoxen Zusammenhängen: Zunehmender technologischer Fortschritt zerstört systematisch die Voraussetzungen eben dieses Fortschritts; wir haben eine zunehmend komplexe Umwelt geschaffen, verfügen aber nicht über Verfahrensweisen, um diese Komplexität zu bewältigen. Die Weltbevölkerung nimmt ständig zu, die Ressourcen der Erde verknappen; unsere industrielle Produktion wird technisch immer effizienter, sozial immer gefährlicher; zunehmende Produktion und wirtschaftliches Wachstum gehen mit steigender Arbeitslosigkeit einher; die zunehmende Komplexität industrieller Gesellschaften bewirkt ein bedrohliches Anwachsen unvorhergesehener Sozialkosten, von der für die Verwaltung zu erbringenden Steuern bis zu dem Aufwand für Reinerhaltung der Luft und der Gewässer sowie der Kosten, die mit dem Verkehr oder mit Erkrankungen, Suchtgewohnheiten und Kriminalität zusammenhängen.

Zwar schafft Arbeit zweifellos Werte, aber der zu zahlende Preis wird zwangsläufig immer höher. Um 1970 das 2,4-fache der Maisernte von 1945 einfahren zu können, war das 3,1-fache der Energie von 1945 nötig (Schütze). Allein die Menge Dieselöl (etwa 30 Milliarden Liter), die 5 Millionen Traktoren in den USA pro Jahr verbrauchen, entspricht dem Energiehaushalt des gesamten landwirtschaftlichen Ertrages der USA (Knaul).

Hoimar von Ditfurth wies kürzlich (1985) darauf hin, daß die Erzeugung einer „Nahrungskalorie“ heute schon, nämlich in Form von Maschinen, Kunstdünger-Produktion usw., den Aufwand von mindestens zwei „Energiekalorien“ erfordert.

Wer ist sich schon bewußt, daß für ein in einem Supermarkt angebotenes geschnittenes und verpacktes Weißbrot, in dem 1000 kcal enthalten sind, eine Energiezufuhr von 1900 kcal benötigt wird?

Auch Rohstoffe werden immer schwerer zugänglich. Trotz immer höheren Aufwandes an Geld und Technik wird die Ausbeute unergiebiger, bis schließlich der Aufwand zur Energiegewinnung mehr Energie verschlingt als durch diesen Aufwand an Energie gewonnen wird.

Und hier kommt spätestens das Prinzip der Wirtschaft ins Schleudern, wenn nämlich die Kosten den möglichen Gewinn übersteigen und vermehrte Arbeit letztlich nur das Erreichen der kritischen Phase oder sogar des Zusammenbruchs beschleunigt. Welche zunehmenden Mengen ohnehin spärlicher werdender Rohstoffe würden benötigt, wenn der Industrialisierungsprozeß in allen Ländern der Erde einschließlich denen der Dritten Welt weiter fortschreitet? Und wo sollten all diese Produkte abgesetzt werden? Wer könnte überhaupt für diese Produkte noch einen angemessenen Preis zahlen? Strampeln wir nicht schon eigentlich im Sumpf?

Eine Gesellschaft hat sozusagen den Zustand der Entropie erreicht, wenn die Kosten von Umwandlungen im weitesten Sinne des Wortes, die innerhalb der Gesellschaft stattfinden, den Wert der Produktionskapazität überschreiten.

Auch hier zeigt sich, wie wenig einzelne Menschen mit isolierten Maßnahmen im großen Zusammenspiel der Kräfte wirklich zu gestalten vermögen und wie begrenzt auch angesichts der großen Zusammenhänge der Natur und der internationalen Wirtschaftsverflechtung die Möglichkeiten einer im engeren Sinne nationalen Politik sind. Das Auftreten vieler Politiker widerspricht allerdings einer nach dieser Sachlage einzig sinnvollen Bescheidung oft bis zum Exzess. Aber auch ihr Verhalten ist natürlich in umfassendere Bedingungen eingebettet. Sie sind ein Teil der Gesellschaft, die sie regieren. Jedes Land - und das gilt gleichermaßen für historische Epochen - hat die Politiker, die es verdient - und die Politiker treffen ihrerseits wiederum in der Bevölkerung auf eine Mentalität und ein Engagement, das ihrem Wirken entspricht.

2. „Fakten" und Zusammenhänge, Probleme und Lösungen

Beziehungsgeflechte und Umfeld

Was ergibt sich aus all diesen Beispielen, den verschiedenartigen Beobachtungen, Erfahrungen und Untersuchungsergebnissen, über die ich im ersten Kapitel berichtet habe? Zweifellos doch, daß viele, wenn nicht letztlich alle Dinge auf unserer Welt sehr viel enger zusammenhängen, als es bei oberflächlicher oder auch der üblichen isolierenden Betrachtung den Anschein hat, aber auch, daß unsere heutige Welt sich als ein derart feinmaschiges Netz von Zusammenhängen darbietet, daß es den Menschen schwerfällt, alle Einflüsse und Abhängigkeiten zu überblicken.

Der derzeit an der Universität Bamberg tätige Psychologie-Professor Dietrich Dörner erwähnt in seinem lesenswerten Buch „Lohhausen" einige eklatante Beispiele dafür, wie inzwischen solche komplexen Zusammenhänge in unserer Welt gegenüber früheren Zeiten an Bedeutung gewonnen haben:

„Die Merkwürdigkeiten persischer Innenpolitik, die Überzeugungen der verschiedenen Schulen des Islam hätten vor hundert Jahren unsere Vorväter als Curiosa oder im Rahmen der Religionsphilosophie interessiert."

„Die Möglichkeiten des Kaffeekochens und Abwaschens, des Waschens und Badens in der Großstadt Frankfurt beeinflussen über die Grundwasserentnahme unmittelbar die wirtschaftlichen Möglichkeiten der Bauern im hohen Vogelsberg, denen vor 50 Jahren die Frage der Wasserversorgung von Frankfurt noch reichlich gleichgültig sein konnte."

„Die Frage, ob westlich des Rheins im Elsass ein Kraftwerk gebaut werden soll oder nicht, wäre für den Bürger von Freiburg vor der Entwicklung der Kernenergie und vor dem Zeitalter der Energie-Knappheit eine Frage geringen Gewichts gewesen."

Zugleich wird erkennbar, wie wenig eine isolierte Gegebenheit als solche besagt, wenn man nicht um ihre Entstehungsgeschichte weiß und die Konstellationen von Bedingungen kennt, unter denen sie zustande kommt.

Was heißt das praktisch? Betrachten wir uns anstelle langatmiger Erklärungen einige ganz banale, trivial formulierte gesellschaftspolitische Beispiele: „Jemandem ohne seine Zustimmung Geld abzunehmen, ist Diebstahl – außer das Finanzamt tut es; dann ist es Besteuerung. Menschen massenweise zu töten ist Massenmord – es sei denn, man ist Soldat; dann ist es nationale Verteidigung. Seinen Nachbarn auszuspionieren, ist ein Eindringen in seine Intimsphäre – außer man arbeitet für das FBI; dann ist es nationale Sicherheit. Ein Bordell betreiben macht einen zum Zuhälter und Menschen vergiften zum Mörder - es sei denn, man arbeitet für den Geheimdienst; dann ist es Spionage-Abwehr" (R.A. Wilson).

Karl W. Deutsch zitiert in ähnlicher Weise den Ausspruch eines Engländers: „Einen Säugling ins Feuer zu werfen, ist ein Verbrechen; aber Feuer auf einen Säugling zu werfen, ist eine militärische Operation".

Deshalb ist es, wenn man etwas beurteilen will, so wichtig, die Gesamtheit aller Bedingungen, das Umfeld, in dem etwas stattfindet, zu kennen.

So ist es auch bei Verschmutzungsproblemen von Luft oder Wasser im Grunde nicht zulässig, nur die Sauberhaltung innerhalb bestimmter (Landes-)Grenzen zu beachten; und es ist auch nicht vertretbar, die Ozeane im Sinne nationaler Gewässer zu behandeln. Denn die „nationalen Gewässer" von Marokko tauchen bald auch in Mexiko und etwas später in Norwegen auf. Und Verschmutzungen des Ozeans, wie etwa die Ölpest, halten sich nun einmal nicht an nationale Grenzen. Wer solchen Erkenntnissen nicht folgt, weil sie ihm nicht unmittelbar handgreiflich vor Augen liegen, gleicht Klein-Fritzchen, dem der Lehrer in der Schule die Frage stellte, was denn weiter entfernt sei, die Sonne oder Australien. „Natürlich Australien", bemerkt Fritzchen, „denn die Sonne kann ich sehen, Australien aber nicht."

Der Atomphysiker Werner Heisenberg, der die Welt einmal als ein „kompliziertes Gewebe von Vorgängen" bezeichnete, hat diese Sichtweise sehr feinsinnig formuliert: Es „wird allmählich ein Gefühl dafür erwachsen, daß das Leben auf dieser Erde eine Einheit darstellt, daß ein Schaden an einer Stelle sich an allen anderen Stellen auswirken kann, und daß wir für die Ordnung des Lebens auf dieser unserer Erde mit verantwortlich sind. Aus der Ferne des Weltraums, in die der Mensch mit den Mitteln moderner Technik vordringen kann, erkennt man vielleicht noch deutlicher als von der Erde selbst die einheitlichen Gesetze, nach denen alles Leben auf unserem Planeten geordnet ist."

Eine Ursache führt zu einer Wirkung, aber auch die Wirkung kann ihrerseits wiederum zu einer Ursache werden, und damit letztlich auf die eigene „Ursache" zurückwirken. Man spricht dann von sogenannten Wirkungskreisen.

Abbildung 4: *Sog. „Wirkungskreis"*

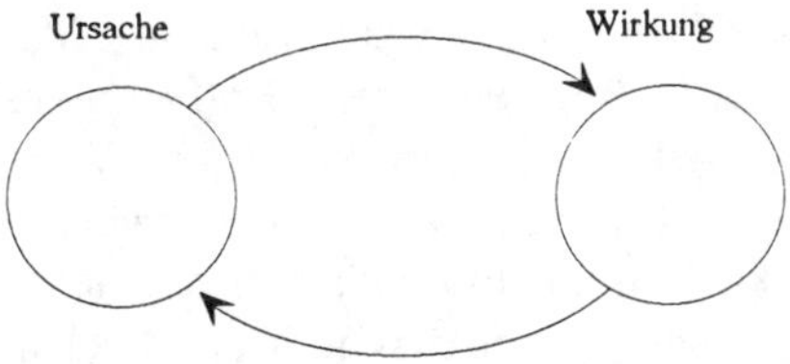

So hängen auch die Gefühle, die ein anderer Mensch einem selbst gegenüber hat, sehr stark von den Gefühlen ab, die man selbst dem anderen gegenüber oder schlechthin anderen Menschen gegenüber hat. Begegnet man einem anderen mit Mißtrauen, so wird dieser das Mißtrauen fühlen und selber mißtrauisch werden, was wiederum unser Mißtrauen verstärkt.

Wir haben es letztlich bei allem, was geschieht, mit einem unendlich feinmaschigen Netz von Wirkungen und Rückwirkungen zu tun. Das zeigt sich beispielsweise auch in dem wechselseitigen Zusammenhang volkswirtschaftlicher Größen wie Angebot, Nachfrage, Preisstruktur, Gewinnspanne, Zinsfluß usw. Deshalb müssen wir uns auch selbst als das erkennen, was wir tatsächlich sind: als ein Bestandteil des vernetzten und ausgewogenen natürlichen Wirkgefüges dieser Welt, nicht aber als ein Eroberer, der die Natur nach seinem Willen zurechtbiegen und ihren Reichtum ausbeuten darf (Campbell).

Wie schwierig ist es, sich ein Gesicht vorzustellen, selbst wenn man alle Einzelheiten (nacheinander) genauestens, vielleicht sogar mit ganz exakten Zahlenangaben beschrieben bekommt! Und wie leicht ist es für unser - auf die Erkennung ganzheitlicher Strukturen, sogenannter „Gestalten" ausgerichtetes - Gehirn, ein Gesicht wiederzuerkennen. Daß der Blick auf das Ganze oft auch etwas qualitativ völlig anderes enthüllt als der auf Details gerichtete Blick, zeigt sich sehr plastisch in Abbildung 5. Wenn Sie das Bild nahe an das Auge heranführen, sehen sie nichts als eine Fülle unterschiedlicher Punkte. Erst wenn Sie das Bild in genügend weite Entfernung vom Auge halten oder die Augen zusammenkneifen, treten ganz klar die Gesichter der Jungen bzw. das Auge hervor.

Abbildung 5:
Das Gehirn ergänzt die Arbeit der Sinnesorgane, indem es Informationslücken mit denjenigen Informationen auffüllt, die von den Sinnesorganen selbst nicht aufgenommen werden. Das Auge sieht kein zusammenhängendes Bild, sondern registriert das Gesehene als Muster von dunklen und hellen Punkten, etwa wie bei der stark vergrößerten Photographie rechts. Das Gehirn fügt das gepunktete Muster so zusammen, daß die einzelnen Farbschattierungen ineinander übergehen.

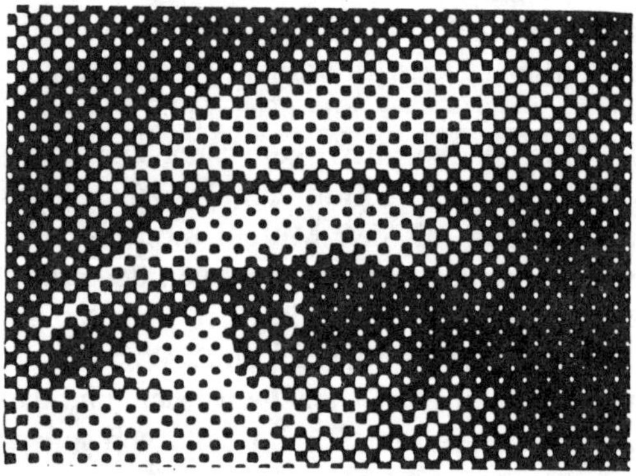

Auch im zeitlichen Ablauf treffen wir nicht auf zusammenhanglose Geschehnisse, sondern auf ein endloses Band von Verknüpfungen. „Jeder, der etwas tun will, muß immer erst etwas anderes tun", beschreibt Rolf Breitenstein Murphy's Gesetz. „Wer Pfannkuchen haben will, muß Eier ausschlagen. Wer nicht in der Nähe eines Lebensmittel-Geschäftes wohnt und erst ins Auto steigen muß, um zum Supermarkt zu fahren, um Eier zu kaufen, um Pfannkuchen zu backen, ist schon auf gutem Wege, die Richtigkeit dieses wirtschafts- und gesellschaftspolitischen Gesetzes einzusehen."

Er muß aber auch oft, weil er dies oder jenes getan hat, in der Folge noch x anderes tun. Alles, was geschieht, greift vielfältig ineinander.

Aus den erwähnten und auch aus vielen anderen Beispielen wird also deutlich, daß viele, zunächst isoliert erscheinende Gegebenheiten, ob in der biologischen Umwelt oder in der Weltwirtschaft, ein Netzwerk eng „vermaschter" Beziehungen darstellen. In unserer Welt gibt es unendlich viele kleinere „Welten“, deren Einzelkomponenten sich in langer, natürlicher Entwicklung sozusagen „aufeinander eingespielt“ haben. Und in diesem Zusammenspiel hängen sie wechselseitig - direkt oder indirekt, teils in klar erkennbarer, teils in geradezu geheimnisvoller Weise - voneinander ab.

Zum Stellenwert „klarer Fakten“

Auf dem Kontinuum zwischen den Polen klarer, detaillierter Einzelfakten und „unübersehbarer Komplexität“ hat im Grunde jede Kultur im Laufe der Geschichte ihren eigenen Standort gefunden, der die Art ihrer Geistigkeit entscheidend prägt. In Form der Elementar- und Ganzheitsorientierung, der mehr analytischen oder stärker synthetischen Ausrichtung zieht sich dieser Gegensatz auch durch die Geschichte der Wissenschaften.

Das abendländische Denken der letzten Jahrhunderte erscheint in besonderer Weise durch eine ganz klare Fakten-orientierte Grundposition bestimmt. „Objektive“, „klare“, „harte“ Facts genießen in unserem Kulturkreis eine hohe Wertschätzung; von ihnen geht sogar eine eigenartige Faszination aus, vor allem auch in Verbindung mit hohen Zahlen, etwa einer Stichprobe von Versuchspersonen. Dabei wird allerdings meist nicht daran gedacht, daß üblicherweise mit einem größeren N, also der Zahl der Fälle, diejenigen Faktoren weniger überschaubar und kontrollierbar werden, die die statistischen Beziehungen beeinflussen. Zugleich muß man bei näherer Betrachtung zweierlei einräumen: Einmal ist „Fakten“-Orientierung keineswegs die einzige Art des Zugangs zu der uns umgebenden Welt, und zum anderen sind Fakten und Interpretationen keineswegs so klar zu scheiden, wie man zunächst vermuten möchte. Denn vieles von dem, was wir als „Tatsachen“ - beispielsweise über das Fernsehen - geliefert erhalten, stellt Information über bereits gedeutete Welt dar, abgesehen davon, daß bereits die Auswahl das Ergebnis einer Bewertung ist.

So kann man sich zu Recht fragen, was denn viele der so oft gerühmten Tatsachen eigentlich besagen. Sicher sehr häufig nicht ohne weiteres das, was sie zunächst so klar zu belegen scheinen. Wenn „eindeutig“ ermittelt und ausgezählt ist, wieviel Prozent der Bundesbürger welchen Politiker sympathisch finden, so kann ich zwar - in der diesbezüglichen Schlagzeilenpresse entsprechend aufgemacht - eine eindeutige Zahl zur Kenntnis nehmen. Ich weiß aber letztlich noch nicht, wie ich diese Zahl zu bewerten habe. Um das zu können, müßte ich wissen, wer alles wann, wo, wie, von wem, unter welchen Bedingungen befragt wurde. Reine Zahlen sprechen nur selten „für sich selbst“. Man muß sie auslegen. Um das aber verläßlich tun zu können, muß man über sehr viel mehr verfügen als die Kenntnis der reinen Zahlen.

Gerade in den letzten Jahrzehnten ist in der wissenschaftlichen Tätigkeit der Bereich der reinen Technik der Datenerhebung und noch stärker der mathematisch-statistischen Aufarbeitung von Befunden mehr und mehr in den Vordergrund getreten. Hinter dieser sehr ausgeprägten Tendenz trat andererseits eine erkenntniskritische Betrachtung dessen, was eigentlich getan worden war, bzw. eine Betrachtung umfassender Zusammenhänge verhältnismäßig stark zurück.

Greifen wir nur einen Aspekt auf: Schon im Vorfeld erkenntniskritischer Betrachtungen im engeren Sinne ist es oft nützlich, sich die Frage zu stellen, welchen persönlichen oder machtpolitischen Zielen eine Untersuchung oder ein bestimmtes Ergebnis dient oder dienen könnte, welche Karriere-Wünsche, Profilierungs-Süchte, Interessen usw. den Hintergrund und die Voraussetzungen einer bestimmten Untersuchung bilden. Um diese oft unausgesprochenen Voraussetzungen und Bedingungen einer Untersuchung wie auch um die Grundlagen der Befund-Deutung kümmert man sich aber im allgemeinen im Unterschied zu der Exaktheit und Ausgefeiltheit der Datenerhebung und statistischen Auswertung vergleichsweise wenig.

Dazu kommt ein anderer Gesichtspunkt. Er hängt nach dem Motto „Wer die Musik bezahlt, bestimmt auch, was gespielt wird" damit zusammen, daß auch Ergebnisse von Untersuchungen in Macht-Konstellationen eingebettet sind. Abgesehen davon, daß die über das Geld verfügenden Institutionen es in vielen Fällen vorziehen mögen, einen Forscher zu wählen, der beispielsweise auf die gleichen politischen Grundtendenzen eingeschworen ist oder ihnen zumindest nicht zu ferne steht, werden sich Auftraggeber, die ja meist bestimmten Interessen verpflichtet sind - ausdrücklich bewußt oder auch unbewußt -, „für ihr gutes Geld" diejenigen Forscher suchen, von denen sie mit einigem Grund erwarten können, daß deren Ergebnisse ihren Vorstellungen entsprechen werden. Anderes erscheint eben nicht in dem gleichen Maße „brauchbar", wobei sich diese „Brauchbarkeit" nicht so sehr auf eine fachliche Aufarbeitung in Richtung praktischer Umsetzung, sondern auf die Verwirklichung ganz bestimmter Vorhaben und die Verfolgung ganz bestimmter Zwecke bezieht.

Andererseits ist, wie der Philosoph Klaus Meyer-Abich beklagt, „die balkanisierte Wissenschaft parzellenweise so stark in die gesamten Konflikt- und Interessenfelder integriert, daß kaum noch eine offene Auseinandersetzung über Forschungsziele stattfindet". Und viele Wissenschaftler gebärden sich darüber hinaus, d.h. auch über ihre Fachkompetenz hinaus, „hemmungslos als Interessenvertreter".

Wenn also schon die Auswahl der Fragen und die Setzungen alles dessen, was der „Tatsachen-Erhebung" vorausgeht, die sogenannten „Voraussetzungen", meist eine mehr oder weniger willkürliche Bewertung und Entscheidung beinhalten, so kann ein anschließend noch so exakt ermittelter und statistisch abgesicherter Wert nicht mehr aussagen, als nach Abzug dieser systematischen Einflußgrößen übrig bleibt. Und das ist meist, auch wenn man sich an der methodischen Exaktheit eines Teils seines Vorgehens noch so sehr berauscht, nicht sehr viel. So schrieb Erich Fromm bezeichnenderweise einmal, die erfolgreichste Art der Verzerrung bestehe darin, einfach eine Reihe von „Tatsachen" vorzulegen.

Tatsachen als solche sind aber sozusagen leer und nichtssagend. Sie gewinnen erst inhaltliche Erfüllung, wenn ihnen eine Bedeutung zukommt. „Bedeutung aber", so muß man mit Erich Fromm weiterfragen, „für was und für wen?" Eine Deutung setzt immer bestimmte Werte voraus, an denen die Bedeutsamkeit eines

Ereignisses gemessen wird. Und auch hier wieder stellt sich die Frage, auf welche belegbare Weise darüber Rechenschaft abgelegt wird, nach welchen Gesichtspunkten die sogenannten Tatsachen bewertet werden.

Denn auf die Frage beispielsweise, woher das Kriterium stammt, nach dem von einem bestimmten Punkt aus in einer bestimmten Richtung ein erhobenes und als solches auch abgesichertes Ergebnis interpretiert wurde, bleibt der Befragte meist die Antwort schuldig. Ein Untersuchungsergebnis kann nämlich durchaus, wie alles in der Welt, von verschiedenen Seiten und unter sehr verschiedenartigen Blickwinkeln gesehen und gedeutet werden. So ist die Frage, ob ich ein bestimmtes Vorgehen oder eine bestimmte Handlungsweise als nützlich beurteile, davon abhängig, welchen Bezugsrahmen ich wähle. Nützt mir etwas persönlich, ist es für meine Familie, für die Gemeinde nützlich, für das Land, den Staat, den Erdteil, die Menschheit schlechthin?

Eine große Exaktheit in der unmittelbaren Behandlung von Befunden ist ohne Zweifel wertvoll und wichtig. Oft ist sie aber im größeren Zusammenhang kaum mehr als der berühmte „Tropfen auf den heißen Stein", angesichts weitgehend ungeprüfter Vorgänge in den Phasen, die der Befunderhebung vorausgehen und ihr nachfolgen.

Darüber hinaus gehen auch in die Darstellung eines „Ergebnisses" Tönungen, Färbungen und mitunter sogar bewußte Täuschungen ein, und sei es nur durch beiläufige Einschiebungen in einem kleinen Nebensatz. Womit vergleiche ich irgendein Monatsergebnis? Mit dem Ergebnis des Vormonats, mit dem Ergebnis des gleichen Vorjahres-Monats, mit dem Ergebnis in einem anderen (warum und wie ausgewählten) Land, mit dem Ergebnis eines Monats einer anderen Zeitepoche? Ich habe die Auswahl.

Ob schließlich auch eine Darstellung immer so verstanden wird, wie sie gemeint war, ist eine weitere Frage. Denn jeder hat eine sehr starke Neigung, aus einem Text das herauszulesen, was er ohnehin schon zu wissen meinte und immer schon geglaubt hatte. Spötter behaupten ja, daß das Lesen von Zeitungen nicht einmal so sehr dem Bestreben entspringe, Neues zu erfahren, sondern eher der Neigung, sich zu vergewissern, daß alles noch „beim alten sei". Die wenigsten Parteigänger einer bestimmten Richtung sind an der Lektüre eines Blattes interessiert, das nicht dieser ihrer speziellen Blickrichtung entspricht. Sie abonnieren lieber zwei Zeitungen der gleichen Richtung oder sogar - wenn auch zumindest teilweise aus anderen Gründen - das gleiche Blatt gleich zweimal.

Komplexität und Kompliziertheit

Am entgegengesetzten Pol zu reinen Fakten und zugleich in unaufhebbarem Gegensatz zu Präzision und Bestimmtheit stehend, treffen wir auf die Komplexität, die ein umfassendes „Feld" von Wirklichkeit darstellt, in dem Aussagen und Entscheidungen mit einem Charakter mehr oder weniger ausgeprägter Ungewißheit behaftet bleiben, weil die zur klaren Erfassung des Problembereichs notwendige Informationsmenge den tatsächlich vorhandenen Informationsstand übersteigt.

So entzieht sich etwas Komplexes als eine auf vielen Wirklichkeitsebenen bestehende grundsätzliche primäre Einheit auch meist einer exakten Definition. Das ist im Grunde gar nicht verwunderlich und erscheint bei einigem Nachdenken auch logisch zwingend. Denn der Akt des Definierens ist ja ein Akt des exakten Abgrenzens, um Dinge einfacher und auch klarer handhaben zu können. Nur stellt sich dann gleich die Frage, ob diese so klar definierten Dinge noch die „wirklichen" Dinge sind, um die es eigentlich geht.

Während Komplexität eine Eigenschaft ist, die einem Gebilde vorwiegend aufgrund der zwischen den einzelnen Komponenten bestehenden - und oft auch in zeitlicher Veränderung begriffenen - Beziehungen zukommt und die durch das Ausmaß der Berechnungen bestimmt werden kann, das notwendig ist, um ein ganz spezielles Arrangement hervorzubringen, beinhaltet „Kompliziertheit" mehr eine äußerliche Zusammenfügung oder Anhäufung einer mehr oder weniger großen Anzahl isolierter Elemente, die nur aufgrund einer mehr oder weniger langen Beschreibung erfaßt und verstanden werden können. Der Begriff zielt auch stärker auf erkenntnismäßige Zusammenhänge, d.h. auf größere Schwierigkeiten der subjektiven Verarbeitung, der Begriff Komplexität dagegen vorrangig stärker auf die äußere Wirklichkeit. In diesem Sinne gilt etwas als komplex, wenn es

- aus einer großen Anzahl von Einzelteilen besteht,
- wenn diese Bestandteile nicht gleichartig, sondern unterschiedlich sind
- und wenn sie untereinander in wechselseitiger Abhängigkeit stehen, d.h. ein Geflecht von Zusammenhängen bilden.

Darüber hinaus bedeutet Komplexität eine Art Ganzheit, eine gewisse Einheit in der Mannigfaltigkeit, und der Begriff spielt bei scheinbarer Ungeordnetheit auf eine verborgene Ordnung an. Komplexität kann sozusagen als eine Ordnung verstanden werden, deren Code man nicht kennt (Atlan). Sie macht damit direkte konkrete Voraussagen schwierig, weil sie geradezu ein Maß zahlreicher Einflußgrößen darstellt, die im einzelnen unbestimmbar sind. Rein zahlenmäßig betrachtet, läßt sie sich durch eine Anzahl von Informationseinheiten ausdrücken, die man benötigt, um den Ablauf eines bestimmten Programms zu gewährleisten.

Die geistige Bewältigung komplexer Zusammenhänge stellt nun den Menschen vor die Aufgabe, Information aus unterschiedlichen Bereichen und Teilen zu integrieren und unterschiedliche Arten von Integration unter mannigfaltigen Aspekten zu leisten. Das Wort „be-greifen" bedeutet ja bezeichnenderweise, etwas von mehreren Seiten aus anzufassen, es dadurch „in den Griff zu bekommen".

Dabei wird zwischen der Komplexität der Umwelt (oder der Aufgabe) und der Komplexität der zu erbringenden Leistung eine bestimmte Beziehung deutlich. Je komplexer etwas ist, um so mehr Information benötigen wir zur Erkennung und Beschreibung. Gegebenheiten niedriger Komplexität lassen sich auch auf einem niedrigeren Niveau von Leistungs-Komplexität bewältigen. Mit steigender Komplexität der Aufgabe werden andererseits auch die Leistungsanforderungen an den Menschen komplexer. Mit noch weiter steigender Komplexität kommt man aber an einen Punkt, an dem offenbar die Komplexitätsanforderungen an die Grenzen menschlicher Fähigkeiten stoßen, ja diese überschreiten (Guss).

Bei sehr vielen Umweltanforderungen handelt es sich um derart komplexe Zusammenhänge, daß überhaupt nur ein kleiner Teil der an diesen Zusammenhängen beteiligten Einflußgrößen bekannt ist, von den unübersehbaren Wechselwirkungen ganz zu schweigen.

Komplexe Probleme erfordern komplexe Lösungen

Auch die Probleme, die sich dem Menschen stellen, sind also weitgehend, ja fast ausschließlich, komplexer Art. Sie können deshalb als solche auch nie mit Hilfe analytisch zerspaltender, fragmentierender Methoden ausreichend erfaßt, geschweige denn gelöst werden.

In einer Entscheidungssituation steht man fast nie vor einem einzigen Ziel, das man gradlinig ansteuernd erreichen könnte. Oft stehen eine ganze Anzahl von Zielen gleichzeitig nebeneinander. Man möchte sich durchsetzen, aber keinem weh tun; man möchte etwas kaufen, das gut und haltbar und zugleich billig ist. Ein Tischchen, das man kaufen möchte, ist ungeheuer schön, das andere aber wesentlich praktischer und das dritte schließlich erstaunlich billig. Was tun, bei einer ganzen Reihe von Zielen, die sich nicht selten sogar gegenseitig ausschließen, und bei unterschiedlichen Beurteilungskriterien? Oft schafft man sich auch selbst bei Verfolgung eines bestimmten Ziels ein neues Problem. In sehr vielen Fällen hat man nicht einmal eine ausreichende Kenntnis der gesamten Situation und aller Aspekte eines Problems. Die Zahl der zu beachtenden Gesichtspunkte ist einfach zu groß; vieles ist auch gar nicht unmittelbar faßbar, an anderes denkt man einfach nicht, an manches, was doch existiert, mag bisher überhaupt noch nicht gedacht worden sein. Und das alles ist nicht eine einmal bestehende Gegebenheit, die so bleibt, sondern ist in beständiger Veränderung - und ich selbst verändere mich auch; manches mag mir - aus welchem Grund auch immer - heute wichtiger erscheinen als gestern. Aber selbst wenn ich mir klar bin, was ich nun wirklich - unter welchen Kosten und Opfern - will, bleibt noch die andere Schwierigkeit, was ich in dieser Richtung mit welchem Aufwand überhaupt konkret erreichen kann (Dörner 1983).

Das ist doch unsere übliche Situation vor den Problemen, die sich uns in der Wirklichkeit stellen.

Breitenstein spricht von einer Käseglocke, die sich Wissenschaftler über ein Stück der Wirklichkeit stülpen und dann anschließend alles, was sich außerhalb der Käseglocke befindet, ignorieren. Dabei übersehen sie meist noch zusätzlich, daß ihr Stück unter der Käseglocke schon gar nicht mehr die Wirklichkeit, ja nicht einmal mehr ein Teil der Wirklichkeit ist. Und dieses Spiel wird, auch noch in der heutigen Welt, unzählige Male mit Fortschritts-Stolz gespielt, obwohl ein altes orientalisches Gleichnis vor den Gefahren warnen sollte.

Es geht auf den im Jahre 1335 in Damaskus geborenen Saad el Dia Jabravi zurück, der mit seinen Gleichnissen wertvollen Einsichten anschauliche Form gab, so auch mit dem Gleichnis von den Ameisen und der Feder:

Eines Tages verirrte sich eine Ameise auf einem Stück Papier; dort bemerkte sie, wie eine Feder säuberlich schwarze Linien zog.

„Wie wunderschön das ist!“, sagte die Ameise.

„Dieser bemerkenswerte, mit eigenem Leben ausgestattete Gegenstand bringt auf dieser wunderschönen Fläche mit einer solchen Ausdauer und Energie Schnörkel hervor, die den Anstrengungen aller Ameisen der Welt gleich kommen. Und all diese Schnörkel, die er hervorbringt! Sie sehen Ameisen ähnlich; nicht bloß einer, sondern Millionen von Ameisen, die alle gemeinsam rennen.“

Sie erzählte ihre Eindrücke einer anderen Ameise, die ebenfalls Interesse zeigte. Diese pries die Beobachtungsgabe und die Überlegungen der ersten Ameise.

Eine weitere Ameise jedoch sagte: „Indem ich mir - zugegebenermaßen - Eure Bemühungen zunutze machte, habe ich diesen seltsamen Gegenstand beobachtet. Aber ich habe festgestellt, daß dieser Gegenstand nicht der eigentliche Meister dieses Werkes ist. Ihr habt übersehen, daß diese Feder zu anderen Dingen gehört, die sie umfassen und führen. Diese sollten als der eigentliche Bewegungsfaktor betrachtet werden, und ihnen gebührt die Anerkennung.“ Auf diese Weise sind von den Ameisen die Finger entdeckt worden.

Nach langer Zeit kletterte jedoch eine andere Ameise über die Finger und stellte fest, daß dieselben zu einer Hand gehörten, die sie - indem sie ganz nach Art der Ameisen auf ihr herumkrabbelte - gründlich erforschte. Sie kehrte zu ihren Gefährten zurück und schrie: „Ameisen! Ich habe wichtige Nachrichten für Euch. Diese kleineren Gegenstände sind Teil eines größeren Gegenstandes, der sie in Bewegung setzt.“

Aber dann wurde entdeckt, daß die Hand zu einem Arm gehört und der Arm zu einem Körper; man stellte fest, daß es zwei Hände gab und zwei Füße, wobei letztere nicht schrieben.

Die Untersuchungen gehen weiter. Was die Mechanik des Schreibens anbelangt, haben die Ameisen eine klare Vorstellung. Die Bedeutung und Absicht des Schreibens werden sie aufgrund ihrer herkömmlichen Untersuchungsmethodik nicht herausfinden (Shah 1982).

Stellen wir noch einmal eindeutig heraus: Wenn die Probleme, die sich dem Menschen stellen, weitgehend, ja fast ausschließlich komplexer Art sind, müssen sinnvolle Lösungsansätze dieser Probleme zwangsläufig der Komplexität der tatsächlich bestehenden Beziehungen und wechselseitigen Abhängigkeiten im Gesamtrahmen gerecht werden. Sie müssen versuchen, die Konstellation von Bedingungen, die Struktur des Netzes zu verändern, in dem sich die Probleme stellen. Bei jeder Entscheidung, die auf einem bestimmten Gebiet getroffen wird, und bei jedem Eingriff, der in einem bestimmten Bereich erfolgt, muß schließlich auch an die Auswirkungen in anderen Bereichen gedacht werden.

In der Tat hat es sich in vielen Fällen praktischen Handelns als weit erfolgreicher erwiesen, umfassende Konstellationen und vor allem auch bestehende Wechselbeziehungen zu berücksichtigen, als isolierte Maßnahmen zu ergreifen. Das aber bedeutet praktisch, sich von der Vorstellung einfacher Kausalitäten und Gesetzmäßigkeiten zu lösen und zu erkennen, daß eine einfache Theorie über komplexe

Phänomene notwendigerweise unangemessen bzw. höchstwahrscheinlich „falsch" sein muß.

Dabei ist es allerdings keineswegs unbedingt erforderlich, alle tatsächlich beteiligten Einflußgrößen im Detail genauestens zu erfassen. Oft genügt es für die Praxis, die wesentlichen, die sogenannten „kritischen" Größen zu kennen. Schon geringfügige Veränderungen des für ein Phänomen bestimmenden Bezugsrahmens lassen dieses als solches oft verschwinden oder verleihen ihm eine völlig neue Bedeutung. Erreicht man doch auch eine Verhaltensänderung gewöhnlich sehr viel leichter, wenn man die Bedingungen ändert, unter denen dieses Verhalten entstanden ist und letztlich aufrecht erhalten wird, als wenn man noch so gezielt unter gleichbleibenden Bedingungen auf das einzelne Individuum einwirkt. Man kann von einem Menschen schlechterdings kaum erwarten, in einer ihm feindseligen und unfreundlichen Umgebung fröhlich zu lächeln, braucht ihn aber gewöhnlich nicht speziell zu animieren, in fröhlicher Gesellschaft, wenn seine Umwelt in strahlendem Sonnenschein glänzt, eine mißtrauische Zurückhaltung über Bord zu werfen.

Es ist ja auch meist erheblich einfacher, billiger und effektiver, gesellschaftliche Verhältnisse konfliktloser zu gestalten als erzieherisch und bestrafend auf den einzelnen einzuwirken, der sich im Grunde nur gemäß den entsprechenden Gesamtbedingungen verhält. Entscheidend bleibt aber dabei, sich jeweils der großen Zahl von Einflußgrößen bewußt zu sein und sich nicht von vornherein willkürlich auf eine einzige oder einige wenige zu beschränken. Es ist schon sehr viel gewonnen, wenn man sich immer wieder die ungeheure Vernetztheit von Zusammenhängen vor Augen führt und das Zusammenspiel der Faktoren sowie auch längerfristige und mittelbare Folgen irgendwelcher Eingriffe bedenkt. Und das ist lernbar.

Spezialisierung und interdisziplinäre Ansätze

So, wie die Wirklichkeit ein großer komplexer Zusammenhang ist, stehen auch die einzelnen Disziplinen, mit denen Menschen sich der Wirklichkeitsbegegnung stellen, in wesentlich engerer Beziehung zueinander, als das oft betont „disziplinierte" Verhalten von Vertretern spezieller Fachsparten vermuten läßt. C.F. von Weizsäcker hat das einmal sehr klar formuliert, als er feststellte, daß Wirtschaft nicht ohne Technik, Technik ihrerseits nicht ohne Wissenschaft möglich sei, daß es wahre Wissenschaft aber nicht ohne Philosophie geben könne und Philosophie wiederum nicht ohne Essenz der Religion denkbar sei.

So sind die Möglichkeiten, mit einem ganz bestimmten wissenschaftlichen Ansatz die Wirklichkeit und alle Aspekte der Wirklichkeit erfassen zu wollen, ebenso begrenzt wie Versuche, aus isolierten „Tatsachen" weitgehende Aussagen abzuleiten.

Auch hier wieder stellt sich die Frage, ob Vorgefaßtheiten - welcher Art auch immer - oder Sachangemessenheit das Vorgehen bestimmen. Ein Lineal ist ein wunderbares Instrument. Aber taugt es auch dazu, die Länge eines kurvigen

Verlaufs direkt zu messen? Da könnte ein nicht geeichter Faden Zwirn oder Wolle sogar geeigneter sein, wenn man eine solche Strecke schlicht mit einer anderen vergleichen will.

Vieles, was wir bisher kennengelernt haben, spricht in der Tat dafür, Probleme als Teilaspekte umfassender Zusammenhänge zu verstehen. Vielleicht sind in diesem Sinne auch viele Entwicklungen, die sich in unserer heutigen Zeit scheinbar unabhängig voneinander vollziehen, Ausdruck einer grundlegenden Veränderung der gesamten industriellen Zivilisation.

Deshalb ist es unabdingbar, wenn man etwas wirklich verstehen will, verschiedene Sichtweisen miteinander zu verbinden und von einer auf das Ganze bezogenen Ergänzung der Betrachtungsansätze auszugehen. Wegen der dadurch notwendigen Beteiligung verschiedenartiger „Fächer“ spricht man auch von einem multidimensionalen, multidisziplinären Ansatz, d.h. einem Ansatz, der viele unterschiedliche Sichtweisen und Fachdisziplinen berücksichtigt.

Besser würde man noch von einem interdisziplinären Betrachtungs- bzw. Problembewältigungsansatz sprechen. Denn dieser Begriff betont noch stärker die Berücksichtigung der Beziehungen zwischen den einzelnen Fächern.

Eine Ansammlung von noch so bedeutenden Spezialisten auf verschiedenen Gebieten, die jeweils ihrem engeren Denkansatz verhaftet bleiben, würde wahrscheinlich noch nicht zu effektiven Ergebnissen führen können. Jeder Spezialist müßte vielmehr seine auf ihn selbst und sein Spezialgebiet gerichtete und von dort her bestimmte Einstellung auch aufgeben können und sich in aller Offenheit und ohne Voreingenommenheit um die wesentlichen Merkmale des Problems selbst bemühen und gemeinsam mit anderen Spezialisten in sachlicher Weise am Erfassen und Bewältigen der tatsächlichen komplexen Problemsituation zusammenarbeiten.

So hängt beispielsweise der Erfolg erzieherischer Maßnahmen davon ab, daß die materielle und soziale Umwelt im weitesten Sinne überhaupt die Möglichkeit dazu bietet, das zu verwirklichen, was man sich erzieherisch vorstellt. Umgekehrt hängt der Erfolg technischer und überwachender Maßnahmen wiederum weitgehend von den Verständnismöglichkeiten und Einstellungen der Bevölkerung ab, von dem erlebnis- und erfahrungsmäßigen Hintergrund, auf den sie treffen. Insofern bedürfen sie oft einer erzieherischen Ergänzung.

Ich erinnere mich an eine Fußgängerbrücke, die in der Nähe eines Marktes einer südostasiatischen Stadt gebaut worden war, um die Zahl der Unfälle zu senken, die infolge eines ausgesprochen durchmischten Verkehrs (Autos, Rikschas, Fahrräder, Motorräder, Fußgänger) sehr hoch war. Diese Brücke war aus Stahl errichtet, aber Treppen und Fläche waren sozusagen von unten „durchsichtig“. Diese Überführung wurde von der fast rein islamischen Bevölkerung nicht angenommen, weil es einfach unvorstellbar ist, einer islamischen Frau unter den Rock schauen zu können.

Spezialisten sind aber nun in ihrem Denken sehr stark durch die von ihnen gelernten und beherrschten Methoden bestimmt und haben dadurch oft schon

Lösungsmöglichkeiten zur Hand, ehe sie noch das Problem als solches wirklich verstanden haben. Solche Lösungen sind aber oft nur eine Art Selbstbefriedigung.

In späteren Schritten mögen durchaus detaillierte Spezialkenntnisse wichtig und erforderlich sein. Zunächst aber muß es darum gehen, das tatsächliche Problem in seinem Zusammenhang und seinen Zusammenhängen zu verstehen sowie in sachbestimmter Weise die Ebenen und Blickrichtungen festzulegen, in denen das Problem angegangen werden sollte. Natürlich sind zur Lösung komplexer Probleme umfangreiche Spezialkenntnisse erforderlich. Es ist aber mindestens ebenso wichtig, die Bereitschaft und die Fähigkeit zu entwickeln und zu fördern, das auf den verschiedensten Gebieten vorhandene Spezialwissen zum Zweck der sachlichen Lösung eines komplexen Problems zusammenzuführen. Eine solche Zusammenschau, sozusagen eine neue schöpferische Sichtweise, die auf einem weiten Wissen auf den verschiedensten Gebieten beruht, ist sicher nicht einfach. Aber nur eine solche umfassende Zusammenschau erlaubt es, die wechselseitigen Beziehungen zwischen den einzelnen Fachbeiträgen zu verstehen.

Es muß also darum gehen, im Interesse einer tatsächlichen Problemlösung eine auf *eine* Disziplin beschränkte Sichtweise aufzugeben, sich von einem einseitigen Ressort- oder Branchendenken zu lösen. Jede starr durchgehaltene Sichtweise, jedes zum Selbstzweck gewordene Vorgehen bedroht die Existenz des Ganzen.

Auch die in bestimmte Fachressorts aufgeteilten Verwaltungen spalten die Wirklichkeit in willkürliche Abschnitte auf, können aber damit die wirklichen Probleme nicht mehr lösen. Denn jede isolierte „Lösung" eines Problems schafft sehr leicht neue Probleme. Das gilt auch für die Politik.

Wahrscheinlich sind auch echte, konstruktive und langfristig wirkungsvolle politische Lösungen erst dann zu erwarten, wenn nicht mehr jedes Ministerium und/oder jede Interessengruppe aus Macht- oder Profilierungsgründen für sich ein Einzelprojekt entwickelt bzw. sich auf die Sichtweise beschränkt, zu der sie gerade „von Amts wegen" verpflichtet ist. Andererseits müßten anstelle parteilicher und damit parteiischer Argumentationen auf das Ganze bezogene Orientierungen treten, müßten Gruppeninteressen zurücktreten hinter das sachliche Bemühen um eine wirklich der Sache nach sinnvolle und vernünftige Lösung. Aber vielleicht ist es gerade charakteristisch für das System unserer und vieler anderer Gesellschaften, daß eine echte Kooperation nur schwer stattfindet und der Appell zur Zusammenarbeit meist nur als Lippenbekenntnis gewertet werden kann.

Vom Schaden der Parteilichkeit

Betrachten Sie nur die Reaktionen von Zuschauern in einem Fußballstadion, wenn sich auf dem Spielfeld ein Foul ereignet. Die Anhänger der einen Mannschaft schreien Rache für die Untat und würden am liebsten zur Lynchjustiz schreiten. Die Anhänger der anderen Mannschaft sind eigentlich ganz zufrieden, daß sich ihr Spieler kämpferisch Respekt verschafft und verhöhnen den gefoulten Spieler noch als Schauspieler und Simulanten. Oder beobachten Sie, wie eine isolierte Aussage oder „Tatsache" in der politischen Presse besprochen wird. Der gleiche

Auftritt eines und desselben Politikers wird beispielsweise von der einen Seite nach dem Motto kommentiert: „Der hat es ihnen (den anderen nämlich, die ich nicht mag) aber gegeben!“ Von jener anderen Seite pflegt der Kommentar dann sehr oft spiegelbildlich etwa zu lauten: „Jetzt ließ X endlich die Maske fallen“, „völliger Verlust der Selbstkontrolle“ oder ähnliches.

Ein während des „Dritten Reiches“ erzählter Witz beleuchtet diese Szene plastisch: Eines Tages stand in der Zeitung einer deutschen Stadt, aus deren Zoo ein junger Löwe ausgebrochen war: „Bravo, deutsche Jugend! Mutiger Hitlerjunge erschlägt reißende Bestie!“ In einer anderen Zeitung der gleichen Stadt, deren Reporter herausgefunden hatte, daß der Junge, der den Löwen erlegt hatte, jüdischer Herkunft war, stand zu lesen: „Bestialische jüdische Bluttat! Sadistischer Judenlümmel erschlägt harmloses Tierchen!“

Gerade die parteipolitische Landschaft läßt diese Problematik Tag für Tag deutlich werden, und es fragt sich, ob Parteipolitik zwangsläufig „partei-ische“ Politik beinhalten muß, ob es ohne eine solche ausgeprägte Parteilichkeit nicht gehen kann.

Die Frage ist durchaus nicht so leicht zu beantworten, wenn man bedenkt, daß unser ganzes abendländisches Leben von Gegensätzen bestimmt wird. Wir neigen nämlich in unserem Denken sehr stark dazu, eine Handlungsweise als gut oder schlecht einzustufen, wozu ja auch vor Gericht mehr oder weniger zwei getrennte Parteien, der Staatsanwalt und der Verteidiger, institutionell ausgewiesen sind. Wir neigen auch dazu, in unserem Denken unwillkürlich eine verhältnismäßig klare Trennung von „jung“ und „alt“ vorzunehmen, wir bevorzugen in der Standortbestimmung eines Menschen klare politische Richtungsangaben nach (in alphabetischer Reihenfolge) „links“ und „rechts“.

Solange aber nur einseitige Argumentationen gesucht und vorgebracht werden, solange nur einseitig gerichtete Demonstrationen stattfinden, sind wir von einer sinnvollen und auch auf lange Sicht wirkungsvollen Lösung unserer Lebens- und Weltprobleme, aber auch der Verwirklichung tiefster Sehnsüchte der Menschen nach Glück und Frieden noch sehr weit entfernt.

Auch die Wissenschaft ist entgegen einem oft anzutreffenden positiven Vorurteil keineswegs frei von solchen Willkürlichkeiten. Wie wäre es sonst möglich, daß - oft sogar auf eindeutige empirische Befunde gestützt - geradezu gegenteilige Auffassungen mit Nachdruck verfochten werden und daß bestimmte „Schulen“ von Gelehrten in jahrzehntelange tiefe Feindschaft verstrickt waren.

Mängel linearen Denkens

Eine andere Schwierigkeit, zu optimalen Lösungen zu gelangen, liegt in der üblichen Linearität unserer Denkansätze begründet. Damit ist gemeint, daß man meist davon ausgeht, wenn man zwei in Beziehung zueinander stehende Größen vor sich hat, bei Änderung einer dieser Größen müsse sich auch die andere in gleicher Weise mitverändern.

Es mag zunächst sehr einfach und einleuchtend erscheinen, sich vorzustellen,

Abbildung 6:
Linearer Zusammenhang: Mit dem Ansteigen einer Größe verändert sich eine andere Größe in gleichbleibender Beziehung.

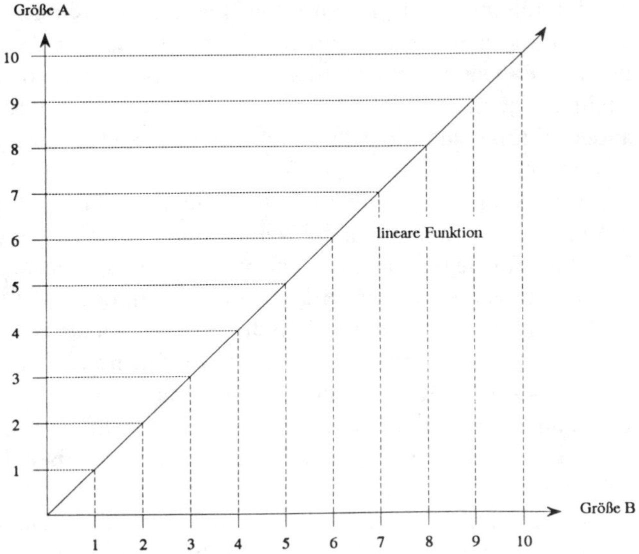

daß gewisse Entwicklungen, die man in der Vergangenheit eine Weile verfolgt hat, in der Zukunft genauso weiterverlaufen werden. Wie unzutreffend eine solche Denkweise jedoch ist, mag an zwei banalen Beispielen deutlich werden: Wenn Sie einen anderen, der Ihnen durch ständiges Reden auf die Nerven fiel, durch einen Zornesausbruch oder gar eine Ohrfeige für zwei Stunden zur Ruhe brachten, können Sie dann erwarten, daß er, wenn Sie ihm bei der nächsten Gelegenheit zwei Ohrfeigen geben, für vier Stunden ruhig sein wird? Können Sie erwarten, daß ein Junge, der Ihnen für 10 Pfennige, die Sie ihm zusätzlich gaben, eine Packung Zigaretten in einer bestimmten Zeit holte, das zehnmal schneller tun wird, wenn Sie ihm statt der 10 Pfennige eine Mark schenken?

Obwohl bereits solche einfachen Beispiele den Unsinn von Schlußfolgerungen dieser Art aufzeigen, ist es erstaunlich, mit welcher Hartnäckigkeit Menschen in geradlinigen Beziehungen denken.

Das kommt sehr schön in der indischen Geschichte von dem Brahmanen zum Ausdruck, der sich von seinem Herrscher auf den Feldern eines Schachbretts zunächst ein einziges winziges Weizenkorn und auf den folgenden Feldern jeweils die doppelte Menge an Körnern erbat. Der Herrscher, der zunächst ohne Zögern eingewilligt hatte, erkannte sehr bald, daß er seine ganzen Weizenvorräte, auf die er so stolz war, und noch weit mehr verloren hatte.

Dietrich Dörner konnte bezeichnenderweise in sehr aufschlußreichen Untersuchungen feststellen, daß selbst eine Anzahl hochintelligenter Versuchspersonen in dieser Richtung nicht gefeit war. Er stellte ihnen die Aufgabe, unter Kenntnis aller notwendigen Fakten die Bedingungen in einem simulierten Entwicklungsland zu verbessern. Sie alle waren hochmotiviert, handelten in bester Absicht und erhielten zusätzlich ständige Rückmeldungen aus dem Computer über den jeweiligen Stand in dem fiktiven Entwicklungsland. Trotzdem bestand das Ergebnis der Bemühungen darin, daß sie in mehr oder weniger kurzer Zeit dieses Land zugrunde gerichtet hatten. Bezeichnenderweise war das wesentlich dadurch mitbedingt, daß sie nur linear, nicht aber exponentiell zu denken gewohnt waren. Sie dachten also nicht daran, daß mit der Zunahme einer Größe eine davon abhängige andere Größe sich nicht in gleicher Weise, sondern möglicherweise zunehmend stärker verändert.

Außerdem ist aus vielen Untersuchungen auch ein anderer Zusammenhang bekannt: daß sich nämlich die Veränderung einer Größe bis zu einem bestimmten Punkt hin im Gesamtrahmen positiv auswirkt, von diesem Punkt an jedoch weitere Veränderungen entweder wirkungslos bleiben oder sich sogar negativ auswirken.

Schon die alten Chinesen wußten, daß sich alles, was man ins Extreme treibt, in sein Gegenteil verkehrt. Solche kurvenlinearen Funktionen, bei denen also ein bestimmter Verlauf die bisherige Richtung wechselt, sind im übrigen gerade für Beziehungen im anthropologischen Bereich charakteristisch.

Ein wenig Angst vor einer Prüfung kann die Leistung in dieser Prüfung sogar verbessern. Noch etwas mehr Angst mag sogar die Leistung noch stärker anheben. Von einem bestimmten Punkt an muß man aber damit rechnen, daß sich ein weiteres Ansteigen der Angst nachteilig auf die Leistungsfähigkeit auswirkt, ja sogar schließlich zu einer völligen Denk-Blockade führt.

Mit einer gewissen Strenge mag manches erreichbar sein, was ohne diese Strenge nicht möglich wäre. Übersteigt die Strenge jedoch ein gewisses Ausmaß, kann sie zu offenem Widerstand, versteckter Sabotage oder ähnlichen Reaktionen führen, die dem angestrebten Ziel nicht dienlich sind.

Es ist sicher ungeheuer wertvoll, viel zu wissen. Gute Kenntnisse sind einfach notwendig, um sinnvolle Lösungen von Problemen zu finden. Mit steigendem Wissen wächst auch die Wahrscheinlichkeit, daß einem Lösungswege einfallen. Übersteigt das reine Wissen ein - allerdings sehr hoch anzusetzendes - Maß, so besteht auch hier die Gefahr, daß der schöpferische Einfallsreichtum wieder ab-

Abbildung 7: *„Kurvilineare" Funktion und exponentielle Funktion.*

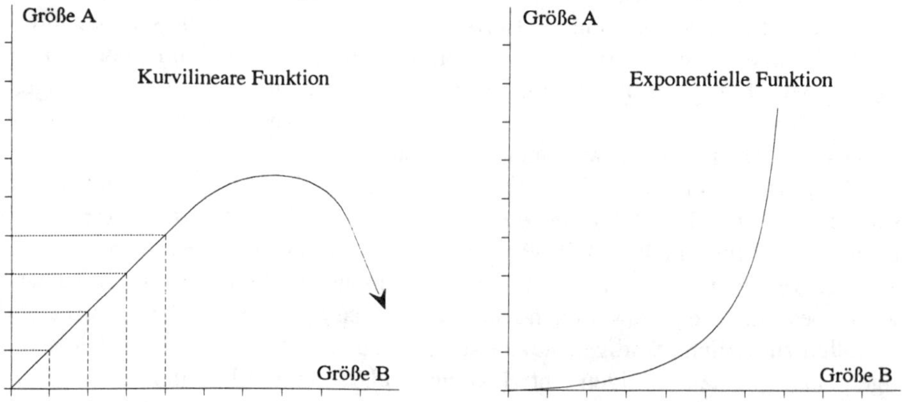

nimmt. Man ist zu einem wandelnden Lexikon geworden und versteht eigentlich vor lauter Wissen nichts mehr.

Ist es nicht auch ähnlich mit der Anmut menschlicher Bewegungen? Begegnet sie uns nicht vornehmlich, wie Kleist vermutet, bei solchen Menschen, denen entweder ein geringes Maß an Bewußtheit oder ein unendlich weites Bewußtsein eignet, sicher aber nicht im bewußtvollen Gleichschritt paradierender Truppen?

Greifen wir noch zwei Beispiele aus der Politik auf: Es ist zunächst sehr einfach, davon auszugehen, daß höhere Steuern dem Staat mehr Einnahmen bringen. Auch dieser Zusammenhang kann aber von einem gewissen Punkt an ins Gegenteil umschlagen. Wenn die „Steuerschraube" zu stark angezogen wird, machen sich überall recht bald ein Nachlassen regulärer Verdiensttätigkeiten, ein Ansteigen der Schwarzarbeit und außergeldlicher „Vergütungen", aber auch ein Absinken der Bereitschaft bemerkbar, sich für das Staatswohl zu engagieren (Stützel). Die Schraube der Zwangsabgaben wird überdreht; sie „dreht durch"; jede weitere Drehung bringt dann nur noch eine weitere Verringerung des Aufkommens[4], weil die offizielle und besteuerte Tätigkeit im Vergleich zu Freiheit und „Schwarzarbeit" in verschiedenartigster Form immer unattraktiver wird und zudem eine Verführung zu (absetzbarem) Ausgabenluxus besteht.

Ebenso können beste politische Absichten, den Menschen das Leben zu erleichtern, von einem bestimmten Punkt an dazu führen, daß die Eigeninitiative dieser Menschen nachläßt, daß sie sich darauf verlassen, andere, der Staat oder wer auch immer würden bzw. müßten ihnen Unterstützung und Hilfe bieten. Ja, enttäuschte Ansprüche und Erwartungen können sogar noch das Gegenteil von Dankbarkeit bewirken. So mag man auch, auf lange Sicht gesehen, den eigenen Kindern gar nicht sonderlich helfen, wenn man sie daran gewöhnt, daß ihnen sozusagen „gebratene Tauben von allein in den Mund fliegen".

Je mehr ich mich aber um etwas mühe oder mühen muß, um so bedeutungsvoller wird automatisch das Objekt und das Ergebnis des Mühens für mich. Antoine de Saint-Exupéry hat in diesem Zusammenhang in der Beziehung des „Kleinen Prinzen" zu seiner Rose eindrucksvoll beschrieben: Der Kleine Prinz begegnete ja auf seiner Reise zu fremden Planeten einem Fuchs, der ihm ein Geheimnis anvertraute: „Das Wesentliche ist für die Augen nicht sichtbar. Das Entscheidende sieht man mit dem Herzen." Der Fuchs erklärte ihm, wie mit der intensiven Beschäftigung mit einem anderen die Welt für jeden reicher wird. Das Weizenfeld sage ihm bisher gar nichts, da er sich nichts aus Brot mache. „Aber Du hast", so meinte der Fuchs weiter zum Kleinen Prinzen, „goldfarbene Haare. Und wenn Du mich zu Deinem Freund machst, wird das Weizenfeld mich an die Farbe Deiner Haare erinnern, und ich werde den Wind lieben, der über das Feld streicht."

Und so sagte denn der Kleine Prinz zu den unzähligen wunderschönen Rosen,

---

4 Als 1982 die Branntweinsteuer erneut (zum 6. Mal nach dem letzten Krieg) erhöht wurde, kam es bezeichnenderweise entgegen den Erwartungen des Staates und der Steuerbehörden nicht zu einer entsprechenden Erhöhung des Steueraufkommens. Bei einem Absatzrückgang zwischen 12 und 20 % lag das tatsächliche Steueraufkommen vielmehr um über 200 Millionen DM unter dem des Vorjahres.

Abbildung 8: *Der kleine Prinz vor „seiner" Rose und zwischen den unzähligen wunderschönen anderen.*

die er auf dem fremden Planeten traf: „Ihr seid schön, viel schöner als die kleine Rose auf meinem Planeten. Aber ihr seid ohne Gehalt. Meine kleine Rose ist viel bedeutender als ihr alle. Weil *sie* es ist, die ich gepflanzt, die ich bewässert und die ich geschützt habe. Weil *sie* es ist, deren Eitelkeiten, Lamentieren und auch Schweigen ich immer wieder zugehört habe, weil *sie* es ist, für die ich soviel Zeit und Gedanken aufgewandt habe. Kurz, weil sie *meine* Rose ist."

Ein weiterer Zusammenhang: Das, was man als Zuwachs erlebt, hängt natürlich auch von der bereits vorhandenen Gesamtgröße ab. Wie groß ist die Freude eines Kindes, das bisher nur sehr wenig Süßigkeiten bekommen hatte, wenn man ihm eine Tafel Schokolade schenkt? Die gleiche Tafel Schokolade würde aber einem anderen Kind, für das Schokolade sozusagen ein tägliches Nahrungsmittel ist und das noch eine Reihe von Tafeln neben dem Bett liegen hat, wesentlich weniger bedeuten. Das gleiche gilt für Spielsachen, aber auch für Gehaltserhöhungen Erwachsener. Genauso dringt es sehr eindrucksvoll an unser Ohr, wenn in einer einsamen Gebirgslandschaft jemand ein Liedchen pfeift. Bei intensivem Großstadtverkehr würde dieses Liedchen vielleicht nicht einmal gehört.

Wenn man sich das alles vor Augen führt, kann man angesichts der simplen Logik vieler politischer Argumente nur erschauern! Anstatt die Vernetzung wechselseitiger Zusammenhänge zu erkennen, werden nach dem Muster, daß ein Mehr an Gütern in jedem Fall noch „besser" sein müsse, soziale Forderungen erhoben, und Staatsmänner verkünden blauäugig, daß, wenn der Nutzen wirtschaftlichen Wachstums erwiesen sei, es nicht genug davon geben könne.

Die zeitliche Dimension: von der Zukunft zurück in die Gegenwart

Dazu tritt schließlich noch ein zeitlicher Gesichtspunkt: Schon dadurch, daß ein Problem oder eine Dimension eines Problems zu spät erkannt wurde, kommen Gegenmaßnahmen, auch wenn sie mit noch so großem Einsatz durchgeführt werden, bei einer bestimmten in Gang gekommenen oder in Gang gesetzten Entwicklung oft einfach zu spät. Deshalb ist es, ähnlich wie bei prophylaktischen Ansätzen in der Medizin, sicher von Vorteil, die zu wählende Strategie stärker zukunftsbestimmt als vergangenheitsorientiert zu entwickeln.

Man kann also günstigerweise von voraussehbaren Problemen oder von voraussehbaren, zum Zeitpunkt X zu erwartenden unerwünschten oder zum Zeitpunkt Y erhofften erwünschten Zuständen ausgehen und sich schrittweise, wie auch Frederic Vester empfiehlt, in die Gegenwart zurücktasten.

Lassen Sie mich dieses Vorgehen an einem völlig bedeutungslosen, aber dafür sehr einfachen Beispiel veranschaulichen: Es gibt ein Spiel, in dem zwei Partner von 1 bis 100 zählen. Dabei beginnt der erste mit einer Zahl zwischen 1 und 10 und der zweite kann dann wiederum eine Zahl zwischen 1 und 10 dazuzählen, worauf der erste erneut an der Reihe ist. Das könnte dann etwa so aussehen: A sagt 1, B 11, A dann 15, B 21, A seinerseits 24, B 26, A wieder 31 usw. Derjenige, der in der Lage ist, bei diesem Spiel zuerst die Zahl 100 zu nennen, hat gewonnen.

Man kann nun langsam und vorsichtig vorgehen, indem vielleicht jeder der beiden nur 1 oder höchstens 2 dazuzählt; man kann auch zunächst mit Riesenschritten vorwärtszählen und erst gegen Ende hin intensiver überlegen usw. Wie auch immer die beiden Spieler entscheiden, einer von beiden wird plötzlich erkennen, daß er verloren hat, wenn er nämlich merkt, daß er selbst keine Chance hat, „hundert" zu nennen, daß aber der andere, unabhängig davon, was er selbst jetzt dazuzählt, auf die Zahl hundert kommen muß.

Angenommen, der eine von beiden hat gerade „89" als Zahl gesagt. Jetzt kann der andere ja nach der Spielregel eine Zahl zwischen 1 und 10 hinzuzählen. Zählt er 1 hinzu, ist er bei 90; dann wird der erste 10 dazuzählen und „100" sagen. Zählt er aber 10 dazu, kommt er auch nur auf 99, und der erste hat wiederum gewonnen. Bei jeder dazwischenliegenden Zahl, die er dazuzählen könnte, ist es genauso. Daraus ist zu folgern, daß derjenige, der 89 sagt, auch 100 sagen kann, also gewonnen hat. Wer in diesem Spiel siegen will, muß also sehen, auf 89 zu kommen.

Jetzt geht aber die Überlegung weiter. Um 89 sagen zu können, muß ich vorher ... - nun was? Auf die Zahl 78 kommen! Denn dann habe ich, unabhängig davon, was der andere dazuzählen wird, die absolute Garantie, auch auf 89 zu kommen. Und so gehen die Überlegungen weiter. Ich will nicht die ganze Strategie verraten. Die kann sich jeder ohne große Mühe selbst errechnen. Dabei wird er erkennen, daß die Entscheidung darüber, wer gewinnen wird, schon zu einem Zeitpunkt fällt, an dem der Ahnungslose noch keine Vorstellung darüber hat, welche Zahlen bereits über das Ende des Spiels entscheiden.

Bei dem traditionellen Ansatz dagegen greift man jeweils isoliert dort korrigierend ein, wo sich bereits ein Problem eingestellt hat, wenn man nicht sogar ohne größere Skrupel alle möglichen Geister heraufbeschwört in der vagen Hoffnung, sich ihrer schon wieder irgendwie entledigen zu können. Das führt dann sehr leicht dazu, daß man zwar ein jeweils entdecktes störendes Loch stopft, sozusagen darauf abzielt, ein Symptom zu beseitigen, ohne jedoch auf die grundlegende Störung, also beispielsweise eine Erkrankung als solche, geschweige denn auf die umfassenden Entstehungsbedingungen dieser Erkrankung einzuwirken. Außerdem geht erfahrungsgemäß das Stopfen eines Loches sehr oft mit dem Aufreißen anderer Löcher einher, die dann anschließend wieder zu stopfen sind usw. Und schließlich riskiert man bei verspätetem Erkennen einer Gefahr, wenn eine Bedrohung verhältnismäßig unerwartet wahrgenommen wird oder ein merklicher Schaden bereits eingetreten ist, überschießend zu reagieren. Auch hier wieder ein einfaches Beispiel aus dem Straßenverkehr: Gerät mein Wagen bei winterlichen Verhältnissen ins Schleudern, so sind die Chancen, den Schleudervorgang aufzufangen, um so günstiger, je früher ich bei den ersten Anzeichen einer Instabilität ganz fein gegenlenke. Das kann ich aber um so eher, je frühzeitiger ich vorausschauend an eine solche Möglichkeit gedacht habe. Habe ich das jedoch nicht, besteht sehr leicht die Gefahr, daß ich zu spät und gleichzeitig zu intensiv reagiere, so daß der Wagen gerade durch meine - intensiveren - Gegenlenkbewegungen definitiv aus der Kontrolle gerät.

Wenn also beispielsweise voraussehbar ist, daß bei gleichbleibendem Verbrauch in zwanzig Jahren irgendein Rohstoff nicht mehr auf der Welt vorhanden sein wird und die derzeitig noch vorhandenen Reste nach dem Prinzip von Angebot und Nachfrage bis dahin eine erhebliche Verteuerung erfahren werden, die praktisch kaum noch bezahlbar sein dürfte, dann müssen in einem entsprechend berechenbaren Zeitraum Ersatzlösungen zur Verfügung stehen: entweder in Form neuer Funde an anderen Stellen der Welt, in Form eines in etwa gleichwertigen Ersatzstoffes oder schließlich auch in Form anderer technischer Konzeptionen oder Erfindungen, die gerade dieses Rohstoffs nicht mehr bedürfen. Um dazu in beispielsweise fünfzehn Jahren in der Lage zu sein, müssen bis dahin neue Entwicklungen einsatzbereit sein. Das hätte aber zur Voraussetzung, daß dann entsprechende Forschungen abgeschlossen sind, die aber nach Lage der Dinge spätestens zu einem bestimmten Zeitpunkt geplant sein müssen.

Gerade im politischen Bereich begegnen wir recht häufig diesen Phänomenen. Denn Regierungen neigen zu verzögerten Reaktionen und verfallen dann - zu einem Zeitpunkt, an dem es eigentlich schon zu spät ist - zu übersteigerten, übersteuernden Reaktionen, anstatt eine Entwicklung vorausschauend mit zarter Hand zu lenken.

Deshalb stellen sich in diesem Zusammenhang verschiedene Fragen. Sie betreffen einmal das Ausmaß und die Geschwindigkeit der Veränderungen, mit denen eine Regierung fertig werden muß. Sie betreffen aber auch die Verzögerung, mit der auf eine Herausforderung geantwortet wird, sowie die Fähigkeit, neue Probleme vorauszusehen und ihnen zuvorzukommen. Dabei zeigt sich interessanterweise, daß kleinere und weniger mächtige politische Einheiten, auch kleine Staaten, eher in der Lage sind, Entwicklungen vorauszusehen und relativ schnell und mit feinem Gespür zu reagieren, während Großmächte mehr im Vertrauen auf die ihnen mögliche Größenordnung der Reaktion meist schwerfälliger zu reagieren pflegen (K.W. Deutsch).

Selbstregulation und Optimierung

Eine umfassende Problemorientierung hat noch einen weiteren Vorteil, nämlich anstelle meist aufwendiger Eingriffe und sozusagen von außen aufgezwungener Veränderungen weit weniger aufwendige, natürliche Kräfte nutzen zu können. Man könnte hier von einem Jiu-Jitsu-Prinzip sprechen, das vorhandene Kräfte nicht durch Gegenkräfte zu vernichten, sondern sie als solche durch geringfügige Steuerungsimpulse umzulenken und damit sinnvoll zu nutzen versucht (Vester 1980). Das bedeutet praktisch, bei Auftreten irgendwelcher Störungen oder Krisen nicht mit aller verfügbaren Energie irgendeine Einzelmaßnahme zu treffen, sondern in Kenntnis der Gesamtkonstellation ohnehin verfügbare Kräfte zu nutzen, die sich sozusagen gratis anbieten.

Denn jeder Versuch, lediglich eine Variable, einen einzigen Aspekt unter Vernachlässigung des Gesamtsystems zu maximieren, d.h. in irgendeiner speziellen Richtung alles nur Denkbare „herauszuholen", führt zu einer Bedrohung, ja nicht selten zu einem Zusammenbruch, einer Störung des Ganzen. Gerade die Orientierung an der Stimmigkeit des Ganzen kann dazu beitragen, ein einseitiges Übergewicht eines Aspektes und ein Abdriften von Lösungsansätzen in Richtung irgendwelcher Extreme zu vermeiden. Ein solches Vorgehen, das in erster Linie auf eine optimale „natürliche Selbstregulation" baut und so wenig wie möglich auf Eingriffe von außen setzt, diese vielmehr nach Intensität und Zeitdauer auf das unbedingt Nötige beschränkt, hat sich im Grunde immer wieder auf lange Sicht als außerordentlich wirkungsvoll erwiesen; es erfordert aber natürlich ein gewisses Maß an Mut, Vertrauen und Geduld. Demgegenüber bewirkt ein Vorgehen, das primär auf isolierte aktive äußere Eingriffe setzt, im günstigsten Falle eine immer stärkere Abhängigkeit von künstlichen Eingriffen, wendet aber sehr oft darüber hinaus den Gesamtzustand zum schlechteren, weil es diesen Gesamtzustand ja auch gar nicht mehr im Auge haben kann.

So ist es oft eine zweischneidige Sache, etwas zu befehlen, wenn man nicht sicher ist, ob der Befehl auch befolgt wird oder überhaupt befolgt werden kann. St. Exupéry beschrieb in seinem „Kleinen Prinzen" diese Einsicht in märchenhaft klarer Weise: Als der Kleine Prinz auf seiner Reise durch das Weltall dem Kleinen König eines fremden Sterns begegnet, der ihm seine Machtfülle demonstriert, fragt er ihn, beeindruckt von so viel Macht, ob ihm wirklich alle Sterne gehorchten. „Sie tun es auf der Stelle, wenn ich es ihnen befehle", entgegnet der König. „Dann befiehl doch einen Sonnenuntergang für mich", bat der Kleine Prinz. Darauf führte ihn der König in die Tiefen staatsmännischer Weisheit ein. „Weißt Du, es kommt nicht darauf an, irgendeinen Befehl zu geben, der natürlich befolgt wird. Für einen weisen Herrscher kommt es auch darauf an, den richtigen Augenblick für seine Befehle zu wählen. Gedulde Dich noch einige Stunden. Dann werde ich der Sonne befehlen unterzugehen, und Du wirst sehen, wie die Sonne mir gehorcht!"

Chinesische Weise sprechen auch von der ungelehrten Lehre und dem wortlosen Erlaß. Es ist beispielsweise durchaus möglich, ohne zusätzlichen äußeren und auch inneren Zwang ein erwünschtes Verhalten zu erreichen, wenn dieses Verhalten sozusagen als immanenter Bestandteil eines umfassenderen Ganzen erlebt und begriffen werden kann. In einer Gemeinschaft von Menschen, die alle außerordentlich freundlich und höflich zueinander sind, nimmt ein neu Hinzukommender „automatisch" die gleichen Verhaltensweisen an, ohne groß überredet oder gezwungen werden zu müssen.

Andererseits ist es im Grunde schade um viele gut gemeinte Aktivitäten, die zu eng angelegt sind, weil man nicht weiter denken konnte oder wollte. Dadurch ergibt sich im Gegensatz zu einer ganzheitlich orientierten Gelassenheit oft das deprimierende Ergebnis, daß mit teilweise nicht unerheblichem Aufwand für isolierte Maßnahmen nicht die erwünschte Wirkung erzielt wird. Oft bleiben auch Nebenwirkungen in der Planung unberücksichtigt. Diese können jedoch - langfristig gesehen - eine stärkere Belastung und Bedrohung bedeuten als die ursprüngliche Störung. „Was nützt es, einen Menschen von einer Krankheit zu heilen, wenn man nachher nur noch zusehen kann, wie er verhungert?", schreiben Mesarovic und Pestel in ihrem Buch „Menschheit am Wendepunkt".

3. Warum können wir Menschen so schwer in größeren Zusammenhängen denken?

Die Einfachheit der Einfalt

Es ist in der Tat oft recht mühsam, sich mit komplexen Zusammenhängen auseinanderzusetzen. Wer es sich in dieser Beziehung leicht macht und es beispielsweise in einer Art Selbstschutz von vornherein ablehnt, überhaupt über etwas nachzudenken oder umfassendere Zusammenhänge in seine Überlegungen einzubeziehen, spart viel geistige Energie. Er hat zudem, weil er ja alles Schwierige und Komplizierte ausklammert, den Vorteil, das subjektiv angenehme und beruhigende Gefühl nähren zu können, die Umwelt ohne große Anstrengung zu überblicken. Er fällt seine Urteile auf dem Boden von „Selbstverständlichkeiten" und Vorurteilen. Wenn es sein muß, beharrt er gar mit Gewalt[5] auf seiner nun einmal bestehenden Auffassung und schützt sich damit davor, geistig mit Dingen umgehen zu müssen, die ihm unbekannt sind, oder sich mit Problemen auseinandersetzen zu müssen, die ihm zu komplex sind.

Viele Menschen entscheiden sich auch im Zweifelsfall für diejenige Möglichkeit, an die sie - aus welchen Gründen auch immer - zuerst denken, bzw. die ihnen als die nächstliegende erscheint, und denken darüber hinaus nicht mehr weiter nach. Im übrigen gibt es für alle und alles immer eine Mehrheit, deren Meinung man verhältnismäßig rasch erkundet hat und der man sich ohne größere Mühe und Sorge anschließen kann. Das bietet zudem den Vorteil, sich immer wieder ohne großen Aufwand bestätigt zu sehen.

Viele Menschen haben es allerdings bisher auch gar nicht gelernt, in größeren, komplexen Zusammenhängen zu denken. Lernen wir doch in erster Linie, die Dinge dieser Welt klar zu definieren, voneinander zu trennen, zu klassifizieren, zu kategorisieren, zu analysieren und wie die so geschätzten Begriffe alle heißen mögen. Wir lernen auch eigentlich von Kindheit an das „ Entweder-Oder-Schema" und prägen uns ein, was man tun darf und was man nicht tun darf, was gut und was schlecht ist, was als schön und was als häßlich gilt, was richtig und was falsch ist usw. Damit lernen wir nicht nur konkrete Alternativen, sondern - und das mit jeder Wiederholung intensiver - ein ganz bestimmtes Denkschema mit einer klaren Ordnung, in dem umfassendere Zusammenhänge eher oder sogar völlig zurücktreten.

Schon in der Schule wird dieser zusammenhangsfeindliche Denkansatz zunehmend trainiert und verfestigt. Bis hin zu den Universitäten werden wir immer

5 Gewalt ist ja ohnehin ein übliches Mittel gegen geistige Überforderung.

wieder auf möglichst klare Tatsachen und fachspezifische Vorgehensweisen eingeschworen, die einen solchen Zugang im Grund verschütten. Und wenn wir dann „erwachsen“ sind, werden wir durch eine übermächtige und allgegenwärtige Bürokratie und eine tiefgehende formalistische Verseuchung unseres Lebens und Denkens bestätigt, wie wichtig all das ist, was wir so schön in der Schule gelernt haben, mit all seinen intensiven Wortgefechten um Scheingrenzen.

Der Einfluß des soziokulturellen Umfeldes

Der Gedanke, daß zwei Aussagen, die sich zu widersprechen scheinen, nebeneinander wahr sein können, erscheint uns befremdlich. Daß etwas - so besehen - gut und nützlich, aber - anders betrachtet - schlecht und schädlich sein kann, daß der Sieg von heute die Niederlage von morgen und die Niederlage von heute der Sieg von morgen sein kann, solche Gedanken, die in anderen Kulturkreisen keineswegs ungewöhnlich sind, vielmehr das Denken der Menschen zutiefst durchdringen, wurden uns nur selten, wenn überhaupt, nahegebracht.

Besonders schön kommt dieses für uns so fremdartige Denken in der taoistischen Geschichte von einem Bauern zum Ausdruck, dessen Pferd davonlief. Am Abend versammelten sich die Nachbarn und bemitleideten ihn, weil er solches Pech hatte. Der Bauer sagte: „Kann sein“. Am nächsten Tag kehrte das Pferd zurück und brachte noch sechs Wildpferde mit, und die Nachbarn kamen und riefen, welches Glück er hatte. Er sagte: „Kann sein“. Am folgenden Tag versuchte sein Sohn, eines der wilden Pferde zu satteln und zu reiten. Er wurde abgeworfen und brach sich ein Bein. Wieder kamen die Nachbarn und bekundeten ihr Mitleid wegen des Unglücks. Er sagte: „Kann sein“. Am anderen Tag kamen Offiziere ins Dorf und zogen junge Männer als Rekruten für die Armee ein, aber der Sohn des Bauern wurde wegen seines gebrochenen Beines zurückgestellt. Als die Nachbarn hereinkamen und ihm sagten, wie glücklich sich alles gewendet hatte, sagte er wieder nur: „Kann sein“ (Shah).

In vielen, insbesondere asiatischen Kulturen, die sehr stark von dem Denkmodell des ewigen Kreislaufs bestimmt sind, wird nach dem Sprichwort „wenn die Nacht am dunkelsten erscheint, ist der Tag am nächsten“ jedes Ende zu einem Anfang. Ebenso bedeutet das Erreichen eines Gipfelpunktes für das innere Erleben bereits den Beginn des Abstiegs, weshalb man sich auch in tiefgehender Bescheidung scheut, diesen Gipfel zu erreichen. Denn „mit dem Augenblick des vollen Erblühens setzt der Verfall ein“, heißt es in einem japanischen Sprichwort. Deshalb bedeutet es auch bereits, den Samen für den eigenen Untergang zu säen, wenn man persönlichen Stolz über Macht und Reichtum entwickelt.

Muß ich nicht tatsächlich, je mehr ich mein eigentliches Ziel im Erreichen von Lust sehe, um so mehr Schmerz und Leid, je stärker ich den „Sieg“ anstrebe, um so mehr die Niederlage fürchten! Je stärker ich mich dem Fortschritt verschreibe, um so intensiver werde ich die Unzufriedenheit mit dem bisherigen Zustand empfinden; je mehr ich nach Wissen und Weisheit strebe, ein um so größeres Problem wird im unausweichlichen Pendelschlag des Daseins die Dummheit für mich sein; je intensiver ich für „das Gute" kämpfe, um so mehr greift auch der Gedanke des „Bösen" von mir Besitz. „Wenn die Menschen der Erde alle das Gute als gut erkennen, entsteht (die Erkenntnis des) Bösen", heißt es bei Laotse.

Könnte ich umgekehrt „das Schöne" erkennen, wenn mir nicht auch die Folie des „Häßlichen" und „Üblen" bekannt wäre? Würde also nicht die Ausmerzung des Negativen auch das Positive auslöschen müssen? Würde man nicht erst dann das Leben in vollem Sinne genießen können, wenn man, angesichts einer unendlichen Gegenwart jenseits des Todes, die Furcht vor dem Tod verloren hat? Wie viele Menschen, die an einem schweren, lebensbedrohenden Leiden erkrankt waren, empfinden sich selbst der Erde zurückgeschenkt, wie in einem schönen, wenn auch befristeten Urlaub auf dieser Welt und genießen unzählige Kleinigkeiten viel intensiver als je zuvor!

Auf dieser Erkenntnis beruhen wohl auch die Worte des hinduistischen Bhagavad Gita[6]:

> „Der muß als ewig frei erkannt werden,
> der weder verabscheut noch begehrt;
> denn der, der von den Paaren befreit ist,
> befreit sich auch von Konflikten."

Im Gegensatz zu unserem Zeitverständnis, das sehr klar einen Anfang und ein Ende kennt, herrscht in asiatischen Kulturen die Vorstellung vor, daß die Zeit eine Art Kreisbahn durchläuft und eine „ewige Wiederkehr des Gleichen" beinhaltet.

Wir Abendländer haben dagegen nicht ohne Stolz gelernt, alles in eine klare Linie zu bringen und sind beunruhigt, wenn wir nicht wissen, ob nun jemand links oder rechts steht. Dabei braucht man nur nach Süden zu fahren, dann zweigen die Straßen, die auf der Landkarte links liegen, nach rechts ab. Wo ist auf einem Kreis rechts oder links, zumal wenn er sich bewegt?

Die Figur des Kreises war bezeichnenderweise in vielen anderen Kulturen weit bedeutungsvoller als in der unseren. Das allgemeine Denken in diesen Kulturen ist ganz entscheidend durch die Erkenntnis geformt, daß Kreisprozesse das Geschehen auf der Welt bestimmen: Sonnen und Planeten ziehen ihre Kreise, Wirbelwinde und Wasserstrudel bestehen aus starken kreisenden Kräften, das Leben vollzieht sich in Zyklen von Tag und Nacht, die Jahreszeiten bilden Zyklen, und zu den hervorstechendsten Erfindungen des Menschen gehört das Rad.

So war auch für die Indianer der Kreis ein heiliges, vielleicht das heiligste Symbol: die Verkörperung von Sonne und Erde, die Flugbahn des Adlers, des Boten von Wakan Tanka, dem „Großen Geist", ein Symbol schließlich, das sich auch im Grundriß des Tipis, des aus Büffelhäuten gebauten Zeltes, konkretisierte.

Es gibt eine Reihe von Kulturen, in denen nicht das analytisch Zergliedernde und Trennende, sondern das Vereinende und Verbindende bestimmend sind. So

---

6 Das Bhagavad Gita, ein wahrscheinlich um 300 v.Chr. entstandenes religionsphilosophisches Gedicht, gilt als *das* große altindisch-hinduistische Standardwerk. Der Name bedeutet in Sanskrit soviel wie „Der Gesang des Erhabenen".

Abbildung 9:
Yin-Yang-Prinzip

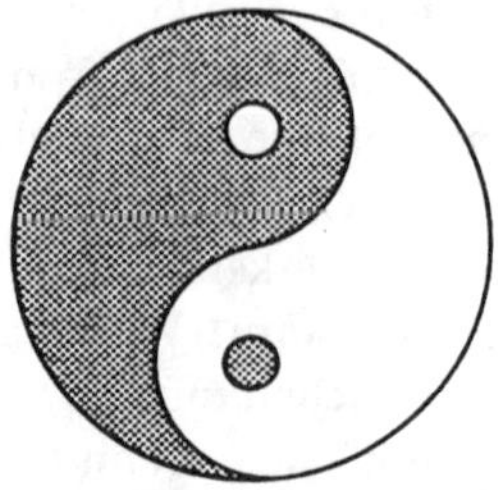

zeigt das alte chinesische Symbol des getrennten und zugleich vereinten Yin und Yang gerade in der Zweiheit die letztendliche Einheit des Seins, in harmonischer Ordnung eine quasi kreisende Bewegung, die den Ausgleich aller Verschiedenheiten versinnbildlicht. Yin bedeutet die dunkle und Yang die sonnige Seite; Yin ist zugleich das Symbol des Offenen und Erhaltenden, Yang des Expansiven und Aggressiven. Beide Seiten ergänzen sich bei allen Erscheinungen der Welt. Beide, das Lichte und das Dunkle, das Starke und das Schwache sind zwei Grundprinzipien der Welt, die in Wechselwirkung zueinander stehen und dadurch alle Erscheinungen dieser Welt erzeugen. Chuang Tsu soll einmal gesagt haben: „Wer Recht haben möchte ohne Unrecht, Ordnung ohne Unordnung, versteht nicht die Prinzipien des Himmels und der Erde. Er weiß nichts über die wahren Zusammenhänge der Dinge." So mag auch bezeichnend sein, daß der chinesische Begriff für Krise (Wei Ji) aus den Schriftzeichen für „Gefahr" und „Gelegenheit" zusammengesetzt ist. Ohne Risiko gibt es keine Freiheit.

In den Upanishaden[7] ist Brahman das göttlich Eine hinter der Mannigfaltigkeit der Welt und Atman das Eine hinter der Mannigfaltigkeit der seelisch-körperlichen Vorgänge und Kräfte, beide aber sind letztlich wiederum identisch. Das göttlich eine Wesen erscheint im Hinduismus als „Trimurti" (Reeves) in drei Gestalten: Brahma, Shiva und Vishnu, und Schöpferisches und Zerstörerisches werden in einer Einheit erlebt.

Ähnlich sind im mythischen Symbol der alten mexikanischen Hochkulturen in Quetzalcóatl, der gefiederten Schlange, Erde, Wasser und luftiger Himmel vereint. Co stellt in der Maya-Sprache einen Sammelnamen für Schlangen dar, und atl heißt in der Nahua-Sprache Wasser, während quetzal der in den Hochwäldern von Chiapas heimische Vogel ist. Dieses in sich vielseitige Symbol vereint die Grundstoffe der Schöpfung, und quetzalcóatl umfaßt die ganze Spanne vom Kristall bis zu den Sternen, vom Niederen und Gefahrvollen bis zum Hohen und Hehren. Quetzalcóatl war der Gott des Windes, der den Mais entdeckte und der sein Herz in einem selbstgefertigten Scheiterhaufen verbrannte. Sein Herz stieg dann in die Lüfte empor und wurde zu einem Planeten.

Bezeichnenderweise lassen schon manche indianischen Dialekte erkennen, wie unterschiedlich ihr Weltbild von dem unseren sein muß. Während wir uns das

7 Die Upanishaden - das Wort bedeutet in Sanskrit so viel wie „Sitzung", „vertrauliche Belehrung" - stellen eine Sammlung altindischer philosophisch-theologischer Schriften dar.

Weltall quasi als eine Ansammlung gesonderter Objekte verschiedener Größe vorstellen, gibt es beispielsweise in indianischen Sprachen nicht einmal ein getrenntes Wort für „Hügel“ und „Tal“. Ist doch der Hügel nur Hügel durch das Tal und das Tal nur Tal, weil es ringsum Hügel gibt. Und während beispielsweise die Hopi-Sprache eine Wirklichkeit des Sich-Ereignens zum Ausdruck bringt, haben wir in unserem abendländischen Denken die Zeit stark vergegenständlicht und denken in abstrakten zeitlichen Einheiten. Ein Hopi würde etwa anstelle einer bestimmten Zeitspanne an ein „zeiten“ oder „werden“ bis zu einem bestimmten konkreten Punkt „x“ denken (Whorf).

Liegt nicht schon in der grammatikalisch geforderten Zuordnung von Subjekt und Prädikat die Grundlage eines ganz bestimmten Ursache-Wirkung-Denkens? Und erfordern Sprachen, die sozusagen keine Grammatik kennen, nicht zwangsläufig eine größere Offenheit gegenüber der Interpretation von Zusammenhängen?

Deshalb ist es wohl auch kein Zufall, daß sich, wie der bekannte Sprachforscher Benjamin Whorf schreibt, die Buchhaltung und Rechnungsführung, die Orientierung an genauer Reihenfolge und exakter Datierung, die Zeitmessung, Uhren und Zeitlöhne, das „time is money“-Prinzip und die hohe Bewertung der Schnelligkeit gerade im Abendland entwickelten.

So entstanden in verschiedenen Kulturen unterschiedliche Denkstile und Gedankensysteme, mit bestimmten Vorteilen, aber auch Nachteilen, mit bestimmten Entwicklungschancen, aber auch Gefahren. Sicher liegt es in manchen Kulturen näher, und sicher ist es für den Menschen dieser Kulturen einfacher, an Zusammenhänge und in Zusammenhängen zu denken. Aber alles hat, „abendländisch“ ausgedrückt, seinen Preis. Und vielleicht „bezahlen“ wir einen Denkstil, in dem die Linie eine größere Rolle spielte als der Kreis und der uns eine Vielzahl technischer Fortschritte und juristisch-administrativer Finessen brachte, mit der Schwierigkeit, größere Zusammenhänge sehen und verstehen zu wollen und verstehen zu können.

Eine Untersuchung des amerikanischen Soziologen Edward T. Hall mag in diesem Zusammenhang interessant sein. Sie betrifft die von ihm sogenannten High-Context Cultures, wie beispielsweise die der asiatischen, der arabischen und auch schon der mediterranen Länder, und die Low-Context Cultures, an deren Spitze er bezeichnenderweise Deutschland und die deutsche Schweiz, aber auch Skandinavien und die USA sieht.

Letztere bauen sehr viel stärker auf detaillierte, ausdrückliche Informationen, während High-Context Cultures mit sehr viel weniger schriftlichen Verträgen, legalen Regelungen usw. auskommen und sehr viel stärker auf stabilen persönlichen Beziehungen beruhen. Sie haben auch, wie Hall es nennt, ein polychrones System, wie es sich beispielsweise bei den Hopi-Indianern besonders deutlich zeigt. Sie glauben, daß alles Lebende sein eigenes System hat und daß man jeder Pflanze und jedem Tier deren eigene Zeit zuerkennen muß. Deshalb würden sie auch nie ein lebendes Zeitsystem beeinflussen.

Grenzen des Verstehens

Vielleicht ist es aber auch darüber hinaus ein grundsätzlicheres Problem, das an die Grenzen derzeitiger menschlicher Fähigkeiten rührt. Vielleicht übersteigt das sinnvolle Denken komplexer Zusammenhänge - von einer gewissen Stufe ab - die Kompetenz des menschlichen Gehirns schlechthin?

Machen wir uns doch einmal bewußt, daß der Mensch sich stammesgeschichtlich unter Umweltbedingungen entwickelt hat, die in ihrem Komplexitätsniveau weit unter dem lagen, was sich heute - vor allem in hochentwickelten Industrienationen - lebenden Menschen darbietet. Vielleicht sind ihm (noch) gar keine entwicklungsgeschichtlichen Voraussetzungen zur denkenden Bewältigung solch komplexer Lebensbedingungen gegeben?! Vielleicht ist der Mensch in dieser Beziehung wirklich überfordert!

Es gibt durchaus wissenschaftliche Auffassungen, nach denen das menschliche Denkvermögen gegenüber der unendlich feinen Vernetztheit der in modernen Sozialsystemen bestehenden Wechselwirkungen versagt. Der Mensch ist danach vielleicht gar nicht in der Lage, Systeme zu begreifen, in die er selbst als Teil eingebettet ist (Forrester).

Dabei spielt es wohl auch eine entscheidende Rolle, daß das Gehirn nun einmal ein Organ ist, das sich im wesentlichen zum Zwecke der Sicherung des Überlebens auf die Funktion hin entwickelt hat, aufgrund von erfahrenen Wahrscheinlichkeiten die ungeheure Vielfalt der uns umgebenden Welt zu reduzieren, Gesetzlichkeiten aus der Umwelt herauszufiltern, sogenannte „Superzeichen" zu bilden, Dinge und Geschehnisse mit ihrer Hilfe zusammenzufassen und nachzubilden, kurz „Ordnung" zu stiften, die Umwelt zu „organisieren". Ja, auch ein vom Menschen erlebter „Sinn" erscheint letztlich als eine sich auf dem Boden biologischer Erkenntnisfunktionen herauskristallisierende Ordnungsform.

Die entscheidende Sperre liegt vielleicht noch nicht einmal in der Kompliziertheit des Denkens von Zusammenhängen, sondern vielmehr in dem völlig anderen Grundprinzip des Zugangs, das im Grunde bisher kaum gelehrt und gelernt wurde. Jeder neue Ansatz verwirrt, solange man ihn aus dem Blickwinkel eines althergebrachten Prinzips betrachtet, und das mag natürlich in besonderer Weise für einen komplexen Ansatz gelten. Vielleicht ist sogar eine tiefeingewurzelte Trägheit, nur das denken zu können und zu wollen, was man seit jeher zu denken gewohnt war, für den geistigen Fortschritt der Menschen und für ihre Möglichkeiten, reale Probleme zu lösen, mindestens ebenso nachteilig wie schlichte Unkenntnis.

Dinge, die sich gegenseitig ausschließen

Überlegen wir doch einmal! Im Grunde können wir nur jeweils eine Sache zur gleichen Zeit wirklich klar denken. Und selbst wenn jemand behauptet, er könne beispielsweise zur gleichen Zeit Radio hören, Zeitung lesen und mit der Frau diskutieren, so gilt das nicht mehr bei wirklich ins einzelne gehender Betrachtung.

Denn dann erweist sich, daß es sich um ein von ihm unbemerktes Schwanken zwischen den einzelnen Inhalten handelt, von denen jeder jeweils für Bruchteile von Sekunden zu Lasten der anderen vorherrscht. Und immerhin kann der Mensch bis zu etwa 18 Bit[8] Information pro Sekunde aufnehmen.

Denken Sie an die Alltagserfahrung jedes einzelnen! Sie haben gerade den Anruf eines Freundes erhalten, der Sie am Nachmittag besuchen möchte. Deshalb wollen Sie rasch zum Bäcker fahren, um Kuchen einzukaufen. Sie suchen aber Ihr Portemonnaie, das Sie verlegt haben. Da läutet das Telefon. Ein Nachbar teilt Ihnen mit, daß er ein Paket für Sie angenommen hat, auf das Sie schon lange warten. Just als Sie aus dem Haus wollen, um das Paket abzuholen, schellt an Ihrer Haustür ein Vertreter, der Ihnen Zeitschriftenabonnements verkaufen möchte. Sie wimmeln ihn zwar verhältnismäßig schnell ab, und als Sie endlich weg wollen, denken Sie zwar noch an das Paket beim Nachbarn, aber nicht mehr an das Portemonnaie.

Wie leicht passiert es auch im Straßenverkehr, daß Sie etwas übersehen, weil Ihnen gerade etwas Wichtiges eingefallen ist. Umgekehrt ist es genauso gut möglich, daß ein Einfall, den Sie gerade hatten, weg ist, weil Sie plötzlich in eine kritische Verkehrssituation geraten.

Das gleiche mag auch für Betrachtungen gelten, die längere Zeitspannen umfassen: Die Vorstellungen, die man von Kindheit oder Jugend hat, werden schließlich ein Persönlichkeitsmerkmal. Sie schließen aber zugleich mehr und mehr alle anderen Vorstellungen aus. Bereits dadurch, daß sie überhaupt bestehen oder einmal bestanden haben, kommt ihnen auch eine gewisse Macht der Tatsächlichkeit zu. Vor allem aber wird natürlich dadurch, daß man anläßlich seines Denkens ein gewisses Erfolgserlebnis hat, eine Art Selbstbestätigung vollzogen, selbst wenn dieses Erfolgserlebnis nur dadurch bedingt ist, daß wir in unserem Urteil irgendetwas irgendwo - wenn auch objektiv völlig falsch - „ein-ordnen" können.

Dazu kommt der nahezu automatisch eintretende Effekt der - oft nur stillen - Wiederholungen. Etwas scheint allein schon dadurch überzeugender zu werden, daß wir es oft genug gedacht haben und denken. Wenn jemand lange genug etwas denkt, neigt er automatisch dazu, daran zu glauben, so daß schließlich die albernsten Vorurteile als gesicherte Erkenntnisse erlebt werden. Genauso verstärkt sich gewöhnlich, wenn man etwas eine Weile getan hat, die Tendenz, dieses Tun und das Getane für sinnvoll zu halten. Es ist ja auch bekanntlich viel leichter, eine Lüge zu glauben, die man schon tausendmal gehört hat, als eine Tatsache, die einem völlig neu ist. Und wer nur oft genug eine Lüge auftischt, hält sie schließlich selbst für wahr.

Auch die besondere Art, in der jeder einzelne in seinem Denken sozusagen geprägt wird und sich selbst prägt, entscheidet über seine Möglichkeiten des Begreifens. Nach einer Weile hält man die Methode, die man gelernt hat, für die

8 Ein Bit, abgekürzt aus binary digit, ist die Grundeinheit der Information, die aus einer Binär-Entscheidung, d.h. der Entscheidung zwischen zwei Alternativen (ja/nein, +/–, 1/0) besteht. Ein Bit ist daher ein Informationsmaß, das zwei Gegebenheiten gleicher Wahrscheinlichkeit zu unterscheiden erlaubt.

einzig richtige und vielleicht sogar die einzig mögliche. Schließlich denkt man nicht einmal mehr darüber nach, daß man nur eine bestimmte Methode gelernt hat und kann die Wirklichkeit nur noch so auffassen, wie die Methode es vorgibt.

Auf die gleiche Schwierigkeit stoßen wir, wenn wir das menschliche Handeln betrachten. Können Sie beispielsweise so ohne weiteres zur gleichen Zeit mit der rechten Hand Walzertakt und mit der linken Hand Tangorhythmus schlagen, oder auch nur mit der einen Hand schlagende, mit der anderen Hand kreisende Bewegungen machen? Versuchen Sie es einmal! Es soll immerhin Menschen geben, z.B. Musiker, die nach längerem intensivem Üben dazu in der Lage sind. Aber normalerweise ist es wohl kaum jemandem, der diese Zeilen liest, auf Anhieb gegeben. Wie große Schwierigkeiten bereitet es allein schon, wenn man auf der Autobahn fährt, Wagen ausländischer und inländischer Produktion sowie zugleich die Zahl der Wageninsassen zu zählen!

Es klingt so banal und ist doch den wenigsten Menschen klar bewußt: Die Tatsache, daß ich an etwas denke, beinhaltet immer auch gleichzeitig, daß ich an etwas anderes *nicht* denke. Die Tatsache, daß ich mich mit etwas intensiv beschäftige, heißt auch zwangsläufig, daß ich mich mit etwas anderem *nicht* beschäftige. Das intensive Beobachten von etwas Bestimmtem und ein nachdrückliches Handeln bedeuten automatisch, daß eben anderes nicht wahrgenommen und in einer anderen Weise nicht gehandelt wird. Liegt nicht auch der Sinn des Vergessens darin, daß ich etwas, das mir wichtiger ist, besser behalte, dafür anderes, das mir weniger wichtig ist, eben leichter vergesse.

Vielleicht ist so auch die banale Tatsache, daß wir uns immer bevorzugt dem zuwenden und uns konzentriert mit dem Problem herumschlagen, das uns gerade am meisten „unter den Nägeln brennt", im Rahmen solcher Zusammenhänge zu verstehen. Das führt aber recht häufig dazu, daß wir anderes - langfristig mindestens ebenso wichtiges - vernachlässigen und auch nicht daran denken, daß wir mit unseren eigenen Bemühungen, ein bestimmtes Problem zu lösen, uns erst ein anderes, vielleicht noch größeres Problem schaffen.

Zusammenhänge dieser Art gehen weiter. Mit jedem Handeln, dadurch, daß ich an etwas denke, was ich tun will, schränke ich gleichzeitig die Möglichkeiten ein, eine Fülle von Dingen meinerseits aufzunehmen und zu verarbeiten. Ich bin jeweils mit der Planung und Ausführung meiner Handlung voll ausgelastet. Vielleicht sind deshalb Manager selten Philosophen und Philosophen selten Manager.

Ich erinnere mich an ein indisches Märchen, das von einer Folge von Szenen handelt, in denen sich jeweils ein Tier anschickt, ein anderes anzugreifen, da*bei* und da*durch* aber nicht bemerkt, daß es just in dem gleichen Augenblick in der Gefahr ist, selbst gefressen zu werden. Ich erinnere mich nicht mehr an die genaue Reihenfolge und beginne deshalb mit dem Adler, der ein kleineres Tier als Beute erlegt hat und gerade dabei ist, dieses Tier zu verzehren. Dadurch, daß seine ganze Aufmerksamkeit auf diesen Vorgang gerichtet ist, bemerkt er nicht, daß ein junger Panther bereits auf ihn aufmerksam geworden ist. Der junge Panther seinerseits wieder, der damit beschäftigt ist, den Adler anzugreifen, bemerkt dadurch nicht den großen, mächtigen Bären, für den er selbst Angriffsziel ist. Und der Bär seinerseits, der ganz auf den jungen Panther konzentriert ist, gewahrt nicht den Jäger, der bereits die Flinte auf ihn gerichtet hat. Aber auch dieser Jäger schließlich, der den mächtigen Bären als Jagdobjekt erspäht hat und sich darauf konzentriert, den tödlichen Schuß abzugeben, bemerkt seinerseits wieder nicht die Wächter des Maharadschas, die sich anschicken, ihn gefangenzunehmen und wegen Jagdfrevels in den Kerker zu werfen.

Jeder ist sich selbst der Nächste

Schließlich gibt es noch einen weiteren Gesichtspunkt: Als wahrscheinlich zwangsläufiges Erbe entwicklungsgeschichtlich uralter Überlebensprogramme ist jeder zunächst einmal an sich selbst und seinem unmittelbaren Vorteil interessiert. Das interessanteste Thema für jeden Menschen ist immer und immer wieder er selbst, und deshalb ist es eigentlich auch natürlich, daß er alles von sich aus betrachtet, alles aus seiner Position und von seinem Standpunkt aus sieht und daher kaum in der Lage ist, sich von sich selbst zu lösen und sich gleichsam als einen Teil, einen Aspekt einer umfassenden Situation zu begreifen.

In Zusammenhängen zu denken ist aber deswegen keinesfalls unmöglich. Manchmal gelingt es einem sogar in ganz banalen Situationen, sich einmal vorzustellen, wie einem anderen, der einem sozusagen „auf der anderen Seite der Theke" begegnet, zumute sein mag. Und bisweilen mag diese Vorstellung sogar das eigene Verhalten mitbestimmen. So, wie man seine Muskeln trainieren, sich körperlich kräftiger und geschickter machen kann, ist es aber auch möglich, sich geistig so zu trainieren, daß man immer mehr Dinge zugleich denken kann und sich - sowohl im Querschnitt als auch im Längsschnitt - einen immer größeren geistigen Spannungsbogen aneignet.

Nur, es ist sicher, so wie wir zu denken und zu leben gelernt haben, ein langer und mühsamer Weg. An seinem Ende steht aber nicht nur der Lohn, mehr zu begreifen, sondern auch die Chance, vieles trotz hinzugewonnener Sensibilität aus einer gewissen Gelassenheit und Distanz sich selbst gegenüber erträglicher zu finden.

4. Systeme und Systemdenken

Der Begriff „System"

Nach allem, worüber wir bisher gesprochen haben, dürfte es jetzt an der Zeit sein, ausdrücklich auf den Kernbegriff einzugehen, der den Titel dieses ersten Teils bestimmt, und seine Bedeutung zu erörtern: den Begriff „System". Denn alle bisherigen Überlegungen betrafen letztlich „Systeme" und ein Denken in Systemen.

So stellt sich gleich die erste Frage: Was besagt eigentlich der Begriff „System"? Als ein „System" wird zunächst in der wörtlichen Übersetzung aus dem Griechischen das Zusammengehörige, Zusammengesetzte, das aus Einzelteilen gebildete Ganze verstanden, ein Komplex von Elementen oder Komponenten. Dieses Ganze wird aber im wesentlichen dadurch zu einem System, daß die Elemente, Komponenten oder Teile, bzw. auch Zustände oder Eigenschaften dieser Elemente, miteinander verknüpft sind, in Zusammenhang, in Wechselwirkung stehen, ein einheitlich geordnetes Ganzes bilden. Diese kreisförmig und nicht linear verstandenen Wechselbeziehungen zwischen den Komponenten sind die entscheidenden Bestimmungsgrößen des Systemverhaltens, das sich als qualitativ neue Größe eben aus dem Zusammenwirken aller Teile ergibt.

Sie stellen in ihrem spezifischen Zusammenwirken sozusagen das jeweilige (System-)Prinzip dar. Ein Haufen Steine auf einer Schubkarre sind ein Haufen Steine, kein System. Aber Steine, aus denen sich eine Kathedrale zusammensetzt, bilden in ihrer Gesamtheit ein System. Ein wahllos auf einem Tisch herumliegender Haufen von Gegenständen bildet kein System, eine wohlgeordnete Bibliothek hingegen ja. Eine Stadt ist als System durch die Namen und Nummern, die man aus einem Telefonbuch entnimmt, genausowenig ausreichend zu beschreiben, wie ein lebender Organismus durch die Summe seiner verschiedenen Moleküle (Paul A. Weiß in Zeleny). Der entscheidende System-bildende Aspekt ist die geordnete Interaktion zwischen den Komponenten. Selbst ein Atom, das einmal für unteilbar gehalten worden war, kann nicht als die schlichte Summe seiner Teile bzw. deren Eigenschaften verstanden werden, sondern ist eine höchst dynamische Konstellation.

Ähnlich ist auch eine Gesellschaft - als soziales System - nicht schlichtweg eine Summe von Einzelindividuen, sondern ein organisiertes Gesamt, durch das die einzelnen Individuen in bestimmte Beziehungen zueinander treten. Die Individuen entwickeln beispielsweise durch ihre soziale Umwelt, in der sie leben, bestimmte Wünsche und Abneigungen. Und wenn sie in Wettbewerb zueinander treten, geschieht dies weitgehend, weil die Gesellschaft durch einen Rivalitätsmechanismus geprägt ist oder Macht das grundlegende Moment der organisierten Koexistenz von Individuen darstellt.

Deshalb, weil jede Gesellschaft ein äußerst komplexes System darstellt, sind Gesellschaften auch kaum durch schlichte politische Entscheidungen in einer ganz bestimmten Richtung zu verändern. Denn die Wechselbeziehungen zwischen einzelnen Komponenten und Aspekten des gesellschaftlichen Lebens entziehen sich einer bewußten Entscheidung von Individuen oder Gruppen.

Aufgrund dieser Zusammenhänge, deren Ignorieren zu simplen - und in jedem Fall in ihrer Einseitigkeit falschen - individualpsychologischen Folgerungen führen würde, können deshalb auch Veränderungen in einem ganz bestimmten Bereich des Systems an einer völlig anderen Stelle, die in gar keinem unmittelbaren Kontakt zum Einwirkungsort steht, zu gänzlich unerwarteten Auswirkungen führen, ja die Struktur des gesamten Systems beeinflussen. Es liegt jedoch noch kein soziales System vor, wenn sich mehrere Personen - auch längere Zeit - in einem Raum befinden, ohne daß sich „systematische" Beziehungen zwischen ihnen ergeben. Selbst 11 Fußballspieler müssen keineswegs zwangsläufig eine Mannschaft bilden.

Systeme zeigen also neue Merkmale, die zu den Merkmalen der einzelnen Bestandteile hinzutreten und sich auch nicht aus einer einfachen Addition ergeben, sondern aus ganz spezifischen Zusammenhängen. Dieses Hervortreten von neuen, charakteristischen Eigenschaften auf einer jeweils höheren und komplexeren Systemebene, das dadurch zustande kommt, daß bestimmte Komponenten oder kleine Systeme in spezifische Struktur-bildende Beziehungen zueinander treten, wird auch als Emergenz bezeichnet.

Das ist der Grund, daß man, um ein System zu verstehen, nicht nur die statische Struktur ins Auge fassen darf, sondern sich sehr stark um ein Erkennen der dynamischen Wechselbeziehungen bemühen muß. Die bestehenden Strukturen und Zustände erscheinen dann lediglich als zu einem bestimmten Zeitpunkt querschnittsmäßig erfaßte Entwicklungen.

Im Grunde kommen in allen Systemen den Teilen ebenso Systemeigenschaften zu wie dem System Eigenschaften der Teile eignen. So betrachtet, ist der Vorgang der Systembildung zweipolig: Er umfaßt sowohl die Bildung einer Einheit auf dem Boden einer vielgestaltigen Unterschiedlichkeit im einzelnen als auch die Gestaltung der (inneren) Unterschiedlichkeit auf dem Boden einer größeren Einheit. Aus dem Blickwinkel des Ganzen ist das System einheitlich, homogen. Aus dem Blickwinkel seiner Bestandteile erscheint es heterogen, d.h. im Detail unterschiedlich und vielfältig.

Den Teilen des Systems kommt dabei sozusagen eine doppelte Identität zu: einmal ihre eigene im engeren Sinne und zum anderen eine gemeinsame Identität, die aus der Systemzugehörigkeit resultiert. Das Ganze baut sich zwar sozusagen aus Einzelkomponenten auf, aber es schafft und formt andererseits auch eben diese Einzelkomponenten. Eiweiße sind beispielsweise lebensnotwendige Bausteine des Organismus; aber der Organismus „schafft" sich bestimmte Strukturmuster von Eiweißen, die im Rahmen des Ganzen eine spezifische Funktion wahrnehmen. Ähnlich könnte man sagen, daß Menschen Elemente von gesellschaftlichen Organisationen darstellen. Diese gesellschaftlichen Organisationen wirken aber auch dergestalt auf menschliche Individuen ein, daß diese den Funktionsbedingungen der jeweiligen Organisation entsprechen.

Jede höhere Systemebene läßt also nicht nur neue Eigenschaften hervortreten, die auf der nächstunteren Ebene noch nicht bestanden; sie begrenzt auch den Spielraum der Möglichkeiten der einzelnen Komponenten, und zwar weitgehend auf solche, die im Rahmen der Gesamtabstimmung untereinander und mit der Gesamtfunktion der höheren Ebene verträglich sind.

Durch die Bildung von Systemganzen können einzelne Teile also auch bestimmte Merkmale und Eigenschaften einbüßen, so daß das Ganze aus dieser Sicht weniger als die Summe der Teile ist. Die Einzelkomponenten können so, obwohl das Systemganze mehr ist als die Summe der Teile, ihrerseits möglicherweise auch mehr sein als das Ganze. Edgar Morin erinnert zur Veranschaulichung an das Wort Blaise Pascals: „Wenn das Weltall zusammenbricht, wäre der Mensch noch immer edler als das, was ihn vernichtet. Denn er weiß, daß er untergeht, und von der Herrschaft, die das Universum über ihn hat, weiß dieses nichts". Menschen, die in einer bestimmten Gesellschaft leben, können weiterleben, auch wenn der Staat, in dem sie leben, nicht mehr existiert.

„System" ist also eine Bezeichnung dafür, daß in einem bestimmten Bereich oder in einer bestimmten Beziehung etwas besteht, dem als solchem eine verhältnismäßig große Beständigkeit zukommt, obwohl es in den Einzelheiten eine gewisse Vielfalt von Möglichkeiten und auch Veränderungen erlaubt[9]. Im einzelnen ist es durchaus möglich, daß bestimmten Komponenten innerhalb eines Systems untereinander in intensiverer Wechselbeziehung stehen als mit den übrigen Systemelementen. Man spricht in einem solchen Fall auch von einem Untersystem (Subsystem). Andererseits können sich übergeordnete „Supersysteme" ergeben, wenn zwei oder mehr Einzelsysteme in eine intensivere „systematische" Wechselbeziehung zueinander treten[10].

Auch für solche System-Kombinationen gibt es wieder eine durch Randelemente abgegrenzte Umgebung. Diese System-Umwelt umfaßt die Gesamtheit alles

---

9 Gegenüber dem Begriff „System" bezeichnet der in Frankreich lebende griechische Philosoph Cornelius Castoriadis als „Magma" die Gesamtheit dessen, in das unzählige Systeme eingebettet sind und aus dem sie hervorgehen können, ohne daß dieses seinerseits durch eine Zusammenfassung der jeweiligen abgegrenzten Organisationsform gebildet werden könnte. Ein Magma zeichnet sich daher u.a. durch eine Unerschöpflichkeit aus, die nicht mit der Summe aller Systeme identisch ist, sondern als ein die Gesamtheit aller Systeme umfassender Urgrund unendlicher Potentialität verstanden werden kann.

10 Interessant ist die Beziehung untergeordneter zu übergeordneten Systemen, wie sie der Wiener Zoologe und Entwicklungsforscher Rupert Riedl herausgearbeitet hat. Danach erhält ein bestimmtes System jeweils aus der untergeordneten Systemschicht seinen Gehalt und aus der jeweils übergeordneten seinen Sinn. „Ein Flügel hat nur Sinn innerhalb des Systems Vogel; zum Flügel wird er durch seine Teile (Sehnen, Knochen, Federn), die ihrerseits nur durch die Flügel Sinn, durch die Muskelzellen, Knochenbälkchen usw. ihren Inhalt gewinnen."

dessen, was möglicherweise Einfluß auf das System hat oder durch das Verhalten des Systems verändert wird. Auch diese Umwelt des Systems ist letztlich als ein System oder als System von Systemen strukturiert, wobei sich System und Umwelt grundsätzlich durch ein Komplexitätsgefälle unterscheiden. Die Zahl der Beziehungen zwischen den einzelnen Systemkomponenten und deren Intensität übersteigt die Zahl der Beziehungen zwischen dem System und seiner Umwelt. Der Gradient dient geradezu als Kriterium für die Abgrenzung eines Systems. Die innerhalb eines Systems zusammenhängenden Elemente haben jedenfalls untereinander einen engeren Zusammenhang als mit anderen Elementen, die deshalb in Beziehung auf das System als „Umwelt" verstanden werden.

System und Systemumwelt, die in ständiger dynamischer Wechselbeziehung in einem Prozeß fortlaufender Wandlungen stehen, lassen sich wiederum als Meta-System auffassen. Denn Strukturen und Funktionen eines Systems sind letztlich nur aus der Beziehung des jeweiligen Systems zu seiner Umwelt heraus verständlich.

Wesentlich ist dabei etwas, auf das Ludwig von Bertalanffy, der den Systembegriff in die Wissenschaft einführte, ausdrücklich hinwies: Die Eigenschaften und Wirkungsweisen höherer Stufen lassen sich nicht aus der Summierung der Eigenschaften und Wirkungsweisen ihrer bloß isoliert untersuchten Komponenten erklären. Vielmehr ergibt sich das Verständnis für die Systemkomponenten stets aus der Kenntnis des Ganzen.

Ganzheits- und gestaltpsychologische Parallelen

Damit wird eine innere Verwandtschaft zu ganzheits- und gestaltpsychologischen Erkenntnissen deutlich. Die Ganzheitspsychologie geht von der Überzeugung aus, daß „Erlebnisganzheiten" in ihrer Komplexität nicht auf einzelne Komponenten zurückgeführt werden können und daß auch eine Aufgliederung in Elementareinheiten sinnlos ist. Ebenso geht die Gestaltpsychologie von der ursprünglichen Ganzheitlichkeit und Gestaltetheit seelischer Vorgänge aus und bemüht sich um die Herausarbeitung der Organisationsprinzipien der Gestaltbildung, der sogenannten Gestaltgesetze.

Die Gestaltpsychologie hat sich, zumindest anfänglich, in besonderer Weise um Wahrnehmungsvorgänge bemüht und betonte immer wieder, daß das, was wir wahrnehmen, nicht die Summe unzähliger Einzelerregungen ist, sondern daß wir primär Gegenstände, Ereignisse, Gesamtkonstellationen der Umwelt wahrnehmen. Wer in einem Liegestuhl am Meer sitzt, sieht die Wellen des Meeres, hört das Rauschen der Brandung, riecht den eigenartigen Duft der Strandlandschaft, fühlt die brennende Sonne und zugleich den kühlenden Wind auf seinem Körper und vieles mehr, was alles unmittelbar zu einem charakteristischen ganzheitlichen Wahrnehmungseindruck verschmilzt. Was wir wahrnehmen, und wie wir es erleben, hängt dabei nicht nur von den betreffenden Sinnesorganen ab, sondern von der gesamten in einer Situation wirksamen Reizkonstellation und der Gesamt„stimmung" des Organismus.

Abbildung 10: *Unterschiedliche Helligkeit durch Kontrast.*

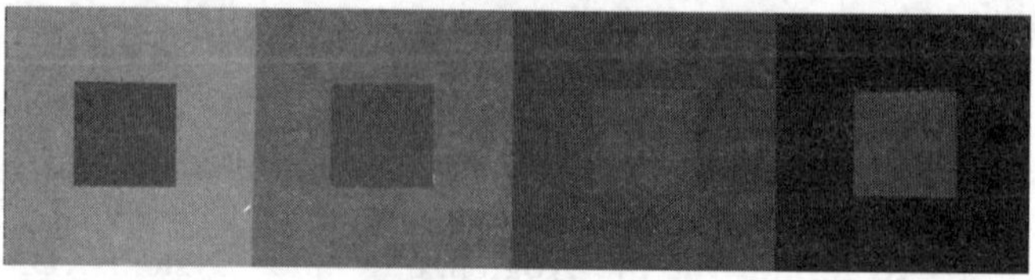

Abbildung 11: *Drei Kreissektoren und drei Winkel: trotzdem „sehen" wir ein weißes Dreieck mit der Spitze nach unten.*

Abbildung 12: *Was zeigt dieses Bild?* (Auflösung im Text S. 75)

Daß es nicht die Erregungen einzelner Sinneszellen sind, die eine Wahrnehmung ausmachen, zeigt sich auch daran, daß wir beispielsweise einen Fußball aus einem, aus drei und aus zehn Metern gleich groß „sehen", obwohl sich der Fußball in den drei Fällen auf ganz unterschiedlich großen Flächen der Netzhaut abbildet.

Abbildung 13:
Drei Röhren (links) oder ein Hufeisen (rechts) mit Zwischenraum?

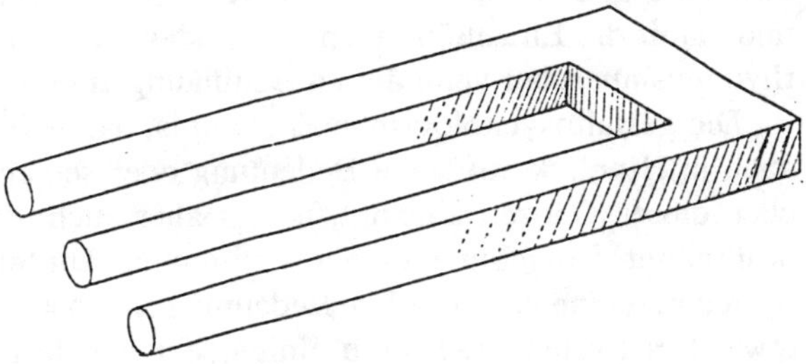

Oder denken Sie auch daran, daß die Qualität eines Farbeindrucks von der jeweiligen Gesamtkonstellation entsprechender Sinneserregungen abhängt.

Ein bestimmtes Grau sieht heller aus, wenn ich es mit einer schwarzen Fläche, und dunkler, wenn ich es mit einer weißen Fläche vergleiche. Betrachten Sie auch einmal ein buntes Bild durch eine zusammengerollte Zeitung! Sie werden erstaunt sein, um wieviel intensiver und plastischer Ihnen die Farben erscheinen. Haben Sie gar schon einmal den strahlend blauen Himmel und die grüne Wiese aus dem Handstand auf sich wirken lassen? Für weniger sportlich Geübte genügt es auch, sich nach vorne zu beugen und zwischen den Beinen hindurch nach hinten zu schauen.

Vor allem auch Wahrnehmungstäuschungen wurden zur Veranschaulichung von gestaltpsychologischen Erkenntissen herangezogen. Denn sie lassen erkennen, wie jeder Teil eines Ganzen von den Eigenschaften des Ganzen abhängt. In Abbildung 11 sehen wir ganz klar ein weißes Dreieck, obwohl es figürlich gar nicht abgebildet ist, sondern nur einen Zwischenraum bildet; bei Abbildung 12 sehen wir trotz völlig gleicher Reizvorlage aufgrund jeweils unterschiedlicher Wahrnehmungsorganisation einmal das abgewandte Profil einer eleganten jungen und einmal das Gesicht einer häßlichen alten Frau; in Abbildung 13 wird schließlich deutlich, wie durch das Angebot gleichwertiger Wahrnehmungsgestalten in einer einzigen Figur unauflösbare Verwirrung entstehen kann.

Später richtete sich das Interesse der Gestaltpsychologen auch auf das Verhalten und auf Denk- und Verarbeitungsprozesse des Menschen. Sie stellten beispielsweise fest, daß der Schreibrhythmus von Versuchspersonen gleich blieb, auch wenn die Schreibgröße oder die Schreibgeschwindigkeit geändert wurden.

Oder nehmen wir ein anderes einfaches Beispiel: Die Buchstaben A, L, B, U sind zunächst für jeden von uns vier Buchstaben und nicht mehr. Stellen wir sie aber um und bringen sie in die Reihenfolgen B, L, A, U, werden viele von uns an die Farbe Blau denken, den blauen Himmel und das blaue Meer. Keiner der einzelnen Buchstaben läßt aber auch nur andeutungsweise die gleiche Vorstellung in uns aufkommen, auch nicht alle vier Buchstaben in der zuerst geschriebenen Reihenfolge. Die sinnvolle Gestalt entsteht also aus einer ganz charakteristischen Kombination, einer ganz spezifischen Ordnung und Organisation der vier Buchstaben. Das gleiche gilt für Sätze und die Worte, die einen Satz bilden (Reeves).

Die Gestalt ist also mehr als die Summe ihrer Teile, und Gestalten sind als solche transponierbar, d.h. übertragbar. Eine Melodie, als System verstanden, bleibt die gleiche Melodie, auch wenn sie in einer anderen Tonart gespielt wird und damit die Einzeltöne nicht mehr identisch sind, ebenso wie ein Bewegungsrhythmus auch bei veränderten Bedingungen beibehalten wird.

Die gestaltpsychologische Erkenntnis, daß jeder Teil eines Ganzen, vor allem auch in Hinblick auf seine Bedeutung oder seinen Sinn, von den Eigenschaften eben dieses Ganzen abhängt, besagt aber auch, daß ein Einzelelement in einer bestimmten Umgebung, einem bestimmten „Umfeld", beispielsweise als Teil des Systems A, eine völlig andere Bedeutung haben kann als in einem anderen Umfeld, etwa dem System B. Hierzu einige sehr banale Beispiele: Wenn ein Deutscher einen Satz in einem deutschen Buch liest, der mit den Worten beginnt: „Solange ist es gutgegangen ...", so hat er eine ganz bestimmte Vorstellung darüber, was das Wort „Solange" in diesem Zusammenhang besagen mag. Ein Franzose aber mag im ersten Augenblick an seine Freundin denken, die den Namen „Solange" (natürlich anders ausgesprochen) trägt. Lese ich auf einem Flughafen das Wort „Lima", so denke ich unwillkürlich an die Hauptstadt Perus an der Westküste Südamerikas. Das gleiche Wort in einem malaysischen Buch läßt mich jedoch an irgendetwas denken, das fünfmal vorkommt. Denn lima ist das malaiische Wort für fünf. Wenn ich etwa „lima ekor kucing" lese und zufällig etwas malaiisch kann, weiß ich, daß es sich um fünf Katzen handelt.

Eine Zahl ist in der Tat etwas ganz Eindeutiges! Und doch hängt das, was sie bedeutet, ganz entscheidend davon ab, ob man gerade etwas zusammenzählt oder teilt, ob es sich um eine Addition oder Division handelt. Und die gleiche Zahl hat auch eine völlig andere Bedeutung, je nachdem, ob sie im Zähler oder im Nenner auftaucht. 3/4 besagt ja etwas anderes als 4/3. Sie erinnern sich vielleicht an den Witz über den Mann, der das noch nicht begriffen hatte und dem die Zahl als solche offenbar mehr sagte: Er beklagte sich bei seinem Arbeitgeber, der ihm 1/3 mehr Geld für die Überstunde versprochen hatte, und meinte, das sei ihm nicht genug, er wolle mindestens 1/4 mehr.

Ob die gekrümmte Linie in Abbildung 14 konkav oder konvex ist, bedeutet als solches eine sinnlose Frage. Denn sie beantwortet sich erst aus dem Kontext der jeweiligen Linse, deren eine Oberfläche sie darstellt.

Abbildung 14: *Konkav oder konvex?*

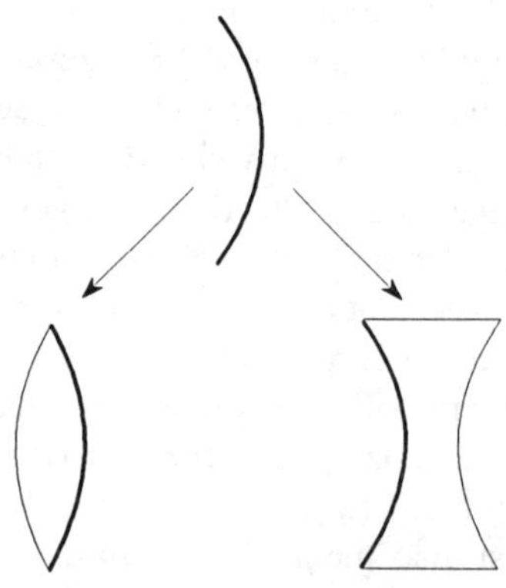

Wie sehr dieses Ganze die bestimmende Größe ist, zeigt sich auch an einem anderen Beispiel: Stellen Sie sich einen wenig flexiblen tyrannischen Familienvater vor, der ständig an seiner Frau herumnörgelt, schroffe Befehle erteilt und außer seiner Meinung nichts anderes gelten läßt. Stellen Sie sich den gleichen Menschen in einem Ferienort an der Adria vor, wo er einer unter vielen Feriengästen ist, von diesen und dem Personal des Hotels nicht ernstgenommen, ausgelacht und bewußt schikaniert wird. Er ist nach wie vor der gleiche und hat auch seine Neigung bewahrt, anderen zu befehlen. Nur das System, der Organisationszusammenhang ist nicht mehr derselbe wie zu Hause im Umfeld der Familie.

Auch unsere abstrakten Meinungen und Überzeugungen entsprechen - so besehen - nur sehr unzureichend unserem wirklichen Verhalten, weil sie aus dem konkreten Beziehungskontext menschlichen Verhaltens herausgelöst sind. Deshalb stellen unsere Ideale und Zielsetzungen nur Projektionen unserer Unzulänglichkeit dar, solange wir nicht die tatsächliche umfassende Realität begriffen haben (Crozier).

Wir können also zusammenfassen, daß Systeme eine Einheit, eine „Gestalt" und nicht eine Anhäufung einzelner Teile darstellen.

Sogenannte Bezugssysteme

Wesentliche Beiträge zu dem ganzen Problemkreis lassen sich auch aus der Bezugssystemforschung der sogenannten gestaltpsychologischen Schule entnehmen. Ein Bezugssystem ist nach W. Metzger derjenige Bereich, in dem ein Einzelgebiet seinen Ort, seine Richtung und sein Maß hat.

Der amerikanische Neuropsychologe Robert E. Ornstein weist in seinem Buch „Die Psychologie des Bewußtseins" auf die paradoxe Tatsache hin, daß einem ein Wort, das man 100mal hintereinander geschrieben hat, mehr und mehr fremd erscheint und seine frühere Bedeutung zu verlieren scheint. Durch die einfache Tatsache einer reinen Wiederholung scheint sich in diesem Falle eine einschneidende Bewußtseinsveränderung zu vollziehen. Zur optischen Veranschaulichung der Bedeutung des Umfeldes oder des Kontextes bringt er eine Anordnung von drei Zahlen, bzw. Buchstaben, aus der für jeden Betrachter ganz deutlich wird, daß das in der Mitte stehende Zeichen, je nach dem wahrgenommenen Umfeld, als Zahl oder Buchstabe gesehen werden kann.

Abbildung 15: *Steht in der Mitte dieser Anordnung der Buchstabe B oder die Zahl 13?*
Auch hier entscheidet der Kontext.

Ist, um einmal ganz schlicht zu fragen, eine Temperatur von 40° doppelt so heiß wie eine von 20°? Geht das Licht vor der Haustür jeden Abend wirklich an der gleichen Stelle an?

Die Antwort zur ersten Frage müßte natürlich zunächst einmal klären, auf welchen Nullpunkt man sich beziehen soll. Ist es der Nullpunkt der Celsius- oder der Fahrenheit-Skala oder ist es der absolute Nullpunkt, der ja bei - 273° liegt, auf den ich mich beziehen soll? Und die Antwort auf die Frage nach dem (gleichen?) Ort des vor meiner Haustür an zwei aufeinanderfolgenden Abenden angehenden Lichts hängt ebenfalls vom gewählten Standort ab. Stellen Sie sich Ihren Standort in einem bestimmten Punkt des Weltalls vor und beziehen Sie die inzwischen stattgefundene Erdumdrehung ein!

Entscheidend für eine Aussage ist also letztlich, von wo ich ausgehe, welches sozusagen der Nullpunkt in der Skala möglicher Aussagen ist und wie groß die einzelnen Skalenschritte jeweils sind. Davon hängt u.a. ab, ob ich ein Verhalten als pünktlich oder unpünktlich erlebe. Vergleichen sie beispielsweise das Bezugssystem der Pünktlichkeit in Deutschland und in Südamerika. Kämen Sie zu einer Einladung in Deutschland statt um 8 Uhr um 8.15 Uhr, so wird diese Viertelstunde mit nicht geringer Wahrscheinlichkeit eindeutig als Verspätung angesehen. Erscheinen Sie aber in Südamerika bereits um 8.15 Uhr, wenn 8 Uhr abgesprochen war, so wird sich der Gastgeber fragen, was für eigenartige Zeitvorstellungen Sie haben und was Sie um diese Zeit schon in seinem Haus wollen. In manchen Ländern gilt ausgesprochene Pünktlichkeit bei einer Einladung zum Essen sogar als Zeichen von Eßgier und damit von Unhöflichkeit.

Ob ich etwas für eine Zumutung halte oder nicht, ob ich eine Lösung als gut, durchschnittlich oder mäßig bewerte, hängt entweder von den bisherigen persönlichen Erfahrungen oder der statistischen oder gesetzten Norm ab, die ich als Beurteiler zugrunde lege.

Wie schnell bewegt sich jemand, der in einem Zug in Fahrtrichtung auf die Toilette eilt? Die Antwort hängt auch hier wieder davon ab, ob ich als Bezugssystem lediglich die Strecke zur Toilette wähle, oder die Geschwindigkeit des Zuges mit einbeziehe oder gar noch die Geschwindigkeit der Erdumdrehung berücksichtige. Selbst ein Meterstab, der sich gleichförmig an einem anderen Stab entlangbewegt, ist, je nach seiner Geschwindigkeit, nicht mehr notwendigerweise ein Meter lang. Er zieht sich vielmehr in der Bewegungsrichtung mit zunehmender Geschwindigkeit immer stärker zusammen und würde sogar, wenn seine Bewegung mit Lichtgeschwindigkeit erfolgte, vollkommen verschwinden.

Wir brauchen also, worauf Einstein immer wieder mit allem Nachdruck hinwies, ein Gerüst, ein bestimmtes System, auf das unsere Beobachtungen und Aussagen zu beziehen sind.

System, Struktur, Organisation

Ein System ist also, wie wir sahen, ein Gebilde, dessen einzelne Teile durch ein Beziehungs-Gesamt verbunden sind und eben durch eine bestimmte Ordnung des Zusammengesetztseins, der Zusammengehörigkeit ein Ganzes bilden.

Um noch größere Klarheit zu gewinnen, mag es lohnend sein, den Unterschieden zwischen den Begriffen System, Struktur und Organisation noch etwas weiter nachzuspüren, auch wenn es zunächst als eine etwas trockene Fragestellung erscheinen mag.

Jedem System kommt zwangsläufig eine bestimmte Struktur[11] zu. Sie zeigt sich im wesentlichen in der Menge und in der Art der innerhalb der Systemgrenzen bestehenden Beziehungen. Der Begriff „Struktur" bezeichnet somit die Gesamtheit sowie die Art der gegenseitigen Wechselbeziehungen und Abhängigkeiten innerhalb des Systemganzen. Dieser Zusammenhang kann in einem Informations- oder Energieaustausch oder auch in einer gegenseitigen Regelung und Beeinflussung bestehen.

Der Begriff „Organisation", der ein höheres Maß an Geordnetheit anzeigt, bezieht sich demgegenüber auf die spezifische dynamische Konfiguration von Komponenten, die speziell das System als solches bilden. Denn ein System ist nicht eine schlichte Summe zusammenhängender Einzelkomponenten, sondern ein System ist eine sozusagen nach einem bestimmten Prinzip „organisierte" Ganzheit. Das entscheidende Merkmal von Systemen liegt nicht so sehr im Substantiellen der Komponenten, sondern in der charakteristischen Art und Weise, wie diese Komponenten organisiert sind, wie sich durch bestimmte Bedingungen von Regelmäßigkeit und Beständigkeit eine gewisse „Ordnung" herauskristallisiert, die für das Ganze charakteristisch ist. Es ist eine Ordnung der Teile in einem Ganzen und durch ein Ganzes. Und dieser neuen komplexen Einheit kommen Eigenschaften zu, die auf der Ebene der Komponenten oder Individuen nicht bestanden. Deshalb läßt sich auch, wie schon gesagt, ein Gesamtsystem nicht aus den Eigenschaften und Wirkungsweisen der isoliert untersuchten Komponenten erklären, und deshalb ergibt sich auch ein Verständnis der Komponenten erst aus der Kenntnis des Gesamtsystems. Arthur Koestler schrieb einmal karikierend in Blickrichtung auf Systeme: „Wir glauben oft, daß wir dann, wenn wir 'eins' genau studiert haben, auch alles über 'zwei' wüßten; denn 'zwei' sei ja 'eins' und 'eins'. Dabei vergessen wir aber, daß wir immer noch das 'und' zu untersuchen haben".

Die Organisation, bzw. die bestimmte Ordnung, macht also entscheidend das Wesen eines Systems aus. Dabei lassen sich durchaus schwächer und stärker organisierte Systeme unterscheiden. Ein Kristall hat ein höheres Organisationsniveau als ein Stein. Das Organisationsniveau einer Pflanze übersteigt jedoch noch

11 Das Wort stammt aus dem lateinischen, wo es soviel bedeutet wie schichten, zusammenfügen, aufbauen, neben- bzw. übereinanderlegen; in diesem Sinne bringt der in unsere Alltagssprache eingegangene Begriff „Konstruktion" einen Vorgang zum Ausdruck, bei dem Struktur geschaffen, etwas zusammengebaut wird.

wesentlich das eines Kristalls, liegt aber seinerseits noch erheblich unter dem Organisationsniveau eines menschlichen Organismus.

Aus den herausgearbeiteten Unterschieden zwischen Struktur und Organisation wird auch verständlich, daß man von gleichen Strukturen spricht, wenn zwischen vergleichbaren Komponenten gleichwertige Beziehungen bestehen. Eine „gleiche Organisation“ bedeutet demgegenüber, daß die für das Eigentliche des Systemganzen kennzeichnenden Beziehungen gleich sind. Es ist also durchaus möglich, daß zwei in ihrer Organisation gleiche Systeme unterschiedliche Strukturen aufweisen und daß trotz einer Strukturänderung die Identität des Systems erhalten bleibt. Eine Änderung der Organisation eines Systems hat dagegen gewöhnlich zur Folge, daß das System als solches seine Identität verliert, daß ein anderes System entsteht.

Die Bedeutung der Organisation zeigt sich beispielsweise schon sehr deutlich in einfacher Form in der Chemie in Gestalt der sogenannten Isomeren. Sie haben das gleiche Molekulargewicht und die gleiche chemische Formel, unterscheiden sich aber doch durch die Anordnung der Atome im Molekül voneinander. Der Begriff Isomerie soll das zum Ausdruck bringen, denn isos heißt gleich und meros der Teil. Beispielsweise stehen die Knallsäure (C = NOH) und die Cyansäure (O = C = NH) im Verhältnis der Isomerie zueinander, ebenso wie das n-Butan und das i-Butan oder 2-Methylpropan, für die beide die Summenformel C_4H_{10} gilt.

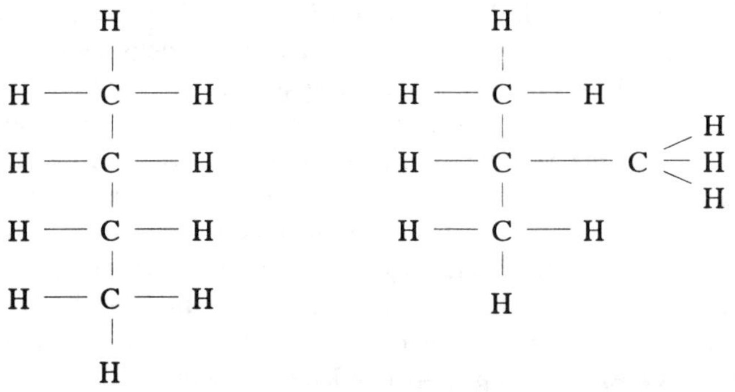

In einem klassischen Familienunternehmen des letzten Jahrhunderts bestimmte die Struktur des Unternehmens das Produktionsniveau, und das Ziel des Unternehmens bestand im wesentlichen darin, die Struktur aufrechtzuerhalten, ohne daß besondere Expansionsbedürfnisse hervortraten. Bestand das Ziel des Unternehmens im wesentlichen darin, ein größeres Industrieunternehmen zu versorgen, dann war es zunächst die Struktur des größeren Unternehmens, die das Produktionsniveau regelte. Es handelte sich aber immer noch um ein beständig durch bestehende Strukturen geregeltes System. Ganz andere und sozusagen systemverändernde Verhältnisse stellen sich aber ein, wenn das wesentliche Ziel nicht mehr in der Produktion, sondern im Profit gesehen wird. Denn um den Profit zu erhöhen, muß man expansiv denken, muß man mehr produzieren, muß man Bedürfnisse schaffen, neue Absatzmöglichkeiten gewinnen, expansiv internationale

Märkte erschließen und vieles andere mehr. Zielsetzung und Organisation haben sich verändert. Neue Systembedingungen sind entstanden.

Ein einfaches Beispiel liefert schließlich auch das menschliche Gehirn. Es hat bei allen Angehörigen der Art homo sapiens eine ganz bestimmte Struktur, bei jedem einzelnen Individuum aber eine jeweils eigene Organisation.

Die Organisation eines Lebewesens bleibt im Verlauf seiner Lebensgeschichte unverändert. Was sich jedoch ändert, ist eine Struktur, die Zahl, die Art und die besonderen Merkmale der konkreten Komponenten, die durch ihre spezifischen Wechselbeziehungen die betreffende Organisation erzeugen.

Oder nehmen wir ein Kraftfahrzeug. Seine spezifische Organisation besteht im besonderen Zusammenwirken der einzelnen, für seine Gesamtfunktion wichtigen Konstruktionsteile. Die im Einzelfall geschaffene räumliche Anordnung der Einzelteile (Heckantrieb/Frontantrieb, Links- oder Rechtssteuerung usw.) und die verwendeten Materialien machen seine Struktur aus. In dem System eines konkreten Kraftfahrzeuges treten organisatorische und strukturelle Merkmale zusammen. Durch möglicherweise nur geringfügige Änderungen der Organisation kann das wesentliche der Organisation eines Kraftfahrzeugs verloren gehen. Wir haben dann etwa ein Motorrad oder ein Motorboot vor uns. Eine Änderung der Struktur bei grundsätzlich gleicher Organisation würde dagegen beim Austausch einer Limousine durch ein Coupé stattgefunden haben (Rose).

Ähnlich macht die Art und Weise, wie die Erfahrungen eines menschlichen Organismus organisiert, in ein Gesamt integriert sind, das Charakteristische einer menschlichen „Persönlichkeit" aus, und für Gesellschaften gilt im Grunde dasselbe. Ihre Stabilität scheint nach Erfahrungen der bisherigen Menschheitsgeschichte im wesentlichen mit davon abzuhängen, daß die eine Gesellschaft bildenden Individuen eine gemeinsame Wertorientierung entwickeln und verinnerlichen. Denn ohne eine solche droht eine Gesellschaft ein wesentliches Ordnungs- bzw. Organisationsmerkmal zu verlieren und von dem Phänomen der Systemauflösung bedroht zu sein. Auf die Frage, inwieweit in der zukünftigen Entwicklung von Gesellschaften aufgrund einer prinzipiell denkbaren tiefgreifenden Bewußtseinsänderung der Menschen möglicherweise völlig neue Organisationsformen und Systemgesetzlichkeiten entstehen werden, wollen wir hier zunächst noch nicht näher eingehen.

Das Prinzip der russischen Puppen und die Wahl der optimalen Systemebene

Der Zustand eines Systems zu einem bestimmten Zeitpunkt ergibt sich sowohl aus der Struktur und Dynamik im Inneren des Systems als auch aus der Beziehung zu entsprechenden Systemen in der Umgebung, dem umfassenderen System oder den umfassenderen Systemen, in die ein System eingebettet ist, d.h. aus der Beziehung zur Systemumgebung schlechthin. Dabei begegnet man dem eigenartigen Phänomen, daß Systeme sozusagen ineinander geschachtelt sind wie „chinesische Schachteln" oder wie die bekannten russischen Puppen, die sogenannten

Matrjoschkas. Bei ihnen findet man ja, wenn man eine Puppe geöffnet hat, in ihrem Inneren jeweils eine nächstkleinere Puppe von gleichem Aussehen.

So kann man geradezu von einer Hierarchie von Systemen sprechen: Jedes höhere System umfaßt, obwohl es in gewisser Weise die Komplexität des nächst niederen Systemzustandes verringert, mehr; es ist in sich komplexer und komplizierter. Es baut zwar auf den jeweils niederen Systemen auf, bzw. diese gehen in das größere System ein. Genauso bestimmt umgekehrt die höhere Ebene die Merkmale der niederen; das Ganze geht also seinerseits auch in die einzelnen Teile ein. Trotzdem zeichnet sich das größere bzw. das höhere System durch ganz bestimmte, den untergeordneten Systemen gegenüber neue Merkmale aus. Der zwitschernde Vogel ist ein System, ebenso der Baum, auf dem er sitzt; der von Vögeln und anderen Tieren belebte Wald ist ein entsprechendes umfassenderes, höheres System.

Alle Schlüsselthemen der Wissenschaft wie beispielsweise der Physik, der Biologie, der Soziologie, der Astronomie: Atome, Moleküle, Zellen, Organismen, Gesellschaften, Gestirne, Galaxien usw. stellen letztlich Systeme dar. So ist der Mensch als System Teil eines Sozialsystems, der Gesellschaft nämlich, in der er lebt, eingebettet in ein natürliches Umwelt-System, das zum Sonnensystem, einem Untersystem eines Milchstraßensystems gehört. Sein Organismus besteht aus Organsystemen, diese aus Zellsystemen, die wiederum aus Molekularsystemen bestehen, die ihrerseits durch Atomsysteme gebildet werden. Das Leben ist letztlich ein System von System-Systemen und die Natur ein aus unzähligen Systemen unterschiedlicher Größenordnung bestehendes Ganzes.

Die ganze Entwicklungsgeschichte stellt eine fortschreitende Entfaltung von immer komplexeren, hierarchisch organisierten Systemen dar. Dabei kommt es auch vor, daß zwei unterschiedliche Organismen ein höheres System bilden, in dem sie beide beispielsweise durch intensive „symbiotische Beziehung“[12] Anpassungsvorteile für sich gewinnen. So stellt die Flechte ein symbiotisches Zusammenwirken von Alge und Pilz dar: Die Alge ist im Gegensatz zum Pilz zur Photosynthese in der Lage, der Pilz seinerseits kann Feuchtigkeit speichern und an Oberflächen haften. Der eine profitiert vom anderen. Durch die spezifische Ergänzung können beide zusammen an Orten überleben, wo der einzelne keine Überlebenschance hätte.

Hier stellt sich natürlich die Frage, wie sich das System bestimmt, in dem bei irgendeinem Problem Entscheidungen zu treffen sind und in dem eine optimale Wirksamkeit von Maßnahmen zu erwarten ist. Wie bestimmt sich, bzw. wie grenzt sich ein System ein, aus dessen Kenntnis und Verständnis heraus sich die günstigste Lösung eines Problems anbietet. Man kann ja beispielsweise bei einem politischen Problem als Berliner, als Deutscher, als Europäer, als Weltbürger reagieren. Ebenso kann man in einer Auseinandersetzung als Familienvater, als Beamter, als Mitglied einer politischer Partei, als Autofahrer, als Steuerzahler oder schicht als Mensch reagieren.

12 Unter „Symbiose“ (griech. syn = mit, bios = Leben) versteht man das dauernde Zusammenleben verschiedenartiger Lebewesen zu gegenseitigem Nutzen.

Im Grunde bedeutet es ja auch die Wahl eines anderen Systems bzw. einer anderen System-Ebene, wenn man bei Belastung durch unangenehme Gefühle die eigene innere Optik verändert. Wenn einen beispielsweise Sorgen beschäftigen und belasten, kann man versuchen, seine Sichtweise zu ändern, indem man sozusagen das Vario-Objektiv seiner eigenen Vorstellung verschiebt.

Das kann einmal bedeuten, das Objektiv sozusagen auf unendlich zu stellen, die „kleineren Sorgen" vor einem größeren Hintergrund, in einem größeren Zusammenhang zu sehen, wodurch sie dann an Bedeutung einbüßen. Man kann sich beispielsweise vor Augen führen, daß der Mann, mit dem man gerade vor einer Telefonkabine versucht sein könnte, in Streit zu geraten, viele Sorgen hat und im allgemeinen gar nicht so fies ist, wie er sich im Augenblick benimmt. Man kann sich vorstellen, wie belastet er sein mag, möglicherweise durch sein Zuhause oder andere Lebenserfahrungen usw. Man kann sogar wieder etwas zufriedener werden, wenn man daran denkt, wie viele Menschen auf der Welt sehr viel schwerere Sorgen haben als man selbst.

Der andere Weg ist der, daß man irgendein Kleindetail beachtet und den Blick einfach nicht mehr auf den ganzen Inhalt der Sorge richtet. So mag derjenige, der kein Blut sehen kann, die Angst vor dem Blut verlieren, wenn er das schöne Bild roter Blutkörperchen im Mikroskop sieht. Oder jemand, der einen zornig anblickt, verliert an Eindruck oder gerät sogar an den Rand des Lächerlichen, wenn man sich lediglich einen Pickel auf seiner Nase ansieht. Man kann sich auch beispielsweise, wenn man in Wortstreit mit einem anderen geraten könnte, der einen anschimpft, auf dessen Kehlkopf konzentrieren, der beim Schimpfen so ulkig hin- und herspringt usw.

Es geht also darum, „systematisch" Systembeziehungen, d.h. den inhaltlichen Rahmen zu erkunden, in dem sich ein Problem stellt. Bei sachlicher Offenheit und unparteilichem Bemühen läßt sich dann in den meisten Fällen durchaus erkennen, auf welcher Ebene das Problem am prägnantesten hervortritt.

Bei konsequentem Erkunden der Systembedingungen wird es mit hoher Wahrscheinlichkeit dazu kommen, daß man tiefer in die bestehenden Zusammenhänge eindringt und zugleich einen weiteren Betrachtungshorizont gewinnt. Man wird dabei möglicherweise auf eine höhere, umfassendere Ebene von Systemzusammenhängen vorstoßen, von der aus möglicherweise auch die Lösung des Ausgangsproblems sehr viel leichter und auch wirkungsvoller anzugehen ist. Bei sachlicher Prüfung wird sich nun meist zeigen, daß sich in dieser Kette hierarchisch geordneter Systemzusammenhänge unterschiedlicher Größenordnung eine bestimmte Ebene herauskristallisiert, die im Vergleich zu der vorangehenden, unteren Ebene einen verhältnismäßig starken Fortschritt für die echte Lösung eines Problems verspricht. Demgegenüber könnte sich ergeben, daß die Einbeziehung der nächst höheren Ebene nur verhältnismäßig wenig zusätzlichen Effekt bringen und darüber hinaus einen erheblich höheren Aufwand erfordern würde.

Es könnte aber auch sein, daß die Einbeziehung der nächsthöheren Ebene im Sinne des nächst umfassenderen Systems ohne weiteren zusätzlichen Aufwand ermöglichen würde, gleichzeitig noch zwei andere Probleme zu lösen, so daß die

Wahl dieser Ebene sinnvoll sein könnte. Es hängt also einmal von der Art und Struktur des Problems, zum anderen von den spezifischen Beiträgen eines System-Ansatzes bestimmter Ebene und Größenordnung ab, welches System in der unendlichen Verschachtelung von Systemen für die Lösung eines Problems das auch unter Kosten-Nutzen-Erwägungen sinnvollste und nützlichste ist.

Die Realität der Außenwelt und des Denkens

Betrachtet man all das, was uns als System erscheint, vom Molekül bis zur Gesellschaft und zum Weltall, mag sich die Frage sozusagen nach dem System aufdrängen, in dem ein System existiert. Ist es die Wirklichkeit da draußen, besteht also die reale Welt aus Systemen, oder ist ein „System“ spezifischer Ausdruck, wie menschliche Gehirne „Welt“ begreifen?

Naiverweise würde man wahrscheinlich zunächst geneigt sein, den Ort der „Systeme“ in der Welt da draußen anzunehmen. Bestimmte Gegebenheiten in der uns umgebenden Welt drängen sich sozusagen mit einem besonderen „Aufforderungscharakter“ auf. Bedenkt man jedoch, daß wir es sind, die diese Zusammenhänge - zumindest dem Prinzip nach - erkennen, könnte die Antwort nicht unbegründet erscheinen, daß sie durch unsere, d.h. die dem Menschen eigentümliche Art begründet sind, das, was uns umgibt und was wir Wirklichkeit nennen, in einer Weise aufzufassen und zu begreifen, die in irgendeiner Form die Merkmale des Organisierten aufweist. Das geht bis zum Erkennen von Sternbildern („Großer Bär“, „Großer Wagen“), zum Deuten von Wolkenformationen bis zum Unterstellen nicht vorhandener Absichten und Absprachen bei anderen. Im Rorschach-Test wird in diese Neigung zum Deuten von Klecksbildern gezielt zur psychologischen Diagnostik eingesetzt.

Das menschliche Gehirn ist nun einmal ein ordnungstiftendes Organ, und menschliches Erkennen besteht eben ganz entscheidend darin, Unterscheidungen zu treffen, wie sie uns schon in der Wahrnehmungspsychologie in Form der Figur-Hintergrund-Phänomene begegnen. Wenn eine bestimmte Erkenntnisweise in das Erkennen von Systemen hineinspielt, so bedeutet das natürlich auch, daß verschiedene Menschen die Welt in unterschiedlicher Weise gliedern und damit auch, bezogen auf Systeme, zu anderen Erkenntnissen gelangen.

Auf der einen Seite wird ein Systemzusammenhang offensichtlich als etwas außerhalb eines Beobachters Vorhandenes erlebt. Auf der anderen Seite erscheint ein solcher Systemzusammenhang, gerade in der isolierenden Herausarbeitung eines Systems und vor allem des Systembegriffs als solchem, als eine aus dem Denksystem des Beobachters stammende Abstraktion.

In Systemerfassung und Systemverständnis scheint offenbar, ähnlich wie in den Sinnbegriff, beides einzugehen, sowohl der Bereich des Realen und Gegenständlichen als auch der einer begrifflich-formalen subjektiven Verarbeitung. Und erkannte, „begriffene“ Systeme sind letztlich beides, objektiv und subjektiv. Dabei verschwinden die Verständnisschwierigkeiten, sobald man sich des langen entwicklungsgeschichtlichen Interaktionsprozesses zwischen Organismen und Umwelt bewußt wird, in dem sich unter dem Einfluß vom Umweltbedingungen Organe herausgebildet haben, die betreffenden Lebewesen ein Überleben in der jeweiligen Umwelt ermöglichen sollen und darum zwangsläufig in ihrer Struktur und Funktion die Bedingungen dieser Umwelt spiegeln.

Jedes System ist also einerseits in viel tieferem Sinne „wirklich" als viele angeblich so „wirklichen" und eben in ihrer Isolierung künstlichen Gegenstände, denen sich die traditionelle Wissenschaft zuwandte. Es verweist aber zugleich, von der Warte des Systems aus betrachtet, sowohl auf biologische Grundzusammenhänge als auch auf das kulturell, sozial und historisch entscheidend mitbestimmte menschliche Denken.

Die Beziehung zwischen Beobachter und beobachtetem System, zwischen Subjekt und Objekt, stellt sich daher in dieser Sicht sozusagen selbst wiederum als System dar. Denn die Sicht des Beobachters ist ein Teilaspekt der Bestimmung eines beobachteten Gegenstandes, und das beobachtete und beschriebene System ist ein Teil des Denkkultur-Systems des Betrachters. Indem so das System des Betrachters und das betrachtete System engstens aufeinander bezogen sind, sozusagen ein Meta-System bilden, das jenseits der Ebenen der beiden Gruppen von Systemen liegt, hebt sich, von hier aus gesehen, auch die traditionelle Aufspaltung von Natur- und Geisteswissenschaft auf. Da die Organisation der Natur und die Organisation des menschlichen Gehirns und damit unseres Denkens sich im Laufe einer langen, langen Entwicklung wechselseitig bedingt haben, ist eine solche Schlußfolgerung auch sachlich und logisch nicht unberechtigt. Denn eine Systembetrachtung der Entwicklungsgeschichte läßt die enge Entsprechung beider hervortreten.

Auf dem Boden traditionellen Vorgehens, in dem die (vermeintliche) Objektivität der Objekte durch die Herauslösung aus dem jeweiligen Umfeld und die angebliche Unabhängigkeit vom menschlichen Beobachter „sichergestellt" wird, fällt es ausgesprochen schwer, eine wissenschaftliche Antwort auf die Frage zu geben, was Wissenschaft denn nun eigentlich sei. Wo ist die wissenschaftliche Methode, die ja in einer Ebene oberhalb des zu betrachtenden Gegenstandes angesiedelt sein müßte, die es erlauben würde, die Wissenschaft selbst als Ziel und Gegenstand der Wissenschaft zu betrachten und auch den Wissenschaftler als Subjekt dieses Gegenstandes. Alle bisherige wissenschaftliche Methodologie ist ja geradezu verzweifelt und vergeblich darauf ausgerichtet, diesen Gesichtspunkt aus den Betrachtungen auszuschließen. Deshalb erscheint die Frage bei allem Anwachsen der Information und einer zunehmenden Vielgestaltigkeit des Wissens nur allzu berechtigt, inwieweit nicht unsere derzeit gültigen Erkenntnisprinzipien eher mehr - und vor allem mehr an wirklich Entscheidendem - verschleiern, überdecken und verbergen als offenbaren.

Worum geht es der Systemforschung?

Die Erkenntnis der gerade beschriebenen Zusammenhänge hat zwangsläufig zur Folge, isolierte Dinge und Ereignisse in einem eng begrenzten Umfeld nicht absolut zu sehen. Im Gegensatz zu einer solchen einengenden und eingeengten Sichtweise, die früher allein als wissenschaftlich galt, bedeutet das zugleich eine Ausrichtung auf die Erfassung der als „System“ verstandenen komplexen Gesamtsituation.

Der französische Wissenschaftler Edgar Morin hat einmal beide Sichtweisen in einem eindrucksvollen Bild gegenübergestellt: Früher ging man zum Fischen, brachte aber keine Fische heim, sondern nur Gräten. Die neue Rationalität dagegen erlaubt nicht nur, Fische zu fangen, sondern auch, das Meer zu begreifen.

Das ist die Grundposition der Systemforschung, die sich mit dem inneren Aufbau und dem Verhalten von Systemen, also mit Strukturen, Funktionen und Prozessen von Systemen befaßt. Systemorientiert vorzugehen heißt also, etwas unter dem Gesichtspunkt seiner inneren Struktur und seiner Beziehungen zu Gegebenheiten in seiner Umwelt zu betrachten und zu beurteilen, sowie dementsprechend zu planen und zu handeln. Es ist ein interdisziplinärer, d.h. die einzelnen Wissensgebiete übergreifender und verbindender Ansatz, der auf die Beschreibung und Vorhersage von Prozessen im Rahmen komplexer Zusammenhänge gerichtet ist. Deshalb verbindet dieser Ansatz auch Beiträge aus unterschiedlichen Wissensbereichen: der Kybernetik und Informationstheorie, der Spieltheorie, der Biologie und Anthropologie, der Ingenieurwissenschaft usw. (Jensen).

In klassisch positivistischer Sicht war mehr oder weniger nur dasjenige Gegenstand wissenschaftlichen Bemühens, über das klare und quantifizierbare Aussagen zu machen waren. Alles andere wurde wissenschaftlich weitgehend ignoriert. Demgegenüber geht die Systemforschung davon aus, daß alle Phänomene dieser Welt nur aus ihrer Verbundenheit mit anderen und aus ihrer wechselseitigen Abhängigkeit heraus richtig verstanden werden können. Sie ist gekennzeichnet durch das Bemühen, bestehende Zusammenhänge zu erkennen, in Vorgängen zu denken und „integrative“ Lösungsansätze zu finden, die nicht nur einen Aspekt berücksichtigen, sondern eine Gesamtoptimierung[13] anstreben. Durch die Konzentration auf das gesamte Einflußfeld der im System bestehenden Beziehungen und die ein Gesamtsystem bestimmenden Organisationsprinzipien wird versucht, vorgefaßte Meinungen über die Bedeutung irgendwelcher Faktoren im System und eine voreilige, d.h. vereinfachend-einengende Erklärung der komplexen System-Wirklichkeit zu vermeiden. Das bedeutet eine sowohl räumliche als auch zeitliche Weitung des Blicks.

Zugleich soll dieser Ansatz dazu beitragen, möglichst flexibel und offen zu bleiben. Wie wichtig das ist, zeigen u.a. Untersuchungen von Hartmut Bossel und Michael Strobel. Ihre Ergebnisse belegen, daß ein gewisser Planungshorizont erforderlich ist, um überhaupt ein Mindestmaß an „vernünftigem“ Verhalten zu ermöglichen und Katastrophen aus dem Weg zu gehen. Je länger der Planungshorizont war, um so weniger stark brauchten die jeweiligen Steuereingriffe zu sein, um so stetiger verlief die gesamte Systementwicklung und um so höher war

---

13 Optimierung stellt in diesem Sinne ein Funktionsprinzip komplexer Systeme dar, das zum Auffinden der unter Berücksichtigung aller gegebenen Verhältnisse günstigsten Lösung zur Verbesserung der Wirksamkeit der Gesamtfunktion dient.

die „Systemzufriedenheit". Gleichzeitig erwies es sich als nützlich, bei grundsätzlich weitem Planungshorizont die jeweiligen Planungsperioden verhältnismäßig kurz zu halten. Das bedeutet, den erreichten Zustand häufiger zu analysieren und die Planung erneut den einzelnen Bedingungen anzupassen. Dadurch können heraufziehende Schwierigkeiten rechtzeitig bei der Planung berücksichtigt werden, und man braucht nicht erst auf alarmierende Zustände zu reagieren. Eine häufigere feinsinnige Erfassung der Situation ermöglicht frühzeitige Korrekturen mit jeweils nur geringfügigen Steuereingriffen; und dadurch wird eine vergleichsweise stetigere Systementwicklung gewährleistet.

Ergebnisse der Forschung - wie die von Bossel und Strobel vorgelegten - sprechen also eindeutig für eine vorausschauende, sogenannte antizipative Planung mit langem Planungshorizont, aber kurzer Planungsperiode und daher laufender Plananpassung.

Allgemeine Systemtheorie und Systemanalyse

Es war, wie gesagt, der 1901 bei Wien geborene und nach dem Zweiten Weltkrieg in Kanada arbeitende Biologe Ludwig von Bertalanffy, auf den der Begriff der „allgemeinen Systemtheorie" zurückgeht. Sie hat im Grunde die Zielsetzung, unter vorrangigem Rückgriff auf ein logisch-mathematisches Vorgehen, die für Systeme allgemein geltenden grundlegenden Prinzipien herauszuarbeiten und abzuleiten. Sie sieht darin einen ersten Schritt zu einer „Mathesis universalis", zu einem umfassenden und die verschiedenen Wissenschaften einschließenden Erklärungssystem. Der Systembegriff soll im wesentlichen erkenntnistheoretische, logische und wissenschaftstheoretische Grunderkenntnisse ermöglichen.

Die „allgemeine Systemtheorie" hat damit zugleich das Ziel, durch die für sie kennzeichnende Denkweise die Verständigung zwischen den unterschiedlichen Fachdisziplinen zu fördern, ja eine echte Integration der verschiedenen Wissenschaften zu bewirken, zum Entstehen neuer wissenschaftlicher Ansätze beizutragen und überhaupt eine neue wissenschaftliche Orientierung zu ermöglichen.

Sie geht davon aus, daß für alle Systeme, unabhängig vom Inhalt oder den Elementen des einzelnen Systems, mehr oder weniger gleiche Modelle, Prinzipien und Gesetze gültig sind. Diese werden nicht nur in einem eher allgemeinen Sinne als übereinstimmende Aspekte auf den verschiedensten Gebieten der Wissenschaft, sondern als tatsächlich formale, identische Gesetze verstanden. Nach Auffassung von Bertalanffys gilt also über Einzelbereiche hinaus eine geringe Anzahl allgemeiner Gesetze für bestimmte Klassen von Systemen unabhängig von ihrer besonderen Art.

Die vorrangig logisch-mathematisch orientierte „allgemeine Systemtheorie" ist als solche rein formal, aber auf alle Wissenschaften anwendbar, die sich mit Systemen beschäftigen. Es geht ihr um die allgemeinen Prinzipien, die für Systeme jedweder Art schlechthin gelten. Sie stellt sozusagen eine neue wissenschaftliche Lehre der Ganzheit dar. Die Wirklichkeit erscheint in dieser Sicht als eine gewaltige abgestufte Ordnung organisierter Gegebenheiten, die sowohl physikalische als auch chemische, biologische und soziologische Systeme umfaßt. Die Einheit der Wissenschaft sieht von Bertalanffy durch tiefere strukturelle Übereinstimmungen auf den unterschiedlichen Ebenen der Wirklichkeit gewährleistet. Im Gegensatz zu einer analytisch-isolierenden, rein mechanistischen Sichtweise erscheint in der Wissenschaftsvorstellung der allgemeinen Systemtheorie die dynamische Wechselwirkung als zentrales Problem auf allen Feldern und Ebenen. Sie will die hierfür gültigen Prinzipien herausarbeiten. In diesem Sinne spricht man auch von einer systemorientierten Methode, wenn ein Phänomen unter dem Blickwinkel seiner inneren Struktur und seiner Verknüpfung mit anderen, seine Umwelt darstellenden Phänomenen und Systemen betrachtet wird.

Gegenüber der „allgemeinen Systemtheorie" ist die „Systemanalyse" eine primär mathematische Disziplin, die vor allem der Förderung optimaler technischer Lösungen dient. Sie ist in erster Linie in den technischen Wissenschaften beheimatet, obwohl sie auch auf zahlreichen anderen Gebieten, ja selbst als Entscheidungs-Hilfsmittel zur Regulierung politischer Systeme eingesetzt wurde. Die Systemanalyse - im Grunde als Voraussetzung einer System-Synthese verstanden - gewann mit fortschreitender Verbreitung der maschinellen Datenverarbeitung und der komplexer werdenden Struktur der Datenverarbeitungssysteme zunehmende Bedeutung. Sie bedient sich gerne der Computer-Simulation mit zusätzlicher systematischer Veränderung der Problem-Annahmen und der jeweiligen Modellstruktur.

Die Systemanalyse liegt damit in methodischer Nähe zu den Ansätzen von „operation's research" oder „operational research", wie es üblicherweise in England heißt. Diese Forschungsrichtung wurde während des Zweiten Weltkrieges im Planungsstab der englischen Armee zur Vorbereitung strategischer Entscheidungen entwickelt, um Kosten, Effektivität und Risiken alternativer Strategien und Waffensysteme zu erfassen. So bemühte man sich während des Zweiten Weltkrieges, die wirkungsvollsten Methoden des Waffeneinsatzes, vor allem im Luft- und Seekrieg, systemanalytisch zu ermitteln. In ähnlicher Weise gingen der Entwicklung des amerikanischen Flugabwehrsystems gründliche Systemanalysen voraus. Nach dem Krieg wurde die Systemanalyse auf die mathematische Vorbereitung von Entscheidungen für komplexe wirtschaftliche und technische Probleme übertragen, beispielsweise auf die Entwicklung des Landesfernwahlnetzes und der internationalen Verbindungsnetze.

Am deutlichsten tritt dieser Ansatz in ausgefeilten Simulationsmodellen bzw. in Modellsystemen nach dem Beispiel des „world dynamics" zutage, wie sie unter anderem in den bekannt gewordenen Veröffentlichungen des Club of Rome ihren Niederschlag gefunden haben.

Insofern hat die Systemforschung, auch wenn die Möglichkeit einer im engeren Sinne wissenschaftlichen Untersuchung von Ganzheiten von vielen Seiten bezweifelt wird, neben der rein theoretischen auch eine mehr praktische Richtung. Ihr Ziel besteht - so besehen - u.a. darin, nicht nur komplexe Probleme in der Realität zu analysieren, sondern auch Methoden zur Gestaltung und Lenkung komplexer Systeme zu entwickeln und Handlungsempfehlungen für die Lösung tatsächlicher, in der Wirklichkeit bestehender Probleme zu geben (Zahn).

Das Entscheidende: die Einstellung zur Wirklichkeit

In vielen praktischen Fragen wird jedoch eine System-Analyse im engeren Sinne auf dem derzeitigen Erkenntnisstand und vor allem angesichts der geringen Menge wirklich gesicherter einschlägiger Daten nur sehr schwer oder gar nicht möglich sein. Die Grundforderung, anstelle der angeblich „klaren Fakten“ den Blick stärker auf umfassende Zusammenhänge zu richten, bleibt davon unberührt. In dieser weniger mathematisch bestimmten Form spricht man auch ganz allgemein von „System-Betrachtung“ oder System-Denken und versteht darunter in erster Linie eine bestimmte Sichtweise, eine bestimmte Art, sich Problemen zu nähern und darüber zu sprechen.

System-Betrachtung bedeutet also vor allem eine geistige Einstellung gegenüber Phänomenen und Problemen, die eine umfassende Sichtweise der Zusammenhänge beinhaltet und sich um die Herausarbeitung des Grundsätzlichen bemüht. Bei einem solchen Systemansatz kommt es nicht so sehr auf die Präzision der Erfassung von Einzelkomponenten an als auf die Berücksichtigung von Zusammenhangsmustern, auch wenn diesen zwangsläufig eine gewisse Unschärfe anhaftet.

Es ist auch weniger die Konzeption einer allgemeinen Theorie, auf die es für den praktischen Umgang mit Problemen in erster Linie ankommt, sondern die Konzeption einer systemischen Denkweise, die letztlich alle theoretischen Ansätze befruchten sollte. Dieser Denkweise geht es entscheidend darum, alle Erscheinungen und Probleme dieser Welt (auch) unter dem Blickwinkel der systemischen Komplexität zu sehen und anzugehen, was eine bereichernde und erfüllende Einsicht in bestehende Zusammenhänge ermöglicht.

Eine System-Betrachtung versucht in diesem Sinne, „systematisch“ die Komplexität der Wechselwirkungen zwischen verschiedenen Einzelgrößen und Teilsystemen aufzudecken. Sie bezieht sich nicht auf isolierte Detailkenntnisse als solche (die damit allerdings keineswegs ausgeschaltet sind), sondern auf umfassende dynamische Zusammenhänge und die Vernetztheit von Gegebenheiten und Bedingungen. Sie wählt deshalb auch nach aller Möglichkeit einen mehrdimensionalen Ansatz und orientiert sich wesentlich am Ineinandergreifen mehrerer Bereiche. Ihr großes Interesse gilt zugleich auch den spezifischen Bedingungen einer Situation und den Verhältnissen des jeweiligen Umfeldes.

Indem ein Systemansatz darauf gerichtet ist, die Komplexität von Zusammenhängen, die zwischen den Elementen bestehenden Wechselwirkungen sowie die Funktion des Gesamt-Systems aufzudecken und herauszuarbeiten, versucht er, voreilige Annahmen über die Wichtigkeit einzelner, an bestimmten Wirkungen beteiligter Faktoren zugunsten einer sachlichen Erkenntnis des totalen Einflußfeldes zu vermeiden. Er versucht bewußt, die bestehende Komplexität des Problems zu erfassen und zu verstehen, anstatt dieses Problem zu Zwecken von scheinbaren

Erkenntnissen zu vereinfachen, die rasch und einfach zu gewinnen sind, aber meist vordergründige Täuschungen darstellen. In der Tat geht durch eine einseitige und eingeengte Orientierung oder auch durch die Ausrichtung auf eine vordergründige und kurzfristige Realisierbarkeit zu leicht die Möglichkeit eines tieferen, umfassenderen Verständnisses und damit die Chance längerzeitig wirksamer sinnvoller Lösungen verloren.

Das gilt für alle Lebensbereiche, in denen bestimmte gesellschaftliche Gruppen ihre Aktivität nicht in erster Linie auf das optimale Funktionieren des Gesamtsystems, sondern auf ihr jeweiliges Eigeninteresse, auf den eigenen Profit, auf die Vermehrung ihrer wirtschaftlichen und politischen Macht, ihres öffentlichen Ansehens usw. ausrichten. Das gilt aber beispielsweise auch für volkswirtschaftliche Theorien, in denen zugunsten rein monetärer Aspekte u.a. soziale und ökologische Aspekte meist unzulässig vernachlässigt werden.

Der Begriff der Situation

Eine wichtige Bedeutung kommt im Rahmen einer konkreten Anwendung der System-Betrachtung dem Begriff der Situation zu. Damit ist die Gesamtheit der Bedingungen gemeint, die jeweils zu einem bestimmten Zeitpunkt bestehen. Eine Situation ist ja ein zeitlich und räumlich begrenztes Ganzes, die Gesamtheit eines konkreten „hier und jetzt", sozusagen die kleinste räumlich-zeitliche Systemeinheit. Dabei läßt sich eine objektive und subjektive Seite unterscheiden. Der objektive Aspekt betrifft alle tatsächlich in einer Situation antreffbaren objektiven Gegebenheiten und Bedingungen; der subjektive Aspekt bezieht sich auf die Art und Weise, in der ein Mensch eine bestimmte Situation, in die er gestellt ist, subjektiv erlebt. Dazu kommt noch, sozusagen auf einer weiteren subjektiven Ebene, die Art und Weise, wie er diese subjektiv wahrgenommene und erlebte Situation bewertet.

Dabei gilt auch für das Klein-System einer Situation das gleiche, was im größeren Zusammenhang bereits erkannt worden war: Wer unvoreingenommen, offen und in sachlichem und zugleich menschlichem Engagement in eine Situation eintritt, wird auch viel mehr von dem Gesamt der Situation erfahren als derjenige, dem es aufgrund einer vorrangigen Einstellung auf bestimmte Aspekte oder Details an dieser konkreten System-Sicht mangelt. Deshalb gibt es Menschen, von denen man behauptet, daß sie „instinktiv" fühlten, wo eine Spannung aufkeimt oder wo eine Gefahr droht. Es sind dies Menschen, die in ihrer sensiblen und differenzierten Totalität in Resonanz zu der differenzierten Totalität einer Situation treten, die sich in ihrer persönlichen Totalität bewahren und zugleich in einer Situation aufzugehen vermögen.

Auch auf die Situation bezogen, stehen sich also für eine System-Betrachtung Subjekt und Objekt nicht polar gegenüber. Das menschliche Verhalten wird vielmehr ausdrücklich als ein Wechselwirkungsgeschehen zwischen Subjekt und Objekt verstanden. Insofern führt die System-Betrachtung, auf Situationen angewandt, ebenfalls zu einer Aufhebung der Subjekt-Objekt-Isolierung.

Subjektiv gesehen ist eine sogenannte Situation durch ein ständiges Wechselwirkungsgeschehen, durch ein Ineinandergreifen von Überlegungen auf unterschiedlichen Ebenen bestimmt. Stellen Sie sich zwei Menschen vor, die sich am liebsten aus dem Wege gehen, sich aber nun doch überraschenderweise auf einer Treppe begegnen. Der eine ist durch die unvermeidbare Begegnung ausgesprochen verärgert und irritiert, sagt sich aber: „Ich verhalte mich bewußt völlig normal, als sei diese Begegnung das Selbstverständlichste der Welt, auch wenn ich den Kerl nicht mag". Der andere durchschaut das aber - oder meint es zu durchschauen - und sagt sich: „Der ist verärgert, weil er mir begegnet, meint aber, er müsse so tun, als sei gar keine Spannung zwischen uns". Darauf fühlt der erste, daß er durchschaut ist und sagt sich: „Der andere meint, daß ich mir bewußt vorgenommen habe, harmlos zu erscheinen". Dieser andere aber ahnt, was der erste denkt und setzt seinerseits seine Überlegungen auf der nächsten Ebene fort: „Der denkt sich, daß ich von Anfang an dachte, er habe sich bewußt vorgenommen, so zu tun, als bestehe gar keine Spannung zwischen uns". Hier wollen wir abbrechen. Die Geschichte könnte im Grunde in ähnlicher Form nahezu unendlich weitergehen (Lefevr).

Dieses gleichzeitige Denken auf unterschiedlichen Ebenen kommt auch sehr überzeugend in dem Witz zum Ausdruck, in dem eine Hausfrau von einem Gast gefragt wird: „Ich habe gesehen, Sie haben ein Hufeisen über Ihrer Eingangstür hängen; glauben Sie wirklich, daß Ihnen das Glück bringt?" - „Nein", entgegnet sie, „aber man sagt, es soll auch helfen, wenn man nicht daran glaubt" (Gierer).

Noch krasser tritt dieses Denken auf mehreren Ebenen in der Frage eines Agenten bei einer Besprechung mit seinen Kollegen zutage: „Ob die anderen wissen, daß wir wissen, daß sie wissen, daß wir wissen, daß sie unseren Code gebrochen haben?" (Gierer).

Der englische Psychiater Ronald Laing hat in seinem Buch „Knoten" zahlreiche solche Situationen beschrieben:

„Jack weiß, daß er nicht weiß; aber er weiß nicht, daß Jill nicht weiß, daß sie nicht weiß, daß er weiß, daß er nicht weiß."

„Jack sieht, daß Jill nicht weiß, daß Jack nicht weiß, was Jill glaubt, daß Jack es weiß. Aber Jack kann nicht sehen, warum Jill nicht weiß, daß Jack nicht weiß, was Jill glaubt, daß er es weiß."

Sowohl diese Beispiele als auch die bisher allgemein gewonnenen Erkenntnisse lassen die Vorstellung einer jeweils nur in einer Richtung wirksamen Kausalität zurücktreten. Die Beziehungen zwischen Organismen lassen sich vielmehr weit realistischer durch das Modell von Kreis- bzw. Spiralprozessen erklären. So wie jede Ursache eine Wirkung bedingt, wird jede Wirkung ihrerseits zu einer Ursache und wirkt damit auf ihre eigene Ursache zurück.

Sowohl für die Erkenntnis als auch für den Umgang mit der Wirklichkeit ist es also wichtig, die jeweils in einem Gesamtsystem bestehenden Zusammenhänge zu erkennen und zu berücksichtigen. Bei jedem Gedanken, den man denkt, sollte man, wie der englische Anthropologe Gregory Bateson einmal formulierte, den Kontext mitdenken. Es ist ja auch erwiesen, daß man, wenn man eine Norm ändern will, das letztlich nur erreichen kann, wenn man das System berücksichtigt, in dem diese Norm gilt. Das letztendlich traurige Schicksal von allen Versuchs-Einrichtungen in einem andersgearteten Umfeld belegt das zur Genüge.

Bei Rückblick auf all das, was wir uns im Zusammenhang mit Systemen und Systemdenken vor Augen geführt haben, wird deutlich, daß auch Systemdenken seinerseits auf verschiedenen Ebenen stattfinden kann. Auf der sozusagen untersten Ebene erscheint es, gerade in der hierzulande üblichen engen Anlehnung an Kybernetik und Ingenieurwissenschaft, als höchstentwickelte, komplizierteste Blüte eines im Grunde immer noch mechanistischen Denkansatzes. Es ist ganzheitlich, aber das Ganze wird doch noch eher wie ein komplizierter Computer, also letztlich mechanistisch verstanden. Es gibt aber auch eine Ebene von Systemdenken, auf der die ganzheitliche Orientierung vorrangig wird, und es ist, auf einer weiteren Ebene, ein fast schon religiöses Systemdenken möglich, das vollständig durch die Erfassung eines unmittelbar gegebenen Ganzen als raum- und zeitloser Urgrund allen Wesens bestimmt ist (Sheldrake). Das sei hier zum Abschluß dieser Überlegungen ausdrücklich betont, um einer voreiligen, zu engen (Fehl-)Interpretation vorzugreifen. Zugleich wird es damit auch leichter, den weiteren Überlegungen in aller Offenheit folgen zu können.

5. Das Kräftespiel im System: Gleichgewicht, Regelkreise und Rückkoppelungen

Gleichgewicht und Spannung

Weil für den Zustand von Systemen und für die Vorgänge in ihnen die Gleichgewichtsproblematik von zentraler Bedeutung ist, wollen wir uns im folgenden mit verschiedenen Fragen des System-Gleichgewichts beschäftigen.

Ein solcher Gleichgewichts-Zustand ist im wesentlichen dadurch gekennzeichnet, daß, solange keine Einflüsse von außen auf das System einwirken, die einzelnen Strukturteile zueinander passen und daß sich die Beziehungen der Systemkomponenten zueinander nicht in nennenswerter Weise ändern.

Gleichgewichtszustände stellen jedoch keineswegs einheitliche bzw. identische Erscheinungen dar. Außerdem ist „Gleichgewicht" nicht irgendein einfaches, statisches, isolierbares und klar festzulegendes Merkmal, sondern etwas, das in unterschiedlicher Weise im Rahmen eines komplizierten dynamischen Systemgeschehens zum Ausdruck kommt. Deshalb sollte man im Zusammenhang von Systemprozessen bei dem Begriff „Gleichgewicht" weniger an eine Waage denken als vielmehr an ein fortlaufendes Geschehen, ein Kontinuum verschiedenartiger Zustände und Vorgänge zwischen den Polen absolut starrer Stabilität und extremem Ungleichgewicht.

Wir haben beispielsweise ein solches langfristiges Gleichgewicht in dem jeweils wechselnden Verhältnis von Raub- und Beutefischen vor uns. Nehmen wir an, es gäbe zunächst nur wenige Raubfische einer bestimmten Art, so steht einer starken Vermehrung entsprechender Beutefische nichts im Wege. Das aber schafft günstigere Lebensbedingungen für die Raubfische, die sich dadurch ihrerseits stärker vermehren. Aufgrund der zahlreicher gewordenen Raubfische sinkt aber die Zahl der Beutefische zwangsläufig ab, was wiederum die Lebensbedingungen der Raubfische erschwert, so daß deren Zahl rückläufig beeinflußt wird.

Sehr plastisch beschreibt auch Paul Watzlawik (1969) diesen Zusammenhang am Beispiel von Füchsen und Kaninchen: „In einer bestimmten Gegend Nordkanadas zeigt die Fuchsbevölkerung eine auffallende Regelmäßigkeit in der Zu- und Abnahme ihrer Dichte. Im Laufe von 4 Jahren steigt sie zunächst zu einem Höchstwert an, beginnt dann abzusinken, erreicht einen kritischen Tiefpunkt und beginnt schließlich wieder anzusteigen. Ein Grund für diese Periodizität ist weder im Einzeltier noch in der sozialen Organisation der Gattung zu finden. Erst wenn die unmittelbare Umwelt einbezogen wird, zeigt es sich, daß die in derselben Gegend lebenden wilden Kaninchen identische Phasen durchlaufen, die allerdings gegenüber denen der Füchse um zwei Jahre verschoben sind. Dem Höchststand der Fuchsbevölkerung entspricht der Tiefstand der Kaninchen und umgekehrt. Da die Füchse fast ausschließlich von Kaninchen leben und diese kaum einen anderen natürlichen Feind haben als Füchse, erweist sich der Vierjahreszyklus als eine Interferenzerscheinung des Zusammenlebens dieser beiden Gattungen: Je zahlreicher die Füchse, desto mehr Kaninchen werden gefressen; je weniger Kaninchen, desto weniger Nahrung ist für die Füchse vorhanden, und desto weniger Füchse überleben und pflanzen sich fort, was für die Kaninchen eine Schonzeit bedeutet und ihre Zahl rasch wieder ansteigen läßt."

Der amerikanische Zoologe Lawrence B. Slobodkin setzte sich ausführlicher mit dem Problem auseinander, welches angesichts dieser Zusammenhänge die optimale Strategie eines Raubtieres sei. Er gelangte zu dem Schluß, daß eine Raubtier-Population am besten beraten sei, diejenigen Beutetiere als Opfer zu wählen, deren Überlebenschancen ohnehin geringer seien, d.h. das natürliche Sterblichkeitsmuster so wenig wie möglich zu verändern, und er konnte auch - mit gewissen Einschränkungen - nachweisen, daß sich Raubtiere in der Natur gewöhnlich so verhalten.

In ähnlicher Weise regulieren sich in der Natur viele Abläufe in einem umfassenden Systemrahmen aus. Ja selbst ausgesprochene Plagen oder Katastrophen werden aufgefangen und münden nach einiger Zeit in das alte oder ein neues Gleichgewicht ein. Die Theorie der „freien Marktwirtschaft " beruht letztlich auf ähnlichen Vorstellungen.

Gleichgewicht schließt also keineswegs das Phänomen des Wandels aus, wie es beispielsweise beim Wachstum von Organismen zutage tritt und auch in sozialen Systemen sehr häufig zu beobachten ist. Mitunter baut man sogar in einer Systemstrategie bewußt in bestimmten Abständen kleinere Fehler ein, um einer Entwicklung in Richtung unflexibler, starrer Fixierungen vorzubeugen.

Außerdem finden im Rahmen der Gesamtdynamik eines Systems immer wieder Prozesse statt, durch die zum System passende und ihm nützliche Umwelt-Komponenten einverleibt werden, was zu einer Erhöhung der inneren Heterogenität und Komplexität beiträgt. Auf der anderen Seite werden nicht System-konforme, schädliche oder unbrauchbare Komponenten ausgeschieden. Der russische Systemtheoretiker A.A. Bogdanow spricht im Rahmen seiner „tektologischen" Konzeption von einer progressiven positiven und negativen Selektion.

Im System selbst bilden sich immer wieder neue Sub-Systeme heraus, und es entwickeln sich periodische Schwerpunktverlagerungen. Der Wechsel vom Wachen zum Schlafen ist eine solche periodische Umschaltung, und auch in sozialen Systemen verlagern sich politische Schwerpunkte immer wieder von einem Problem auf ein anderes, einfach weil zwei Probleme nicht zur gleichen Zeit mit gleichem Nachdruck angegangen werden können.

Gleichgewicht bedeutet auch nicht notwendigerweise einen völligen Mangel an innerer Spannung. Die in dynamischer Wechselbeziehung zueinander stehenden Komponenten eines Systems befinden sich vielmehr natürlicherweise in einer gewissen Spannung zueinander. Dabei sind auch Kräfte wirksam, die sich gegenseitig aufheben, sich abstoßen, auseinanderstreben. Diese Kräfte machen sogar erst das Wesen eines lebendigen, dynamischen Systems aus. Das System eines Atoms bietet hierfür ein überzeugendes Beispiel: Denn ein Atom ist nicht schlicht eine elementare Einheit der Materie. Es ist vielmehr ein energetisches System voller Dynamik. Es werden - in vereinfachter Darstellung - nicht nur positiv geladene Kernteilchen (Protonen) von negativ geladenen Elektronen umkreist. Die positiv geladenen Protonen stoßen sich auch gegenseitig ab. Trotzdem zerplatzt der Atomkern nicht, einmal aufgrund der elektrisch-neutralen Kernteilchen, der „Neutronen", aber auch durch die mit Lichtgeschwindigkeit zwischen Protonen und Neutronen „vermittelnden" virtuellen Pi-Mesonen, bzw. die Gesamtdynamik der Kernorganisation.

Auch in sozialen Systemen bedeuten gewisse Spannungen, beispielsweise zwischen sich widersprechenden Rollen eines Individuums oder sich widerstreitenden Gruppeninteressen, so lange keine Gefährdung des Systems, als diese Spannungen ein bestimmtes Maß nicht überschreiten.

Jeder Mensch als seelisch-körperliches System kennt den Zustand im wahrsten Sinne des Wortes „gemischter Gefühle", mit dem er einem Ereignis gegenübersteht: Er ist einem anderen Menschen möglicherweise in einer Art „Haß-Liebe" verbunden, und er steht in seinem Leben immer wieder mit widerstreitenden Tendenzen vor einer Entscheidung.

Obwohl für ein System gerade die Beziehungen zwischen seinen Komponenten kennzeichnend sind, ist trotzdem keineswegs alles mit allem in direkter Weise verbunden. Ein System weist auch sozusagen Gräben, Lücken und Brüche auf. Gewisse Unverbundenheiten können sowohl innerhalb der gleichen Ebene als auch zwischen verschiedenen Ebenen bestehen. Ein Wütender weiß nichts über spezielle Funktionen irgendwelcher Zellen seines Körpers, und diese wissen nichts von der Wut. Staaten werden im Grunde zum großen Teil an den Bürgern vorbeiregiert; und für diese stellt, gemessen an ihrer konkreten Wirklichkeit, der Staat eher ein notwendiges Schicksal, ja nicht selten sogar - etwa durch die Folgen einer Geldentwertung oder Kriegserklärung - ein äußeres Verhängnis dar.

Zu den inneren Systemspannungen treten Spannungen durch Einflüsse aus der System-Umwelt. In einem solchen Fall kann ein System im Prinzip auf verschiedene Weise reagieren: Es kann dem Eingriff oder der Störung grundsätzlich Widerstand entgegensetzen und sich abschirmen; es kann versuchen, eine eingetretene Störung auszugleichen und Abweichungen zu korrigieren, um das Gleichgewicht zurückzugewinnen; es kann aber auch auf die Störung mit der Bildung eines neuen Gleichgewichts antworten. Veränderungen der System-Zustände stellen sogar eine oft entscheidende Möglichkeit des Überlebens von Systemen dar.

Ändert sich - entweder unter äußerem Einfluß oder aus inneren Bedingungen - eine Komponente des Systems, so wirkt sich das aufgrund des überaus empfindlichen Geflechts von Wechselwirkungen nahezu zwangsläufig auf viele andere System-Komponenten - aus, die sich ebenfalls ändern.

Wenn eine Organisation unter Beibehaltung ihrer inneren Struktur wächst, so wird sie üblicherweise mächtiger. Es gibt aber bei weiterem Wachstum einen Punkt, von dem ab ihre Macht geradezu katastrophal abnimmt. Die Integration einzelner Subsysteme wird erschwert, wie es u.a. bei der Schwierigkeit einer Abstimmung zwischen politischem, wirtschaftlichem und Ökosystem innerhalb eines Staatswesens deutlich wird. Innere Schwierigkeiten zermürben die Organisation, verringern ihre Macht und führen schließlich zu totalem Machtverlust. Auch das Einführen einer zusätzlichen hierarchischen Ebene setzt die Produktion des einzelnen herab, weil wesentliche Anteile seiner Aktivität für verschiedenartige Interaktionen wie Sitzungen und andere Zusammenkünfte, Informationsübermittlung, bürokratische Abwicklungen usw. verbraucht werden.

So gibt es gewissermaßen, wie auch in dem Gesetz von dem abnehmenden Ertragszuwachs zum Ausdruck kommt, für alles eine „optimale Betriebsgröße", in der Politik ebenso wie in der Volks- und Betriebswirtschaft, in der Technik wie in der Natur (Henschel).

Trotz herabgesetzter Effizienz des einzelnen hat eine gewaltige Organisation, die aus vielen Einzelindividuen und unterschiedlichen hierarchischen Schichten besteht, bei optimaler Struktur aber insgesamt eine größere Machtfülle. Daraus erklären sich die in unserer modernen Zeit durch technische Entwicklungen möglich gewordenen Tendenzen zu riesigen Organisationen, die übrigens oft bei den betroffenen Individuen ein Gefühl größerer Sicherheit und vor allem auch des Stolzes aufkommen lassen.

Andererseits nimmt mit der Größe der Gruppe der Gewinn der Individuen an innerer Zufriedenheit ab. Die geringere Identifizierung bedeutet einen schwächeren Gruppenzusammenhalt, und das erhöht wiederum die Wahrscheinlichkeit, daß sich die einzelnen Mitglieder mit jeweils kleineren Gruppen innerhalb der Großgruppe identifizieren.

Solche riesigen Strukturen erfordern ferner, wenn sie einer drohenden Labilisierung entgehen wollen, ein wesentlich höheres Maß an innerer Disziplin. Das bedeutet aber wiederum eine ganze Menge an zusätzlichem Aufwand.

Sehr interessant in dieser Beziehung ist eine Unterscheidung (zwischen sogenannten overmanaged und drifting societies), wie sie der amerikanische Forscher A. Etzioni trifft. Er geht von den Dimensionen „Übereinstimmung" und Kontrolle aus und sieht auf der einen Seite seiner Einteilung die sehr stark kontrollierten, ja übersteuerten Gesellschaften. Ihre Kontrolle ist stärker ausgeprägt als ihre innere Übereinstimmung, sie kranken an einer zu straffen Bindung der Teile an das Ganze, und ihre Teilsysteme haben nur eine geringe funktionale Autonomie, sind daher weniger funktional differenziert und weniger produktiv. Auf der anderen Seite stehen Gesellschaften, die Gefahr laufen, ihre einzelnen, relativ autonomen Teilsysteme, die einem gewissen Wildwuchs unterliegen, mit ihren spezifischen Möglichkeiten nicht optimal aufeinander abzustimmen.

Aufgrund vieler Ergebnisse und Überlegungen wäre unter dem Blickwinkel der Produktivität der einzelnen eine dezentralisierte, wenn auch weniger mächtige Organisation, in der einzelne umschriebene Gruppen ohne ausdrückliche Hierarchie über rotierende bzw. nach den verschiedenen Problemen unterschiedliche Delegierte miteinander interagieren würden, ein relativ günstiges System. Es ist dies übrigens eine Organisationsform, wie sie in der modernen Biochemie in Form sogenannter transversaler Interaktionen (zwischen Genen bzw. Codons) bekannt ist. Es zeigt sich dabei einmal mehr in unterschiedlichen Wissensbereichen ein gemeinsames Prinzip, das darin besteht, daß die Existenz mehrerer möglicher Interaktionswege ein System stabilisiert.

Damit hängt zusammen, daß ein System im Grunde um so stabiler ist, je stärker es vernetzt ist. Das ist aber ebenfalls nur bis zu einem bestimmten Grad der Fall. Denn bei extrem komplexen Vernetzungen nimmt die Stabilität wieder ab. Deshalb ist es wichtig, in sehr komplexen Systemen geeignete Unterstrukturen im Sinne relativ autonomer Untereinheiten zu entwickeln, die aber zugleich eine Bindung an das Gesamtsystem bewahren. Denn sobald bei den Unterstrukturen exzessive Unabhängigkeitstendenzen bestimmend werden, wird das System aus der umgekehrten Richtung existentiell gefährdet. Diese Risiken in beiden Richtungen gelten im übrigen auch für zu große und nur zu schwach strukturierte politische Einheiten.

Spezialisierung, Zentralisierung, Erstarrung

Eine andere Gefahr für politische oder verwaltungsmäßige Systeme liegt in einer zu mächtigen Zentralisierung. Eine solche Zentralisierung birgt sicher bis zu einem gewissen Punkt Vorteile. Diese kehren sich aber mit weiterer Zunahme der Zentralisierung erfahrungsgemäß eher in Nachteile um. Denn es gibt auch so etwas wie eine „Überentwicklung" (Kohr), bei der eine zunächst positive Entwicklung sich mit weiterer Zunahme eines für diese Entwicklung wesentlichen Faktors umkehrt, und bei der gerade der bis dahin so bestimmende Faktor zum Hindernis für weiteren Fortschritt wird. Vielleicht erleben wir zur Zeit ein solches Phänomen bei dem technologischen Fortschritt. Auch die vor einigen Jahren in der Bundesrepublik Deutschland durchgeführte Gebietsreform liefert dafür ebenso gutes Anschauungsmaterial wie die Erfahrungen mit Großraumbüros.

Bei jeder expansiven Entwicklung von Organisationen scheinen zwei gegensätzliche Tendenzen wirksam zu werden: auf der einen Seite die Aufspaltung eines ursprünglich Einheitlichen in mehr oder weniger spezialisierte Teile, verbunden mit stärkeren oder auch starren Festlegungen, etwa auf ganz bestimmte Einzelfunktionen (Spezialisierung); auf der anderen Seite die Tendenz zu einer erzwungenen, künstlichen, weil nicht im Gesamtrahmen gewachsenen, sondern mehr oder weniger gewollt herbeigeführten Zentralisierung, durch die das reibungslose, harmonische Zusammenwirken der Einzelkomponenten aber nicht mehr gewährleistet werden kann.

Dazu kommt, daß Teileinheiten um so unersetzbarer werden, je mehr sie in einer bestimmten Richtung spezialisiert sind. Ein Ausfall oder eine Störung in solchen Teilen kann dann zum Zusammenbruch des Gesamtsystems führen, weil dieses seine Plastizität verloren hat und eine Störung im Gesamtrahmen nicht mehr ausgeglichen werden kann. Das kennt man von sogenannten Monokulturen, wenn beispielsweise der gesamte Reichtum eines Landes lediglich auf der Kautschukgewinnung oder auf den Ernten von Kaffeeplantagen beruht, aber auch schon in jedem Betrieb oder Institut, in dem der einzige Fachmann, beispielsweise für die Bedienung des Computers, krank geworden ist.

Es fragt sich sogar, ob nicht die gewaltige Explosion der menschlichen Bevölkerung und die zunehmende Beherrschung der gesamten Erde durch den Menschen dem Phänomen einer die ganze Erde umfassenden Monokultur mit allen damit verbundenen Gefahren nahekommt. Es gibt durchaus Beispiele aus der Natur, die belegen, daß besonders leistungsstarke, ihren engeren Egoismus durchsetzende und damit kurzfristig erfolgreiche Arten biologisch ausstarben und von solchen Arten überlebt wurden, die dem Gesamtsystem besser angepaßt waren. Insofern kann Unvollkommenheiten auf lange Sicht gesehen durchaus ein Überlebenswert zukommen, während kurzfristig besonders erfolgreiche Arten zusammen mit ihren übermäßig ausgebeuteten Ressourcen zugrunde gehen. Der Wiener Zoologe Jörg A. Ott hat das in meeresökologischen Untersuchungen aufgezeigt.

Ähnlich ist es mit Bakterien, die sich im Körper eines Lebewesens übermäßig vermehren und damit letztendlich dessen Tod, aber auch ihren eigenen Untergang bewirken, oder bei Krebswucherungen, die mit dem Tod des Kranken ebenfalls ihr Ende finden.

Ist man hier nicht unmittelbar verleitet, an entsprechende Alltagserfahrungen zu denken, nach denen maßvolle Gelassenheit auf Dauer größere Vorteile bringt als überhitztes Vorprellen und überzogene Ansprüche. Setzt sich in Diskussionen nicht oft gerade derjenige auf die Dauer durch, der sein Temperament nicht in den ersten Gesprächsstunden verströmt, sondern derjenige, der schweigend warten kann, bis seine Stunde gekommen ist?

Das Weiterbestehen von Systemen erfordert deshalb nach aller Möglichkeit Lösungen, die zwischen den Extremen liegen. Je mehr in einem System Einzelfunktionen sozusagen zum Selbstzweck werden, um so geringer wird gewöhnlich die Leistungsfähigkeit des Gesamtsystems und auch - in einem doppelten Sinne - die „Systemzufriedenheit", die Zufriedenheit des Systems mit sich selbst und seinen Teilen und dieser Teile mit sich selbst und dem System.

Je einseitiger also auch bestimmte Maßnahmen - gleich welcher Art - geplant und durchgeführt werden, um so weniger wirksam sind sie gewöhnlich, vor allem auf die Dauer gesehen. Das gilt - unabhängig von den Chancen herausragender Spezialleistungen - für den in seinem Spezialgebiet eingekapselten Wissenschaftler wie für den unbeeinflußbar ein bestimmtes Programm verfolgenden Politiker, aber auch - bei der heutigen Weltverflochtenheit - für einen übersteigerten Nationalismus jedweder Prägung.

Bei jeder Aktion und jeder Entscheidung muß man außerdem mit sogenannten „Nachbarschafts-Effekten" oder auch Fernwirkungen rechnen. Deshalb sollte man den tatsächlichen Nutzeffekt bei der Abwägung von Nutzen und Kosten irgendeiner Maßnahme im Rahmen eines größeren Zusammenhanges abzuschätzen versuchen.

Man muß sich auch klar darüber sein, daß die eigentliche Entscheidung im Grunde eine Wahl zwischen Strukturen darstellt, daß aber kaum die Chance einer willkürlichen Kombination von Einzelelementen besteht. Man kann Menschen nicht zu spontanem persönlichen Engagement motivieren wollen und sie zugleich einem System rigoroser Kontrollen unterwerfen. Man kann auch nicht eine straff zentralisierte bürokratische Verwaltung schaffen und zugleich spontanes soziales Mitdenken und Mitempfinden erwarten. Man kann nicht Ansprüche wecken und zugleich Bescheidung und Selbstbeschränkung erwarten. Man kann nicht in einer Wettbewerbsgesellschaft geschäftlich höchste Erfolge anstreben und gleichzeitig überall beliebt sein wollen. Und man kann vielleicht auch nicht politische Macht anstreben und zugleich in geistiger Integrität den Argumenten sachlicher Vernünftigkeit folgen.

Vielleicht schließen sich sogar auf Dauer die Tendenzen aus, zu helfen und den Anschein des Helfens erwecken zu wollen, sich zu engagieren und den Anschein des Engagierten zu erwecken, recht zu handeln und sein Vorgehen im Hinblick auf denkbare Rechtfertigungen zu planen. Handelt es sich dabei doch um völlig andere Ausrichtungen, Dimensionen oder Ebenen, um letztlich andere, sich ausschließende Systeme. Tragischerweise entsteht so durch die Notwendigkeit, gewisse Dinge nach außen hin zu zeigen und möglichst objektiv zu belegen, sehr leicht die Gefahr, an eigentlichem Engagement für die Sache selbst zu verarmen. Ein durchaus unerwünschter Effekt nach der Einführung mancher rigoroser Kontrollen!

Eine ähnliche Sichtweise geht auf den vor allem durch seine sozial-, kultur- und religionspsychologischen Werke bekannt gewordenen Psychologen Willy Hellpach zurück. Er formulierte ein sogenanntes kultur- und sozialpsychologisches Erstarrungsgesetz, nach dem auf die Dauer alles früher so frische, innerlich erfüllte, ungebändigte und naturhaft dahinströmende Leben mit der Zeit der Erstarrung anheimfällt. Danach pflegt jede Bindung an eine organisierte Gemeinschaft mit der Zeit immer fester und starrer zu werden, gleichzeitig aber im inneren Erleben der Menschen dahinzuwelken. Dieser Prozeß des Motivschwundes scheint um so stärker und schneller abzulaufen, je stärker Gemeinschaften organisatorisch geprägt sind. Die ehemals lebendige und von einem inneren Ziel erfüllte Gemeinschaft erstarrt mehr und mehr zu rein äußerlichen Institutionen: „Aus Paarung wird Heirat, aus Zusammenleben Ehe, aus Erziehung Schule, aus Religion Kirche, aus Hingabe Abgabe, aus Opfern Besteuerungen", aus lebendiger Lehre ein totes Gerüst von Lehrsätzen, aus begeistertem Aufbruch Tradition und Konvention. Anstelle der Begeisterung „an der Basis" entstehen zentral gelenkte und kontrollierte Institutionen. Dieser Zwang scheint im übrigen um so unausweichlicher zu werden, je größer die Zahl der daran beteiligten Menschen wird. Deshalb entwickeln wohl auch moderne Massengesellschaften eine immer kompliziertere Bürokratie mit immer mehr Ämtern, Posten, Vorschriften, Anordnungen und Gesetzen. Vielleicht handelt es sich dabei, wie Oswald Spengler einmal meinte, um das charakteristische Lebensendstadium einer jeden Kultur, um die Phase des Abwelkens und leblosen Versteinerns.

Strategiefehler im Umgang mit Systemen

Wenn in einem Systemgefüge Störungen eintreten, gibt es verschiedene Möglichkeiten. So lange eine Änderung ein gewisses Maß nicht überschreitet, bleibt gewöhnlich die Einheit des Systems gewahrt. Eine Störung wird innerhalb des Systems aufgefangen und führt zur Wiedererlangung des ursprünglichen Gleichgewichts. Es tritt erneut ein mehr oder weniger „stationärer" Zustand ein. Das System reguliert sich sozusagen selbst. Das gilt vor allem dann, wenn die Störung nicht die unmittelbare Organisation des Systems oder spezielle Teile betrifft, die für das System als solches bedeutsam sind.

Eine eigentliche Gefährdung des Systems kann auf verschiedenartige Weise zustande kommen. Dabei sind vor allem zwei Formen wichtig: Systeme können einerseits in ihrer Gesamtkapazität überlastet werden. Sie können aber auch unter der einseitigen Maximierung, d.h. einer übermäßigen extremen Betonung bestimmter Aspekte auseinanderbrechen. Auch Lebensführung und Lebensbewältigung des einzelnen Menschen können ja durch allzu starke Einseitigkeiten - gleich welcher Art - belastet und überlastet werden.

Dem entspricht auch, daß es erfahrungsgemäß sehr häufig zu einem Scheitern durchaus gut gemeinter Maßnahmen durch einen zu engen Ansatz bzw. durch eine sachlich nicht begründete Überbetonung oder sogar einseitige Verabsolutierung bestimmter Aspekte kommt. Denn das muß zwangsläufig mit der Vernachlässigung anderer Aspekte einhergehen. Man begnügt sich dann bewußt oder unbewußt mit Ausschnitten der Wirklichkeit, die man aber fälschlicherweise für die ganze Wirklichkeit nimmt.

Wenn ein System schließlich durch eine Störung sozusagen in weitgehend unabhängige Teileinheiten zerfällt, wie das beispielsweise bei der Panik der Fall ist, besteht überhaupt keine Regulierungsmöglichkeit mehr. Das System hört auf, als solches zu existieren.

In diesem Sinne gibt es für Systeme und Organisationen einen Bereich, in dem sie am besten funktionieren. Es gibt aber auch in nahezu jeder Beziehung Grenzen, jenseits derer das nicht mehr der Fall ist. So sinkt die Leistungsfähigkeit von Organisationen gewöhnlich von einem gewissen Grad ihrer Komplexität an ab. Denn sie benötigen für ihr Funktionieren einen immer größeren Überbau und eine immer verzweigtere „Infrastruktur".

Bei differenzierter Betrachtung lassen sich zahlreiche Schwierigkeiten erkennen, auf die ein Mensch im Umgang mit komplexeren Systemen trifft. Der Bamberger Psychologe Dietrich Dörner, der sich intensiv mit Fragen des menschlichen Denkens und Planens beschäftigt, hat beispielsweise in seinem Buch „Problemlösen als Informationsverarbeitung" sechs wichtige Strategiefehler herausgearbeitet:

Den ersten Fehler sieht er in der mangelhaften Zielerkennung und einer Planung ohne große Linie.

Als zweiten Fehler nennt er die Beschränkung auf Ausschnitte der Gesamtsituation, was trotz Sammlung großer Datenmengen eine Erkennung des Systems verhindert.

Sehr eng damit hängt die Bildung einseitiger Schwerpunkte zusammen. Es wurde ja schon betont, daß dadurch sehr leicht wesentliche Gegebenheiten in anderen Bereichen nicht mehr beachtet werden.

Ein anderer Fehler liegt darin, daß bei besonders „zielstrebigem gradlinigen Vorgehen" das Augenmerk nicht mehr auf Nebenwirkungen gerichtet wird.

Als fünften Fehler nennt Dörner die Tendenz zur Übersteuerung, und einen sechsten Fehler schließlich sieht er in der Tendenz zu diktatorischem Verhalten, durch das man Situationen durchaus kurzfristig beherrschen, aber Probleme nie auf lange Sicht hin lösen kann. Gerade für komplexe Systeme hat sich ein solches Verhalten als ungeeignet erwiesen. Dörner empfiehlt statt dessen eine sich anschmiegende Einflußnahme, die nicht von außen mit starkem Willenseinsatz zu verändern sucht, sondern vorhandene Gegebenheiten und Tendenzen zu erkennen, zu nutzen und zu lenken trachtet.

Viele gutgemeinte Maßnahmen und Programme sind gescheitert und haben mitunter sogar das Gegenteil von dem bewirkt, was mit ihnen beabsichtigt war, weil die genannten Schwierigkeiten nicht ausreichend berücksichtigt wurden. Denn das rein analytische Vorgehen, wie man es in unserer Zivilisation vorwiegend oder ausschließlich betont, trifft sehr bald auf seine Grenzen, wenn bei einem Problem mehr und mehr wechselseitige Abhängigkeiten im Spiel sind und die Zusammenhänge zwischen einzelnen Einflußgrößen nicht gradliniger Art sind. Das ist aber im Rahmen von Problemen, die den Menschen betreffen, fast immer der Fall.

Es hilft deshalb im Grunde nicht viel, wenn man aus einer erkannten Problemsituation heraus irgendwelche Aktionen einleitet, vielleicht nur, damit überhaupt etwas geschieht oder damit andere den Eindruck haben, daß etwas geschehe. Viele solcher Aktionen gleichen dem Verhalten eines Mannes, der verdächtige Geräusche um sein Haus herum hört und daraufhin einige Male „blind" in die Nacht ballert. Nicht wenige in einer Gesellschaft getroffene Maßnahmen dürften in der Tat solche Schüsse ins Dunkel darstellen.

Nur dann aber, wenn Aktivitäten System-bezogen gesteuert sind und ihre wechselseitige dynamische Verflechtung in der planenden Ausrichtung auf ein ausgewogenes Gesamtziel berücksichtigt wird, lassen sich dauerhafte Erfolge erwarten.

Das Regelkreis-Modell

Wenn, wie wir sahen, das Prinzip einer - durchaus nicht spannungslosen - Ausgewogenheit und der Erhaltung eines gewissen Gleichgewichts in Systemen eine wichtige Rolle spielt, stellt sich natürlich die Frage, wie das ermöglicht wird, wie das im einzelnen zustande kommt.

Da es sich hier zunächst einmal um grundsätzliche Überlegungen zu sogenannten „Regelungs-Prozessen" handelt, ist in erster Linie das sogenannte Regelkreis-Modell zu nennen. Als Regelung, die im Grunde eine besondere Form von Steuerung darstellt, ist ja die selbsttätige, sozusagen automatische Aufrechterhaltung eines vorgegebenen statischen oder dynamischen Zustandes zu verstehen. Dabei wird der Ist-Zustand mit einem vorgegebenen Soll-Zustand verglichen, und bei Nichtübereinstimmung erfolgt eine Korrektur.

Es handelt sich praktisch um einen Kreisprozeß, in dem - der klassischen Denkrichtung entsprechend - eine Ursache zu einer Wirkung führt, diese Wirkung aber gleichzeitig, indem sie Wirkung ist, zur Ursache wird und gewissermaßen auf ihre eigene Ursache zurückwirkt. Dieses Wechselspiel ist im Falle eines Regelkreises „geregelt", indem sich der Wechselwirkungs-Prozeß auf einen bestimmten Zustand einpegelt.

Wie sieht ein solcher Regelkreis im einzelnen aus?

Abbildung 16:
Regelkreis

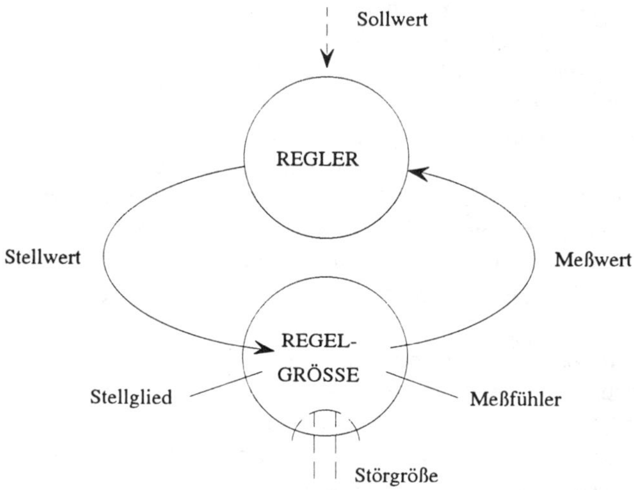

Er besteht im wesentlichen zunächst aus zwei Größen: Das ist einmal die Größe, die geregelt werden soll (beispielsweise die Temperatur eines Raumes), die sogenannte Regelgröße. Die zweite Größe ist die Größe, die regelt. Sie wirkt auf die erstgenannte Größe ein und wird als Regler bezeichnet. Beide Größen sind in einem in sich geschlossenen Kreislauf miteinander verbunden, wobei es in der Tat von Nutzen ist, nicht etwa den Regler als intelligente Kommandozentrale, sondern die eigentliche Weisheit in dem gesamten Kreislauf zu sehen.

Verändert sich die Regelgröße nicht, hat natürlich auch der Regler nichts zu regeln. Verändert sich aber die Regelgröße (sinkt beispielsweise die Temperatur in einem Raum durch eintretende Kälte und starken Nordwind ab), dann wird der Regler aktiv. Denn er ist ja auf einen bestimmten Sollwert (eine bestimmte Raumtemperatur) eingestellt. Ein sogenannter Meßfühler ermittelt die Veränderung der Regelgröße, die auf den Einfluß einer sogenannten „Störgröße" (in diesem Fall das Absinken der Außentemperatur) zurückzuführen ist. Der betreffende Meßwert wird dem Regler mitgeteilt, und dieser wirkt über ein sogenanntes „Stellglied" auf die Regelgröße ein. Die Abweichung vom Sollwert wird ausgeglichen: Die Heizintensität wird gesteigert, um die Raumtemperatur gleich zu halten, bzw. der Thermostat schaltet bei ausreichender Zimmertemperatur die Heizung ab.

In dem System des Regelkreises sind also der Meßwert (der den Zustand der zu regelnden Größe an den Regler meldet), der Sollwert (die Vorgabe seitens der Führungsgröße an den Regler) und der Stellwert (die praktische Korrektur der Abweichung von der Regelgröße) engstens miteinander verkoppelt. Daß es sich dabei um eine Art Kreisprozeß handelt (deshalb der Begriff „Regelkreis"), wird darin deutlich, daß „Information" nicht nur von einer Größe zu einer anderen fließt, sondern von dieser wieder „zurück" zur ersten. Der Regler, der den Zustand der Regelgröße aufnimmt (Meßwert), wirkt über das „Stellglied" auf die Regelgröße in Richtung eines Ausgleichs der Zustandsänderung. Die Regelgröße wird damit durch den Regler beeinflußt, wirkt aber auch auf den Regler ein, indem diesem durch den Meßfühler jede Änderung ihres Zustandes zugeht.

Es handelt sich dabei um eine Verpolung, durch die (mit umgekehrtem Vorzeichen) auf die wirkende Größe zurückgewirkt wird. Deshalb spricht man auch von sogenannter Rückkoppelung. Rückkoppelung, im angelsächsischen Sprachraum als Feedback bezeichnet, bedeutet also eine Information, die ein System als Folge vorausgegangener eigener Aktion empfängt.

Solche Rückkoppelungs-Phänomene spielen in der Systembetrachtung eine ganz entscheidende Rolle und lassen mehr und mehr die Vorstellung einer Einweg-Kausalität, eines einsinnigen Ursache-Wirkungs-Mechanismus zurücktreten. Gerade für den Menschen gilt, daß sein Verhältnis zu seiner Umgebung durch vielfältige Rückkoppelungs-Prozesse bestimmt ist, die auf vielen Ebenen in eng vernetzter und zugleich verschiedenartig hierarchisch gestalteter Weise ablaufen. Im Grunde sind, wie wir im zweiten Teil noch eingehender sehen werden, praktisch fast alle im Gehirn ablaufenden, durch bestimmte „Zentren" beeinflußten Vorgänge als Regelsysteme mit entsprechenden Rückkoppelungs-Mechanismen zu verstehen.

Die tatsächlich ablaufenden Prozesse sind aber wesentlich komplizierter, als es in dem einfachen Regelkreis-Modell zum Ausdruck kommt. Denn die Systeme, die bei der Gehirnfunktion eine Rolle spielen, bestehen nicht nur aus einem Rückkoppelungs-Mechanismus, sondern aus einem vermaschten Netz von Rückkoppelungs-Schleifen, einer multi-loop-structure, wie es in der angelsächsischen Literatur heißt.

Schon die Tatsache, daß ein Regler von einer Führungsgröße eine Sollwert-Vorgabe erhält, läßt den Einfluß erkennen, unter dem das aus Regler und Regelgröße bestehende Teilsystem steht. Denn die Führungsgröße kann ihrerseits durchaus wieder Regelgröße eines anderen - übergeordneten - Regelkreises oder sogar mehrerer nebeneinander wirksamer übergeordneter Regelkreise sein. Das ist auch meist der Fall. Diese übergeordneten Regelkreise sind ihrerseits wieder eingebunden in andere, ihnen übergeordnete Regelkreise usw.

Außerdem wirken verschiedene Systeme nebeneinander so zusammen, daß die Steigerung der Intensität eines Signals stets mit der Abschwächung eines anderen

Signals gekoppelt ist und umgekehrt. Das spielt bereits bei einem so einfachen Vorgang wie dem Vorwärts-Gehen eine ganz wichtige Rolle. Denn die Beugung einer bestimmten Muskelgruppe kann nur dann wirksam werden, wenn die im Gegensinn wirksamen Muskeln, in diesem Fall die Strecker, erschlaffen. Außerdem gibt es nicht nur Regler, die den Sollwert konstant halten (Halteregler), sondern auch solche, die ihn nach einem vorgegebenen Programm verändern (Programm-Regler).

Schließlich kann die im Regelkreis bewirkte Rückführung auf den Ausgangswert in unterschiedlichster Weise erfolgen: Die Korrektur kann schlagartig vor sich gehen, was im Grunde verhältnismäßig selten ist. Viel häufiger erfolgt die Rückführung in Form periodischer Schwingungen, durch die sich die „Normallage" allmählich einpendelt, oder auch in Form einer langsamen einsinnigen Annäherung.

Das Prinzip der negativen Rückkoppelung

Eine Rückkoppelung stellt also praktisch eine Verpolung dar, durch die auf die bewirkende Größe zurückgewirkt wird. Dabei wurde bisher immer stillschweigend unterstellt, daß diese Rückkoppelung sozusagen mit umgekehrtem Vorzeichen wirkt. Ist der Meßwert gegenüber dem Sollwert erhöht, erfolgt über das Stellglied eine Erniedrigung des Wertes der Regelgröße. Ist der Meßwert umgekehrt gegenüber dem Sollwert erniedrigt, erfolgt eine Anhebung des Wertes der Regelgröße. Weil also der Rückkoppelungs-Effekt in entgegengesetzter Richtung zur festgestellten Abweichung, also sozusagen mit umgekehrtem Vorzeichen wirksam ist, spricht man auch von negativer Rückkoppelung (im angelsächsischen Sprachraum auch corrective feedback loop - etwa als kompensierende Rückkoppelung zu übersetzen - bezeichnet). Das ist der in Systemen mit der Tendenz zur Erhaltung des Gleichgewichts übliche Fall.

Regelkreise, die negativ rückgekoppelt sind, suchen sozusagen bei einer eingetretenen Veränderung ihr Ziel. Dieses Ziel ist die Aufrechterhaltung eines bestimmten Gleichgewichtszustands. Und das geschieht, wie beschrieben, durch den ständigen Vergleich des jeweiligen „Ist-Wertes" mit einem vorgegebenen „Soll-Wert". Als Ergebnis dieses Vergleichs werden die Abweichungen ausgeglichen.

Der amerikanische Physiologe Walter Bradford Cannon prägte für diese Aufrechterhaltung bzw. Wiedererlangung eines Gleichgewichtszustandes im „inneren Milieu" des Organismus 1932 den Ausdruck „Homöostase" (homoios = gleich, stase = Zustand). Dieses Prinzip betrifft alle trotz ständiger Abweichungen mehr oder weniger konstanten Größen in einem Organismus wie den Blutdruck, das Säuregleichgewicht, den gleichbleibenden Gehalt an verschiedenen Stoffen usw. Aber auch die immunologischen Prozesse, bei denen der Organismus bei Befall durch körperfremde Stoffe diese „Fremdkörper" unschädlich zu machen versucht, gehören zu homöostatischen Vorgängen. Diese dienen damit nicht nur der Gleicherhaltung des inneren Milieus, sondern auch der Existenzerhaltung des Lebewesens schlechthin.

Als Beispiel für eine im Organismus stattfindende Homöostase soll noch einmal die Temperatur-Regelung dienen, und zwar das im Zwischenhirn gelegene Temperaturzentrum. Dort liegen Zellen, die ihre Information von bestimmten Sinneszellen der Haut erhalten, den sogenannten Kalt- und Warmrezeptoren. Die Nervenzellen des Thermozentrums sind aber darüber hinaus auch selbst temperaturempfindlich. Das konnte beispielsweise dadurch nachgewiesen werden, daß man Wasser bestimmter Temperatur durch ganz dünne Sonden in dieses Gebiet einströmen ließ. Ebenso begann bei Einführen eines kühlen Drahtes in dieses „Zentrum" die Temperatur anzusteigen.

Auf der anderen Seite ist bekannt, daß der Mensch schon zu zittern anfängt, bevor die Körper-Temperatur abgekühlt ist. Das gleiche gilt für das Schwitzen im Sommer. Auch hier kommt es zu einer Schweißabsonderung vor einem Aufheizen der Körpertemperatur. Das spricht für das Vorhandensein spezieller Meßfühler an der Körperoberfläche. Beim Hund befinden sich solche Meßfühler sogar direkt in den Muskeln und Gelenken, was dazu führt, daß er, sobald er zu laufen beginnt, gleichzeitig auch zu hecheln anfängt.

Über das erwähnte Zentrum im Zwischenhirn kann sowohl eine Aufheizung als auch eine Entwärmung des Körpers erfolgen. Bei äußerer Kälte und drohender Unterkühlung gibt zunächst einmal die Haut weniger Wärme ab: Die Hautarterien werden enger gestellt, und dadurch wird der Wärmetransport auf dem Blutweg vermindert. Gleichzeitig richtet sich (bei Tieren) das Feder- oder Pelzkleid auf, was den isolierenden Luftmantel verdickt.

Bei Menschen zeigt sich das übrigens in stammesgeschichtlich verkümmerter Form als sogenannte „Gänsehaut". Sie ist nämlich nichts anderes als die Folge davon, daß sich die am Haaransatz befindlichen kleinen Muskeln kontrahieren, d.h. zusammenziehen. Weiter wird gezielt mit Hilfe von Muskelaktivitäten Wärme produziert. Das bekannte „Kältezittern" tritt ein. Außerdem kann es „unwillkürlich" dazu kommen, daß man sich „willkürlich" Bewegung macht, um sich aufzuwärmen, beispielsweise auf der Stelle hin und her tritt, die Arme zusammenschlägt usw. Der Mensch meint zwar, bewußt und willkürlich zu handeln. In Wirklichkeit erfolgen die Vorgänge aber, wenn auch auf höherer Ebene als das unwillkürlich einsetzende Muskelzittern, sozusagen automatisch. In jedem Fall wird durch diese Muskelaktivität Wärme erzeugt. Das zeigt sich auch darin, daß einem nach intensiver körperlicher Tätigkeit, beispielsweise nach 30 Kniebeugen, recht warm wird.

In einem Zustand der Erwärmung werden umgekehrte Mechanismen wirksam. Der Körper versucht zum Beispiel, eine Überwärmung bei äußerer Hitze durch eine Hemmung der Muskelaktivität zu verhindern. Man neigt ja bei großer Hitze automatisch dazu, körperliche Bewegungen einzuschränken. Dadurch geht die Wärmeproduktion durch Muskelaktivität zurück. Auch das erfolgt weitgehend unabhängig von Charakter, Alter, Grundeinstellung und höherer Ethik unwillkürlich im Sinne einer biologischen Gleichgewichts-Regulation. Dadurch, daß die Hautgefäße nicht verengt, sondern umgekehrt eher erweitert sind, steigt über die auch nach außen hin sichtbare bessere Durchblutung die Hauttemperatur, und damit wird gleichzeitig mehr Wärme durch Strahlung abgegeben. Schließlich fängt man an zu schwitzen. Durch diese Schweißproduktion kommt es über die bewirkte Verdunstungskälte normalerweise zu einer Abkühlung. Es handelt sich hierbei also um eine Wärmeabgabe durch Verdunstung. Zu diesen Mechanismen treten schließlich noch verschiedenartige Veränderungen der Drüsensekretion. Alle diese Regelungs-Mechanismen werden aber zentral, von dem genannten Zentrum im Zwischenhirn aus, gesteuert.

Hierbei mag sich die Frage aufdrängen, was denn im Falle des Fiebers erfolgt. Fieber stellt in den meisten Fällen sozusagen eine toxisch, d.h. durch bestimmte Giftstoffe, meist artfremde Eiweiße, hervorgerufene Sollwert-Verstellung dar. Beim „Lampenfieber" wird der Sollwert dagegen durch intensive (angstvolle) Erlebnisse, d.h. durch Einflüsse aus dem Großhirn, verstellt.

Ein anderes Beispiel negativer Rückkoppelung stellt die Pupillenreaktion dar: Sinkt das einfallende Licht ab, werden die Pupillen „automatisch" weiter. Die mittlere Lichtstärke im gesamten Gesichtsfeld wird über bestimmte Nervenfasern in das obere Stammhirn gemeldet. Dort wird die Erregung zu anderen Zellen übergeleitet, die für Bewegungsvorgänge zuständig sind. Sogenannte efferente, d.h. aus einem Zentrum herausführende, Nervenfasern senden daraufhin elektrisch Befehle an die Muskeln, die den Öffnungsgrad der Pupille regeln. Umgekehrt führt bekanntlich erhöhter Lichteinfall zu einer Verengung der Pupille. In ähnlicher Weise hängt die Atmungsreaktion von der Kohlendioxidkonzentration im Blut ab.

Man hat die Bedeutung und den Nutzen eines Verstehens solcher Rückkoppelungsvorgänge, durch die „automatisch" eine Übereinstimmung zwischen einem „Soll"- und einem „Ist"-Zustand hergestellt wird, inzwischen auf den verschiedensten Gebieten nachgewiesen: in der Umweltforschung, bei der Wechselwirkung zwischen Hormonen und verschiedenen chemischen Auslösern und Hemmstoffen, in der vergleichenden Verhaltensforschung, in der Psychodynamik, auf dem Gebiet zwischenmenschlicher Beziehungen.

Warum spielen beispielsweise junge Kätzchen sehr viel mehr herum als alternde Kater, und warum fällt es auch Kindern sehr viel schwerer, längere Zeit stillzusitzen? Der Grund dafür liegt einfach darin, daß Wachstumsprozesse einen erhöhten Sauerstoffverbrauch bedingen. Dieser kann aber nur zustande kommen, wenn die Muskeln durch Bewegung mit genügend Blut versorgt werden. Genauso stellt das Erkundungsverhalten junger Menschen, das oft mit einem gesteigerten Erlebnisdrang, ja mit großer Risikofreude und Abenteuerlust einhergeht, eine wesentliche Grundlage dar, um dem Gehirn für seine Entwicklung die notwendigen Anregungsreize zu liefern.

Es erscheint mir besonders reizvoll - was bisher weniger in Betracht gezogen wurde -, diese Überlegungen auch auf sozio-kulturelle Systeme anzuwenden. Gerade bei sozio-kulturellen Systemen stellt das Erreichen einer inneren Ausgewogenheit oft ein sehr schwieriges Problem dar. Das zeigt sich beispielsweise schon in der Anpassung von Unterstrukturen, also etwa von Subkulturen aneinander. Die Qualität sozio-kultureller Systeme hängt überhaupt entscheidend davon ab, inwieweit sie sich, wenn es notwendig ist, schnell und wirkungsvoll an veränderte Bedingungen anpassen, sich ändern können. Damit wird zugleich deutlich, daß Versuche, menschliche Gesellschaften nach unverrückbaren - oft utopischen - Zielen hin zu orientieren, zum Scheitern verurteilt sein müssen.

Deshalb ist es auch für Gesellschaften wichtig, daß Planungen wohl in einem - auch zeitlich - umfassenden Rahmen erfolgen, daß diese Planungen aber im Detail keine zu starre Festlegung auf lange Zeit bedeuten. Es hat sich vielmehr als günstig erwiesen, ständig Information über den Stand der Dinge zu sammeln, Art, Ausmaß und Ablauf irgendwelcher Störungen zu kennen und die Möglichkeit in die Planung einzubauen, bei veränderten Bedingungen möglichst flexibel und anpassungsfähig reagieren zu können, d.h. in neuen Situationen konkrete Schritte, Ziele, organisatorisches Vorgehen, dominierende Werte usw. jeweils neu zu bestimmen. Das setzt voraus, daß auch im gesellschaftlichen Rahmen ständige echte Rückkoppelungsvorgänge der beschriebenen Art stattfinden. Diese sollten sogar verhältnismäßig kurzfristig erfolgen, um unwiderruflich schädliche Entwicklungen zu vermeiden.

Ein guter Politiker gleicht in dieser Beziehung einem erfahrenen Autofahrer auf vereister Fahrbahn (s. S. 58). Auch die in modernen Demokratien üblich gewordenen, keineswegs unumstrittenen Meinungsumfragen oder die Tatsache, daß manche Abgeordnete ihren Wählern Informationen über ihre Reden und Abstimmungen zukommen lassen, um sich in Zukunft durch die Reaktionen ihrer Wähler leiten zu lassen, gehören ebenfalls in den Bereich negativer Rückkoppelungsprozesse.

Bei der zunehmenden Vernetztheit der Weltereignisse, insbesondere auch der Weltwirtschaft, kann übrigens kaum noch ein einzelner Staat entscheidende Orientierungsgröße sinnvollen Systemdenkens sein. Es spricht vielmehr sehr viel dafür, daß die unter System-Aspekten sinnvolle Orientierungsgröße die gesamte Menschheit sein muß, die auf dieser unserer Welt lebt.

Das Prinzip der positiven Rückkoppelung

Das alles waren Beispiele für eine sogenannte negative Rückkoppelung, die im Grunde durch Ausgleich von Abweichungen der Erhaltung eines Gleichgewichts oder des status quo dient.

Der Begriff der negativen Rückkoppelung läßt allerdings vermuten, daß es auch eine positive Rückkoppelung gibt. Das ist in der Tat der Fall. Bei der positiven Rückkoppelung führt die Erhöhung einer Größe zur Erhöhung einer anderen Größe, und das führt wiederum zur Erhöhung der ersten Größe. Insofern erfolgt die bei der Rückkoppelung bewirkte Änderung in der gleichen Richtung wie die Abweichung, auf diese bezogen also mit positiven Vorzeichen.

Bei Regelkreisen mit positiver Rückkoppelung besteht daher die Tendenz, sich exponentiell, d.h. in immer stärkerem Maß von einem gegebenen Ausgangszustand zu entfernen. Die jeweiligen Abweichungen werden verstärkt. Man spricht deshalb auch von einer kumulativen Rückkoppelung oder einer „automatischen" Selbstverstärkung. Positive Rückkoppelungen führen dadurch im Gegensatz zu negativen Rückkoppelungen zu Zustands- und Systemänderungen. Galaktische „Kerne" im

Abbildung 17:
Spiralförmige Verstärkung der Wirkung bei positiver Rückkoppelung

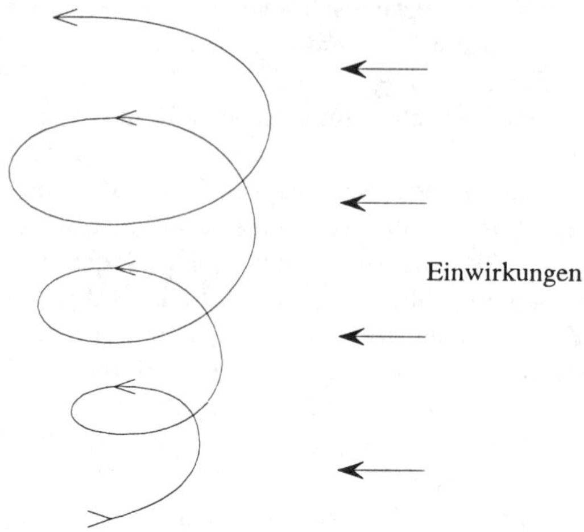

Weltall verdichten sich zunächst in einem sehr langsamen Tempo unter dem Einfluß ihrer eigenen Schwerkraft. Diese nimmt aber mit der Kontraktion zu, und der Vorgang erweitert und beschleunigt sich lawinenartig.

Ein einfaches und oft erlebtes Beispiel im menschlichen Bereich sind die Reaktionen auf irgendwelche körperlichen Störungen. Ein Patient bemerkt beispielsweise leichte Unregelmäßigkeiten seines Herzschlages und bekommt Angst, weil er viel von früh auftretenden Herzinfarkten gehört hat. Von nun an beobachtet er seinen Puls sehr viel genauer. Seine ganze ängstliche Aufmerksamkeit richtet sich auf die Unregelmäßigkeiten seines Herzschlages. Diese werden dadurch sehr viel leichter wahrgenommen, was wiederum die Angst erhöht. So kann ein sogenannter Circulus vitiosus, ein Teufelskreis in Gang kommen.

In ähnlicher Weise führt eine übertriebene Nahrungszufuhr zu einer Zunahme des Körpergewichts, und aufgrund des größeren Körpervolumens erhöht sich das Bedürfnis nach Nahrungszufuhr. Fette Menschen sind (meist) fett geworden, weil sie viel essen, und sie essen deshalb weiter viel, weil sie fett sind. Durch voluminöse Mahlzeiten wird auch der Magen, der all das Gegessene aufnehmen muß, größer, und ein größerer Magen verlangt wiederum eine intensivere Füllung.

Ein Gehirn entwickelt sich aufgrund vielfältiger Anregungen von außen und aufgrund entsprechend zahlreicher und tiefergehender Lernprozesse. Je mehr aber ein Mensch gelernt hat, um so größer werden bei ihm Wunsch und Fähigkeit, sich neue Information „einzuverleiben“.

Die positive Rückkoppelung spielt außer in der Individualpsychologie vor allem bei sozialen Wechselwirkungen eine große Rolle. Viele aus dem Alltag bekannte Zusammenhänge ließen sich hier anführen: vom Aufschaukeln von Haßgefühlen bis zu Panikzuständen. Da solche Zustände mit sich verstärkender, positiver Rückkoppelung leicht außer Kontrolle geraten und dann die Existenz des gesamten Systems bedrohen, ist es besonders wichtig, sie zu erkennen und zu verstehen, sowie vor allem, wenn es sich um schädliche oder gefährliche Entwicklungen handelt, ihnen möglichst frühzeitig entgegenzuarbeiten. Viele meinen, sich etwas zu vergeben, wenn sie auf das rüde Verhalten eines anderen nicht mindestens ebenso scharf reagieren bzw. auf eine Beleidigung nicht mit einer noch gröberen Beleidigung antworten.

Es ist aber doch viel eher so, daß derjenige, der anderen Menschen freundlich begegnet, mit sehr viel höherer Wahrscheinlichkeit auch freundlichere Reaktionen bei seiner Umwelt erleben wird, was ihn selbst wieder fröhlicher und freundlicher macht.

Ständige Mißerfolge können dazu führen, daß man mit weniger Schwung und Vertrauen an die Dinge herangeht. Durch diese ängstliche Zaghaftigkeit erhöht sich aber nur die Wahrscheinlichkeit weiterer Mißerfolge. Man wird noch zaghafter und beginnt mehr und mehr zu resignieren. Schließlich traut man sich gar nichts mehr zu. Umgekehrt kann eine Reihe von Erfolgen einen Menschen geradezu zum Erfolg „programmieren".

Wer unter Stress steht, ist belastet. Wer stärker belastet ist, hat eine geringere Chance, sich durchzusetzen. Mit verringertem Durchsetzungsvermögen steigt wiederum die Wahrscheinlichkeit, Stress-Situationen ertragen zu müssen.

Sehr krass zeigt sich der Zusammenhang einer positiven Rückkoppelung bei den weltweit erfolgenden Folterungen, die sich immer wieder, abgesehen von bereits vorbestehenden Neigungen, in der gleichen Weise auswirken. Nachdem man aus irgendwelchen Gründen, etwa auf Befehl oder in Nachahmung anderer dazu gekommen war, sich grausam zu verhalten, verstärkt sich sozusagen automatisch die innere Überzeugung, daß die Opfer des eigenen grausamen Verhaltens „Untermenschen" sind und nichts anderes verdient haben. Diese Überzeugung verstärkt ihrerseits wieder die Wahrscheinlichkeit, sich in Zukunft noch häufiger und noch intensiver grausamen Verhaltensweisen hinzugeben.

So wirken auch individuelle Verhaltensweisen und soziale Bedingungen in wechselseitiger Verstärkung aufeinander ein, wie sich schon im Verhältnis individueller Preissenkung und allgemeiner Marktpreise zeigt. Der Kaufmann, der bei an sich niedrigen Marktpreisen verkaufen möchte, ist versucht, diese Preise noch zu unterbieten, trägt dadurch aber wieder zur Verschärfung der Marktlage bei, die ihn zu weiteren Maßnahmen nötigt.

Wie bei Schneeverwehungen sich der Schnee an einem Hindernis anhäuft und dadurch im weiteren Verlauf, weil eben das Hindernis größer geworden ist, einen noch größeren Haufen bildet, so steigen und purzeln auch die Börsenkurse in Abhängigkeit von den Käufen und Verkäufen der Aktien, die wiederum von den jeweiligen Kursen bestimmt werden, und so schraubt sich auch die Lohn-Preis-Spirale immer höher. Genauso erhalten Zeitungen mit großer Auflage mehr Anzeigen und können mit den daraus erhaltenen Einnahmen mehr und interessantere Seiten bieten, was wieder ihre Auflage und damit die Zahl der Anzeigen erhöht. Wo Geld ist, kommt auch wieder (mehr) Geld hin, und beim Poker hat derjenige unvergleichlich bessere Chancen, der mit den höheren Geldreserven ins Spiel geht, schon weil er das ganze Spiel gelassener angehen und länger durchstehen kann.

Das Prinzip der positiven Rückkoppelung kommt sehr treffend in den Versen Heinrich Heines zum Ausdruck:

„Hat man viel, so wird man bald
noch viel mehr dazubekommen.
Wer nur wenig hat, dem wird
auch das Wenige genommen.“

Auch politisch begegnen wir einer großen Anzahl positiver Rückkoppelungsvorgänge, beispielsweise in Form des Wettrüstens, bei innenpolitischen Gewalt-Eskalationen, bei politischen „Vergeltungs“-Aktionen oder auch bei dem in vielen, vorwiegend hochindustrialisierten Ländern zu beobachtenden Zusammenhang zwischen Bevölkerungszunahme, technisch-technologischem Fortschritt und wirtschaftlichem Wachstum. Ein anderer Zusammenhang dürfte darin zu sehen sein, daß ein gesellschaftlich verbindliches Wertsystem, das selbstzweckartig auf Leistung, Wachstum und bedingungsloses Gewinnstreben gründet, mit hoher Wahrscheinlichkeit unter gegebenen Bedingungen zu entsprechenden Erfolgen führen wird und der wirtschaftlich-technische Fortschritt wieder verstärkend auf das Wertsystem zurückwirkt.

Die menschliche Geschichte ist voll von Beispielen positiver Rückkoppelung, angefangen von dem Umgang der Menschen mit der Natur. Greifen wir ein Beispiel auf, das zeigt, wie eine rasante Verschlechterung der Lebensbedingungen einsetzt, sobald ein positiver Rückkoppelungsprozeß in einem Ökosystem in Gang kommt: Die in Ostafrika lebenden Massai sind ausgesprochene Hirtennomaden, deren Herden sich von dem in der Savanne wachsenden Gras ernähren, damit aber die gesamte Grasdecke zunehmend zerstören, weil sie - im Gegensatz zu den Wildtieren - dicht gedrängt weiden. Diese Tatsache wird noch dadurch verstärkt, daß die Behörden, um das Leben der Massai zu verbessern, über Bohrungen und Gebirgsquellen gespeiste Tränken einrichteten, die ständig Wasser führen. Das hat aber - neben der Verringerung der Wasservorräte für die Wildtiere - zur Folge, daß die Massai ihre jährlichen Wanderungen abkürzen, so daß ihr Vieh ständig in bestimmten eng umschriebenen Gebieten weidet. Dadurch verkümmert die Grasfläche noch mehr. Die Massai helfen sich, indem sie regelmäßig mehrmals im Jahr das abgestorbene Gras abbrennen, damit die für ihre Rinder wertlosen jungen Sträucher vernichtet werden und beim Einsetzen des Regens neues Gras sprießen kann. Je weniger Gras aber auch den genannten Gründen vorhanden ist, um so häufiger müssen sie Feuer legen. Dieses ist aber um so weniger wirksam, je weniger Gras wächst. Gleichzeitig wächst die Population der Massai und ihrer Rinder ständig an, weil durch bessere Medizin weniger Menschen und Tiere sterben, was die Probleme weiter verstärkt, bis der endgültige Verlust des Mutterbodens das Land für Mensch und Tier unbewohnbar macht (Campbell).

Beispiele für positive Rückkoppelungen lassen sich selbstverständlich auch aus der Biologie anführen. Hier sind positive Rückkoppelungen die Grundlage von Entwicklung, Wachstum und Veränderung, oft aber auch von Zerstörung und Untergang. Betrachten wir beispielsweise die stammesgeschichtliche Entwicklung des Menschen: Gehen wir davon aus, daß ein wesentliches Merkmal in der Menschheitsentstehung der aufrechte Gang war. Mit dem damit verbundenen Freiwerden der Hände wurden sehr viel eher kulturelle und technische Leistungen möglich. Diese verändern das Lebensmilieu. Das Ansteigen von Kenntnissen und die Vervollkommnung von Methoden führen aber in Rückkoppelung zu einer Zunahme von Lernprozessen und einer weiteren Entwicklung des Bewußtseins. Die damit verbundene Erfahrung bewirkt reichhaltigere Verbindungen zwischen den Nervenzellen im Gehirn. Ein solches Gehirn schafft wiederum ein wesentlich reicheres kulturelles und technisches Milieu, das wiederum in Gehirnen von Menschen verarbeitet wird usw.

Ein ganz einfaches Beispiel für ein positives Rückkoppelungssystem ist bereits auf der Ebene der Zellfunktion festzustellen: Wird eine Zelle erregt, kommt es u.a. einer vorübergehenden Veränderung in der Struktur der Zellmembran und der dort bestehenden elektrischen Verhältnisse. Dadurch wird die Membran für Natrium durchgängig. Natrium-Ionen strömen in die Zelle und erniedrigen, da sie positiv geladen sind, die negative Polarisierung der Innenseite gegenüber der Außenseite der Membran. Je ausgeprägter diese Polarisations-Erniedrigung ist, um so durchlässiger wird die Zellmembran. Je mehr das der Fall ist, um so mehr Natrium strömt in das Innere der Zelle und um so mehr wird die Membran depolarisiert, d.h. die negative Polarisierung nimmt ab. Dieser Vorgang dauert bis zur Umkehrung der Polarisation an, d.h. bis zu einer Ladung von etwa + 40 mv. Von diesem Zeitpunkt an beginnt die Zellmembran für Natrium undurchlässig zu werden, erhöht aber zugleich ihre Durchlässigkeit für Kalium, das jetzt von innen nach außen strömt. Dieser Vorgang hält an, bis die Membran-Polarität wieder zu dem ursprünglichen Niveau von - 70 mv zurückgekehrt ist.

Abbildung 18:
Positive Rückkoppelung bei Einströmen von Natrium-Ionen in die Zellen

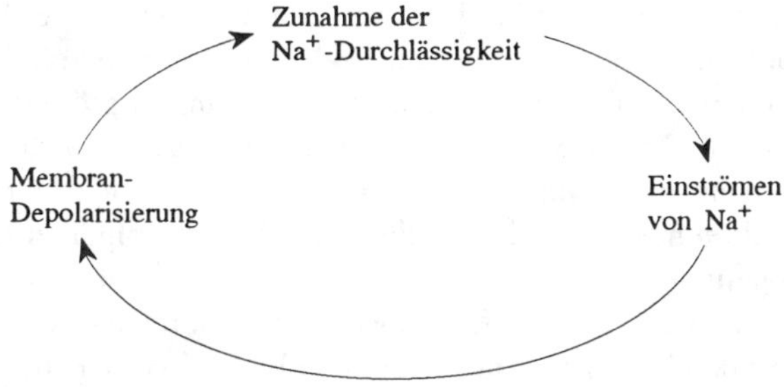

In dieser Umkehr der Membranfunktion der Zelle wird bereits ein Prinzip deutlich, das uns zum Abschluß dieses Kapitels noch kurz beschäftigen soll: die sogenannte sekundäre negative Rückkoppelung.

Das Zusammenspiel beider Prinzipien

In der Wirklichkeit sind beide Prinzipien der Rückkoppelung in mannigfaltiger Form und auf unterschiedlichen Ebenen kombiniert. Spannungen im System werden gewöhnlich nach dem Prinzip der negativen Rückkoppelung ausgeglichen. Sie sind aber auch Grundlage von auf positiver Rückkoppelung beruhenden Entwicklungs- und Wachstumsprozessen.

Ein umfassendes System schließt also sowohl negative als auch positive Rückkoppelungen ein. Das zeigt sich sehr deutlich auch in der bisherigen Entwicklung der Menschheit, die unter dem Einfluß zahlreicher wechselseitig verbundener Faktoren und im Zusammenspiel positiver und negativer Rückkoppelungen erfolgte.

Führen wir uns einige konkrete Beispiele eines solchen Zusammenspiels vor Augen:

Ein Patient, der an einer chronischen körperlichen Krankheit leidet, kann seelisch durch seine Lebensverhältnisse stark belastet sein, nachdem er erfahren hat, daß seine Frau einen Liebhaber hat. Das beeinflußt seinen „Genesungswillen" negativ und erschwert die Heilung. Die verzögerte Heilung wirkt sich zusätzlich negativ auf seinen Gesundungswillen aus (positive Rückkoppelung). Trotzdem ist in ihm eine unbewußte Überlebenstendenz wirksam, und der Organismus verfügt trotz der im allgemeinen deprimierten Stimmung über eine Reihe von Mechanismen, krankhafte Entwicklungen auszugleichen (negative Rückkoppelung). Zudem werden Heilungsprozesse durch die Behandlung des Arztes und die intensive Betreuung durch einen Seelsorger gefördert.

Ein betrügerischer Unternehmer, Kaufmann, Anlageberater oder was er auch sei, der mit seinen ungesetzlichen Tricks bereits mehrfach ausgesprochen erfolgreich war und wegen seines erworbenen Reichtums großes öffentliches Ansehen genießt, wird dadurch in seinem Verhalten positiv verstärkt. Er tritt in einen Prozeß positiver Rückkoppelung ein. Denn er wird nicht nur gelegentlich weiter so handeln, sondern wird üblicherweise zu immer häufigerer Wiederholung und zu immer größeren „Coups" tendieren. Das sich so entwickelnde Verhaltenssystem erfährt, nachdem seine Betrügereien wegen der immer größeren Häufigkeit und der immer gleichen „Masche" aufgedeckt wurden, durch den Zusammenbruch seines Unternehmens, eine längere Haftstrafe, das Auseinanderbrechen seiner Ehe, den Verlust der „Freunde" und viele andere nachteilige Folgen eine sekundäre negative Rückkoppelung.

Wenn ein neu eröffnetes Restaurant, um Gäste anzuziehen, äußerst preiswerte und zugleich exzellente Menüs anbietet, werden immer mehr Menschen dieses Lokal aufsuchen. Mit der steigenden Zahl der Gäste können sich einerseits die Preise halten lassen, andererseits werden bei ständiger Überfüllung die Leistungen meist schlechter, so daß viele Gäste wiederum andere Lokale aufsuchen.

In ähnlicher Weise lassen sich unterschiedliche, im ganzen sehr komplizierte Zusammenhänge in vielen gesellschaftlichen Bereichen aufweisen.

Natürlich bietet auch hier wieder die Biologie eine große Zahl einschlägiger Beispiele. So kennt man in der Biologie ein kompliziertes Zusammenspiel von nebeneinander in unterschiedlichen Teilsystemen und zu unterschiedlichen Zeiten wirksamen Vorgängen. Es gibt u.a. autokatalytische Vorgänge, bei denen das Vorhandensein eines Stoffes dessen Synthese beschleunigt; es gibt umgekehrt

Vorgänge der Auto-Inhibition, bei denen das Vorhandensein eines bestimmten Stoffes die zu seiner Synthese erforderliche Katalyse blockiert; und es gibt schließlich die wechselseitige Katalyse, bei der jeder von zwei Stoffen jeweils die Synthese des anderen aktiviert.

Gerade in der Natur, bei lebenden Systemen, ist beispielsweise immer wieder zu beobachten, wie durch positive Rückkoppelungen bewirkte Verstärkungsprozesse, wenn ein bestimmter Schwellenwert erreicht ist, in eine Phase sekundärer negativer Rückkoppelung einmünden. Das auf S. 111 erwähnte Umschlagen der Zellmembran-Funktion ist auch hierfür ein Beispiel. Eine solche sekundäre negative Rückkoppelung führt oft zum Zusammenbruch des bisherigen Systems und zur Bildung neuer Strukturen. Bezeichnenderweise erfolgt ja Wachstum, beispielsweise das Aussprießen von Nervenzellen, keineswegs ausschließlich als expansiver Vorgang, sondern beinhaltet Phasen, in denen sogar der Untergang von Zellen und Zellfasern überwiegt. Die sogenannte Morphogenese, die biologische „Gestaltwerdung" ist im Grunde nur durch das Zusammenwirken sekundärer negativer Rückkoppelungen mit exponentiellen Prozessen erklärbar.

Interessant in diesem Zusammenhang ist die sogenannte Glykolyse, d.h. jener in einer Reaktionskette ablaufende Vorgang, bei dem Glukose zerlegt wird und es zu einer Synthese von Adenosin-Triphosphat kommt. Die auch abgekürzt als ATP bezeichnete Substanz stellt ja für alle lebenden Zellen eine ganz entscheidende Energiequelle dar. Der hier interessierende Vorgang ist ein typisches nicht-lineares Phänomen mit komplexer Rückkoppelungsdynamik. Wann immer eine betreffende Zelle Energie benötigt, findet die Umwandlung von energie-lieferndem Adenosin-Triphosphat (ATP) in energie-schwächeres Adenosin-Diphosphat (ADP) statt. Wenn sich dadurch als Ausdruck intensiven Energieverbrauchs mehr ADP in der Zelle anhäuft, ist das biologisch ein Signal dafür, die Reserven aufzufüllen, d.h. entsprechende Kalorien aufzunehmen und der Zelle zuzuleiten. Steht dagegen umgekehrt der Zelle viel ungenutztes ATP zur Verfügung, so bedeutet das biologisch einen geringeren Bedarf, Glukose abzubauen.

Biologische Systeme, also beispielsweise der menschliche Organismus, weisen einerseits aufgrund von Selbstbewahrungstendenzen mit Hilfe von „homöostatischen Mechanismen" eine relative Konstanz und Beständigkeit auf. Sie sind aber auch durch Wachstums- und Entwicklungsprozesse gekennzeichnet, bei denen positive Rückkoppelungen eine entscheidende Rolle spielen, indem im Rahmen von Kreisprozessen Rückwirkungen auf die Ursachen erfolgen. Dadurch werden Abweichungen verstärkt, und es eröffnen sich gänzlich neue Möglichkeiten.

Naturprozesse scheinen durchgehend von diesem Prinzip der Kombination sogenannter Gegen- und Mitkoppelungsmechanismen bestimmt. Dabei läßt sich in unterschiedlichen Bereichen, bis hinauf zu höheren geistigen Prozessen, ein periodisches Alternieren der beiden Trends aufweisen, quasi eine Form dialektisch bewirkter Harmonie, die optimale Entwicklung gewährleistet. Verstärkende und abschwächende, mathematisch ausgedrückt exponentielle und logarithmische Entwicklungsschritte wechseln sich dabei ab.

Dazu mögen letztlich Rückbildungsphänomene wie der individuelle Tod ebenso gehören wie der Untergang von in positiver Rückkoppelung verstärkten Kulturen und das revolutionäre Umkippen von Gesellschaftssystemen. Sind doch Revolutionen höchstwahrscheinlich soziale Reaktionen auf einen Prozeß positiver Rückkoppelung in Gesellschaften.

Möglicherweise sind die aktuelle zunehmend kritische Haltung gegenüber einer exzessiven Wachstums-Ideologie, eine wachsende Skepsis gegenüber dem Staat und speziell seinen Möglichkeiten, konkrete Bedürfnisse des Individuums zu befriedigen, sowie eine wachsende Rückbesinnung auf alternative Lebensqualitäten auch in diesem Sinne zu deuten. Vielleicht handelt es sich in der Tat um erste Anzeichen einer neuen Ultrastabilität, einer neuen System-Gesetzlichkeit, wie sie gegenwärtig noch, wie immer in der Geschichte der Menschheit, aus dem Aspekt der alten Systembedingungen als Symptome reiner Außenseiter- und „Aussteiger"-Mentalität bewertet werden.

Gegenüber der einfachen Rückkoppelung und einfachen Kreisprozessen, die (sozusagen) in einer Ebene stattfinden, gibt es auch noch Prozesse, die eine dritte Dimension einbeziehen, indem sie ein hierarchisches Element beinhalten. Sie bedeuten nicht nur eine Beziehung zwischen unterschiedlichen Zuständen, sondern auch zwischen Zuständen und Ereignissen auf unterschiedlichen Ebenen. Eine solche Rückkoppelung stellt sozusagen ein Ineinandergreifen sich wechselseitig überlappender Hierarchien dar. Maurits Escher bringt das in seinen „greifenden Händen" sehr schön zum Ausdruck. Während normalerweise nicht vorstellbar ist, daß, wenn einer über einem anderen steht, dieser andere zugleich wieder seinerseits

Abbildung 19: *Darstellung einer sich wechselseitig überlappenden Hierarchie*

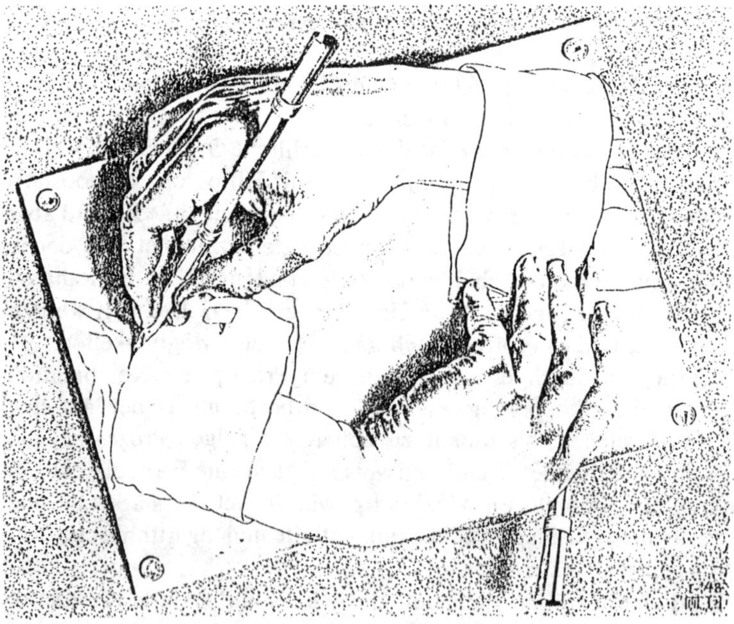

über dem ersten steht, zeigt Eschers Lithographie, daß eine Hand die andere zeichnet, gleichzeitig aber wieder von dieser gezeichnet wird. Produzent und Produkt, Handelnder und Behandelter, Definierendes und Definiertes, Ursache und Wirkung, Programm und konkrete Gegebenheit, Metasprache und Objektsprache stehen in beständiger gegenseitiger Verwandlung; ständig wechseln die Ebenen. Die wechselseitige Beziehung zwischen Zeichner und Gezeichnetem stellt eine auf antisymmetrischer Ordnung beruhende Organisation auf hierarchischen Ebenen dar.

In ganz einfacher Form zeigt sich diese Kreisbeziehung auch zwischen zwei sprachlogisch unterschiedlichen Ebenen in der Gegenüberstellung zweier Aussagen: der Aussage „Der Satz 'der Hund bellt' besteht aus drei Worten" und der Aussage: „Dieser Satz besteht aus sechs Worten"; im einen Fall handelt es sich also um eine fremdbezogene, heteroreferentielle und im zweiten Fall um eine selbstbezogene, autoreferentielle Aussage, im einen Fall um eine objektsprachliche und im zweiten Fall um eine metasprachliche Formulierung.

Damit sollen die allgemeinen Überlegungen zu System-Gesetzmäßigkeiten zunächst ihr Ende finden, und wir wollen uns im zweiten Teil der speziellen Frage zuwenden, inwieweit und in welcher Form solche Systemeffekte in der Funktion des menschlichen Organismus und speziell des Gehirns wirksam sind.

II. Organismus und Gehirn als Systeme

1. Systembedingungen des menschlichen Lebens

Was ist Leben?

Viele Dinge, denen wir in der Welt begegnen, hängen - das hatten wir immer wieder deutlich erkannt - sehr viel enger zusammen, als es auf den ersten Blick den Anschein hat. Das gilt für den subatomaren Bereich, wo kein Teilchen existiert, ohne in Wechselbeziehung zu anderen Teilchen zu stehen, und das gilt in ganz besonderer Weise für das Leben.

Wir hatten in diesem Sinne von Systemen gesprochen, d.h. von ganzheitlichen Komplexen, deren einzelne Komponenten untereinander in dynamischer Wechselbeziehung stehen (vgl. S. 70). Dabei gibt es im einzelnen viele Dimensionen, in denen sich Systeme unterscheiden lassen: einfache und komplizierte, materielle und geistige, mechanische und organische, statische und dynamische, zielgerichtete und nicht-zielgerichtete.

Eine Schere ist beispielsweise ein einfaches materielles mechanisches System, eine Hängebrücke bereits ein komplizierteres materielles System mit eher organischen Merkmalen und das System der Sozialversicherung ist ein recht komplexes soziales System. Es gibt statische Systeme wie ein Straßensystem oder Wegenetz, und es gibt dynamische Systeme wie lebende Organismen oder Organsysteme innerhalb von Organismen (Kreislaufsystem, Verdauungssystem usw.). Es gibt Systeme ohne Zielausrichtung wie eine Bergkette, und es gibt zielgerichtete Systeme wie z.B. ein Fertigungsband in einer Fabrik. Der ständig wechselnde Fluß des Wassers in einem Strombett ist ein mechanisches System, ein elektromagnetisches Feld, wie es sich beim Zusammenspiel einer Drahtspule und eines Magneten ergibt, oder auch ein Atom sind organische Systeme. Klassifikations- oder logische Aussagesysteme sind abstrakte Systeme, die elektrische Stromgewinnung und -versorgung ist ein konkretes System. Es gibt Systeme, durch deren Funktion etwas anderes zustandekommt und die man deshalb als allopoietische Systeme bezeichnet; demgegenüber sind sogenannte autopoietische Systeme wie lebende Organismen auf die Selbsterhaltung und das eigene Funktionieren ausgerichtet (Jordan).

Eine sehr wichtige, allerdings nicht immer einheitlich verwendete Unterscheidung habe ich dabei bisher noch nicht erwähnt: die zwischen geschlossenen und offenen Systemen. Der einfachere Fall sind geschlossene Systeme, wie sie in der klassischen Physik typisch sind. Wie der Name sagt, sind sie in sich abgeschlossen und durch eine Tendenz zur Aufrechterhaltung eines mehr statischen Gleichgewichtszustandes bestimmt. Aufgrund dieser Eigenschaften stellen sie auch Systeme dar, innerhalb derer strikte Kausalität zu beobachten ist.

Der wesentliche Unterschied zwischen geschlossenen und offenen Systemen liegt in dem energetischen, stofflichen und informativen Austausch, in dem offenere Systeme mit ihrer Umwelt stehen. Die Existenz einer „Umwelt" ist für ihr Bestehen und Überleben unerläßlich. Die damit gegebenen zahllosen und verschiedenartigen Wechselbeziehungen erlauben gegenüber geschlossenen Systemen höhere Grade des Zufälligen und der Freiheit, auch mit der Möglichkeit des Zielwechsels, und die Tatsache der Informationsaufnahme bedeutet praktisch für offene Systeme die grundsätzliche Möglichkeit von Lernprozessen im weitesten Sinne.

Insofern sind Organismen offene Systeme. Die Offenheit, deren Entstehen und Ausbau für lebende Organismen ganz wesentlich ist, stellt eine notwendige Voraussetzung der Selbst- und Arterhaltung dar. Sie tritt uns konkret in verschiedenen Merkmalen entgegen, die meist als charakteristisch für Leben genannt werden:

- in den ausgeprägten Stoffwechselvorgängen mit ständigem Austausch von Stoffen mit der Umwelt, bzw. in Prozessen der Energieaufnahme und Energieumwandlung,
- in dem gleichzeitigen Informationsaustausch und den wechselseitigen Beziehungen zur Umwelt als Grundlage vielseitiger Anpassungsvorgänge,
- in der Fähigkeit zur Selbstregulation, zur Schaffung einer sich selbst bildenden und sich ständig neu bildenden Organisation einschließlich der Fähigkeit zur Reproduktion artgleicher Organismen
- und in der Möglichkeit zur Selbsttranszendenz, dem „kreativen" Überschreiten der bestehenden Systemgrenzen und Systembedingungen in Richtung auf neue Formen und Funktionen im Rahmen neuer, höherer Systeme. Leben ist also im Grunde etwas, das ständig sucht, das ständig neue Strukturen erzeugt.

Das Leben ist aber neben einer System-Offenheit gleichzeitig durch ordnungschaffende „negentropische" Prozesse gekennzeichnet. Das bedeutet: Das Prinzip des Lebens, das sich im Zusammenspiel bestimmter Eigenschaften primär unbelebter Materie und bestimmter Umweltkonstellationen in einer Reihe von Einzelschritten verwirklichte, wirkt der Entropie, also der Entwicklung zu Zuständen höherer Wahrscheinlichkeit bzw. größerer Unordnung (vgl. S. 34) entgegen. Es entwickelt sich auf weniger wahrscheinliche Zustände hin, auf Zustände höherer Ordnung und abnehmender Entropie.

So zeigen die in der Natur bestehenden Systeme eine zunehmende innere Strukturierung und Organisation sowie eine immer kompliziertere Anpassungsbeziehung zur Umwelt und ihren Systemen. Es ist eine hierarchische Ordnung offener Systeme von „historischem Charakter", die sich aufgrund der dem Leben eigenen Systembedingungen im Wechselspiel ihrer Bestandteile und im Wechselspiel mit Umweltbedingungen herausgeformt hat.

Wir gehen dabei gewöhnlich wie selbstverständlich davon aus, daß wir homines sapientes einen absoluten und unvergleichlichen Höhepunkt der Entwicklung darstellen und daß wir in der zwischenmenschlichen Kommunikation ein typisch menschliches Verhalten vor uns haben, das wir bestenfalls noch mit einigen höher entwickelten Tieren teilen. Das ist ein Irrtum.

Gibt es doch im Bereich des Lebendigen eine ganze Reihe von Phänomenen, die - in einfacher Form - eindeutige Kommunikationsprozesse darstellen. So ist bekannt, daß ein Bakterium einem anderen ein Fragment DNS (Desoxyribonukleinsäure) übertragen bzw. einimpfen und damit dessen Widerstandskraft gegen ganz bestimmte Einflüsse erhöhen kann. Wenn eine Zelle auf bestimmte Reize reagiert, so bedeutet das, daß sie Information aufnimmt und verarbeitet, wodurch in ihrem Inneren, aber auch in den Beziehungen zur äußeren Umwelt Veränderungen stattfinden. Diese Veränderungen können aber wieder andere Zellen in der Umgebung beeinflussen. Reizt man beispielsweise eine Amöbe in einer kleinen Wasserschüssel mit einer winzigen Elektrode, so reagiert sie damit, daß sie sich ausdehnt und zusammenzieht. Dadurch entsteht um sie herum eine Wasserbewegung, die wiederum einen Reiz für andere Amöben darstellt. Diese beginnen sich daraufhin zu bewegen und verändern damit ihr unmittelbares Milieu. Dadurch ist es beispielsweise wesentlich schwieriger geworden, auch diese Amöben mit der Mikroelektrode zu berühren. Zugleich wird aber auch die zuerst gereizte Amöbe beeinflußt. Es liegt also in diesem Fall ein einfaches dynamisches System mit entsprechenden Rückkoppelungen vor, in dem ein grundlegendes Potential für interzelluläre Kommunikation, also für dynamische Beziehungen zwischen unterschiedlichen Zellen gesehen werden kann. Es ist auch bekannt, daß manche Fische, wenn sie verwundet werden, einen „Schreckstoff" ins Wasser absondern, der selbst in großer Verdünnung von den Artgenossen gerochen wird und diese dadurch vor einer möglicherweise tödlichen Gefahr warnt.

Oder nehmen wir einen Fall von Kommunikation aus der Pflanzenwelt: Zerstört man einen Teil des Laubes einer Eiche oder einer Pappel, bildet der betreffende Baum verschiedene Stoffe, um den Schaden auszugleichen und die Aktivität von blätterfressenden Insekten zu hemmen. Interessanterweise ist nun beobachtet worden, daß es fast immer auch zu gleichen Reaktionen bei benachbarten Bäumen kommt, obwohl diese (noch) gar nicht von dem Schaden betroffen waren. Alles sieht so aus, als ob der geschädigte Baum seine Nachbarn von dem Schaden und der von ihm „ergriffenen Maßnahme" benachrichtigt hätte, um ihnen eine ähnliche Schädigung zu ersparen.

In gewisser Weise können selbst der Energieaustausch zwischen Elektronen oder elektromagnetische Phänomene als eine Art „primitiver" Kommunikation verstanden werden.

Leben, wie es auf der Erde seit etwa 570 Millionen Jahren bestehen und in seiner ersten Form vor über 3 Milliarden Jahren aufgetreten sein dürfte, ist also - als eine „neue" Eigenschaft hochkomplexer Systeme - „jene Organisation der Materie, die durch die Bildung von Rückkoppelungskreisläufen zu Systemen führt, die gegenüber ihrer Umwelt relativ eigenständig sind, sich durch höhere Komplexität auszeichnen und bei denen durch die wechselseitigen Beziehungen der Elemente und Teile untereinander die aufgenommene Energie in eigene Ordnung umgewandelt werden kann" (Kasper).

Diese aktive Erschaffung und Aufrechterhaltung von Ordnung als eines Netzes von Beziehungen ist vielleicht sogar das entscheidende Merkmal des Lebendigen.

Denn diese Ordnung bedeutet zugleich ein Auswahlprinzip, das die Wechselfälle der Unordnung reduziert und damit vor dem Hintergrund einer allgemeinen diffusen und abstrakten Unwahrscheinlichkeit eine örtlich und zeitlich begrenzte konkrete Wahrscheinlichkeit schafft (Dupuy). Leben ist engstens an Komplexität und Selbstorganisation gebunden.

Wenn wir den Menschen als offenes System verstanden haben, das Energie bzw. Information aus der Umwelt aufnimmt und an sie weitergibt, dann kann das grundsätzlich auch für von Menschen geschaffene Organisationen gelten. Viele Organisationsformen sind allerdings eher geschlossen. Wenn beispielsweise das einzige Ziel einer sozialen Gruppe die Erhaltung der bestehenden Informationsstruktur darstellt, überwiegt eindeutig der Charakter eines geschlossenen Systems. Auch jede Kultur weist mit dem Merkmal der Eigenständigkeit mehr oder weniger ausgeprägte Merkmale der Geschlossenheit auf. So besehen läßt sich generell auch begründen, kontinuierliche Übergänge zwischen extremer Geschlossenheit und extremer Offenheit anzunehmen.

Die Wechselbeziehung von Organismus und Umwelt

Wenn lebende Systeme notwendigerweise (welt-)offene Systeme darstellen, so ist Leben zwangsläufig umweltbezogen. Es ist von Umwelt schlechthin und oft auch von einer ganz speziellen Umwelt abhängig.

Machen wir uns doch nur klar, daß auf unseren Körper in jeder Sekunde einige hundert Milliarden von Milliarden Photonen, also Lichtquanten auftreffen und daß ebenso Hunderttausende Neutrinos, also kleinste Energiepartikel, pro Sekunde unseren Körper durchfluten (Asimow).

Im Grunde ist jedes Lebewesen nur in einer ganz bestimmtem Umwelt *das*

Abbildung 20: *Pfeilkraut: Wasserform (l.) und Erdform (r.)*

Lebewesen, das es ist; und es ist, so wie es geworden ist, auch ganz entscheidend durch seine Umwelt zu dem geworden, was es ist. Die Exemplare des Löwenzahns beispielsweise, die im Tiefland wachsen, sind wesentlich größer und haben kürzere Wurzeln als die Gebirgsformen. Bestimmte Schmetterlinge unterscheiden sich - in Abhängigkeit von der Dauer des Tageslichts - in Grundfärbung und Zeichnungsmuster ihrer Flügel, je nachdem, ob es sich um die Frühjahrs- oder die Sommergeneration handelt (Erben). Auch die auf der Erde wachsende Form des Pfeilkrauts hat völlig andere Blätter als die im Wasser wachsende Form. Die Biologie kennt unzählige Beispiele dieser Art.

Zwischen Lebewesen und Umwelt besteht in vielfältiger Weise ein innerer Zusammenhang und - unter normalen Bedingungen - eine tiefer begründete, nämlich aus den Wechselwirkungsprozessen der Entwicklung heraus zu verstehende Harmonie. Eine Forelle braucht das Wasser, ein Maulwurf die Erde und ein Bussard die Luft. So besehen ist, schon wenn man die reine Existenz von Lebewesen ins Auge faßt, eine konsequente abgrenzende Gegenüberstellung von Individuum und Umwelt, wie sie viele Bereiche unseres abendländischen Denkens kennzeichnet, wenig begründet. Denn die in „Organismen", d.h. in lebenden und damit offenen Systemen organisierte Materie ist durch vielfältige und vielschichtige Rückkoppelungsprozesse von allem Anfang an aufs Engste mit der Umwelt verbunden, in der sie existiert. Und ein Teil ihrer natürlichen Existenz besteht darin, Information aus dieser Umwelt und über diese Umwelt zu erlangen und zu verarbeiten.

Dieser Prozeß hat - wie wir schon sahen - zwei Seiten: eine positive Auswahl dessen, was für den Organismus geeignet und nützlich ist, und eine negative Auslese, d.h. Abwehr und Ausscheidung dessen, was nicht zu dem organismischen System paßt, bzw. ihm schädlich ist.

Dabei muß aber ganz klar gesehen werden, daß die (Um-)Welt als solche keine Information enthält, sondern schlicht das ist, was sie ist. Information bietet sie nur in bezug auf bestimmte Lebewesen, für deren Erleben sie Information enthält. Organische Strukturen entstehen aus einer Entwicklungsgeschichte, die nicht unabhängig von der Umwelt verläuft, sondern weitgehend von ihr mitbestimmt ist. Die (angeborene) Bereitschaft von Organismen, bestimmte Merkmale der Umwelt bevorzugt aufzunehmen, macht sie zugleich von diesen abhängig. So werden ganz bestimmte Reize der Außenwelt sozusagen in ein nervöses Signal übersetzt, das dann als „Information" aufgenommen und zu einer Darstellung dieses Außenreizes wird. Dazu ist aber wieder eine ganz bestimmte „Erkenntnisstruktur" erforderlich, die zu einer entsprechenden Interpretation und Sinn-Verleihung fähig ist. Alle Signale der Außenwelt, die von diesen Strukturen nicht identifiziert und „erkannt" werden, zählen für den betreffenden Organismus zu der Welt des Sinnlosen und Zufälligen.

Aufgrund dieses ungeheuer engen Zusammenwirkens kommt es dazu, daß Organismen ihre Umwelt sozusagen in differenzierter Weise abbilden: In lebenden Systemen formen sich strukturelle und funktionelle Gesetzmäßigkeiten heraus, die den Bedingungen und Gesetzen ihrer Umwelt entsprechen und diese in Bau und Funktion widerspiegeln. Ja, unter Gesichtspunkten der biologischen Auswahl mußten sich wohl bevorzugt solche Verarbeitungssysteme herausbilden, die eine möglichst „zutreffende" und zugleich ökonomische Spiegelung der äußeren Wirklichkeit erlauben. In diesem Sinne setzt Konrad Lorenz auch Leben und Erkennen gleich. Welchen Sinn und Nutzen hätte es, wenn der Maulwurf Flügel hätte oder der Bussard Flossen (v. Ditfurth)?

Aber die jeweilige Umwelt ist auch nicht eine von lebenden Organismen völlig unabhängige Größe. So wie die Umwelt, beispielsweise über Faktoren der „natürlichen Auslese", entscheidend auf die Existenz von Organismen einwirkt, beeinflussen diese durch ihr Verhalten wiederum die Umwelt. Das zeigt sich ja in der aktiven Einwirkung des Menschen auf die Umwelt in besonders deutlicher Weise. Auch die Erde, in der u.a. Würmer und Maulwürfe leben, ist zum Teil gerade die Erde, die sie ist, dadurch, daß es Würmer und Maulwürfe gibt.

Das Ganze stellt eine innige, sich aus zahllosen Rückkoppelungen zusammensetzende vielgestaltige und vielschichtige Wechselwirkung zwischen zwei offenen Systemen dar. In dieser intensiven integrativen Beziehung stellt das eine, obwohl es selbst ein Ganzes ist, doch gleichzeitig einen Teil des anderen dar. Die Einbindung in die Umwelt ist geradezu ein Teil der individuellen Identität. Lebende Materie benötigt zu all den Prozessen, die recht eigentlich Leben auszeichnen, wie Stoffwechsel, Informationsaustausch usw., die Umwelt, von der sie sich zugleich abgrenzt und schützt. Schon die Zellmembran ist ja nicht nur eine Abgrenzungslinie zwischen lebendiger Einheit und Umwelt, sondern stellt gleichzeitig den Ort intensiver Umweltverbindung dar, an dem und über den vielfältige Austauschvorgänge stattfinden.

Führt man sich alle bisher gewonnenen Erkenntnisse vor Augen, so ergibt sich also auch hinsichtlich der Anlage-Umwelt-Problematik eine ganz andere Antwort, als sie durch die übliche Alternativ-Frage nahegelegt wird. Bei näherer und nicht durch ideologische Vorurteile belasteter Betrachtung löst sich auch die Alternative „Anlage oder Umwelt" mehr und mehr in Richtung eines äußerst komplizierten, vielgestaltigen und vielschichtigen Zusammenspiels auf. Es handelt sich um ein ungeheuer komplexes System von Abhängigkeiten und Wechselwirkungen, innerhalb dessen dem Begriff der dynamischen Selbstregulation eine beherrschende Bedeutung zukommt.

In dieser Sicht muß man im Grunde nicht zwei, sondern drei Faktoren berücksichtigen: einmal die erbliche Ausstattung, das Genom, zum zweiten die Umwelt und drittens die Interaktion zwischen diesen beiden, die Selbstregelungsfaktoren (Morin). In diesem ungeheuer komplizierten System von Rückkoppelungen spielt praktisch alles in enger Vernetztheit ineinander: Ein ohnehin schon unbegreiflich kompliziertes System eines Organismus ist in eine Umwelt eingebettet, die zunächst außerhalb dieses organismischen Systems als etwas anderes zu bestehen scheint. Die Umwelt ist aber zugleich auch wieder ein (Bestand-)Teil von Organismen, so wie diese Teile ihrer Umwelt sind, aus der sie spezifische Informationszuflüsse erhalten. Anstelle einer Gegensätzlichkeit bzw. „Gegenständlichkeit" in mehrfachem Sinne tritt die Vorstellung einer vielfältigen wechselseitigen Beziehung und Abhängigkeit, einer umgreifenden Einheit von Umwelt und Organismus.

Der Organismus hat in dieser Umwelt-Einbindung geradezu eine doppelte Identität: die eines - im engeren Sinne verstandenen - begrenzten organismischen Systems, und die weitere Identität, die sich aus der Zugehörigkeit zur Umwelt und der Einbindung in diese ergibt. Die Entwicklung von Organismen ist nicht die Entfaltung von Genen, und sie besteht auch nicht in der umweltbedingten Erfahrungsverwertung. Sie stellt einen dynamischen Prozeß dar, in dem der Organismus mit der Umwelt interagiert, d.h. in ständiger Wechselwirkung steht und sich dadurch verändert. Aufgrund der jeweils eingetretenen Änderungen sind aber die folgenden Interaktionen schon wieder andere, zumal sich auch die Umwelt ihrerseits spontan und durch Einwirkungen seitens lebender Organismen verändert hat. In dieser Sicht hat sich zugleich die alte Streitfrage aufgelöst, die Rupert Riedl so treffend formuliert: „Ob uns diese Welt nur so erscheint, wie wir sie denken, weil sie uns anders, als wir sie denken, nicht erscheinen kann, oder ob sie uns so erscheint wie sie ist, weil sie anders, als sie ist, auch nicht gedacht werden kann."

Leben und Geist

So wie Leben - abstrakt betrachtet - ein Netz von Beziehungen und komplexen Organisationen darstellt, kann auch der Geist als ein Netz zusammenhängender Information verstanden werden. Dieses Netz umfaßt nicht nur alle Daten, die ein Individuum während seines Lebens aufnimmt und verarbeitet, sondern schließt auch Daten ein, die einer stammesgeschichtlichen Frühzeit entstammen, vielleicht sogar auf Zeiten anorganischer Entwicklung vor Milliarden Jahren und länger zurückgehen.

Es ist bereits überaus beeindruckend, sich Zusammenhänge zwischen äußeren Lebensbedingungen und geistigen Merkmalen, ebenso zwischen körperlichen Merkmalen und geistiger Entwicklung zu vergegenwärtigen. Führen Sie sich doch einmal vor Augen: Was bedeutet es geistig, ein Lebewesen zu sein, das einen Gegenstand mit Händen anfassen kann, das Geräte umfassen kann? Wie nimmt ein solches Wesen einen Stein wahr, der ihm - in der geistigen Vorwegnahme - als Gerät dienen kann? Wie das Fell eines Tieres, das vor Kälte zu schützen vermag?

Versuchen Sie, sich einmal vorzustellen, eine Katze oder ein Hund zu sein! Versuchen Sie sich intensiv in die Möglichkeit einzufühlen, die Ihnen die Pfoten bieten ... und versetzen sie sich dann in die Situation eines Wesens, das mit Händen greifen und mit den Fingern feinste abgestimmte Bewegungen ausführen kann! Versuchen Sie sich vorzustellen, ein solches Wesen hätte erstmals ein „Gefäß" entdeckt oder erfunden, etwas, das sich zum Aufbewahren eignet, und überlegen sie einmal, was sich daraufhin im Leben eines solchen Wesens ändern könnte, das mit Hilfe dieser Entdeckung Dinge längerfristig bewahren kann; wie sich

Gedanken plötzlich in eine Zukunft richten mögen, die es vorher nicht gab, wie man zu planen beginnt und nicht mehr nur „von der Hand in den Mund" lebt!

Oder denken Sie an Zusammenhänge zwischen ungeschützterem Dasein, Wachsamkeit, Gehirnentwicklung und Werkzeuggebrauch; an die Beziehung zwischen Sprache und Denken; daran, daß die durch bestimmte äußere Bedingungen verursachte Gehirnentwicklung Veränderungen ermöglicht hat, die wiederum verstärkend auf sie selbst zurückwirkten und vieles mehr.

Vor allem hat das Verhältnis von Gehirnmasse zu Körpermasse eine ganz entscheidende Bedeutung. Denn bei geringerer relativer Gehirngröße sind nahezu alle Bereiche des Gehirns damit ausgelastet, einen verhältnismäßig größeren Körper zu steuern und in seinen Funktionen zu koordinieren. Insofern benötigt ein kleiner Körper weniger Hirnmasse, und ein Mehr an Gehirn in einem kleinen Körper kann zusätzlich in anderer Weise genutzt werden, beispielsweise zur Gedächtnisspeicherung, zu erfahrungsgeleiteten Lernprozessen oder auch einer umfassenderen Verhaltensplanung. Diese Leere, dieses Noch-nicht-Besetztsein durch fertige Programme ist aber eine notwendige Voraussetzung für Lernvorgänge. Gerade der Mensch scheint einem Entwicklungsdruck zu unterliegen, der alles begünstigt, was die speziellen Fähigkeiten fördert, die im Gehirn lokalisiert sind. Dieser Prozeß verläuft offenbar als Systemgeschehen mit unzähligen Rückkoppelungsprozessen auf verschiedensten Ebenen: Menschen mit immer entwickelteren komplexeren Gehirnen wirken auf ihre Umwelt ein. Sie lassen dadurch eine technisch und sozio-kulturell immer komplexere Umwelt entstehen. Diese wiederum erhöht die Anforderungen an die Komplexitätsbewältigung durch menschliche Gehirne.

Diesem Prozeß kommt natürlich die charakteristische Offenheit und Flexibilität des Menschen zugute, sein Nicht-Abgeschlossensein. Denn der Mensch ist, auch nach der Kindheit und Jugendzeit, grundsätzlich in der Lage, immer neue Erfahrungen zu machen, neue Anpassungen zu vollziehen, neue Lebensstrategien zu entwickeln. In beeindruckender Weise verschränken sich beim Menschen Unvollkommenheit im wörtlichen Sinne sowie positive weltoffene Sensibilität und Flexibilität, eine über Sozialisationsprozesse erfolgende, im Vergleich zum Tierreich sehr viel stärkere Einflußnahme Erwachsener auf Jüngere, aber auch ein Lebendigbleiben jugendlicher Offenheit und Lernfähigkeit bis weit ins Erwachsenenalter, ja bis zum Tod.

Die spezifischen Möglichkeiten des Menschen, die vor allem in der Funktion seines Gehirns begründet sind, bedeuten aber auch das Aufkeimen von „Freiheit" in einem neuen Sinne, die Möglichkeit des Erwerbs eines Maßes an Freiheit, wie es sonst nirgendwo in der Welt der Lebewesen besteht.

So wie jeder Entwicklungsschritt, der einen bestimmten Gewinn bedeutet, mit einem Verlust an anderer Stelle erkauft wird, ist auch mit dem Erwerb höherer Freiheit Chance und Risiko verbunden. Brachte nicht schon die Vielzelligkeit von Lebewesen anstelle der Unsterblichkeit des Einzellers, der ja direkt in seinen Tochterzellen weiterlebt, das Prinzip des Todes in die Welt, während Amöben praktisch keine Leichen kennen? Bedeutete nicht das Entstehen (höherer) Nervensysteme, daß Lebewesen auch Schmerz erleiden, und geht nicht das Aufkeimen eines höheren Bewußtseins damit einher, daß Angst und Sorge in das Erleben von Geschöpfen treten (Lorenz, Riedl)?

Für fast alle Geschöpfe ist die Welt um sie herum beunruhigend, unsicher und angsterzeugend. Fast jedes Tier läuft zunächst scheu weg, wenn man sich ihm nähert, und unzählig viele Verhaltensweisen bei Mensch und Tier gelten der Absicherung, selbst viele kulturelle und religiöse Schöpfungen.

So bringt größere persönliche Freiheit zwangsläufig auch mehr Konfliktmöglichkeiten des Individuums mit sich. Und Freiheit kann auch, wenn man sie nicht konstruktiv erfüllen kann, Verwirrung, Ratlosigkeit, Verlorenheit bedeuten, wie umgekehrt das Verhaftetsein an instinktive Programme eine tiefe Geborgenheit vermitteln kann. Auch heute lebende Menschen fühlen sich gar nicht so selten tief geborgen in menschlichen Gemeinschaften mit festen Zwängen und klaren Ordnungen, im Schoß der Kirche wie auf dem Boden eines Parteiprogramms, in der Anhängerschaft an einen großen Denker wie in der Hörigkeit gegenüber einem autoritären Führer, in der Armee eines Staates wie in einer Untergrundgruppe, ja selbst auf dem Boden eines etablierten formalen Verwaltungssystems, auch wenn es gar keinen konkreten Lebenssinn hat. Das alles vermittelt in irgendeiner Form Sicherheit und Geborgenheit - und Freiheit kann auch Angst machen! Vielleicht ist so die Furcht vor Freiheit allen diesen Phänomenen grundlegend gemeinsam, und es ist nur mehr oder weniger Zufall, in welcher Form Menschen, die nicht die Stärke zur Freiheit haben, in archaische Mechanismen verfallen und ihre entwicklungsgeschichtliche Regression zu instinktiver Geborgenheit verwirklichen.

Richtet man den Blick auf diese Aspekte tatsächlicher „Geistigkeit" heute lebender Menschen und andererseits auf „geistige" Merkmale im weitesten Sinne, wie sie in der lebenden Welt außerhalb des Menschen anzutreffen sind, so ist eigentlich die Frage, inwieweit Geist und Vernunft als lediglich und ausschließlich dem Menschen zukommende und ihn entscheidend kennzeichnende Qualitäten anzusehen seien, negativ zu beantworten. Diese Antwort könnte natürlich starke affektive Ablehnung seitens derer hervorrufen, für die der Mensch ein einmaliges, „gottähnliches" und außerhalb der Natur und der übrigen Welt von Lebewesen stehendes Geschöpf darstellt, obwohl es diesen „Menschen" mit all den utopischen Qualitäten bis heute noch nie gegeben hat.

Der Mensch unterscheidet sich zwar in wesentlichen Punkten vom Tier: beispielsweise durch seine Sprache, durch die vor allem in Verbindung mit technischen Entwicklungen eingetretenen Verfeinerungen der Kommunikation, durch das Bestehen einer ausdrücklichen kulturellen Tradition und einer spezifischen „geistigen" Welt. Der Mensch erscheint auch in seinem Handeln sehr viel stärker auf von ihm selbst ausgewählte Ziele ausgerichtet und durch Verstand und Willen kontrolliert.

Diese Unterschiede erscheinen jedoch bei näherer, vorurteilsfreier Betrachtung im Hinblick auf viele Merkmale nicht so grundsätzlich, wie man zunächst vermuten möchte.

Man trifft auch im Tierreich allenthalben auf verschiedenartige Lernvorgänge und auf zum Teil erstaunliche geistige Leistungen. Andererseits ist der Mensch, obwohl er ohne Zweifel ein „ausgeprägtes Kulturwesen“ ist, trotz allem nach wie vor zu einem großen Teil „Naturwesen“. Auch scheint der Mensch bei komplexeren Zusammenhängen auf Grenzen seines Vorstellens und Begreifens zu stoßen. Außerdem handelt er keineswegs immer so rational, wie er in abstrakterer Betrachtung meint und vorgibt, sondern sehr häufig vorwiegend emotional und impulsiv. Schließlich ist der mit der spezifischen geistigen Entwicklung des Menschen verknüpfte Mittelpunkts- und Größenwahn als Verlängerung der natürlichen Egozentrizität unserer tierischen Vorfahren auch heute noch ein ständiger Begleiter der Menschheit, der den ihm verfallenen Menschen mehr Unheil als Heil gebracht hat (v. Ditfurth).

Hier liegt aber auch ein positiver Aspekt: Die tief verstandene Einsicht, ein Teil der Natur zu sein, könnte in höherem Maße verbindend wirken: verbindend zwischen den Menschen, verbindend aber auch zwischen Mensch und Tier, ja letztlich zwischen Mensch und Natur und Mensch und Welt. Eine solche systemorientierte und den Menschen in die Natur einbeziehende Sichtweise könnte sogar ein entscheidender Grundstein für eine wirkliche Harmonisierung mit der Umwelt, für eine abgeklärt-weise, bescheidene, verständige und gütige Grundhaltung sein. Könnte es nicht in diesem Sinne tröstlich und erhebend zugleich sein, dem dauernden Zwang, Hochmut zu nähren, zu entrinnen und statt dessen Geborgenheit und Frieden auf dieser Welt zu finden?

Die sozio-kulturelle Einbettung des Menschen

Die Sichtweise des Menschen wäre einseitig, wenn man nur die biologische Seite ins Blickfeld rücken würde. Menschliches Dasein ist vielmehr darüber hinaus „von Natur aus“ durch das gekennzeichnet, was wir üblicherweise als Kultur bezeichnen. Der Mensch ist auf soziales Zusammenleben angelegt, und die reiche Komplexität menschlicher Gesellschaften bedarf eines Gesamts an Informationen, die nicht genetisch den Individuen angeboren sind, sondern geistige Werte, Traditionen und künstlerische Schöpfungen sowie nicht zuletzt auch Verhaltensgewohnheiten und Verhaltensnormen des täglichen Lebens beinhalten, die durch Lernen innerhalb einer Gemeinschaft weitergegeben und erworben werden.

Diese Gesamtheit kultureller Komponenten bedeutet eine wesentliche Hilfe für den menschlichen Umgang mit der Umwelt. So verdankt der Mensch seine Überlegenheit über andere Geschöpfe nicht nur seinen genetischen Fähigkeiten, sondern zumindest zum Teil auch den Ideen, Gewohnheiten und Techniken, die er von seinen Vorfahren übernommen hat (Linton). Er muß nicht mehr für jede Lebenssituation eigene Lösungen finden, sondern braucht nur die „Lösungen“ zu lernen, die ihm innerhalb seiner Gemeinschaft formal und informal übermittelt werden.

Zwischen kulturellem und organismischem Dasein des Menschen bestehen nun wiederum verschiedenartige innige Wechselbeziehungen. Denn die Kultur stellt keineswegs eine sich selbst genügende unabhängige Größe dar, sondern bedarf zu ihrer tatsächlichen Existenz des entwickelten Gehirns von Lebewesen. Sie ist nicht nur ein hochgradig komplexes Produkt, sondern produziert ihrerseits wieder über die Verarbeitung in menschlichen Gehirnen Komplexität, indem kulturelle Entwicklung und eine wachsende soziale Komplexität die grundsätzlichen geistigen Fähigkeiten des Menschen anregen. Der Mensch ist genauso wenig wie auf biologische Grunddaten auf kulturelle Merkmale zu reduzieren, bedarf aber zu seinem Menschsein unabdingbar der Kultur. Biologische und kulturelle Entwicklung sind zwei miteinander zusammenhängende Aspekte der Menschwerdung und der menschlichen Existenz.

So liegt es für ein lebendes Individuum an sozio-kulturellen Systembedingungen, ob der Mensch die Möglichkeit hat, bestimmte Fähigkeiten zu entwickeln, die der Chance nach in seinem Gehirn angelegt sind. Umgekehrt ist die soziale Natur von Lebewesen wiederum ein kulturförderndes Moment. Kulturelle Bedingungen können das Aufkeimen individueller Intelligenz außerordentlich begünstigen, aber auch behindern. Sie können eine Unzahl geistiger Entwicklungsmöglichkeiten bieten, aber auch geistige „Einbahnstraßen" verordnen.

Sozio-kulturelle Bedingungen spielen wohl auch eine Rolle bei der primär erblich vorgegebenen Entwicklung. Woran liegt es beispielsweise, daß die Kinder immer größer werden und daß der heutige Mensch in seiner Durchschnittsgröße den Menschen des Mittelalters nicht nur um einige wenige Zentimeter überragt? Wir würden heute kaum noch in eine der im Mittelalter getragenen Rüstungen hineinpassen! Ist das eine Frage der veränderten Ernährung, des wesentlich erhöhten allgemeinen Anregungsniveaus in der Umwelt (Fernsehen)? Oder welchen anderen Einflüssen bzw. welcher Kombination von Einflüssen ist es zuzuschreiben?

Wir können zusammenfassen: Der Mensch ist in seinem Dasein nur unter Berücksichtigung vieler Aspekte annähernd zu verstehen. Er ist nicht zu verstehen, ohne sein individuelles und stammesgeschichtliches Erbe zu berücksichtigen, ohne die Funktion seines Gehirns zu begreifen, ohne die natürliche Umwelt zu kennen, in der er lebt, und ohne das sozio-kulturelle System einzubeziehen, das er sich selbst geschaffen hat. Der Mensch ist aber auch nicht zu begreifen, wenn nicht die zwischen den genannten Bestimmungskomponenten und Sichtweisen bestehenden Wechselbeziehungen in die Betrachtung einbezogen werden. Sie sind sogar entscheidend für eine möglichst verläßliche Erkenntnis über den Menschen. Denn der Mensch ist eine bio-psycho-soziale Ganzheit (Morin).

Es kommt also darauf an, die Dinge im Gesamtrahmen zu sehen und einseitige Verabsolutierungen zu vermeiden, wenn man die Bedingungen der menschlichen Existenz verstehen will.

2. Die große Zentrale

Die Sonderstellung des Gehirns

Fassen wir noch einmal zusammen: Wesen und Verhalten des Menschen enthüllen, wie wir sahen, verschiedene eng miteinander verknüpfte Faktoren:

- eine genetische, d.h. durch Vererbung bestimmte,
- eine cerebrale, durch die Funktionsbedingungen seines Gehirns und seines Organismus bestimmte,
- eine ökologische, durch die natürlichen Umweltgegebenheiten bestimmte,
- und eine sozio-kulturelle, durch mitmenschliche, kulturelle und gesellschaftliche Einflüsse bestimmte Seite:

Abbildung 21:

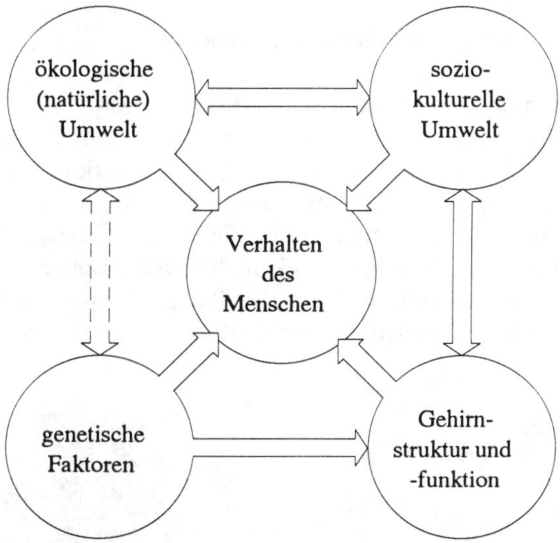

Trotzdem nimmt das menschliche Gehirn in diesem komplexen Zusammenhang eine Sonderstellung ein. Denn in ihm treten praktisch alle Einflüsse in Beziehung zueinander: der individuelle Organismus mit seiner Lebensgeschichte, die ererbten Programme, das Umweltsystem und das sozio-kulturelle System. Und für jeden einzelnen Menschen ist das Gehirn das organisierende System, das alles zusammenfaßt, die große Integrations- und Organisationszentrale.

Mit zunehmender Größe dieses speziellen Organs steigen zudem die Möglichkeiten eines umfangreicheren und differenzierteren Umgang mit der natürlichen und sozio-kulturellen Umwelt.

Auch das aus der Aktivität des Gehirns erwachsende Verhalten des Menschen ist ebenfalls das Ergebnis einer Integration. Diese Integration umfaßt Information unterschiedlichster Herkunft: einerseits stammesgeschichtlich ausgewählte und über Erbanlagen weitergegebene, andererseits historisch ausgewählte und durch Sprache und kulturelle Symbole weitergegebene sowie schließlich individuelle, in Lern- und Verstärkungsprozessen während eines Lebens angeeignete Information.

Im Gehirn des Menschen haben schließlich auch die in vielfältiger Form vorliegenden Produkte seiner geistigen Tätigkeit ihren Ursprung: Kunstwerke, musikalische Schöpfungen, Erfindungen, wissenschaftliche Konzeptionen und vieles mehr. Kurz, das Gehirn ist der Erzeuger einer dritten Welt über der Natur und dem Bewußtsein, einer Welt der rein geistigen, objektiv außerhalb subjektiver Individuen bestehenden und nach deren Tod weiterlebenden Gehalte (Popper, Eccles). Diese Gehalte erlauben und erleichtern dem Menschen die Regelung des Zusammenlebens auf dem Boden der aus menschlichen Gehirnen geborenen sozio-kulturellen Normen. Deshalb wird der Mensch auch als ein in seiner eigentlichen Natur kulturelles Wesen verstanden.

Zur Funktion des Zentralnervensystems

Der Mensch ist im wesentlichen durch sein Gehirn das, was er ist. Dieses Gehirn oder - noch umfassender - das Zentralnervensystem des Menschen stellt in seiner Gesamtheit ein ungeheuer feinmaschiges Netzwerk dar. Zwischen den einzelnen Nervenzellen bestehen nämlich unzählige, in ihrer Gesamtheit in die Billionen gehende Verbindungen, und es ist die Feinheit dieses Verbindungsnetzes, die letztlich über die Leistungsfähigkeit des Organs oder einzelner Organteile entscheidet. Eine Veränderung der Aktivität einer Nervenzelle führt dadurch praktisch immer zu entsprechenden Aktivitätsveränderungen in zahllosen anderen Nervenzellen.

Abbildung 22:
Schnitt durch die Großhirnrinde

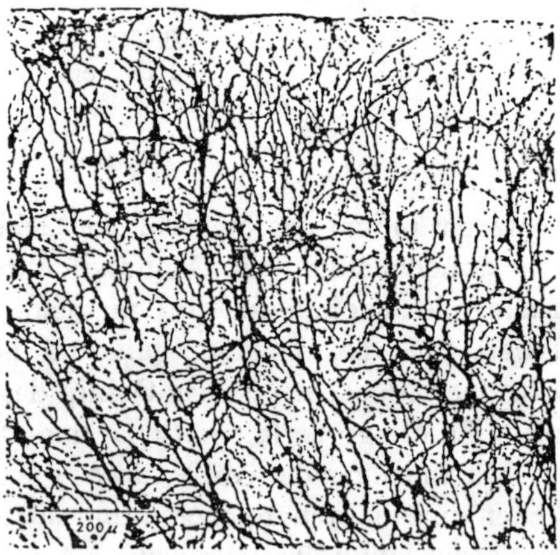

Was im Zentralnervensystem geschieht, ereignet sich somit im Rahmen eines äußerst feinen und vielschichtigen, zudem in vielfältiger Form hierarchisch gegliederten Systems von Rückkoppelungen und Gleichgewichtsschaltungen, wie letztlich überhaupt alle Vorgänge im menschlichen Organismus, wie Frederic Vester betont, als „typische Systemphänomene" zu verstehen sind, „die durch vernetzte Wirkungen und Rückwirkungen" zwischen einzelnen Zellen und Zellkomplexen, Organen und Organsystemen zustandekommen.

Im Gehirn verarbeitet der Mensch einerseits die Dinge und Geschehnisse dieser Welt, denen er begegnet. Andererseits werden dort auch die Handlungen des Menschen, durch die er seinerseits auf die Umwelt einwirkt, vorbereitet, gesteuert und kontrolliert.

Die Funktionen des zentralen Nervensystems reichen also von der Reizaufnahme bis zum Handlungsvollzug und umfassen die Verarbeitung von eingehenden Informationen ebenso wie Entscheidungsprozesse und Entwürfe von Handlungsprogrammen. Sensorische und effektorische Neuronen, also reizaufnehmende und -verarbeitende Nervenzellen einerseits sowie auf Aktion und Reaktion im weitesten Sinne ausgerichtete Nervenzellen andererseits, also Wahrnehmungen und Handlungen, bzw. Input und Output, wie es in der informationstheoretischen Sprache heißt, stehen dabei in ständiger Wechselwirkung. Jede Sinnesaktivität schließt entsprechende effektorische Änderungen ein, und jedes effektorische Geschehen führt zu bestimmten Veränderungen im Wahrnehmungs- und Verarbeitungsbereich.

Wer erkennen will, muß sich zwangsläufig auf irgendeine Weise verhalten. Menschen, die über ein plötzliches starkes Geräusch erschrecken, zucken „instinktiv" zusammen und wenden den Kopf unwillkürlich in die Richtung des Geräuschs. Umgekehrt sind, wenn man sich nachts durch einen dunklen Wald schleicht oder sich auch nur durch ein dunkles Zimmer tastet, alle Sinne voll angespannt, um die feinsten Reize aufzunehmen.

Die tatsächlichen Zusammenhänge sind wesentlich komplizierter, als es auf den ersten Eindruck erscheinen mag, und auch wesentlich komplizierter, als es in traditionellen wissenschaftlichen Konzeptionen zum Ausdruck kommt. Der Biologe Lyall Watson prägte einmal das Wortspiel: „Wenn das Gehirn so einfach wäre, daß wir es verstehen könnten, dann wären wir so einfach strukturiert, daß wir kaum eine Chance hätten, es zu verstehen."

Wie kompliziert die Zusammenhänge in der Funktion des Nervensystems sind und wie raffiniert dieses Zusammenspiel zwischen effektorischen und sensorischen, zwischen „aktiven" und „passiven" Funktionen in Wirklichkeit ist, zeigt sich schon bei einem so „einfachen" Vorgang wie dem des Hörens. Nach neueren Auffassungen (Zuccarelli) ist das menschliche Ohr nämlich keineswegs nur ein einfacher Empfänger und Verarbeiter von Schallreizen, sondern stellt zugleich sozusagen einen Sender dar, der ständig einen ganz leisen Pfeifton aussendet. Dadurch, daß dieser Eigenton mit dem an das Ohr gelangenden akustischen Reiz zusammentrifft, entstehen Interferenzerscheinungen, die im Gehirn zu Ton- und Geräuschdaten verarbeitet werden.

Unsere Erkenntnis von der Wirklichkeit ist eben nicht nur durch die Bedingungen der Wirklichkeit da draußen, sondern auch - und zwar ganz entscheidend - durch die Bedingungen bestimmt, die im menschlichen Organismus, d.h. in der Struktur des zentralen Nervensystems liegen. So gesehen, besteht Wahrnehmen nicht schlicht darin, daß bestimmte Informationen aus der Außenwelt in einer Art Widerspiegelung aufgenommen werden. Vielmehr erfolgt eine spezielle Verarbeitung, bei der eine von vornherein im Organismus verankerte biologische Bereitschaft eine Rolle spielt, bestimmte Reaktionsweisen und Erlebnisformen zu entwickeln, die aus Anlaß entsprechender - biologisch bedeutsamer - Außenreize sozusagen eine Bestätigung erfahren.

Der chilenische Physiologe und Biologe Francisco Varela bringt in diesem Zusammenhang das Beispiel sogenannter Mobiles, wie sie vor allem in südostasiatischen Ländern vor und in den Häusern hängen. Sie bestehen aus Holz-, Glas- oder Metallstücken, die an einer Stange hängen. Wenn man sie leicht anstößt oder wenn Wind weht, fangen sie in verzaubernder Weise zu klingen an. Die Tatsache, daß ein solches Mobile klingt, wird zwar durch den Wind bewirkt. Das Klingen als solches wird aber doch entscheidend durch die Struktur bedingt, die jedem Mobile eigen ist. Denn jedes Mobile klingt, je nachdem wie es gebaut ist, anders.

In gleicher Weise erklärt Varela auch die folgende Tatsache mit der Eigenstruktur des menschlichen Gehirns: Man läßt Licht aus zwei Lampen, einer normalen und einer mit einem roten Filter versehenen und damit rotes Licht ausstrahlenden Lampe, auf eine weiße Leinwand fallen. Wenn man dann einen Teil der roten Strahlen mit der Hand abdeckt, d.h. die Hand in den Strahlengang der roten Lampe hält, wird die betreffende Fläche auf der Leinwand objektiv nur von weißem Licht beschienen. Trotzdem erscheint die auf die Leinwand projizierte Hand als „grüner Schatten" auf einem rosa Hintergrund.

Das, was wir erkennen, und das, was wir „Wirklichkeit" nennen, ist also ganz entscheidend durch Struktur und Funktion unseres Gehirns und folglich des ganzen Organismus bestimmt.

Gleichzeitig muß man aber daran denken, daß diese Bedingungen im menschlichen Organismus und speziell im menschlichen Gehirn sich ihrerseits in enger Abhängigkeit von den entwicklungsgeschichtlich wirksamen Bedingungen dieser Welt entwickelt haben. Wie ein Gehirn funktioniert, hängt also wiederum wesentlich davon ab, in welcher Art von Wirklichkeit ein Lebewesen aufwächst bzw. welcher Umwelt eine Lebewesen-Art entwicklungsgeschichtlich ausgesetzt war.

Es ist geradezu charakteristisch für „offene" Systeme wie den menschlichen Organismus oder das menschliche Gehirn, daß sie nicht mit exakten Vorprogrammierungen arbeiten, sondern in ihrer grundsätzlichen Ausrichtung auf das Wesentliche von Funktionen in der Lage sind, flexibel auf unterschiedliche Einflüsse zu reagieren. Damit können sie, wie wir schon sahen, eben auch sogenannte „Störungen" konstruktiv verarbeiten.

So entsteht die endgültige Gestalt von Lebewesen sozusagen von selbst aus den ständigen Wechselwirkungsprozessen mit der Umwelt im Rahmen eines Systemzusammenhangs, der Organismus und Umwelt umfaßt. Die Entwicklung vollzieht sich also durchaus nach einem übergeordneten Gestaltungsprinzip, aber weder nach einem definitiv festgelegten Plan noch nach irgendeinem auferlegten Zwang. Das Ergebnis ist ein in seiner Flexibilität lebens- und funktionsfähiger Organismus.

Gehirn und Seele

Der Mensch ist in seiner Ganzheit sozusagen als psycho-physisch neutrales System zu verstehen. Was bedeutet das? Er ist Körper, d.h. ein biologischer Organismus, und er ist zugleich ein geistig-seelisches Wesen. Keine Seite steht durchgehend im Vordergrund, keine Seite dominiert ständig über die andere. Der Mensch ist untrennbar beides: Einerseits bleibt er als Organismus immer an biologische Abläufe gebunden. Andererseits ist er in seinem Wesen und Verhalten durch höhere, rationale und oft auch irrationale psychische Abläufe sowie durch soziokulturelle Einflüsse bestimmt. Aus dem Blickwinkel der Entwicklungsgeschichte betrachtet, ist die Spaltung zwischen Körper und Geist, wie wir sie in unserem Denken vorzunehmen gewohnt sind, nicht eine aus dem Erleben der Wirklichkeit, sondern eben eine aus diesem unserem Denken, aus einer ganz bestimmten kognitiven Einstellung stammende Trennung.

Begegnet man nach langen Jahren einem alten Freund wieder, so ist diese Begegnung ein körperlich-seelisches Gesamtgeschehen zwischen zwei „Wesen", deren Einheitlichkeit gerade in dem Wort „Wesen" sehr überzeugend zum Ausdruck kommt. Man erkennt sofort die (körperliche) Gestalt des Freundes, sieht auch vielleicht, daß sein Haar grauer geworden ist. Zugleich lebt aber auch die Gesamtatmosphäre der freundschaftlichen Beziehung wieder auf, bereichert durch bestimmte im Zeitraffertempo im Gedächtnis auftauchende Ereignisse aus der damaligen Zeit (Lorenz). Genau so ist die Liebe eine untrennbare Einheit von körperlichem Begehren und tiefer seelischer Zuneigung.

Wenn alles, was wir erleben, durch vorgegebene Bedingungen unseres Gehirns entscheidend mitbestimmt ist, und wenn alles Psychische, d.h. Seelisch-Geistige prinzipiell seine entscheidende Grundlage in Gehirnvorgängen, d.h. in Erregungsprozessen im Zentralen Nervensystem hat, dann stellt sich die Frage, inwieweit beide Arten von Prozessen zumindest, wenn auch in anderer Form, gleiche Informationsgehalte haben. In diesem Sinne kann man in der Tat zwischen Hirnprozessen und seelisch-geistigen Erlebnissen zumindest eine gewisse, wenn nicht eine weitgehende Übereinstimmung annehmen.

Sie zeigt sich beispielsweise ganz konkret in der Entsprechung von Erregungsfrequenzen im Zentralen Nervensystem und der Intensität einer Empfindung: Je höher die Erregungsfrequenz ist, um so intensiver ist die Empfindung.

Bezeichnenderweise ließen sich auch bei bestimmten geistigen Aktivitäten entsprechende Veränderungen der Hirnströme nachweisen; beispielsweise traten bei intensiver, nach innen gerichteter Aufmerksamkeit wie beim Meditieren langsamere Hirnwellen mit höherer Amplitude auf.

Es ist weiter bekannt, daß die geistige Entwicklung sowohl stammesgeschichtlich als auch in der Entwicklungsgeschichte des einzelnen Lebewesens von der Gehirnentwicklung abhängt und daß spezielle Leistungen an das intakte Funktionieren ganz bestimmter Gehirngebiete und an ganz bestimmte Erregungskombinationen gebunden sind. Veränderungen der Gehirnfunktion wirken sich auf Ablauf und Inhalt des Erlebens aus, und bei Funktionsausfall des Gehirns gibt es auch kein bewußtes Erleben mehr.

Andererseits beeinflußt Seelisches auch den Organismus. Beispielsweise können sich bestimmte Erlebnisse oder Einstellungen in körperlichen Zuständen oder Symptomen äußern. So wirken sich die Trauer um den Tod eines nahen Angehörigen oder eine Depression auf das Immunsystem aus. Der tiefe Glaube eines Menschen kann Tod oder Heilung hervorrufen. Verwünschungen und Tabus können töten, Wunder und Placebos heilen. Die gesamte Psychotherapie, d.h. die Behandlung körperlicher (oder auch seelischer) Störungen durch persönliche Gespräche und Kontakte, beruht auf dieser Möglichkeit.

Seelische Zustände und Abläufe stehen also ohne Zweifel in Zusammenhang mit materiellen physiologischen Prozessen, deren Struktur und Dynamik sich im Psychischen spiegelt. Ganz bestimmte materielle Trägerprozesse und Bewußtseinsprozesse entsprechen einander. Für jedes Ereignis und jeden Prozeß kann man - so besehen - zwei in gleicher Weise gültige Beschreibungsmuster wählen, eines in der „Sprache der Seele“, das andere in der „Sprache des Gehirns“. Welches der beiden Beschreibungsmuster man wählt, mag von dem Ziel abhängen, dem die Beschreibung dienen soll, oder von bestimmten Bedingungen und Umständen.

Einige wissenswerte Daten zum Gehirn

Was ist nun eigentlich das Gehirn? Wie arbeitet es? Durch welche Merkmale ist es gekennzeichnet?

Die Systeme „Mensch“ und „Gehirn“ sind äußerst komplex und kompliziert. Ein umfassenderes Wissen und ein tiefergehendes Verständnis dieser Systeme kann im Grunde nur von Vorteil sein. Das gilt für alle, die mit einem solchen System zu tun haben. Und wer ist das eigentlich nicht? Die Zahl derer, die in irgendeiner Form ausziehen, diese Systeme, d.h. Menschen, zu beeinflussen, ist riesengroß: Eltern und Lehrer, Pfarrer und Politiker, Versicherungsvertreter und Werbemanager, um nur einige zu nennen. Deshalb erstaunt es, wie viele unterschiedliche Vorstellungen bisher ohne fundierte Kenntnisse über den Menschen entwickelt und wie viele Programme bisher in der Welt entworfen wurden, um auf Menschen einzuwirken und menschliche Gesellschaften zu gestalten, ohne sich um diese Wirklichkeit des Menschen zu kümmern.

Zu diesem System, das die komplexen Gegebenheiten der Welt verarbeitet und die Handlungen, durch die der Mensch seinerseits auf die Umwelt einwirkt, vorbereitet, steuert und kontrolliert, möchte ich im folgenden einige knappe konkrete Daten mitteilen. Sie mögen einen für manche Leser vielleicht überraschenden Eindruck vermitteln.

- Das menschliche Gehirn hat ein durchschnittliches Gewicht von 1 350 bis

1 500 g, dabei eine Gesamtoberfläche von etwa 1/4 qm, d.h. 220 000 qmm. Es ist das *relativ* größte bekannte Gehirn aller Lebewesen.

- Es ist vor allem das Großhirn und im Rahmen des Großhirns der Stirnhirnteil, der das menschliche Gehirn von dem der Tiere, insbesondere auch dem der Menschenaffen, unterscheidet. Während bei dem für Bewegungsimpulse zuständigen Bereich des Scheitellappens das Verhältnis der Großhirnoberfläche von Schimpanse und Mensch 31 : 63 beträgt, ist es für den Gehöreindrücke (Sprache!) verarbeitenden Schläfenlappen 40 : 193, für den Stirnhirnbereich jedoch 40 : 208. Die Ausdehnung des menschlichen Stirnhirns beträgt etwa 29 % der gesamten Großhirnrinde, während die entsprechenden Vergleichszahlen für Schimpansen 16,9 %, für Hunde knapp 7 %, für Katzen 3,4 % und für Kaninchen 2,2 % sind.
- Das menschliche Gehirn macht zwar nur etwa 2 bis 3 % des Körpergewichts aus, verbraucht aber 20 bis 25 % des dem Körper zugeführten Sauerstoffs. Das läßt die besondere Bedeutung des Gehirns für den menschlichen Organismus erkennen. Pro Minute durchströmen 3/4 l Blut das Gehirn.
- Das Zentralnervensystem des Menschen besteht aus etwa 15 Mrd. Zellen. Man hat das menschliche Gehirn mit einem Riesenbüro verglichen, in dem ein Mehrfaches von Angestellten beschäftigt ist, als Menschen auf der Erde leben, und in dem Informationen über etwa 10 Millionen Telefondrähte (sensible Nervenfasern) eingehen (Young). Offensichtlich steigt mit der Zunahme der absoluten Zellzahlen zugleich auch die Komplexität des Systems ungeheuer an.
- Die Nervenzellen können sich im Gegensatz zu anderen Körperzellen nicht erneuern, d.h. sie besitzen schon sehr kurze Zeit nach der Geburt keine Teilungsfähigkeit mehr. Im Gegenteil, nach Auffassung vieler Autoren gehen täglich - die Angaben schwanken hier beträchtlich bis zu Millionen - Tausende bis Zehntausende von Nervenzellen unwiderruflich zugrunde. In der Literatur findet man Berechnungen, nach denen man in einem Jahr mit etwa 20 Millionen absterbenden Hirnzellen rechnen müsse. Und doch wären das bei der Gesamtzahl menschlicher Hirnzellen unter normalen Bedingungen in einer Lebensspanne noch nicht einmal 10 %. Allerdings sei angefügt, daß dieser Auffassung in jüngerer Zeit widersprochen wurde, indem Forscher darauf hinwiesen, daß es sich nicht um ein Absterben, sondern lediglich um ein Schrumpfen der Zellen handle, ein Prozeß übrigens, dem man durch geistige Aktivität und beständiges Üben begegnen könne.

Die nahezu kaum gegebene Erneuerungsfähigkeit der Hirnzellen bietet, aus anderer Warte betrachtet, natürlich den Vorteil der relativen Beständigkeit, die wiederum eine Voraussetzung eines durchgehenden Ichbewußtseins ist. Wie könnte sich ein solches Ichbewußtsein entwickeln, wenn die absterbenden Zellen immer wieder durch neue ersetzt würden? Eine ganz bestimmte Funktion wird übrigens trotz dieses Absterbens von Zellen durch eine von vornherein gegebene hohe Redundanz und die Möglichkeit einer Funktionsübernahme durch andere Teile des Gehirngewebes gewährleistet.

- Bei der Unmenge von Zellen, die das Gehirn ausmachen, ergibt sich eine Dichte von mehreren hunderttausend Zellen in einem Kubikmillimeter bzw. von Millionen Zellen pro Kubikzentimeter. Für ein tausendstel Kubikmillimeter Hirnrinde hat man etwa 40 Zellen errechnet.
- Der Durchmesser einer Einzelzelle schwankt in der Größenordnung von einigen tausendstel bis zu einem zehntel Millimeter. Die sogenannten „kleinen grauen Zellen" haben also einen Durchmesser von etwa 10 bis 100 Mikron.
- Jede einzelne Nervenzelle produziert täglich das Dreifache ihres Gewichts, und in dem Zellkörper mit seinen langen Ausläufern findet eine Eiweißwanderung mit einer Geschwindigkeit von etwa 2,8 m pro Tag statt.
- Im Gegensatz zu anderen Organen, die im einzelnen eher durchgehend ein sehr ähnliches Gewebebild zeigen, finden sich in unterschiedlichen Anteilen des Gehirns auch sehr unterschiedliche Zellarten. Schon in einem Abstand von oft nur wenigen Millimetern kann sich die Feinstruktur des Gehirns entscheidend ändern.
- Das Ganze wird jedoch noch „unfaßlicher", wenn man nicht nur die ungeheure Zahl von 15 Milliarden Zellen bedenkt, sondern sich vor Augen führt, daß jede einzelne dieser Zellen Dutzende bis Zehntausende von Verbindungen mit anderen Zellen hat, so daß sich insgesamt etwa 500 Billionen Schaltstellen, sogenannte Synapsen, ergeben. Ein erstaunlich großer Anteil der Hirnrinde, etwa 10 % des Gesamtvolumens, besteht aus solchen Synapsen (Rose).
  Die Verhältnisse werden aber noch dadurch kompliziert, daß jede Synapse entweder erregungsfördernd (exzitatorisch) oder -hemmend (inhibitorisch) wirken kann. Ein guter Elektriker würde für die Analyse der Schaltung eines mittleren Empfängers mit 200 Schaltelementen etwa 5 Stunden benötigen. Ein Biologe aber bräuchte vergleichsweise zur Analyse der Schaltung des Nervennetzes rund 40 000 Jahre (Marfeld). Wollte man ein solches Gerät konstruieren, schrieb der englische Hirnforscher W. Gray Walter 1963, würde man unter Berücksichtigung des Verdrahtungsproblems einen Raum von 40 000 Kubikmetern benötigen, und der Energiebedarf eines solchen Gerätes läge bei einer Million Kilowatt.
- Eine Zelle kann bis zu 1 000 Impulse in der Sekunde aussenden. Millionen von Millionen elektrophysiologischer Erregungen durchjagen stündlich das Gehirn.
- Die Gesamtlänge der Nervenleitungen im menschlichen Organismus wird mit knapp 500 000 km angegeben. Das stellt eine größere Strecke als die Entfernung von der Erde zum Mond dar (384 403 km). Die Summe der Gehirnfasern aller Menschen würde bis in den Fixsternhimmel hineinreichen.
- Die Erregungsleitung in den Nervenfasern erfolgt mit einer mittleren Geschwindigkeit von etwa 100 Metern pro Sekunde. Das sind immerhin 360 km/h. Die Geschwindigkeit hängt vor allem vom Durchmesser der Faser und der Dichte der Isolierhülle ab.
- Die Dicke einer Nervenfaser liegt bei etwa einem tausendstel mm. Der in einer Nervenfaser durch die Länge und Beschaffenheit gegebene elektrische Wider-

stand dürfte im übrigen erheblich höher liegen als der etwa eines gleich dicken Kupferdrahtes.
- Der Kopf der Neugeborenen nimmt im Vergleich zu anderen Organen einen weit höheren Anteil des gesamten Körpergewichts ein als beim Erwachsenen. In einer einzigen Minute werden beim Embryo durchschnittlich weit über 20 000 Gehirnzellen gebildet, zeitweilig sogar über 100 000. Besonders intensive Entwicklungsprozesse finden zwischen der 8. und 13. Woche nach der Empfängnis sowie etwa 10 Wochen vor der Geburt statt.
- Das Hirngewicht, das beim Neugeborenen etwa 350 g beträgt, verdoppelt sich in den ersten 9 Monaten und verdreifacht sich bis zum 3. Lebensjahr. Mit 5 Jahren ist das endgültige Hirngewicht schon nahezu erreicht.
- Schon vor der Geburt sind übrigens Anzeichen elektrophysiologischer Aktivität festzustellen. Die anfangs noch sehr langsamen EEG-Wellen[1] werden zunehmend regelmäßiger, und mit acht Monaten treten auch periodische Alphawellen auf.

Das wären einige Kennzahlen über das menschliche Gehirn, die einen nur erstaunen lassen können. Von solchen Gebilden gibt es derzeit einige Milliarden auf der Welt. Sie weisen im Grundsätzlichen sehr große Ähnlichkeiten auf, unterscheiden sich aber andererseits im Detail alle voneinander.

Gehirn und Computer

Gerade in systemtheoretischen Überlegungen trifft man immer wieder auf einen charakteristischen Vergleich, den von Gehirn und Computer. Viele Forscher sehen in der Tat das Gehirn des Menschen in erster Linie als informationsverarbeitendes System im Sinne eines Computers. Es erfordert auch keine zu große Phantasie, sich eine Ähnlichkeit zwischen einer Riesenmenge winziger, mit Drähten verbundener Schaltelemente und einer riesigen Menge durch Nervenfasern verbundener Nervenzellen vorzustellen. Und dennoch schreibt Zimbardo:

„Stellen Sie sich einen tragbaren Tischcomputer vor, der die folgenden Merkmale besitzt: eine ungeheure Speicherkapazität für alle möglichen Eingaben, die er innerhalb von 70 Jahren oder mehr erhält; diskriminative Fähigkeiten, die groß genug sind, um gute von schlechten Weinen zu unterscheiden und den Unterschied von zwei Parfums festzustellen; der die Fähigkeit besitzt, seine eigene Reproduktion und Verbesserung zu lenken und seine Umgebung zu modifizieren. Können Sie sich letzten Endes einen Computer vorstellen, der seine eigene Zerstörung und die seiner Art programmieren kann?"

Es ist auch schwer vorstellbar, einem Computer Gefühl und Bewußtsein sowie Kreativität zuzuschreiben oder seinen freien Willen zu diskutieren. Während im Gehirn eine stark parallelisierte Informationsverarbeitung stattfindet, arbeitet der Computer ausgeprägt seriell, d.h. in nacheinander stattfindenden Prozeßschritten.

---

1 Die Abkürzung EEG bedeutet Hirnstrombild (= *E*lektro-*E*nzephalo-*G*ramm).

Er ist auch gegenüber nicht-programmierten Situationen hilflos, während das Gehirn in solchen Situationen aufgrund einer „Ähnlichkeits-Codierung" flexibel reagiert. Und das Gehirn kann aufgrund von Erfahrung höherwertige Sollwerte aufbauen, während im Computer ein selbsttätiger Sollwertaufbau im allgemeinen nicht stattfindet (Gerke).

Die Reaktionen im Gehirn laufen zwar vergleichsweise langsam[2] und fehlerbehaftet ab, sind aber dafür feiner zu steuern. Das Gehirn hat auch insgesamt weit mehr Möglichkeiten zur wirkungsvollen Verarbeitung von komplexen Gegebenheiten. Welch ein Wunder ist es im Grunde, daß wir auf Anhieb ein Gesicht wiedererkennen und die Gestimmtheit eines Freundes erfühlen. Wenn Sie im Zimmer mit eher leiser, aber gepreßter Stimme „Hilfe" rufen, also einen Hilferuf nachahmen, wird das von einem Zuhörer im Nebenraum durchaus als das empfunden, was es sein soll, nämlich ein Hilferuf, obwohl Sie gar nicht laut schreien.

Die Elemente des Nervensystems sind auch untereinander sehr viel komplexer verbunden, und sie arbeiten nicht nur auf digitale, diskrete, alternative, sondern auch auf analoge, kontinuierliche Weise. Das Gehirn ist damit in eben dieser Komplexität der Realität dieser Welt sehr viel näher als das Modell eines Computers. Bei dem Versuch, die Frage zu beantworten, wie viele Arbeiter sich im Schichtbetrieb rund um die Uhr ablösen müssen, um ein Modell mit 10 Millionen Schaltstellen in zehnjähriger pausenloser Arbeit fertigzustellen, kam man auf die Zahl von rund 1,3 Millionen Monteuren (Lausch). Die im Gehirn angelegten Möglichkeiten übersteigen, obwohl sie, wie manche Wissenschaftler behaupten, nur zu 5 bis 10 % genutzt werden, doch offenbar (noch?!) die eines Computers ganz erheblich. Das gilt vor allem für die Integration von Information, für die ständige Einbeziehung von Erfahrung - im Gegensatz zur ruhenden Speicherung der Computer - und für die Fähigkeit zur Selbstidentifikation. Gerade bei dem Vergleich von Gehirn und Computer wird die grundlegende Offenheit des Gehirns und des menschlichen Organismus bei gleichzeitiger weitgehender Eigenständigkeit deutlich.

Dennoch darf nicht unterschätzt werden, welche gewaltige - und nicht nur quantitative - Entwicklung die Produktion von Computern in den letzten Jahrzehnten genommen hat. Hat sich doch deren Kapazität etwa alle 7 bis 8 Jahre verzehnfacht. Während noch die erste Computer-Generation im Vergleich zum menschlichen Gehirn eine Milliarde mal mehr Raum beanspruchte und im gleichen Verhältnis weniger effizient war, hat die inzwischen stattgefundene Entwicklung völlig neue Maßstäbe gesetzt (Jastrow). Kann man doch schon seit einiger Zeit mit den Mitteln der sogenannten Photo-Lithographie etwa 100 000 Schaltkreise auf einen erbsengroßen Chip auftragen, und die Einführung der neuen Technik mit „organischen Datenprozessoren", sogenannten „Biochips"[3], scheint weitere

2 Super-Computer können immerhin in der Sekunde - und das ist noch nicht das Ende der Entwicklung - etwa 100 Millionen arithmetische Schritte durchführen (Ritchie).

3 Im Gegensatz zu etwa 100 000 Informationen, die ein herkömmlicher Chip enthält, sind dies bei einem Biochip beispielsweise 100 Milliarden, und dieser vermag auch um die 10 Milliarden mal schneller zu arbeiten als einer der zur Zeit gebräuchlichen Heimcomputer (Ritchie).

ungeahnte Fortschritte zu versprechen, bis hin zur direkten Koppelung des Computer-Intelligenz-Systems mit dem menschlichen Gehirn.

Obwohl sich das System des ausgewachsenen Organismus in seiner Gesamtheit mehr oder weniger in einem stationären Zustand befindet und seine Massenbeziehungen verhältnismäßig konstant bleiben, findet innerhalb dieses Systems ein fortwährender Wechsel der Stoffe und Energien statt, die es aufbauen. Das geschieht in ständiger Wechselbeziehung zur Umwelt, aus der dem Organismus laufend Energien zugeführt werden. Alle Moleküle im menschlichen Körper werden ständig abgebaut und wieder aufgebaut, ein Prozeß, der etwa 90 % der Eiweißmoleküle in ungefähr zwei Wochen betrifft.

Neuere Untersuchungen über Auswechselvorgänge der Großmoleküle einer Zelle gelangten zu einer Zahl in der Größenordnung von 10^4 während des Ablaufs eines Lebens. Über 95 % der unzähligen Moleküle und Atome des menschlichen Körpers werden, wie man vermutet, im Verlaufe lediglich eines Jahres ausgetauscht. Das gilt in besonderer Weise für das Gehirn, wie sich schon sehr deutlich in seiner Energiebilanz zeigt: Verbrauch von etwa 20 bis 25 % des verfügbaren Sauerstoffs bei nur 2 bis 3 % des Körpergewichts. Ein kleines Molekül im Gehirn mag vielleicht nur eine Lebensdauer von Minuten haben.

So, wie der gesamte Organismus aber auch in seiner Entwicklung, im Wachsen und Reifen, das Prinzip der Selbsttransformation und Selbsttranszendenz verwirklicht, d.h. sich ständig wandelt und dabei seine jeweiligen Grenzen überschreitet, vollzieht auch das Gehirn in verschiedenartiger Weise Prozesse eines Überstiegs in eine jeweils höhere Systemebene. Das zeigt sich in mannigfaltigen geistigen Vorgängen: in den von der Gestaltpsychologie beschriebenen Phänomenen der sogenannten Aktualgenese mit plötzlichen Übergängen und Sprüngen der Wahrnehmung (auf einmal sieht man etwas, das man bisher nicht erkannt hatte), beim plötzlichen Umkippen von Eindrücken, in plötzlichen Einsichten, Erkenntnissen und Geistesblitzen, beispielsweise dem von dem Psychologen Karl Bühler so bezeichneten „Aha-Erlebnis“, im stufenförmig sich vollziehenden Erwerb bestimmter Fertigkeiten, bei den verschiedensten Arten von Lernvorgängen, bei spontanen oder durch bestimmte Erfahrungen begründeten Einstellungsänderungen, aber auch bei Erreichen einer „Umstrukturierung“ der Persönlichkeit, einer plötzlichen und für andere unerwarteten Persönlichkeitswandlung.

System und „Zufall“: Ungewißheit und Unabhängigkeit

Gehirn und Seele sind ein Aspekt der menschlichen Komplexität. Diese Komplexität berührt sehr eng – und das sei der letzte Punkt dieses Kapitels – das Verhältnis von System und „Zufall“ oder, mit anderen Worten, von Ungewißheit und Unabhängigkeit.

Der französische Arzt und Forscher Henri Vendryès gibt für den engen Zusammenhang zwischen Ungewißheit und Autonomie in der Existenz des Menschen ein konkretes Beispiel: Er weist darauf hin, daß wir auf viele Jahrhunderte im voraus berechnen können, wo sich jeweils der Planet Jupiter im Sonnensystem befinden wird, daß wir aber nicht in der Lage sind, auch nur zehn Minuten vorher zu sagen, wo sich ein Taxifahrer in einer großen Stadt zu einem bestimmten Zeitpunkt aufhalten wird. Zwischen beiden Beispielen gibt es einen grundlegenden Unterschied: Der Taxifahrer ist autonom im Hinblick auf sein Bezugssystem, der Planet ist es nicht.

Mit höherer Unabhängigkeit von der äußeren Umwelt erwirbt der Mensch die Möglichkeit, mit dieser Umwelt in nicht vorausberechenbare, in diesem Sinne also „zufällige" Beziehungen zu treten, in die Beziehung einen Zug von Ungewißheit einzubringen. Solche Vorgänge haben zwei Phasen: Zunächst besteht eine Phase der Unbestimmtheit mit einer Vielzahl gleichzeitig bestehender Möglichkeiten. In einer zweiten Phase kommt es dann zu nur einem einzigen Ereignis unter Ausschluß aller anderen. Es gibt in diesem Sinne Ereignisse und Entscheidungen, die gleichzeitig möglich, aber nicht gleichzeitig wirklich, d.h. realisierbar sein können.

So hat beispielsweise der gasförmige Zustand im Hinblick auf die das Gas bildenden Moleküle einen höheren Grad an Zufälligkeit. Die Materie hat in diesem Zustand weder Form noch Volumen, und die Moleküle sind nicht wie im festen Zustand unter festgelegten Positionsbeziehungen aneinander gebunden. Die festen Lagebeziehungen fehlen auch bei der sogenannten Brownschen Molekularbewegung[4]. Sie beruht auf der Wärmebewegung der Moleküle einer Flüssigkeit. Dabei erhalten die Teilchen ständig unregelmäßige Stöße. Die Bewegungsmuster ergeben sich letztlich aus der Einwirkung zahlreicher Kräfte. (Bedenken Sie, daß sich allein in einem Kubikzentimeter Luft 25×10^{18} Moleküle befinden, also eine Zahl, die Sie sich als eine 25 mit 18 Nullen vorstellen müssen.) Wegen dieser ungeheuer hohen Zahl einwirkender Kräfte erscheint der konkrete Verlauf „zufällig". Er ist im einzelnen unbestimmbar, wenn auch statistisch beschreibbar. Die unregelmäßigen Bewegungsmuster finden sich genauso beim Flug von Mücken,

Abbildung 23: *Muster einer sog. Brownschen Bewegung*

4 Der englische Botaniker Robert Brown hatte 1927, als er pflanzliche Sporen in einem Wassertropfen untersuchte, eigenartig zitternde Bewegungen dieser Sporen entdeckt. Diese zickzackartigen Bewegungsmuster finden sich bei sehr kleinen Teilchen in einer Flüssigkeit, aber auch bei winzigen Staubteilchen in der Luft.

bei der Bewegung weißer Blutkörperchen, ja auch bei den Bewegungen eines Kindes, das zu laufen anfängt, oder den Schritten eines Fußgängers, der ziellos durch eine Stadt schlendert.

Der gleiche Zusammenhang, die wechselseitige Abhängigkeit von Selbständigkeit und Ungewißheit, zeigt sich auch bei den durch Gelenkverbindungen erfolgenden Bewegungen gegliederter Organismen. Auch von dorther gesehen wird übrigens deutlich, daß lebende Materie nicht in solidem, festem Zustand bestehen kann. Vielmehr ist der flüssige Zustand der Materie, gekennzeichnet durch ein bestimmtes Volumen, aber das Fehlen einer festen Form, für das Leben grundlegend notwendig. Ohne die Unterbrechungen der Knochensubstanz könnten Gelenke nicht funktionieren. Ein gegliederter Körper kann sich aber nur in einem flüssigen Milieu räumlich verändern. Das ist die Funktion der Gelenkhöhle. Sie schafft damit die mechanische Unabhängigkeit der einzelnen Knochen, die als solche fest sind. Aus dieser mechanischen Unabhängigkeit der Knochen resultiert eine Unbestimmtheit, eine Anzahl von Möglichkeiten der Gelenkfunktion. Denn in jedem (zukünftigen) Augenblick können zwei durch ein Gelenk verbundene Knochen in ihrer Beziehung zueinander eine Vielzahl möglicher Stellungen einnehmen, obwohl in einem ganz bestimmten Augenblick immer nur eine Stellung möglich ist. Ein Kniegelenk kann im selben Augenblick nicht gleichzeitig in Beugung und Streckung sein.

Schon hier, bereits auf der Ebene der Gelenkfunktion, zeigt sich, daß Phasen der Ungewißheit eine Bedingung der Möglichkeit von Selbstbestimmung, von relativer Freiheit darstellen.

Die andere Bedingung ist das Vorhandensein ausreichender Reserven. Wir kennen eine Unzahl solcher „Reserven" in der Biologie: das Volumen von Hohlorganen, Reserven chemischer Art (die Glykogenablagerung in der Leber, aus der im Bedarfsfalle der Körper mit energiespendendem Zucker versorgt wird), Reserven auf der Molekülebene (der Energielieferant Adenosin-Triphosphat, ATP), Organreserven (überschüssiges, nur im Notfall genutztes Gewebe) oder auch funktionelle Reserven (zusätzliches Funktionspotential beispielsweise hinsichtlich der Konzentration des Urins).

Reserven und Regulationen sind im Körper eng verknüpft. Denn Regulationen sind im Grunde nur möglich, wenn Reserven vorhanden sind, auf die die Regulationen zurückgreifen können. Dazu müssen die Reservoirs zwei Voraussetzungen erfüllen: Sie müssen über eine ausreichende Kapazität verfügen und ferner bereits vor dem Zeitpunkt angelegt sein, an dem sie benötigt werden. Erst dadurch kann die Regulation nach dem Motto „wenn ..., dann ..." aus der Phase der Ungewißheit heraustreten.

Über seinen Organismus hinausgreifend, schuf der Mensch schließlich Werkzeuge und Maschinen, auch sie gegliedert und mit Reserven ausgestattet (etwa Getriebe, Geschwindigkeitsreserven und Tank eines Kraftfahrzeuges). Das gleiche gilt für die Sprache. Auch sie hat eine gegliederte Struktur. Zugleich stellt sie, nicht nur hinsichtlich des Wortschatzes, ein riesiges Reservoir mit unterschiedlichen Möglichkeiten dar. Und sie erlaubt die Konstruktion von Weltbildern, die von der biologischen Grundlage menschlichen Lebens auf dieser Erde weitgehend unabhängig sein, ja dieser sogar widersprechen können.

Auf einen weiteren Zusammenhang von Ungewißheit und Autonomie stoßen wir bei der geistigen Tätigkeit des Menschen: in der Unabhängigkeit der allgemeinen begrifflichen Gedanken gegenüber konkreten Details. Denn ein Gedanke ist ja dadurch allgemein, daß er gleichzeitig auf eine Mehrzahl einzelner Gegenstände und Gegebenheiten anwendbar ist. Etwas ähnliches hatte wohl auch schon Immanuel Kant vor Augen, als er meinte, daß die Logik sich auf die Möglichkeit des Denkens beziehe, und zwar unabhängig von dem Gegenstand, auf den sie angewandt werden könne. Deshalb wird das Denken um so unabhängiger, je mehr es sich - zugleich Chance und Risiko - auf einem höheren Abstraktions- und Generalisierungs-Niveau abspielt und je umfangreicher das Reservoir ist, in dem Wissen und Erfahrungen gespeichert sind: das Gedächtnis. Zudem erhöhen sich die Möglichkeiten eines Menschen, je mehr er gelernt und erfahren hat und je mehr Alternativen er in einer jeweiligen Situation vor sich sieht. Dazu tritt die Möglichkeit neuer - kreativer - Konstruktionen im geistigen Raum.

Dank der relativen Autonomie seiner Geistestätigkeit vermag der Mensch damit in die Beziehungen zu seiner Umwelt ein hohes Maß an Ungewißheit, bzw. Freiheit einzubringen.

Die freie Entscheidung schließlich ist die Möglichkeit, zwischen einer Vielzahl gleichzeitig möglicher Dinge oder Akte zu wählen, sich aber damit auch letztlich für eine Möglichkeit unter Ausschluß aller anderen zu entscheiden. Wir sind frei, indem wir etwas annehmen, müssen aber dafür gleichzeitig etwas anderes zurückweisen. Aus einer Welt, aus der Offenheit und Ungewißheit verbannt wären, würden auch Entscheidung und Verantwortlichkeit als rein subjektive Illusionen verschwinden.

Deshalb ergibt sich auch im Rahmen der stammesgeschichtlichen Entwicklung mehr Freiheit, je offener das System eines Lebewesens ist. Da diese Offenheit aber zugleich Ausdruck einer höheren Komplexität und damit Ausdruck einer Bestimmtheit durch größere und längerfristig wirkende Zusammenhänge ist, stellt Freiheit in gleicher Weise auch eine Funktion einer differenzierteren Gesetzmäßigkeit dar. Freiheit als komplexe, schöpferische Fähigkeit, ist damit eine Frucht tieferer Systemgesetzlichkeit; denn sie schließt sowohl „Aktivität, Unabhängigkeit und Kreativität als auch Lernfähigkeit, Einsicht und Bindung an höhere Ziele" ein (Kornmüller).

Von einem bestimmten Komplexitäts- und Flexibilitätsgrad eines lebenden Systems an entsteht aber im Rahmen der durch Störeinflüsse veranlaßten Systemaktivität die Möglichkeit einer wichtigen Entscheidung. Sie betrifft die Frage, ob diese Einflüsse dem System gegenüber zufällige und fremde „Stör"-Einflüsse im echten Sinne bleiben, oder ob sie durch Integration in die bestehende Organisation zu zusätzlichen Organisationsfaktoren werden.

So entwickeln sich organisierte Systeme z.T. geradezu aus einer Folge von Ereignissen, die als „zufällige Störungen" auf das System einwirken und - wenigstens teilweise - zu Desorganisationen führen, aus denen heraus das System zu höherer Komplexität und oft höherer Organisationsebene findet. In dieser Sicht erkennt man, daß die Organisation eines Systems weniger ein Zustand als ein fortlaufender Prozeß von Des-Organisation und Re-Organisation ist und daß Zufallsereignisse, die ein komplexes lebendes System treffen, die Wahrscheinlichkeit einer höheren Gesetzlichkeit verstärken.

Die Chancen eines lebenden Systems sind aber zugleich von seiner Einpassung in umfassendere System abhängig. Deshalb gewinnt ein lebendes System nicht zwangsläufig dadurch, daß es in engerer Zweckorientierung den eigenen Vorteil maximiert oder als solches immer perfekter wird. Für seinen dauerhaften Bestand ist es vielmehr meist von Vorteil, daß die Entwicklung von Untersystemen dem umfassenden Gesamtsystem eine optimale Entwicklung gewährleistet. Denn aus ihr heraus ziehen dann wieder die Untersysteme Vorteil, auch wenn sie weniger perfektioniert sind. Der gegenwärtige, ausschließlich an der Größe „Mensch" orientierte Zustand der Menschheitsentwicklung in dem umfassenden Ökosystem der Erde gibt deshalb durchaus zu Besorgnis Anlaß.

3. Ganzheitliche Leistungen des Nervensystems

Was ist Integration?

So beeindruckend die Zahlen zum Gehirn gewesen sein mögen, über die wir im letzten Kapitel gesprochen haben, so blieb dabei doch ein Gesichtspunkt unberücksichtigt, auf den wir jetzt noch etwas näher eingehen wollen. Es ist der Aspekt der Ganzheitlichkeit in der Funktion des Nervensystems, des systemischen Zusammenhangs, der „inneren Kohärenz", wie Varela sagt. Er begegnet uns auf verschiedenen Ebenen und im Zusammenspiel der unterschiedlichen Ebenen.

Milliarden und Abermilliarden von Zellen schaffen noch keinen Organismus, und Billionen von Verbindungen zwischen Nervenzellen, so wichtig diese auch sein mögen, schaffen noch kein Gehirn. Es ist vielmehr eine ganz bestimmte Organisation dieser Elemente, die geordnete Gesamtheit aller aufeinander abgestimmter Wechselwirkungen in einem System, die das Wesen eines Organismus und auch das Wesen eines Organs wie des Gehirns ausmacht. Ein solches Gehirn umfaßt bereits bei höheren Wirbeltieren Millionen wechselseitig verbundener selbstregulierender Schaltkreise, die ständig in Tätigkeit sind.

Mit zunehmender Entwicklung kam es ja immer mehr darauf an, verschiedenartige Informationen zusammenzufassen, Einzelfunktionen aufeinander abzustimmen und spezialisierte Leistungen in einen für das Überleben des Organismus wichtigen Gesamtrahmen einzubauen. Eintreffende Informationen müssen über immer größere Strecken möglichst schnell und genau, d.h. ohne Verlust und Verzerrung weitergeleitet und zusammen mit verschiedenartigen anderen Informationen in einer speziell für diese Aufgabe geschaffenen Zentrale verarbeitet werden. Sie werden, wie es heißt, integriert, in ein jeweils umfassenderes System einverleibt.

Was bedeutet dieser Begriff „Integration"? Integration bedeutet zunächst einmal eine Vereinigung von Einzelteilen (Elementen) zu einem Ganzen, eine Synthese also, die Einordnung von Gliedern in ein Ganzes und damit die Gewinnung einer neuen umfassenden Einheit. Dabei handelt es sich aber um keine reine Summierung von Elementen, die mehr oder weniger unverbunden bleiben. Etwas, das integriert wird, wird auch nicht einfach einem anderen hinzugefügt. Es entsteht vielmehr etwas - zumindest in der einen oder anderen Beziehung - Neues mit eigenen spezifischen Merkmalen und einer eigenen charakteristischen Struktur[5].

---

5 Im Gegensatz zur Integration ist die Desintegration ein Prozeß, in dem sich ein System wiederum in seine Teilsysteme und seine Elemente auflöst. Das bedeutet zugleich den Verlust der wechselseitigen Abhängigkeit der Elemente und den Rückgang von einem hohen zu einem niedrigeren Organisationsgrad bis zur völligen Desorganisation.

Ein Beispiel für Integration ist das Zustandekommen einer chemischen Verbindung: So führt die Verbindung des Metalles Natrium und des Gases Chlor zu NaCl, unserem Kochsalz, das als solches weder Natrium noch Chlor und auch nicht Natrium plus Chlor, sondern eben Natriumchlorid ist, genauso wie unser tägliches Wasser etwas eigenständig „Neues" ist, das sich aus der Verbindung von zwei Teilen Wasserstoff und einem Teil Sauerstoff ergibt.

Bei einer „Integration" schließen sich also verschiedene Komponenten zu einer Organisationsform - auf meist höherem Niveau - zusammen, und der Integrationsgrad des neugebildeten Systems bestimmt sich nach dem Ausmaß der wechselseitigen Abhängigkeit der Teilsysteme sowie der Organisationshöhe des Ganzen. Fügt man lediglich ein neues Element zusätzlich an irgendeine größere Einheit an, so handelt es sich noch nicht um eine echte Integration. Integration ist also ein inhaltlicher Gestaltungsprozeß in Form einer wechselseitigen inneren Abstimmung. Eine organisatorische Zusammenführung von Institutionen mag zwar eine äußere Voraussetzung von Integration sein. Sie bedeutet aber als solche noch nicht Integration und kann mitunter - und das nicht nur vorübergehend - mehr Konflikte als Vorteile schaffen.

Die Zelle als integrierendes Gebilde

Integrationen finden sich auf unterschiedlichsten entwicklungsgeschichtlichen Ebenen und in unterschiedlichster Größenordnung. In der von Atomen bis zu ausgebildeten Organismen reichenden Folge steht die Zelle sozusagen in der Mitte. Zugleich ist sie die grundlegende Einheit lebender Substanz schlechthin.

Der Laie mag sich fragen, inwieweit die Funktion einer Einzelzelle, die sich, ähnlich wie menschliche Individuen voneinander, von anderen Zell-Individuen unterscheidet und deren Zahl im menschlichen Körper auf über 30 Trillionen geschätzt wird, etwas Integratives zukommt. Jede, von einer in sich sehr kompliziert gebauten und etwa 0,75 Millionstel cm dicken Membran abgegrenzte Zelle ist aber in der Tat eine kleine, sinnvoll organisierte Welt für sich, ein kleines, aber äußerst komplexes biologisches System, das zu unterschiedlichsten Leistungen (Wachstum, Teilung, Stoff- und Energiewechsel usw.) fähig ist. Sie kann als eine Art chemisches Werk oder chemische Fabrik verstanden werden (vgl. Abb. 24).

Es würde hier zu weit führen, alle bisher bekannten Details einer Zelle zu besprechen. Das Wissen in dieser Beziehung hat sich in den letzten Jahrzehnten enorm vermehrt. Trotzdem sind uns auch heute noch viele Vorgänge im Inneren der Zelle verborgen. Der Wiener Psychologe Hubert Rohracher verglich einmal vor einigen Jahren unsere Kenntnis in dieser Beziehung mit dem Versuch eines Kindes, das Innere eines Fernsehgerätes zu beschreiben.

In gleicher Weise wie jede andere Zelle stellt auch eine Nervenzelle, ein sogenanntes Neuron, ein in sich höchst heterogenes, das heißt aus unterschiedlichsten Bestandteilen zusammengesetztes System dar. Was Nervenzellen gegenüber anderen Zellen vor allem auszeichnet, sind ihre verschiedenartigen Ausläufer oder Fortsätze. Der Achsenzylinder (Neurit oder auch Axon genannt) ist der die

Abbildung 24: *Zelle mit ihren wichtigsten Unterstrukturen (schematisiert)*

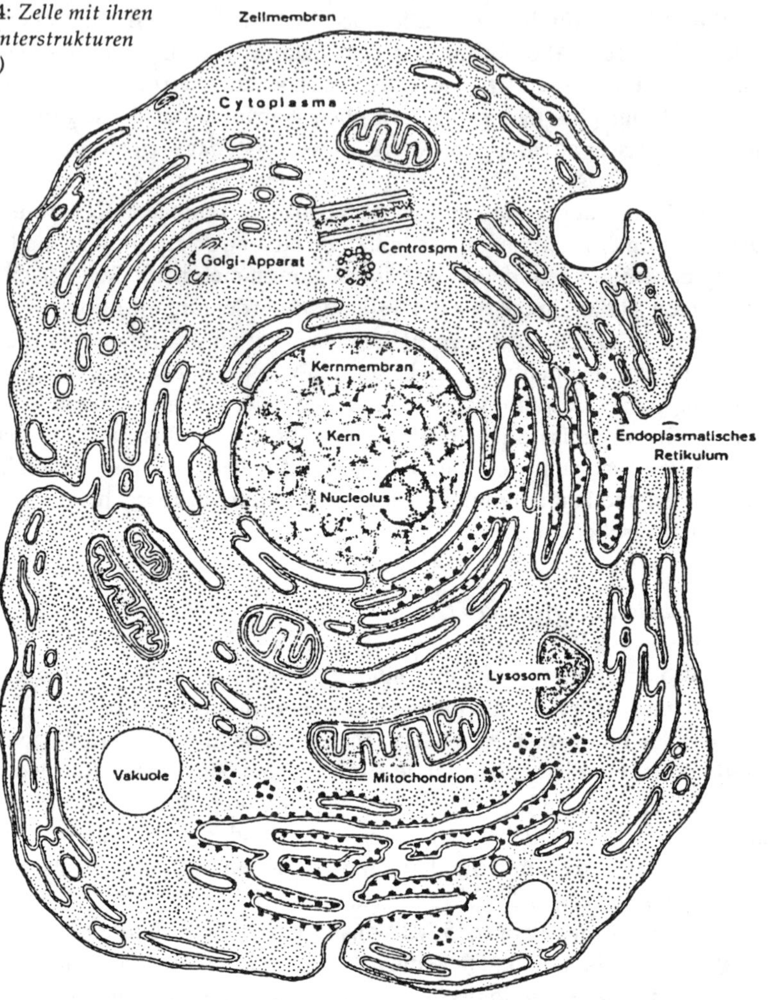

Erregung der Zelle weiterleitende Teil. Als Dendriten werden die dem Erregungszufluß dienenden zahlreicheren und meist dünneren Verästelungen bezeichnet. Ein sogenannter Nerv enthält zum Teil bis zu Millionen von einzelnen Achsenfortsätzen. Diese Nervenfortsätze sind im übrigen keineswegs „tote" Gebilde mit einer ausschließlich elektrischen Leitungsfunktion. Vielmehr wird im Zellkörper eines Neurons ständig frisches Plasma gebildet, das anschließend u.a. auch in Richtung der Nervenfaserenden fließt. Dieser Transport wird noch dadurch kompliziert, daß zusätzlich zu der Grundgeschwindigkeit von ein bis drei Millimetern pro Tag eine wesentlich raschere Unterströmung von etwa 40 bis 70 Millimetern pro Tag stattfindet, mit der ganz bestimmte Bestandteile wie auf einer Rolltreppe transportiert werden. Auch damit erweist sich die Nervenzelle als ein kompliziertes System, das einem ständigen Wandel unterliegt. Das bedeutet u.a., daß wesentliche

Abbildung 25: *Nervenzelle mit ihrem Achsenzylinder und dendritischen Verästelungen. Der Neurit führt unten zu sog. motorischen Endplatten in einem Muskel.*

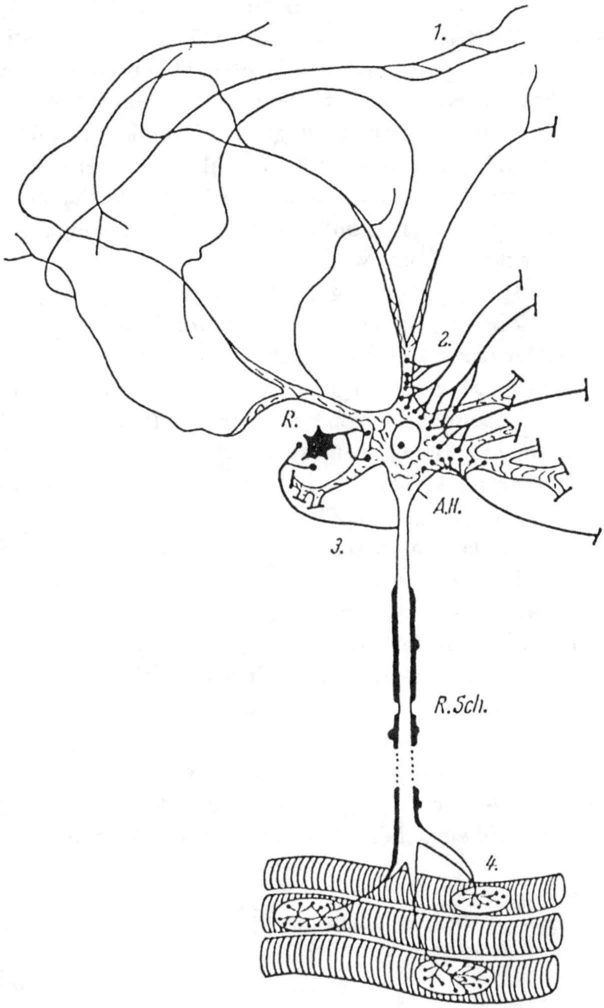

Teile unseres Gehirns schon nach wenigen Tagen chemisch nicht mehr identisch sind.

Der von dem anderer Körperzellen abweichende anatomische Aufbau spiegelt sich auch deutlich in der speziellen Funktion von Nervenzellen. Es handelt sich um die sogenannte Irritabilität, die Reizbarkeit oder Erregbarkeit, d.h. die Fähigkeit, auf eine von außen kommende Zustandsänderung, die man als „Reiz“ bezeichnet, mit einer Erregung, d.h. einem erhöhten Aktivitätszustand zu antworten. Solche Erregungen, wie sie auch allen bewußten seelischen Vorgängen zugrundeliegen, haben für den Organismus die Bedeutung von Nachrichten. Die Nervenzelle hat also die Fähigkeit, verschiedene Eingangsinformationen zu verknüpfen, das Verarbeitungsergebnis zu speichern und elektrische Signale weiterzuleiten (Gerke).

Die Funktion der Nervenzellen besteht demnach letztlich in der Verarbeitung und Weiterleitung elektrisch verschlüsselter Information. Dabei hat jede Nervenzelle die Fähigkeit, auf die eingehende Erregung in bestimmter Weise Einfluß zu nehmen. Insofern nimmt dieses in sich unwahrscheinlich komplizierte System „Nervenzelle“ eindeutig integrative Funktionen wahr. Denn es empfängt, addiert und subtrahiert Signale, die von zahllosen anderen Zellen zu ihm gelangen. Durch das Prinzip der additiven und subtraktiven Aufrechnung erhält die Zelle die Möglichkeit, die Information von vielen verschiedenen Neuronen zu integrieren und in einer neuen Form weiterzuleiten.

Die Erregungsleitung als solche erfolgt in bestimmten faserförmigen Ausläufern. Diese Erkenntnis von der elektrischen Erregung im Nervensystem geht auf die Entdeckung Luigi Galvanis zurück, der seinerzeit, genau gesagt 1791, auf ein eigenartiges Phänomen gestoßen war. Er beobachtete nämlich, daß Froschschenkel, die er auf seinem Balkon an einem Kupferdraht aufgehängt hatte, immer dann in Zuckungen gerieten, wenn sie durch den Wind mit dem Eisengitter seines Balkons in Berührung kamen. Zwei Jahre später stellte er dann fest, daß Zuckungen in Muskeln auch ohne Metalle auftreten, daß Nerv und Muskel also selbst Elektrizität erzeugen. Das war sozusagen die Geburtsstunde der Elektrophysiologie.

Die Entdeckung der sogenannten Synapsen, der Verbindungsstellen zwischen zwei Nervenzellen, durch den englischen Physiologen Charles Sherrington im Jahre 1897 war dann eine weitere ganz entscheidende Entdeckung der Hirnphysiologie. Diese Synapsen, auch als „Meßwandler“ zu verstehen, in denen die Erscheinensweise von Ereignissen oder Energie in eine andere verwandelt wird (Kühlenbeck), nehmen einen nicht unbeträchtlichen Anteil des Hirnvolumens ein, auch wenn der sogenannte synaptische Spalt nur zwei Millionstel eines Zentimeters breit ist. An den Synapsen wird ein elektrophysiologischer Vorgang zu einem eindeutig chemischen Geschehen, das sozusagen nach Analogprinzip im Sinne

Abbildung 26:
A. (Endköpfe sog. prä-synaptischer Fasern an einer Nervenzelle)
B. (Bauplan einer Synapse)

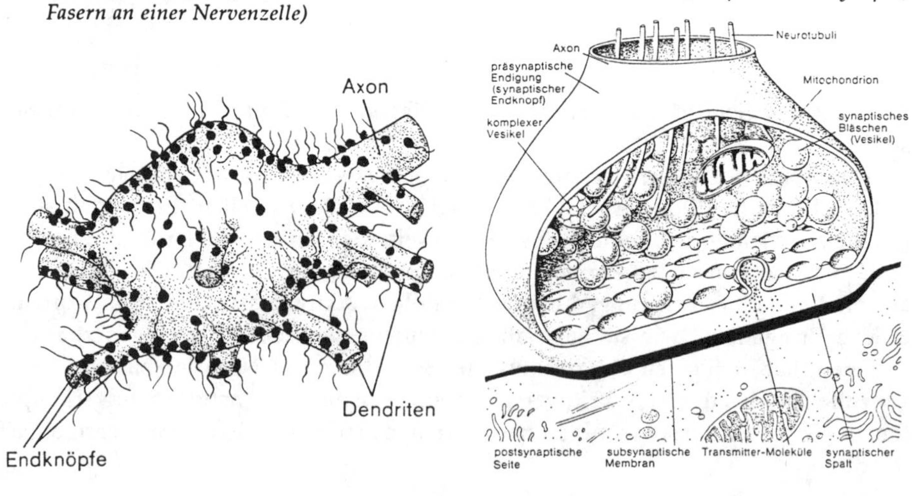

einer beständigen kontinuierlichen Größenveränderung abläuft. Ohne hier zu sehr in Einzelheiten zu gehen, möchte ich nur einige kurze Hinweise zu diesem Geschehen geben: Das Ende eines Achsenfortsatzes hat gewöhnlich die Form eines sogenannten „Endknopfes" mit kapselförmiger Gestalt. Diese Kapsel enthält die bereits bekannten Mitochondrien, die auch hier die Funktion von Energiespendern haben. Darüberhinaus lassen sich aber unzählige kleine rundliche Gebilde nachweisen, die als Bläschen bezeichnet werden. In ihnen befinden sich die sogenannten „Transmitter", d.h. Überleitungsstoffe. Diese werden aus den Bläschen in kleinen Paketen, sogenannten Quanten abgegeben. Je Impuls sind das beispielsweise einige Hundert Quanten, und in jedem Quantum befinden sich etwa 50 000 Moleküle, beispielsweise des Transmitters Azetylcholin. Auf der anderen, der postsynaptischen Seite des Spalts stehen in der Membran genau zugeschnittene Empfangsmoleküle sozusagen in Wartestellung, die durch Bindung der Transmitter-Substanz ihre eigene Form verändern. Durch die Änderung der Membranstruktur entsteht eine veränderte Durchlässigkeit für den Ein- und Austritt von Ionen. Dadurch wiederum wird eine Veränderung der Polarisationsverhältnisse an der Membran der zweiten (aufnehmenden) Zelle bewirkt. Daneben verfügt die postsynaptische Zelle über einen Mechanismus, durch den die Transmitter fast ebenso schnell zerstört werden, wie sie eintreffen.

Die Synapse ist nicht nur ein entscheidender Punkt der Informationsübertragung, sondern auch der Informationsverarbeitung und -integration, wobei die eintreffenden Signale verändert werden können. Eine Nervenzelle sammelt also an ihrem Körper selbst und durch eine große Anzahl dendritischer Verästelungen eine Unzahl von Informationen. Es hängt dann im einzelnen von der Summe aller in einer bestimmten Zeit eintreffenden Signale ab, welche Information über den Achsenfortsatz weitergeleitet wird.

Nahezu phantastisch erscheint dieses Geschehen auf Zellebene, wenn man sich vorstellt, daß die beschriebenen Vorgänge, die sich wechselseitig beeinflussen, in geringen Bruchteilen von Sekunden in Milliarden von Gehirnzellen und Synapsen zur gleichen Zeit ablaufen. In jedem Augenblick besteht also im Gehirn eine äußerst komplexe und in ihrer Komplexität kaum vorstellbare Erregungskonstellation, die in Abhängigkeit von zahlreichen Einflüssen von Moment zu Moment wechselt.

Integrationsfunktionen im Rückenmark

Die Mikrosysteme von Einzelzellen bilden nun auf nächsthöherer Ebene eine Organisationsform, bei der eine mehr oder weniger große Anzahl von Zellen untereinander einen engeren Zusammenhang entwickeln, als er zu anderen Zellen außerhalb dieser speziellen Zellgruppe besteht. Jede einzelne dieser Zellen hat zwar ihre ganz speziellen Verbindungen zu Zellen außerhalb des Komplexes; sie ist aber doch - auf dieser Ebene - Teil eines ganz bestimmten Verbandes von Zellen, die weitgehende Ähnlichkeit miteinander haben und auch die gleiche oder eine ähnliche Funktion erfüllen.

Einzelzellen treten also zu Zellkomplexen, zu Zentren zusammen, die über Faserzüge mit anderen Zellkomplexen in Verbindung stehen. Ein Teil des Zentralnervensystems, der aus einer großen Anzahl solcher Faserzüge besteht, wird auch als „weiße Substanz" bezeichnet, weil die fettstoffähnlichen Umhüllungen der Nervenfaser eine mehr weißliche Gesamtfärbung ergeben. Im Gegensatz dazu werden die Gebiete des Zentralnervensystems, in denen vorwiegend Zellkomplexe lokalisiert sind, wegen ihrer vergleichsweise gräulichen Farbe auch als „graue Substanz" bezeichnet. Sie erinnern sich sicher an Hercules Poirot, der in den Romanen von Agatha Christie immer von den „kleinen grauen Zellen" spricht.

Im Rückenmark befinden sich nun, wie im Gehirn, solche weißen und grauen Anteile, d.h. eine Reihe von Zellkomplexen und Faserzügen, die unterschiedlichen Funktionen dienen. Erregungen aus der Körperperipherie, also den Außenbereichen des Körpers, und vom Gehirn ausgehende Impulse werden im wesentlichen über das Rückenmark geleitet. Nur ein geringer Teil dieser Impulse durchläuft allerdings das Rückenmark ohne weitere Zwischenstationen, lediglich unter Abgabe kleinerer Seitenäste, sogenannten Kollateralen, auf bestimmten „langen Bahnen". Für die meisten Faserzüge vom Gehirn zur Körperperipherie und umgekehrt stellt das Rückenmark eine Zwischen-, Schalt- oder Relaisstation dar.

Hierbei bestehen verschiedene Möglichkeiten: Impulse, die ursprünglich von einer einzigen Sinneszelle in der Körperperipherie stammen, können im Rahmen einer gezielten Erregungsverteilung an verschiedene motorische Zellen gelangen. Bestimmte Impulse können also an mehrere Muskeln weitergeleitet werden. Das bedeutet eine sogenannte Erregungsdivergenz, d.h. eine Ausbreitung der Erregung.

Ein und derselbe Muskel erhält jedoch auch Impulse unterschiedlicher Herkunft. Das bedeutet eine Erregungkonvergenz, eine Art Erregungskonzentration.

Abbildung 27: *Divergenz und Konvergenz von Erregungen.*

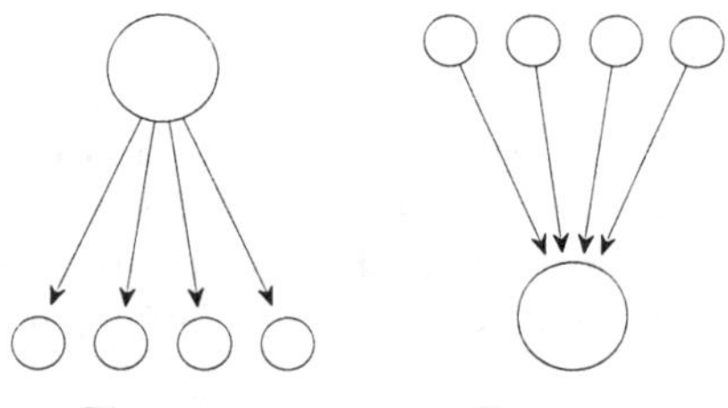

Zu Integrationsvorgängen im Rückenmark gehören u.a. auch die Phänomene der Bahnung und Hemmung, d.h. einer zeitlich begrenzten Aktivitätssteigerung bzw. Aktivitätseinschränkung. Dabei spielen Schwankungen der Innervation sogenannter Gamma-Fasern, die etwa ein Drittel der Fasern motorischer Nerven darstellen, eine wesentliche Rolle. Denn sie beeinflussen die Empfindlichkeit der Dehnungsrezeptoren, d.h. der in den Muskeln gelegenen Sinneszellen, die auf eine Dehnung des Muskels ansprechen. Dadurch wird eine feinere Abstufung von Grundspannung und Bewegung ermöglicht. Denn die auf diese Weise vermittelte motorische Einstellung sichert für die Ausführungsorgane den jeweils optimalen Anpassungszustand.

Abbildung 28: *Sog. Renshaw-Hemmung*: Drei Renshaw-Zellen (R) empfangen Erregungsfluß aus Seitenästen (sog. Kolateralen) und von drei Motoneuronen (M) und wirken hemmend auf das rechte Motoneuron zurück.

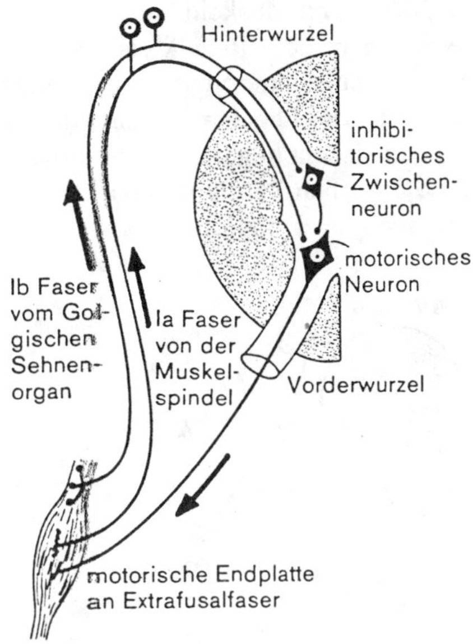

Die Funktion der sogenannten Renshaw-Zellen ist in diesem Zusammenhang besonders aufschlußreich. Sie besteht im wesentlichen in der Regelung und Kontrolle der räumlichen und zeitlichen Erregungsausbreitung. Der Achsenfortsatz der Vorderhornzellen im Rückenmark, durch den die motorische Erregung in den Muskel geleitet wird, gibt sozusagen in rückläufiger Nebenschaltung Erregung an bestimmte Zwischenneuronen, eben die sogenannten Renshaw-Zellen, ab, und die Aktivierung dieser Schaltzellen wirkt auf die betreffenden und sie umgebenden Vorderhornzellen hemmend. Dadurch werden überschießende Innervationen vermieden. Durch einen ähnlichen Regelkreis werden auch sensorische Reize sozusagen abgefiltert.

Das Rückenmark verfügt damit auch über die Möglichkeit einer zeitlichen Verzögerung. Die Wirkungsdauer von Reizen kann u.a. dadurch verlängert werden, daß entsprechende Zwischenneuronen, also zwischengeschaltete Nervenzellen, in Erregungskreisen angeordnet sind. Diesen Zwischenzellen oder Inter-Neuronen, die nicht in unmittelbarer Verbindung zu Sinnesorganen (Rezeptoren) oder ausführenden Muskeln (Effektoren) stehen, kommt innerhalb der Gesamtfunktion des Rückenmarks, gerade auch für Aufgaben der Integration, eine große Bedeutung zu.

Eine Reihe neuerer Untersuchungen ließ ferner, entgegen früheren Auffassungen, erkennen, daß auch bereits bei den Reflexvorgängen im Rückenmark kompliziertere Wechselwirkungen stattfinden.

Als klassisches Beispiel für die Rückenmarksfunktion gilt der sogenannte Eigenreflexbogen. Er setzt sich aus einem Rezeptor, einem sensiblen Neuron, einer Synapse, einem motorischen Neuron und einem Effektor (Muskel) zusammen. Der Rezeptor des Reflexbogens liegt in den bereits erwähnten Muskelspindeln, die in den Muskeln liegen und dehnungsempfindliche Fühlorgane darstellen. Sie gelten in dem Regelkreis als Fühler und die motorischen Nervenzellen mit den von ihnen innervierten Muskelfasern als Stellglieder (vgl. S. 102 ff.). Der Muskel ist die Regelstrecke und die Muskellänge die Regelgröße. Die Einzelelemente in diesem Regelkreis sind so verpolt, daß die Muskellänge bei Einwirkungen von Störgrößen konstant gehalten wird. Dem Eigenreflexbogen kommt dadurch sozusagen die Funktion eines Haltereglers zu.

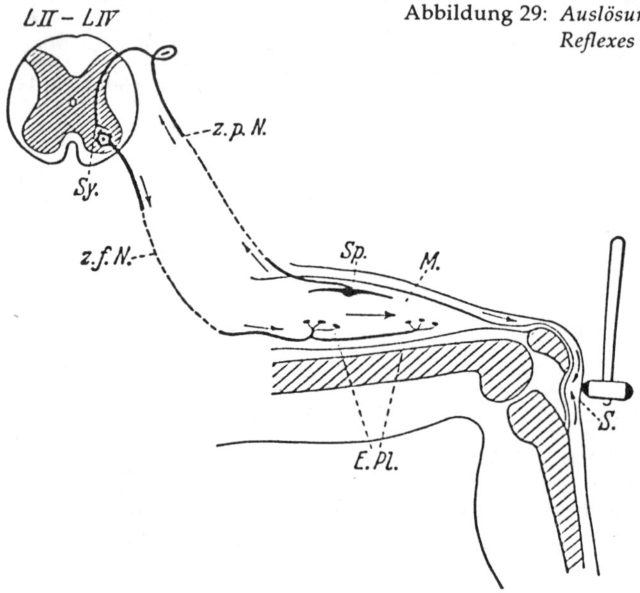

Abbildung 29: *Auslösung des sog. Patellarsehnen-Reflexes am Knie.*

Soweit die früher gültige Auffassung des im Rückenmark vermittelten Reflexgeschehens! Unabhängig davon, daß Rückenmarkreflexe meist über mehrere Synapsen laufen, wird bei dieser klassischen Sicht häufig übersehen, daß die Erregbarkeitsschwelle der motorischen Vorderhornzellen sowohl von der Körperperipherie her als auch von „höheren Zentren" her beeinflußt wird und daß auch die Dehnungsrezeptoren in ihrer Empfindlichkeit verstellbar sind.

So ist in heutiger Sicht die Konzeption des klassischen Reflexmodells mit einer einfachen starren Zuordnung von Reiz und Reaktion weitgehend durch die Vorstellung eines komplizierteren Regelsystems ersetzt. Anstelle des einfachen „Reflexbogens" erkennt man heute einen gewissen Spielraum an Gestaltungsmöglichkeiten seitens des Rückenmarks an. Diese realisieren sich in Form komplizierterer Reflexkreise, die ihrerseits miteinander noch umfassendere Regelkreise bilden. Denn der Organismus nimmt in seine Reflexketten neue Reize auf, berücksichtigt auftretende Störungen und stimmt Sensorik und Motorik aufeinander ab, indem automatische Vergleiche mit bestimmten Sollwerten stattfinden. Die bereits erwähnten Schaltzellen oder Interneuronen erfüllen also nicht nur einfache Schaltfunktionen wie Hemmung oder Umschaltung, sondern verarbeiten in unterschiedlicher Weise die von verschiedenen Seiten eingehenden Reize. Das geschieht in der Form, daß beispielsweise antagonistische, d.h. entgegenwirkende Muskeln jeweils gehemmt werden und daß der jeweiligen Situation angemessene Innervationskonstellationen zustande kommen. Sie werden zwar von höheren Zentren aus kontrolliert, haben aber doch die Möglichkeit, bei der Ausführung dieser „Kommandos" einzugreifen, indem sie den Zustand, der in der Peripherie besteht, differenzierter berücksichtigen.

Die amerikanischen Forscher Miller, Galanter und Pribram sprechen in diesem Zusammenhang von einer „TOTE-Einheit". Es handelt sich dabei um ein vier Phasen umfassendes Regelsystem: Die erste Phase beinhaltet im wesentlichen die Reizaufnahme mit entsprechenden Veränderungen im System (*T*est- oder Prüf-Phase). In der zweiten Phase erfolgt daraufhin eine Reaktion, indem beispielsweise eine passive Muskeldehnung durch eine entsprechende Muskelkontraktion korrigiert wird (*O*perations-Phase). In der dritten Phase (der zweiten *T*estphase) kommt es zu einer Rückmeldung des „Erfolgs" der in der zweiten Phase erfolgten Operation. Wenn sich die Korrektur als ausreichend herausstellt, endet der Gesamtablauf mit der vierten Phase, der Ausgangs- oder *E*xit-Phase. Ist das nicht der Fall, ist die Korrektur also nicht zielführend, so beginnt der Prozeß erneut mit Phase 2, bis schließlich - möglicherweise nach mehrmaligem erneuten Ausgang von Phase 2 - die Endphase erreicht ist.

Die Vorstellungen von Miller, Galanter und Pribram sind insofern dem Erklärungsmodell des klassischen Reflexbogens überlegen, als sie die Häufigkeit einer Empfindlichkeitsverstellung berücksichtigen. Das Modell bezieht also die Möglichkeit einer zentralen Kontrolle der Rezeptoren und die gleichzeitige Beeinflussung der Erregbarkeitsschwelle motorischer Nervenzellen im Rückenmark ein. Dabei können sowohl Einflüsse von der Körperperipherie als auch seitens höherer Zentren wirksam werden.

Integrationen auf der Ebene des Stammhirns

Die unterhalb des Großhirns gelegenen, von den beiden Hemisphären umschlossenen subkortikalen Bereiche stellen eine weitere, höhere Integrationsebene dar. Dieser entwicklungsgeschichtlich ältere Teil des Gehirns umfaßt das Zwischenhirn, das Mittelhirn, das Hinterhirn sowie das Nachhirn und wird auch als „Stammhirn" bezeichnet. In ihm befinden sich die Zentren für alle Vitalfunktionen, d.h. alle lebenswichtigen Aufgaben des Organismus (Schlaf-Wach-Steuerung, Hunger, Durst, Sexualität usw.) Er steht sowohl mit höher als auch mit tiefer gelegenen Zentren in Verbindung und ist nach beiden Seiten hin in umfassendere Regelkreise integriert. Hier werden auch alle dem Organismus zugehenden Informationen umgeschaltet, bevor sie das Großhirn erreichen. Ebenso finden sich dort entsprechende motorische Zentren.

Auf dieser subkortikalen Ebene sind zahlreiche relativ einfache Regelkreise

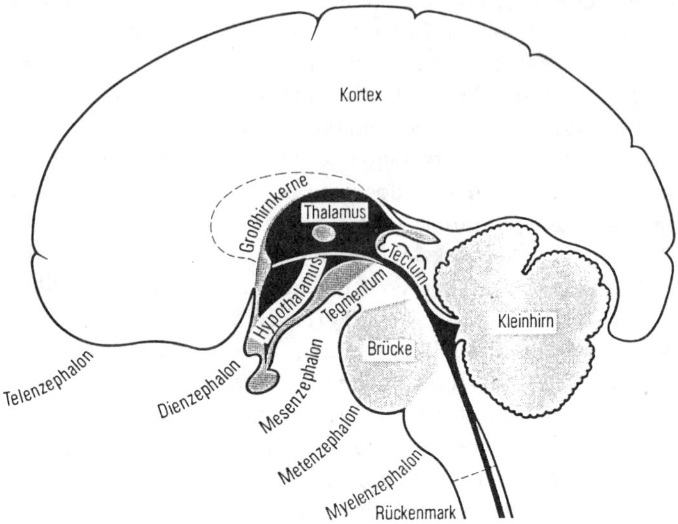

Abbildung 30: *Die fünf Gehirnteile: Nachhirn (Myelenzephalon), Hinterhirn (Metenzephalon), Mittelhirn (Mesenzephalon), Zwischenhirn (Dienzephalon) und Endhirn (Telenzephalon)*

wirksam, die das menschliche Verhalten bereits unterhalb der Ebene von Entscheidungsprozessen beeinflussen. Die Pupillen erweitern sich beispielsweise bei schwächer werdendem Licht, um die einfallende Lichtmenge zu vergrößern. Die bereits in der Netzhaut gemittelte Lichtstärke im gesamten Gesichtsfeld wird dabei noch vor Erreichen des eigentlichen Sehzentrums im Großhirn in subkortikalen Zentren verwertet; und diese regulieren über entsprechende Fasern elektrophysiologisch den Öffnungsgrad der Pupille.

Weitere Beispiele für eine ständig funktionierende rückgekoppelte Steuerung bietet auch die Arbeitsweise des Kleinhirns und der Mittelhirnbezirke. Hier sind Schaltungen lokalisiert, die der Aufrechterhaltung der normalen Körper-, Kopf- und Augenstellung im Raum, also letztlich der Gleichgewichtserhaltung dienen. So wird beispielsweise sichergestellt, daß bei gekipptem Körper der Kopf durch eine ausgleichende Innervation der entsprechenden Halsmuskeln in horizontaler Stellung bleibt. Bei einer Erkrankung des Kleinhirns kann es daher zu unsicherem Gang, zu einer Störung der feinabgestimmten Sprechbewegungen und einer besonderen Form des Zitterns kommen. Bewegungen können schlecht abgebremst werden, und rasch aufeinander folgende, entgegengesetzte Bewegungen sind nicht mehr möglich.

Eine besonders wichtige Integrationszentrale ist auch die sogenannte Formatio reticularis. Sie liegt im wesentlichen im Bereich des Mittelhirns, d.h. sie erstreckt sich praktisch vom oberen Rückenmark bis zum Vorderrand des Mittelhirns. Formatio reticularis heißt ja netzartige Formation. Sie erhielt ihren Namen wegen der vergleichsweise engen „Vermaschung", die in diesem Gebiet des Gehirns vorherrscht und die sich mikroskopisch als ein feinverflochtenes Netz darstellt. Einerseits regt sie in spezifischer Weise die für ganz bestimmte Sinnesreize zuständigen Großhirngebiete an. Andererseits übt sie auch unspezifisch eine allge-

Abbildung 31: *Die Formatio reticularis* (gepünktelt) und ihre spezielle und allgemeine Anregungswirkung auf das Großhirn (stark vereinfacht)

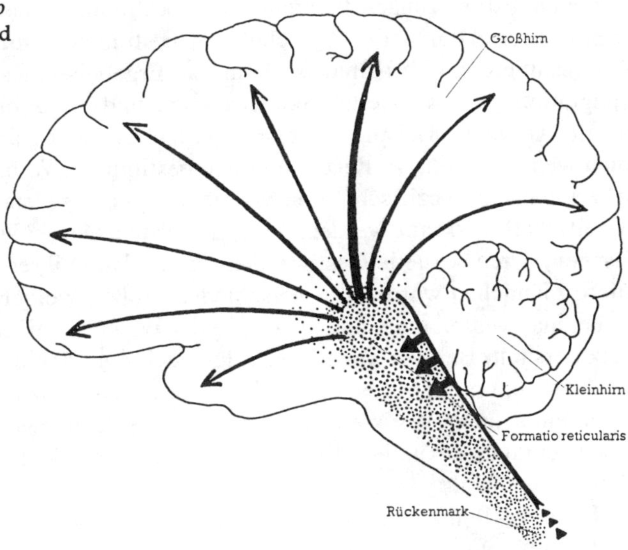

meine „Weck"- oder Anregungswirkung auf die gesamte Großhirnrinde aus. Wegen dieser Funktion, den allgemeinen Anregungszustand oder das allgemeine Aktivierungsniveau zu regulieren, spricht man auch von einer „dynamogenen Zone". Dieses allgemeine Aktivierungsniveau stellt insofern ebenfalls wieder das Ergebnis einer Integration dar, als es praktisch eine Resultante aus ständiger Hintergrundaktivität und aktuellen Anregungsbedingungen darstellt. Darüber hinaus kommen der Formatio reticularis auch rückläufige Wirkungen zu. Denn sie temperiert und verfeinert Bewegungsspannung, Muskelaktivität und Körperhaltung und beeinflußt auch die Funktion der Sinnesorgane.

Aufgrund dieser Funktionen wird das retikuläre System von manchen Forschern auch als „Nervenachse" des Gehirns angesehen, als ein Netzwerk, das nach allen Richtungen über vielfältige Verzweigungen verfügt und das die verschiedenen hierarchischen Stufen des Zentralnervensystems so miteinander verbindet, daß sich ein einheitliches Verhalten des Organismus ergibt (Hernegger).

Die Integrationsfunktion des Stammhirns zeigt sich ferner auch in der Tatsache, daß auf dieser Ebene anstelle der Koppelung relativ isolierter Reize und Reaktionen die ungeheure Mannigfaltigkeit der Reiz-Konstellationen in der Umwelt zum großen Teil in vital bedeutsamen Komplexen zusammengefaßt wird.

Wenn angeborenerweise bestimmte Reize sozusagen Signale für die Auslösung eines Instinkts darstellen, spricht man auch von sogenannten „Schlüsselreizen", weil die Beziehung zwischen auslösendem Signal und im Gehirn verankerten Auslösemechanismus dem Verhältnis zwischen Schlüssel und Schloß gleicht. Diesen „Schlüsselreizen" entsprechen genau festgelegte Reaktionsprogramme, im einfachsten Fall angeborene Instinkthandlungen. Deren Auslösung hängt natürlich entscheidend von der Wahrnehmung der entsprechenden Reize ab. Dazu tritt aber in vielen Fällen zunächst einmal eine bestimmte innere Bereitschaft, wie sie beispielsweise durch die Ausschüttung bestimmter Hormone zustande kommt. Das resultierende Verhalten ist dann das Ergebnis eines Zusammenspiels, einer Integration ganz spezieller Schlüsselreize und einer inneren Handlungsbereitschaft. An vielen Beispielen zeigt sich, daß bei sehr starker innerer Bereitschaft auch weniger intensive Reize zu einem bestimmten Verhalten führen, ebenso wie sehr intensive spezifische Reize auch bei nicht so stark ausgeprägter innerer Bereitschaft wirksam werden. Es gibt beispielsweise Versuche mit männlichen Fischen, deren sexuelle Gestimmtheit an der Farbe ihrer Schuppen abzulesen ist. Diese Männchen wurden mit verschieden großen Weibchen in Kontakt gebracht, wobei man wissen muß, daß die Größe der Weibchen einen spezifischen sexuellen Reiz darstellt. Bei den Versuchen zeigte sich nun, daß die Männchen, auch wenn sie überhaupt nicht in sexueller Stimmung waren, zu balzen begannen, wenn man ihnen ein sehr großes Weibchen, also einen sehr intensiven Schlüsselreiz anbot. In ausgeprägter sexueller Stimmung begannen sie jedoch bereits sehr kleine Weibchen anzubalzen.

Unsere Alltagserfahrungen sind voll ähnlicher Beispiele. Es kommt um so leichter und um so deutlicher zu charakteristischen Reaktionen gegenüber kleinen Kindern oder beispielsweise jungen Kätzchen, je prägnanter die Schlüsselreize des sogenannten „Kindchen-Schemas“ sind. Wenn wir beispielsweise einem kleinen, „niedlichen“ Kätzchen mit großen Augen, täppischen Bewegungen und einem ganz weichen, flauschigen Fell begegnen, können wir kaum dem Bedürfnis widerstehen, es zu streicheln und zu bemuttern. Es gibt auch ganz bestimmte Verhaltensweisen und Abläufe in der Umwelt, die auf Menschen unwillkürlich beruhigend wirken oder umgekehrt Angst bzw. Aggression auslösen: Auf der einen Seite das Lächeln, eine sanfte Sprechweise oder anmutig schmiegsam gleitende Bewegungen; auf der anderen Seite abrupte Drohgebärden, Brüllen, schnelle Bewegungen auf einen zu usw.

Obwohl angeborene Instinkthandlungen, wie es sie übrigens auch beim Menschen gibt, in ihren Auslösebedingungen und Abläufen weitgehend starr sind, ist diese starre Zuordnung jedoch - schon im Tierreich - aufgelockert und unterliegt erfahrungsbedingten Einflüssen.

Die zentralen Koordinations- und Integrationszentren weisen jedoch in ihren Funktionen nicht nur eine an jeweilige Außenbedingungen angepaßte Spielbreite auf. Auch unsere jeweilige Gefühlslage wirkt sich auf die gesamte Motorik aus. So werden subjektive Erfahrungen, Erwartungen und Tendenzen in die Handlungsentwürfe und Handlungsstrategien einbezogen, integriert. Die Erfahrung hilft, bedeutsame Situationen aus einer unübersichtlichen Reizflut herauszufiltern; aufgrund von Erwartungen sind wir auf bestimmte Vorkommnisse gefaßt, und unser Verhalten wird durch grundlegende Einstellungen gelenkt.

Schließlich ist noch ein weiterer Aspekt im Rahmen der Integrationsfunktionen dieser Zentren bedeutsam: Er betrifft das wechselseitige Zusammenwirken funktional verbundener „Halbzentren“. Fast alle subkortikalen Zentren sind in dieser Weise reziprok, d.h. in abgestimmten Umkehrungsfunktionen organisiert. Eine

Aktivierung des Einatmungszentrums führt durch Parallelschaltung automatisch zu einer Aktivierung des Ausatmungszentrums, das seinerseits hemmend auf das Einatmungszentrum zurückwirkt. So sorgen beide Halbzentren durch ihre gegenseitige Hemmung und Aktivierung für eine letztlich rhythmische Folge von Ein- und Ausatmung.

Wenn beim Treppensteigen die Innervation von Streck- und Beugemuskeln aufeinander abgestimmt und koordiniert ist, handelt es sich um das gleiche Prinzip. Denn schon vor dem Kontakt des Fußes mit der nächsten Stufe, ja schon vor Anheben des Beines, erfolgt ein kompliziertes Zusammenspiel vorwegnehmender und vorwegplanender Innervationen, das nicht auf dem Boden klassischer Reflexe erklärt werden kann.

Bei aggressiver Erregung steigt die Spannung im sogenannten Aggressionszentrum stark an. Zugleich werden dabei in umgekehrtem Sinne wirksame Nachbarbereiche, die wir einmal „Sanftheitszentrum" nennen wollen, mit erregt. So kann es dazu kommen, daß man nach einem Wutausbruch, der die Spannung im Aggressionszentrum abgebaut hat, aufgrund der nunmehr in den Nachbarbereichen noch wirksamen Spannung Reue oder Bedauern empfindet.

Die höchste Ebene der Integration: das Großhirn

Die höchste Integrationsebene im Rahmen des Zentralnervensystems stellt zweifellos das Großhirn mit der Hirnrinde dar. Hier greifen viele Teilsysteme in komplizierter Weise ineinander. Als ein aus zahlreichen Untersystemen bestehendes System nimmt es mit seinen hierarchisch höchsten und entwicklungsgeschichtlich jüngsten Anteilen die Aufgabe wahr, die Starrheit festgelegter, automatisierter Programme flexibel zu gestalten.

Die Bearbeitung, die auf Synthese gerichtete Verwertung der zahllosen Informationen, die dem Gehirn des Menschen aus der Umwelt zugehen, und der ständige Vergleich mit bereits gespeicherter Information sind eine entscheidende Voraussetzung für differenzierte Anpassungsleistungen des Menschen.

Zum besseren Verständnis möchte ich vor einem näheren Eingehen auf die Funktionen des Großhirns einige wesentliche Aspekte der Organisation dieses für den Menschen so bestimmenden Gehirnteils erwähnen: Wir hatten ja schon von der grauen Substanz gesprochen. Sie befindet sich in mehreren Zell-Lagen unter der windungs- und furchenreichen Oberfläche der beiden, bei grober Betrachtung walnußartig aussehenden Großhirnhälften, auch Hemisphären genannt, die sich entwicklungsgeschichtlich um das Stammhirn herumgewölbt haben.

Nach neueren Auffassungen (Pribram) ist übrigens nicht die Vorstellung eines Pilzes mit einer regenschirmähnlichen oberen Schicht und einem nach oben führenden Stil beherrschend, sondern das Bild einer in Schichten strukturierten Zwiebel, die einer Art Stangensellerie aufsitzt, also einer im wesentlichen konzentrischen Anordnung. Die faserreiche weiße Substanz, in der die zahllosen Verbindungen laufen, befindet sich darunter. Zwischen dem, was man als Großhirn oder Endhirn bezeichnet, und dem Stammhirn liegt übrigens noch das sogenannte

Limbische System, das sozusagen den räumlichen Mittelpunkt des Gehirns darstellt und, wie sich auch in seiner komplizierten Funktion spiegelt, sowohl kortikale (d.h. zur Großhirnrinde gehörende) als auch subkortikale Anteile umfaßt. Der Begriff leitet sich von der Tatsache ab, daß die betreffenden speziellen Hirnteile sich wie ein Saum (= Limbus) um die zentralen Teile des mittleren Stammhirns legen.

Jede Großhirnhälfte ist wiederum in bestimmte Lappen eingeteilt, die durch einige stärkere Furchen abgegrenzt sind: den Stirnlappen, den Scheitellappen, den Schläfenlappen und den Hinterhauptlappen. Im einzelnen werden dann noch, mehr nach dem „architektonischen" Aufbau der Rinde und der jeweiligen Funktion unterschieden, um die 50 sogenannte Areale abgegrenzt.

Abbildung 32: *Außenansicht der linken Großhirnhälfte mit Stirnlappen (St.), Präzentral-Region (Pr.), Scheitellappen (Schei.), Hinterhauptlappen (Hi.) und Schläfenlappen (Schlä.).*

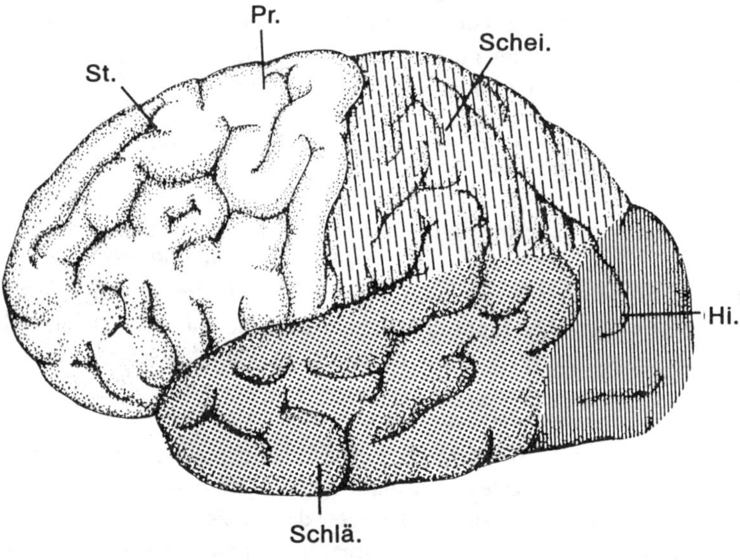

Zur Funktion ist ganz grob zu sagen, daß eine gekreuzte Zuständigkeit der Hirnhälften besteht: die linke Hemisphäre ist mehr oder weniger für die rechte Körperhälfte, die rechte Hemisphäre für die linke Körperhälfte zuständig. Wenn man also die Hirnrinde der linken Hemisphäre an einer bestimmten Stelle elektrisch reizt, kommt es zu einer Bewegung einer rechtsseitigen Gliedmaße, und wenn man beispielsweise den linken Fuß kitzelt, kann man entsprechende Hirnpotentiale an einer bestimmten Stelle in der rechten Hemisphäre nachweisen.

Die beiden Hemisphären sind durch spezielle Bahnen, insbesondere den aus den Fasern von etwa 300 Millionen speziellen Neuronen bestehenden sogenannten „Balken" miteinander verbunden. Daß das der Fall ist, geht übrigens schon aus der Tatsache hervor, daß man einen Gegenstand, den man bei geschlossenen Augen mit der rechten Hand ertastet hat, bei erstmaligem Betasten mit der linken Hand sofort wiedererkennt, was ja nach dem Verlauf der Sinnesbahnen gar nicht so selbstverständlich ist, wie man zunächst meinen könnte. Durchtrennte man aber bei Affen den Balken, so waren sie nicht mehr imstande, einen der einen Hand bereits bekannten Gegenstand bei Betasten mit der anderen Hand wiederzuerkennen.

Ist diese Verbindung zwischen den beiden Hirnhälften unterbrochen, kann es zu recht eigenartigen Phänomenen kommen: Man hält beispielsweise einem solchen Patienten vor das linke Auge einen Apfel und vor das rechte eine Orange, ohne daß ein Auge jeweils sieht, was das andere betrachtet. Fragt man ihn dann, was er gesehen habe, so wird er antworten: „Eine Orange". Bittet man ihn aber, das, was er gesehen hat, mit der linken Hand aufzuschreiben, wird er „Apfel" schreiben. Es wird sogar berichtet, daß ein Patient seine Frau mit dem rechten Arm zu umarmen versuchte, während er sie mit dem linken wegzustoßen trachtete (Wilson). Es ist dabei durchaus möglich, daß die eine Hirnhälfte gar nicht weiß, was die andere fühlt und tut.

Mit den Hemisphären, die im übrigen auch anatomisch nicht ganz gleich sind und sich beispielsweise durch die Länge und Form der Hirnwindungen unterscheiden, hängt aber neben ihrer unterschiedlichen Seitenzuständigkeit noch eine andere, gerade in letzter Zeit viel diskutierte Problematik zusammen. Beide Hälften scheinen nämlich schwerpunktmäßig unterschiedliche Funktionen zu haben. So weiß man, daß bei den meisten Menschen, fast allen Rechtshändern, aber auch einem großen Teil der Linkshänder, das Sprachzentrum und die mit Sprache verbundenen Leistungen in der linken Hemisphäre lokalisiert sind. Das weiß man beispielsweise aufgrund von Verletzungen oder Erkrankungen der linken Hirnhälfte. Denn nach solchen Schädigungen kam es wesentlich häufiger zu Sprachstörungen als nach gleich starken Schädigungen der rechten Hirnhälfte.

Über lange Zeit hatte man von der Dominanz einer - in der Regel der linken - Großhirnhemisphäre gesprochen. Heute ist man in der Wissenschaft jedoch der Auffassung, daß beide Hirnhälften an höheren geistigen Prozessen beteiligt sind, schwerpunktmäßig aber zugleich auf unterschiedliche Funktionen spezialisiert sind und insofern in einem Ergänzungsverhältnis zueinander stehen.

Die - in der Regel bei Männern, Erwachsenen und Europäern ausgeprägtere - Asymmetrie ist allerdings durchaus nicht bei jedem Menschen als exakte Spezialisierung in dem beschriebenen Sinne nachweisbar. Der linken Hemisphäre wird dabei eine Verarbeitungsweise zugeschrieben, die durch detaillierte, gezielte Informationsaufnahme, schrittweise Planung und ein mehr analytisches, lineares , logisch-folgerichtiges Vorgehen gekennzeichnet ist. Demgegenüber ist die von der rechten Hemisphäre bevorzugte Verarbeitungsweise mehr auf Ganzheitlichkeit, Gleichzeitigkeit und Beziehungsreichtum ausgerichtet. Die eine - linke - Großhirnhälfte wird vor allem mit Rechnen und Sprechen, die andere - rechte - mit der zeitlichen und räumlichen Gesamtorientierung und -abstimmung, mit einer mehr komplexen intuitiven, dem Unbewußten näheren Erfassens- und Umgangsweise, mit Form und Melodie, mit künstlerischem Schaffen und Kunstfertigkeit, ja mit praktischen Fähigkeiten schlechthin in Zusammenhang gebracht. Dazu würde auch passen, daß man der rechten Hemisphäre eine größere Bedeutung für das Erkennen von Gesichtern, für ein feinsinniges Verstehen von Mimik und Gestik, das Erfassen sozialer Beziehungen und für Prozesse der Persönlichkeitsbildung oder Individuation zuschreibt. Obwohl vieles noch im einzelnen umstritten ist und natürlich auch bemerkenswerte Funktionsüberlappungen festgestellt werden konnten, ist es mehr oder weniger der Gegensatz zwischen analytischer Rationalität und ganzheitlicher Intuition, mit dem man die unterschiedlichen Schwergewichte in der Funktion der beiden Hemisphären zusammengefaßt beschreiben könnte.

Des weiteren ist, von der Unterschiedlichkeit der beiden Hemisphären abgesehen, vom Grundsätzlichen her vielleicht bemerkenswert, daß der hintere Teil der Hemisphären mehr mit Wahrnehmungsfunktionen, der vordere mehr mit Bewegungs-, Handlungs- und Verhaltensfunktionen bzw., in noch weiterem Rahmen gesehen, mit Zielsetzung, Planung und Programmentwicklung zu tun hat. Dabei ist bezeichnend, daß diejenigen Bereiche eine vergleichsweise größere Ausdehnung haben, deren Funktion für das betreffende Lebewesen besonders wichtig ist. So ist das Kleinhirn bei Vögeln und Fischen besonders stark entwickelt. In der Bewegungs- und Wahrnehmungszentrale des Menschen sind die Bereiche unverhältnismäßig stark ausgeprägt, in denen Mund und Finger repräsentiert sind.

Wichtig ist ferner eine Unterscheidung zwischen Feldern, die der unmittelbaren Bewegung, und solchen, die der umfassenderen Handlungsplanung dienen. Dem entsprechen im Bereich der Wahrnehmung solche, die einen unmittelbaren Sinneseindruck verarbeiten, und solche, die eine umfassendere „Gesamt-Wahrnehmung" ermöglichen. Die ersteren werden als primäre Rindenfelder oder Projektionsfelder, die letzteren als sekundäre Rindenfelder oder Assoziationsfelder be-

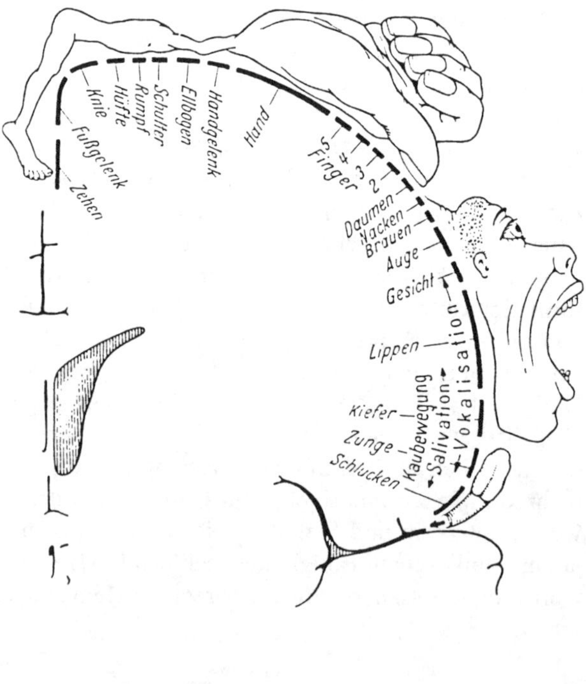

Abbildung 33: Die schematische Darstellung der motorischen Repräsentation in der sog. Präzentral-Region (Gyrus präcentralis) des Menschen zeigt die unterschiedlichen Größenverhältnisse der Repräsentation verschiedener Körpergebiete. Der sog. „motorische Homunculus" zeigt vor allem eine auffallende Größe der Felder für Hand und Finger sowie für die Mundpartie.

zeichnet. Gerade diese gegenüber den „Projektionszentren" später reifenden Assoziationsfelder sind es vor allem, die Daten verschiedener Sinnesarten unter Bezugnahme auf frühere Erfahrungen kombinieren und integrieren. Tiere, die weniger, kaum oder gar nicht über solche Assoziationsfelder verfügen, scheinen im übrigen größere Lernschwierigkeiten zu haben, auch wenn bei ihnen die grundlegende Analyse der dem Organismus zugehenden Reize nicht gestört ist. Vergleichbare Beobachtungen konnte man machen, wenn durch irgendeine Schädigung ein bestimmtes Assoziationsfeld ausfiel. Trotz erhaltener Einzelwahrnehmung wurden die Einzeleindrücke nicht mehr zu Gesamtbildern zusammengesetzt, mit früheren Wahrnehmungen verglichen und als solche „erkannt".

Das zentrale Nervensystem, insbesondere das Gehirn, ist ja in seiner Funktion auf Kommunikation mit der Umwelt, auf Informationsaufnahme, -verarbeitung und -speicherung spezialisiert. Zugleich ist es ein System, durch das der Mensch auf die Umwelt einwirkt und bestimmte Handlungen vorbereitet, steuert und kontrolliert.

Die Hirnrinde verknüpft dabei sensorische und motorische Funktionen. Eine sensorische Information wird nach einem sozusagen systemeigenen Regelgesamt in eine motorische Reaktion übergeleitet. So gesehen kann man auch die motorische Hirnrinde als Integrationsort sensibel-sensorischer und subkortikaler Zuflüsse verstehen, zumal sie auch wesentlich an Handlungsplanung und Entscheidungsfindung beteiligt ist. Selbst die einfachsten motorischen Verhaltensweisen bestehen aus einem komplexen Wechselspiel innerhalb des Großhirns, zwischen Großhirn und Kleinhirn sowie zwischen Großhirn und subkortikalen Hirnanteilen.

Wenn ich mit unbewegtem Kopf starr geradeaus blicke und sich in meinem Gesichtsfeld ein Gegenstand bewegt, beispielsweise ein Tennisball, so fallen die von dem Gegenstand ausgehenden Strahlen auf jeweils andere Zellen der Netzhaut meines Auges. Von dort wird die betreffende Information an die Sehrinde des Großhirns weitergeleitet, wo sie wiederum von unterschiedlichen Zellen verarbeitet wird. Das Ergebnis ist die Wahrnehmung eines fliegenden Balles. Die gleiche Flugbahn des Balles erkenne ich, wenn ich dem Ball mit den Augen oder gar mit dem Kopf folge. Denn die Bewegungen des Kopfes und der Augen werden gleichzeitig „mitverrechnet". Diese „Mitverrechnung" bewirkt auch, daß ich einen unbewegt vor mir in der Luft aufgehängten Ball als ruhend wahrnehme, auch wenn ich den Kopf heftig hin- und herbewege und dadurch der Ball ständig auf anderen Bereichen der Netzhaut abgebildet wird. Der Wahrnehmungseindruck eines unbewegten Balles ist das Ergebnis eines komplizierten Integrationsprozesses. Ohne diese Integrationsleistungen wären wir bei entsprechenden Eigenbewegungen unseres Organismus gegenüber der Umwelt weitgehend orientierungslos.

Aufgrund dieser komplizierten Integrationsprozesse erklärt sich auch, weshalb die Auswirkung einer umschriebenen Reizung motorischer Großhirnfelder nicht konstant ist, sondern von der Ausgangslage des betroffenen Körperteils abhängt. So kann eine umschriebene Reizung, wenn dic betreffende Gliedmaße bereits gebeugt ist, zu einer Streckung führen, umgekehrt aber, wenn zuvor eine Streckung vorliegt, eine Beugung bewirken. Das ist aber nur wieder möglich, wenn sensorische Information verwertet wird. Wir wissen ja auch, daß bei Abtrennung solcher sensorischer Informationen schwere motorische Defizite entstehen.

Menschliches Verhalten bedeutet also letztlich einen Informations- und Energieaustausch zwischen dem System des Organismus und seiner Umwelt. Das Zentralnervensystem ist dadurch in der Lage, äußere und innere Informationen, sensorische Erregungen und motorische Reaktionen zu integrieren. Damit hängt auch zusammen, daß, wie es im sogenannten Ideorealgesetz zum Ausdruck kommt (Hellpach), jede Wahrnehmung oder Vorstellung einer Bewegung einen Antrieb zur Ausführung dieser Bewegung hervorruft. Das geht noch weiter: Letztlich schließt jeder subjektive Erlebnisinhalt einen Antrieb zu seiner objektiven Verwirklichung ein. Auf rein geistiger Ebene führt das sogar dazu, daß ein subjektiver Erlebnisinhalt allein dadurch, daß er vorhanden ist, für berechtigt, objektiv richtig, gültig und verbindlich gehalten wird. Das bedeutet, daß nicht nur derjenige, der auf einen anderen wütend ist, unwillkürlich die Faust ballt, oder daß der Gedanke an ein Rendezvous den Schritt beschleunigt. Es bedeutet auch, daß unsere Gedanken unsere Handlungen und letztlich unseren Lebenserfolg lenken. Wer Angst hat zu versagen, wird mit hoher Wahrscheinlichkeit auch scheitern. Und wer fest an seinen Erfolg glaubt und sich nicht entmutigen läßt, hat eine hohe Chance, am Ende auch erfolgreich zu sein.

Hoimar von Ditfurth betont zu recht, daß unser Gehirn „wahrscheinlich gar nicht das Organ ist, für das wir es halten". Seine Funktion ist es im Grunde nicht, die Geheimnisse des Weltalls zu enträtseln. Gehirne sind vielmehr Organe, die lediglich Leistungen in einem einzelnen Organismus zu dessen individueller Verfügung zusammenfassen, integrieren. Das Gehirn ist also als äußerst komplexes Funktionssystem zu verstehen, dem die Aufgabe zukommt, Verbindungen herzustellen, Informationen zu empfangen, zu verarbeiten und zu speichern sowie spezifische Instruktionen zu entwickeln und inneres und äußeres Geschehen der mannigfaltigsten Art in Beziehung zu setzen. Die Selbstoptimierung des Verhaltens in einer Umwelt erfolgt letztlich auf dem Boden der zusammenfassenden Verarbeitung der eingehenden Information und der Rückmeldungen über die eingetretene Wirkung von Verhaltensimpulsen sowie der Meldungen über situationsgebundene Nebenreize.

Das Reafferenz-Prinzip, das die Biologen Erich von Holst und H. Mittelstaedt 1950 als Modellvorstellung dieses Zusammenwirkens entwickelten, bringt das prägnant zum Ausdruck: Dieses Prinzip besagt, daß von jedem Verhaltensimpuls eine entsprechende Aktivitätsänderung zurückbleibt, ähnlich wie im dienstlichen Schriftwechsel die absendende Stelle eine Kopie ihres Schreibens behält. Von Holst und Mittelstaedt sprechen deshalb auch von einer sogenannten „Efferenz-Kopie". Gleichzeitig wird von der Peripherie des Körpers eine Meldung über die eingetretene Zustandsänderung in das Zentralnervensystem zurückgesandt, die sogenannte Reafferenz. Zwischen Efferenzkopie und Reafferenz findet ein Vergleich statt. Stimmen beide Größen nicht überein, findet eine entsprechende Korrektur statt. Stimmen beide dagegen überein, löschen sie sich gegenseitig aus.

Wenn im Gehirn die dem Organismus zugehenden Sinnesreize analysiert,

Abbildung 34:
Reafferenzprinzip nach
v. Holst und Mittelstaedt

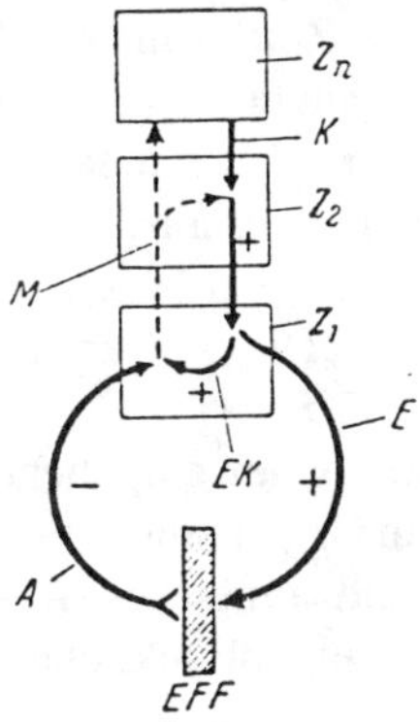

a

gefiltert und integriert werden, so geschieht das in der Richtung, eine Vorstellung der Außenwelt zu bilden, die auf die speziellen Bedürfnisse und die besondere Struktur des Individuums zugeschnitten ist. In erster Linie werden daher die für die Lebensbewältigung des Individuums bedeutsamen Ereignisse „aufgezeichnet" und gespeichert. Dabei kommt es - letztlich auf dem Boden von Wahrscheinlichkeiten - zu bestimmten Verknüpfungen integrativen Charakters. Die Informationen werden zugleich in steigendem Maße zu jeweils höheren Klassen von Ereignissen, zu sogenannten „Superzeichen" zusammengefaßt. Verknüpfungen und Zusammenfassungen verfestigen sich zunehmend durch die Häufigkeit ihres Vorkommens.

Eine erste Möglichkeit einer solchen Zusammenfassung und Verknüpfung liegt in der verhältnismäßig beständigen Gleichzeitigkeit zweier Dinge oder Ereignisse, eine weitere Möglichkeit in der relativ beständigen Aufeinanderfolge. Alles, was verhältnismäßig regelmäßig zusammen vorkommt oder verhältnismäßig regelmäßig aufeinander folgt, wird in dieser Weise verknüpft und zu einer umfassenderen Konstellation verbunden. So kommt es, daß einem, wenn man sich nach langer Zeit wieder einmal einen Ferienfilm beispielsweise von Mallorca anschaut, unzählige Details lebendig ins Bewußtsein treten und einem sogar Dinge einfallen, die man schon längst für vergessen hielt: der Name des Hoteliers, der spezifische Duft einer Berglandschaft, die Abfolge eines bestimmten Abendessens und sogar die kurze Unterhaltung mit einem Nachbarn. Jeder kennt auch das Phänomen, daß ihm beim Anhören einer Langspielplatte oder Musikcassette, die beispielsweise auf einer Seite mehrere Schlager enthält, nach Beendigung eines Schlagers bereits unwillkürlich die ersten Takte des nächsten Schlagers in den Sinn kommen. Auf die rein theoretische Frage nach dem nächsten Schlager, also ohne gerade die vorangegangene Melodie gehört zu haben, würde man dagegen keine Antwort geben können.

Dazu gibt es noch eine weitere Art von Verknüpfungen, nämlich aufgrund bestimmter Ähnlichkeiten (bzw. Gegensätzlichkeiten). Nimmt man etwas wahr, so fällt einem sehr leicht auch etwas ähnliches ein, das man bei früherer Gelegenheit erlebt hatte, oder etwas, das in irgendeiner Form mit der aktuellen Information zu tun hat. So kommt es, daß man sich, wenn man das Gesicht eines Menschen erblickt, der einem alten Bekannten ähnlich sieht, plötzlich an diesen Bekannten und an die mit ihm verbrachte Zeit erinnert, obwohl seit der letzten Begegnung beispielsweise fünf Jahre vergangen sind. Umgekehrt kann einem, wenn man in einer Situation besonders schroff behandelt wird, eine ähnliche Situation ins Bewußtsein kommen, in der man auf ausgesuchte Freundlichkeit und Höflichkeit traf: „In dem und dem Geschäft werde ich regelmäßig sehr viel schneller und freundlicher bedient als hier", „Die Wiesen in X sind aber sehr viel grüner als die Wiesen in Y" usw.

Unter Verwendung der ständig neu eingehenden und der im Speicher gelagerten Informationen werden die dem Organismus angeborenen Verarbeitungsprogramme laufend ergänzt, verfeinert und abgewandelt. Der ständige Vergleich zwischen gespeicherter Information und augenblicklichem Informationseingang spielt dabei eine ganz wesentliche Rolle.

Es gibt im Grunde kaum eine Tätigkeit, bei der nur ein bestimmter Bereich des Gehirns in Aktion ist. Vielmehr handelt es sich fast immer um ein Zusammenspiel zahlreicher, durch Nervenfasern miteinander verbundener Gebiete, die gleichzeitig oder nachgeschaltet in Tätigkeit treten. Bestimmte Funktionseinheiten sind in variabler und hierarchischer Weise in umfassendere Systeme eingegliedert, die sich beim Menschen zu einer in der Entwicklungsgeschichte bisher nicht beobachteten Qualität hochkomplexer Aktivität entwickelt haben.

Dieser Aspekt des vernetzten Zusammenhangs spiegelt die tatsächlichen Abläufe weit besser als die Annahme im engeren Sinne „gewollter" und in *einer* Richtung ablaufender Vorgänge. Geht man von dem in der Biologie durchgehenden Prinzip von Gleichgewichtsschaltungen aus, kann menschliches Verhalten sehr viel besser als ein spezifischer Gleichgewichtsprozeß verstanden werden, der dem Ziel dient, Spannungszustände auszugleichen, die immer wieder zwischen den

Abbildung 35:

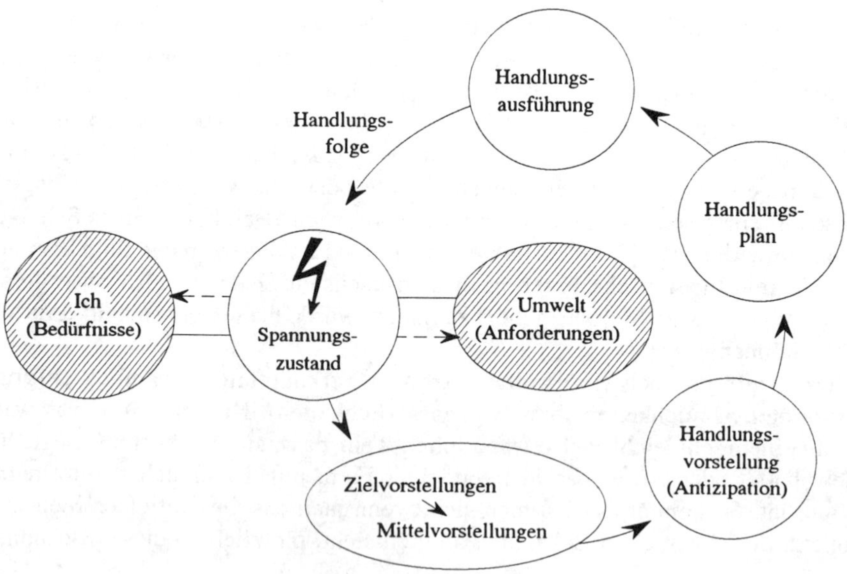

Bedürfnissen von Individuen und Anforderungen der Außenwelt auftreten. Im Rahmen der im Gehirn stattfindenden Verarbeitungsprozesse treten Vorstellungen von Zielen und Mitteln hervor, die gegebenenfalls zur Entwicklung konkreter (Handlungs-)Pläne führen. Deren Verwirklichung kann dann bei Gelingen die anfangs bestandene System-Spannung verringern (vgl. Fuchs).

Dabei wird einmal mehr eine grundlegende Gesetzmäßigkeit deutlich: Mit zunehmender stammesgeschichtlicher Entwicklung werden Organismen trotz differenzierterer Umweltbeziehung immer unabhängiger von Außeneinflüssen, von der unmittelbaren Koppelung situativer Komponenten und festgelegter Reaktionsbereitschaften. Das Verhalten höherentwickelter Organismen wird durch die zunehmende Komplexität und Differenzierung von Handlungsplänen zugleich flexibler.

In diesen Prozeß erwartungsgesteuerten Verhaltens wird dann schließlich noch das Denken integriert. Es trägt ganz wesentlich dazu bei, den unmittelbaren Kontakt zwischen Organismus und natürlicher Umwelt zu erweitern und zu dehnen, ja früher bestandene Abhängigkeiten sogar aufzuheben. Durch die systematische Speicherung vergangener Ereignisse und Erkenntnisse kann der Mensch sich zunehmend aus den in der unmittelbaren Gegenwart stattfindenden Umweltbeziehungen lösen und gegenwärtige Gehalte für zukünftige Gelegenheiten speichern. Diese stützenden Strukturen gespeicherter Erfahrung bedeuten gleichzeitig die Chance eines weit differenzierteren Reagierens, aber auch das Risiko einer Einbuße an flexibler Umwelteinstellung. Auch hier begegnen wir also wieder der unlösbaren Verknüpfung von Chance und Risiko.

Die Symbole, die der Mensch aus der geistigen Erfahrung der Wirklichkeit entwickelt hat, erlauben ihm beliebige Verbindungen und Neukombinationen. Er kann in seinem Bewußtsein Modelle der Wirklichkeit bilden und diese dann in der Wirklichkeit ausprobieren. In diesem Sinne spricht Sigmund Freud auch von einem Probehandeln. Der Mensch kann auch Abläufe, die üblicherweise zu einer un-„bedachten" Reaktion führen würden, hemmen und unterbinden. Er kann insoweit „nein" sagen; er kann etwas, wozu er eigentlich Lust hätte und wozu auch Gelegenheit bestünde, *nicht* tun, unterlassen und für zukünftiges Handeln zur Verfügung halten. Vielleicht ist der Rat zum „Nicht-Handeln", den Lao-Tse im Wu-Wei anspricht, die Empfehlung der Ataraxia, der Gelassenheit, der ausgeglichenen Ruhe des Geistes, die Epikur einst den Griechen gab, in besonderer Weise für die spezifischen Möglichkeiten des Menschen charakteristisch.

Dazu tritt die Weitergabe individuell gewonnener Erfahrungen an andere, an die Gemeinschaft, an nachfolgende Generationen. Dadurch vermehrt sich der Besitz von Erkenntnissen, die ihrerseits ständig verbessert, verändert und neu organisiert werden, in ungeheurer Weise. In diesen Erkenntnisbesitz gehen auch gesellschaftsbezogene Informationen normativer Art ein, die wiederum gesellschaftliche Ansprüche an das Individuum begründen.

Ein Großteil der im Gehirn eines Menschen gespeicherten Informationen stammt ohnehin, was man sich immer wieder vor Augen führen sollte, nicht aus eigenen Erfahrungen, sondern aus Berichten anderer, wobei Erziehungs- und

Ausbildungssituationen, aber natürlich auch die Massenmedien eine große Rolle spielen. Nur die wenigsten haben die Möglichkeit, sich von der tatsächlichen Richtigkeit und Wahrheit der ihnen zugehenden Informationen persönlich konkret zu überzeugen. Sie sind darauf angewiesen, die Information, die man ihnen liefert, sozusagen auf „Treu und Glauben" zu übernehmen.

Der Verlust einer ursprünglich engen Umweltbindung und die zunehmende Mittelbarkeit der Informationsvermittlung beinhalten verständlicherweise neben einer dadurch gewonnenen Befreiung aus ursprünglicher Einbindung die Gefahr eines Bindungs- und Geborgenheitsverlustes und des Sich-Verlierens in Uneigentlichkeiten, Verfälschungen und Lügen. Auch hier also nochmals Chance und Risiko!

Das Gehirn vermag ferner, Ereignisse sozusagen zu simulieren, geistig vorwegzunehmen, zu antizipieren. Schon der Beutefang eines Tieres kommt ja nicht ohne eine Vorausberechnung und Auswertung der Geschwindigkeit des Beutetieres auf der einen Seite, eine zielgesteuerte Bereitschaftshaltung mit Vorausberechnung der eigenen Bewegung andererseits sowie eine Koordination dieser beiden antizipatorischen Ansätze zustande.

Der Mensch kann sich damit in seinem Gehirn mögliche Folgen seines Verhaltens vorstellen, vorausschauend Hemmungsmöglichkeiten und -fähigkeiten aufbauen und in einer spontanen Neuorganisation erfinderische Kreativität entwikkeln. In diesem Rahmen der Schaffung einer eigenen Lebenswelt kann er sogar selbständig alternative „Welten" bilden, die auf ihre Weise neben der „üblichen" Bestehen. In seiner Existenz ist er geradezu durch das bestimmt, worauf er sich in seinem Wollen und in seiner Planung voraussehend ausrichtet. „Der Mensch ist, was er nicht ist, und ist nicht, was er ist", schrieb einmal Jean Paul Sartre.

Auf dem Boden der beschriebenen Grundfunktionen entstehen dann die im eigentlichen Sinne für den Menschen kennzeichnenden höheren seelischen Funktionen als Ergebnis zahlreicher und komplizierter Wechselwirkungen. Sie stellen praktisch qualitativ neuartige Erscheinungen auf höchster integrativer Ebene dar, die sogar eine unmittelbare kortikale Selbstregulation im Sinne des Biofeedback, d.h. durch spezielle gelernte Selbstinstruktion ermöglichen. So entwickelt sich letztlich ein System höherer Ordnung, das menschliche „Individuum" mit seiner Lerngeschichte, seinen spezifischen Fähigkeiten des Denkens und Urteilens.

Und dieses Individuum ist wiederum eine soziale Realität. Menschliches Verhalten unterliegt einem Prozeß der positiven oder negativen Verstärkung. Soziale „Belohnung" ist offenbar wichtig, um die Unsicherheit gegenüber der Mitwelt herabzusetzen und diese vorhersehbarer zu machen. Schon wenn zwei Menschen zusammenkommen, ergibt sich eine interagierende soziale Einheit. In sehr einfacher Form zeigt sich das z.B. im Spiel „heiß und kalt", wenn der eine Spielpartner etwas zu erraten versucht und der andere ihm mit den Hinweisen „kalt", „lau", „warm", „heiß" auf die Sprünge hilft.

Alles Verhalten ist letztlich in irgendeiner Weise Kommunikation. Es beeinflußt einerseits andere und wird andererseits von diesen wieder beeinflußt. So ergeben

Abbildung 36: *Das 3-Welten-Modell nach Popper/Eccles.*

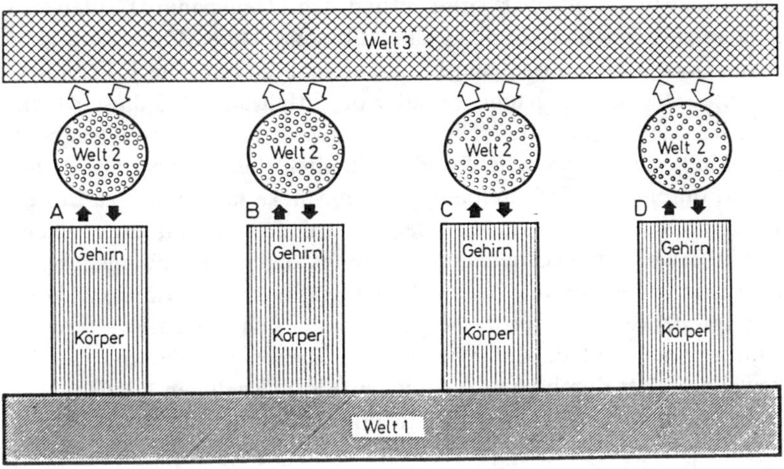

sich schließlich umfassende Sozialsysteme mit „eingebauter homöostatischer Regulation".

Und außerhalb der höchsten Formen dieser Systeme steht die „Welt Drei", wie der große Philosoph Karl Popper sie nannte. Es ist die ganz entscheidend an die Sprache gebundene Welt der Produkte des menschlichen Geistes, die Welt der menschlichen Kultur mit ihren „objektiven" geistigen Gehalten: den Büchern, Bildern, musikalischen Kompositionen, Erfindungen usw. Es ist eine Welt, deren Produkte sozusagen als selbständige Gebilde aus dem biologischen Entwicklungsprozeß herausgetreten sind. Machen wir uns die Drei Welten Poppers an einem Beispiel klar: Ein Buch, das ich in den Hand nehmen kann, ist Teil der Welt Eins. Die Welt Zwei besteht aus den Erlebnissen, die ich beim Lesen des Buches habe, und Welt Drei sind die geistigen Inhalte, die das Buch vermittelt.

Das Zusammenspiel von Integrationen auf verschiedenen Ebenen des Zentralnervensystems

Integration vollzieht sich, wie wir gesehen haben, innerhalb des Zentralnervensystems auf verschiedenen Ebenen, die nebeneinander oder besser miteinander in Funktion sind. Ich möchte dazu in etwas veränderter Form ein Beispiel aus dem Buch „Kybernetik des Gehirns" von A.F. Marfeld aufgreifen. In ihm kommen die unterschiedlichen Reaktionen zum Ausdruck, die möglich sind, wenn man beispielsweise im Schwimmbad von einer Stechmücke belästigt wird: Man kann zunächst völlig reflexartig in einfacher Weise mit dem Bein zucken, ohne sich irgendetwas zu denken. Man kann aber auch, ebenfalls ohne besondere Denktätigkeit, eine sozusagen „instinktive" Bewegung mit der Hand machen, um die Mücke zu verscheuchen. Man kann schließlich bewußt auf die Mücke aufmerksam werden, sie genau beobachten, in einer Art Alarmzustand die zum Zuschlagen gedachte Hand in Bereitschaft bringen und den „Gegenangriff" planen, um die Stechmücke zu vernichten. In diese zuletzt beschriebene Möglichkeit gehen wiederum verschiedene Voraussetzungen ein: einmal die bewußte Erkenntnis, daß es sich um eine Stechmücke handelt; weiter die Erfahrung, daß diese Mücke einen stechen wird oder zumindest stechen könnte, wenn man nichts unternimmt; dann der Entschluß, sie zu erwischen, und schließlich die vollbewußte Planung und kontrolliert durchgeführte Handlung, um die Mücke tatsächlich zu treffen.

Die hierarchisch geschichteten Integrationsebenen stehen auch wieder untereinander in Beziehung. Das bedeutet aber nicht, daß ein Regelungsgeschehen nur von oben nach unten verläuft. Es spielt sich vielmehr in vielfältigen, kompliziert ineinandergreifenden Kreisprozessen ab, wobei sich auch die Führungsgrößen durch Information und Einfluß von unteren Ebenen her ändern, aber ihrerseits auch jeweils wieder durch neue Aktivitäten Einfluß nehmen können.

Dieses Zusammenspiel wird auch in einem Versuch deutlich, bei dem man eine Katze darauf dressierte, eine bestimmte Reaktion zu erlernen, um Futter zu bekommen. Dabei konnte beobachtet werden, daß durch subkortikale, d.h. unterhalb der Hirnrinde, stattfindende elektrische Aktivität Ströme im Schläfenlappen des Großhirns ausgelöst wurden. Nachdem das Tier aber die Reaktion erlernt hatte, verlief die Hirnaktivität in umgekehrter Richtung, nämlich vom Schläfenlappen zu dem unterhalb der Großhirnrinde gelegenen subkortikalen System. Das heißt: Während der Konditionierung, also während des Lernprozesses, scheinen die älteren Gehirnstrukturen zu bestimmen, was die entwicklungsgeschichtlich jüngeren Bereiche im Schläfenlappen speichern sollen. Nach Abschluß des eigentlichen Lernprozesses bestimmen aber offenbar die jüngeren Strukturen im Schläfenlappen, wann und in welcher Weise die älteren Strukturen im Stammhirn aktiv werden. Zunächst kommt es also offensichtlich über einen Triebzustand zu Gedächtnisleistungen, während in der weiteren Folge, d.h. nach erlernter Reaktion, der gespeicherte Gedächtnisinhalt den ursprünglich bestimmenden Triebzustand erneut zu aktivieren scheint (Adey in Fessard).

Die neueren Strukturen, also vorwiegend die Großhirnrinde - und teilweise auch die Strukturen des sogenannten Limbischen Systems - treten entwicklungsgeschichtlich ergänzend zu den älteren Strukturen im Stammhirn hinzu, ohne diese aber auszuschalten. Zugleich werden damit in der Entwicklungsgeschichte des Gehirns die Schwergewichte in spezifischer Weise verlagert.

Das Zusammenspiel unterschiedlicher Funktionsebenen zeigt sich deshalb auch sehr deutlich beim Ausfall höherer Hirnstrukturen. In einem solchen Fall werden gewöhnlich die unteren Zentren in ihrer Funktion enthemmt. Es war der englische Neurologe John Hughlings Jackson, der dieses Schichtenprinzip und die bei Ausfall sogenannter „höherer Hemmungszentren" in unteren Zentren auftretende Enthemmung als „release" beschrieb.

Die Verhältnisse sind aber zweifellos noch wesentlich komplizierter, als es in dem Prinzip Jacksons zum Ausdruck kommt. Denn es handelt sich insgesamt um ein sehr differenziertes Zusammenspiel vieler unterschiedlicher Zentren, die im

Rahmen einer funktionellen Konstellation gleichzeitig oder nachgeschaltet zusammenwirken.

Im Verlaufe der Entwicklungsgeschichte wurden ja mehr und mehr ursprünglich vom Stammhirn aus kontrollierte Funktionen ins Großhirn verlagert. So kommt es, daß bei Zerstörung der Sehrinde eine Ratte immer noch in der Lage ist, Futter zu erkennen und beim Laufen Hindernissen auszuweichen. Ein Hund kann aber bei der gleichen Schädigung nur noch hell und dunkel unterscheiden, und der Mensch wird praktisch blind.

Stammesgeschichtlich und einzelgeschichtlich ältere Funktionen scheinen insgesamt gegenüber Schädigungen widerstandsfähiger zu sein. Die „höheren", entwicklungsgeschichtlich jüngeren Integrationsmechanismen sind dagegen grundsätzlich störanfälliger als die im Grunde einfacheren, aber robusteren entwicklungsgeschichtlich älteren. Wenn das Gehirn nur für wenige Sekunden keinen Sauerstoff oder keine Glucose mehr hat, kommt es zur Ohnmacht. In dieser Ohnmacht bleiben aber die tiefergelegenen Vitalzentren, etwa das Atemzentrum, intakt. Es mag sogar Ausdruck einer sinnvollen Regulation sein, daß durch das mit der Bewußtlosigkeit verbundene Umfallen der Kopf wieder besser mit Blut versorgt wird.

Das integrative Zusammenspiel unterschiedlicher Zentren wollen wir schließlich noch einmal kurz am Beispiel der äußerst komplexen Vorgänge bei der Wahrnehmung betrachten.

Wahrnehmen stellt ja ein viel komplexeres Geschehen dar, als man früher annahm. Denn es handelt sich keineswegs um ein schlichtes Aufnehmen der Dinge und Geschehnisse der Umwelt. Im Rahmen der Aufnahme und Verarbeitung von Sinnesreizen findet vielmehr eine ganze Reihe weiterer neurophysiologischer Prozesse mit zum Teil wechselseitiger Beeinflussung statt. Erst die Gesamtheit aller dieser Prozesse macht als ganzheitliches Geschehen das aus, was wir unter Wahrnehmung verstehen.

So werden zunächst Zellkomplexe der sogenannten Formatio reticularis eingeschaltet. Das führt zu einer allgemeinen Anregung der gesamten Hirntätigkeit sowie zu einer speziellen Aktivierung derjenigen Zentren, die für die jeweilige Reizverarbeitung zuständig sind. Jeder Reiz, d.h. jede dem Organismus zugehende Information, wird darüber hinaus vor Erreichen des eigentlichen Verarbeitungszentrums im Großhirn noch einmal umgeschaltet. In diesen unterhalb der Hirnrinde gelegenen Relaisstationen erfolgt quasi eine Auswahl dessen, was vitale Bedeutung hat, und zugleich eine Art gefühlsmäßiger Bewertung. Gleichzeitig können bereits von hier aus bestimmte Antriebs- und Verhaltensprogramme ausgelöst werden. So kommt es, daß jedes Lebewesen von Natur aus bestimmte Sinnesreize als angenehm, wohlig, sympathisch oder als störend, bedrohlich, unsympathisch und feindselig empfindet. Ganz bestimmte Bereiche, vor allem der zum Limbischen System zählende Hippokampus, nehmen auch hinsichtlich der langfristigen Gedächtnisspeicherung eine Art Filterfunktion wahr, indem sie - aufgrund einer „vital-emotionalen" Bewertung - darüber bestimmen, was langfristig überhaupt im Gedächtnis gespeichert wird.

Die eigentliche Verarbeitung im Großhirn, die Leistung des Erkennens, beruht nun darin, daß die eingehende Sinnesmeldung mit dem verglichen wird, was früher schon einmal erlebt und im Gehirn gespeichert wurde. An diese Erkennensleistung sind schließlich Mit-Erregungen der motorischen Großhirnzentren gekoppelt, durch die entsprechende Bewegungs- und Handlungsvorgänge geplant und eingeleitet werden. Ich werde auf erzieherische Konsequenzen dieser Erkenntnis im dritten Teil zurückkommen.

Zu den Funktionsbereichen des Stoffwechsels, der Fortpflanzung und der ebenfalls letztlich vom Gehirn gesteuerten Umwelt-Beziehungen tritt also als weiterer äußerst wichtiger Bereich lebender Strukturen die Integration und Koordination allen Geschehen im Organismus. Dabei handelt es sich um das Zusammenspiel zahlreicher in Wechselwirkung miteinander stehender offener Systeme im Sinne vernetzter Regelkreise. Jede Regelgröße kann in der intensiven Vermaschung des Zentralnervensystems selbst wiederum Stellwert eines dritten Regelkreises sein und dieser vielleicht die Störgröße eines vierten.

In seinen hierarchisch höchsten und entwicklungsgeschichtlich jüngsten Anteilen nimmt das Gehirn also letztlich die Aufgabe wahr, die Starrheit festgelegter, automatisierter Programme flexibel zu gestalten und diese Flexibilität aufrecht zu erhalten. Auch in diesem Zusammenhang wird wieder die biologisch enge Koppelung von Chance und Risiko deutlich. Denn die beschriebene Funktionsmöglichkeit birgt zugleich die Gefahr einer neuen, abstrakten, unflexiblen Ausrichtung. Der Mensch erwirbt geistige Einsichten, die er dann äußerst „ungeistig" mit extremem Dogmatismus vertritt. Auch auf der höchsten Integrationsebene kann sich so auf dem Boden geistiger Abstraktionen eine Starrheit entwickeln, die um so gefährlicher ist, weil ihr die unmittelbare Beziehung zu biologischer Problemlösung fehlt. Ideologische Programme jeglicher Prägung, denen das Wohl und das Leben von Millionen konkreter Menschen geopfert wurden, legen in der Geschichte der Menschheit ein beredtes Zeugnis für diese Gefahr ab.

4. Das Gehirn: eine Einheit von Gegensätzen

Die grundlegende Bedeutung polarer Strukturen

Das Leben ist voller Gegensätze. Diese Gegensätzlichkeiten sind, sozusagen als polare Entsprechungen, notwendige Voraussetzungen eines durch innere Spannung und Dynamik bestimmten umfassenden Systemgeschehens. Sie ergänzen sich wechselseitig und machen erst in ihrer Beziehung zueinander das aus, was „Leben" bedeutet. So greifen u.a. Ordnung und Chaos, Ungewißheit und Unabhängigkeit, Festlegung und Freiheit, Regelmäßigkeit und Variationsreichtum in eigenartiger Weise ineinander.

Auch im Bereich der menschlichen Persönlichkeit begegnen wir ähnlichen Zusammenhängen. Großzügigkeit als positive Eigenschaft bedarf, um nicht in Oberflächlichkeit abzugleiten, der Gegenspannung der Gründlichkeit. Andererseits bedarf auch wieder die Gründlichkeit, um eine für die Gesamtpersönlichkeit wirklich positive Eigenschaft zu sein, der Gegenspannung der Großzügigkeit; denn ohne diese würde sie zur Kleinlichkeit und Pedanterie. Ein positives Merkmal ist also nur in der ausgehaltenen Spannung zu seinem positiven Gegenmerkmal wirklich wertvoll; es läßt sich auch in seinem positiven Wert nur steigern, wenn zugleich auch das Gegenmerkmal entsprechend gefördert wird und damit die optimale Spannung zwischen beiden erhalten bleibt (Helwig).

Abbildung 37: *Das sog. Werte-Quadrat nach Helwig.*

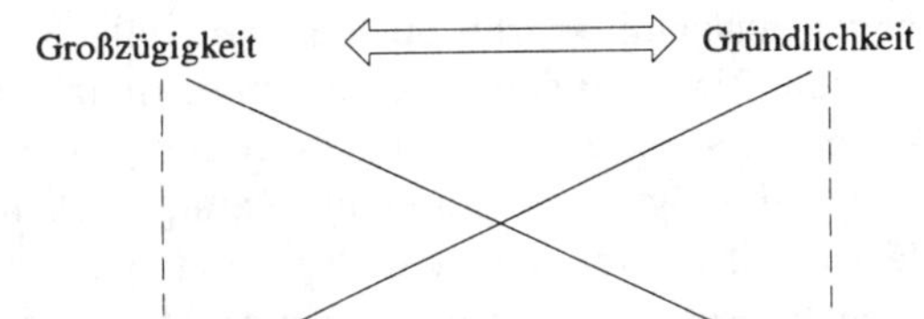

Die polaren Entsprechungen in der Funktionsweise des Gehirns, auf die ich im folgenden zu sprechen komme, sind mehr beispielhaft zu verstehen und nicht als eine systematische Auflistung aller denkbaren Polaritäten, die das Systemgeschehen im Bereich biologisch-hirnphysiologischer Zusammenhänge bestimmen. Sie sind auch als solche nicht isoliert zu sehen, sondern überlappen sich und greifen in vieler Hinsicht ineinander, wobei jede der aufgezeigten Polaritäten ihren spezifischen heuristischen Wert hat. Sie gewährleisten letztlich ein umfassendes Gleichgewicht und damit eine optimale Gesamtfunktion, indem sie in wechselseitiger Ergänzung Gegensätze in fruchtbarer Spannung verbinden.

Selbstbestimmung und Gebundenheit

Der erste Gegensatz, den wir betrachten wollen, ist der zwischen Bestimmtheit und Unbestimmtheit, zwischen Determination und Zufall, zwischen Gebundenheit einerseits und Selbstbestimmung, Autonomie, Ungewißheit und Willkür auf der anderen Seite.

Ein wesentliches Merkmal der lebenden Materie besteht ja darin, daß sie auf Außenreize reagiert, reizbar, erregbar, damit aber auch störbar ist und sich selbst unter dem Einfluß der Außenwelt verändert und verwandelt. Umgekehrt haben Lebewesen, insbesondere Menschen, die Tendenz, auf die Umwelt einzuwirken, sie zu nutzen und sie den eigenen Bedürfnissen anzupassen.

Dieser wechselseitige Prozeß des Anpassungsgeschehens ist wohl - auch in seinem Ursprung - letztlich nur richtig zu verstehen aus einer Sicht, in der beide Seiten zu einer Einheit verschmelzen. Aus dem Urgrund eines physikalisch-chemischen Kontaktes erwachsen, ist diese undifferenzierte Irritabilität, d.h. die Fähigkeit, durch einen Reiz erregt zu werden und auf einen Reiz oder eine Reizkonstellation in der Außenwelt anzusprechen, letztlich der Mutterboden, aus dem sich Sensibilität und Mobilität, Empfindungs- und Bewegungsvermögen, also eine Sinneswelt und eine Handlungswelt herausgestalten und ausdifferenzieren. Beides beruht auf einem Informations- und Energieaustausch zwischen dem System eines lebenden Organismus und seiner Umwelt.

Die ständigen dynamischen Interaktionen der wechselseitig rückgekoppelten sensorischen und motorischen Aktivitäten schaffen die Grundlage eines Nervennetzes und in weiterer Folge eines Gehirns, das der entwicklungsgeschichtlich entstandenen Wechselbeziehung auf einem höheren Organisationsniveau Gestalt gibt.

Der Mechanismus der Rückkoppelung (siehe S. 102 ff.) wird bekanntlich durch Störungen ausgeklinkt, die auf das geregelte System einwirken. Da es nun für jeden zukünftigen Augenblick eine unbegrenzte Vielzahl möglicher (zufälliger) Störungen gibt, ist es unbedingt notwendig, daß das regulierende System eine Antwort auf möglichst zahlreiche, naturgemäß mögliche Störbedingungen und Störfaktoren hat. Der Regler muß also eine gewisse Potenz haben. Er muß über funktionelle Reserven verfügen (Vendryès; vgl. S 141).

Durch solche Reserven ist der Organismus in der Lage, sich von äußeren Einflüssen „freizumachen". Über Reserven verfügen heißt ja, von vornherein die Mittel und Möglichkeiten haben, in einer großen Anzahl möglicher Fälle sinnvoll und wirkungsvoll handeln und reagieren zu können. Durch die Koppelung von Reserven und Regulationsmechanismen hat der Organismus die Möglichkeit, in relativer Selbständigkeit und Autonomie seine Beziehungen zum äußeren Milieu zu gestalten und die Belastungen durch zufällige Störeinflüsse auszugleichen. Durch diese Autonomie in Beziehung auf das äußere Milieu bringt der Mensch in seine Beziehung zur Außenwelt letztlich einen Zug von Ungewißheit, von Selbstbestimmung und „Will-Kür", d.h. letztlich von Freiheit.

Diese Möglichkeit wird entscheidend unterstützt durch die speziell in seiner

Gehirnfunktion begründete Möglichkeit der Simulation im rein gedachten Raum, der Vorwegnahme, der kreativen Neuorganisation und der Vergegenwärtigung in einer zweiten sprachlichen Ebene.

Schon für die Ausdifferenzierung im Empfindungs- und Bewegungsvermögen spielt es eine wichtige Rolle, daß Sinneseindrücke und Handlungsschemata gespeichert und daß sensorische und motorische Schemata auch sozusagen vorweggenommen werden können.

Auf höherer psychischer Ebene entwickeln sich so die Fähigkeiten, sowohl Situationen bewußt zu erfassen und mit einem angepaßten Verhalten darauf zu reagieren, als auch Situationen vorauszusehen und eigene Handlungen zu planen. Echte Anpassungsvorgänge gehen dabei über den Mechanismus der reaktiven negativen Rückkoppelung hinaus und beziehen vorwegnehmendes, „vorausahnendes Wahrnehmen" von Situationen und entsprechendes Vorausplanen ein. Zugleich entwickelt sich aufgrund der erweiterten Speicherungsmöglichkeiten die Fähigkeit, mit Verzögerung zu reagieren, Verhalten aufzuschieben und hemmend auf eigenes Verhalten einzuwirken.

Dadurch kann der Mensch - zumindest theoretisch - einen Nachteil ausgleichen, der dem Prinzip der Rückkoppelung anhaftet: der Nachteil des Reaktiven. Das Prinzip wird nämlich immer erst dann wirksam, wenn und nachdem eine Abweichung bestimmten Ausmaßes von der Norm stattgefunden hat.

Vielleicht ist es mehr als eine oberflächliche Analogie, daß nach aller Erfahrung auch der Mensch gewöhnlich erst dann zu reagieren pflegt, wenn etwas Nachhaltiges geschehen, „das Kind sozusagen in den Brunnen gefallen" ist, während im Vorfeld von Ereignissen nur schwer Impulse zu entsprechendem Handeln aufkommen. Ähnlich ist ja auch unser ganzes gesellschaftliches Leben sehr viel stärker darauf ausgerichtet, „Schuldige" zu bestrafen als Unheil und Schuld zu verhindern oder Geschädigten zu helfen. Erfahrungen dieser Art scheinen erneut die Erkenntnis zu bestätigen, daß sich in der Natur Funktionsprinzipien, die auf unteren Entwicklungsebenen wirksam sind, auch auf höheren Ebenen wiederfinden.

Letzten Endes ist es auf dem Boden dieser Voraussetzungen die Intelligenz, die dem Menschen als dem höchstentwickelten Lebewesen völlig neue Formen ungeheuer feiner und flexibler Anpassung ermöglicht. Die biologisch verlängerte Reifung läßt vermuten, daß das Gehirn verhältnismäßig wenig durch feste erbliche Muster geprägt ist, daß die Chancen der Anpassung an Umweltbedingungen und die Chancen des Lernens, der Erfahrungsbildung und der kulturellen Formung unvergleichlich größer sind. Dadurch eröffnen sich dem Menschen Möglichkeiten einer größeren Selbstbestimmung. Es entwickelt sich aber auch eine neue Form von Gebundenheit.

Schon in der frühen Kindheit zeigt sich die Abhängigkeit von der sozialen und kulturellen Umwelt sehr deutlich. Die Bilder und Vorstellungen, die ein Kind entwickelt, ergeben sich weitgehend aus den Vorstellungen, die sich andere Menschen, vorwiegend also die Eltern, von den Dingen der Welt machen. Die subjektive Welt jedes einzelnen entsteht letztlich auf dem Boden der Vorstellungen, die sich andere von der Welt machen, bzw. auch auf dem Boden dessen, was man selbst für die Vorstellungen der anderen hält. Das ist andererseits wieder die Grundlage einer gewissen „Objektivität“, die zwischenmenschliche Kommunikation ermöglicht.

Zugleich entwickelt das Kind das Bild einer Welt, in die auch sein Selbstbild integriert ist. Dieses Selbstbild entsteht aber wieder wesentlich in der Spiegelung seiner selbst im Bild der Mutter. Dieses enthält bestimmte Merkmale beispielsweise des Zarten, Bewundernden oder Harten, Geringschätzigen. Damit formt sich die charakteristische Art und Weise des eigenen Seins, der eigenen Existenz; bestimmte Merkmale werden gestärkt, andere geschwächt. Noch bevor es zu einer Wahrnehmung im eigentlichen Sinne kommt, wird dieses Bild des anderen als Grundlage des eigenen Wesens verinnerlicht.

So liegen auch hier wieder, bei der geistigen Entwicklung des Menschen in einer sozio-kulturellen Umwelt, Chance und Risiko eng zusammen. Gerade die Intelligenz als eine abstraktere Funktion, die sich aus dem unmittelbaren konkreten Wirklichkeitskontakt herausgebildet hat, sich zugleich aber auch wieder aus diesem löst, ermöglicht eine bewußt willentliche Einwirkung auf die Umwelt. Damit geht jedoch die Gefahr einher, aus den positiven Möglichkeiten einer besonders feinen Anpassung in eine neue Starrheit sekundärer geistiger Systeme zu geraten, die keinen Rückkoppelungen mit der Realität mehr zugänglich ist.

Auch in dieser Beziehung muß also der Mensch versuchen, einen fruchtbaren Ausgleich zwischen konkretem Wirklichkeitsbezug und höheren geistigen Möglichkeiten herzustellen. Die Organisation der Persönlichkeit des heranwachsenden Menschen vollzieht sich - ideal betrachtet - auch in dieser Beziehung in Richtung auf ein dynamisches Gleichgewicht. In diesem Gleichgewicht gehen zugleich Tendenzen individueller Differenzierung und zunehmender Eigenständigkeit gleichgewichtig einher mit Tendenzen, sich die Umwelt geistig einzuverleiben und sich an sie anzupassen.

Beständigkeit und Wandel

Ein Ausgleich und eine wechselseitige Gehaltenheit gegensätzlicher Merkmale sind wichtig für die Organisation einer menschlichen Persönlichkeit. Sie bedarf nämlich des Haltepunktes der eigenen Konstanz, aus der heraus die Welt geistig so organisiert wird, daß ein subjektiver Sinn dieser Welt für das Individuum entsteht. Als Kehrseite dazu ergibt sich wiederum - zumindest teilweise - ein Sinn seiner selbst auf dem Boden der wahrgenommenen Konstanz der Welt.

Konstanz in der Veränderung und Veränderung in der Konstanz kennzeichnen die Dynamik des Lebendigen. Wir sind ein über unser ganzes Leben hin identisches Individuum; und doch: Was haben wir mit dem Wesen gemeinsam, das wir mit 3 Jahren waren? Haben nicht sogar alle dreijährigen menschlichen Lebewesen mehr gemeinsam als der gleiche Mensch mit 3 und mit 63 Jahren?

Leben ist beides. Auflösung und Neubildung bedingen und bedürfen einander und ergeben erst in ihrem Zusammenwirken das dynamische Gleichgewicht des

Lebendigen. Auch Leben und Tod ergänzen sich beide zu einer umgreifenden zeitlichen Einheit. Im Rahmen dieses umfassenden dynamischen Prozesses bezeichnen wir die Zeitspanne der relativen Beständigkeit als Leben und den Zeitpunkt, zu dem ein Organismus definitiv seine Struktur und Organisation verändert und sich in das kosmische All auflöst, als Tod. So verweist das Leben als Ganzes auf den Tod, und der Tod definiert sich in seinem Verhältnis zum Leben. „Vom Tode leben, am Leben sterben", heißt es schon bei Demokrit. Jede Existenz nährt sich in gewisser Weise von dem, was an ihr nagt.

Die bewußte Angst vor dem Tod dürfte aber am ehesten als Symptom einer tiefen Spaltung und Abgrenzung, sowohl des Körperlichen vom Geistigen als auch des Lebenden von seiner Umwelt, zu verstehen sein. Denn der Tod, der sich angesichts einer ihn als Augenblick überschreitenden und alles umfassenden zeitlosen Gegenwart sozusagen selbst auflöst, ereilt nur Teile, nie das umfassende Ganze.

Die Einstellung von Menschen, die in verschiedenen Kulturen leben, zu dieser Polarität von Beständigkeit und Wechsel ist recht unterschiedlich, wie auch die Einstellungen der Menschen im Verlauf der Jahrhunderte keineswegs gleich waren. In asiatischen Ländern sieht man beispielsweise mehr den Wechsel der Dinge und versteht vor allem das Leben als etwas, das in seinem innersten Wesen in dauerndem Fluß, in ständiger Veränderung ist. Der westliche Mensch dagegen sucht ständig nach Sichtweisen, die ihm den Eindruck der Klarheit, der Eindeutigkeit, der Beständigkeit und Regelmäßigkeit vermitteln. Das mag auch mit dafür verantwortlich sein, daß wir im Abendland gegenüber unseren Gefühlen eher mißtrauisch sind. Denn Gefühle sind etwas Fließendes, und menschliche Eigenschaften erscheinen in einer Sicht, die stärker das Gefühlsleben einbezieht, weit weniger starr und statisch.

Plastizität und Festlegung

Auf allen Stufen der biologischen Entwicklung gibt es bestimmte Formen von Festlegungen, aber auch - im Rahmen dieser Festlegungen - einen gewissen Spielraum. Ebenso ist ja auch ein Gesetz ganz allgemein etwas Gesetztes, Fest-Gesetztes, Fest-Gelegtes; aber es hat auch einen Spielraum der Auslegung und bedarf der „Kommentare" und der konkreten Entscheidungen, die es ausfüllen.

Alle lebenden Zellen haben große Ähnlichkeiten ihrer Strukturen; überall bestimmen Nukleotide und Proteine, also Kernsäuren und Eiweiße, das biologisch-chemische Geschehen; und doch weisen Zellen selbst innerhalb eines einzigen Organismus große Unterschiede auf. Schon ein Blick auf die stammesgeschichtliche Entwicklung läßt beispielsweise bei Betrachtung der unterschiedlichsten Wirbeltiere einen festen gemeinsamen Bauplan erkennen. Und doch kann das eine Wirbeltier mit der gleichen Gliedmaße laufen, aber nicht klettern, ein anderes schwimmen, aber nicht laufen und ein drittes fliegen, aber nicht schwimmen.

Festlegungen bedeuten ja grundsätzlich Stabilität und Sicherheit. Sie können aber auch gefährlich sein. So können Instinkte unter bestimmten Umständen in den Tod führen. Das kennen wir beispielsweise von den sogenannten „Estampedas", den Massenfluchten der Pferde. Pferde sind ja bekanntlich sehr schreckhaft und gehören zu den sogenannten „Flüchtern". Wenn nun ein einzelnes Pferd in einer schlafenden oder grasenden Masse aus irgendeinem Grunde aufschreckt und davonrast, galoppieren ihm die anderen einfach nach und rasen in höchster Angst bis zur Erschöpfung ins Weite, mitunter sogar in ihren Tod (Hellpach). Das bei Instinkten gültige Grundprinzip zeigt sich aber auch in höheren geistigen Prozessen. Denn auch die formal starre Anwendung eines von Menschen gemachten Gesetzes kann ebenso wie eine zwanghafte Besessenheit menschliche Existenzen vernichten.

So scheinen sich auch starre Festlegung und flexible Offenheit sinnvoll zu ergänzen. Alle lebenden Organismen sind offen und festgelegt zugleich. Das gilt auch für ihre Teile, ihre Organe. Im einzelnen hängt die jeweilige Grenze zwischen beiden Polen von bestimmten Bedingungen ab. Man muß in diesem Rahmen zunächst zwei Aspekte unterscheiden:

Einerseits spricht einiges dafür, daß die rein biologische Plastizität mit der stammesgeschichtlichen und einzelgeschichtlichen Entwicklung abnimmt. Wenn man einen Strudelwurm durchschneidet, bildet sich aus beiden Enden ein jeweils neuer Wurm. Aber eine in der Mitte durchtrennte Ratte ist und bleibt tot. Kinder verfügen über eine sehr große Anpassungsfähigkeit. Sie lernen fremde Sprachen im wahrsten Sinne des Wortes spielend. Alte Menschen dagegen haben eine wesentlich geringere Anpassungsfähigkeit und können sich auch nur sehr viel schwerer auf ungewohnte und für sie neuartige Verhältnisse einstellen. Offenbar werden Zellfunktionen mit zunehmender Entwicklung des Organismus differenzierter und spezialisierter, und eine in frühesten Phasen der ontogenetischen Entwicklung, also beispielsweise im Embryonalzustand vorhandene undifferenzierte Plastizität verschwindet im Laufe der individuellen Existenz mehr und mehr.

Andererseits scheint mit höherer Entwicklung eines Organismus und zunehmender Differenzierung ein höheres Maß an Umweltunabhängigkeit bzw. Freiheit erreicht zu werden, was wiederum eine größere Flexibilität und auch differenziertere Anpassung ermöglicht. Man denke beispielsweise an die Konstruktion von Heizungen, Klimaanlagen usw.

In dem hier interessierenden Zusammenhang soll uns vor allem der erste Aspekt, die Rolle des phylogenetischen und ontogenetischen Entwicklungsstandes noch etwas eingehender beschäftigen. Die „Lernfähigkeit" von Embryonalgewebe, d.h. die Fähigkeit, auf unterschiedliche Umweltbedingungen unterschiedlich zu reagieren, sich beispielsweise in einer ganz bestimmten Richtung zu differenzieren, kann im Grunde auch als Ausdruck einer umfassenden Integration im Sinne der Unterordnung kleinerer Teile unter die Interessen der Ganzheit verstanden werden.

Diese Fähigkeit nimmt, wie gesagt, im Laufe der Entwicklung ab, d.h. gegenläufig zu einer zunehmenden Differenzierung. Das gilt für die stammesgeschichtliche Entwicklung wie für die Entwicklung des Einzelwesens, wobei sich die

Auswirkungen beider Entwicklungstendenzen sozusagen überschneiden. Bleiben wir zunächst bei der ontogenetischen Entwicklung: Wenn im Leben eines Einzelwesens eine bestimmte Entwicklungsphase erreicht ist, sind sozusagen die Würfel für die Entwicklung von Gewebe gefallen. Der weitere Weg führt höchstens in feinere Spezialisierungen hinein, nicht jedoch in Richtung höherer biologischer Flexibilität. Diese nimmt vielmehr ab. Haben sich beispielsweise schon Nieren bei einem Embryo gebildet, führt eine rein zufällige Mischung isolierter Nierenzellen zur Bildung einer ausstrukturierten funktionsfähigen Niere.

In der embryonalen Frühphase eines Amphibiums kann ein Gewebestück, aus dem sich normalerweise ein Auge gebildet hätte, wenn es an das Schwanzende eines anderen älteren Embryos verpflanzt wird, beispielsweise zu einem Harnleiter werden. Ist jedoch ein bestimmter Zeitpunkt der embryonalen Entwicklung überschritten, so entwickelt sich dieses Gewebestück in jedem Fall zu einem Auge, auch wenn es in die Bauchhaut oder an das Schwanzende eines anderen, älteren Embryos transplantiert wird.

In dieser Entwicklungsphase spricht man auch von morphogenetischen Feldern. Der Begriff bedeutet in diesem Zusammenhang in Blickrichtung auf bestimmte Organe oder Gewebe eine System-Ganzheit aller für einen bestimmten embryonalen Entwicklungsvorgang verantwortlichen Bedingungen, also beispielsweise die Gesamtheit aller als „formgebendes Feld" verstandenen Einflüsse auf das Wachstum eines Organismus. Im Begriff des morphogenetischen Feldes kommt damit zum Ausdruck, daß das befruchtete Ei nicht ein von vornherein festgelegtes Schicksal hat, sondern daß jede Phase seiner Entwicklung sowohl durch den vorausgegangenen Zustand als auch durch eine große Anzahl aktueller Einflußgrößen bestimmt wird.

Jedes morphogenetisches Feld hat den Charakter einer selbständigen Einheit, eines selbstregulativen Systems, eines „Holon" nach Koestler. Das ist insofern vital wichtig, weil dadurch gewährleistet wird, daß das Entwicklungsziel gemäß einer bestimmten biologischen Norm erreicht wird, auch wenn während der Entwicklung verschiedenartige Störeinflüsse wirksam werden. Man hat deshalb auch seit einiger Zeit die Konzeption einer starren genetischen Festlegung zugunsten der Vorstellung eines genetischen Kanons relativ fester Regeln aufgegeben. Die Entwicklung wird also mehr durch flexible Strategien bestimmt, die trotz durchaus gegebener grundlegender Regeln Raum für Alternativen lassen und weitgehend auf dem Boden vielfältiger Rückkoppelungsmechanismen auf die Erreichung bestimmter „Grobziele" ausgerichtet sind.

Interessant sind auch Ergebnisse der beiden international bekannten und mit dem Nobelpreis ausgezeichneten Forscher David H. Hubel und Torsten N. Wiesel von der Harvard Medical School. Sie untersuchten beispielsweise junge Katzen, die von Geburt an nur *ein* normal sehendes Auge hatten, und stellten fest, daß die fehlende Sehfähigkeit auf dem anderen Auge eine Reaktionslosigkeit der Zellen der Sehrinde, also der im Gehirn gelegenen und für die Verarbeitung optischer Eindrücke zuständigen Nervenzellen zur Folge hatte. Offenbar hatten sich bei der Geburt bestandene Verbindungen durch den Sehmangel wieder zurückgebildet. Wenn jedoch der gleiche Sehmangel in einer späteren Entwicklungsphase auftrat, in der die Kätzchen schon optische Erfahrungen gewonnen hatten, ergab sich nach eingetretenem Sehmangel eine höchstens geringfügige Veränderung. Ebenso verursachten gleiche Hirnschädigungen im Stirnhirnbereich beim neugeborenen Affen keine Störung, bei 5 Monate alten Affen leichte Störungen und bei 1- bis 2jährigen Tieren schwere und dauernde Ausfälle.

Ähnliche Beobachtungen konnten auch bei Sprachstörungen von Kindern gemacht werden. Forscher berichten, daß sich fast alle durch eine organische Hirnschädigung verursachten Fälle von Sprachverlust, die vor dem 6. Lebensjahr eingetreten waren, zum großen Teil wieder zurückbildeten. Das war selbst dann der Fall, wenn ein in den ersten 2 Lebensjahren entstandener Krankheitsherd die ganze linke „Sprachregion" endgültig zerstört hatte. Bei Ausfall der gesamten linken Hirnhälfte lernten Kinder offenbar mit der ursprünglich hierfür nicht zuständigen rechten Hirnhälfte sprechen. Nach einer gewissen Altersentwicklung, wenn die Hirnschädigung etwa ein Kind im Grundschulalter traf, erwiesen sich die Folgen jedoch als sehr viel nachhaltiger.

Diese Befunde zeigen, daß die Folgen eines die Sprachregion treffenden Krankheitsherdes um so geringer sind, je früher sich ein solcher Krankheitsherd entwickelt. Offenbar stellt die Fähigkeit zur Sprache eine ursprünglich redundante Bereitschaft der menschlichen Nervenstruktur dar, die sich im Verlaufe der Jahre mehr und mehr auf bestimmte Bereiche einschränkt (Benedetti).

Verhaltensfixierungen durch feste, unabänderlich wirksame „Verdrahtungen" sind demnach nicht nur durch Erbeinflüsse bedingt. Sie können auch durch Einflüsse aus der Umwelt, die das Gehirn eines Lebewesens in einer bestimmten, besonders empfindlichen Entwicklungsphase treffen, unabänderlich und lebenslang geprägt werden, also letztlich durch Lernprozesse im weitesten Sinne zustande kommen.

Das zeigten Versuche, die mit jungen Katzen durchgeführt wurden: Die Tiere wurden zunächst bis auf eine halbe Stunde täglich im Dunkeln gehalten. Während dieser halben Stunde wurden sie in einen Zylinder gesetzt, der entweder mit horizontal oder vertikal verlaufenden Streifen versehen war. Diese horizontalen oder vertikalen Streifen waren der einzige optische Reiz für die Katzen in einer für ihre Entwicklung wichtigen Phase. Nach wochenlangen Versuchen dieser Art zeigten die Katzen charakteristische Veränderungen, von denen sie sich auch später nicht mehr erholten. Die Tiere, die in dem Zylinder mit horizontal verlaufenden Streifen gewesen waren, reagierten auch später im Grunde nur auf horizontale Reize, wenn man ihnen beispielsweise einen Stock waagerecht hinhielt; dagegen schauten sie nur verdutzt, wenn man ihn senkrecht hielt. Bei den Katzen, die den Zylinder mit vertikal verlaufenden Streifen kennengelernt hatten, war es umgekehrt (Pettigrew).

Diese Versuche machen deutlich, wie durch ganz bestimmte Manipulationen der Umwelt spätere Erlebnismöglichkeiten eröffnet und verhindert werden. Man konnte beispielsweise auch beobachten, daß Neugeborene, die in einem Raum untergebracht waren, in dem ein auf einem Tonband aufgezeichneter normaler

Herzschlag über einen Lautsprecher wiedergegeben wurde, im Vergleich zu entsprechenden Kontrollgruppen sehr viel weniger schrien, besser tranken und auch wesentlich schneller an Gewicht zunahmen (Salk). Andererseits konnte man bei Affen, die isoliert aufgewachsen waren, eine dauernde Unfähigkeit feststellen, soziale Normen zu bilden und sexuelle oder elterliche Beziehungen aufzunehmen (Harry und Margret Harlow).

Auch die Erfahrungen mit sogenannten „Wolfskindern" zeigten, daß ein Entwicklungsrückstand mehr und mehr unaufholbar zu werden scheint, je länger keinerlei sozialer Kontakt zu Menschen besteht. Was solche Erfahrungen für Kinder bedeuten, die von ihren Eltern oder anderen Erwachsenen in weitgehender Isolierung ohne jegliche psychische oder soziale Anregung gehalten werden, dürfte auf der Hand liegen.

Auch wenn man die Problematik der Plastizität unter mehr stammesgeschichtlichem Aspekt betrachtet, trifft man auf zum Teil erstaunliche und auf den ersten Blick fast widersprüchliche Untersuchungsergebnisse.

Auf der einen Seite gibt es gesicherte Beobachtungen über eine erstaunliche Plastizität vor allem bei niederen Organismen. Ich erinnere beispielsweise an die Versuche mit Strudelwürmern, die in der Mitte durchgeschnitten wurden und bei denen man feststellte, daß sich aus dem vorderen Ende des Wurms ein Schwanz und aus dem hinteren Ende ein Kopf neu bildeten. Das ist ein Fall wirklich extremer Plastizität. In ähnlicher Weise bildete sich bei Salamandern, denen man die Linse des Auges entfernt hatte, nach einer Weile aus der Regenbogenhaut eine neue Linse. Es ist interessant, daß dieser Vorgang über eine Phase verlief, in der das Gewebe der Regenbogenhaut seine Pigmentierung, d.h. gewissermaßen seine Spezialisierung verlor und sich zunächst wieder entdifferenzierte.

Bei Regenerationsversuchen konnten sogar noch unglaublichere Ergebnisse erzielt werden: Man zermatschte beispielsweise das Gewebe eines lebenden Schwammes oder einer Hydra, also eines Süßwasserpolypen und goß anschließend die zerquetsche Masse in Wasser. Dabei stellte man fest, daß die abgetrennten Zellen schon recht bald wieder begannen, sich zusammenzuschließen. Nach einiger Zeit formten sie ein rundes Gebilde, das sich zunehmend ausdifferenzierte und schließlich zu einem erwachsenen Individuum mit typischem Mundbereich, Fangarmen usw. wurde (Dunbar nach Köstler, 1967).

Wie stark andererseits feste Verdrahtungen das Verhalten von Tieren bestimmen können, zeigen Versuche von Roger Sperry, dem amerikanischen Hirnforscher, der vor allem durch seine Untersuchungen über die unterschiedliche Funktion der beiden Hirnhälften bekannt wurde: Er verpflanzte ein Stück Bauchhaut einer Kaulquappe auf deren Rücken. Nachdem aus der Kaulquappe ein Frosch geworden war, kratzte dieser sich mit den Hinterbeinen am Bauch, sooft man das verpflanzte Stück Bauchhaut auf seinem Rücken berührte.

Ein anderer Versuch von Sperry weist in die gleiche Richtung: Bei einer Kröte durchtrennte er den Sehnerv und verband die Ausgänge aus dem rechten Auge mit dem Nerv, der früher vom linken Auge ins Gehirn führte und umgekehrt. Jedesmal, wenn danach vor dem rechten Auge der Kröte eine Fliege auftauchte, schnellte sie mit der Zunge nach links. Umgekehrt schoß die Zunge nach rechts, wenn die Fliege links auftauchte.

Ein Beispiel extremer Fixiertheit speziell ihrer Lern- und Anpassungsleistungen boten auch Bienen. Bei aller beeindruckenden Signal- und Speicherungskapazität ließen die an ihnen durchgeführten Versuche äußerst enge Grenzen plastischer Anpassung erkennen: Wenn man beispielsweise eine Biene in einem dunklen Raum mit einem Fenster gefangen hält, fliegt sie immer wieder bis zur Erschöpfung gegen dieses Fenster. Sie ist auch nicht in der Lage, den richtigen Weg nach außen zu lernen, selbst man ihr diesen Weg mehrmals gezeigt hat. Ihre Zellverbindungen sind zu einem derartigen Ausmaß von Spezifität fest verdrahtet, daß kein plastisches Verhalten erwartet werden kann. Obwohl das Bienengehirn eine große Anzahl unterschiedlicher differenzierter Verhaltensweisen erlaubt, ist in ihm kaum die Möglichkeit von Lernprozessen angelegt.

Demgegenüber bewiesen Menschen eine erstaunliche Umstellungsfähigkeit. Das zeigte sich in Untersuchungen, die der Amerikaner G.M. Stratton und der Innsbrucker Psychologe S. Kohler mit Umkehrbrillen machten. Solche Brillen bewirken ja, daß infolge des prismatisch veränderten Strahlengangs alle Strahlen, die bisher auf die untere Hälfte der Netzhaut trafen, nunmehr in die obere Netzhauthälfte geleitet wurden und umgekehrt. In ähnlicher Weise werden dabei auch die Seiten rechts und links vertauscht. Die Versuchspersonen mußten nun für eine bestimmte Zeit ständig Umkehrbrillen tragen. Erstaunlicherweise war es ihnen in diesen Experimenten nach verhältnismäßig kurzer Zeit möglich, sich wieder mehr oder weniger normal in der Umwelt zurechtzufinden, auch wenn sie zunächst erhebliche Orientierungsschwierigkeiten hatten. Nachdem sie in der Anfangszeit die Welt praktisch seitenverkehrt auf dem Kopf stehen sahen, erfolgte verhältnismäßig bald eine bemerkenswerte Umstellung, die erlebnismäßig wieder das Bild einer „normalen Welt“ vermittelte. Diese Umstellung ist aber in keiner Weise physikalisch, sondern nur aus einer funktionalen physiologisch-psychologischen Anpassung heraus zu erklären.

Begrenzung und Ausbreitung

Ein weiterer Aspekt, der Prinzipien betrifft, die bei vordergründiger Betrachtung gegensätzlich erscheinen, sich aber im Gesamtsystem sinnvoll ergänzen, läßt sich mit den Polen Erregungsbegrenzung und Erregungsausbreitung kennzeichnen. Er schließt auch die sogenannte Lokalisationsfrage sowie teilweise auch die Polarität von Spezialisierung und Generalisierung, von Differenzierung und Integration ein.

Erregungsausbreitung oder Erregungsausstrahlung (Irradiation) zeigt sich beispielsweise, wenn es beim Schreck zu einer allgemeinen Schweißreaktion, zu Gefäßverengung und Gänsehautbildung kommt, oder auch, wenn das Anhören von Tanz- oder Marschmusik zu automatisch erfolgenden Hand-, Fuß- oder Körperbewegungen führt. Die den akustischen Wahrnehmungen entsprechenden Erregungen strahlen dann sozusagen in die Motorik aus. Mit zunehmender Übung,

Gewöhnung und Spezialisierung erfolgt andererseits eine immer stärkere Einengung der Irradiationsphänomene auf ausgewählte zweckmäßige Teilaktivierungen. Das ist u.a. ein Aspekt von Lernprozessen, der dem sogenannten Differenzierungslernen entspricht.

Der am Maudsley Hospital in London tätige Psychologe Hans Jürgen Eysenck sieht übrigens in der Art und Weise des Erregungsablaufs eine angeborene Größe und führt die typologische Unterscheidung von extra- und introvertierten, d.h. mehr nach außen bzw. nach innen gerichteten und vorrangig von dorther bestimmten Menschen auf ein bestimmtes Verhältnis zwischen Erregungs- und Hemmungsprozessen im Zentralnervensystem zurück. Auf dem Zellniveau bezeichnet er als exzitatorisch, d.h. erregend, eine „irradiierende", ausstrahlende Aktivität, die Verbindungen herstellt und auch mit einer Tendenz zu länger kreisenden Erregungen einhergeht. Demgegenüber definiert er als inhibitorisch oder hemmend ermüdungsähnliche Prozesse, die eine Weiterleitung neuraler Impulse verhindern. Ein Vorherrschen von Erregungsprozessen geht nach ihm mit einer Erleichterung von Konditionierungsvorgängen und einer Verlangsamung von Löschungsvorgängen einher. Ein Vorherrschen von neuralen Hemmungsprozessen, wie sie für extravertierte, d.h. nach außen gerichtete, von außen her bestimmte und damit ablenkbarere Menschen charakteristisch sei, verhindere dagegen ein Weiterwirken neuraler Aktivität und Wiederauftreten neuraler Verbindungen.

Es erscheint nur zunächst paradox, daß sich zunehmende, immer feinere Ausdifferenzierung und verstärkte Integration weitgehend parallel zueinander entwickeln. Beide Tendenzen wirken jedoch gerade für den Aufbau dessen, was man üblicherweise als Persönlichkeit im Sinne einer ganzheitlich integrierten individuellen Einheit definiert, eng zusammen. Ja sie bedingen sich sogar wechselseitig. Ein hoch entwickelter Organismus bedarf, um leistungs- und überhaupt lebensfähig zu bleiben, der Differenzierung und ganz spezieller Funktionen, zu denen nur ganz bestimmte Zellen und Zellkomplexe in der Lage sind. Je mehr sich aber solche ausdifferenzierten und spezialisierten Teilkomplexe entwickeln, um so wichtiger wird ihr geordnetes Zusammenwirken im Rahmen eines Ganzen, wenn nicht alle Einzelgrößen und Einzelfunktionen auseinanderfallen sollen.

Damit berühren wir die Problematik der sogenannten Lokalisation. Es ist eine seit längerer Zeit erwiesene Tatsache, daß Nervenzellen mit gleicher oder ähnlicher Funktion häufig gemeinsam in bestimmten Abschnitten oder Schichten des Gehirns liegen, d.h. an bestimmten Stellen lokalisiert sind. Eine solche mit Spezialisierung einhergehende Konzentration kann verhältnismäßig ausgedehnte Bereiche umfassen, aber auch auf sehr umschriebene Stellen im Gehirn begrenzt sein. Sie wissen ja bereits, daß die beiden Großhirnhälften mehr oder weniger für die umgekehrten Körperseiten zuständig sind und daß es innerhalb des Großhirns verschiedene sogenannte Lappen mit unterschiedlicher Funktionskonzentration gibt. Auch die Theorie des kanadischen Neurophysiologen Paul McLean betrifft eine relativ grobe Gliederung des menschlichen Gehirns in drei wesentliche Anteile. Den entwicklungsgeschichtlich ältesten Teil, der im wesentlichen in dem bereits bekannten Stammhirn lokalisiert ist, führt er auf die Reptilien zurück. Hier sind

Abbildung 38: *Das „triunische Gehirn" des Menschen* nach P. McLean

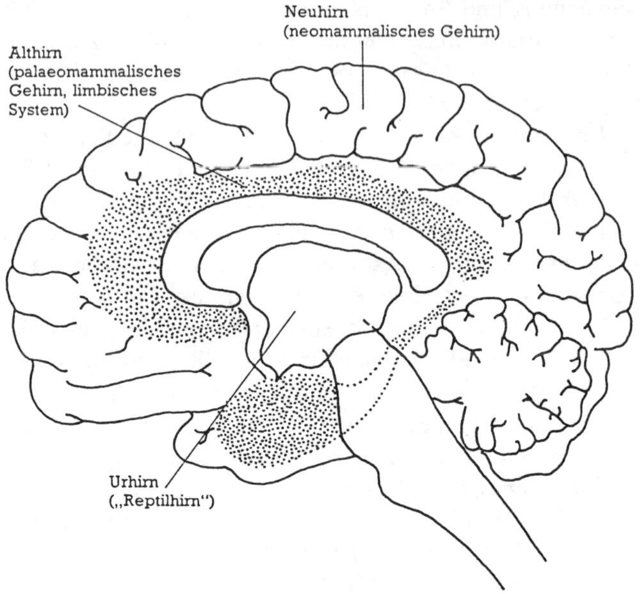

- auch noch im Gehirn des heutigen Menschen - die für das Überleben wichtigen Grundinstinkte wie Geschlechtstrieb, Nahrungstrieb, Flucht und Kampfverhalten, Territorialverhalten, Aggression usw. verankert.

In der weiteren stammesgeschichtlichen Entwicklung kam es dann zum Zeitpunkt des Auftretens der frühen Säugetiere zu einer Ergänzung und Ausweitung dieses „Reptil-Gehirns". Diese Ergänzung sieht McLean im wesentlichen an das „limbische System" gebunden, das sozusagen einen Saum um das entwicklungsgeschichtlich frühere Stammhirn bildet. Mit der Entwicklung des limbischen Systems kristallisierte sich ein besonderes energie- und motivationslieferndes System heraus, durch das die ursprünglichen, vom Reptilhirn aus gesteuerten Verhaltensweisen eine emotionale, d.h. gefühlsmäßige Färbung und Überlagerung erhalten.

Bei den entwicklungsgeschichtlich späteren Säugetieren, bei denen sich Neuhirnanteile immer weiter ausdehnen, d.h. die Großhirnrinde immer umfangreicher wird, sieht McLean die Grundlagen einer flexibleren Weltoffenheit und einer freieren Verfügbarkeit individueller Möglichkeiten, d.h. einer höheren Rationalität entstehen. Das Neuhirn ist für ihn „die Mutter der schöpferischen Phantasie und der Vater der Abstraktion".

Nach McLean sind feste oder auch modifizierte Instinktprogramme, gefühlsbetonte Antriebsprozesse und rationale, vernunftbestimmte Verhaltensplanung zwar vielfältig miteinander verbunden, haben aber noch nicht die Ebene einer effektiven Integration erreicht, die er im Prinzip durchaus für denkbar hält. Aufgrund dieses Entwicklungsstandes erklärt er im übrigen, daß die Bestimmtheit menschlichen Verhaltens durch verstandesgeleitete Überlegungen, affektive Antriebe und elementare Vitalinstinkte wechselt und daß in einem komplexen Verhaltensgesamt meist viele Fäden unterschiedlicher Herkunft unentwirrbar zusammenlaufen.

Neben der in der Theorie des „triunischen" Gehirns von McLean zum Ausdruck kommenden Aufgliederung gibt es sehr viel feinere und detailliertere Funktionszuordnungen zu ganz bestimmten, verhältnismäßig eng umgrenzten Gebieten des Gehirns, wie sie auch in sehr differenzierten (Land)-Karten des Gehirns zum Ausdruck kommen. Anstelle einer relativ groben Aufgliederung, wie sie etwa den erwähnten Hirnlappen oder den Erdteilen auf einer Weltkarte entsprechen würden, finden sich in solchen Gehirnkarten Aufteilungen, die am ehesten der Größenordnung politischer Abgrenzungen von Staaten und Kleinstaaten auf einer Landkarte zuzuordnen wären.

Solche Gruppen von Zellen mit gemeinsamer oder weitgehend ähnlicher Funktion werden als „Zentren" bezeichnet. In diesem Begriff kommt zum Ausdruck, daß nicht eine einzelne Nervenzelle, geschweige denn einzelne Impulse einer Zelle die bedeutsamen Elemente und Ereignisse im Zentralnervensystem darstellen, sondern daß das Durchschnittsverhalten miteinander in engerer Beziehung stehender örtlicher Zellansammlungen für das Verhalten eines Organismus maßgeblich ist.

Das auf das Gesamtsystem bezogene Zusammenwirken solcher Zellansammlungen ist letztlich für die Funktion des Zentralnervensystems bestimmend. Die derzeit beherrschende systemische Vorstellung des Zentralnervensystems nimmt also sozusagen eine Zwischenposition ein zwischen der reduktionistischen Auffassung, in einzelnen Zellen die entscheidende Grundlage der Gehirnfunktion zu sehen, und einer holistischen Vorstellung, bei der jedes seelische Geschehen auf der Funktion des ganzen Gehirns beruht und in der sich letztlich alles in undefinierbarer Ganzheitlichkeit verflüchtigt. Allerdings darf man den Begriff „Zentrum" in diesem Zusammenhang nicht zu eng verstehen. Denn es handelt sich eher um gewisse „Knotenpunkte" in einem sehr komplexen dynamischen Erregungsgesamt des Gehirns.

Und es gibt auch nicht eine, allem übergeordnete Zentrale, etwa dem „Ich" oder dem „Willen" vergleichbar. Vielmehr handelt es sich eher um eine Föderation von Regionen (Morin), die zwar relativ selbständig sind, aber doch im Rahmen der Gesamtfunktion in ständiger enger kooperativer Beziehung zueinander stehen.

Man muß auch zweifellos einen Unterschied machen zwischen bestimmten Funktionen, die irgendwie im Zusammenhang mit speziellen Hirnbereichen stehen, und einer strikten Lokalisation von Funktionen. Wenn in einem System, etwa einem Kraftfahrzeug, ein bestimmtes Teil, beispielsweise der Vergaser, ausfällt und dadurch die Gesamtfunktion entscheidend gestört ist, so kann das nicht zu der Schlußfolgerung berechtigen, daß die gesamte betroffene Funktion an derjenigen Stelle des Wagens lokalisiert wäre, wo das ausgefallene Teil sitzt. Das Entfernen einiger Widerstände in einem Rundfunkgerät mag zu einigen sehr eindrucksvollen Störgeräuschen führen. Daraus kann man aber nicht schließen, daß die Funktion der Widerstände darin bestehe, bestimmte unangenehm heulende Geräusche zu vermeiden (Rose).

Genauso verfehlt wäre es, aus der Tatsache, daß man beispielsweise beim Verlust des linken Auges die Fähigkeit zu räumlichem Sehen verliert, zu schließen, daß das Tiefensehen im linken Auge lokalisiert sei (V. Foerster).

Solche Vergesellschaftungen von Neuronen, die in gleicher oder ähnlicher Weise, d.h. gleichzeitig und gleichgerichtet aktiv sind, gewährleisten jedenfalls, daß eine bestimmte biologisch notwendige Funktion erfolgen kann. Ihre Anhäufung zu einem Verband bedeutet eine erhebliche Funktionsredundanz innerhalb dieses Hirngebietes. Außerdem kann durch die größere Anzahl gleichartiger Neuronen mit gleicher Funktion das ständig stattfindende Absterben von Nervenzellen weitgehend ausgeglichen werden.

Von besonderer Wichtigkeit ist aber, daß das Funktionieren des Gehirns ein großes Zusammenspiel darstellt: Wenn ein erregendes Zentrum ausfällt, kann das zur Folge haben, daß eine bestimmte Funktion gehemmt wird. Umgekehrt kann eine bestimmte Funktion gesteigert werden, wenn ein hemmendes Zentrum ausfällt und die sonst gehemmte Aktivität dadurch freigesetzt wird. Ein erregendes Zentrum kann aber auch gereizt und damit eine bestimmte Funktion gesteigert werden, und schließlich kann ein hemmendes Zentrum gereizt werden, was wiederum zur Hemmung einer bestimmten Funktion führt.

Nehmen wir an, wir hätten ein Zentrum vor uns, von dem aus aggressive Verhaltensweisen in Gang gesetzt werden. Ein solcher aggressiver Ausbruch muß nun keineswegs zwangsläufig auf eine Reizung in diesem Zentrum zurückgeführt werden. Er kann auch dadurch zustande kommen, daß ein hierarchisch übergeordnetes Zentrum, von dem aus Erregungen in das erstgenannte (Unter-)Zentrum verlaufen, gereizt wird. Das übergeordnete Zentrum kann aber seinerseits unter dem Einfluß eines Hemmzentrums stehen. Wird nun dieses Hemmzentrum positiv erregt, so bedeutet das eine stärkere Hemmung auf das untergeordnete Aggressionszentrum, so daß die Funktion des erstgenannten (Unter-)Zentrums gedämpft, d.h. der Ausbruch einer aggressiven Erregung unterbunden wird usw.

In Wirklichkeit handelt es sich bei der Gesamttätigkeit des Gehirns um ein fast unüberschaubares, komplexes Zusammenspiel von Reiz- und Hemmzentren. Und dieses dynamische Zusammenspiel umgreift zudem noch unterschiedliche hierarchische Schichten mit wechselnden Vorherrschaften. Bei der sogenannten Gegentaktverstärkung handelt es sich beispielsweise darum, daß die Steigerung der Intensität eines Signals stets mit der Abschwächung eines anderen Signals gekoppelt ist und umgekehrt. Nur dadurch ist ein so einfacher Vorgang wie das Gehen mit abwechselnder Beugung und Streckung bestimmter Muskeln im einen und anderen Bein überhaupt möglich.

Spezialisierung und Ganzheit

Das Gehirn ist letztlich eine Zentrale mit vielen Einzelzentren, eine sogenannte polyzentrische Zentrale, ein Komplex komplexer Systeme.

Eine auf ein einziges Zentrum ausgerichtete, hierarchische und spezialisierte Organisation hat, vor allem, wenn dem Zentrum eine hohe und reiche Kompetenz zukommt, zweifellos gewisse Vorteile. Eine Entscheidung kann z.B. in kürzester Zeit gefällt werden: Es kommt zu keinen Widersprüchen und Konflikten.

Wie jede Regelung hat jedoch eine Zentralisierung auch Nachteile: Die untergeordneten spezialisierten Zentren sind eher „unterbeschäftigt" und nicht ihren tatsächlichen Kompetenzen entsprechend ausgelastet. Vorgänge laufen starrer und langsamer ab, sozusagen immer auf dem offiziellen „Dienstweg".

Das Ganze ist auch anfälliger als bei größerer Selbständigkeit der Unterzentren. Deshalb besteht die biologische Lösung, die Lösung, die die Natur gefunden hat, darin, daß dort, wo Zentralisierung, Hierarchie und Spezialisierung herrschen, gleichzeitig ein Gegengewicht sozusagen durch Aufhebung der Zentralisierung, durch Entspezialisierung und durch anarchische Ungeordnetheit gegeben ist.

Die Spezialisierung ist - ich lehne mich im folgenden eng an die Darstellung des französischen Forschers Edgar Morin an - sicher einer der Aspekte, eine der Tendenzen und Ausdrucksformen in der organisatorischen Entwicklung der Unterschiedlichkeit. Aber dadurch, daß sie notwendigerweise Aktivitätshemmung und Aktivitätsunterwerfung beinhaltet, birgt sie die Gefahr des Absterbens individueller Fähigkeiten. Die lebende Organisation des Organismus entwickelt bei der Ausgestaltung seiner Komplexität Spezialisierungen. Diese sind aber Teil einer komplexen „Strategie", die auch der Spezialisierung den Charakter des Komplexen verleiht. Die Tätigkeit und das Wesen einer Zelle erschöpft sich nicht in der spezialisierten Funktion, und alle spezialisierten Einheiten tragen zugleich etwas grundlegend Nicht-Spezialisiertes in sich. Die Entwicklung von Spezialisierungen geht einher mit der Entwicklung von Voraussetzungen, vieles Verschiedenartige leisten zu können. Es ist geradezu ein wesentliches Merkmal lebender Organisation, daß sie Spezialisierung mit Nicht-Spezialisierung, mit Entspezialisierung, ja sogar mit Anti-Spezialisierung verbindet. Hierarchische Organisationsformen finden in nicht-hierarchischen oder gegen-hierarchischen Organisationsformen eine Ergänzung.

Eingespannt in die Polarität, daß die mit der Spezialisierung verbundene Funktionseinbuße von Einzelzellen eine Funktionsbereicherung des Gesamtorganismus ermöglicht und daß die spezialisierte Zelle die Unsterblichkeit opfert, ist es nicht, wie Edgar Morin schreibt, die hierarchische Kontrolle, der ein Organismus das Leben verdankt, sondern es sind die ununterbrochenen Wechselbeziehungen zwischen den zellulären Wesen. Unser Körper besteht aus einer ungeheuren Zahl von Zellen, die ihre speziellen Hierarchien produziert haben. Nicht aber produziert eine Hierarchie ihren Körper. Ein Organismus produziert sich selbst in zugleich anarchischer und hierarchischer Weise. Die anarchische Komponente ist absolut lebensnotwendig: Sie produziert und korrigiert die hierarchische Komponente und sorgt für einen Ausgleich. Die Hierarchie ist also eine Dimension der Organisation, aber nicht die Organisation selbst. Die lebendige Organisation hat nichts von der Rationalität eines von einem Architekten entworfenen Gebäudes, aber auch nichts von der Irrationalität eines zusammenhanglosen Tohuwabohu. Sie trägt Züge von beidem; beides ergänzt sich in ihr.

Es gibt keine einfache Organisationslogik des Lebens! Das Leben enthüllt so verschiedenartige Gesichter, daß es sich einer einheitlichen Definition entzieht. Es ist in der Beständigkeit unbeständig und in der Unbeständigkeit beständig. Es ist gleich im Wechsel und wechselhaft in der Gleichheit. Es funktioniert digital und analog zugleich; es ist Bewahrung und Entwicklung, Wiederholung von bereits Gewesenem und Neues, es ist wirtschaftlich und verschwenderisch, es ist geordnet und ungeordnet, einheitlich und uneinheitlich. Die Einheitlichkeit der Lebenswirklichkeit produziert unterschiedliche Wirklichkeiten, deren Produkt sie ist.

Die Welt und das Leben sind nun einmal nicht so einfach, wie wir sie gerne hätten. Wir müssen uns mit dem komplexen Zusammenspiel der Dinge und Tendenzen abfinden. Und wenn unser vereinfachendes Denken die Widersprüche zu beseitigen scheint, dann geschieht es nur durch Zerstückeln der komplexen Wirklichkeit in isolierte Fragmente und zwanghaftes starres Festhalten an bestimmten Sichtweisen.

Eine nur auf Spezialisierung gegründete Organisation wäre auch nicht in der Lage, auf die Wechselfälle des Daseins, die Fülle zufälliger Probleme angemessen zu reagieren, die sich in der Umwelt und im Organismus selbst stellen. Zu einseitige, zu perfekte und zu vollständige Spezialisierungen haben sozusagen nur geringe Überlebenschancen. Es spricht im übrigen vieles dafür, daß diese Zusammenhänge auch für die hyperkomplexe Entwicklung menschlicher Gesellschaften Gültigkeit haben.

5. Holographie und Hirntätigkeit

Das Prinzip der Holographie

Nach modernen Auffassungen spielt die Gesamtheit des Gehirns für die Intaktheit von Funktionen eine weit stärkere Rolle, als beispielsweise nach der Lokalisationslehre angenommen wurde.

Nachdem man in vielen Experimenten vergeblich die Stelle im Gehirn zu finden versucht hatte, an der etwas Gelerntes gespeichert ist, setzte sich die Auffassung durch, daß bestimmte Funktionen, wie vor allem und in spezieller Weise das Gedächtnis, weniger in eng begrenzten Zentren als vielmehr aus einem Zusammenwirken weiter Gehirnbereiche heraus zustande kommen. Denn in Versuchen, bei denen man jeweils ganz bestimmte und immer größere Teile des Gehirns von Versuchstieren zerstört hatte, verschlechterten sich zwar die entsprechenden Leistungen der Tiere. Es war aber mit Ausnahme tödlich ausgehender Eingriffe unmöglich, das vollständig zu löschen, was man sie gelehrt hatte (Lashley).

So gelangte man zu der Annahme, daß in irgendeiner Weise die Menge der ausgefallenen Hirnsubstanz eine wesentliche Rolle spiele und daß Funktionen, wie eben das Gedächtnis, in damals noch unverstandener Weise über das ganze Gehirn verteilt seien. Daß andererseits wiederum nicht nur allein die Hirnmasse den entscheidenden Faktor darstellt, erkannte man daran, daß manche „Genies" ein nachweislich kleines Gehirn hatten und daß Fälle bekannt geworden waren, bei denen die Dicke der Großhirnrinde nur einen Bruchteil des normalen betrug, die betreffenden Menschen aber trotzdem geistig und sozial unauffällig, ja teilweise sogar überdurchschnittlich intelligent waren.

Wie waren diese Ergebnisse zu erklären? Ein völlig neues Erklärungsmodell bot sich erst an, nachdem die sogenannte Holographie entdeckt worden war. Denn im Gegensatz zur klassischen Photographie gehen bei einem Hologramm, das ja auch keine „verwackelten" Aufnahmen liefert, bei Wegfall bestimmter Strahlen keineswegs auch ganz bestimmte Teile von Abbildungen verloren, sondern das Gesamtbild wird lediglich unschärfer. Könnte diese Analogie auch im Falle des Gedächtnisses weiterführen? Betrachten wir zu diesem Zweck zunächst, worin das Wesen der Holographie liegt und was eigentlich ein Hologramm ist.

Schon der Name (holos = ganz, graphein = schreiben, nachzeichnen) zeigt, daß Ganzheiten dabei eine wesentliche Bedeutung zukommt. Der Ungar Dennis Gabor, der dafür 1971 den Nobelpreis erhielt, hat das auf der Speicherung von Wellenmustern beruhende Prinzip 1947 konzipiert. Es konnte allerdings erst, da die Holographie einfarbiges, kohärentes Licht benötigt, nach Erfindung des Laserstrahls verwirklicht werden. Und der Laserstrahl zeichnet sich ja dadurch aus, daß er aus Licht von annähernd gleicher Frequenz besteht und seine Einzelwellen nicht gegeneinander verschoben sind.

Gehen wir zunächst davon aus, daß die klassische Photographie optische Information in Form einer direkten Darstellung des realen Bildes speichert. Dabei entspricht jeder Punkt des Fotos einem bestimmten Teil des Bildes, z.B. einer Landschaft. Bei der Holographie zeichnet man dagegen nicht in direkter Form das optische Bild eines Objektes auf, sondern die Objektwelle selbst. Wenn sich zwei Laserstrahlen, also Lichtstrahlen gleicher Frequenz, berühren, entsteht ein Interferenzmuster von hellen und dunklen Streifen. Dieses kann auf einer photographischen Platte aufgezeichnet werden. Das gilt in gleicher Weise, wenn einer der Strahlen nicht direkt auf die Platte fällt, sondern zuerst von einem Objekt, z.B. einer Vase, reflektiert wird.

Um ein Hologramm zu produzieren, wird also ein Laserstrahl aufgespalten: Die eine Hälfte wird direkt auf die photographische Platte gerichtet, wobei eine Zerstreuungslinse für die Belichtung der gesamten Platte sorgt. Die andere Hälfte wird auf das Objekt geworfen und von dort diffus auf die Platte reflektiert. Dabei erhält jeder Punkt der Platte von jedem Punkt des beleuchteten Objekts Lichtstrahlen. Auf der Platte entsteht dann ein sehr komplexes Interferenzmuster, das als solches nichts Bestimmtes erkennen läßt. Es sieht aus wie eine Ansammlung feiner Wellenbänder von Licht und Dunkel. Auf der photographischen Platte ist also kein Bild zu erkennen. Sie enthält lediglich die sozusagen eingefrorenen Wellenmuster. Das Bild der Vase kann aber wieder hervorgezaubert werden, wenn man das Hologramm einfach noch einmal mit dem ursprünglichen Laserstrahl beleuchtet, d.h. das Überschneidungsmuster reaktiviert. Es entsteht dann ein dreidimensionales Bild, das dort im Raum zu schweben scheint, wo das ursprüngliche Objekt war; und wenn man das Hologramm aus verschiedenen Blickwinkeln betrachtet, erhält man verschiedene Ansichten des Bildes. Es werden genau die gleichen Teile des Objekts sichtbar, wie wenn sich das Objekt selbst dort befinden würde.

Abbildung 39: *Das Grundprinzip der Holographie*

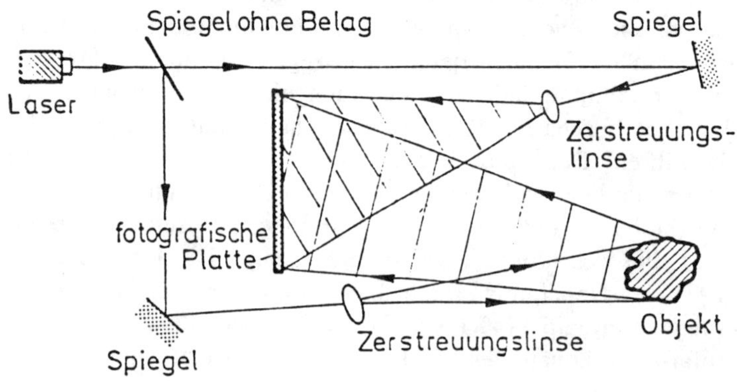

Abbildung 40: *Jeder Objektpunkt wird von der gesamten Fläche der holographischen Platte gespeichert.*

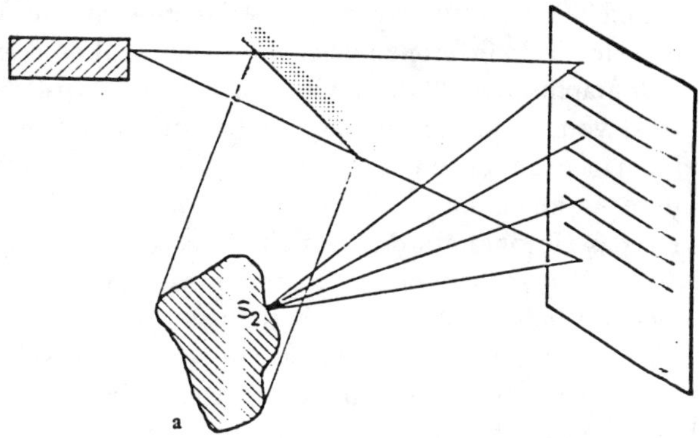

Abbildung 41: *Jeder Punkt des Hologramms enthält eine Information über jeden einzelnen Objektpunkt.*

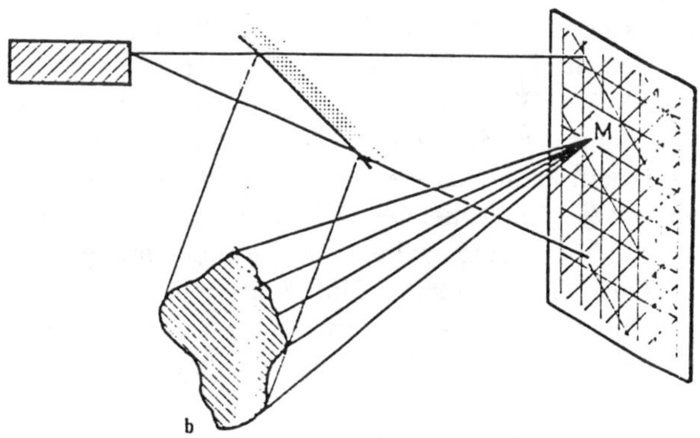

Der Biologe Lyall Watson hat das Prinzip einmal sehr anschaulich beschrieben: Wirft man einen Stein in einen Teich, dann erzeugt er eine Aufeinanderfolge gleichmäßiger Wellen, die sich in konzentrischen Kreisen nach außen bewegen. Wirft man zwei identische Steine an verschiedenen Stellen in den Teich, dann erhält man zwei Gruppen ähnlicher Wellen, die sich aufeinander zubewegen. Wo die Wellen aufeinandertreffen, überlagern sie sich. Sie interferieren miteinander. Trifft der Wellenkamm der einen mit dem Wellenkamm der anderen zusammen, dann addieren sie sich und erzeugen eine verstärkte Welle von doppelter Höhe. Treffen aber ein Wellenkamm und ein Wellental aufeinander, dann heben sie sich gegenseitig auf und erzeugen einen isolierten Flecken ruhigen Wassers. Tatsächlich ergeben sich alle möglichen Kombinationen der beiden Zustände. Das Ergebnis ist ein komplexes Muster, ein sogenanntes Interferenzmuster: das Wellenkräuseln. In diesem Wellenkräuseln ist jedoch ein „unvermutet geordnetes Raster" verborgen, und „würde man den Teich urplötzlich gefrieren lassen, dann wäre seine Oberfläche ein Hologramm".

Das gleiche geschieht im Laser. Sämtliche Wellen eines Laserstrahls haben dieselbe Frequenz, ähnlich denen, die von einem ideal geformten Stein in einem idealen Teich erzeugt würden. Überlagern sich zwei Laserstrahlen, dann erzeugen auch sie ein Interferenzmuster mit hellen und dunklen Stellen, das man auf einer photographischen Platte aufzeichnen kann. Wird dann einer der Strahlen, statt direkt vom Laser zu kommen, zunächst von einem Objekt reflektiert, etwa von einem menschlichen Gesicht, dann ergibt sich dadurch ein sehr komplexes Muster. Diese Aufzeichnung in ihrer Verschwommenheit ist, als grundlegende Wirklichkeit, das Hologramm des Gesichts (Ferguson 1988).

Bei Zerbrechen eines Hologramms kann man nun - und das ist das fast Unbegreifliche - aus jedem beliebigen Stück das ganze Bild rekonstruieren. Je kleiner dieses Stück jeweils ist, um so weniger scharf wird das Gesamtbild, um so weniger lebhaft werden seine Farben sein. Darin liegt - gegenüber der bisher bekannten Photographie - das zentrale Merkmal eines Hologramms: Jeder Punkt des Objekts wird von der gesamten Fläche der holographischen Platte gespeichert, und jeder Punkt des Hologramms enthält eine Information über jeden einzelnen Objektpunkt und damit über das ganze Objekt.

Man hat errechnet, daß in einem Kubikzentimeter eines Hologramms etwa 10 000 000 Bit gespeichert sind, wobei jede Informationseinheit, wie gesagt, ein Programm des Ganzen enthält. Wenn man den Winkel und die Lichtfrequenz verändert, kann man viele Tausende von vollständigen dreidimensionalen Bildern auf einer Platte speichern. Man kann also Hologramme in nahezu beliebiger Anzahl übereinanderschichten. Um ein ursprüngliches Bild wiederzuerhalten, muß man nur hinsichtlich des Einfallswinkels und der Lichtfrequenz wieder genau die gleichen Bedingungen schaffen, die bei der Aufnahme bestanden[6]. Der betreffende Referenzstrahl läßt allerdings jeweils nur ein bestimmtes Bild hervortreten.

Holographie, Wahrnehmung und Gedächtnis

Geradezu aufregend ist nun, daß man, wie man nach neueren Untersuchungen weiß, beim Gedächtnis auf ein ähnliches Phänomen trifft. Dazu paßt auch, daß in einem Gehirn praktisch unvorstellbare Informationsmengen gespeichert werden können[7].

Es gibt in der Tat eine Reihe von Theorien in der Hirnforschung, die von der großen Ähnlichkeit zwischen mathematischen Gleichungen zur Beschreibung von Wahrnehmungsprozessen und von physikalischer Holographie ausgehen (Pribram 1988). In manchen von ihnen stellt sich die Holographie sogar als eine besondere Datenverarbeitungstechnik dar, die auf jede Informationsart anwendbar, d.h. über Wellenfunktionen hinaus generell einsetzbar ist.

Neuere Untersuchungen an der Universität Cambridge (vgl. Pribram) haben beispielsweise ergeben, daß die Neuronen der Sehrinde nicht nur, wie die Nobel-

6 Durch besondere Verfahren, z.B. eine spezielle Gelatinebeschichtung der Platte, lassen sich mittlerweile sogar Speicherkapazitäten von 10 Milliarden bit/cm^2 erreichen.

7 Bezeichnenderweise sollen übrigens zur Zeit Computerexperten an der Entwicklung einer holographischen Informationsspeicherung arbeiten, die weit effizienter wäre als die gegenwärtige digitale Speicherung (Bohm 1988).

preisträger Hubel und Wiesel gefunden hatten, Formentdeckungsfunktionen haben, sondern daß sie auch auf Licht und Schatten reagieren. Der Wechsel von Licht und Schatten wird als räumliche Frequenz verarbeitet. Die betreffenden Nervenzellen in der Sehrinde stellen praktisch Frequenzanalysatoren dar, die ein sehr komplexes Wellenphänomen wie einen Gegenstand in unserem Gesichtsfeld in mehrere einfachere Wellenfunktionen zerlegen, die wiederum bestimmten Gruppen von Zellen zur weiteren Verarbeitung zugeleitet werden.

Interessanterweise ist nun die mathematische Operation, mit der man eine Reihe von Informationen, die im Sehnerv weitergeleitet werden, in eine Summe mehrerer Reaktionen visueller Neuronen transformiert, mit derjenigen identisch, die das Verhältnis eines Objekts zu dessen holographischem Interferenzmuster zum Inhalt hat. In beiden Fällen handelt es sich um eine Zerlegung in eine sogenannte Fouriersche Reihe.

Nach der Theorie des amerikanischen Neuropsychologen Karl H. Pribram nimmt nun das Gehirn in einem bestimmten Stadium der Verarbeitung Analysen im Frequenzbereich vor. Das geschieht speziell an den Verbindungsstellen zwischen einzelnen Neuronen, den sogenannten Synapsen, und die Analyse verwertet nicht etwa Nervenimpulse, sondern die graduelle Zu- und Abnahme nervöser Potentiale, also letztlich „Wellen". Dabei spielen nach Pribram sogenannte lokale Schaltneuronen eine wesentliche Rolle. Sie besitzen keine langen Fasern und lösen auch keine Nervenimpulse aus. Vielmehr stellen sie speziell horizontale Querverbindungen in Schichten des Nervengeweben dar und entfalten ihre Funktion unter Bildung eines mehrdimensionalen Energiefeldes, eines Netzes von Interferenzmustern im Bereich der abgestuften Wellen. In diesen Verknüpfungen kämen, so Pribram, die angesprochenen holographieähnlichen Interferenzmuster zustande (Pribram 1988).

Speziell auf das Gedächtnis bezogen, bilden also „Hirnwellen" Interferenzmuster, d.h. Überlagerungsmuster, die sich teilweise verstärken und sich teilweise abschwächen. In solchen stabilen Interferenzmustern wird das Wesen spezifischer Gedächtnisinformationen gesehen. Das Wieder-Erinnern, d.h. die Reaktivierung bestimmter Gedächtnisinhalte, würde dann eine Art spezifischer Resonanz des Speicherungssystems auf ganz bestimmte aktuelle Erregungsmuster darstellen, ähnlich wie eine ganz bestimmte Saite einer Violine zu schwingen beginnt, wenn man diese Saite auf einer anderen Violine anspielt. Jede Erinnerung, jede Vorstellung wäre damit gewissermaßen als eine „holographische Konstruktion" zu verstehen, die auf dem Boden komplizierter Verrechnungen zustandekommt, an denen jeweils unzählige Nervenzellen beteiligt sind. Und die menschliche Phantasie wäre ebenso wie die Träume das Ergebnis eines kombinatorischen Spiels zwischen verschiedenartigen erinnerungswertigen Verrechnungen.

Darüber hinaus sprechen Gewöhnungsvorgänge und Prozesse des Formerkennens dafür, daß sich im Gehirn neurale Modelle der Umwelt ausbilden. Diese haben sozusagen die Funktion von Referenzvorstellungen, an denen ständig die jeweils neu zu verarbeitenden Sinnesreize „gemessen" werden. Es wäre dies ein Bezugssystem auf der Wahrnehmungsebene, das sehr stark in seiner Funktion der des Referenzstrahls bei holographischen Prozessen ähneln würde. Geistige Vorgänge würden danach in einer Art holographischem Prozeß als bio-elektrische Verteilungsfelder von Information gespeichert und als solche auch wieder reaktiviert.

Neben der Nicht-Lokalisierbarkeit des Gedächtnisses werden als weitere gewichtige Hinweise auf holographische Funktionsprinzipien des Gehirns u.a. Phänomene der funktionellen Wiederherstellung und des sogenannten Lern-Transfers ins Feld geführt. Man hat beispielsweise festgestellt, daß in bestimmten Fällen nach Ausfall der Sehzentren bisher für die akustische Verarbeitung zuständige Bereiche des Gehirns nunmehr die Aufgabe der ausgefallenen optischen Zentren übernehmen, und man weiß auch, daß, wenn man (mit der Hand) schreiben gelernt hat, man grundsätzlich auch dazu in der Lage ist, mit dem Fuß zu schreiben, obwohl in dem Bereich der motorischen Großhirnrinde, der für die Bewegung des Fußes zuständig ist, niemals Schreibvorgänge gelernt wurden.

Es gibt noch einen weiteren Aspekt der Holographie, für den jedem sofort eine psychologische Analogie in den Sinn kommt: Man kann auch holographische Interferenzmuster aufzeichnen, die durch die Interaktion der Wellen zweier Objekte zustandekommen. Das von einem Objekt diffundierte Licht dient dann sozusagen als Referenzstrahl für das Hervortreten des anderen Objekts. Diese Tatsache, daß bei Wiederbeleuchten einer Platte mit reflektiertem Licht von nur einem der beiden Objekte auch das Licht des zweiten Objekts rekonstruiert wird, erinnert unmittelbar an das aus der Psychologie bekannte Phänomen der Assoziation, der Verknüpfung von verschiedenen Inhalten. Jeder weiß ja, wenn er den Duft wieder riecht, der für eine ganz bestimmte Ferienlandschaft typisch war, daß ihm auch optische Einzelheiten dieser Landschaft ganz lebhaft in Erinnerung treten. Fällt einem nicht automatisch beim Duft gegrillter Würstchen ein bestimmtes Gartenfest ein, bei dem es neben köstlicher Unterhaltung auch gegrillte Würstchen gab? Und fallen einem nicht viele Worte einer Fremdsprache ein, die man längst vergessen glaubte, wenn man nach langen Jahren wieder in das betreffende Land kommt? Ich bin sicher, daß mir, wenn man mich auf der Stelle fragen würde, kaum ein Wort malaiisch einfiele. Und doch - als ich vor einiger Zeit einen Film sah, der in Indonesien spielte, kamen mir wieder eine ganze Reihe Worte und Sätze in den Sinn, an die ich mich aus der Zeit meines Aufenthaltes erinnerte. Am späten Abend nahm ich daraufhin sogar noch einen malaiischen Text zur Hand und war intensivst verwundert, was mir beim Lesen des Textes alles wieder über die damalige Zeit einfiel.

Es gibt sogar wissenschaftliche Auffassungen, nach denen nicht nur alle Erfahrungen in vielfältigen Interferenzmustern im Gehirn gespeichert sind, sondern nach denen diese Muster im Verlaufe der stammesgeschichtlichen Entwicklung im Gehirn selbständig gebildet werden und damit die Grundlage potentiell möglicher Erfahrungen einer Art darstellen. Die individuellen Erfahrungen eines Organismus wären danach zum großen Teil Anlässe zur Auswahl ganz bestimmter, bereits vorgegebener Erlebnisstrukturen, die nach bestimmten Auswahlregeln zutagetreten. Jeder erkennende Akt würde so eine Art Reminiszenz an etwas bedeuten, das bereits vor jedem expliziten Wissen da war. Denn jedes Lebewesen würde in der potentiellen Form der in den Genen vorhandenen Informationen sein eigenes Hologramm in sich tragen und gleichzeitig eine holonomische Einheit darstellen, in der die Organisation der Welt enthalten ist, in der es lebt.

Holographie und allgemeine Erkenntnisvorgänge

Aus unterschiedlichen Wahrnehmungsbereichen gibt es eine Reihe von Belegen, die zum Teil noch auf Erkenntnisse und Experimente von Ohm und Helmholtz zurückgehen, nach denen die Funktion des Gehirns generell auf einer Analyse von Wellenformen beruht, die also dafür sprechen, daß Sinneswahrnehmungen nach Art einer Wellenformanalyse verschlüsselt werden. Das ist aber genau der Vorgang der Holographie, die Wellenformen, und nicht, wie es bei der Photographie der Fall ist, punktuelle Lichtintensitäten speichert. Bio-elektrische Verteilungsmuster wären sogar - im Sinne eines interferentiellen synaptischen Netzes - als Grundlage von abstraktiven Denkvorgängen zu verstehen. Ja sogar alles das, was im eigentlichen Sinne unsere „Persönlichkeit" kennzeichnet, ließe sich als ein sich entwicklungsmäßig immer starrer verfestigendes umfassendes Bezugssystem in eben diesem Sinne verstehen. Dadurch würde sich - ähnlich wie bei Gewöhnungsvorgängen - erklären, wie wenig sensibel manche Menschen gegenüber bestimmten Phänomenen und Situationen sind. Unser „inneres Holoskop" wäre somit der Grund für alle möglichen Erscheinungsformen selektiver Vorgänge, von dem mangelnden Angesprochensein durch bestimmte Inhalte und dem Übersehen bestimmter Phänomene oder Aspekte bis hin zum selektiven Gedächtnis und zum gezielten „Vergessen" unangenehmer Eindrücke. Je mehr das eigene „Ich" das Wahrnehmungs- und Interpretationsgeschehen im Gehirn eines Menschen überschattet, färbt oder blockiert, um so schwieriger wird es für den betreffenden Menschen, die Umwelt sachlich zu erfassen. Emotionale Projektionen machen dann eine Erfassung der Realität zunehmend schwierig, ja unmöglich.

Das Prinzip der Holographie könnte noch für ganz andere Bereiche als Wahrnehmung und Gedächtnis, vielleicht sogar für Erkenntnisprozesse schlechthin Gültigkeit haben.

Eine wesentliche Konsequenz daraus wäre der grundsätzliche, der natürlichen Struktur und Funktion unseres Gehirns entsprechende und einem Verständnis der Wirklichkeit näherkommende Versuch, sich zu bemühen, so zu denken, daß das, dem man sich im Detail zuwendet, als stellvertretend und bezeichnend für ein Ganzes verstanden wird (Demailly, Favre).

Jedes einzelne Teil enthält und ermöglicht den Zugang zum Ganzen. Das entspricht der von David Bohm, dem in London tätigen Professor für theoretische Physik, entwickelten Theorie, nach der physikalische Einheiten, die räumlich und zeitlich als voneinander verschieden und getrennt erscheinen, in Wirklichkeit auf grundlegende Weise miteinander verbunden sind. Er spricht in diesem Sinne davon, daß dem expliziten, sich uns darbietenden Bereich entfalteter, voneinander getrennter Dinge und Geschehnisse ein „eingefalteter" Bereich ungeteilter Ganzheit zugrundeliegt, die in jedem entfalteten Bereich lebendig sei, und gab seinem bahnbrechenden Werk deshalb auch den Titel „The implicate order".

Während in der kartesianischen Logik, in der jedes Element als unabhängig und quasi absolut verstanden wird, niemals ein Teil das Ganze repräsentieren könnte, ist es ein Grundmerkmal des holographischen Ansatzes, daß neben dem Eigenwert der Information immer auch deren Position, d.h. ihr topologischer Wert berücksichtigt wird. Diese gleichzeitig mitberücksichtigte „Adresse", die ja einen Aspekt eines umfassenderen Ganzen darstellt, ist ein ganz wesentliches Merkmal jeder Information. Macht es doch schon für jeden Laien einen Riesen-Unterschied, in welcher Richtung er einen Text liest oder in welcher Richtung eine Melodie erklingt. Ebenso ist es eine grundlegende Erkenntnis der Semantik, daß es keine absolute Definition eines Wortes gibt, weil eine Definition immer andere Worte erfordert, die ihrerseits wiederum durch andere Worte definiert werden usw. Jedes Wort erhält damit zwangsläufig seine Bedeutung durch andere Worte, und diese Bedeutung übersteigt bei weitem das, was ein einzelner Mensch darunter versteht oder was in einem Lexikon erklärt wird. Deshalb ist es auch nicht möglich, ein Wort oder einen Satz aus dem Kontext zu reißen, ohne daß dieses Wort oder dieser Satz einen großen und oft wesentlichen Teil seines „Inhalts" und seiner „Bedeutung" einbüßt. Denn jeder Information haftet auch ein Referenzwert an, der die Beziehung zu dem Ganzen, zu dem Kontext, in den sie gehört, zum Inhalt hat.

Während zweitens der klassische kartesianische Ansatz von einer Gesamtheit primärer Annahmen wie etwa mathematischen Axiomen ausgeht und von diesen in „zwingender Logik" weitere Annahmen abzuleiten versucht, ist ein solches Vorgehen in der „holoskopischen" Erkenntnisweise unmöglich. Denn hier gibt es keine primären Elemente oder Grundannahmen; keinem Element kommt gegenüber den anderen eine besondere Rolle zu.

Während weiter die kartesianische Logik nicht in der Lage wäre, aufgrund eines bestimmten Vorgehens Lücken in einem auseinandergerissenen Text oder Bild auszufüllen, würde sich sehr wohl eine Lösung auf dem Boden einer holographisch erfaßten Bedeutung des Ganzen ergeben können. Das aufgrund der erfaßten Bedeutung vorgestellte „Bild" des Ganzen weist nämlich jedem Detail seinen Standort zu, und jedes einzelne Stück ist ein Teil des Zusammenhangs, der das Ganze formt.

Während schließlich die klassische Logik auf gedanklichen Ketten beruht, stellt der „holoskopische Erkenntnisansatz" ein Gewebe dar, wie wir es in einfacher Form von Kreuzworträtseln her kennen: Die Verträglichkeit zweier Überlegungen, die sich an dem Punkt erweist, an dem sie sich überschneiden und möglicherweise decken, ist - zumindest nach dem bisherigen Verlauf - der Beweis für die Richtigkeit. Die „holoskopische" Erkenntnis, die auf einer parallelen und gleichzeitigen Verarbeitung von Gegebenheiten mit zahllosen wechselseitigen Verflechtungen beruht, ist damit nicht nur feststellend, sondern im echten Sinne kreativ. Denn sie gestattet, fehlende Elemente zu erschließen, seien diese nun im Grunde bereits bekannt oder unbekannt, und weist diesen Elementen ihren Platz im Ganzen zu.

Entsprechend diesen Unterschieden kommt auch einem Fehler in einem holographisch orientierten Denksystem eine andere Bedeutung zu als im Rahmen der klassischen Logik. Wenn sich dort an bestimmter Stelle des Denksystems ein Fehler einschleicht, so haftet dieser Fehler notwendigerweise auch allen Ableitungen an, die von diesem Punkt oder dieser Ebene ausgehen. In einem holographischen Denkmuster ist dagegen ein Fehler nicht in gleicher Weise exakt zu orten, sondern irgendwie überall: Nichts ist „wirklich" falsch, aber auch nichts ist genau genommen - „richtig" und „wahr". Der Fehler ist sogar um so schwerer auszumachen, je leichter er ist (Pinson, Favre).

Insofern würde sich aus der Kenntnis des Prinzips der Holographie der Zugang zu einer neuen, gänzlich anderen „Logik" eröffnen. Die Holographie wäre damit ein weiteres Beispiel für die Erkenntnis, daß die Methode weitgehend über die Art der wissenschaftlichen Ergebnisse bestimmt. Wissenschaftliche Ergebnisse, die etwa mit Hilfe des Interferometers anstelle von Linsen gewonnen werden, könnten aber die Brücke zu einer völlig anderen „Wissenschaft" schlagen.

Die Gleichzeitigkeit einer Vielfalt gespeicherter Informationen würde beinhalten, daß in jeder einzelnen Information bedeutungsmäßig alle anderen Informationen sozusagen mitenthalten sind, wie ja auch jede gespeicherte Information mit einem viel umfassenderen Gesamtfeld von Information zusammenhängt. So sehr man auch Einzelstücke voneinander trennt, spiegelt sich doch immer noch in ihnen das ursprüngliche Ganze, nur mit zunehmender Zerkleinerung immer weniger augenfällig und immer weniger genau und scharf, bis es schließlich, obwohl im Prinzip immer noch vorhanden, unerkennbar bleibt, dem erkennenden Blick entschwindet.

Grundsätzlich läge aber - wenn auch durch unsere allgemeine kultur- und geistesgeschichtliche Entwicklung und eine spezifische Ausbildung bis zur Unkenntlichkeit in den Hintergrund gedrängt - die „natürliche Logik" unseres Gehirns in der Fähigkeit, in kürzester Zeit simultan die allgemeinen grundlegenden Merkmale eines zusammenhängenden und geordneten Geschehens zu erfassen.

Aspekte einer holoskopischen Praxis

Ein überzeugendes Beispiel für diese Denkform liefert die Chemie: Bis etwa 1870 kannte man in der Chemie etwa 60 einfache, d.h. nicht weiter zerlegbare Stoffe. Als Mendelejew begann, diese Elemente zu ordnen, gelangte er zunächst zu einer Reihung, die sich aus dem jeweiligen Atomgewicht ableitete. Bei weiterer Beschäftigung bemerkte er jedoch, daß über die lineare Ordnung hinaus ein bestimmter Rhythmus, eine Periodizität erkennbar war. So entstand eine kreuzartige Ordnung mit horizontaler und zugleich vertikaler Orientierung. Als er dieses Schema, in dessen Ordnung jedes Element sozusagen unausgesprochen die Existenz der anderen spiegelt, entdeckt hatte, blieben jedoch auf seiner Tafel einige Felder leer. Das veranlaßte ihn, nicht nur die Existenz bisher unbekannter Elemente anzunehmen, sondern auch deren physikalisch-chemische Eigenschaften anzugeben. In der Tat entsprachen dann die einige Jahre später entdeckten Elemente Gallium,

Scandium und Germanium genau den Voraussagen Mendelejews. Ähnliches wiederholte sich bezüglich der Entdeckung und Voraussage subatomarer Partikel und scheint sich heute erneut bei den Informationen zu ereignen, die wir aus dem Weltall erhalten: Man kann an einigen Punkten und Aufnahmen zweifeln und unsicher sein; aber das Gesamtbild liefert den Beweis der Richtigkeit der Einzelpunkte, die das Gesamtbild formen (Pinson, Favre).

Auch die Neuronen unseres Gehirns bilden ein echtes „engvermaschtes Gewebe", und ebenso besteht unser Denken aus logischen, topologischen und semantischen Verbindungen zwischen einzelnen (Denk-)Elementen. Nicht zufällig sprechen wir auch im hochgeistigen Bereich von „Bildern" und „Sichtweisen". Die englische Wendung „I see" zeigt das ebenso treffend wie die Tatsache, daß wir, wenn wir etwas verstehen, davon sprechen, daß wir „es eingesehen" haben. Was sich am nachhaltigsten in unserem Gedächtnis einprägt, sind „Bilder" und nicht einzelne Wörter oder deren Abfolge. Man kann sich ja auch beispielsweise „spielend" Telefonnummern merken, wenn man bestimmte Zahlenfolgen in Bilder umsetzt und diese wieder in eine Art filmische Gesamtabfolge einmünden läßt.

Der neue Denk- und Erkenntnisansatz, der in der Holographie eine zunächst physikalische Grundlage hat, könnte für die weitere Entwicklung unseres Wissens eine ähnliche Bedeutung haben wie das zunächst gar nicht beachtete und teilweise sogar intensiv bekämpfte Bemühen des Pisaner Kaufmanns und Kaninchenzüchters Leonardo Fibonacci, der zu Beginn des 13. Jahrhunderts die arabische anstelle der bis dahin üblichen Schreib- und Rechenweise mit römischen Zahlen einzuführen versuchte. Heute wissen wir, was es bedeutet, anstelle der schwer handhabbaren und in sich nicht systematisch vernetzten römischen Zahlen von einem in sich geschlossenen periodischen Dezimalsystem auszugehen, das jedem Betrachter schon auf den ersten Blick einleuchtet und zudem den unschätzbaren Vorteil hat, über die Zahl Null zu verfügen. Wir können nur ahnen, was wir an wissenschaftlichem Fortschritt letztlich dieser anderen Methode verdanken, mit numerischer Information umzugehen. – Und doch dauerte es über ein Jahrhundert, bis das seinerzeitige Bemühen Fibonaccis Erfolg hatte (Favre).

Die Bedeutung eines holoskopischen Denkansatzes mag an vielen einfachen Beispielen aus dem Alltag deutlich werden: Erkennt man nicht schon in vielen Situationen allein an der Art eines Händedrucks, was der andere, dem man gerade begegnet, von einem denkt, wenn dieser beispielsweise völlig abwesend ist oder ganz woanders hinblickt. Wie oft spürt man, daß der andere auf eine Frage eigentlich gar keine Antwort erwartet, daß beispielsweise die Frage „Wie geht es Ihnen?" eine reine Routinefloskel darstellt. Schon mein Kater reagiert völlig unterschiedlich, wenn ich ihn so nebenbei gelangweilt oder mit voller liebevoller Zuwendung streichle. Eine kleine Geste spiegelt das Ganze, und dieses „Ganze" entscheidet über den Bedeutungswert einer Situation.

Holographie als grundlegendes Naturprinzip

Kommen wir abschließend noch einmal auf die Tatsache zurück, daß bei einem Hologramm Milliarden von Informationseinheiten auf kleinstem Raum gespeichert sind. Vielleicht haben wir hier tatsächlich ein grundlegendes Prinzip der Natur vor uns, das schon in dem genetischen Code, in den Sequenzen der Desoxyribonukleinsäure-Moleküle der Kerne jeder Körperzelle verwirklicht ist. Enthält doch jede Zelle die genetische Speicherung des ganzen Organismus und trägt somit alle Möglichkeiten des Ganzen in sich, obwohl sie als solche nur einen kleinen Teil der in ihr enthaltenen genetischen Information verwirklicht. Ebenso entsteht ja auf geheimnisvolle Weise aus Samenkörnern und Eiern immer wieder neues Leben.

Könnte in ähnlicher Weise nicht auch in jedem Teil des menschlichen Gehirns alle Information enthalten sein? Es müßte dabei sogar nicht einmal zwangsläufig eine Verteilung über das gesamte Gehirn angenommen werden. Vielleicht entschlüsselt das Gehirn, ebenso wie es bei der Holographie der Fall ist, gespeicherte Erinnerungen und läßt sie scharf hervortreten. Vielleicht besteht die Funktion des Gehirns tatsächlich darin, Frequenzen in Objekte umzuformen und verschwommenes Potential in Klang und Farbe, Gefühl, Geruch und Geschmack zu verwandeln (Ferguson). Die Wirklichkeit wäre dann eine Konstruktion unserer Gehirne, eine spezifische Deutung von Frequenzen. Das holographische Modell wäre - so besehen - eine umfassende Theorie der Integration, und es paßt ja dazu, daß die Erfindung der Holographie auf der „Integral"-Rechnung beruht. Diese verdanken wir Leibniz, der in seiner Monaden-Theorie die Auffassung vertrat, daß sich alles Wissen über das Weltall aus den Bestimmungsgrößen einer einzigen Monade ableiten lasse.

Man mag auch an die gestaltpsychologische Annahme denken, nach der das, was in der Außenwelt geschieht, dem entspricht, was in menschlichen Gehirnen abläuft. Die Gestaltpsychologen nannten das Isomorphie, Gleichgestaltigkeit. Genau in diesem Sinne warf Karl H. Pribram die Frage auf, ob nicht die Welt letzten Endes, d.h. in letzter Wirklichkeit, ein Hologramm sei, das in holographischen Gehirnen verankert werde. Die eigentliche Wirklichkeit wäre danach eine unerkannte, von ständiger Dynamik erfüllte Ganzheit, in der die einzelnen Phänomene unscharf ineinander übergehen, und die neuralen Interferenzmuster des Gehirns wären mit den ursprünglichen Merkmalen seiner Umwelt identisch.

„Wenn die Wirklichkeit selbst holographisch ist und das Gehirn wie ein Holograph funktioniert, dann ist die Welt in ihrer tiefsten Wirklichkeit, wie östliche Religionen es formulieren, 'Maya: eine magische Show, eine Illusion'" (Ferguson). Es ist im Grunde eine holographische Welt, die in dem alten hinduistischen Sutra von den Perlen Indras zum Ausdruck kommt: Dieses Perlennetz ist so angeordnet, daß man beim Betrachten einer Perle alle anderen darin reflektiert sieht (Capra). Schließt so nicht auch, holographisch verstanden und in überraschender Übereinstimmung mit Erkenntnistheorien der modernen Physik, jedes Objekt in der Welt, indem es eben nicht nur es selbst ist, alle anderen ein, und wäre nicht vorstellbar, auch das Phänomen der Meditation in diesen Rahmen einzuordnen: nämlich als eine durch bewußte „Ruhigstellung“ des Gehirns bewirkte Resonanz der Gehirnaktivität mit dem holographisch im Spektrum von Frequenzmustern verschlüsselten Informationspotential des Universums? Würde so der Zustand des „Verschmelzens“ mit dem Bewußtsein des Weltalls darin bestehen, daß menschliche Gehirne die verschlüsselte Information über das Universum holographisch entschlüsseln? (Anderson und Bentow).

6. Biologische Grundlagen des Lernens

Lernen und die Komplexität des Lebens

Vorgänge der Tradierung, Überlieferung oder Bewahrung sind biologisch im Rahmen dreier unterschiedlicher Systeme möglich: So gibt es einmal das entwicklungsgeschichtliche System der Vererbung im engeren biologischen Sinn, zum anderen das individualpsychologische System des Lernens und des individuellen Gedächtnisses und schließlich das gesellschaftliche Tradierungs- und Bewahrungssystem der Kultur. Es ist interessant, aber im Grunde auch nicht verwunderlich, auf der Ebene des Lernens letztlich auf die gleichen Zusammenhänge zu treffen, die uns bei der Erörterung der Beziehung zwischen Organismus und Umwelt deutlich geworden waren.

Worin besteht eigentlich Lernen? Was ist – im übergreifenden und grundsätzlichen Sinne – das Wesen von Lernprozessen?

Lernen ist im Grunde die Fähigkeit eines erkennenden Systems, unterschiedliche Grade und Formen von Ordnungen in der umgebenden Welt zu identifizieren, sie gestaltend zu integrieren und damit späteres Verhalten unter dem Gesichtspunkt der Anpassung zu verbessern (Valjavec). Verhaltensweisen werden durch entsprechende Reaktionen auf Umwelteinflüsse berichtigt und verbessert, wobei sich ein Mangel an dieser Fähigkeit im wesentlichen darin zeigt, auf alles, was geschieht, in mehr oder weniger gleicher Weise zu reagieren.

Lernprozesse bestehen also, ganz allgemein gesprochen, in einer Veränderung von Strukturen und Funktionen im Gehirn als Ergebnis von Erfahrung und Übung. Sie treten als Verhaltensänderungen im weitesten Sinn zutage und schließen Denkvorgänge als „Probe-Handeln" sowie Änderungen von Verhaltensbereitschaften ein. Man könnte auch sagen, daß ein lernender Organismus aus Erfahrung profitiert. Bereits vorhandene, unter anderem auch angeborene Möglichkeiten und Bereitschaften werden unter dem Einfluß von Information aus der Umwelt differenziert. Die einem Organismus von außen zugeleitete Information wird assimiliert und in die bereits vorhandenen Strukturen integriert. Diese erweitern sich dadurch und verändern sich in Richtung zunehmender Klarheit und Differenziertheit. Aufgrund der in der „Black box" des Gehirns in Gang gesetzten Vorgänge und aufgrund der durch die beeinflußte Funktion bedingten Systemänderung entwickelt der Organismus neue Reaktionsbereitschaften, die letzten Endes einer besseren Anpassung und Lebensbewältigung dienen sollen. Dabei werden ganz bestimmte Verhältnisse zentralnervöser Aktivität im Laufe der Entwicklung stabilisiert.

Das bedeutet, daß auch Lernen auf einer vielfältigen Interaktion zwischen Organismus und Umwelt beruht. Durch diese Interaktion erhöht sich der Spielraum, die Variationsbreite an Möglichkeiten, die einem Organismus zur Verfügung stehen. Sie betrifft jedoch nicht das Genom, die in Chromosomen in Form von DNS-Fäden verankerte Erbausstattung, sondern sie betrifft das zentrale Nervensystem, das Gehirn mit seinen Zellen, Zentren, Verbindungen, Schaltmustern.

Geht man z.B. davon aus, daß der menschliche Genom-Halbsatz etwa 100 000 Strukturgene mit einer Information von 10^{10} Bit umfaßt, daß aber, um nur ein vollständiges Vokabular von 10 000 Worten zu besitzen und sie in Sätzen von je 10 Worten anzuwenden, 10^{40} Bit erforderlich wären, so erkennt man die Grenzen einer vollständigen Informationsvermittlung durch das Genom und die biologische Notwendigkeit eines zweiten Übermittlungsweges (Lumsden/Wilson).

Das Gehirn stellt so eine Instanz dar, an die das Genom mit komplexer gewordenem Organismus und zugleich damit komplexer gewordener subjektiver (und objektiver) Umwelt einen Großteil der damit auch komplizierter und differenzierter gewordenen Interaktionsaufgaben sozusagen delegiert hat.

Das Genom mit seinen 250 Tausend Einheiten (Genen) hat damit ein 15 Milliarden Einheiten (Neuronen) umfassendes Organ geschaffen, das Information auf eine neue, wesentlich differenziertere und zudem erheblich schnellere Weise (statt in Tausenden von Jahren beispielsweise in Wochen oder Stunden) zu verarbeiten vermag[8]. Dadurch ist eine Anpassung an veränderte Umweltbedingungen entscheidend erleichtert.

Beide, Genom und Gehirn, wirken sozusagen symbiotisch zusammen (Bonner). Einerseits bestimmen Gene die Gehirnstruktur und auch in direkter Weise eine ganze Reihe von Verhaltensweisen. Andererseits entstehen durch die charakteristischen Merkmale der Gehirnfunktion unbezweifelbar Vorteile für das Genom. Denn bestimmte Arten von Information entziehen sich den Möglichkeiten des Genoms, da sie sich nur auf dem Verhaltenswege übermitteln lassen. Wenn aber gerade diese Information für die Anpassung von Organismen große Vorteile bietet, d.h. wenn es für den Fortpflanzungserfolg nützlich ist, Information direkt von einem Individuum an das andere weiterzugeben, bedeuten genetische Änderungen, die speziell diese Übermittlungsart begünstigen, eine große biologische Chance. Daraus ergab sich ein entwicklungsgeschichtlicher Druck nicht mehr in Richtung

---

8 Der englische Biologe J.B.S. Haldane hat einmal im einzelnen aufgezeigt, welch unterschiedliche Zeit verschiedene Prozesse benötigen. Er geht dabei von einer Einteilung in fünf Kategorien aus: Auf der ersten Stufe ordnet er molekulare Prozesse ein, wie sie bei chemischen Reaktionen in einem Zeitraum von 10^{-5} bis $^{-1}$ Sekunden ablaufen. Darauf folgen physiologische Prozesse, wie sie etwa der Erregungsleitung im Nervensystem oder einer Muskelkontraktion entsprechen; die Zeit hierfür liegt zwischen 10^{-2} Sekunden und einer Stunde. Die Zeit der individuellen Entwicklungszyklen, das heißt eines Lebens, schwankt zwischen 0,5 Minuten (beispielsweise bei einem Bakterium) und etwa 70 Jahren (beispielsweise beim Menschen oder einem Mammutbaum). Auf der nächsten Stufe ordnet er Prozesse ein, die er als „historisch" bezeichnet; sie erstrecken sich unter Beteiligung von in die Millionen gehenden Individuen über eine Anzahl von Generationen; als Beispiel nennt er die Ausbreitung des Eisturmvogels an den britischen Küsten während der letzten hundert Jahre. Als letzte Kategorie schließlich sieht er die genetische Evolution, wie wir sie bei der Entwicklung einer neuen Art von Lebewesen antreffen; sie nimmt gewöhnlich mindestens etwa 10 000 Jahre in Anspruch.

feinerer genetischer Signale, sondern in Richtung größerer und leistungsfähigerer Gehirne. Dazu trat als weiterer entwicklungsgeschichtlicher Aspekt, daß es eine wesentliche Einsparung bedeutete, anstelle grundlegender Umstrukturierungen des Gehirns den zeitlichen Ablauf genetisch zu verändern, d.h. durch einen relativ geringen genetischen Aufwand eine längere Wachstums- und Reifungsperiode des Gehirns zu bewirken.

Die entwicklungsgeschichtlich dem Gehirn übertragenen Lernprozesse sind auf ein bestimmtes Maß an Plastizität des zentralnervösen Systems angewiesen. Dadurch ist es dem Menschen möglich, eine persönliche Lebensgeschichte und einen persönlichen Erfahrungsschatz zu haben.

Trotz dieser Plastizität bleibt er aber immer er selbst. Wir erinnern uns an das in der Funktion eines Mobile zum Ausdruck kommende Prinzip von der Bedeutung der Eigenstrukturen im Zusammenwirken mit Umwelteinflüssen (S. 132). Sollte das dort erkannte Prinzip nicht auch für Lernprozesse gelten? Es gibt sogar neuere wissenschaftliche Erklärungsansätze, die ausdrücklich auf einer solchen Vorstellung basieren. Sie knüpfen an modernere Erkenntnisse zur Immunforschung an. Lange Zeit hatte ja unter Immunforschern weitestgehend Übereinstimmung darüber bestanden, daß in den Körper eingedrungenes artfremdes Eiweiß, das sogenannte Antigen, bei der Antikörperbildung zur Abwehr dieses Antigens eine den klassisch verstandenen Lernprozessen vergleichbare „instruktive" Rolle spielt. Danach löst das Antigen an Globulin-Molekülen Veränderungen aus, die einer Oberflächenstruktur des Antigens entsprechen und dieses dadurch für den Organismus unschädlich machen.

Demgegenüber wird in den neueren Vorstellungen die Auffassung vertreten, daß es sich bei diesen Vorgängen um Erkennungs- und Auswahlmechanismen handele. Ein Lebewesen könne nicht zur Bildung spezifischer Antikörper angeregt werden, wenn es nicht schon vor Eintritt der Antigene über ganz bestimmte Bereitschaften und Fähigkeiten verfüge. Der Eintritt des Antigens bewirke lediglich eine Auswahl vorbestehender Reaktionsmuster, was zur vermehrten Bildung spezifischer Antikörper führe (Jerne).

Ganz anders als beim Computer-Modell, das auf dem Prinzip der Reizaufnahme und -verarbeitung beruht, wäre nach einer solchen Theorie, wie ich sie schon vorstellte (S. 132), auch jede Wahrnehmungsstruktur im Prinzip von vornherein im Gehirn angelegt, noch bevor überhaupt entsprechende individuelle Wahrnehmungen stattgefunden haben. Aus der Vielfalt der artspezifisch vorhandenen „Muster" werden dann aus Anlaß des Auftretens irgendwelcher Gegebenheiten in der Umwelt und ihrer „Wahrnehmung" durch das Individuum ganz bestimmte Muster aus dem vorhandenen Repertoire ausgewählt.

Danach wäre es also weitgehend vorgegeben, was wir wahrnehmen und wie sich das geistige Bild unserer Umwelt zusammensetzt. Wahrnehmen und Erkennen wären in erster Linie konstruktive und nicht abbildende Funktionen; anstelle einer Abbildungstheorie der Außenwelt träte die Vorstellung des Schaffens und Gestaltens einer Welt aufgrund der inneren Kohärenz eines verarbeitenden Systems. Das bedeutet: Daß ich als Mensch „Farben" sehe, hängt in erster Linie mit der Organisation meines Zentralnervensystems zusammen und nicht mit den unterschiedlichen Wellen des Lichts. Gibt es doch auch Lebewesen wie Hund oder Katze, die kein Farbensehen haben; und deshalb kann es auch bei Reizungen bestimmter Hirngebiete zu optischen und akustischen Trugwahrnehmungen kommen, obwohl Auge und Ohr nichts oder etwas ganz anderes aufgenommen haben. „Was ich sehe, hat mehr zu tun mit der Art, wie ich zusammengesetzt bin, als mit etwas, was mich von außen trifft" (Varela).

Welche Rolle eine solche „Konstruktion der Wirklichkeit" spielt, zeigt eine Geschichte, die ich bei Paul Watzlawick fand: Ein Vater hatte angeordnet, daß die Hälfte seiner Hinterlassenschaft an den ältesten Sohn gehe, ein Drittel an den zweiten und ein Neuntel an den jüngsten. Die Erbmasse bestand aber aus 17 Kamelen, und wie die Söhne nach seinem Tode das Problem auch drehen und wenden, sie finden keine Lösung, außer der Zerstückelung einiger Tiere. Ein Mulla, ein Wanderprediger, kommt dahergeritten, und sie fragen ihn um seinen Rat. Dieser sagt: „Hier - ich gebe mein Kamel zu euren dazu. Das macht 18. Du, der Älteste, bekommst die Hälfte, also 9. Du, der Zweitälteste, bekommst ein Drittel, das macht 6. Auf dich, den Jüngsten, fällt ein Neuntel, also 2 Kamele. Das macht zusammen 17 und läßt eines übrig, nämlich meines." Sagt, steigt auf und reitet davon.

Im Sinne dieser Überlegungen stellt sich schließlich die Frage, ob nicht auch Lernen weniger auf den Einbau neuer Erfahrungen, sondern letzten Endes auf einem Wiedererinnern von Informationen beruht, die bereits seit langen Generationen gespeichert sind (Knaul).

Schon die griechischen Sophisten hatten ja die Auffassung vertreten, daß Lernen im Grunde gar nicht möglich sei. Denn entweder sei eine Vorstellung bereits im Gehirn eines Menschen vorhanden. Dann brauche sie auch nicht erworben zu werden. Oder sie sei noch nicht im Gehirn eines Menschen vorhanden; dann bestünde aber auch keine Möglichkeit, sie zu erkennen, genauso wie ein Antigen vom Immunsystem eines Lebewesens nur bei bereits vorhandenen Antikörpern erkannt werden kann. So gelangte Sokrates bekanntlich zu der Schlußfolgerung, daß alles Lernen letztlich darin bestehe, bereits im Gehirn Vorhandenes zu wecken und in Erinnerung zu rufen.

Ganz in diesem Sinne können wir beim Menschen übrigens eine eigenartige, aber ganz alltägliche Beobachtung machen: Jeder Mensch wiegt sich in der Vorstellung, ein lernbegabtes und lernbereites Wesen zu sein, immer bestrebt, sich zu informieren, Neues zu erfahren, zu lernen. Und doch spricht sehr vieles dafür, daß er im Grunde das lernt, was in seiner Struktur angelegt ist; für viele tritt auch der Wunsch, sich über Neues zu informieren, hinter das Bestreben zurück, sich in der eigenen, lange gehegten Auffassung bestätigt zu sehen, sich zu vergewissern, daß alles beim „alten" geblieben ist.

Betrachten wir den Vorgang etwas näher, wenn zwei Menschen miteinander diskutieren: Meist scheinen sie gar nicht bemüht, die Gedanken des anderen wirklich kennenzulernen; und selbst wenn sie es sind, gelingt es ihnen nur in wenigen Fällen. Sie verstehen im Grunde nur das, was sie verstehen können und verstehen wollen, und das ist in vielen, ja sogar in den meisten Fällen das, was sie eh schon wußten bzw. zu wissen meinten. Meist reden sie, indem jeder von sich ausgeht und über Dinge aus seiner Warte spricht, hoffnungslos aneinander vorbei. Ebenso tut der Tourist, der vorgeblich die Welt bereist, um andere Länder kennenzulernen, oft nichts anderes, als in diesen Ländern seine ihm eigenen Wahrnehmungs-, Denk- und Beurteilungsschablonen bedenkenlos auf alle Menschen, Dinge und Ereignisse zu stülpen. Er ist ja auch, wenn er beispielsweise Deutscher ist, in den meisten Fällen tief erfreut, nicht nur an der spanischen Küste, sondern auch in Nordafrika und Indien auf Frankfurter Würstchen mit Kartoffelsalat oder Eisbein mit Sauerkraut zu treffen.

Natürlich sind diese Schablonen durch seine früheren Erfahrungen, durch seine sozio-kulturelle Umwelt bedingt, die ihn einfach gelehrt hat, bestimmte Dinge eben so und nicht anders zu sehen. Aber ist das der ganze Zusammenhang? Betreffen diese sozio-kulturellen Einflüsse nicht in erster Linie oder gar ausschließlich die speziellen Inhalte, für den Deutschen etwa sein Eisbein, für den Franzosen das Boeuf Bourguignon und für den Malaien Sateh? Könnte aber nicht die Bereitschaft, überhaupt Schablonen zu entwickeln, die die Erfahrung lenken und zugleich einschränken, eine ganz andere Grundlage haben? Sind Bereitschaft und Erwartung, sich kulturellen Einflüssen zu öffnen und auf irgendeine Weise an irgendeiner Form von Kultur teilzuhaben, möglicherweise nicht Ausdruck einer ganz grundsätzlichen entwicklungsgeschichtlichen „Programmierung" des Menschen, die sein Denken und Verhalten bestimmt, ohne daß ihm die eigentliche Ursache zu Bewußtsein käme? Oder besteht auch hier wieder ein Ineinandergreifen von Einflüssen?

In diesem Zusammenhang bietet es sich an, eine biologische Beobachtung zu erwähnen. Sie betrifft den Sumpf-Sperling mit dem zoologischen Namen Melospiga gregaria. Während seiner Entwicklung in Gefangenschaft konnte man feststellen, daß er in seinem Gesang über weniger Silben verfügte als unter Lebensbedingungen in Freiheit. Es zeigte sich aber auch im Erwachsenenalter eine auffallende Verschiedenartigkeit seines Gesangs. Sie kommt offensichtlich dadurch zustande, daß er unterschiedliche Gesänge anderer Vögel nachahmt. Er ahmt jedoch eigenartigerweise nicht jeden Vogelgesang nach, den er hört. Beispielsweise ahmt er einige, aber eben auch nur einige Silben des Gesangs einer verwandten Art nach, des Singspatzen (Melospiga melodia). Seine Fähigkeit zur Nachahmung bzw. zum Lernen und zum Integrieren in den eigenen Silbenschatz ist offensichtlich artspezifisch eingeengt und begrenzt. Es liegen zweifellos Programme bereit, die „dem Organismus sagen, was er lernen soll. Woher wüßte ein Vogel sonst, daß er den Gesang seiner Eltern und nicht die Geräusche des Regens lernen soll?" (R. Kaspar).

Sollte es mit der Aufnahme kultureller Gehalte beim Menschen oder bei seinen Lernprozessen ähnlich sein? Greifen wir zunächst ein bereits bekanntes biologisches Beispiel auf, das noch nicht höhere Lernprozesse zum Inhalt hat: Eine Nervenzelle bildet keineswegs alle beispielsweise 10 000 Synapsen zur gleichen Zeit aus. Das geschieht vielmehr in bestimmten Schüben von der Geburt bis zur

Pubertät. Und bei jedem Schub kommt es zu zwei Phänomenen: einem vorübergehenden Überschuß und einer auswählenden Festlegung. Die Tatsache des Aussprossens der Nerven-Verästelungen ist wohl mehr oder weniger ererbten Kräften zuzuschreiben; die auswählende Festlegung gehört aber offenbar in das Reich des (epigenetisch) Erworbenen.

Ebenso scheint eine spontane oder durch die Umwelt veranlaßte Aktivität nur zustande zu kommen auf der Grundlage ganz bestimmter Bereitschaften von Nervenzellen und Verbindungsstellen, die aber schon vor der Interaktion mit der Umwelt als solche bestanden, vielleicht sogar letztlich diese Interaktion bewirken, sich aber zugleich dadurch wieder selbst verändern. In diesem Sinne spricht man auch von einer angeborenen Lerndisposition.

Lernprozesse sind in diesem Sinne nicht zufällig. Sie erfolgen allem Anschein nach innerhalb verhältnismäßig enger Grenzen, die bei den verschiedenen Arten von Lebewesen unterschiedlich liegen und innerhalb derer unterschiedliche Voraussetzungen dafür bestehen, was gelernt wird und wie es gelernt wird.

Jede Art, und in gewisser Weise auch jedes Individuum, ist sozusagen für ihr eigenes Lernen programmiert. Das mag für die Form, aber auch in weitem Umfang für den Zeitpunkt oder die Zeitspanne gelten, in denen bestimmte Inhalte gelernt werden. Ich möchte hierzu eine Untersuchung erwähnen, die sich mit der Frage beschäftigte, inwieweit Veränderungen im Verhaltensrepertoire eines Organismus auftreten, wenn alle bedeutsamen Umwelteinflüsse ausgeschaltet sind. Zu diesem Zweck wurden kleine Wassermolche um die Zeit herum anästhesiert, in der normalerweise Schwimmreaktionen auftreten. Während die nicht-anästhesierten Kontrolltiere bereits über fünf Tage frei herumschwammen, wurden die Tiere der Versuchsgruppe erst nach dieser Zeit aus der Anästhesie erlöst. Es zeigte sich, daß auch diese Tiere innerhalb von 30 Minuten ebenso gut wie die Vergleichstiere schwammen. Strukturelle Reifungen finden also offenbar auch ohne Übung der entsprechenden Funktion statt. Das schließt allerdings keineswegs aus, was auch in einer Reihe anderer Experimente nachgewiesen werden konnte, daß praktisches Üben für das tatsächliche und vor allem das optimale Funktionieren einer Struktur notwendig ist.

Auch in der menschlichen Entwicklung setzen entsprechende Lernvorgänge meist dann ein, wenn die Reifung der notwendigen Strukturen und Funktionen abgeschlossen ist. Diese Reifung, die als Tatsache rein biologisch gegeben ist, ist aber in ihrem praktischen Ablauf zugleich auch teilweise wieder eine Funktion der Umwelt. Ähnlich wie die meisten Pflanzen schneller wachsen, wenn sie genügend Sonne und Wasser erhalten, ist auch die geistige Entwicklung von Kindern auf ein gewisses Maß an Anregungen von außen angewiesen. Insofern sind auch die im Nervensystem verankerten Bereitschaften nur zum Teil rein endogene, zum Teil sind sie auch erworbene Bereitschaften. Transkulturelle Vergleiche lassen beispielsweise erkennen, daß Kinder, die unter erheblich veränderten Umwelt- und Lernbedingungen aufwachsen, bestimmte Verarbeitungs- und Verhaltensmöglichkeiten in zeitlich und qualitativ anderer Weise entwickeln. Marilyn Ferguson schildert beispielsweise, daß Frauen eines ostafrikanischen Stammes ihren Kindern schon sehr früh helfen sich aufzusetzen oder hinzustellen. Diese Kinder lernen nun im Gegensatz zu den weltweiten Reifungserfahrungen in der Regel mit 7 Monaten laufen und sprechen auch Sätze mehrere Monate früher als europäische oder amerikanische Kinder.

Kulturelle und erzieherische Einflüsse können also offenbar sowohl die allgemeine Lernbereitschaft als auch ganz bestimmte Bereitschaften erhöhen. Außeneinflüsse können, wenn beispielsweise ein Elternteil oder ein Lehrer einem Kind ständig zu verstehen gibt, daß „es eh zu dumm sei", sowohl eine allgemeine Lernbereitschaft als auch ganz bestimmte Bereitschaften hemmen, ja sogar lebenslang abtöten. Manche spontanen Entwicklungstendenzen können durch konstant anderweitige Vorgaben seitens der Umwelt zum Erliegen kommen oder in völlig andere Bahnen gelenkt werden. Das spontane Interesse eines Kindes kann „abgewürgt" werden zugunsten bestimmter, von Erwachsenen für wichtig gehaltener Vorstellungen und Konzeptionen, die ihrerseits das Kind wiederum nicht interessieren und damit letztlich wirkungslos bleiben. Diese Zusammenhänge sollte sich jeder, der sich vorgenommen hat, „erzieherisch" zu wirken, in aller Unvoreingenommenheit vor Augen führen.

Machen wir uns grundsätzlich bewußt: Erfahrungen knüpfen immer an frühere Erfahrungen an und bereiten spätere Erfahrungen vor. Ebenso können bestimmte Lernvorgänge bestimmte spätere Lernvorgänge fördern, aber auch hemmen, so daß spätere Strukturen das komplexe Ergebnis von Förderungen und Hemmungen darstellen. Und dieses Bild, in das auch entsprechende individuelle Verarbeitungen eingehen, kann in seiner Gesamtheit in sich stimmig oder widersprüchlich sein und damit wieder unterschiedliche Voraussetzungen für spätere Lernprozesse liefern.

Die im Gehirn verankerten Möglichkeiten eines Menschen umfassen damit erstens erbmäßig vorgegebene, „reif" gewordene Potenzen, zweitens die mit diesen Potenzen in Kontakt getretenen und eventuell in irgendeiner Form in sie eingegangenen und an sie gekoppelten Außeneinflüsse sowie drittens die auf den komplexen Voraussetzungen in einem individuellen Gehirn beruhenden Verarbeitungen. Danach wäre Lernen einerseits ein Assimilieren, ein Integrieren in vorbestehende Strukturen, zugleich aber Ausdruck einer ganz bestimmten und in sich komplexen inneren Bereitschaft.

Die allgemeine Struktur und Organisation des Auges oder bestimmter Gehirnzentren sind praktisch bei allen Lebewesen innerhalb einer Art gleich. Und doch gibt es zugleich eine individuelle Streuung hinsichtlich der genauen Zahl und Art der Verästelungen von Nervenzellen sowie der synaptischen Verbindungen zwischen Nervenzellen. Im Verlaufe von Lernprozessen erfolgt eine Stabilisierung bestimmter synaptischer Verbindungen, die aber als solche, zumindest der Möglichkeit und der Tendenz nach, schon angelegt waren. Das bedeutet aber automatisch auch, daß andere synaptische Verbindungen nicht gewählt werden. Sie werden ausgeschaltet und entfallen für die Zukunft.

Hier spätestens mag, auf eine höhere Ebene übertragen, der meist vernachlässigte biologische Sinn des Vergessens aufscheinen. Denn Lernen kann ich letztlich nur, indem ich anderes nicht lerne und auch anderes vergesse. Und nur durch Vergessen bzw. Verlernen ist es auch möglich, Verhaltensweisen zu korrigieren, zu verbessern und beständig weiter anzupassen.

Verliert man nicht paradoxerweise auch gerade dadurch an Plastizität - oder gerät zumindest in die Gefahr -, daß man besonders viel lernt, d.h. sehr viel Information ansammelt? Ist doch bekannt (vgl. S. 54), daß bei vielen Menschen in einem Bereich oberhalb eines bestimmten Wissensschatzes keine positive Beziehung mehr zur Kreativität besteht, daß also, so besehen, von einem gewissen Punkt an Erwerb zugleich Verlust bedeutet. Wer etwas gelernt hat, will das auch zeigen und anwenden. Seine Orientierungsgröße wird selbstzweckartig mehr und mehr das Gelernte und immer weniger das tatsächliche, in der Wirklichkeit zu lösende Problem, für das er eigentlich ursprünglich gelernt hat. Ebenso nimmt ja auch die Fähigkeit, fremde Töne oder Geräusche zu reproduzieren, mit dem Alter ab, und die Fähigkeit, fremde Sprachen zu erlernen, ist in der Kindheit am größten. Lernen ist offenbar in seinem komplexen Bedingungsgesamt nicht nur in einer Dimension ausreichend zu begreifen.

Lernen und Wahrscheinlichkeiten

Wie Konrad Lorenz sagt, wird der Organismus in dem Zusammenspiel zwischen den Strukturen und Funktionen lebender Systeme und den Gesetzmäßigkeiten ihrer Umwelt zu einer Art fortwährend verfeinerten Abbilds seiner Umwelt. Deshalb bezeichnet er auch Leben selbst als einen „erkenntnisgewinnenden Prozeß".

In ähnlicher Weise läßt sich ein solcher Zusammenhang auch für das Lernen aufzeigen. Indem Lernen Verwertung von Umwelt-Information ist, ergibt sich nahezu zwangsläufig eine Entsprechung zwischen Strukturen und Funktionen geistiger Prozesse im Gehirn von Menschen und den Strukturen der geistigen und sozio-kulturellen Welt um sie herum, die ihrerseits wieder Ausdruck geistiger Funktionen früherer Menschen sind.

Im Rahmen dieses Verwertungsprozesses von Umweltinformation entwickeln sich also im Gehirn von Individuen mehr und mehr „feste Verdrahtungen". Das geschieht ganz wesentlich auf dem Boden der Häufigkeit bestimmter Ereignisse. Diese Häufigkeit kann das Zusammen- oder Hintereinander-Vorkommen von Gegebenheiten oder Ereignissen, sie kann aber auch eine Häufigkeit des eingetretenen Erfolgs bestimmter Verhaltensweisen bedeuten. Und diese Häufigkeiten werden im Gehirn von Lebewesen als Wahrscheinlichkeiten verarbeitet.

Gehen wir an dieser Stelle noch einmal zurück in das „entwicklungsgeschichtliche Vorfeld" des Lernens: Wahrscheinlichkeiten lassen sich nur dann sinnvoll „verrechnen", wenn ihre Zahl genügend groß ist, wenn also ausreichend oft Erfahrungen gemacht bzw. „gehandelt" wurde. Und das bedeutet bei aller „vernünftigen" Planung auch einen gewissen Mut, Risiken des Scheiterns und Irrens in Kauf zu nehmen. Insofern ist Leben, in seinem biologischen Wesen verstanden, untrennbar mit Risiko verbunden und Risiko ein geradezu lebensimmanentes Prinzip.

Wenn ich nie etwas versuche, weil ich Angst habe und keine Fehler machen möchte, werde ich auch vieles nie „lernen“. Andererseits ist es selbstverständlich von Vorteil, sich jeweils möglichst gründlich auf etwas vorzubereiten. Vielleicht ist es im Interesse von Lebensprozessen und eigener Weiterentwicklung von Nutzen, vor einem Verhalten mit ungewissem Ausgang sich die beiden grundsätzlichen Möglichkeiten vor Augen zu halten: Geht etwas gut aus, so ist es ja ein Erfolg, mit dem ich zufrieden sein kann. Geht es jedoch „daneben“, so stellt es eine ausgezeichnete Gelegenheit dar, etwas zu lernen. Es wäre deshalb falsch, über ein Scheitern deprimiert oder sogar verzweifelt zu sein und zu resignieren. Vieles würde man nie lernen können, wenn man nicht ein gewisses Wagnis eingeht. Deshalb ist es vernünftig, (Lern-)Wagnisse einzugehen, die eine reale (Lern-) Chance beinhalten, und sich von vornherein bewußt die beiden Chancen „Erfolg“ und „Lerngelegenheit“ vor Augen zu halten. Diese Bereitschaft zum Lernen sollte man darüber hinaus mehr und mehr auch auf solche Ereignisse ausdehnen, die ein positives Ende nahmen und deshalb gewöhnlich einen geringeren Lernanreiz bedeuten.
Wie sagt der dänische Dichter Piet Hein:

„The way to wisdom? Why, it's plain,
and easy to express:
to err and err again,
but less and less and less.“

(Der Weg zur Erkenntnis? Es ist im Grunde einfach: Irren, irren und nochmals irren, aber immer weniger und weniger!)

Wenn Bodenorganismen bei zunehmender Trockenheit tiefer in den Boden kriechen, so bedeutet das keine sozusagen logische Erkenntnis, „daß es in der Tiefe feucht sein muß, weil es oben trocken wird“. Ihr Verhalten ist lediglich Ausdruck eines sinnvollen Programms auf dem Boden generationenlanger Erfahrungen über bestimmte Wahrscheinlichkeiten (Riedl). Und nahezu zwangsläufig wird das wiederholte und immer häufigere Eintreffen oder Zusammentreffen von Ereignissen in den Gehirnen lebender Organismen in Richtung „Notwendigkeit“ verarbeitet. Das extrem Wahr-scheinliche erscheint als „wahr“ und „alles mögliche Wahre wird als immer wahrscheinlicher wahrgenommen, je stetiger und öfter sich ein 'Vor-Urteil', eine bestimmte Wahrscheinlichkeit als wahr bestätigt“, schreibt der Wiener Zoologe Rupert Riedl in geistreicher Formulierung. Wir wollen seiner faszinierenden und überzeugenden Darstellung noch etwas weiter folgen.

Das Lernen einzelner Lebewesen baut auf den gleichen Voraussetzungen auf, die uns auch in der Entwicklungsgeschichte des Lebens begegnen. Orientierung und Bewährung in der Umwelt hängen dabei sehr stark davon ab, wie weit diese quasi automatisch stattfindenden „Wahrscheinlichkeits-Kalkulationen“ dazu befähigen, Umweltsituationen richtig vorauszusehen. Riedl meint übrigens, daß die spezielle Form individuellen Lernens an die Existenz komplexer Nervensysteme gebunden, also mindestens 5 000 mal so alt sei wie der erste homo sapiens.

Auch die auf hohem Niveau erfolgende Lebensbewährung von Menschen beruht zum großen Teil auf entsprechenden Verallgemeinerungen, bzw. „Hochrechnungen". „Was erwartet der Logiker, wenn er seine morgendliche Straßenbahn ankommen sieht, in ihrem Inneren? Die Merkmale des Ferienortes, des Besuchs oder der Milchstraße? Er kann nur erwarten, was er an ihr kennt, und er muß es erwarten, weil er ansonsten nicht einmal seine Straßenbahn erkennen könnte." So besehen reagierte auch mein Kater völlig berechtigt mit Mißtrauen und Flucht, als ich nach einem Krankenhausaufenthalt mit einem Gipsbein und auf zwei Krücken nach Hause kam. Es ist für ein Lebewesen durchaus berechtigt und sinnvoll, davon auszugehen, daß in der Vergangenheit beobachtete Regelmäßigkeiten auch für die Zukunft Geltung haben. Deshalb ist unsere Wahrnehmung, die ja weitgehend durch das Konstanzprinzip bestimmt wird, eben auch weitgehend darauf angelegt, in erster Linie Veränderungen und Abweichungen von dem Gewohnten der Steuerzentrale des Organismus zu melden.

So kommt es wohl auch, daß die Wahrscheinlichkeiten dieser Welt sich schrittweise in den Verarbeitungsapparaten von Lebewesen abbilden und verankern und daß die Auffassungen von Lebewesen über ihre Umwelt oder auch die Welt schlechthin die Gesetzmäßigkeiten ihrer Umwelt, letztlich die Ordnung der Natur spiegeln. Organe und Funktionen von Lebewesen sind dadurch auf das abgestimmt, was es an relativ beständiger Gesetzmäßigkeit in ihrer Welt gibt. Diese Zuordnungen sind natürlich nie hundertprozentig richtig, gewährleisten aber doch mit hoher Wahrscheinlichkeit und zugleich relativ geringem Aufwand konkrete Lebensbewährung. Wie unsicher und ratlos wären Lebewesen und auch der Mensch, wenn alles immer wieder ununterbrochen zu prüfen und zu bedenken wäre! In der gleichen Richtung könnte auch ein biologischer Sinn schlicht akzeptierter, sozusagen „selbstverständlicher" kultureller Gegebenheiten und auch der biologische Sinn von Vorurteilen vermutet werden, wenn etwa eine Großmutter ihrem Enkel die Lebenserfahrung vermittelt: „Wer lügt, der stiehlt". Auch hier wieder treffen wir auf das bereits bekannte Optimierungsprinzip mit seinen Vorteilen.

Im Grunde geht es für Lebewesen gar nicht darum, in ihren Gehirnen alle Gesetzmäßigkeiten der Welt richtig zu verarbeiten. Es geht vielmehr für jedes Lebewesen nur darum, die Gesetzmäßigkeiten und Wahrscheinlichkeiten in einem verhältnismäßig kleinen, oft geradezu winzigen Ausschnitt dieser Welt zu verarbeiten, und zwar in dem Ausschnitt, der mehr oder weniger „zufällig" für dieses Wesen „von lebensbestimmender Bedeutung" ist.

Und diese Verarbeitung erfolgt nach dem biologisch vorgegebenen und längst vor der geistigen oder gar wissenschaftlichen Entwicklung der Menschheit funktionierenden Prinzip, Erwartung und Erfahrung aufeinander zu beziehen. Dabei wird jede aufgrund einer Annahme bestehende Erwartung in der Folge durch die konkrete Erfahrung überprüft. „In der Spiralverknüpfung von Erfahrung und Erwartung erwarten wir zunehmend die Welt immer so, wie Erfahrung sie voraussehen läßt, und erfahren sie so, wie Erwartung sie lenkt" (Riedl). Es ist immer ein Regelkreis einer schrittweisen Optimierung, „um immer mehr als real zu erwarten, was sich erfahren läßt, und immer mehr als real zu erfahren, was sich erwarten läßt" (Riedl).

Das gilt für Einzeldinge und Einzelereignisse, aber auch für die umfassende

Abbildung 42: *Jede neue Erfahrung verändert nach Art eines Schraubenprozesses die Erwartung, und jede neue Erwartung erschließt neue Quellen der Erfahrung (nach R. Riedl.).*

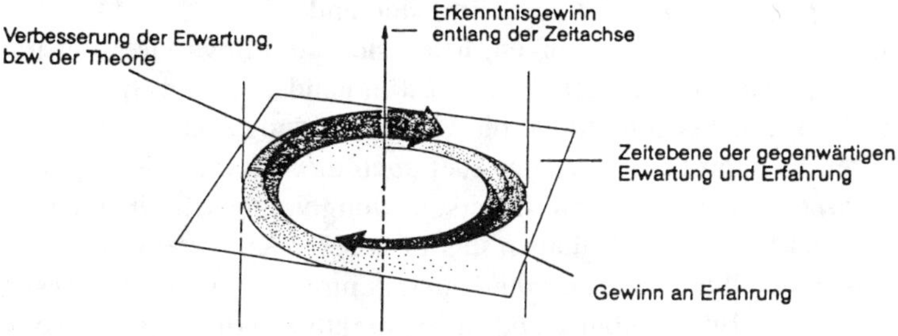

Abbildung 43: *Schichten des Ineinandergreifens von Erwartung und Erfahrung nach R. Riedl.*

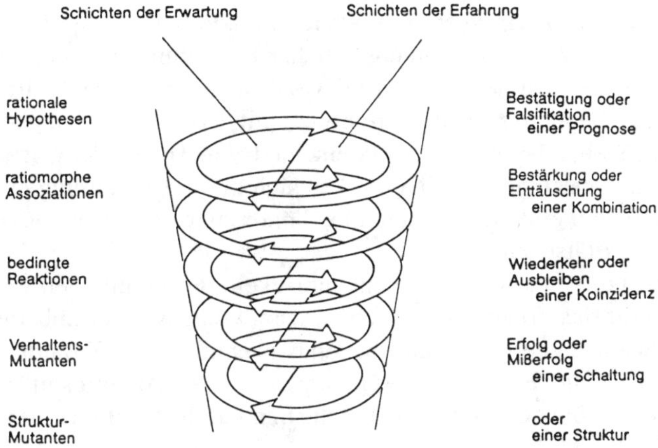

Ordnung der Dinge, die Zusammengehörigkeit von Merkmalen oder Eigenschaften. Diese Zusammengehörigkeit kann bei gleichzeitigem Auftreten des Zusammengehörenden sozusagen räumlicher Art sein. Sie erlaubt einem Lebewesen damit die Erkenntnis über die Zusammensetzung der Dinge seiner Umwelt aufgrund der gespeicherten Information über immer wieder zusammen vorkommende Einzelmerkmale.

Die Zusammengehörigkeit kann aber auch eine zeitliche Abfolge, eine verhältnismäßig beständige Aufeinanderfolge von Gegebenheiten betreffen. Es spricht vieles dafür, daß hier auch die biologischen Grundlagen unseres Kausalitäts-Bewußtseins liegen.

So wie zwei in kurzem zeitlichem Abstand hintereinander in einem dunklen Raum aufleuchtende Punkte als eine von einem Punkt zum anderen hin erfolgende Bewegung, als eine leuchtende Linie wahrgenommen, d.h. im Gehirn als solche „verrechnet" werden, so führt auch eine verhältnismäßig beständige Aufeinanderfolge von Ereignissen zu dem erlebten Ergebnis einer gleichen Ursache. Dem

Konstanz- und dem Kausalitätserleben scheinen also offenbar die gleichen Funktionsmechanismen im zentralen Nervensystem von Lebewesen zugrunde zu liegen. Das ist im Grunde eigentlich auch einleuchtend.

Wagt man hier weiterzudenken, lösen sich allerdings viele der unser wissenschaftliches Denken so entscheidend bestimmenden Unterscheidungen mehr und mehr auf: zunächst schon einmal die Unterscheidung von wissenschaftlichen und laienhaften Denkprozessen, weiter aber auch die Unterscheidung von Natur- und Geisteswissenschaften oder die Unterscheidung von beschreibender und erklärender Naturwissenschaft. Wir haben uns in unserer Kultur einfach daran gewöhnt, in gewisser Verallgemeinerung die Darstellung von gleichzeitig Zusammengehörendem als eine Beschreibung und die abstrakte Darstellung von Folgezuständen als Erklärung zu bezeichnen. Auch die große Streitfrage, ob das Erleben einer „Ur-sache" eine reale Gegebenheit der Außenwelt oder einen Zustand menschlicher Erwartung darstellt, verliert auf der Grundlage des umfassenden biologischen Systemansatzes der beständigen und hochkomplizierten Wechselbeziehung zwischen Organismus und Umwelt an eigentlicher Bedeutung. Von tatsächlicher biologischer Bedeutung ist lediglich, wie Riedl sehr richtig sagt, die alltägliche Erfahrung, „gut beraten zu sein, fortgesetzt mit Ursache-Wirkungs-Zusammenhängen zu rechnen". Ja selbst der Unterschied von Ursächlichkeit und Zweckmäßigkeit, von Kausalität und Finalität löst sich in die Umkehrung eines gedanklichen Ablaufes von einer niederen in eine höhere bzw. von einer höheren in eine niedere Komplexitätsebene auf.

Bei beiden Formen von Zusammengehörigkeit, der räumlichen wie der zeitlichen, scheint für das erkennende Erleben, das durchaus nicht unbedingt mit höherem Bewußtsein einhergehen muß, schon bei zehnmaligem Zusammen-Vorkommen ohne gegenteilige Erfahrung die Qualität von „Gesetzmäßigkeit" zu entstehen und bei höheren Größenordnungen so um die hundert die Qualität einer praktischen „Gewißheit".

Das Ganze scheint auch hier wiederum im Gegensatz zu dem Perfektionsstreben einer emsigen Gesetzgebung und einer hochentwickelten Verwaltung dem Prinzip der Optimierung zu folgen, bei dem das Verhältnis von Aufwand und Erfolg möglichst günstig ist und zudem noch, bei erhaltener System-Offenheit, ständig verbessert wird. Dazu paßt wohl auch, daß das biologische Interesse, beispielsweise in Form angespannter Aufmerksamkeit, zu erlahmen pflegt, wenn einerseits Ähnlichkeit mehr und mehr zu Gleichheit wird, beispielsweise beim x-ten Anhören des gleichen Vortrages, oder wenn andererseits die Dinge sich in ihrem Zusammenhang oder ihrer Abfolge als völlig chaotisch darstellen. Riedl spricht in diesem Zusammenhang von einer „Ökonomie der Erwartungen", deren Wirkung sich auf einer Skala zwischen Langeweile und Ratlosigkeit entfaltet.

Entwicklungsgeschichtliche Stufen des Lernens

Betrachtet man diese Erkenntnisse und Überlegungen unter entwicklungsgeschichtlicher Blickrichtung, so drängt sich der Eindruck auf, daß die bei Lebewesen zu beobachtenden Erkenntnis- und Lernmechanismen stufenförmig aufeinander aufbauen. Ja, die Vorstufen bewußter Lernprozesse scheinen sogar bis in die entwicklungsgeschichtlichen Anfänge zurückzureichen.

Es gibt eine Reihe namhafter Forscher, welche die Auffassung vertreten, daß es sich bei den Strukturen und Funktionen, denen man im weiten Rahmen des kosmischen Geschehens und des irdischen Lebens begegnet und deren grundsätzliche Ähnlichkeit so beeindruckend ist, in der Tat um mehr als nur eine vordergründige Ähnlichkeit handelt, nämlich um echte Homologien im Sinne einer inneren strukturellen Verwandtschaft. Die Ausbildung von rückgekoppelten Kreisläufen, das Prinzip einer positiven wechselseitigen Informationsverstärkung oder Selbstorganisationsprozesse scheinen solche grundlegenden Gesetzmäßigkeiten zu sein, die auf jeder Entwicklungsstufe aufweisbar sind.

So werden bei einer solchen Betrachtung auch hinter komplizierten Erkenntnisfortschritten der Menschheit grundsätzlich gleiche Geschehensabläufe gesehen wie hinter den Prozessen, die zur Entstehung des Lebens führten. „Alles schöpferische Lernen, vom Hyperzyklus bis zu den kulturellen Lernprozessen, folgt einem gemeinsamen Prinzip“ (Kaspar). Und hier wie dort begegnen wir dem Phänomen, daß in einer Art Spiralentwicklung ein Überstieg in eine höhere System-Ebene stattfindet, sobald ganz bestimmte Voraussetzungen erfüllt sind. Mit jeder Entwicklungsstufe steigt zwangsläufig das Maß an Komplexität, aber auch an Organisation. Interessanterweise steigt auch die Lebensdauer der jeweiligen Träger von Erkenntnis und Information mit der Entwicklungshöhe durchschnittlich an. Hat doch eine einzelne Zelle eine wesentlich kürzere Lebensdauer als das Lebewesen, das aus unzähligen Zellen besteht. Genauso überlebt eine Gesellschaft die Individuen, die sie bilden. Und Gesellschaften, bzw. Staaten, lösen sich wieder schneller auf als kulturelle Systeme.

In dieser Sicht steht am Beginn der Entwicklung von Erkenntnisprozessen als einfachste Lernform der Regelkreis, die „Gleichgewichtschaltung“. Robert Kaspar hat das in seinen Arbeiten „Die Evolution des Lebendigen als Erkenntnisvorgang“ und „Die Evolution des Erkennens“ treffend beschrieben.

Der Organismus reagiert - das ist ja die Funktion des Regelkreises - in einer Weise, „daß im inneren Milieu stets ein bestimmter Sollwert erhalten bleibt“ (Kaspar).

Dieser Sollwert ist aber seinerseits bereits gespeicherte Information. Dabei zeigt sich, daß die Fähigkeit zu lernen engstens mit der Fähigkeit verbunden ist, sich zu erinnern, Information über stattgefundene Ereignisse zu bewahren. Wenn einfachste lebende Organismen ganz gezielt auf Außenreize, d.h. im einfachsten Fall auf eine ganz bestimmte Dimension der Außenwelt sozusagen nach dem Muster einer Plus/Minus-Schaltung reagieren, dann ist das ja nur möglich, wenn Information über diese Reize der Umwelt gespeichert und mit einer positiven bzw. negativen „Bewertung“ verknüpft ist. Das zeigt sich beispielsweise sehr deutlich bei Insekten, die zum Licht fliegen.

Bei diesen und ähnlichen einfachsten Vorgängen wird etwas sehr Interessantes deutlich, das uns ein ganzes Stück weiterführt: Berührt man etwa ein Planarium, also einen Strudelwurm, mit einem Glasstab, so krümmt es sich zu einem Ball zusammen. Das ist eine einfache Antwort auf einen Gefahr-Reiz. Langsam und vorsichtig gibt es dann die zusammengerollte Haltung wieder auf, bis es sich bei erneuter Berührung mit einem Glasstab wieder zusammenrollt. Führt man diese Berührungsprozedur genügend häufig durch, so kann man beobachten, daß die Reaktion des Zusammenrollens immer mehr zurückgeht und schließlich ganz verschwindet. Das Planarium hat sich daran gewöhnt, in dieser Weise gereizt zu werden und hat dabei zugleich erfahren, daß dieser Reiz keine letztlich vitale Bedrohung darstellt. Es hat sich an die Berührung mit dem Glasstab gewöhnt und hält diese Berührung fortan möglicherweise für lästig, nicht aber für gefährlich. Lebewesen werden durch diesen Mechanismus davor bewahrt, Zeit und Energie für biologisch unwichtige Dinge aufzuwenden.

Bereits auf dieser Ebene sind also *Empfindlichkeits-Verstellungen* des Organismus zu beobachten, und zwar aufgrund dessen, daß bestimmte Erfahrungen gemacht wurden. Dieser Vorgang ist in zwei Richtungen möglich: einmal in der Richtung, daß man sich an bestimmte Reize gewöhnt, und zum anderen in der Richtung, daß man auf bestimmte Reize immer empfindlicher reagiert. Im großen und ganzen kann man sagen, daß man sich, wie ja schon das Wort sagt, an das Gewohnte gewöhnt, während Abweichungen vom Gewohnten eher sensibilisieren. In der Wissenschaft sind beide Phänomene als *Habituierung* und *Sensitivierung* bekannt[9].

Sie beruhen aller Wahrscheinlichkeit nach darauf, daß die an den Axonenden der Synapsen in Bläschen befindlichen Überträgersubstanzen im Falle der Habituation aufgebraucht und im Falle der Sensibilisierung in hoher Zahl gebildet werden. Dadurch wird dann die betreffende Reaktion abgeschwächt bzw. verstärkt. Dieses Phänomen steht in engem Zusammenhang mit der sogenannten „Bahnung“,

Abbildung 44: *Neurophysiologisches Erklärungsmodell von Habituierung und Sensibilisierung.*

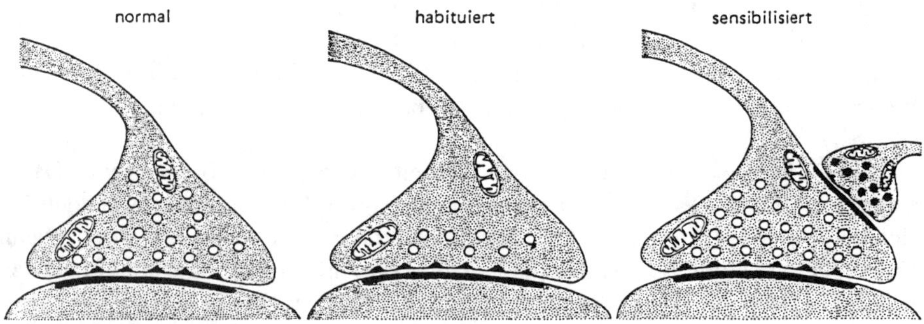

9 Nach neueren wissenschaftlichen Auffassungen wird bei der Gewöhnung der Vorrat an verfügbaren Übertragungsstoffen (Transmitter-Substanzen), die in Bläschen vor den Synapsen eingeschlossen sind, zunehmend aufgebraucht und nicht sofort ersetzt, während bei der Sensibilisierung durch Ausschüttung von Serotonin aus einem gesonderten Neuron eine stärkere Bildung von Transmitter-Substanz (Acetylcholin) angeregt wird.

die sich auf die Tatsache bezieht, daß der Ablauf von Funktionen durch deren Ausübung verbessert wird.

Habituieren oder Sich-gewöhnen als ein Vorgang, der schon auf Zell-Ebene beobachtet werden kann, bedeutet praktisch zu lernen, was nicht zu tun ist. Wenn Sie abends Ihren Wecker aufziehen, hören Sie zunächst für einige Sekunden - und vielleicht auch etwas länger - sehr deutlich das Ticken. Es ist aber dann nach einiger Zeit verschwunden. Wenn Sie genau hinhören, werden Sie vielleicht sogar ein regelmäßiges An- und Abschwellen der Tickgeräusche hören, obwohl die Mechanik des Weckers ungestört und mit physikalischer Regelmäßigkeit abläuft.

Wer hat noch nicht am nächtlichen Himmel einen ganz bestimmten Stern beobachten wollen und dabei festgestellt, daß dieser Stern, den er so genau fixiert hatte, nach wenigen Sekunden verschwunden war, aber sofort wieder auftauchte, sobald er eine Stelle am Himmel fixierte, die neben der Position des Sternes lag? Es gibt dazu auch ein aufschlußreiches Experiment: Ein ganz feines und schnelles Augenzittern ist für alle Menschen völlig normal. Wenn man nun durch Spiegel, die durch eine Kontaktlinse fest mit der Hornhaut verbunden sind, die Wirkung des Augenzitterns aufhebt, fällt jeder Punkt eines betrachteten Bildes immer genau auf die gleiche Stelle der Netzhaut. Das führt dazu, daß diese Netzhautzellen infolge Gewöhnung nicht mehr erregt werden. Und das bedeutet für die Zeitdauer dieser Bedingungen praktische Blindheit.

Nervenzellen sprechen eben grundsätzlich auf Änderungen an. Bei einer über längere Zeit gleichbleibenden Situation läßt ihre Verarbeitungsintensität nach, bis auf völlig redundant gewordene Reizmuster überhaupt keine Reaktion mehr erfolgt.

Jeder Mensch unterliegt von morgens bis abends einer Unzahl von Gewöhnungsphänomenen, auch wenn er sich dessen kaum bewußt ist: Die morgens angelegte Unterwäsche wird auf dem nackten Körper deutlich gespürt, dann aber im Verlauf des Tages gar nicht mehr gesondert wahrgenommen, es sei denn, sie zwickt; die Sattheit einer lange betrachteten Farbe nimmt mit der Zeit ab; der typische „Mief" eines Raumes, den man gerade betreten hat, verschwindet für den subjektiven Eindruck sehr bald; das am ersten Urlaubsabend ständig gehörte Meeresrauschen wird nach einigen Urlaubsnächten gar nicht mehr gehört; eine konstant gefahrene Geschwindigkeit wird mit zunehmender Zeitdauer als immer langsamer empfunden; das Typische der Heimatstadt oder des Heimatlandes tritt dagegen nach einem längeren Aufenthalt in der Fremde sehr viel deutlicher hervor.

Im Gegensatz zu einer Habituierung bedeutet eine Sensitivierung oder Empfindlichkeitssteigerung, daß sich eine Reaktion bei wiederholter Reizung mehr oder weniger verstärkt. Dadurch, daß ein Lebewesen einem starken oder schädlichen Reiz ausgesetzt war, erhöhen sich Wahrscheinlichkeit, Schnelligkeit und Intensität seiner Reaktion. Wenn beispielsweise eine Seeschnecke über eine Zeitspanne von vier Tagen wiederholt an ihrem Kopf stark gereizt wird, kommt es jedesmal zu entsprechenden Schutzreflexen ihrer Kopforgane. Prüft man ihr Verhalten dann eine Woche später, so erfolgen diese Reflexe schon bei leichterer Berührung und sind über längere Zeit wirksam.

In diesem wie in vielen anderen Fällen hängt es also, genauso wie wir es bei den Verarbeitungen von Schwankungen in einem System gesehen haben, von der Intensität der Reizung ab, ob Gewöhnung oder Empfindlichkeitssteigerung stattfindet. Offenbar gibt es auch zwei getrennte Systeme von Interneuronen, d.h. von Nervenzellen, die zwischen zwei anderen Nervenzellen vermitteln, und auch unterschiedlich funktionierende Synapsen, die für die Phänomene der Gewohnheitsbildung und Empfindlichkeitssteigerung verantwortlich sind.

Auf einer nächst höheren Stufe wären die sogenannten *angeborenen Auslöse-Mechanismen* einzuordnen. Sie stellen sozusagen spezifische Reizfilter dar, die, unabhängig von jeder Lernerfahrung, auf ganz bestimmte Reizkonstellationen ansprechen. Dadurch werden dann wieder ganz bestimmte Instinkte als komplexe Reaktionsprogramme ausgelöst. Zu solchen angeborenen Auslöse-Mechanismen zählt beispielsweise das Verhalten eines kleinen Frosches, der nach kleinen, sich bewegenden Objekten schnappt, oder auch das Verhalten eines Stichlingsmännchens, das bei Anblick eines silbrigen Bauches eine Balzreaktion, bei Anblick eines roten Bauches (als Zeichen eines Geschlechtskonkurrenten) eine Kampfreaktion entwickelt. Ebenso stellt es einen angeborenen Auslöse-Mechanismus dar, wenn ein Küken ohne irgendeine persönliche Erfahrung oder „Belehrung“ die Flucht ergreift, sobald es erstmals in seinem Leben die Silhouette eines Raubvogels am Himmel erblickt.

Auf einer weiteren Ebene begegnen wir dann Auslöse-Mechanismen, die durch individuelle Erfahrung veränderbar sind. Das ist beispielsweise bei der sogenannten Prägung der Fall. Das im Organismus verankerte angeborene Programm wird ausgeklinkt, wenn zu einer ganz bestimmten Zeit eine auf dieses Programm bezogene Erfahrung gemacht wird. Hierbei ist entwicklungsgeschichtlich eine im Sinne der gegebenen Wahrscheinlichkeit optimale, aber eben nicht hundertprozentige Zuordnung getroffen. Wenn gerade geborene Gänse in dieser begrenzten Zeitspanne nach der Geburt dem Versuchsleiter Konrad Lorenz oder auch nur einem Drahtgestell begegnen, so folgen sie diesem und nehmen den Prägungsreiz anstelle der Eltern an. Das ist in diesem Falle zwar ein „falscher“, d.h. biologisch wenig sinnvoller Vorgang. Unter normalen biologischen Bedingungen ist er aber mit hoher Wahrscheinlichkeit höchst vernünftig. Denn das Bild, auf das junggeborene Gänse nach ihrer Geburt mit aller Wahrscheinlichkeit treffen, ist das Bild ihrer Eltern, das sich ihnen einprägt und in ihrem Gehirn fest verankert bleibt.

Schon im Tierreich werden viele Auslöse-Mechanismen durch Erfahrung und Lernen verändert. Lebende Organismen lernen sozusagen in die angeborenen Auslöse-Mechanismen hinein. Diese werden dabei spezifischer. Es werden Sperren in das ursprüngliche Verhalten eingebaut, erlernte „Schlüsselreize“ treten neu hinzu: Ratten zu jagen, ist dem Iltis angeboren; sie speziell am Genick zu fassen, wird dazugelernt. Junge Küken lernen, nicht mehr nach allem zu picken, sondern nur nach dem, was gut schmeckt; und die Erdkröte, die zunächst nach allem schnappt, was sich bewegt und nicht zu groß ist, lernt stechende und schlecht schmeckende Insekten vermeiden; Kolkraben erlernen durch Erfolg und Mißerfolg, nur noch geeignete Gegenstände für den Nestbau zu verwenden usw. Bei Zusammenhängen dieser Art spricht man deshalb auch von Erfahrungs-modifizierten angeborenen Auslöse-Mechanismen.

Bei den erlernten Auslöse-Mechanismen kommt es schließlich zu neuen Reiz-Reaktions-Verknüpfungen, die als solche keine stammesgeschichtliche und auf Vererbung beruhende Grundlage haben. Lachmöwen fliegen im Winter auf geöffnete Fenster, weil sie dort erfahrungsgemäß mit Futter rechnen; Silbermöwen werden durch Unterwasserexplosionen angelockt, weil sie nach einer solchen Explosion erfahrungsgemäß eine Menge betäubter oder getöteter Fische an der Wasseroberfläche finden.

Auch bei dem *bedingten Reflex* handelt es sich um eine erlernte Reaktion, um die Verknüpfung eines beliebigen Reizes mit einem „natürlichen Auslöser", also einem Reiz, der normalerweise den betreffenden Reflex auslöst. Findet eine solche Verknüpfung häufiger statt, so schleift sich nach einiger Zeit eine erworbene „Reflex-Antwort" auf einen Reiz ein, der ursprünglich nicht zu dieser Reaktion geführt hätte. Ein Plattwurm beispielsweise streckt sich, wenn er hellem Licht ausgesetzt wird, und rollt sich andererseits bei elektrischer Reizung zusammen. Läßt man Licht und elektrische Reizung genügend häufig zusammen auf den Wurm einwirken, so wird er nach einiger Zeit auf das Licht allein mit Zusammenrollen reagieren. Der Plattwurm hat etwas „gelernt".

Im Rahmen bedingter Reflexe oder konditionierten Lernens. für die es im übrigen unterschiedliche Erklärungsansätze gibt, lassen sich verschiedene Formen unterscheiden. Beim klassischen Konditionieren kommt es, wie wir schon sahen, zu einer biologisch vorgegebenen Reaktion durch einen mit dem ursprünglichen Reiz verknüpften Reiz; bei der Hemmungs-Konditionierung kommt es durch eine verknüpfte gegenteilige Reaktion zum Nachlassen oder gar Verschwinden einer bestimmten Reaktion, und beim Verstärkungs-Konditionieren, auch als Erfolgslernen bezeichnet, wird eine Reaktion durch einen mit ihr verknüpften positiven Effekt, d.h. durch die angenehmen Folgen der Reaktion verstärkt.

Schon bei den bedingten, also „erlernten" Reaktionen zeigt sich, daß je nach den speziellen Gegebenheiten unterschiedliche Anteile von Ererbtem und Erlerntem eine Rolle spielen. Vor allem sowjet-russische Forscher fanden in den letzten Jahren, daß gleiche Reaktionen auf gleiche Reize bei einigen Arten von Lebewesen vererbt, bei anderen gelernt sind. Ähnliche Beobachtungen konnten selbst innerhalb der gleichen Art gemacht werden. Bestimmte Reaktionen können auch durch Lernprozesse in einer entsprechenden Umwelt wieder verschwinden.

Schon auf dieser Ebene findet sich also das für Lernprozesse so bedeutsame Prinzip von „Versuch und Irrtum", das im Grunde als ein Beispiel für negative (und positive) Rückkoppelung gelten kann.

Gehen wir jetzt zu den Leistungen auf höherer Ebene über, deren entscheidende Grundformen bereits im einfachen Neugier- und Spielverhalten bestehen dürften. In seiner biologischen Funktion ist das Spiel nicht nur sozusagen eine Übung für den späteren Ernstfall, sondern dient zugleich auch der Gewinnung von Erfahrung im innerartlichen Umgang, also im Umgang mit anderen Menschen.

Auch hier trifft man übrigens wieder auf das Phänomen der Gewöhnung, wenn etwa ein Organismus auf eine besondere Beanspruchung in einer Weise reagiert, daß die mit ihr einhergehende Belastung allmählich immer besser ertragen wird. Infolge der gleichbleibenden Reizsituation und ihrer Verarbeitung ändert sich das Verdrahtungsmuster, der Schaltplan im Gehirn.

Charakteristisch für die höchste Ebene ist aber zweifellos unsere überlegene Vernunft, die mit dem Erkennen von Prinzipien, mit dem Gewinnen von Einsichten und der Fähigkeit der Abstraktion einhergeht. Es ist die jüngste und zugleich höchste Stufe von Lern- und Erkenntnisleistungen, in der aber auch, wie auf den Vorstufen, der Spiralprozeß von Erfahrung und Erwartung wirksam ist. Die bewußte Überlegung bietet jedoch zweifellos gegenüber den bisher besprochenen Formen den Vorteil, Fehler schneller zu entdecken und zu vermeiden.

Letztlich lernt der Mensch auch auf dieser Ebene zunächst einmal nur, was von vitaler Bedeutung für ihn, für seine Anpassung an die Umwelt ist. Dabei besteht die besondere Situation des Menschen darin, daß er aufgrund seiner spezifischen Lernbedingungen, insbesondere aufgrund seiner Einbettung in eine sozio-kulturelle Umwelt, in unvergleichlich höherem Maße die Möglichkeit hat, nicht nur aus seiner eigenen Erfahrung, sondern auch aus den Erfahrungen anderer zu lernen.

Es spricht, entwicklungsgeschichtlich gesehen, sehr viel dafür, daß sich auch die höheren Erkenntnisleistungen der Menschen allmählich aus den einfacheren, auf früheren Stufen der Entwicklungsgeschichte nachweisbaren Orientierungsmechanismen heraus entwickelt haben. Die Strukturen des Lernens und Denkens, wie wir sie in der menschlichen Geistestätigkeit antreffen, stellen ein funktionales System dar, in dem die niederen Stufen erhalten geblieben sind, bzw. als Subsysteme innerhalb der höheren und komplexeren Ebenen weiterwirken. Auch die höchsten Abläufe menschlichen Lernens sind, so besehen, das Ergebnis eines Zusammenwirkens von Anteilen aus höheren und niedrigeren Ebenen.

Dabei sollte man sich vor Augen halten, daß alle Fähigkeiten zu erkennen und zu lernen, alle Möglichkeiten des Vorstellens einschließlich der Summe denkbarer Erwartungen biologisch auf die spezifische Umwelt einer Art, auf das Umfeld der Lernbedingungen dieser Art bezogen bleiben. „Was für ein Vermessen wäre es, wollte sich die Zecke die Blutgefäße eines Säugetieres vorstellen, der Polizeihund die internationale Rauschgift-Szene oder wir uns die Gesetze jenseits dieses Kosmos", heißt es bei Riedl. So bleibt letztlich alle Erkenntnis auf die spezifischen Gegebenheiten erkennender Lebewesen bezogen und ist nur am Maß dieser Lebewesen zu verstehen.

Hier aber tut sich möglicherweise eine spezifische Gefahr für den Menschen auf, der sich in seinem zivilisatorisch-technologischen Fortschritt und seiner Fähigkeit zu immer höheren Abstraktionen zugleich immer weiter von dem biologischen Grund abgehoben hat, der ihn letztlich trägt. Könnte es nicht sein, daß es dem heutigen Menschen ähnlich wie dem Nachtfalter geht? Dessen Hinbewegung zum Licht war durchaus sinnvoll, als es darum ging, den Ausgang aus einer Höhle zu finden. Sie hat aber jeglichen biologischen Sinn verloren angesichts von Scheinwerfern nächtlich dahinsausender Autos.

So stellt sich die entscheidende Frage: Sind denn die Denkmuster der Menschen, wie sie sich früher einmal für eine typische Umwelt entwickelt hatten, noch angemessen in einer Umwelt, die immer komplexer und komplizierter geworden ist? Ist beispielsweise nicht die wissenschaftlich so oft gepriesene analytische Denkweise im Grunde ungeeignet, wenn es darum geht, heutige Probleme in ihrer ganzen Komplexität zu begreifen? Und ist es nicht anachronistisch, diese Probleme durch die Brillen von Schablonen zu betrachten, deren Entstehung entwicklungsgeschichtlich in Zeiten zurückreicht, die mit der Zeit, in der Menschen heute in industrialisierten Gesellschaften leben, kaum etwas gemeinsam haben. Wer denkt schon daran, daß „der Rat, den heutige Menschen zur Lösung komplexer Gegenwartsprobleme aus ihrem Gehirn erhalten, biologisch durchaus sinnvoll für Probleme von Wirbeltieren in einer für Wirbeltiere charakteristischen Umwelt entwickelt wurde“ (Ditfurth).

Drei Lernebenen

Müßte es also nicht darum gehen, sich auch gegenüber neuen, höheren Formen des Lernens aufzuschließen? In diesem Rahmen verdienen die Arbeiten Gregory Batesons höchste Beachtung. Er war ja wohl einer der geistreichsten und tiefgründigsten Denker unserer Zeit, der durch eigenständiges, kritisches Denken wertvolle Beiträge für grundlegende geistesgeschichtliche Überlegungen lieferte. In seiner Kulturanthropologie beklagt er die Spaltung zwischen Analyse und eigener Betroffenheit sowie die „Dysfunktionalität“ unseres die letzten Jahrhunderte bestimmenden Denksystems. Gerade die von ihm entwickelten Vorstellungen über unterschiedliche Lernebenen dürften für den hier bedeutsamen Zusammenhang von besonderem Interesse sein.

Bateson unterscheidet drei Arten des Lernens: Lernen I oder Protolernen bedeutet, ein ganz spezifisches Problem zu lösen. Lernen II oder Deuterolernen bedeutet sozusagen ein Lernen des jeweiligen Kontextes, das Lernen bestimmter Spielregeln, das Lernen zu lernen schlechthin. Es bedeutet zugleich ein Lernen, das quasi selbstbestätigenden Charakter hat und verschiedenartigste Möglichkeiten der Manipulation eröffnet. Lernen III spielt sich in einer nächsthöheren Ebene ab. Es handelt sich bei dieser Form des Lernens um ein Verständnis des Wesens des Denkansatzes selbst, um eine Theorie der Theorie, eine Meta-Theorie, eine kritische Theorie der Wissenschaft. Es ist damit zugleich eine Ebene, aus der heraus sich - auf das Individuum bezogen - tiefgreifende Neustrukturierungen der Persönlichkeit ergeben können. In dieser Ebene lernt der Mensch, Gewohnheiten zu ändern. Er lernt etwas über das Lernen II, über den eigenen Charakter und die eigene Weltsicht.

Bateson erläutert diese drei Arten des Lernens an Dressurversuchen mit einem Tümmler. Das Beibringen einer Reihe von Kunststücken erfolgt in der ersten Ebene (Lernen I). Auf der zweiten Ebene tritt der Kontext in Form einer instrumentellen Belohnung hinzu: Dem Tümmler wird bei jedem durchgeführten Kunststück ein Fisch hingeworfen. Im weiteren Verlauf wird der Einsatz erhöht, indem eine Belohnung erst nach drei durchgeführten Kunststücken erfolgt. Schließlich wird aber die zweite Ebene ganz verlassen, indem man den Tümmler nur noch belohnt, wenn er ein völlig neues Kunststück erfindet. Sein Gehirn muß sich dabei von allem lösen, was er auf der bisherigen Lernstufe gelernt hat.

Die Überlegungen Batesons reichen in allgemeine kulturanthropologische Bereiche hinein. Die von ihm entwickelte Doppelbindungs-Theorie (Beziehungsfalle), die ja nach dem Motto „vertraue mir oder ich werde dich verlassen" einen bekanntgewordenen Ansatz zur Erklärung der Schizophrenie darstellt, bringt das sehr deutlich zum Ausdruck.

So meint er auch von dem unsere neuzeitliche Kultur bestimmenden Realitätssystem, daß es ständig Treue einer Logik gegenüber fordert, die in Wirklichkeit aber immer wieder verletzt werden muß. Unsere Gesellschaften hätten eine kartesianische Doppelbindung auf Ebene II gelernt, und dieser Lerneffekt werde als „Wirklichkeit" bezeichnet. Daraus ergebe sich in unserer Kultur die Überzeugung, daß wissenschaftliches Wissen das einzig wirkliche oder wissenswerte Wissen sei, wobei aber gleichzeitig immer wieder eine Verletzung dieser Regeln notwendig sei, um zu überleben. Er knüpft dabei an Lévi-Strauss an, der einmal in Blickrichtung auf „unzivilisierte" Kulturen schrieb: „Die Lektion, die Welt vor das Leben, das Leben vor den Menschen und den Respekt gegenüber anderen vor die Liebe zu sich selbst zu setzen, 'lehren' uns die Menschen, die wir 'Wilde' nennen. Eine Lektion in Bescheidenheit, Zurückhaltung und Diskretion im Angesicht einer Welt, die unserer Art vorausging und sie auch überleben wird." Den Ausweg für die westlichen Kulturen sieht Bateson folgerichtig in einer neuen Ebene ganzheitlichen Bewußtseins.

Entwicklungsgeschichte, Erziehung und Lernen – Überlegungen zum Stellenwert der Erziehung bei menschlichen Lernvorgängen[10]

An dieser Stelle drängt es sich auf, der Rolle der Erziehung bzw. bewußt geplanter systematischer Einwirkungsprozesse bei menschlichen Lernvorgängen nachzugehen. Scheinen solche Bemühungen doch gerade angesichts der immer komplexer und differenzierter gewordenen Lebenssituation der Menschen unverzichtbar.

Ein gegenteiliger Gesichtspunkt in diesem Rahmen bezieht sich auf die Bedeutung von „individueller Selbstentfaltung" bzw. „selbstbestimmtem Lernen". Man trifft ja oft auf Zweifel, ob diese Forderung, so ideal sie klingen mag, unter den bestehenden Bedingungen realistisch und überhaupt in unserer Lebenswirklichkeit realisierbar ist. Führt man sich die „natürliche" Unselbständigkeit und Abhängigkeit neugeborener Säuglinge oder auch die charakteristischen Merkmale menschlicher Kindheit schlechthin vor Augen, so bietet sich natürlich auch hier eine entwicklungsgeschichtliche Betrachtung der Zusammenhänge an. Dabei ergibt sich folgendes Bild: Von einer gewissen stammesgeschichtlichen Entwick-

10 Zu diesem Thema hat vor allem M. Liedtke mit seinem Buch „Evolution und Erziehung" einen wertvollen Beitrag geleistet.

lungsstufe an sind Neugeborene auf Eltern angewiesen. Dieses Angewiesensein beinhaltet aber als solches noch nicht notwendigerweise „Erziehung“, sondern im wesentlichen Pflege und gefühlsmäßige Zuwendung (Brezinka). Im Interesse der Arterhaltung kümmern sich Eltern um ihre Nachkommen. Neugeborenen fleischfressenden Säugetieren müssen beispielsweise noch für eine bestimmte Zeit nach ihrer Geburt Beutetiere vorgelegt werden, bis sie unter der Hilfe der Eltern selbst das Jagen erlernt haben. Der „Brutpflegeinstinkt“ der Eltern gewährleistet dem Jungtier eine seinem Entwicklungsstand entsprechende Umwelt. Es handelt sich dabei um erbmäßig verankerte Verhaltensweisen.

Mit höherer Entwicklung und mit dem Auftreten komplexerer Organismen tritt das Genom, wie wir schon sahen, zunehmende Anteile des Verhaltenspotentials, die zunächst langfristig in der Erbmasse gespeichert waren, an das Gehirn ab (vgl. S. 200). Das ermöglicht eine vielseitigere Anpassung, als sie auf dem Boden reiner Instinkte gegeben ist. Durch die Einschaltung des Gehirns entsteht also eine größere Vielfalt von Lernmöglichkeiten, aber auch von Lernnotwendigkeiten. Ihr entspricht eine spezielle Bestimmung und Fähigkeit zu lernen, ohne daß die Inhalte des zu Lernenden erblich festgelegt wären.

Das neugeborene Lebewesen und Jungtier ist natürlich um so abhängiger, je hilfloser es rein körperlich ist. Am deutlichsten zeigt sich das bei menschlichen Neugeborenen. Es ist völlig abhängig von Pflege und Fürsorge seiner Eltern oder zumindest irgendwelcher Erwachsener, die sich um es kümmern.

Dazu kommt aber auch eine geistige Hilflosigkeit, mit anderen Worten eine Lernbedürftigkeit. Diese wird nur allzu leicht in ideologischem Eifer als allgemeine „Erziehungs“-Bedürftigkeit gedeutet, ohne daß diese überzeugend begründet werden könnte. Der Lernbedürftigkeit oder biologisch verankerten Lernbereitschaft und Lernfähigkeit des Jungtieres entspricht aber, auch schon im Tierreich, eine ebenso biologisch verankerte Hilfs- und „Lehr“-Bereitschaft der Elterngeneration, die uns in bestimmten menschlichen Gesellschaften als ausgeprägte „Erziehungs“-Geneigtheit begegnet und im Laufe der kulturell-zivilisatorischen Entwicklung mit gesellschaftlich üblichen Institutionalisierungstendenzen einherging.

Durch gezielte fürsorgliche Betreuung vermittelt jedenfalls die ältere Generation der jüngeren ihren instinktiv und durch stattgefundene Lernprozesse eingeprägten Erfahrungsschatz. Zu ihm treten mit der Zeit immer stärker auch grundsätzliche Vorstellungen über die Welt und ein generell sinnvolles und angepaßtes Verhalten in dieser Welt. Und diese Informationen wurden um so komplizierter, je vielgestaltiger und komplexer die von Menschen gestaltete Umwelt geworden war. So stellt Lehren in seinen komplexen Formen ein Grundmerkmal kultureller Entwicklung dar.

In stammesgeschichtlichem Rückblick besteht ja die einfachste Form der Weitergabe von Information in dem schlichten Verhalten der Eltern. Ihm entspricht auf seiten des Jungtieres die Nachahmung, zu der es nicht nur befähigt, sondern in besonderer Weise motiviert ist. Die meisten Verhaltensweisen, die es im Laufe der Zeitspanne elterlicher Fürsorge erlernt, sind einfache Nachahmungshandlungen, deren Angemessenheit und Qualität von den Eltern überwacht wird. Mit diesem Nachahmungsverhalten ist, wie mit jedem Verhalten, ein Lernen durch Versuch und Irrtum verbunden, das eine spezielle Form von positiver bzw. negativer Rückkoppelung darstellt.

Darüber hinaus kommt es aber auch schon im Tierreich vor, daß Eltern deutlichere Verhaltenshinweise geben, beispielsweise bei schwacher Nachahmungsleistung ihr Junges auf „bessere", d.h. der Situation angepaßtere Verhaltensweisen hinzulenken versuchen: Sie stoßen es an, versetzen ihm einen Klaps usw. Bei höheren Affen konnte beispielsweise auch ein Verhalten von Eltern beobachtet werden, das schon die Merkmale einer beabsichtigten Unterweisung trägt: Sie helfen den Jungen bei verschiedenen Aktivitäten, etwa beim Wurzelgraben; sie ermuntern es ausdrücklich zu bestimmten Verhaltensweisen, beispielsweise sich zu bewegen, und halten es von anderem ab. So reißen sie den Jungen Blattwerk aus dem Mund, um das Fressen ungenießbarer Pflanzen zu verhindern (Barnett, Schaller).

Bei Schimpansen konnte beobachtet werden, daß Mütter an einen Baumstamm klopften, wenn ihre Jungen den Baum zu hoch hinaufkletterten, und dadurch auch erreichten, daß diese sofort herunter kamen.

Mitunter nehmen solche Hilfen allerdings auch recht grobe Formen an. So ist beispielsweise beobachtet worden, wie eine Flußpferdmutter ihrem Baby, sobald sich dieses beim Landgang nur wenige Schritte von ihr entfernte, einen gewaltigen Stoß mit dem Kopf versetzte, so daß es sich mehrfach überschlug; oder wie eine Elefantenmutter, wenn sich ihr Baby einer Python-Schlange zu dicht näherte, mit ihrem Rüssel auf das Hinterteil des Kleinen klatschte. Bemerkenswert ist dabei jedoch, daß sich die Tiermütter unmittelbar danach besonders liebevoll ihren Kleinen zuwandten. Dadurch machte ihr robustes Verhalten keineswegs den Eindruck autoritärer Willkür, sondern war eingebettet in das von liebevoller Bindung getragene Bemühen, das Kleine vor äußeren Gefahren zu schützen. Genauso schien es übrigens von dem Baby verstanden zu werden.

Dazu kommen bestimmte Verhaltensweisen der Eltern, durch die Lernprozesse der Jungen, die anfangs fast ausschließlich nach dem Prinzip von „Versuch und Irrtum" verlaufen, in mehr oder weniger systematischer Weise (positiv oder negativ) verstärkt werden.

Mit der Zeit steigt die Zahl der elterlichen Signale, die Informationsträger darstellen und denen eine ganz bestimmte Reaktion zugeordnet ist. Die Signale selbst werden vielfältiger, differenzierter, informationsreicher, und es kommt auch zu ganz bestimmten Signalkombinationen.

Gerade diese leichtere Verfügbarkeit von einzelnen Lernstücken und deren relativ freie Kombinierbarkeit ist ein besonderes Merkmal menschlichen Lernens, mit dem auch zusammenhängt, daß Handlungsketten leichter umstrukturiert werden können. Dadurch lockern sich ursprüngliche biologische Bindungen; bestimmte Verhaltensweisen werden zunehmend durch unspezifischere Bedingungen ausgelöst als bei Tieren, bei denen die Reiz-Reaktions-Koppelung sehr viel fester ist. Das Sexualverhalten dürfte hierfür ein typisches Beispiel sein.

Ein weiteres für den Menschen charakteristisches Merkmal beruht auf der

Sprache und damit zusammenhängenden indirekten Vermittlungsformen wie Schrift, Tonbänder, Fernsehen usw. Die Sprache ermöglicht eigentlich erst eine Systematisierung des „Lehrens“. Sie ist auch der entscheidende Träger einer im engeren Sinne kulturellen Entwicklung, bei der eine differenziertere Denk- und Ausdrucksfähigkeit sowie eine verfeinerte Kommunikation zwischen Individuen Hand in Hand gehen. So kommt es mit der Zeit zu einer gewaltigen Vermehrung zunehmend informationsreicher Signale bzw. überlieferten Wissens, zu dem dann auch zunehmend gesellschaftlich organisierte Verhaltensweisen treten. Gesellschaftliche und religiöse Normen als Führungssysteme menschlichen Verhaltens stellen - so besehen - geradezu eine spezifische entwicklungsgeschichtliche Erweiterung biologischer Instinkte auf der Stufe der Menschwerdung dar.

An diesem Punkt der Entwicklung scheint nun aber ein neuer komplizierender Zusammenhang ins Spiel zu treten. Der Mensch hat, gerade im letzten Jahrhundert, mit den Mitteln seines Verstandes eine in technischer und organisatorischer Hinsicht derart komplizierte künstliche Welt geschaffen, daß das Ausmaß dessen, was gelernt werden muß, weil hierfür keine natürlichen biologischen Voraussetzungen im Menschen angelegt sind, ins praktisch Unfaßbare gestiegen ist. Selbst eine enorm gesteigerte „Lehrzeit“ würde den sachlich entstandenen Anforderungen nicht mehr genügen können.

Andererseits ist die Gehirnstruktur des Menschen, der mit all dem konfrontiert ist, vor allem auch hinsichtlich tiefer verwurzelter Bedürfnisse, seit Jahrtausenden mehr oder weniger unverändert geblieben. Ganz offensichtlich hat der Mensch seine Umwelt weit rascher und einschneidender verändert als es der biologisch verankerten Anpassungsfähigkeit seines Organismus entspricht. Die ihm heute begegnenden Situationen sind zugleich zum großen Teil gänzlich anderer Art als die, auf die er in seiner stammesgeschichtlichen Entwicklung biologisch vorbereitet wurde. Dadurch sind seine biologisch verankerten Verhaltensmuster einerseits überfordert und greifen andererseits ins Leere. Während die Anforderungen in einer technisierten und hochverwalteten Gesellschaft immer mehr ansteigen, bleiben die auch dem Menschen angeborenen und tief verwurzelten Verhaltenstendenzen auf Situationen eingespielt, die in seiner in weite Zeiten zurückreichenden stammesgeschichtlichen Entwicklung ausreichend häufig auftraten. Der Mensch verfügt beispielsweise über keine biologischen Grundlagen dafür, bestimmte Phänomene seiner heutigen Umwelt, beispielsweise die im heutigen Straßenverkehr gefahrenen Geschwindigkeiten, als Bedrohung erkennen zu können.

Damit erhält das Leben in unseren zivilisierten Gesellschaften in verschiedener Richtung, vor allem auch durch das nicht mehr stimmige Zusammenspiel der Bedingungen, fatale Züge. Es erscheinen umfangreiche systematische Maßnahmen erforderlich, um eine Eingliederung des heranwachsenden Menschen in den jeweiligen Entwicklungsstand der Gesellschaft zu ermöglichen. Denn dieser ist sehr viel komplizierter gegenüber natürlichen Umweltbedingungen geworden. Ferner erscheint es unabdingbar, heranwachsende Menschen auf die wesentlich höheren Gefährdungen vorzubereiten. Sie kommen u.a. dadurch zustande, daß sich die Auslösungsmöglichkeiten angeborener Verhaltenstendenzen erheblich erweitert haben, daß beispielsweise entsprechende Reaktionen schon durch verhältnismäßig unspezifische Situationen der Umwelt ausgelöst werden und daß das Verhaltenspotential selbst schon rein technisch eine enorme Ausweitung erfahren hat. Wenn ein Bomberpilot auf Befehl über Planquadrat XY durch einen einfachen technischen Akt einige Napalmbomben abwirft, so ist das für das biologische Wesen „Mensch" etwas ganz anderes, als wenn er „persönlich" mit einem Kanister Benzin in das betreffende Dorf ginge, die ihn mit ängstlichen Augen anblickenden Kinder mit dem Benzin übergießen und anschließend ein Streichholz anzünden würde.

Diese in einer hochzivilisierten Welt bestehende Schwierigkeit entsprechender Lernvorgänge, wie sie in echter und nachhaltiger Weise zwangsläufig nur auf dem Boden biologisch verankerter Lernbereitschaften und Lernmöglichkeiten stattfinden können, erhöht sich noch dadurch, daß dieser „Lernunfähigkeit" eine „Lehrunfähigkeit" der Erwachsenen für die inzwischen eingetretenen Bedingungen unserer heutigen Welt entspricht. Carl Gustav Jung nannte das einmal die „Unerzogenheit" der Erwachsenen.

Dieser komplizierten Situation versucht der Mensch in seiner gesellschaftlichen Planung mit organisierter Erziehung und intensiverer Administration zu begegnen. Diese Grundintention ist an sich verständlich und begründet. Sie trifft allerdings auf die Schwierigkeit, daß die formal immer ausgefeilteren und immer stärker in bürokratische Zwänge geratenen Formen des Vorgehens an der tatsächlich gegebenen menschlichen Grundlage vorbeizielen. Eine institutionalisierte Perfektion kann so, ähnlich wie beim Bücherlesen oder beim Ordnungsprinzip, über das im umfassenden Sinne verstandene biologische Ziel hinausschießen und sogar zu gegenteiligen Wirkungen führen. Unsere aktuelle Schwierigkeit liegt wohl mit darin, daß verhältnismäßig rasch eingetretenen Veränderungen der Lebens- und Umweltbedingungen von Menschen Formen von „Erziehung" gegenüberstehen, die sich unter völlig anderen als den heute bestehenden Bedingungen entwickelt hatten. Neue Formen für die wesentlich geänderten technisch-kulturellen Bedingungen heutiger Gesellschaften stehen jedoch noch nicht zur Verfügung, schon gar nicht solche, die sich bereits entsprechend bewährt hätten.

III. Wege ganzheitlicher Erfahrung

1. Vom Umgang mit Systemen

Die Bedeutung systemischen Denkens

Wir hatten zunächst den allgemeinen Beziehungsreichtum unserer Welt und allgemeine Systemzusammenhänge betrachtet und uns im zweiten Teil mit der Funktionsweise des menschlichen Gehirns beschäftigt. Dabei waren wir vielen der im ersten Teil erkannten Gesetzmäßigkeiten wiederbegegnet. Im folgenden möchte ich nun Konsequenzen für das menschliche Erleben und Verhalten aufzeigen. Dabei sollen auch Folgerungen für den Umgang von Menschen miteinander und unterschiedliche Versuche, Einfluß auf andere Menschen zu nehmen, zur Sprache kommen. Daß dabei auch - unausgesprochen oder ausdrücklich - pädagogische Probleme angesprochen werden, ist selbstverständlich.

Beginnen wir damit, uns noch einmal einige Aspekte in Erinnerung zu rufen, denen wir bisher im Zusammenhang mit „System"-Überlegungen begegnet waren:

- Dinge und Ereignisse unter dem Aspekt von System zu betrachten und zu verstehen, bedeutet zunächst einmal ein Bemühen, Zusammenhänge, Wechselbeziehungen und die „Einbettung" von Phänomenen zu erkennen, d.h. das jeweilige Umfeld, das Bezugssystem eines Gegenstandes, eines Ereignisses oder einer Erkenntnis mit zu erfassen. Dabei werden zugleich voreilige Annahmen über die Wichtigkeit einzelner Faktoren zurückgestellt zugunsten einer umfassenden Erkenntnis des gesamten Einflußfeldes.
  Jede vereinfachende Rückführung der umfassenden Systemwirklichkeit auf einen bestimmten Teilaspekt oder Erklärungsansatz bedeutet dagegen eine Einbuße an Information über die Wirklichkeit und damit eine Verminderung der Chancen, diese Wirklichkeit dauerhaft erfolgreich zu gestalten.
  Daraus ergibt sich für die Planung von Handlungen, integrative Lösungsansätze zu suchen, die eine Gesamt-Optimierung (des Systems) anstreben. Denn es ist eine durch viele Ergebnisse gestützte Erfahrung, daß Systeme nur dann optimal funktionieren, wenn spezielle Aspekte, bzw. partielle Eigeninteressen nicht einseitig dominieren.
- Jedes Problem wird verständlicher - und damit lösbarer -, wenn man seine Grundlagen, seine Struktur und Einbettung verstanden hat. Diese liegen aber in den seltensten Fällen in den engeren Grenzen, in denen sich das Problem selbst unmittelbar darbietet. Man kann beispielsweise Institutionen beseitigen, die sich als nachteilig für das Wohl einer Gesellschaft erwiesen haben. Wenn man jedoch nicht den Geist, die Denkmuster ändert, die hinter der Entstehung und machtvollen Entwicklung dieser Institutionen standen, dann werden aus dem gleichen Geist neue Institutionen entstehen, die doch nur Wiederholungen

und Neuauflagen der alten darstellen, auch wenn sie einen anderen Namen tragen.
Damit hängt ein weiterer Gesichtspunkt zusammen: Bei einem systemorientierten Vorgehen entdeckt man sehr häufig, daß auftretende Probleme oft nur vordergründige Symptome allgemeinerer Probleme darstellen. Diese aber, und nicht die Symptome, sollten der eigentliche Ausgangspunkt des Handelns sein. Welche Systemebene dann in der nahezu unendlichen Verschachtelung von Systemen am sinnvollsten und nützlichsten ist, hängt einmal von der Art des Problems und zum anderen von den spezifischen Möglichkeiten der unterschiedlichen Systemansätze ab.

- Auch die Beziehung zwischen Beobachter und beobachtetem System, zwischen Subjekt und Objekt, ist, wie wir sahen, als Systemgeschehen zu begreifen. Denn der Beobachter ist ein Teilaspekt der Bestimmung eines beobachteten Gegenstandes, und das beobachtete und beschriebene System ist ein Teil des Denksystems des Betrachters. Das erfordert nicht nur, daß der Beobachter, wenn er sich mit Systemen beschäftigt, sich zwangsläufig auch mit sich selbst beschäftigen und sich selbst einbeziehen muß, sondern auch, daß er sich jeweils intensiv bemüht, die Grundlagen seines Erkennens zu erkennen.
- Eine weitere Erkenntnis war gewesen, daß spezifische Wechselwirkungen zwischen den Systemkomponenten, vor allem solche mit System-bildender und System-erhaltender Funktion, eigentlich *das* entscheidende Systemprinzip darstellen und daß diese Beziehungen ein ständig wechselndes dynamisches Zusammenspiel bedeuten. „Systemisch" denken heißt daher ferner, weniger in statischen Begriffen als vielmehr in dynamischen Vorgängen zu denken.
- Systemisches Denken ist nicht nur als vielleicht komplizierteste Blüte einer noch mechanistischen Denkweise zu verstehen, obwohl solche Aspekte zweifellos existieren. Es ist vielmehr auch ein Ansatz, in dem eine im echten Sinne ganzheitliche Orientierung vorrangig wird, in der sogar die Erfassung eines unmittelbar gegebenen Ganzen möglich wird. Man könne eine so verstandene Systemsicht geradezu als humanistisch bezeichnen, weil alle grundlegenden menschlichen Verhaltenstendenzen, Einstellungen und Gestimmtheiten in sie eingehen.

Systemdynamik und mitmenschliche Beziehungen

Jeder weiß, daß man, wenn ein Gesprächspartner gereizt und erregt reagiert, versuchen kann, beruhigend auf ihn einzuwirken, die Gesprächsatmosphäre sozusagen auf den neutralen Ausgangspunkt zurückzuführen (negative Rückkoppelung). Man kann aber auch aufgrund der aggressiven Gereiztheit des anderen selbst immer ärgerlicher werden, so daß sich Gereiztheit und Aufgebrachtheit wechselseitig immer mehr hochschaukeln (positive Rückkoppelung).

Auch beim Umgang von Menschen miteinander scheinen also Gesetzmäßigkeiten einer Systemdynamik zu gelten, in der positive und negative Rückkoppelungen eine wesentliche Rolle spielen.

Das bedeutet für die Praxis menschlicher Beziehungen, daß es sehr gewagt ist, Verhaltensmerkmale von zwei Menschen, die sich beispielsweise in einem Büro begegnen, als „Eigenschaften" dieser beiden Personen zu definieren. Denn fast immer entsteht ein Verhalten aus einer sozialen Gesamtsituation heraus, in der jeder - durch Wahrnehmung und Deutung seines Verhaltens - ein Teil des anderen ist. In einer anderen sozialen Gesamtsituation, etwa in einem Fußballstadion oder während einer gemeinsamen Urlaubsreise, würden die beiden gleichen Menschen möglicherweise ganz andere Eigenschaften zeigen.

Wie oft erleben wir auch, daß wir einen Menschen durch das Bild, das wir uns von ihm machen, zu einem anderen werden lassen, als er vorher war, sei es nur uns selbst gegenüber oder ganz allgemein.

So sind wir und werden wir - unabhängig von irgendwelchen Anlagen - zu einem großen Teil das Wesen, für das die anderen uns halten. Und wir sind andererseits, wie Max Frisch schreibt, „'auf eine heimliche und unentrinnbare Weise verantwortlich für das Gesicht, das sie uns zeigen, für die Ausschöpfung ihrer Anlage." Schon das Kleinkind beginnt sehr früh, sich als das zu erleben, was es für seine Mutter in ihren Augen ist. „Wir halten uns für den Spiegel und nehmen nur selten wahr, wie sehr der andere seinerseits eben der Spiegel unseres erstarrten Menschenbildes ist, unser Erzeugnis, unser Opfer" (M. Frisch).

Dieses Bild scheint mir ungeheuer wichtig: Daß einfach alles, was uns begegnet, eine Art Spiegel unseres Wesens ist, sei es der finstere Wald, der Angst in uns hervorruft, eben weil wir ängstlich sind, sei es die Frau, die wir liebenswert finden, eben weil „Liebe" in uns ist.

Das „Wesen" eines Menschen weist also über ihn hinaus und scheint in der Erkenntnis von Menschen und Dingen außerhalb der engeren Grenzen seiner körperlichen Existenz auf.

Die Annahme eines aus allen Bedingungen einer Existenz herausgelösten „Wesens" eines Menschen würde daher einen wichtigen Teil seiner Wirklichkeit ignorieren und damit die Möglichkeit ganz erheblich herabsetzen, etwas „Wirkliches" über ihn auszusagen. Denn jeder wird potentiell, ob es nun beabsichtigt ist oder nicht, durch jeden beeinflußt.

Betrachten wir erneut eine ganz einfache Situation des Alltags: Zwei Menschen begegnen einander. Sie wissen noch nicht recht, was sie voneinander halten sollen. Sie blicken sich gegenseitig an, sehen einander in die Augen. Um die Augen des einen erscheint spurhaft der Ansatz eines eher freundlichen Blickes; der andere reagiert mit einem leichten Lächeln. Der erste lächelt zurück. Jeder stimmt unwillkürlich sein Verhalten minutiös auf das des anderen ab. So entsteht Interaktion aus vielen - oft bewußt gar nicht bemerkten - „Mini-Aktionen" und „Mini-Reaktionen".

Weil Beziehungen zwischen Menschen äußerst komplex sind, weil Menschen immer wieder in ihren Beziehungen irgendeine Form von Aktivität im weitesten Sinne entwickeln (auch ein „Abschalten" bei einem langweiligen Gespräch oder überhaupt das Vermeiden eines Gesprächs stellt in diesem Sinne eine Form von Aktivität dar), ist im Grunde nie ein sicheres umfassendes Wissen über menschliche

Beziehungen möglich, noch weniger eine exakte Voraussage. Menschliche Beziehungen gestalten sich immer wieder neu. Dazu kommt, daß Menschen vielleicht ein Stück Weges gemeinsam gehen, daß aber ihre Beziehung nach einer Weile lockerer wird und andere Beziehungen in den Vordergrund treten, die wiederum teilweise auf dem Hintergrund früherer Beziehungen zustande kommen, aber auch rückwirkend frühere Beziehungen beeinflussen.

Auch an jeder erzieherischen Situation ist eine nahezu unendliche Zahl von Einflußgrößen beteiligt. Erziehung ist ebenfalls ein dynamischer Prozeß, in dem sich der Zusammenhang der Einzelgrößen immer wieder neu gestaltet und in dem die Einzelgrößen immer wieder neue Konstellationen eingehen. Wenn das eigentliche Wesen von Erziehung in den Beziehungen zwischen Menschen liegt, dann erfordert Erziehung grundsätzlich eine sehr große Offenheit, Feinfühligkeit und Flexibilität. Das sollten sich vor allem diejenigen ständig bewußt machen, die erzieherisches Wirken auf dem Boden rein sachlogischer Entscheidungen verstehen.

Dazu kommt noch ein anderer Punkt: Wir gehen normalerweise immer davon aus, daß eine Ursache eine Wirkung hat. Dabei denken wir nur selten daran, daß sozusagen auch die Wirkung auf die Ursache zurückwirkt und daß sich die Ursache durch die eingetretene Wirkung verändert. Das ist aber in einem Systemzusammenhang die Regel. „Was ein Mensch denkt, wird er", heißt es schon in den Upanishaden[1].

Einflüsse zwischen zwei Menschen wirken grundsätzlich in beide Richtungen, auch wenn oft nur die eine Wirkungsrichtung gesehen wird: Freunde beeinflussen einander; Eltern werden schon durch die Existenz von Kindern, aber natürlich auch durch das Verhalten der Kinder beeinflußt, genauso wie Lehrer durch ihre Schüler, selbst wenn sie es nicht beabsichtigen und nicht merken. Etwas pointiert formuliert, könnte man sogar davon sprechen, daß auch Eltern und Lehrer durch ihre Kinder und Schüler „erzogen" werden.

Man erwartet, daß andere einem freundlich begegnen, damit man selber zufrieden und freundlich sein kann. Das hat man aber nicht immer in der Hand. Wer weiß, was den anderen gerade beschäftigt? Die Chance, bei sich selbst anzusetzen, ist wesentlich größer.

Man erwartet beispielsweise, daß ein anderer einen grüßt. Er erwartet das aber seinerseits auch von uns. Wenn beide nun auf dem Boden ihrer Erwartungen verharren, werden beide enttäuscht sein, und eine gewisse Abneigung wird sich im positiven Rückkoppelungsprozeß verstärken. Wenn wir um die Existenz von Systemzusammenhängen wissen, wenn wir weiter wissen, daß Systeme wesentlich durch Wechselwirkungen zwischen Systemkomponenten bestimmt sind, und wenn wir verstanden haben, daß der Prozeß der Wechselwirkung eine klare definitorische Trennung von Ursache und Wirkung ausschließt: Warum sollten wir uns dann dem Gedanken verschließen, in einer solchen Situation sozusagen von der „Wirkung" her anzusetzen?! Und die liegt bei uns!

1 Vgl. Kapitel I, 3., Anm. 7.

Angenommen, ich wäre bereit gewesen, den anderen freundlich zu grüßen, *wenn* dieser mich gegrüßt hätte, warum kann ich dann nicht von dieser Wirkung ausgehen, den anderen freundlich grüßen und damit sozusagen rückwirkend auch seinen freundlichen Gruß erreichen? In einem solchen Fall hätte ich zumindest die Chance, einen für mich wesentlich angenehmeren Rückkoppelungsprozeß in Gang zu bringen. Und selbst wenn der andere nicht zurückgrüßt, warum sollte ich dann nicht in der gleichen Weise fortfahren, ihn freundlich zu grüßen? Ich kann doch nur gewinnen, und das sogar auf lange Sicht mit sehr hoher Wahrscheinlichkeit. Nach einer Weile wird sich selbst der Verstockteste sagen: „Ich weiß zwar nicht, wer das ist, der mich da immer so freundlich grüßt, aber er scheint ja doch ein sehr sympathischer Mensch zu sein."

Die Lebenserfahrung liefert uns unendlich viele Beispiele, daß ein fröhlicher und friedlicher Mensch andere Menschen in positiver Weise anzieht. Sie werden auch zu ihm freundlich sein. Wer sich aber trotzig und mißgestimmt in sich selbst zurückzieht, weil er einmal enttäuscht wurde, legt damit den Grundstein für immer neue Enttäuschungen.

Dazu ein letzter Gesichtspunkt: Es ist ohnehin sehr schwer, andere Menschen auf ein bestimmtes Verhalten hinzulenken, ohne eine eigene positive Aktivität in dieser Richtung zu entwickeln. Andere Menschen sind auch gar nicht immer da, um auf sie einwirken zu können. Der einzige Mensch aber, der für mich immer erreichbar ist, und der einzige, bei dem ich verhältnismäßig leicht etwas ändern könnte, bin ich selbst. Es sind auch nicht die Ereignisse, die uns bedrücken. Es ist das, was wir über diese Ereignisse denken. „Die Welt ist nur so und so, weil du dir immer sagst, daß sie so und so ist. Wenn du aufhörst damit, wird die Welt aufhören, so und so zu sein", sagt Don Juan in Carlos Castanedas Reise nach Ixtlan.

Systemaspekte beim Lernen

Zwischen einem lebenden Organismus als lernfähigem und lernendem System und seiner Umwelt besteht ein unendlich feines Netz von Wechselwirkungen. Im Rahmen dieser Wechselwirkungen, speziell von Lernvorgängen, kommt es zu Assimilationsprozessen (vgl. S. 192), zu Übertragungen auf verwandte Bereiche und Zusammenhänge in Form von Analogieschlüssen, zu Verallgemeinerungen und Differenzierungen, zu Neu-Strukturierungen und zu Veränderungen in der Organisation des lernenden Systems.

Man kann Lernen deshalb, ganz im Sinne der im ersten Teil erkannten Zusammenhänge, als ein „System"-Geschehen verstehen. Dabei stellt auch jeder Lernakt für sich, ebenso wie sein Ergebnis, wiederum ein (Klein-)System dar.

In dem dynamischen Prozeß des Lernens treten mitunter auch zwei bisher selbständige Systeme zusammen und bilden ein System mit bis dahin nie dagewesenen Eigenschaften. Beispiele für einen solchen Prozeß kennen Sie bereits: Das Metall Natrium (Na) und das Gas Chlor (Cl) sind als solche grundlegend verschieden. In ihrer chemischen Verbindung (NaCl) stellen sie etwas aus den ursprünglichen Komponenten nicht unmittelbar Ableitbares, Neues dar: das von uns allen benutzte Kochsalz. In der Physik ist eine Drahtspule eine Drahtspule und ein Magnet ein Magnet. Treten beide jedoch in bestimmter Weise zusammen, so stehen wir plötzlich vor dem Phänomen elektromagnetischer Wellen. Ähnliches ist oft der Fall bei Hypothesenbildungen oder bei plötzlichen „Einfällen". Konrad Lorenz spricht dann von einer „Fulguration".

Eine Lernsituation bewirkt also eine Veränderung in einem bestimmten System, nämlich im Erkenntnis-, Einstellungs- und Verhaltenssystem eines Menschen. Die gesamte sogenannte „Sozialisation" bedeutet letztlich nichts anderes als das Hineinwachsen und die Eingliederung eines heranwachsenden Individuums in ein bestimmtes sozio-kulturelles System mit dem Ziel, dieses jeweilige sozio-kulturelle System zu übernehmen und ein ganz bestimmtes Selbst-System gemäß den sozialen System-Vorgaben zu entwickeln.

Man könnte nun sagen: „Nun gut, ich kenne also statt anderer Begriffe den Begriff 'System'. Aber was kann ich praktisch mit diesem Wissen anfangen, außer gescheit darüber zu reden?"

Inwieweit eine Systembetrachtung sinnvoll und nützlich sein kann, läßt sich an zwei einfachen Beispielen überzeugend aufzeigen:

Als Student arbeitete ich Sonntag abends, mitunter bis zum Morgen, in einer Toto-Zentrale und war mit einer ganzen Reihe anderer damit beschäftigt, die eingegangenen Wettscheine auszuwerten, d.h. die Gewinne „herauszufiltern". Als ich damit anfing, fiel mir etwas sehr Eigenartiges auf: Da gab es welche, die legten die Schablone des jeweiligen Wochenendes an die Wettscheine an und verglichen Zahl für Zahl miteinander, bis ein Wettschein wegen zu vieler „Fehler" herausfiel. Das ging mit einer - für den Anfänger - einsichtigen Geschwindigkeit vor sich. Dann gab es aber andere, die benutzten die Schablone überhaupt nicht oder höchstens ganz zu Beginn. Bei ihnen wanderten die Wettscheine mit einer derartigen Geschwindigkeit auf die Haufen der Gewinne und der Nieten, daß einem schwindlig werden konnte. Wenn man zwischen zwei solchen „Experten" saß, mußte man ungeheuer aufpassen, nicht durchzudrehen. Das Erstaunliche war nun, daß am Ende der in Akkordarbeit erfolgenden Auswertungsschlacht die, sagen wir einmal, pedantischen Schablonenauswerter im Vergleich zu den „Experten" nur etwa 1/10 der Scheine ausgewertet hatten; und was noch erstaunlicher war: sie hatten gewöhnlich wesentlich mehr Gewinne übersehen als diese.

Zum Glück machte ich recht bald einen echten Lernprozeß durch. Ich stieg dahinter, daß man wesentlich schneller und zuverlässiger in der Auswertung wurde, wenn man die Ergebnisse des Wochenendes, die sich ja in den Zahlen 1 (Heimsieg), 2 (Sieg der Gastmannschaft) und 0 (unentschieden) ausdrückten, strukturierte und organisierte. Dazu gab es jeweils verschiedene, unterschiedlich gute Lösungen. Aber jede dieser Lösungen war im Grunde besser als der isolierte Zeilenvergleich mit Hilfe einer Schablone. Nehmen wir etwa an, die Schablone hätte folgende Verteilung gebracht, die ich hier aus drucktechnischen Gründen nicht untereinander, sondern hintereinander schreibe:

1 1 1 0 1 1 0 1 1 0 1 1

Die Zahlenreihe sagt einem zunächst nichts Besonderes. Es bestehen aber verschiedene Möglichkeiten, die Zahlen so aufzuteilen, daß sie gut einprägbar sind, etwa so:

1 1 1 0 1 1 0 1 1 0 1 1,

also zunächst drei Einsen, dann dreimal jeweils die Konstellation

0 1 1.

Man könnte aber auch Vierergruppen derart bilden, daß jeweils drei Einser und eine Null zusammenkommen, wobei die Null immer eine Stelle nach vorne rückt, etwa so:

1 1 1 0 1 1 0 1 1 0 1 1

Daß der geübte und etwas fußballkundige Auswerter sich natürlich zusätzlich an die großen Überraschungsergebnisse hielt, die mitunter in einer Idealkonstellation auftauchten, ist selbstverständlich.

Das Beispiel zeigt, daß sich etwas wesentlich besser einprägt, wenn es in irgendeiner Form strukturiert bzw. organisiert ist. Es ist damit auch wieder mit sehr viel höherer Wahrscheinlichkeit für spätere, vergleichbare Fälle verfügbar. Außerdem ist ein solches Vorgehen geistig wesentlich anregender und weit weniger belastend.

Ein zweites Beispiel: Allgemein gilt der Lehrsatz, daß einem Lernenden nie etwas Falsches dargeboten werden darf. Betrachten wir diesen Lehrsatz im einzelnen, so zeigt sich auch hier eine deutliche System- bzw. Bedingungsabhängigkeit, aus der heraus der Lehrsatz weder als allgemein richtig noch als allgemein falsch angesehen werden kann.

In vielen Fällen wird die Rechtschreibung von Wörtern durch unbewußte Nachahmung gelernt. Irgendeine falsche Rechtschreibung, die man gesehen hat, prägt sich im Grunde genauso ein wie eine richtige Rechtschreibung, und sie bleibt auch verständlicherweise um so stärker im Gedächtnis haften, je öfter man ihr begegnet ist.

Wenn jemand zur Überraschung seiner Umgebung „Rotes Kreuz" mit tz schreibt, weil er es bei irgendeinem anderen gerade falsch geschrieben gesehen hat, dann wird er nicht selten, darauf angesprochen, mit Nachdruck darauf hinweisen, daß er es kürzlich aber mit tz gesehen habe. Ebenso würde ein Lehrer unklug handeln, wenn er das Wort „Fliege", nur um zu zeigen, wie es nicht geschrieben wird, mit „ihge" an die Tafel schriebe. Solche Fälle würden den Lehrsatz also bestätigen. Manchmal mag es einem sogar so ergehen, daß man selbst in der Rechtschreibung unsicher wird, nur weil einen ein anderer nach einer bestimmten Rechtschreibung fragt und allein die Vorstellung eine bestimmte Suggestionswirkung entfaltet.

Wenn man aber einem Lernenden den Unterschied zwischen einem weichen und einem scharfen s klarmachen will, würde man beispielsweise die Wörter „Stra e" und „Mei e" an die Tafel schreiben, die Worte sprechen und die jeweiligen s einsetzen lassen, also „Straße mit ß" und „Meise mit einem s". Ein solches

Vorgehen würde sogar selbst dann wirksam sein, wenn man Straße mit „ß" und Strase mit einfachem „s" gegenüberstellte. Denn hier würde durch bewußte Imitation gelernt. Dadurch ist aber die oben genannte Gefahr nicht gegeben und der Lehrsatz würde widerlegt (König/Riedel).

Ein ähnliches Beispiel geben die in der rororo-Reihe herausgegebenen Bücher „Speak you English" oder „Pouvez-vous Français". Hier werden auf einer Seite jeweils 15 Sätze dargeboten, die möglicherweise (manche Sätze sind auch fehlerfrei) einen Übersetzungsfehler enthalten, wie er für Deutsche, die die betreffende Fremdsprache lernen, charakteristisch ist. Auf der Rückseite befindet sich dann jeweils die richtige Übersetzung, wobei die entscheidende Stelle des betreffenden Satzes, also die im Gegensatz zur Vorseite richtige Version, fettgedruckt ist. Wenn man auf der Aufgabenseite den Satz liest: „I raised the hand, but the teacher did not see it and so did not call upon me", muß man versuchen zu erkennen, ob die Ausdrucksweise in gutem Englisch, richtig oder falsch ist, und gegebenenfalls herausfinden, wo der Fehler liegt. Ist man im Zweifel, kann man auf der Rückseite nachschlagen und findet dort das Wort „my" vor „hand" fettgedruckt. Eine Anmerkungsziffer verweist auf die zugehörige Erläuterung am Ende des Bändchens. Dort ist zu lesen: „Bei besitzanzeigenden Gegenständen benutzt der Engländer nie einen Artikel, da sonst irgendeine Hand, Tasche usw. gemeint sein kann und nicht die eigene".

Oder nehmen wir den Satz: „The homework cannot be made this way". Es ist auf der Rückseite das Wort „done" fettgedruckt, und in der dazugehörigen Erläuterung heißt es: „'To make' hat im Englischen meist die Bedeutung von 'herstellen'. Deutsche sagen oft: Das mache ich für sie. Engländer sagen dafür: Das tue ich für sie."

Dadurch, daß der Leser bewußt nach möglichen Fehlern sucht, ist seine Einstellung beim Lesen des Textes eine völlig andere, und der erreichte Lernvorgang wird durch die Aktivierung des Lesers sogar intensiver.

Man sieht also, daß eine durchaus begründete erzieherische Regel (nichts Falsches vorzumachen oder darzubieten) in Abhängigkeit von den jeweiligen (System-)Bedingungen unterschiedlich beurteilt werden muß. Ohne Einsicht in die komplexe Struktur der Lernsituation lassen sich eben keine allgemeingültigen Vorhersagen oder Lehrsätze ableiten (König/Riedel).

Bei diesem methodischen Vorgehen spielen ständige Rückkoppelungsprozesse eine Rolle, und die Rückkoppelungsbereitschaft wird durch die Lern-Anleitung bewußt angeregt und aufrechterhalten. Rückkoppelungen sind überhaupt für jeden Lernenden ungeheuer wichtig. Denn er muß wissen, „wo er dran ist". Dabei ist es von großer Bedeutung, daß die für den Lernenden bedeutungsvollen Rückmeldungen sich möglichst unmittelbar an den Lernprozeß oder die Lernanstrengung anschließen, daß sie in sich eindeutig sind und sich in der Folge auch nicht widersprechen. Diese Voraussetzungen sind beispielsweise im Falle der genannten Sprachbücher erfüllt, denn die Verbesserung befindet sich jeweils auf der folgenden Seite; sie ist in sich völlig klar und wird zusätzlich im Anhang noch erklärt; sie ist auch nicht widersprüchlich, es sei denn, es hätte sich einmal ein Druckfehler eingeschlichen.

Die erstgenannte Voraussetzung ist dagegen nicht erfüllt, wenn eine Gerichtsverhandlung und eine mögliche Verurteilung erst Monate nach der entsprechenden Tat, etwa einem Verkehrsunfall, erfolgt. Der zeitliche Abstand ist dann für eine „Lern-Wirkung" zu groß.

Die Rolle der zweiten Voraussetzung, der Eindeutigkeit und Widerspruchsfreiheit, wird ebenfalls an vielen Alltagsbeispielen deutlich. Man kann sogar sagen, daß kaum etwas für einen Lernenden schädlicher ist, als ständig widersprüchliche Rückmeldungen zu erhalten. Wenn beispielsweise bei gleichem Verhalten eines Kindes der Erzieher einmal böse wird und schimpft, das andere Mal, weil er gerade keine Zeit hat, überhaupt nicht reagiert, und wieder ein anderes Mal, weil er guter Laune ist, sich sogar zufrieden äußert, oder wenn die gleiche Leistung heute so und morgen so beurteilt wird, fehlen einem Kind nicht nur sinnvolle Bestätigungen richtigen Tuns, sondern es fehlt ihm auch ein überzeugender umfassender Orientierungsrahmen für sein Verhalten und für seine Lebensführung.

In diesen Zusammenhang fallen übrigens auch viele Lernprozesse von Bürgern in einer Gesellschaft, beispielsweise im Umgang mit Behörden. So ist das Finanzamt mit Mahngebühren und Säumniszuschlägen sehr schnell zu Hand, während der Bürger gegenüber der Finanzbehörde keine vergleichbare Möglichkeit hat. Während die Tat eines kleinen Ladendiebes unnachsichtig geahndet wird, gewinnt der durch die öffentlichen Medien informierte Bürger den Eindruck, daß nicht so sehr viel Unangenehmes für den Betreffenden dabei herauskommt, wenn es sich um die Unterschlagung von Millionen handelt oder wenn der Betreffende ein hohes Amt bekleidet. Während viele sachlich wichtigen Dienstreisen in einem langwierigen und im Ergebnis unsicheren Prozeß beantragt, begründet und genehmigt werden müssen, hört und liest der Bürger immer wieder davon, daß seine Stadtverordneten in fremde Erdteile reisen und daß Ministerpräsidenten und Minister selbst von Bundesländern aufwendige Auslandsreisen unternehmen. Über irgendwelche diesbezüglich schwierigen Genehmigungsverfahren oder sachlichen Begründungen erfährt er nichts.

Der eigentliche Lernvorgang bei all dem besteht dabei doch letzten Endes nicht darin zu begreifen, was „richtig" und „sinnvoll" ist, sondern zu erkennen, daß - auch in einer Demokratie - die Beurteilung einer Tat weitgehend nicht von dieser selbst, sondern von ihrer Größenordnung bzw. der (Macht-)Position des Täters abhängt. Es soll allerdings auch Staatsmänner geben, die beispielsweise mit jeder staatlich notwendigen Sparmaßnahme zuallererst bei sich selbst anfangen. Bedauerlicherweise ist über solche Beispiele in unserer Gesellschaft kaum etwas bekannt geworden.

Wie ist systemisches Denken erlernbar?

Kann man vernetztes Denken überhaupt üben? Ist es lernbar, Dinge und Geschehnisse nicht nur als solche, sondern auch in ihrer inneren Struktur, d.h. in den

Beziehungen, die zwischen den einzelnen Teilelementen bestehen, und vor allem in ihren Beziehungen zu anderen Dingen und Geschehnissen, zu ihrem jeweiligen Umfeld zu erkennen und zu verstehen?
Die Antwort heißt „ja"!

Man kann durchaus mit Erfolg immer wieder versuchen, sich nicht nur für isolierte Fakten, sondern auch für dahinterstehende Ziele und Zwecke sowie für die Funktion des Systems in bezug auf diese Ziele zu interessieren. Dann wird sich mit der Zeit ein Gefühl und eine Einsicht dafür einstellen, daß sich meist mit einer Änderung des Ziels und einer Änderung der Umwelt auch die Struktur des Systems ändert. Der Blick wird geschärft zu erkennen, warum und wodurch in Systemen überhaupt Änderungen eintreten. Man gewöhnt sich auch daran, sich Gedanken zu machen, inwieweit man mit bestimmten Maßnahmen nicht nur ein bestimmtes Ziel anstrebt und möglicherweise erreicht, sondern auch, welche anderen Wirkungen eintreten können und wie sich das Gesamtgeschehen unter Kosten-Nutzen-Gesichtspunkten darstellt. Außerdem kann dadurch die praktisch unermeßliche Komplexität und Vielfalt der Wirklichkeit in sinnvoller Weise vereinfacht werden. Im Umgang mit - wenn auch zunächst vereinfachten - Systemmodellen lassen sich so echte Orientierungshilfen für die Bewältigung der Realität gewinnen.

Durch eine systembezogene Denk- und Betrachtungsweise könnte darüber hinaus erreicht werden, ein einseitig verengtes Kausaldenken, wie es allzu leicht aus der strengen naturwissenschaftlichen Tradition auf geistig-seelische und soziale Probleme übertragen wird, zu überwinden. Das könnte wiederum mit dazu beitragen, ein übertriebenes Schuldzumessungs- und „Ent-schuldigungs"-, Rechtanspruchs- und „Recht-Fertigungs"-Denken zu vermindern, vielleicht sogar von vornherein zu verhindern.

Schließlich ein letzter Punkt. Statt nur - mechanisch - dieses oder jenes zu lernen, bietet ein systemisches Denken sehr viel größere Möglichkeiten, vom *einen* Lernen für das andere zu profitieren, „lernen zu lernen".

In ähnlichem Sinne könnte man formulieren, daß es für die Bewältigung der komplexen Wirklichkeit darauf ankommen muß, die Bewältigung der Bewältigung zu erlernen. „Willst du einem Mann für einen Tag helfen, so schenke ihm einen Fisch! Willst du ihm für sein Leben helfen, so lehre ihn fischen!"
Wie könnte denn ein solches Lernen in Systemen aussehen?

Eltern könnten beispielsweise schon im Vorschulalter „systematisch" beginnen, das Kind erkennen zu lassen, daß bestimmte Gegenstände je nach den gerade gegebenen Bedingungen unterschiedlich aussehen: Daß ein Markstück, wenn man es von der einen Seite betrachtet, einen Adler, wenn man es aber von der anderen Seite betrachtet, einen Kopf zeigt, daß es sich aber trotzdem um dasselbe Geldstück handelt; daß die rote Bluse in der Abenddämmerung immer weniger rot aussieht und trotzdem noch, wenn man in ein hellerleuchtetes Zimmer tritt, genauso rot ist wie vorher; daß auch die Farbe von Papas Auto, wenn es unter einer gelbliches Licht ausstrahlenden Straßenlaterne steht, farblich ganz anders und fremd erscheint; daß es aber auch, wenn man aus dem ersten Stock eines Hauses von oben auf das Auto schaut, viel größer und ganz ungewohnt aussieht; daß Muttis Augen, wenn sie an einem sonnigen Tag am Fenster steht, ganz anders aussehen, als wenn es Abend wird; daß ein Geräusch, das Bellen eines Hundes, nachts viel lauter wirkt (für das Erleben „ist") als am hellichten Tag; daß auch für einen selbst die „Welt" ganz anders aussieht, wenn man gut ausgeschlafen hat und in freudiger Stimmung ist, als wenn man krank ist oder sich geärgert hat.

Auch für Jugendliche ist es ausgesprochen sinnvoll, sich immer wieder bewußt zu werden, wie stark ihr Erleben und Verhalten, ihre Auffassungen und Überzeugungen durch ihr soziales Umfeld, durch die Kontakte, die sie vielleicht mehr oder weniger zufällig haben, mitbestimmt werden. Sie können sich so in einer Zeit, in der sehr viele Weichen für das spätere Leben gestellt werden, grundsätzlich aus eigener Erfahrung vor Augen führen, daß kein Mensch ein isoliertes Etwas für sich ist. Sie können sich gleichzeitig über viele wichtige Einflüsse klarer werden und entsprechende Entscheidungen in der Kenntnis dieser Einflüsse, aber auch in vollem Bewußtsein darüber treffen, daß *jede* Entscheidung ihren (eigenen) „Preis" hat.

Natürlich erscheint eine solche Systembetrachtung, weil jeweils sehr viele Gegebenheiten berücksichtigt werden müssen, zunächst nicht ganz einfach. Andererseits ist sie jedoch keineswegs so schwer, wie es für den damit Ungewohnten den Eindruck machen könnte. Sie kann sogar ausgesprochen attraktiv sein, weil sich das „System" einer Systembetrachtung an sehr vielen konkreten Beispielen aufzeigen läßt, die jedem aus seiner eigenen Alltagserfahrung heraus verhältnismäßig leicht einleuchten. Insofern kann die Systembetrachtung als grundsätzlicher Ansatz eigentlich recht leicht verständlich und begreifbar gemacht werden.

Man könnte beispielsweise damit beginnen, ganz einfache Gegenstände als System zu erkennen: eine Schere, eine Armbanduhr, eine Glühlampe, eine Schreibmaschine usw. (Boulding et al.). In einer späteren Phase würde es sich dann anbieten, sich etwas umfassenderen Systemen zuzuwenden: dem Kühlschrank, der Zentralheizung, der Wasserversorgung usw. Daran könnten sich noch größere Systeme anschließen.

Der ehemalige Schweizer Manager und spätere Kulturkritiker Hans A. Pestalozzi gibt hier einige verlockende Empfehlungen. Er schlägt beispielsweise vor, mit Kindern Hühnerbatterien, industrielle Schweinemästereien, Ställe mit Kälber-Dunkelhaltung usw. zu besuchen und sich dabei über verschiedenartige Marktmechanismen Gedanken zu machen. Eine andere Möglichkeit wäre, herauszufinden, „welche Kosten in den wahren Preisen eines Shopping-Centers nicht enthalten sind, angefangen von den Kilometer- und Zeitkosten der einkaufenden Hausfrau, über die Infra-Struktur, die die Öffentlichkeit bezahlt hat, über die ökologischen Belastungen durch den horrenden Energieverbrauch von Klimatisierung, Beleuchtung usw. bis zu den psychischen Belastungen der Kassiererinnen". In ähnlicher Art rät er, bei einem Bauern Milch zu holen und einmal selbst, zusammen mit den Kindern, Joghurt herzustellen. Man könnte „den Weg analysieren, den heute ein Deziliter Milch zurücklegt, bis aus ihm auf industriellem Weg ein Joghurt im

Abbildung 45: *Wirkungsgefüge Verkehr*

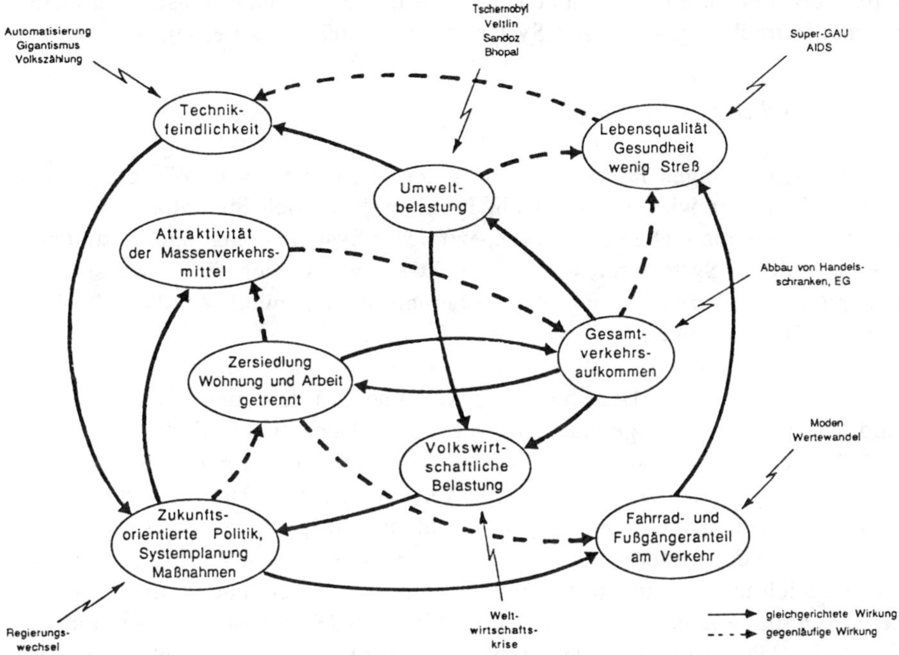

Haushaltskühlschrank geworden ist"; dabei könnte man auch die Rolle der heutigen Transport- und Verarbeitungswege herausarbeiten.

Schließlich könnte man sich ausgesprochenen Großsystemen mit ihren wesentlichen Merkmalen und Zusammenhängen zuwenden: dem Wirtschaftssystem, dem Bankwesen, dem System der sozialen Versorgung, dem Verkehrssystem, dem ökologischen System der Erdoberfläche usw. Gerade der motorisierte Straßenverkehr, der ja für viele Jugendliche eine ausgesprochene Faszinationswirkung hat und ein - in letzter Zeit recht kontrovers diskutiertes - Teilsystem der Gesellschaft darstellt, eignet sich sehr gut für eine umfassende Systembetrachtung. Wie lange muß jemand arbeiten, um sich einen Wagen kaufen zu können? Welche Nebenkosten sind damit verbunden? Wieviel Prozent eines Monatsgehaltes oder Wochenlohns kostet die Unterhaltung des Wagens? Wie wichtig und notwendig ist in der heutigen Gesellschaft der Besitz und die Nutzung von Kraftfahrzeugen? Wieviele Menschen müssen arbeiten, um ein Auto zu produzieren? Wer verdient an der Produktion? Welcher Zusammenhang besteht zwischen Kraftfahrzeugproduktion und Staatshaushalt? Welche Vorteile, aber auch welche Nachteile, Schäden und Gefahren gehen mit der Benutzung von Kraftfahrzeugen einher? Welches ist der definitive Preis dieser Schäden usw.

Bei höheren Altersstufen bietet sich natürlich auch eine Betrachtung der Gesamtgesellschaft als System an. Dabei wäre es eine lohnende Aufgabe, den Stellenwert und die Bedeutung abweichenden (Rollen-)Verhaltens innerhalb des Systems und für den Gleichgewichtszustand des Systems herauszuarbeiten. Dabei wäre jedoch bewußt darauf zu achten, nicht der Gefahr einer einseitigen ideologischen Betrachtungsweise von Systemzusammenhängen zu erliegen.

Das Aufbrechen von Systemen

Mit Klassifizierungen lassen sich nur selten Probleme lösen. Wie oft versucht man auch immer wieder vergeblich, Probleme, die sich im Rahmen eines bestimmten Systems - eben aufgrund spezifischer Systembedingungen - stellen, in dem jeweiligen System selbst zu lösen! Dabei würde sich die einzig sinnvolle Lösung aus einer Betrachtungsebene oberhalb oder zumindest außerhalb dieses engeren Systems anbieten.

In solchen Fällen kommt es darauf an, über das reine Erfassen von Fakten hinaus das System von Beziehungen zu erkennen, in dem diese Fakten „Fakten" sind. Das ist aber, solange man selbst in seinem Denken ein „Faktum" innerhalb des gleichen Systems ist, nicht möglich. Hier hilft nur ein geistiges Erklimmen einer höheren Ebene, die zugleich eine Vertiefung der Erkenntnis vermittelt.

Das stellt für den Ungeübten keine einfache Aufgabe dar. Geht es doch um die Erfassung des Systemganzen mit den in ihm bestehenden Wechselbeziehungen und zugleich um eine innere Lösung aus dem - vielleicht auch teilweise Geborgenheit vermittelnden - System sowie letztlich um seine geistige „Überwindung". Es ist ein Bewußtsein vom Bewußtwerden erforderlich, eine entscheidende Vertiefung des Bewußtseins, eine conscientizaçao, wie der brasilianische Pädagoge Paolo Freire es nennt.

So, wie Systeme durch „Störungen" von außen oder durch Verstärkung innerer Fluktuationen eine neue Struktur erhalten können und auch bei langanhaltenden oder stärkeren Veränderungen in der Umwelt eines Systems Umstellungen der grundlegenden Sollwerte möglich sind, hat auch der Mensch die Möglichkeit, sich geistig bewußt aus bestimmten Systembedingungen zu lösen, aus einem Denksystem auszusteigen.

Das kann dadurch geschehen, daß man sich bemüht, sich von bestimmten Sichtweisen zu trennen, versuchsweise andere Sichtweisen einzunehmen, sich anderen Dimensionen zu erschließen, in eine andere Größenordnung von Systemen überzuwechseln bzw. bestimmte Systeme, denen man geistig verhaftet ist, einmal von außen, von oben oder von wo auch immer, jedenfalls nicht aus den Gegebenheiten des Systems selbst heraus zu betrachten.

Dabei zeigt sich dann sehr oft, daß die Lösung eines Problems, das sich in einem bestimmten Rahmen stellt, nicht unbedingt in eben diesem Rahmen liegen muß. Was damit gemeint ist, möchte ich an einem sehr einfachen Beispiel zeigen, das manchen von Ihnen vielleicht bekannt sein wird. Die Aufgabe (das Problem) besteht darin, neun Punkte, die in ihrer Anordnung ein Quadrat bilden, mit vier aneinander anknüpfenden Strichen so zu verbinden, daß alle neun Punkte berührt werden. Sie dürfen also, ohne den Bleistift abzusetzen, dreimal die Richtung wechseln. Blättern Sie bitte noch nicht um, sondern zeichnen Sie sich die neun

Abbildung 46:

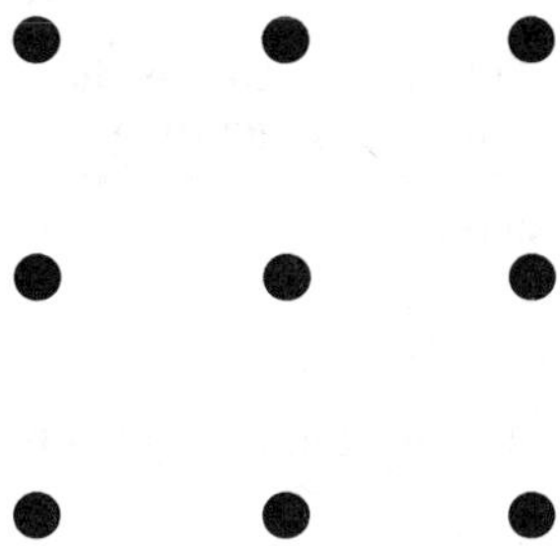

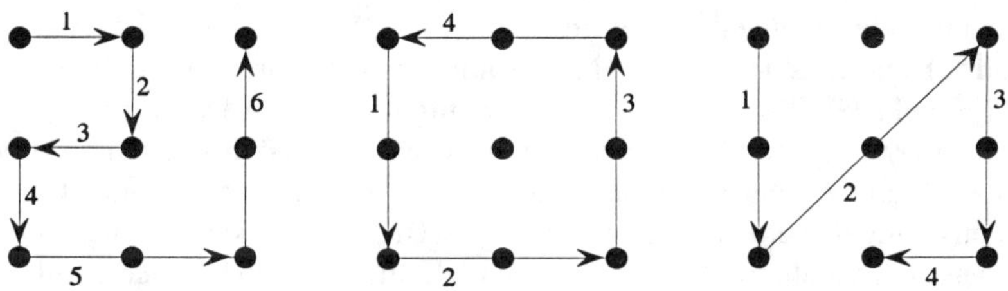

falsch, weil 6 Striche

falsch, weil mittlerer Punkt nicht berührt

falsch, weil oberer mittlerer Punkt nicht berührt

Punkte auf ein Blatt Papier und versuchen Sie eine Weile, die Lösung zu entdecken, die Sie auf der folgenden Seite finden werden.

Werner Heisenberg weist darauf hin, daß die entscheidende Leistung von Christoph Columbus in diesem Sinne wohl auch der mutige Entschluß war, „alles bis dahin bekannte Land zu verlassen und so weit nach Westen zu segeln, daß mit den vorhandenen Vorräten eine Umkehr nicht mehr möglich war". „In ähnlicher Weise", fährt er fort, „kann wirkliches Neuland in einer Wissenschaft wohl nur gewonnen werden, wenn man an einer entscheidenden Stelle bereit ist, den Grund zu verlassen, auf dem die bisherige Wissenschaft ruht, und gewissermaßen ins Leere zu springen."

In diesen Worten wird im Grunde eine große Nähe zu buddhistischem Denken spürbar. Denn im Gegensatz zur Psychoanalyse, die sozusagen ein Problem innerhalb des betreffenden seelischen Systems selbst zu lösen versucht, ist für den Buddhisten das praktische „Meistern" eines Problems vor allem dadurch möglich, sich aus dem Rahmen dieses Problems hinauszubegeben und einen Punkt zu erreichen, von dem aus man das ganze Umfeld des Leidens überblickt.

Es ist für das persönliche Erleben außerordentlich aufschlußreich zu entdecken, wie sich manche Probleme erst durch einen Wechsel des Systems lösen lassen. Allerdings sind die Anforderungen oft nicht gerade niedrig, überhaupt das System als solches zu entdecken. Denn es stellt ja den gar nicht bewußt werdenden „Rahmen" dar, in dem die Dinge erscheinen. Wer ist sich schon der Luft bewußt,

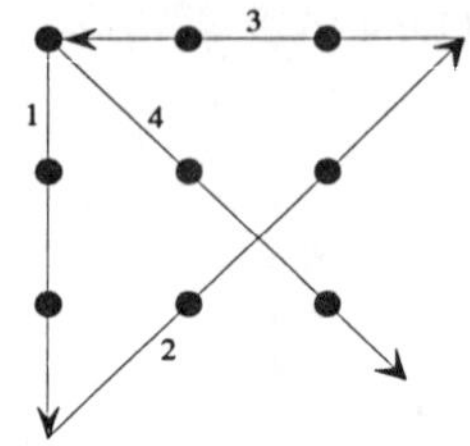

Abbildung 47: *Lösung von Abbildung 46*

Die Lösung besteht darin, auf die Idee zu kommen, aus dem sozusagen durch die neun Punkte vorgegebenen System auszubrechen. Sie liegt also im wahrsten Sinne außerhalb des vorgegebenen Systems.

die er atmet? Und das letzte, dessen sich ein Fisch bewußt würde, wäre wohl das Wasser.

Es ist aber - für einen selbst und für das Lösen sachlicher Probleme - ungeheuer wertvoll, sich auch immer wieder von Programmen lösen, Dinge vergessen und verlernen zu können, um neue, bessere zu lernen, die der gleichen oder vor allem einer veränderten Umwelt besser angepaßt sind. Wie heißt es bei Stendhal sehr treffend: „Dans tous les partis, plus un homme a d'esprit, moins il est de son parti" (je mehr Geist jemand hat, um so weniger ist er ein Parteigänger).

Ebenso ergeben sich Lösungen eines Problems nur höchst selten aus der isolierten Verfolgung einer speziellen Absicht. „Zu denken, daß ich nicht mehr an Dich denken will, bedeutet, immer noch an Dich zu denken. So will ich denn versuchen, nicht mehr zu denken, daß ich nicht mehr an Dich denken will". „Wer vergessen will, erinnert sich um so schmerzlicher; wer einschlafen will, bleibt schlaflos; wer besonders witzig sein will, ödet an."

Paul Watzlawick, von dem diese Formulierungen stammen, weist mit Nachdruck darauf hin, daß die Verneinung einer Aussage und die Ablehnung eines Standpunktes keineswegs die einzige Form einer Negation darstellen. Eine völlig andere Form der Verneinung, die oft übersehen wird, besteht darin, sich überhaupt außerhalb des Rahmens eines Gegensatzpaares zu stellen.

So zielen ja auch die bekannten Koans[2] der Zen-Lehre darauf ab, die übliche, auf ebenso schnellen wie einfachen Erklärungen und Folgerungen beruhende Erfahrungsgrundlage eines Schülers zu sprengen.

Wenn der Meister etwa sagt: „Wenn Du sprichst, werde ich Dich mit diesem Stock schlagen; wenn Du schweigst, werde ich Dich ebenfalls mit diesem Stock schlagen", so ist das, in der vorgegebenen Dimension, ein unlösbares Problem. Dieses Problem wird aber in dem Moment lösbar, indem man sich erhebt, den Meister freundlich um seinen Stock bittet und diesen zerbricht. Damit ist das Problem, auf einer ganz anderen Ebene, aus der Welt gebracht. Bei dem anderen Ansatz, der sich nicht aus dem geistigen Gefängnis einer bestimmten Dimension lösen kann, besteht die Gefahr, in immer extremere Extreme zu geraten bzw. von einem Extrem ins andere zu fallen.

Man sollte deshalb zugunsten einer grundsätzlichen Offenheit vermeiden, sich

2 Ein Koan ist ein rätselhafter Ausspruch, den ein Roshi (Zen-Meister) seinem Schüler als Meditationsthema geben kann, um ihm auf dem Wege zur Erleuchtung zu helfen, und zwar durch ein Erzwingen des „großen Zweifels", der Geist, Seele und Körper umfaßt. Dieser befreiende Blitz der Erleuchtung, das sogenannte Satori, ist die Wirkung, die sich der Meister vom Lösen eines Koans verspricht.

in ein begriffliches und praktisches Gefängnis einschließen zu lassen. So kann man auch zum Wissen als solchem eine abgewogene Einstellung nehmen. Denn man kann nie „alles" wissen, ist also im wahrsten Sinne des Wortes nie „abgeschlossen". Jeder, der es wagt, die Grenzen des Gewohnten zu überschreiten, lernt hinzu; und er hat im Falle eines Erfolges, wenn er sozusagen „fündig" wird, auch für sich selbst die große Chance, ein ganzes Stück weiter zu sein, vielleicht sogar eine grundsätzlich höhere geistige Ebene zu erreichen.

Ähnliches gilt sogar für wissenschaftliche Theorien. Entstehen doch die Anfänge einer Theorie aus der Intuition und nicht einfach aus Erfahrungstatsachen. Man kommt kaum einen Schritt weiter, wenn man Erfahrungstatsachen immer nur als das nimmt, wofür man sie schon vor Beginn seiner Forschung hielt. Die Wissenschaft macht gerade dann die größten Fortschritte, wenn sie Erfahrungstatsachen leugnet, die ja niemals im absoluten Sinne „Tatsachen" sind, sondern immer nur Interpretationen von Beobachtungen, die nur auf einem Teil aller Gegebenheiten beruhen (Charon).

Das laterale Denken

Es gibt eine Reihe von Verfahren, mit denen man ein solches Denken üben kann, z.B. das sogenannte „laterale Denken", das der in Malta geborene und seit 1963 an der Universität Cambridge tätige Mediziner und Psychologe Edward de Bono seit Jahren propagiert. Er versteht darunter, verkürzt ausgedrückt, ein gezieltes Training im Produzieren von Alternativen. Er stellt es in Gegensatz zu dem logischen, von ihm so bezeichneten „vertikalen" Denken.

Das logische Denken ist gegenüber dem lateralen Denken insofern beschränkt, als es keine neuen Ideen hervorbringen und niemals zu einer „intuitiven" Neuordnung der Information führen kann. Es ordnet und verfeinert lediglich den natürlichen Denkfluß. Die tatsächlich verwendeten Muster werden auf etablierte Weise verwendet.

Wir meinen zwar gewöhnlich, neue Information müsse auch zu neuen Betrachtungsweisen der Dinge führen. Das ist jedoch nur äußerst selten der Fall. Denn erstens ist unsere Auswahl der Information bereits beschränkt, weil wir nur diejenige Information beachten, die uns aufgrund unserer angestammten Denkmuster wichtig erscheint; und zweitens sehen und verarbeiten wir diese Information auch wieder nur durch die „alte Brille".

Das laterale Denken befaßt sich dagegen mit der Neuordnung der vorhandenen Information, so daß es zum Ausbrechen aus etablierten Mustern und zur Bildung neuer und besserer Muster kommt. Der laterale Denker ist in der Lage, die Art der Betrachtung zu ändern, alternative Auffassungs- und Vorgehensweisen zu entwickeln. „Bei den anderen Denkmethoden weiß man, was man sucht. Beim lateralen Denken weiß man vielleicht erst, was man sucht, wenn man es gefunden hat." Es stützt sich mehr auf Intuition, ist gegenüber dem strengeren Stil logischen Vorgehens emotional anregender, „lustiger", humorvoller. Gerade beim Humor findet ja übrigens ein plötzliches Umschalten von einer Art, die Dinge zu betrachten, auf eine andere statt. Das laterale Denken ist deshalb in besonderer Weise geeignet, die Starrheit etablierter Ideen und eingerosteter Gewohnheiten, irgendwelche Festlegungen durch Etikettierung, Kategorien und Klassifizierungen sowie die Arroganz dogmatischer Haltungen zu überwinden. Deshalb ist es für ein „laterales" Vorgehen wichtig, dominante oder polarisierende Vorstellungen zu erkennen und Annahmen zurückzuweisen, nach denen man Dinge definitiv festgelegt hat; man gewinnt sogar Freude daran, sich mit Nachdruck und Erfolg gegen die Arroganz zu wenden, die oft mit bestimmten Betrachtungsweisen einhergeht.

Das laterale Denken berührt sich damit mit der orientalischen Philosophie. Denn auch diese versucht, Willkürlichkeit und Künstlichkeit getrennter Einheiten zu überwinden, wie sie der menschliche Geist sehr leicht bildet, und sie ist bestrebt, diese abgetrennten Einheiten wieder mit dem Kontinuum der Natur zu verschmelzen.

Wesentliche Unterschiede zwischen vertikalem und lateralem Denken liegen also in folgendem: Das vertikale Denken wählt aus, das laterale Denken bedeutet Bewegung, Werden, einen Wechsel von einer Vorstellung zur anderen. Vertikales Denken geschieht wesentlich aus einem „Ja-Nein"-System; laterales Denken benutzt im Gegensatz zum vertikalen Information nicht als Selbstzweck, sondern als Möglichkeit, zu neuen Ideen zu kommen.

Beim vertikalen Denken folgt das eine direkt aus dem anderen; beim lateralen Denken kann man willkürliche geistige Sprünge machen. Das vertikale Denken konzentriert sich auf das Bedeutsame; das laterale Denken nutzt Zufälligkeiten. Das vertikale Denken bewegt sich in den wahrscheinlichsten Richtungen; das laterale Denken beschäftigt sich auch und gerade mit dem weniger Wahrscheinlichen. Das vertikale Denken beruht auf einem mehr oder weniger geschlossenen Vorgehen; das laterale Denken ist offen. Laterales Denken stellt eine Vorstellung auf den Kopf und vertikales Denken entwickelt sie.

De Bono gibt in seinen Büchern verschiedenartige, an zahlreichen Beispielen veranschaulichte Ratschläge zum lateralen Denken. So empfiehlt er u.a.:

- ein Problem einfach einmal von einer ganz anderen Seite her anzugehen, als man es bisher immer versucht habe und als man ganz allgemein gewohnt sei, Probleme anzugehen;
- die Aufmerksamkeit bewußt unterschiedlich zu lenken, beispielsweise die Konzentrationspunkte zu wechseln;
- die Aufmerksamkeit weniger auf das Problem selbst, sondern auf bestimmte Begleitumstände oder vorangegangene Ereignisse zu richten und den Kontext eines Problems stärker zu berücksichtigen;
- die zur Verfügung stehende Information neu zu ordnen;
- sich Zufälligkeiten zunutze zu machen;
- sich nicht von einem ersten erfolgversprechenden Ansatzpunkt fesseln zu lassen;
- sich nicht zu früh mit einer Lösung zufriedenzugeben, die möglicherweise nicht die beste ist, sondern lediglich diejenige, die einem - aus welchen Gründen auch immer - als erste einfiel;
- ein Problem auch einmal vom (anderen) Ende her aufzurollen;

- sogenannte Klischees zu durchbrechen und sich vor einengenden Etikettierungen freizumachen;
- auch einmal zusammenhanglose geistige „Sprünge“ zu wagen;
- innerlich zu akzeptieren, daß man auch Irrtümer riskieren kann, um gerade dadurch zu fruchtbaren und brauchbaren Lösungen zu gelangen;
- auch „unsinnige“ Dinge zusammenzubringen, in der Absicht, dadurch zu einer neuen Betrachtungsweise einer Situation zu gelangen;
- bewußt geistige Blockierungen zu überwinden, bzw. außer Kraft zu setzen, wie sie etwa in Wendungen zum Ausdruck kommen wie „das geht nicht“, „das habe ich immer anders gemacht“, „das wird zu teuer“, „das läßt sich nicht praktizieren“, „das ist realistätsfremd“ usw., aber auch wachsam und mißtrauisch gegenüber dem Bestreben zu sein, jederzeit „Recht“ haben zu wollen;
- die eigene Phantasie bewußt zu fördern.

Lassen Sie mich von den zahlreichen Beispielen, die de Bono in seinen Büchern gibt, einige wenige herausgreifen:

„Bei einer Unternehmensberatung stand man einmal vor dem Problem, daß ein Wolkenkratzer mit zu wenig Fahrstühlen ausgestattet war. Das Büropersonal wurde deshalb ungeduldig und begann zu kündigen. Während die Architekten und Ingenieure vorschlugen, mehr Fahrstuhlschächte zu bauen, um die Beförderung des Personal zu beschleunigen, was allerdings sehr kostspielig gewesen wäre, fanden die Unternehmensforscher eine einfachere Lösung: Sie ließen die Flure vor den Fahrstühlen mit Spiegeln verkleiden. Das hatte zur Folge, daß die Angestellten so mit ihren Spiegelbildern beschäftigt waren, daß sie nicht mehr ungeduldig wurden.“ (Die einfache Lösung, die hier gefunden wurde, beruhte also darauf, daß man von dem naheliegenden Klischeemuster, die Angestellten schneller zu befördern, dazu überging, die Ungeduld der Leute zu beseitigen.)

In einem anderen Beispiel wird ein Fall geschildert, bei dem ein Mann, der das Rad seines Wagens wechselte, alle fünf Schraubenmuttern dieses Rades verlor, weil sie in einen Gully rollten. Er wußte nicht, was er machen sollte und beschloß gerade, sich von jemandem zur nächsten Werkstatt mitnehmen zu lassen, als zufällig ein kleiner Junge vorbeikam und ihn fragte, was los sei. Als ihm der Mann erzählte, was ihm passiert sei, meinte der Junge: „Ach, das ist doch ganz einfach. Sie nehmen von jedem der anderen Räder eine Mutter, und damit werden Sie schon bis zur nächsten Werkstatt kommen.“

Eine sehr schöne Geschichte, die das hier angesprochene Prinzip unter Hinweis auf die Gedanken de Bonos sehr eindrucksvoll veranschaulicht, las ich vor einiger Zeit in dem Buch von Charles Hampden-Turner, „Modelle des Menschen“:

„Vor langer Zeit, als es noch Schuld-Gefängnisse gab, verschuldete sich ein Kaufmann immer tiefer bei seinem Geldverleiher. Schließlich enthüllte der Geldverleiher, was er wirklich wollte: die Tochter des Kaufmanns. Die Schuld würde erlassen werden, wenn ... Als er erkannte, daß Vater und Tochter über das Angebot entsetzt waren, lud der gerissene Geldgeber beide zu einem Spaziergang auf einem Kieselweg ein. Hier machte er den Vorschlag, daß 'die Vorsehung entscheiden solle'. 'Ich werde zwei Kieselsteine von diesem Weg nehmen', sagte er, beugte sich, noch während er sprach, schnell hinunter und nahm zwei Steinchen auf. 'Und ich lasse sie, den weißen und den dunklen Stein, in diese schwarze Tasche fallen.' Das tat er. 'Ihr werdet nicht ins Gefängnis kommen, wenn Eure Tochter, ohne zu schauen, einen Stein aus dieser Tasche nimmt. Wenn es der weiße ist, dann ist sie frei und die Schuld ist erlassen. Ist es der dunkle, dann gehört sie mir.' Widerwillig stimmte der Kaufmann zu, während das Herz seiner Tochter heftig schlug. Sie war sich sicher, zumindest fast sicher, daß der Geldverleiher zwei dunkle Steinchen in die Tasche gesteckt hatte. Es war ein Spiel, das sie nicht gewinnen konnte, und den Trick des Geldgebers zu entlarven, wäre dasselbe, als würde sie nicht wählen und so ihren Vater ins Gefängnis bringen." Sie war in der Falle.

Versuchen Sie einmal selbst, eine Lösung aus diesem Dilemma zu finden, indem Sie sich aus den vorgegebenen Bedingungen, die in jedem Fall zu einem unerwünschten Ergebnis führen müssen, lösen.

Was tat die Tochter? Ihr Verhalten war ein Musterbeispiel für laterales Denken. „Sie steckte ihre Hand in die Tasche, nahm einen Kieselstein heraus, rief 'ach!' und ließ ihn 'versehentlich' auf die Hunderte von Kieselsteinen zu ihren Füßen fallen. 'Es tut mit schrecklich leid', sagte sie, 'daß ich so ungeschickt bin. Aber Ihr könnt die Farbe des von mir gezogenen Kieselsteins ja an der Farbe des Steinchens ablesen, das noch in der Tasche verblieben ist'."

Was de Bono mit lateralem Denken meint, wird auch an zwei Aufgaben mit geometrischen Figuren deutlich:

In der ersten Aufgabe werden fünf geometrische Figuren dargeboten. Die Aufgabe besteht darin, aus diesen fünf Figuren diejenige herauszufinden, die von allen anderen verschieden ist.

In der zweiten Aufgabe handelt es sich darum, die in acht Mustern zufällig angeordneten vier Quadrate durch Herausfinden eines charakteristischen Merkmals in zwei Gruppen von je vier Mustern einzuteilen.

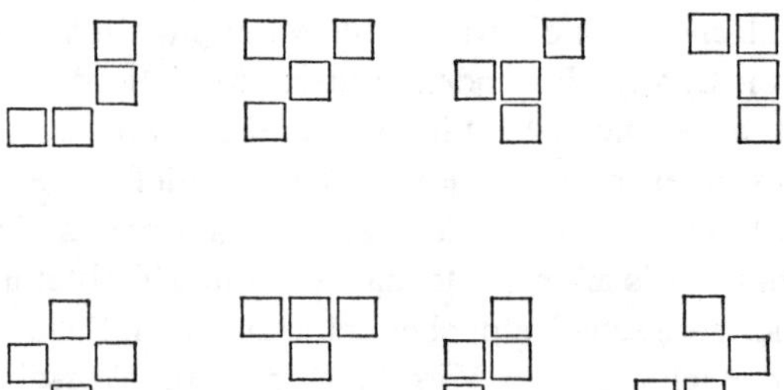

Bei der ersten Aufgabe wählen über 60 % der Leute das Dreieck als die herausfallende Figur, weil es die einzige Figur ist, die keine Kurven hat. Man könnte aber auch jede andere Figur gewählt haben:
- die erste, weil sie mehr als zwei Symmetrieachsen hat,
- die dritte, weil sie die einzige ist, die keine Symmetrieachsen hat,
- die vierte, weil sie sowohl aus einer Kurve als auch einer geraden Linie besteht,
- die fünfte, weil sie die einzige ist, die umfallen würde, wenn sie aus fester Materie bestünde.

Bei der zweiten Aufgabe beginnt man üblicherweise zu einer Lösung zu kommen, indem man die Anzahl der in Kontakt stehenden Ecken, bzw. der freien Ecken, zählt. Unter anderem gibt es aber auch die Möglichkeit, auf die man gewöhnlich erst nach einer Weile kommt, die vier Quadrate durch Umstellen eines einzigen, kleinen Quadrates in ein großes Quadrat zu verwandeln, was nur bei vier der acht Figuren möglich ist.

Diese einfachen Aufgaben helfen also zu erkennen, daß, wenn man selbst recht hat, damit noch lange nicht andere, die eine abweichende Lösung gefunden haben, unrecht haben. Zugleich erkennt man unschwer, daß man, wenn man sich nur bemüht, Dinge auf verschiedene Weise zu betrachten, auch zu unterschiedlichen Antworten kommt. Unglücklicherweise werden wir ja allgemeinen dazu erzogen, gar nicht nach anderen Antworten zu suchen als denen, die wir zuerst gefunden haben oder die andere uns als (einzig richtige) Antwort genannt haben.

Es gibt darüber hinaus noch eine ganze Reihe weiterer sinnvoller Übungen, „laterales Denken“ und Phantasie zu fördern.

Man kann - und sollte - sich bisweilen immer wieder einmal bei irgendwelchen (auch sozialen) Selbstverständlichkeiten in aller Ruhe und Sachlichkeit die Frage stellen: „Wieso eigentlich“, oder „woher wissen wir das eigentlich so genau“, „ist das denn wirklich so, oder ist es nur so, weil ...“.

In ähnlicher Weise kann es ausgesprochen reizvoll sein, sich in manchen Situationen die Frage zu stellen: „Was wäre denn eigentlich wenn ...“, beispielsweise wenn ich unsichtbar wäre, wenn es ununterbrochen Nacht wäre, wenn ich fliegen könnte, wenn ich mich von Luft und Sonne ernähren könnte und nichts mehr zu essen bräuchte, wenn es keine Regierung mehr gäbe, wenn der Straßenverkehr abgeschafft wäre, wenn sich keine Politiker mehr aus eigenem Antrieb für die Politik bewerben dürften, wenn ich alle Gedanken erraten könnte, wenn es keine Schulen mehr gäbe, wenn die Verkehrsampeln abgeschafft wären, wenn es keine Rechtsprechung, wenn es kein Fernsehen mehr gäbe, wenn jeder mit Leichtigkeit sich in den Weltraum abheben könnte usw.

Es gibt viele Wege, bewußt die Phantasie zu trainieren. Auch bei der bloßen „Ein-Bildung“ bildet sich ja etwas, formt sich etwas heraus. Es bedeutet praktisch, sich mit formbildenden „morphogenetischen“ Prozessen im Geistigen vertraut zu machen und sie zu üben. Stellen Sie sich ruhig einmal die unsinnigsten Dinge plastisch vor: Nicht nur den Vorgesetzten, der gerade eine feierliche Ansprache hält oder einen Ableitungsleiter „zusammenstaucht“, in Unterhosen oder selbst ohne diese; auch den Haushund, der von Sekunde zu Sekunde größer wird, immer mehr anschwillt, schließlich so groß wird, daß die Wände des Zimmers bersten, daß er den Himmel verdunkelt; auch daß die Bäume zueinander sprechen; daß ein Schnitzel durch die Luft wandert und mit einem anderen Schnitzel Fußball spielt; daß ein Farbtopf in der Luft schwebt, um den eigenen Kopf kreist, in der Luft umkippt und trotzdem keine Farbe ausläuft; daß ein Auto sich plötzlich in die Luft erhebt; daß die Straßenbahn, die gerade vorbeifährt, so klein wie ein Sandkorn wird; daß Parfum aus der Erde hochsprudelt usw. usw. Es sind da keine Grenzen gesetzt; und es ist außerordentlich unterhaltsam und bringt einen manchmal sogar auf fruchtbare praktische Ideen.

Es ist sicher besser, viele Ideen zu haben, auch wenn einige nicht brauchbar oder sogar falsch sein mögen, als immer nur dadurch „Recht" zu haben, daß man überhaupt keine (neuen) Ideen hat. In gleicher Weise ist es ein Vorteil, nicht im Gefängnis beherrschender Vorstellungen zu verharren, deren Wesen ganz entscheidend darin besteht, zu allem anderen „Nein" zu sagen, sondern flexibel auf ständiger Suche zu sein. Denn beherrschende (dominante) Vorstellungen beziehen sich nicht so sehr auf eine Problemsituation als solche, sondern auf die Art und Weise, wie ich sie sehe, auf eine bestimmte Methode, mit der ich ein Problem angehe; und sie tendieren dazu, Grenzen des Erkennens zu setzen und künstliche Polarisierungen des Denkens zu erzeugen; diese nehmen oft genug den Charakter extremistischer Einseitigkeit an und verführen zudem eher zu entsprechend radikalem Handeln als eine relativierende, heitere Nachdenklichkeit.

Ebenso ist es besser, anstelle von Widersprüchen ein „sowohl, als auch" zu setzen und sich für die Erkenntnis zu öffnen, daß zwei Auffassungen, die sich - auf einer Ebene oder aus einer bestimmten Sicht - zu widersprechen scheinen, nebeneinander zutreffen und daß erst ihre Kombination sinnvolle Erkenntnis bedeutet. Wir werden auf diese Möglichkeiten noch ausführlicher bei Erörterung des Komplementaritätsprinzips zu sprechen kommen. Wir unterliegen ja in unserer abendländischen Denkkultur allzu leicht der Versuchung zu meinen, wenn wir einem Gegner einen Irrtum oder Fehler nachgewiesen haben, dadurch automatisch bewiesen zu haben, selbst im Recht zu sein. Oder wir sind unglücklicherweise ebenso leicht überzeugt, wenn sich etwas als falsch erwiesen hat, daß dann das Gegenteil davon richtig sein müsse.

Unabhängig davon bleibt es natürlich eine grundsätzliche Frage, wie man in einer durch Konvergenz und Konformismus bestimmten Gesellschaft lernen kann, divergent zu denken und welche Chancen ein Divergenter überhaupt in einer konvergenten Gesellschaft hat. Es mag sich sogar die Frage anschließen, ob man es überhaupt wagen rann, divergent zu denken, ohne nicht „die rote Karte zu riskieren". Aber ich glaube, so ist es gar nicht. Viele Menschen freuen sich insgeheim doch, etwas „Salz in der Suppe" zu schmecken, die ihnen gewöhnlich Tag für Tag mit recht fadem Geschmack angeboten wird.

Die entscheidende Antwort auf die genannten Fragen hat wohl der große orientalische Dichter Hafiz gegeben, als er feststellte: „Du bist Deine eigene Grenze. Erhebe Dich darüber!" Der Rest ist im Grunde nur eine Frage des „wie". Und da hilft wieder laterales Denken.

2. Vom Umgang mit Ganzheitlichkeit

Die „heile" Ganzheit des Menschen

In einem lebenden Organismus entwickelt sich kein Teil völlig isoliert und unabhängig von allen anderen Teilen, sondern in ständiger Beziehung zu diesen und zu dem Ganzen. „Der Stiel ist nicht etwa das Mittel, das der Keim gefunden hat, um Zweig zu werden. Stiel, Keim und Zweig sind nur ein und dieselbe Entfaltung" (St. Exupéry).

Das gilt auch für die geistige Entwicklung des Menschen. Heil sein bedeutet ganz sein, und „heil" heißt auch gesund. Wenn ich „heile", dann stelle ich ein ursprünglich Ganzes, das zerstört war, wieder her. Die englische Sprache läßt diesen tieferen inneren Zusammenhang erkennen: health = Gesundheit, whole = ganz und holy = heilig (Bohm).

Welch umfassend positives Erleben ist es doch, in die Natur oder in die Musik sozusagen einzutauchen. Welche Förderung von Gesundheit und subjektiver Lebensqualität bedeutet allein die bildhafte Vorstellung eines Sonnenunterganges, eines weiten und einsamen Sandstrandes mit dem Rauschen des Meeres oder einer friedlichen Almwiese mit weidenden Schafen, ein Aufgehen des eigenen (Atem)-Rhythmus in einem ganzheitlichen Einklang mit dem, was einen umgibt!

Es ist ja schon eigenartig, daß viele Menschen so tun, als „hätten" sie, sozusagen als Eigentümer oder Besitzer, einen Körper, so wie sie etwa einen Kleiderschrank, einen Koffer oder ein Fernsehgerät besitzen. „Ihr" Körper gehört zwar zu ihnen, liegt aber doch für ihr Erleben außerhalb ihres Selbst. Dagegen ist ihrem Erleben der Gedanke eher fremd, daß sie - natürlich nicht nur - dieser Körper „sind".

Körper und Geist bilden eine ganzheitliche Einheit des Menschen. Wenn wir einem anderen Menschen begegnen, erfahren wir nicht Körper und Geist als zwei voneinander getrennte Einheiten. Mit der Aussage „mein Freund ist angekommen" meint ein Mensch weder allein „dessen erlebendes Subjekt" noch „eine objektiv erfaßbare Körperlichkeit" (K. Lorenz).

So wie einem die Auszählung von Wassertröpfchen in der Luft nicht das Bild einer Wolke bringt, ist ein Organismus mehr als die Summe der Zellen und der Mensch in seiner Ganzheitlichkeit mehr als die Summe der über ihn möglichen Informationen. Deshalb verhindern ja die „diagnostischen" Etikettierungen wie „verhaltensgestört", „psychopathisch", „unpünktlich" oft geradezu ein umfassendes Begreifen des Menschen in seiner Ganzheit.

Wie oft kommt es sogar vor, daß wir gerade über Menschen, mit denen wir sehr eng zusammenleben, die wir lieben, ausgesprochen wenig aussagen können. So wie sich der Geliebte vielleicht gerade durch die Liebe verwandelt, bleiben wir durch die Liebe, wie Max Frisch sagt, „in der Schwebe des Lebendigen", der einen - vielleicht eigentlichen - Realität dieses Lebens zweifellos näher, einer anderen, der einer wissenschaftlich exakten Erfassung, dagegen ferner.

Ein rein intellektueller Zugang, in dem wir Detaildaten sammeln sowie Feststellungen und Urteile logisch verknüpfen, bringt uns aber bei der Unzahl von Faktoren, die in einer Situation mitmenschlicher Begegnung mitspielen, nicht weiter. Denn durch eine reine Analyse gelangen wir nie dahin, einen Mitmenschen als „Person" zu erleben. Alles, was Worte vermitteln können, erscheint nichtssagend und verblaßt gegenüber dem Erlebnis eines schweigenden Verstehens. Gerade ganzheitliche Gegebenheiten scheinen sich einer exakten Beschreibung und auch einer noch so bildreichen Schilderung zu entziehen und nur im unmittelbaren Erleben einer persönlichen Erfahrung zu erschließen.

So ist auch das Leben mehr, als je eine Theorie über das Leben zu vermitteln vermag. „Das Leben entzieht sich den Formeln und Systemen, die der Verstand ihm aufzuerlegen bemüht. Es zwingt uns zur Einsicht, daß es viel zu komplex ist, zu reich an einer Fülle unendlicher Möglichkeiten, um sich der Willkür des menschlicher Intellekts zu unterstellen" (Aurobindo).

Außerdem liegt die eigentliche Wirklichkeit nicht in dem, was vordergründig sichtbar ist oder sichtbar gemacht werden kann. Deshalb betont auch die Zen-Lehre die Wichtigkeit, „die äußere Schale zu durchdringen und den inneren Kern zu kosten, der nicht definiert werden kann" (Merton).

Während die Wissenschaft einen Gegenstand von außen beschreibt, ihn zerlegt und gegebenenfalls wieder zusammensetzt, ihn dabei aber unversehens in eine Summe von Abstraktionen verwandelt, die nicht mehr der Gegenstand selbst sind, besteht die Methode des Zen darin, durch Selbstverwandlung in den Gegenstand selbst einzudringen und ihn sozusagen von innen zu sehen. Sie versucht, in Form eines besonderen Gewahrwerdens einer existentiell-empirischen Intuition eine bestimmte Art von Bewußtsein zu entwickeln, „das über Wortformeln hinaus ist und von ihnen nicht mehr getäuscht werden kann".

„Niemand hat je den Wind gesehen, der über die Ährenfelder streicht und die Bäume biegt, und doch sind die wogenden Ährenfelder und das Wiegen der Bäume nur vordergründige Erscheinungsbilder, hinter denen eine andere Kraft steht" (Samples).

„Der kleine Prinz" von Antoine de Saint Exupéry beginnt mit einem ähnlichen Bild, als der Prinz schildert, wie er mit 6 Jahren seine erste Zeichnung zu Papier gebracht hatte. „Ich habe den großen Leuten mein Meisterwerk gezeigt und sie gefragt, ob ihnen meine Zeichnung nicht Angst mache. Sie haben mir geantwortet: „Warum sollen wir vor einem Hut Angst haben?" Meine Zeichnung stellte aber gar keinen Hut dar. Sie stellte eine Riesenschlange dar, die einen Elefanten verdaut. Ich habe dann das Innere der Boa gezeichnet, um es den großen Leuten deutlich zu machen. Sie brauchen ja immer Erklärungen." (s. Abb. 48, S. 247 oben).

Oder hören Sie Sahl Abdullah, der einmal während eines Gottesdienstes in einen Zustand heftigster Erregung geriet. Über seinen Zustand befragt, meinte er: „Das war nicht, wie es Euch erscheinen mag, Stärke, die mich erfüllte. Es war

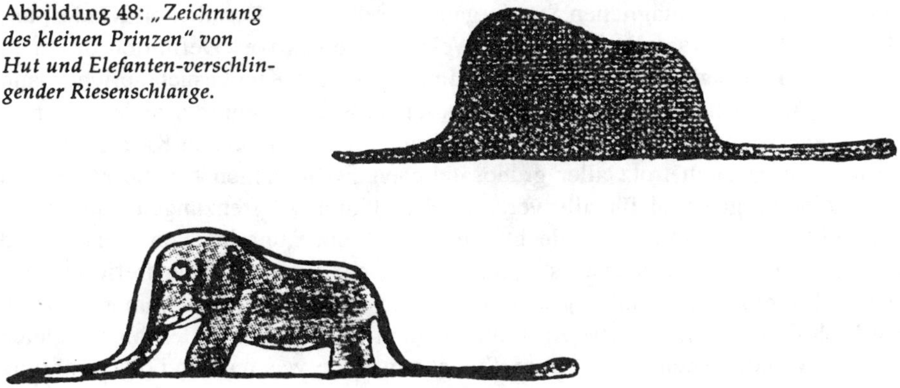

Abbildung 48: *„Zeichnung des kleinen Prinzen" von Hut und Elefanten-verschlingender Riesenschlange.*

vielmehr Folge meiner Schwäche!" - „Wenn das Schwäche war, was ist dann Stärke?", fragten daraufhin einige. - „Stärke ist, wenn so etwas eintritt und weder Körper noch Geist zeigen irgendeine Reaktion!"

Deshalb sollte man danach streben, hinter die vordergründigen Formen zu blicken, die sich uns darbieten, und das Kräftespiel zu verstehen, das sie zustandegebracht hat. Und wenn wir einen anderen Menschen wirklich in seinem Wesen verstehen wollen, müssen wir ihn jenseits eines vordergründigen Erscheinungsbildes und analytischer Details als eine Einheit zu sehen versuchen.

Jeder Filmer kennt ja die Erfahrung, daß eine einzelne Szene einen völlig anderen Charakter und Aussagewert hat, völlig anders wirkt, je nachdem, welche Szenen vorangehen oder nachfolgen. Das ist das Geheimnis der sogenannten „Montage". Ganz in diesem Sinne formulierte einmal der französische Maler Henri Matisse: „Der Ausdruck steckt für mich nicht etwa in der Leidenschaft, die auf einem Gesicht losbricht oder sich durch eine heftige Bewegung kundgibt. Er ist vielmehr in der ganzen Anordnung meines Bildes: der Raum, den die Körper einnehmen, die leeren Partien um sie, die Proportionen: dies alles hat seinen Teil daran."

So geht es uns auch mit der Sprache. Man mag zunächst den Eindruck haben, daß die Sprache klare, eindeutige Definitionen und Formulierungen liefere. Es zeigt sich aber bei näherer Betrachtung, daß noch so klare sprachliche Festlegungen, die jeder in einem Lexikon nachschlagen kann oder die er in einem Fachstudium gelernt hat, gar nicht so klar und eindeutig sind. Jeder, der sich bei einer Übersetzung in eine Fremdsprache eines Wörterbuchs bedient, wird auf dieses Phänomen stoßen. Worte haben, so wie der Mond von einem Strahlenkranz umgeben ist, einen sogenannten „Bedeutungsumkreis", der von Sprache zu Sprache unterschiedlich ist. Loneliness bedeutet dem Engländer etwas anderes als „Einsamkeit" dem Deutschen, und lonely und lonesome bedeuten Unterschiedliches, obwohl sie beide im Wörterbuch mit „einsam" übersetzt sind.

Der „Bedeutungsumkreis" eines Begriffes wird zudem durch die jeweils ganz persönlichen Erfahrungen und Einstellungen jedes einzelnen bestimmt. In der Geisteswelt eines Försters ist der „Wald" etwas ganz anderes als in der Vorstellungswelt eines sonntäglichen Spaziergängers oder eines ängstlichen Kindes, unabhängig davon, was alle in gleicher Weise als „objektive“ Definition in einem Lexikon nachlesen können. Wenn der eine von einem Kinobesuch spricht, dann denkt er an einen Krimi, weil er ohnehin nur in Krimis geht, der andere aber an eine Liebesschnulze oder sogar in erster Linie an die charmante Kassiererin.

So gibt es auch trotz aller grundsätzlichen Festlegungen für die Menschen keine eindeutigen und für alle verbindlichen klaren Abgrenzungen von „jung“ und „alt“, von „gut“ und „schlecht“, von „reif“ und „unreif“, von „schön“ und „häßlich“, von politisch „rechts“, „links“, oder gar „liberal“. Sehr treffend weist schon Wilhelm von Humboldt darauf hin, daß „alles Verstehen immer zugleich ein Nicht-Verstehen, alle Übereinstimmungen in Gedanken und Gefühlen zugleich ein Auseinandergehen“ seien. Denn Sprache macht etwas fest, und die Erfahrung von Ganzheitlichkeit liegt jenseits des sprachlich Ausdrückbaren.

Es ist ja eigenartig, daß die Eindrücke, die wir in unserer Umwelt gewinnen, zunächst von gefühlsmäßiger Einheitlichkeit sind, wenn sie auch nur eine Art vager Anmutung darstellen: Jemand ist uns sympathisch, ohne daß wir sagen könnten, warum und wodurch. Wir treten in einen Raum und fühlen Feindseligkeit, ohne daß wir detaillierte Belege dafür anführen könnten.

In einer japanischen Geschichte kommt diese Anmutung sehr schön zum Ausdruck. Yagyu Tajima-No-Kami Munenori saß im Garten und bewunderte, tief in die Betrachtung versunken, die blühenden Kirschbäume. Plötzlich fühlte er, wie ihn von hinten ein Sakki (Todeshauch) bedrohte. Er wandte sich um, sah aber niemand, außer dem Knaben, der ihm gewöhnlich das Pferd führte. Er konnte den Ursprung des Sakki nicht feststellen. Das verwirrte ihn sehr; denn er hatte eine Art sechsten Sinn erworben, der ihn sofort das Vorhandensein eines Sakki entdecken ließ. Er zog sich zurück, versuchte das Problem zu lösen und war richtig verärgert und verunsichert. Alle seine Diener hatten Angst, sich ihm zu nähern und ihn nach dem Grund zu fragen. Ein älterer Diener tat es trotzdem. Er erzählte den Vorgang. Als es sich unter den Dienern herumgesprochen hatte, trat der Knabe, der dem Herrn gefolgt war, zitternd hervor und bekannte: „Als ich euch so in der Bewunderung der Kirschblüten versunken sah, hatte ich den Gedanken: Wie geschickt unser Herr mit dem Schwert auch ist, er könnte sich aller Wahrscheinlichkeit nach doch nicht verteidigen, wenn ich ihn in diesem Augenblick plötzlich von hinten niederschlüge. Möglicherweise hatte der Herr diesen geheimen Gedanken von mir gefühlt.“ Damit war das Geheimnis aufgeklärt, sein Gefühl hatte nicht getrogen (Suzuki).

Auch psychologisch-wissenschaftliche Versuche zeigten, daß Versuchspersonen, die beispielsweise bei sehr kurzzeitiger Darbietung nicht in der Lage waren, ein Bild oder sogar Einzelheiten eines Bildes zu erkennen, sich trotzdem in bestimmter und in grundsätzlich zutreffender Weise angemutet fühlten. In anderen Experimenten stellte man fest, daß Versuchspersonen bei weit unter den für bewußt-kognitive Erkennungsleistungen notwendigen Darbietungszeiten ihre gefühlsmäßige Bevorzugung für vertraute Objekte zum Ausdruck brachten (Kunst-Wilson und Zajonk 1980 in Kissin).

So gesehen, kommt auch Gefühlen eine echte Erkenntnisfunktion zu. Diese zeigt sich vorzugsweise in komplexeren Problemsituationen, bei denen „das Problemfeld nicht vollständig transparent ist und eine nur unzureichende Kenntnis der Problemstruktur besteht, ganz im Gegensatz zu Situationen, die weitgehend durch Reflexe und Automatismen zu bewältigen sind, und auch im Gegensatz zu komplexeren Situationen, in denen aus der Kenntnis der Problemstruktur und gegebenenfalls nach Beschaffung zusätzlicher Information rationale Entscheidungen möglich sind".

E.T. Gendlin, der sich mit diesem Phänomen intensiver beschäftigte, sprach von einem „gefühlten Sinn" und meinte damit eine ganzheitlich-verschwommene Anmutung, ein Gesamtgefühl ohne genau abgegrenzte Bedeutungsinhalte. Danach erleben wir viele Situationen unseres Daseins, noch ehe wir sie genau beschreiben können, zunächst in gefühlshaft-ganzheitlicher Weise. In Anlehnung an die Holographie betrachtet, könnte man „gefühlten Sinn" auch als ein „durch unsere Beziehungen zur Welt hervorgerufenes Netz von Interferenzmustern" verstehen (Welwood).

Je mehr spezielle Information wir aber aufgenommen haben, um so stärker treten bestimmte Details hervor, und das Ganze wird dann oft nur noch von diesen Details, von einer bestimmten Warte aus gesehen. Hierin liegt aber - neben gewissen Vorteilen - eine große Gefahr. Wir dürfen uns nicht von vornherein auf eine einzige oder einige wenige „willkürliche" Aspekte der Wirklichkeit beschränken, wenn wir diese Wirklichkeit „wirklich" erkennen und in ihr bestehen wollen. Je einseitiger man ein bestimmtes Ziel anstrebt, um so wahrscheinlicher ist es, daß man es (zunächst) erreicht ... und es gerade dadurch letztlich verfehlt. Außerdem kommt es, eben wegen der Einseitigkeit des Vorgehens, zu unerwünschten Reaktionen seitens der Umwelt. Das eigene Verhalten ruft „Reaktionäre" auf den Plan, die wiederum ihrerseits *ihr* Ziel in entsprechender Engstirnigkeit und Einseitigkeit verfolgen. Es ist schon seltsam: Jeder träumt von der besseren Welt, dem schöneren Glück und sucht es - zwangsläufig - dort, wo er, aus welchen Gründen auch immer, suchen und sehen gelernt hat. Gerade dadurch wird er es aber nie dort finden, wo es ist, jenseits der extremen Einseitigkeiten, in der Harmonie der Dinge und in der Selbstbescheidung.

Solange wir uns im Interesse engerer, kurzfristig zweckbetonter Standpunkte nur auf einseitige Sichtweisen beschränken und einseitige Argumentationen vorbringen, haben wir kaum eine Chance, unsere Lebens-, aber auch unsere Weltprobleme sinnvoll und auf lange Sicht wirkungsvoll zu lösen. So ist es beispielsweise auch falsch anzunehmen, die Technik werde dem Menschen nur technische Probleme bereiten und diese seien wiederum auf rein technische Weise lösbar. Viele Erfahrungen der letzten Jahre haben uns u.a. erkennen lassen, daß ein „supermodernes" Krankenhaus mit allen denkbaren klinischen und verwaltungsmäßigen Apparaturen nicht nur positive Auswirkungen auf den Gesundungswillen der Patienten und die Motivation der Mitarbeiter haben muß.

Solange wir uns von Einseitigkeit und Kurzsichtigkeit nicht befreien können, bleiben wir auch weit davon entfernt, die tiefsten Sehnsüchte des Menschen und menschlicher Gesellschaften nach Glück und Frieden zu verwirklichen. Wir verlieren vielmehr für eine positive Entwicklung unnötig viel Zeit, wenn wir aus Enttäuschung und Ungeduld utopischen Versprechungen von Ideologien nachhängen, die weite Bereiche der Wirklichkeit aus ihrem mit ebenso viel falscher – weil einseitiger – Überzeugung wie nachdrücklicher Gewalt verfochtenen Weltbild ausschließen. Antoine de St. Exupéry sagt dazu sehr treffend: „Der niedrige Mensch hat die Verachtung erfunden, da seine Wahrheit die anderen ausschließt. Wir aber, die wir wußten, daß die Wahrheiten nebeneinander bestehen, wir meinten uns nichts zu vergeben, wenn wir die Wahrheit des anderen anerkannten, obwohl sie uns selber als Irrtum galt."

Es ist erstaunlich, im Grunde sogar erschütternd und deprimierend zu sehen, wie viele Menschen, die im ausgehenden 20. Jahrhundert in einer zivilisatorisch hochentwickelten Industriegesellschaft leben, in ihrem Denken in Vorstellungen befangen sind, die vergleichsweise so unendlich hinter dem liegen, was ihr technischer Lebensstandard erwarten lassen würde. Ja schlimmer noch, sie scheinen auch, durch bestimmte gesellschaftliche Bedingungen mitverursacht, außerstande und auch gar nicht bereit, sich aus dieser Denkwelt zu lösen.

Auch eine verkrampfte „Ich-Betonung" sowie ein zwangsläufig einseitiger Egoismus verhindern im Grunde eine wahre innere Freiheit des Menschen. Zur „heilen Ganzheit" des Menschen gehört auch seine Umwelt. Sie ist ein Teil seiner Ganzheit, so wie er ein Teil der Umwelt ist. Deshalb ist es – entgegen vielen einseitigen Forderungen – ein entscheidener Gewinn, sich selbst nicht zu isolieren, sondern sich als Teil eines umfassenden Ganzen zu erleben, ja sich in eine geradezu kosmische Sichtweise einzubeziehen, in der das Einzel-Ich mit dem All verschmilzt.

Ein solches Erlebnis, das der Mensch hat, wenn er „die unendliche Totalität der Dinge" vom grundlegenden Sinn fühlt (Suzuki), wird im buddhistischen Denken als „prajna" bezeichnet. Es mag am Rande interessant sein, daß das Wort Sukha im Sanskrit, das sich als Wohlbefinden, Zufriedenheit, ja grenzenlose Freude übersetzen läßt, in seiner ursprünglichen Bedeutung soviel wie „der weite und grenzenlose Himmel" bedeutet. Ist es nicht so, wie Vinoba Bhave schreibt, daß das Glück des Menschen unter dem offenen Himmel liegt und nur schwerlich dort zu finden ist, wo das Leben künstlich geworden und der Himmel verbaut ist?

Was wir brauchen, ist eine auf grundsätzlicher Offenheit beruhende und von subjektiven Verzerrungen möglichst freie Erfassung der Wirklichkeit, eine umfassende Zusammenschau und eine gegenüber vordergründiger Parteilichkeit durchschlagende Berücksichtigung sachlich unterschiedlicher Gesichtspunkte. Wir müssen unterschiedliche Sichtweisen verbinden und ergänzen lernen. Wir müssen lernen, anstelle isolierter Dinge und Ereignisse Zusammenhänge sehen zu lernen und den Blick zu weiten für eine Vielzahl komplexer Beziehungen. Das ist nämlich entgegen anderen Auffassungen durchaus erlernbar und trainierbar.

In einer solchen Sichtweise gewinnen isolierte Gegebenheiten einen gänzlich neuen Aspekt. Ich erkenne dann beispielsweise, daß ein Mensch unter ganz bestimmten Bedingungen so und so geworden ist oder daß der Angestellte einer Behörde, über den ich mich ärgere, in seinem bürokratischen System mit entsprechenden Kontrollen und Verantwortlichkeitsabwälzungen kaum eine andere Möglichkeit hat, als sich so zu verhalten, wie er sich verhält. Ich erkenne aber auch, daß *meine* Chance darin besteht, das zu verstehen und mich in aller Geduld so zu verhalten, daß dieser Mensch die Möglichkeit hat, sich selbst verstehen zu lernen, indem er über seine Grenzen schaut.

Sozusagen „von allein“ erwachsen aus einer solchen - viele Aspekte umfassenden - Sicht Verständnis und Toleranz für andere und anderes, und aus der Erfassung einer großen Einheit und eines grundsätzlichen Zusammengehörens alles Lebenden entsteht der Boden, auf dem Frieden gedeihen kann, Frieden in den Menschen und zwischen den Menschen. Güte, Bescheidenheit und Toleranz entfalten sich auch, wenn man sich immer wieder vor Augen führt, daß neben jeweils erkannten und grundsätzlich erkennbaren Aspekten auch andere existieren mögen, einschließlich der von uns möglicherweise gar nicht erfaßbaren.

Die Verschmelzung von Subjekt und Objekt und der Begriff des Feldes

Die Vorstellung einer Ganzheitlichkeit des Menschen geht über den Menschen als solchen hinaus und verweist auf die vielfältige Bezogenheit von Mensch und Umwelt.

Nach der von der modernen Physik wiederentdeckten Erkenntnis stehen wir mitten im Geschehen der Welt und können gar keine unbeteiligten Beobachter außerhalb der Wirklichkeit sin. Denn es ist unser eigener Erkenntnis-„Zugriff“, der etwas außerhalb unseres Bewußtseins in der Weise hervortreten läßt, daß es für uns ein ganz bestimmtes „Objekt“ darstellt. Wir schaffen sozusagen weitgehend unsere „Objekte“, verändern uns aber gleichzeitig selber durch diesen Akt.

Das gilt auch, wie wir schon mehrfach sahen, für menschliche Beziehungen. Jeder mag vielleicht zunächst wie selbstverständlich davon ausgehen, er sei Subjekt, für das der andere zwangsläufig Objekt ist. Dabei übersieht er, daß er selbst in dieser Sichtweise ebenso zwangsläufig für den anderen Objekt ist, daß er also in sich selbst eine Doppelnatur ist: Subjekt und Objekt zusammen. Der Satz „Du hast mich beleidigt“, zeigt das sehr deutlich. Ein Subjekt stellt mit Entrüstung fest, daß es Objekt war.

Sehr schön kommt dieser Wechselwirkungszusammenhang in einer Geschichte des Mullas Nasrudin zum Ausdruck. Er ging eines Abends eine verlassene Straße entlang. Da sah er plötzlich einen Haufen Reiter auf sich zukommen. In seiner ängstlichen Phantasie sah er sich schon gefangen, als Sklave verkauft oder in die Armee gepreßt. Deshalb sprang er, so schnell er konnte, über eine Mauer, landete auf dem Friedhof und versteckte sich in einem offenen Grab. Die Reiter waren durch sein Verhalten aufmerksam geworden, suchten auf dem Friedhof nach ihm und fanden ihn schließlich ausgestreckt und vor Angst zitternd in dem Grab. „Was machst Du hier in dem Grab? Wir sahen Dich nämlich wegrennen. Können wir Dir helfen?“ - „Wenn Ihr so fragt, rechnet nicht mit einer eindeutigen Antwort!“, sagte der Mulla, dem nun klar wurde, daß es sich um ganz normale Reisende handelte. „Alles hängt nur von dem Standpunkt ab. Ihr müßt nämlich wissen: Ich bin hier wegen Euch und Ihr seid hier wegen mir!“ (Shah).

Jeder einzelne Mensch ist sozusagen „in Personalunion“ sowohl er selbst als auch jeweils Umwelt für alle anderen. „Wenn ich ich bin, weil du du bist, und wenn du du bist, weil ich ich bin, dann bin ich nicht ich und du bist nicht du“, sagte einmal ein chassidischer Rabbi. Wenn man aber erkannt hat, daß das isolierte Ich eine Fiktion ist, gewinnt man unversehens an Einsicht, Güte und Toleranz. „Dann fühlt man sich tatsächlich als das alles, was das Leben ausmacht. Erfahrung und Erfahrender werden ein Erfahren, der Gegenstand der Erkenntnis und der Erkennende ein Erkennen“ (Watts).

Auch in menschlichen Beziehungen, beispielsweise in der pädagogischen Begegnung, stellen bei genauerer Betrachtung „Subjekt“ und „Objekt“ nicht primäre Gegebenheiten dar, sondern bedeuten Eingriffe in ein ursprünglich bestehendes einheitliches Feld. Das Wesen des Erkennenden ist eine entscheidende Bedingung für das Wesen des Erkannten. Der Beobachter, der sich letztlich nie aus der Situation herausnehmen kann, erzeugt seine „Wahrheit“ zum großen Teil selbst, und zwar dadurch, daß er das ist, was er ist und wer er ist, und das tut, was er tut (Maslow).

Eine Aussage über einen anderen ohne Kenntnis des Beurteilers und der zwischen beiden bestehenden Beziehung ist deshalb nur von geringem Wert. Denn jede Aussage von A über B, die nicht ausdrücklich die Merkmale von A sowie die Beziehung zwischen A und B berücksichtigt, stellt eine willkürliche und im Grunde unzulässige Vereinfachung dar.

Deshalb erfahre ich auch oft, wenn ich einem anderen ein Vorkommnis berichte und ihn frage, ob das Verhalten des Betreffenden rücksichtslos gewesen sei, aus seiner Antwort im Grunde mehr über ihn selbst als über die berichtete Begebenheit. Ähnliches gilt, natürlich noch in stärkerem Maße, für die Interpretation mehrdeutiger Situationen. Darauf bauen bekanntlich ja viele psychologische Persönlichkeitstests auf.

In jeder Erkenntnis, die ich gewinne, ist also ebenso das betreffende Erkenntnisobjekt wie meine eigene Erkenntnisstruktur enthalten. Was ich als selbstverständlich bezeichne, ist eben das, was *ich* (selbst) als selbstverständlich erlebe, nicht aber automatisch auch das, was andere für selbstverständlich halten. Wer langsam und beschaulich durch die Gegend fährt, empfindet denjenigen, der mit hoher Geschwindigkeit an ihm vorbeizischt, als „verrückten Raser“. Wer gerne schnell fährt oder beispielsweise sehr eilig mit dem Wagen zum Flughafen muß, erlebt den langsam vor ihm Fahrenden, wenn er ihn nicht überholen kann, als „lahmen Trödler, der den Betrieb aufhält“. Jeder hat seinen eigenen festen oder auch veränderlichen Nullpunkt bzw. seine Null-Linie, und er beurteilt unbewußt und unwillkürlich immer nur von diesem Punkt und dieser Linie aus die Abweichungen im Verhalten der anderen. Das reicht bis ins Pathologische.

Idris Shah erzählt in seiner „Karawane der Träume“ eine Geschichte, die diese Tatsache in sehr einfacher Form wiedergibt: Ein Vater, der feststellte, daß sein

Sohn alles doppelt sah, bemerkte eines Tages zu diesem: „Mein Sohn, du siehst zwei, wo nur eins ist.“ - „Wie sollte das möglich sein?“, erwiderte der Junge. „Wenn das so wäre, würde ich da oben vier Monde sehen, anstatt zwei!“

Hier liegt auch ein entscheidender Mangel aller medizinischen Vorstellungen von Menschen, die sozusagen von einem Defizitmodell ausgehen. Es konnte auch übereinstimmend festgestellt werden, daß Ärzte, die sich bei der Behandlung auf bestimmte Ausfallsymptome, also ein spezifisches Unvermögen konzentrierten, in ihren therapeutischen Erfolgen hinter denjenigen Ärzten zurückblieben, die in ihrer Behandlung von dem Gesamt (noch) vorhandener positiver Fähigkeiten ausgingen. Erfolgte die Behandlung auf der Grundlage der vorhandenen, relativ stark ausgeprägten Fähigkeiten eines Patienten, war nach einer eingetretenen Störung ein wesentlich schnellerer Genesungsverlauf zu beobachten.

So ist auch ein gestörtes Funktionsgleichgewicht nicht nur als psycho-physisches Problem eines individuellen Organismus zu sehen, sondern im Rahmen familiärer, allgemein mitmenschlicher, gruppenspezifischer und gesellschaftlicher Bedingungen zu verstehen. Die Rolle dieser Faktoren zeigt sich beispielsweise in einem vergleichsweise erstaunlich geringen Umfang von Zivilisationskrankheiten in italo-amerikanischen Gemeinden oder in sehr unterschiedlichen Gesundheitsstatistiken amerikanischer Staaten (beispielsweise im Vergleich des Mormonenstaates Utah und dem von hochmobilen und eher wurzellosen Menschen bevölkerten Nevada). Auch die vergleichsweise höhere Selbstmordrate von Stadtbewohnern, Protestanten, Verwitweten, Geschiedenen und in wirtschaftlicher Unsicherheit lebenden Menschen weist in die gleiche Richtung. Gerade auch für die Gesundheit alter Menschen spielen die sogenannten sozio-kulturellen Faktoren eine wichtige Rolle. Solange Menschen im höheren Lebensalter aktiv mitmenschliche Kontakte pflegen, etwas ihnen sinnvoll und nützlich Erscheinendes tun, von jüngeren Mitgliedern der Gesellschaft anerkannt werden, ist ihre Chance wesentlich höher, auch im höheren Lebensalter gesund zu bleiben.

Deshalb gehört es auch bei der Behandlung von Patienten dazu, die Familiensituation mitzuberücksichtigen. Denn das Verhalten, also auch das gestörte Verhalten des einzelnen, hängt sehr stark vom Verhalten der anderen Familienmitglieder ab und hat natürlich auch wieder Rückwirkungen auf diese. Es ist beispielsweise nicht selten beobachtet worden, daß nach der „Heilung“ oder „Besserung“ eines psychisch gestörten Menschen seelische Krisen, depressive Verstimmungen oder bestimmte seelisch verursachte körperliche Symptome bei anderen Familienmitgliedern auftraten. Offenbar sind auch Familien in gewisser Weise als Gleichgewichtssysteme zu verstehen, in denen sich nach Veränderungen des Zustandes eines Mitgliedes nunmehr - meist unbewußt - der Zustand eines anderen ändert, wodurch das Gesamtgleichgewicht der größeren Einheit „Familie“ konstant gehalten wird.

Auch bei dem in die Umwelt eingreifenden Verhalten des Menschen zeigt sich sehr deutlich, daß der Mensch in einem feingesponnenen Netz von Wirkungen und Rückwirkungen, von eng vermaschten Beziehungen handelt.

Das kommt speziell in dem Begriff des „Feldes“ zum Ausdruck, der uns bereits begegnete. Als der aus Deutschland stammende und später in den USA tätige Psychologe Kurt Lewin diesen Terminus in die Sozialpsychologie einführte, berief er sich ausdrücklich auf Albert Einstein. Lewin versteht darunter eine „Gesamtheit gleichzeitig bestehender Tatsachen, die als gegenseitig voneinander abhängig begriffen werden" und nennt als grundlegende Eigenschaft dieser Realität „Feld" die Komplexität. Indem er die starre analytische Isolierung der Person durch eine umgreifende Einheit des Lebensraums ablöst, nimmt er eine grundlegende Umorientierung der Ursachenfrage vor. Denn jede Veränderung versucht er aus den Wechselbeziehungen gleichzeitig vorliegender Tatsachen heraus zu verstehen.

Auch im Bereich menschlichen Verhaltens begegnet uns all das an Geschehenszusammenhängen, was wir schon mehrfach in anderen Bereichen herausgearbeitet hatten.

Jedes menschliche Verhalten hängt also von einer Vielzahl gleichzeitig vorliegender Faktoren ab, die eben das „psychologische Feld", den „Lebensraum" ausmachen: von Bedürfnissen des Individuums, der Art und Weise, wie ein Mensch Vergangenheit und Zukunft sieht und gegenwärtige Ereignisse verarbeitet, von den Gruppen, in denen er lebt, von auftauchenden Schwierigkeiten und Barrieren usw. Lewin betont auch, daß jede Veränderung innerhalb des Feldes von der Konstellation des Gesamtfeldes abhängt und daß eine solche Veränderung, die in einem Teil des Feldes stattfindet, bis zu einem gewissen Grad jeden anderen Teil des Feldes beeinflußt. Denn die Komponenten des Feldes sind, wie Lewin es versteht, in unterschiedlicher Weise voneinander abhängig. Er setzt damit an die Stelle einer klassifizierenden Methode einen mehr konstruktiven Ansatz.

Auch im zeitlichen Ablauf sind schließlich Erleben und Verhalten des Menschen in ein endloses Band von Verknüpfungen eingewoben. So, wie man bestimmte Erfahrungen oft nur deshalb machen kann, weil man vorher andere Erfahrungen gehabt hat, kann man auch das Verhalten eines Menschen nur dann richtig verstehen, wenn man die Vorgeschichte, den Hintergrund, die gesamte Situation kennt, in der er sich verhält.

Plädoyer für ganzheitliches Denken

Gegenüber einer für die klassische Wissenschaft kennzeichnenden analytisch-zerlegenden und klassifizierenden Tendenz stand in der zurückliegenden Zeit die Bereitschaft zu einer ganzheitlichen Sichtweise eher im Hintergrund. „Intuition" galt trotz gelegentlicher kultureller Strömungen in dieser Richtung insgesamt eher als „unwissenschaftlich" und eine Erfahrungsaufgeschlossenheit als „naiv".

Es gibt jedoch eine Unzahl von (ganzheitlichen) Phänomenen und komplexen Problemen, für die dieser klassische Zugang der Wissenschaft eindeutig unbrauchbar ist.

Das „Gesicht" eines Menschen ist etwas, das zu den einzelnen Merkmalen eines bestimmten Körperteils hinzutritt, das aber zerfällt, wenn man einzelne Teile daraus machen will, genauso wie ein in Marmor gemeißeltes Gesicht mit seinem typischen Ausdruck verschwindet, wenn man die Skulptur zerschlägt (vgl. St.

Exupéry). Kein Ding ist für sich, sondern alles wird gehalten und empfängt sein Dasein von einem Größeren, Umfassenderen.

Ganzheitliches Denken bedeutet also einmal, den Blick für größere Zusammenhänge zu weiten und jede Gegebenheit, jedes Ereignis in einem größeren räumlichen und zeitlichen Kontext zu sehen. Es bedeutet zum anderen, sich eine Sichtweise anzueignen, in der das Ganze in der ihm eigenen Qualität, mit seiner charakteristischen Struktur und Organisation gegenüber den Teilgegebenheiten, als vorrangig erlebt wird.

Ganzheitlichkeit erschließt sich auch nicht in dem Versuch, detailliert zergliederte Phänomene wieder - summenhaft - zusammenzufügen, ebenso wenig im Ansatz einer streng logischen Aufeinanderfolge: In einem durch Egoismus und Konkurrenz bestimmten Sozialsystem müssen Appelle an (soziale) Verantwortung hohle Phrasen bleiben und gezielte Maßnahmen in dieser Richtung wirkungslos verpuffen; Vertrauen stellt sich kaum über rationale Argumentationen ein; persönliches Glück kann ich kaum durch materielle Zuwendungen erreichen, und „Sinn" erlebe ich auch nur, wenn es mir gelingt, mir eine über meinen alltäglichen Verrichtungen liegende Beziehungsebene zu erschließen.

Genausowenig können wir erwarten, komplexen Problemen erfolgreich zu begegnen, wenn wir von einem durch individuelle oder durch Gruppeninteressen gefilterten und subjektiv getönten Bild der Wirklichkeit ausgehen. Um ein Problem, das sich in der Realität stellt, erfolgreich angehen zu können, muß man es in seinem ganzen Umfeld und in seiner geschichtlichen Entwicklung sehen und verstehen. Denn etwas ist ja gerade dadurch ein Problem, daß einem bewußt wird, auf dem Boden aktuell bestehender Voraussetzungen, beispielsweise des vorhandenen Wissens um bestimmte Dinge, nicht ohne weiteres in der Lage zu sein, ein gestecktes Ziel zu erreichen.

Wir benötigen also ein Umdenken über die Wirklichkeit, ein neues, ganzheitliches Verständnis der Zusammenhänge, ein Wirklichkeitsverständnis, das wechselseitige Interaktionen, das Nebenwirkungen, Rückwirkungen und Spätfolgen einbezieht - einen Denkansatz, der sich auch von den eigenen „eingefahrenen" Zugangswegen frei machen kann. Denn es ist wesentlich vorteilhafter, anstelle starrer methodischer Festlegungen auf ein Problem oder eine Situation problem- bzw. situationsgemäß eingehen zu können und die immer wieder anderen „Umstände" vorrangig zu berücksichtigen.

Der amerikanische Psychologe und Pädagoge John Dewey hält es durchaus für möglich, Wissen schon sehr früh in größere Zusammenhänge zu stellen, bereits in jüngerem Alter eigenständiges Denken, synthetische und analytische Fähigkeiten, das Erkennen logischer und ana-log(isch)er Zusammenhänge, aber auch einen Sinn für Relativität und Komplementarität zu entwickeln. Voraussetzung dafür ist allerdings, daß man nicht gedankenlos auf traditionelle Denkstrukturen zurückgreift, sondern sich der dem menschlichen Gehirn eigenen Strukturen und Funktionen bewußt wird und die darin gelegenen Möglichkeiten positiv nutzt.

Gregory Bateson war einer der Forscher und Denker aus der jüngeren Zeit, der die Bedeutung von Zusammenhängen in aller Nachdrücklichkeit herausstellte und immer wieder dafür plädierte, auch beispielsweise Definitionen weniger aus den Merkmalen eines „Dinges an sich“ und, wie es das Wort de-finitio nahelegt, aus den Grenzen dieses Dinges als vielmehr aus den Zusammenhängen zu anderen Gegebenheiten abzuleiten. Er ist sogar der Auffassung, daß man damit schon in der Grundschule beginnen könne und solle. Leider wurde allerdings bisher diese Fähigkeit, in Zusammenhängen zu denken oder auf vielerlei Arten Denken zu lernen, in unserer Gesellschaft kaum entwickelt und gefördert.

Vom Wert der Offenheit

Die Bereitschaft, sich um das Erkennen von Zusammenhängen oder zumindest der jeweils wesentlichsten Zusammenhänge zu bemühen und den Blick über die oft willkürlichen Grenzen engerer „Objekte“ und „Fakten“ hinaus zu weiten, kann sich auf die grundsätzliche Bereitschaft ausdehnen, das Vorhandensein von Zusammenhängen auch dort anzunehmen bzw. zu unterstellen, wo man sie (noch) gar nicht erkennen kann.

Für einen solchen Zugang sind einige, gar nicht einmal so schwierige Voraussetzungen erforderlich. Das ist einmal die Bereitschaft, der Welt in innerer Offenheit und Aufgeschlossenheit zu begegnen, sich dem Unbekannten zu öffnen. Es ist aber auch die Bereitschaft, die das Leben in seiner Komplexität kennzeichnende Unbestimmtheit innerlich ebenso zu akzeptieren wie die Verschiedenartigkeit des Existierenden. Je größer die innere Offenheit ist, um so weniger fühlt man sich auch versucht, andere beständig auf eine Norm zurechtzubiegen und Dinge, die einen eigentlich gar nichts anzugehen haben, „in Ordnung bringen“ zu wollen (Hinte).

Offenheit und Ganzheitlichkeit eines Menschen stehen auch in enger Beziehung zu dem, was man als Echtheit und Authentizität bezeichnet. In einer solchen ganzheitlichen Authentizität stimmen Denken, Worte und Taten aus innerer Notwendigkeit überein. Sie ist kein Nährboden für Lügen oder gar eine innere „Verlogenheit“.

Die Forderung nach Offenheit gilt auch für die Wissenschaft. Der amerikanische Psychologe und Psychotherapeut Abraham Maslow, einer der Väter der humanistischen Psychologie, hat einmal als erste Grundregel für die Wissenschaft gefordert, allem, was existiert, was geschieht, einen Platz einzuräumen. „Die Wissenschaft muß alles einbeziehen und allumfassend sein. Sie muß selbst das in ihren Zuständigkeitsbereich aufnehmen, was sie nicht zu verstehen oder zu erklären vermag, das, wofür keine Theorie existiert, was man nicht messen, voraussagen, kontrollieren oder einordnen kann. Sie muß selbst das Widersprüchliche und Unlogische, das Mysteriöse, Vage, Zweideutige, Archaische, Unbewußte und all die anderen Aspekte unseres Lebens akzeptieren, die schwer mitzuteilen sind. In ihrer besten Ausprägung ist sie für alles aufgeschlossen und schließt nichts aus.“

Gerade diese grundsätzliche Offenheit und das Erleben der großen Einheit alles Lebenden ist eine entscheidende Grundlage von Toleranz und Friedfertigkeit. Offenheit, Sensibilität und Flexibilität sind aber ebenfalls im Prinzip durchaus lernbar und trainierbar. Der in den USA tätige japanische Futurologe Magoroh Maruyama entwickelte eine ganze Reihe von Vorschlägen, um die Feinfühligkeit für das Spezifische von Situationen und die Flexibilität des eigenen Verhaltens zu fördern sowie Phantasie und Wirklichkeit ganzheitlich zu verbinden. Er empfiehlt beispielsweise unter anderem:

- sich bewußt unterschiedlichen, vielleicht sogar gegensätzlichen Erkenntnisansätzen zuzuwenden (er spricht in dieser Beziehung von transepistemologischen, über eine ganz bestimmte Erkenntnisweise hinausgehenden Prozessen),
- die eigene Abhängigkeit von einem bestimmten Erkenntnisansatz und die innere Abwehr gegenüber anderen Ansätzen aufzugeben,
- bestehende Theorien und Definitionen in Frage zu stellen,
- in aller Aufgeschlossenheit sich auch mit einer Prüfung dessen zu beschäftigen, was üblicherweise als nicht möglich gilt oder in der aktuellen Wissenschaft ignoriert wird und
- vor allem seine Phantasie nicht absterben zu lassen.

Dazu gehört auch, seine Kontakte bewußt zu erweitern, sich beispielsweise Menschen oder Gruppen bewußt anzuschließen, die man nicht kennt oder sogar zunächst ablehnt. Man entdeckt dabei immer wieder neue und vor allem auch positive Seiten und gewinnt eine insgesamt ausgeglichenere Sichtweise.

Die Besorgnis, dadurch verwirrt zu werden, daß man gelernt habe, auf mehrere unterschiedliche Weisen zu denken, hält Maruyama für unberechtigt. Das sei so wie beim beidäugigen Sehen. Jedes Auge nehme zwar ein anderes Bild der Umwelt auf; trotzdem komme es zu keinem optischen Durcheinander, sondern - im Gegenteil - zu der auf einer höheren Ebene liegenden Fähigkeit des dreidimensionalen Sehens. So ergebe sich beispielsweise aus der Zusammenarbeit eines Mitgliedes einer bestimmten Kultur mit einem dieser Kultur Außenstehenden, aus der Verbindung einer sozusagen „subjektiven" und „objektiven" Sicht eine tiefere Einsicht in das Wesen der betreffenden Kultur.

Bei aller Anerkennung des Wertes der Phantasie kommt es aber nach Maruyama auch darauf an, die Ergebnisse der Phantasie jeweils an der Wirklichkeit zu prüfen. In der Praxis würde das dann etwa so aussehen: Wenn ein Kind behauptet, es habe ein Gespenst gesehen, so wäre es nicht gut, diese Aussage als Ausdruck einer bewundernswerten Fähigkeit zu lebendiger Phantasie zu werten und so zu tun, als ob man selbst daran glaube. Genausowenig wäre es gut, die Aussage des Kindes von vornherein als baren Unsinn abzutun. Sinnvoll und richtig wäre es dagegen, in aller Offenheit darauf einzugehen, aber sofort gemeinsam mit dem Kind zu überlegen, wie der betreffende Eindruck oder ein abgegebenes (Wert-) Urteil an der Wirklichkeit zu prüfen, sozusagen zu beweisen ist. Man fragt beispielsweise andere: „Habt ihr auch das Gespenst gesehen?" „Wie sah es denn genau aus?" „Wo genau habt ihr es gesehen, wo kam es her?" „Wie hat es sich bewegt?" „Wie kann es denn kommen, daß nur ihr beide es gesehen habt?"

Jede Phantasie sollte Anlaß für eine Sammlung entsprechender Daten und für eine vorurteilslose Überprüfung in der Wirklichkeit sein. Dabei darf man aber wieder nicht von einer zu engen Sichtweise der Wirklichkeit aussehen. Die Wissenschaftsgeschichte ist ja in der Tat immer wieder durch Tendenzen bestimmt gewesen, an irgendeine eingeführte Form von Wissenschaft blind zu glauben und alles als falsch oder gar nicht existent zurückzuweisen, was nicht auf einem jeweils erreichten Wissensstand erklärt werden konnte. Sie ist andererseits aber auch voll von Entdeckungen, die bis dahin gültige „Gesetze" außer Kraft setzten.

Hier sieht Maruyama eine Gefahr reinen Buchwissens oder auch jeder mit universellem Allgültigkeitsanspruch vertretenen, aber im Grunde einseitigen Denkweise. Durch sie laufe man Gefahr, sich von der tatsächlichen Wirklichkeit da draußen zu entfernen und zu isolieren. Alles, was man da draußen wahrnimmt, wird dann sozusagen nur noch durch das aus Büchern erworbene theoretische Wissen gefiltert. Dadurch wird vieles in seinem tatsächlichen Sosein sehr leicht verzerrt oder sogar nicht einmal aufgefaßt, weil es nicht in den theoretischen Rahmen paßt, mit dem man an die Wirklichkeit herangeht. Die entscheidende Größe ist dann die Theorie, die aus Büchern erworbene Vorstellung der Dinge, und nicht die unmittelbare Erfahrung. Die Theorie wird sozusagen wichtiger als die Menschen.

Das ist auch eine Gefahr wissenschaftlicher Hypothesenbildung, deren man sich bewußt sein sollte. Denn man schränkt dabei Wirklichkeitszusammenhänge, für deren Gesamtheit man im Grunde offen sein sollte, in der Datensammlung über die Umwelt und in der Interpretation der Zusammenhänge auf das ein, was zu der oder den jeweiligen Hypothesen paßt. Dabei ist es eine allgemeine Erfahrung, daß ein Ergebnis mehr neue Fragen aufwirft als alte beantwortet.

Maruyama empfiehlt deshalb, sich möglichst unvoreingenommen und mit offenen Sinnen in die Wirklichkeit selbst hineinzubegeben. Dort solle man zunächst einmal eine Menge unmittelbarer Erfahrungen gewinnen, aus denen sich dann sozusagen von allein theoretische Vorstellungen entwickeln, ohne daß diese zu früh der Wirklichkeit übergestülpt werden. Es gehe darum, sich nach Möglichkeit „Rollen-frei" in die Wirklichkeit zu begeben, ohne sich sozusagen als Tourist, als Besucher oder als ein mit einer bestimmten Aufgabe Betrauter zu fühlen. Es sei vielmehr wichtig, wirklich ganzheitlich als Mensch in die anderen, bisher fremden Wirklichkeiten hineinzugehen, hineinzuschlüpfen, schlicht in ihnen zu leben. Maruyama spricht deshalb auch von einer „walk-in-Methode".

Eine andere Möglichkeit sieht er darin, beständig zu üben, sich selbst in andere Menschen, in ihren Kopf, „nicht in ihre Schuhe", wie er sagt, hineinversetzen zu können. Das heißt: Man muß versuchen, einmal wirklich etwas zu glauben, was der andere glaubt, sich etwas vorzustellen, was sich der andere vorstellt, genauso zu denken, wie der andere denkt. Wenn ein Kind also Angst vor einem Gespenst hat, das gerade am Fenster vorbeigehuscht sei, warum nicht intensiv zu erleben versuchen, daß man es selbst gesehen hat und vielleicht dabei das eigene Erschrecken, die eigene Angst empfinden? Warum nicht mit einem Kind, das von einem fliegenden Stuhl geträumt hat, gemeinsam nachdenken, wie man einen solchen Stuhl konstruieren könnte?!

Diese von Maruyama vorgeschlagene Transspektionsmethode unterscheidet sich ganz wesentlich von dem Versuch, etwas analytisch-rational zu „verstehen".

Sie ist aber auch nicht mit schlichter Einfühlung gleichzusetzen, die eher eine Projektion von Gefühlen zwischen zwei Menschen darstellt, die im Grunde in gleicher Weise denken. Transspektion bedeutet dagegen - als transepistemologischer, das eigene Erkenntnisgefüge überschreitender Prozeß - ein Transzendieren der eigenen Position, des eigenen Denksystems, der eigenen Ziele. Es ist ein Versuch, die eigene Denkweise aufzugeben und in Fremdes und Ungewohntes einzutauchen, vorübergehend eine fremde Überzeugung, eine völlig andere Sichtweise erlebend zu übernehmen. Es ist ein Verstehen durch praktisches Tun, durch Selbstverwandlung. Welche unglaublichen Chancen von wirklichem Verständnis, nicht nur „erzwungener" Toleranz, von Zugängen zu einem ganzheitlichen Verstehen der Umwelt und zu einer ganzheitlichen Persönlichkeitsentwicklung!

3. Ganzheitlichkeit und Relativität

Zur Relativität unserer Erkenntnis

Angesichts ganzheitlicher Zusammenhänge verlieren Details zwangsläufig an absoluter Bedeutung. Das gilt auch für die Position des einzelnen in der Welt, für seinen individuellen Standpunkt.

Ein solcher fester Standpunkt würde auch zu dem Prinzip der Entwicklung in Widerspruch stehen. Entwicklung besteht ja, wie wir im letzten Kapitel sahen, zu einem großen Teil darin, einen Überstieg in eine neue Systemgestalt oder Systemebene zu vollziehen. Das geschieht oft aus einer drängenden Unruhe, einer vagen subjektiven Unzufriedenheit heraus. Eine solche Unruhe und Unzufriedenheit ist auch die Grundlage dafür, gegebene Systeme zunächst einmal „in Frage zu stellen". Insofern stellt die Bereitschaft zum Relativieren eine abgemilderte Ergänzung des Aufbrechens von Systemen dar, das wir in Kapitel III, 1. kennengelernt haben. Sie erlaubt, mit wachsender Fähigkeit in dieser Richtung, von vornherein anstelle starren Festgelegtseins eine positive Systemoffenheit, eine souveräne Möglichkeit freien Abwägens aus einer Weite des „Horizonts" und einer erfahrungsoffenen und situationsbezogenen Flexibilität.

Nur eine solche flexible Offenheit entspricht im übrigen dem tatsächlichen Stand unseres Wissens, den kein geringerer als der Philosoph Sir Karl Popper gegenüber der Unendlichkeit unseres Nicht-Wissens als „endlich" kennzeichnete. Und mit dieser Endlichkeit ist jede menschliche Generation erneut konfrontiert, auch wenn sie es nicht wahrhaben will. Erst aus der Sicht nachfolgender Generationen wird meist dieses unglückselige Verhaftetsein an endliche, aber jeweils mit dogmatischer Absolutheit vertretene Einsichten erkennbar. Greifen wir ein paar eklatante Beispiele heraus:

- Philipp von Jolly, ein berühmter Physiker, riet seinem Schüler Max Planck davon ab, Physik zu studieren, da das Feld erschöpft sei und die Theorie kurz vor der Vollendung stehe. „Die Zukunft der Physik liegt in der fünften Dezimale" (zit. nach Jensen).
- Ein seinerzeit angesehener Wissenschaftler, Prof. Dr. D. Lardner, vertrat 1830 mit Nachdruck die Auffassung, kein großes Dampfschiff würde je den Atlantik überqueren, weil es mehr Kohle verbrauchen würde, als es mitführen könne.
- „Röntgenstrahlen werden sich als ein ausgemachter Schwindel erweisen", meinte Lord Kelvin, Präsident der Royal Society, der auch in anderem Zusammenhang ebenso lapidar feststellte, daß Flugmaschinen mit höherem Gewicht als dem der Luft unmöglich seien.

- Ein britischer Parlamentsausschuß wies Edisons Glühbirne als etwas zurück, das „der Beachtung durch praktisch oder wissenschaftlich denkende Menschen unwürdig“ sei.
- Ebenso sicher war Napoleon gegenüber dem amerikanischen Ingenieur R. Fulton: „Was, Sir? Sie wollen ein Schiff gegen den Wind fahren lassen, indem sie unter Deck ein Feuer anzünden? Ich habe keine Zeit, mir solchen Unsinn anzuhören!“
- In der gleichen absoluten Überzeugung von der Richtigkeit seiner Auffassung meinte ein Spezialist aus dem Stab des britischen Feldmarschalls Haig zu Beginn des Ersten Weltkrieges anläßlich einer Vorführung von Panzern: „Der Gedanke, die Kavallerie könnte durch die eisernen Kutschen ersetzt werden, ist absurd und grenzt an Landesverrat“ (Achim G.G. Luft).

Können wir so sicher sein, die Erklärung eines heute lebenden namhaften Physikers, daß die „Festkörperphysik eine 'alte' Wissenschaft ist, der die Probleme ausgehen“ und die „sich zu einer höheren Ingenieurwissenschaft wandelt“, sehr viel anders deuten zu müssen, als die Auffassung, die 1899 der damalige Direktor des US-Patentamtes an den Präsidenten der Vereinigten Staaten richtete, nämlich die Behörde aufzulösen, weil bereits alles erfunden worden sei, was erfunden werden könne?

So werden wohl auch heute viele Wege in eine positive Zukunft durch ein dogmatisch vertretenes Lehrbuchwissen verbaut, und das Wissen um ein - angeblich - so festes Wissen kann zu einem Hindernis für weiterführende Erkenntnisse werden. Wie viele unnötige Konflikte mögen durch das rigorose Ziehen geistiger Grenzen und ein starres Festhalten an ihnen hervorgerufen werden!

Wenn man sich die vielen Irrtümer vor Augen führt, die Menschen im Verlaufe der Geschichte mit nachdrücklicher Überzeugung und zum Teil unduldsamer Härte vertreten haben, kann man aber doch eigentlich den heute gültigen „Wahrheiten“ nur mit einer großen Skepsis begegnen und sich der Relativität unserer Erkenntnis beugen.

Im übrigen: Jemand kann so schlecht sein, wie er will; man kann immer noch von ihm lernen, und sei es nur, wie man etwas nicht tun sollte. Eine Antwort kann noch so unsinnig erscheinen; auch an ihr können wir lernen, indem wir die Gedankenprozesse verstehen, die ihr zugrunde liegen, und die Ursachen eines tiefen Mißverständnisses ergründen. Und auch solche Feststellungen sind alles andere als absolut.

Wie heißt es in einem alten Sprichwort: „Im Lande der Blinden ist der Einäugige König“. Wenn jemand gerade lesen und schreiben gelernt hat, ist das im Vergleich zu einem lese- und schreibunkundigem Analphabeten relativ viel, im Vergleich zu einem vielbelesenen Professor relativ wenig (Luft). Zwei abgebrochene Zähne und sonst nichts im Mund, mit dem man beißen könnte, ist relativ wenig. Zwei abgebrochene Zähne in einem Eintopfgericht ist dagegen relativ viel. In ähnlicher Weise könnte man ein Beispiel Albert Einsteins aufgreifen und feststellen, daß zwei Minuten in den Armen eines schönen Mädchens zu liegen, relativ kurz, aber zwei Minuten auf einer heißen Herdplatte zu sitzen, relativ lang ist.

Solche Relativierungen wenden sich gegen das allzu Sichere, gegen das angeblich „Selbstverständliche", das ja nur solange selbstverständlich ist, wie man etwas nicht anders und etwas anderes nicht zu verstehen bereit sind. Sie wenden sich zweitens gegen eine einseitige Enge, in der andere Sichtweisen keine Chance haben und drittens gegen allzu starre Fixierungen, die die Lebendigkeit des Werdens und die Flexibilität des Handelns ausschließen.

Ein heilsamer Prozeß setzt schon dort ein, wo wir uns unserer Relativität bewußt werden. Wir erkennen dann beispielsweise, daß der Mensch, wenn man die gesamte Entwicklungsgeschichte von 4 1/2 Milliarden Jahren auf ein Jahr zusammenschrumpfen läßt, nicht einmal 5 Minuten vor 24 Uhr der Silvesternacht dieses Jahres als homo sapiens die Bühne des Weltgeschehens betrat (Gerke). Ein in der islamischen Welt bekannter Ausspruch bringt Ähnliches zum Ausdruck: „Wir sind Marionetten und der Himmel ist ein Puppenspieler, in Wahrheit und nicht nur im Gleichnis. Für einen kurzen Augenblick treten wir auf die Bühne. Dann verschwinden wir wieder, jeder einzelne, im endlosen Nichts."

Genauso heilsam ist es, sich bewußt zu machen, wie relativ unsere „Wirklichkeit" ist; beispielsweise ist ja das, was wir Menschen sehen, hören oder riechen, nur ein winziger Ausschnitt dessen, was grundsätzlich an entsprechenden Gegebenheiten in der Außenwelt vorhanden ist. Manche Tiere haben ein wesentlich breiteres Sinnesspektrum und sind zu weit feineren Sinnesleistungen befähigt. Führen wir uns doch nur vor Augen, daß das gesamte Wellenspektrum unter anderem Radiowellen und Kurzwellen auf der einen Seite und ultraviolette Strahlen, Röntgenstrahlen und Gammastrahlen auf der anderen Seite des für uns sichtbaren Spektrums umfaßt, das lediglich in einem Wellenbereich zwischen 380 und 760 Nanometer liegt. So lebt jedes Lebewesen in *seiner* eigenen, von der anderer Lebewesen und vor allem anderer Arten von Lebewesen sehr unterschiedenen Welt, sozusagen in einem unsichtbaren Käfig, dessen Gitter ihm gar nicht bewußt sind (Haber). Das ist an sich nicht schlimm, wird aber bedenklich, wenn man diesen eigenen kümmerlichen und zudem verzerrten Ausschnitt absolut setzt.

Abbildung 49: *Das elektromagnetsiche Spektrum*

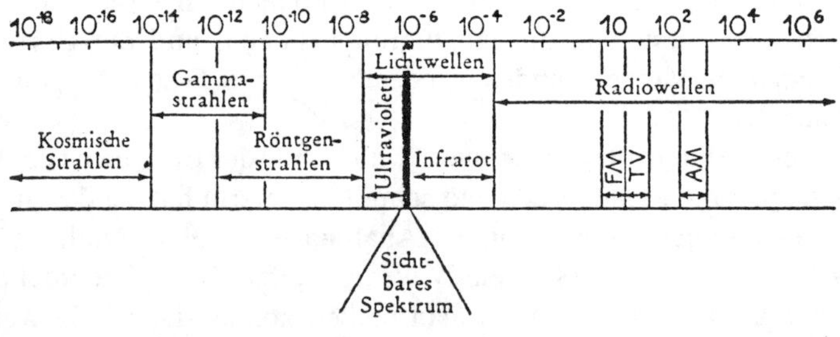

Wir wähnen uns zwar oft, ohne viel darüber nachzudenken, den Tieren grundsätzlich überlegen. Dabei läßt das Studium tierischen Verhaltens ohne große Mühe Leistungen erkennen, zu denen wir Menschen schlichtweg nicht in der Lage wären.

Vitus B. Dröscher bringt in seinem Buch „Magie der Sinne im Tierreich" eine Menge überzeugender Beispiele:

- Der Falke sieht aufgrund einer außerordentlichen Dichte seiner Sehzellen mit einer Schärfe, die der Mensch nur mit achtfach vergrößerndem Fernrohr erreicht.
- Die Klapperschlange verfügt beidseits zwischen Nasenloch und Auge über zwei spezielle Sinnesorgane mit etwa 150 000 dicht zusammenliegenden wärmeempfindlichen Sinneszellen. Dadurch kann sie Wärmestrahlen, also infrarote Strahlen sozusagen „sehen". So ist es ihr möglich, auch wenn sie ein Beutetier weder sehen noch hören noch riechen noch tasten kann, dieses mit absolut sicherem Zugriff zu fassen, und zwar schon dann, wenn sich die Strahlen der Körperwärme etwa einer Maus nur um einige Zehntel Grad von der Umgebung abheben.
- Die Bettwanze kann aufgrund ihres überlegenen Wärmegefühls meterweit entfernte Personen anpeilen und sich so von der Schlafzimmerdecke zielsicher auf eine nackte Körperstelle des Opfers fallen lassen. Eine Stechmücke kann noch 0,05 Grad Celsius auf 1 cm Abstand im Luftraum wahrnehmen.
- Sogenannte Bärtierchen, knapp Millimeter große Gliedertiere, überlebten im Labor 20 Monate in flüssiger Luft von minus 200 Grad und anschließend 8 1/2 Stunden in flüssigem Helium einer Temperatur von minus 271 Grad. Trotzdem tauten sie anschließend wieder auf und waren in ganz normaler Weise munter. Welcher Mensch hätte diese Tortur wohl überstehen können?!
- Daß wir schlechter riechen als manche Tiere, wissen vielleicht viele Hundebesitzer. Aber wissen Sie auch, daß das Riechvermögen des Hundes eine Million mal besser ist als das des Menschen? Das ist gar kein Wunder, wenn man sich vor Augen hält, daß der Mensch etwa 5 Millionen Riechsinneszellen hat, der Schäferhund dagegen 220 Millionen. Das ist aber nicht der einzige Grund. Die Hundenase funktioniert auch anders. Deshalb kann man auch Hunde benutzen, um feinstes Ausströmen von Gas an einer Rohrbruchstelle aufzuspüren usw.
- Verdünnt man soviel künstlichen Rosenduft, wie ein Fingerhut fassen kann, mit der 58fachen Wassermenge des Bodensees, so kann ein Aal immer noch diesen Geruch erkennen und darauf reagieren (Teichmann).
- Fledermäuse und Nachtfalter haben Sende- und Empfangsorgane im Ultraschallbereich. Eine Hufeisennasenfledermaus kann so geradezu Bilder hören, d.h. die Ultraschallwellen vermitteln diesem Tier einen bildhaften Eindruck seiner Umwelt.
- Netzbauende Spinnen verfügen über einen unwahrscheinlich differenzierten Vibrationssinn. Aufgrund eines ausgeprägten Vibrationssinns entpuppten sich wohl auch verschiedene Tierarten als Erdbebenpropheten.
- Es gibt im Tierreich Sinne, von denen wir Menschen gar keine Vorstellung haben: beispielsweise das Luftfeuchtigkeitsorgan der Biene, den Kreiselkompaß der Fliege oder den „elektrischen Sinn" des Nilhechtes. Dieser reagiert auch auf ein elektrisches Spannungsgefälle von nur 0,03 Millionstel Volt pro Kubikzentimeter. Unter anderem bei Rotkehlchen, Termiten, Grillen und Fliegen konnte ein „magnetischer Sinn" nachgewiesen werden.
- Wie kompliziert und nahezu unbegreiflich sind auch die Orientierungsleistungen

vieler Tiere, wie sie etwa bei Wanderflügen von Insekten oder Zugvögeln zutage treten! Oder denken Sie an die Brieftauben! Ähnlich kehrten über 5 000 km in verschiedenen Himmelsrichtungen forttransportierte Albatrosse zum größten Teil in kurzer Zeit zu ihrem Ausgangsspunkt zurück, usw. usw.

Unvorstellbare Größenordnungen!

Eine weitere heilsame Möglichkeit des Relativierens besteht darin, sich einmal ganz bewußt gewisse Größenordnungen vor Augen zu führen, wie sie beispielsweise Heinz Haber in seiner Veröffentlichung „Gefangen in Raum und Zeit“ sehr plastisch herausgestellt hat. Unsere menschliche Vorstellungskraft reicht ja weit über das hinaus, was wir mit unseren natürlichen Sinnen erfassen können. Sie umfaßt in räumlicher Hinsicht etwa eine Spanne zwischen 3 000 Kilometern und 1/30 Millimeter, d.h. einen Bereich, dessen obere Grenze hundert Milliarden mal größer ist als dessen untere Grenze. Der Durchmesser des Weltalls ist aber dreißig Trillionen mal größer als die obere Grenze unseres räumlichen Vorstellungsvermögens. Der kleinste Wirkungsabstand im subatomaren Bereich ist dagegen Millionen und Milliarden mal kleiner als die untere Grenze unserer räumlichen Vorstellungskraft. Das bedeutet, daß unsere Vorstellungskraft, die unser Wahrnehmungsvermögen erheblich übersteigt, ebenfalls wieder ihre relativ engen Grenzen hat gegenüber einer räumlichen Dimensionsspanne von 1 : 100 Septillionen, was einer Zahl mit 44 Nullen entspricht.

Auf ähnliche Verhältnisse treffen wir in zeitlicher Hinsicht. Unsere zeitlichen Vorstellungen umfassen eine Spanne zwischen etwa 1/30 Sekunde und 100 Jahren. Das Alter des Universums ist aber mit rund 20 Milliarden Jahren hundert Millionen mal größer als die obere Grenze, und der minimalste Zeitraum im subatomaren Bereich ist 10 Quadrillionen mal kleiner als die untere Grenze unserer zeitlichen Vorstellungsmöglichkeiten.

Abbildung 50: *Spanne unserer zeitlichen Vorstellungen*

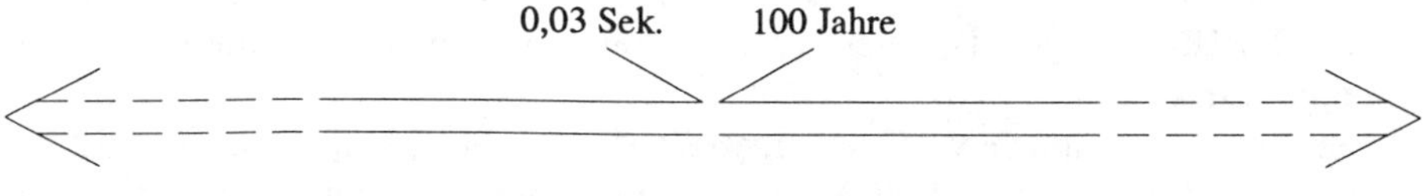

Wir erkennen, indem wir unseren Blick auf diese für unser Denken so ungewohnten Größenordnungen richten, daß das, was existiert, offensichtlich in Dimensionen reicht, die das, was wir wahrnehmen und uns vorstellen können, um ein Vielfaches übersteigen. Bedeutet das aber nicht auch, daß die „Ordnung“ der Natur zwangsläufig mehr umfassen muß als jede Theorie, die Menschen über die Natur entwickeln?

Wen beschleicht nicht angesichts von „Lebensdauern“ zwischen milliardstel Sekunden und Milliarden von Jahren oder eines Volumens des beobachteten Universums von Milliarden Lichtjahren ein bedrückendes Gefühl eigener Nichtigkeit vor einer gewaltigen schweigenden Unendlichkeit, wenn er sich selbst und auch die Erde, auf der er lebt, als ein winziges Staubkorn innerhalb von etwas entdeckt, dessen Ausmaße weit jenseits alles Vorstellbaren liegen?! Leben wir doch im Grunde auf einem Miniplaneten, der um einen banalen Stern kreist, der an der Peripherie einer gewöhnlichen Galaxie liegt, die nur eine ist unter Milliarden (Reeves)? Schon Blaise Pascal hatte festgestellt: „Die Welt ist eine unendliche Kugel, deren Zentrum überall und deren Umfang nirgends ist“.

Wie heißt die Antwort im Märchen auf die Frage nach der Dauer der Ewigkeit? „Am Ende der Welt steht ein Berg, ganz aus Diamant, und alle hundert Jahre fliegt ein Vögelchen dorthin und wetzt dort seinen Schnabel, und wenn der ganze Berg abgetragen ist, dann wird erst eine Sekunde der Ewigkeit vergangen sein.“

Wir können uns praktisch keine vierdimensionale Raumzeit vorstellen, weder den Anfang der Zeit noch das Ende des Raumes denken (Riedl).
Wer kann sich vorstellen, ich meine wirklich anschaulich vorstellen:

- daß man, unterstellt, man würde sich mit 99 %iger Lichtgeschwindigkeit bewegen, also einer Geschwindigkeit von 297 Millionen Meter in der Sekunde, 28 Jahre bräuchte, um zur Andromeda-Galaxie zu gelangen
- daß das gesamte Universum möglicherweise sozusagen einen Pulsschlag von 30 Milliarden Jahren hat, während man über die Pulsationen eines Elektrons in der Literatur Zahlen bis zur Größenordnung von Milliarden von Milliarden Perioden pro Sekunde findet. Dabei sollte man sich vor Augen halten, daß die Masse eines Elektrons, dessen Größe bei ungefähr einem tausendmiliardstel Millimeter liegt, aus etwa einem Millionstel eines Millionstels eines Millionstels eines Millionstel eines Millionstels eines Millionstels eines Millionstels eines Gramms (ein septionstel g) besteht und seine Eigenstrahlungstemperatur zwischen 60 Millionen und 650 Milliarden Grad liegen dürfte (Charon).

Wer kann sich konkret eine Vorstellung machen, wenn er hört,

- daß die Sonne pro Sekunde 4 200 000 Tonnen Materie in Energie verwandelt,
- daß 1,3 Millionen Erdkugeln in der Sonne Platz hätten,
- daß hundert Millionen Atome aneinandergelegt eine Linie von der Länge eines Zentimeters bilden würden,
- daß ein Atom, wenn man für seinen Kern die Größe eines Fußballs annimmt, einen Durchmesser von einem Kilometer hätte,
- daß, wenn der Kern eines Wasserstoffatoms die Größe der Sonne hätte, das dazugehörige Elektron einige hundertmal weiter von ihm entfernt wäre als die Erde von der Sonne,
- daß ein Neutron einen Durchmesser von einem Milliardstel Millimeter, ein Elektron sogar nur von einem tausend Milliardstel Millimeter hat, sich aber mit einer Geschwindigkeit von 16 000 Kilometern pro Sekunde bewegt.

Dabei zeigt sich auch in dem, was wir uns vorstellen können, erneut, wie stark wir dem biologischen Ursprung unseres Menschseins verhaftet sind, als ein Wesen, dessen Möglichkeiten auf seine natürliche biologische Umwelt abgestimmt sind. Unsere „Wirklichkeit", die wir wahrnehmen, stellt ja im Grunde, ganz schlicht und bescheiden betrachtet, die Gesamtheit alles dessen dar, was auf uns „wirkt". So ist es wohl kein Zufall, daß unser Zeit„gefühl" durch die Geschwindigkeit der schnellsten physiologischen Abläufe und durch die Alterungsprozesse unseres Körpers ebenso begrenzt wird, wie unser Raum„gefühl" durch unsere Körpergröße, die kleinste wahrnehmbare Körnchengröße und die bei normaler Schrittgeschwindigkeit in einem Tag zu durchwandernde Entfernung. Und unsere Vorstellung ist auf einen Rahmen abgesteckt, der zwar weiter ist, als die unmittelbar wahrgenommene „Wirklichkeit", der aber doch in den Grenzen dessen liegt, was für einen Menschen konkret und in überschaubarem Maße potentiell „Wirklichkeit" werden könnte.

Bezeichnenderweise scheinen das Meter und die Sekunde natürliche räumlich-zeitliche Orientierungsgrößen für den Menschen zu sein. Er geht bei normaler Bewegung etwa einen Meter in der Sekunde und würde auch mit einer normalen Armbewegung in einer Sekunde einen Strich von einem Meter Länge ziehen können. Insofern ist der Mensch im wahrsten Sinne des Wortes das Maß seiner Dinge.

Nicht nur die Wahrnehmungsfähigkeit und die Vorstellungskraft der Menschen schlechthin sind begrenzt, auch jeder einzelne Mensch hat - durch seine individuelle geistige Kapazität und seine persönliche Lebensgeschichte und Persönlichkeitsbildung bedingt - seine charakteristischen Grenzen des Erkennens und Verstehens.

So sind wohl auch die Vorurteile der Menschen, wie Einstein einmal sagte, schwerer zu sprengen als Atome.

Übungen im Relativieren

Es kann überaus lohnend und bereichernd sein, sich einmal die zahlreichen Beispiele vor Augen zu führen, die Einstein selbst zur Veranschaulichung seiner Relativitätstheorie angeführt hat, sich beispielsweise zu fragen, was jemand sähe, der mit Lichtgeschwindigkeit neben einem Lichtstrahl hereilte oder was ein Mensch auf dem Mond wiegen würde usw.

Eine andere Möglichkeit, zu einer innerlich bereichernden Relativierung zu gelangen, bestünde auch darin, daß man bestimmte Begriffe, die uns gewöhnlich so unantastbar und absolut erscheinen, einmal ganz konkret und unvoreingenommen von der üblichen Verwendung auf ihre tatsächliche Bedeutung hin analysiert. Was ist eigentlich „Fortschritt", was ist „Rationalisierung", was bedeutet „Demokratie", „Verantwortung" usw.? Genau so kann man auch politische Parolen aufs Korn nehmen.

Bei einer konsequenten Analyse bemerkt man sehr rasch, was einem eigentlich alles zugemutet wird, wie oberflächlich viele mit Worten jonglieren, die im Grunde nichts besagen, und wie die Benutzung vieler Begriffe nichts weiter als ein Kreuzworträtselwissen anzeigt.

Ähnlich vielsagend macht sich Edi Lanners über nichtssagende akademisch aufgeblähte Formulierungen lustig, wenn er von einer inhärenten Koinzidenz-Inferenz, von einer emanzipatorischen Exemplifikations-Effizienz, einer existentiellen Restriktions-Periodizität, einer flankierenden Homogenitäts-Eskalation oder einer ambivalenten Expansions-Projektion spricht. Es ist wirklich ein Erlebnis eigener Art, ganz schlicht viele hochtrabende Formulierungen, viele Reden von Politikern, viele ob ihres unverständlichen Stils zunächst beeindruckende wissenschaftliche Ausführungen Wort für Wort zu analysieren und zu entdecken, daß der tatsächliche Gehalt der Aussage bei Null liegt. Man kann auf diese Weise sehr rasch hinter Sprüche kommen, die so manche in unserer Gesellschaft „klopfen".

Nach der sprichwörtlichen Erkenntnis, daß, wenn hier die Sonne im Zenit steht, sie anderswo untergeht, ist es auch immer wieder dienlich, Dinge und Phänomene bewußt aus dieser und jener Perspektive zu beleuchten und den Sinn für Verhältnisse, für die Abhängigkeit des Erkennens bestimmter Phänomene von der Blickrichtung, von der eingeschalteten „Vergrößerung" usw. zu erkennen. Denn „gebildet" wird man dadurch, daß man in zunehmendem Maße Komplexität zu erkennen und zu verarbeiten lernt. Man ist also um so „gebildeter", je mehr man dahingelangt, ein möglichst umfassendes und möglichst feinmaschiges Netz von Beziehungen, von sachlich fundierten und sinnerfüllten Bedeutungen zu entwickeln und für sich selbst eine Vielzahl von Betrachtungsweisen und Betrachtungsebenen zu gewinnen und zu erhalten.

So kann man sich trainieren, etwas gleichzeitig und in einem einheitlichen geistigen Akt sowohl aus der einen wie aus der anderen Warte zu sehen. Jeder, der in irgendeiner Form über andere urteilt, sollte sich im Grunde bei jeder Gelegenheit fragen, was er denn anstelle des anderen, den er beurteilt, getan oder gesagt hätte. Diesen Perspektiven-Wechsel sollte er immer wieder üben, sozusagen versuchen, sich ständig auch auf die „andere Seite der Theke" zu versetzen. Es kann doch nur einen entscheidenden Gewinn an Ausgewogenheit des Urteils, aber auch ganz allgemein an Verständnis, Toleranz und Güte bringen.

Welche Belastung entsteht andererseits für das Zusammenleben von Menschen, wenn jeder für sich alles nur aus seiner einzigen subjektiven Warte aus zu betrachten bereit ist. Denn dann kann die geistige Welt nur zu einer Summe zerstückelter, zersplitterter und äußerst enger Sichtweisen werden, die sich in zunehmender Erstarrung bekämpfen.

Hier liegt auch die Gefahr einer sogenannten pluralistischen Gesellschaft, wenn die Interessen verschiedener begrenzter Gruppen absolut gesetzt werden. Wenn sich die einzelnen Gruppen, „vernagelt" und „verbohrt" sowie durch Funktionäre, deren Existenz und Selbstwertgefühl sich davon nährt, noch zusätzlich aufgestachelt, immer nur wechselseitig als Gegner sehen, dann ist es schlecht um ein Gemeinwesen bestellt.

Weshalb hören wir bei Fernsehdiskussionen immer nur Zahlen, nach denen jeweils jeder der Argumentatoren Recht hat. Warum wird nicht versucht, die unterschiedlichen Statistiken einmal auf ihren tatsächlichen Gehalt zurückzuführen und zugleich in einen größeren Rahmen zu stellen. Daraus könnte der Zuschauer und Hörer wirklich etwas lernen. Ansonsten bleibt doch nur der Eindruck: „Die haben sich die Meinung gesagt; jeder hatte seine Argumente und Statistiken; aber wie es wirklich um die *Sache* steht, habe ich eigentlich nicht erfahren.“

Wenn man aber der Erkenntnis näher tritt, daß es diese „Wirklichkeit“ ohnehin nicht gibt und auch gar nicht geben kann, entfallen eigentlich alle Gründe für solche Rechthabereien. Die Chancen einer friedlichen Versöhnung rücken näher.

Sehr hilfreich kann es schließlich auch sein, über das Wissen um Tatbestände hinaus sich um ein Wissen über das Wissen zu bemühen, sich beispielsweise immer wieder die Bedeutung der drei unterschiedlichen Ebenen vor Augen zu führen, die Gregory Bateson für Lernvorgänge herausgearbeitet hat[3]: das Erlernen und Verarbeiten bestimmter Fakten auf der untersten Ebene; eine Berücksichtigung des Umfeldes, ein Lernen der „Spielregeln“, ein Lernen des Lernens (auf der zweiten Ebene); und das Bemühen um ein Verstehen des gesamten Denkansatzes, das Nachdenken über eine Theorie der Theorie, eine kritische Betrachtung des wissenschaftlichen Ansatzes insgesamt (auf der dritten Ebene).

Daß die beiden höheren Ebenen von Zeitgenossen, die nur die erste kennen und kennen wollen, als „lächerlich“ und „traumtänzerisch“ abgetan werden, kann und darf nicht beirren. Wie heißt es so schön bei Junaid von Bagdad: „Niemand erreicht die Stufe der Wahrheit, bevor ihn tausend aufrichtige Menschen einen Ungläubigen genannt haben“ und, fast in Anlehnung an asiatische Mystik, ist bei dem modernen Philosophen Paul Feyerabend zu lesen: „Man braucht eine Traumwelt, um die Eigenschaften der wirklichen Welt zu erkennen, in der wir zu leben glauben, und die in Wirklichkeit vielleicht nur eine andere Traumwelt ist.“ In der Tat benötigen wir ein besonderes Maß an Bewußtseinsklarheit, um die Natur unserer Träume von der Wirklichkeit zu erkennen.

Ganzheitlichkeit zeitlich: das Grundprinzip dynamischen Werdens

Eine ganz andere Art von Relativierung ergibt sich aus der Tatsache eines beständigen Wandels der Dinge in der Zeit. Versucht man, diesem Aspekt näherzutreten, steht man sozusagen vor der zeitlichen Dimension der Ganzheitlichkeit. Die moderne Hochenergiephysik belehrt uns inzwischen darüber, Systeme auch als komplexe Aufeinanderfolgen von Ereignissen zu verstehen. Der Begriff „Struktur“ wird damit zu einem dynamischen Geschehen, und anstelle von „Objekten“ richtet sich der Blick auf Ereignisse. Zu den Merkmalen der Komplexität und wechselseitigen dynamischen Verwobenheit tritt das Merkmal der Prozeßhaftigkeit der Wirklichkeit.

Hier liegt wohl auch eine entscheidende Grundlage der charakteristischen „Geworfenheit“ des Menschen in den Strom der Zeit, wie sie von der Existentialphilosophie als geradezu zentrale Aussagen formuliert wurde.

---

3 s. II, 6, S. 217.

Wie schon die alten Chinesen das innerste Wesen der Realität, das sie Tao nannten, als einen Prozeß des kontinuierlichen Flusses und Wandels verstanden (Capra), ist ständige dynamische Entwicklung der eigentliche Zustand der Welt. Deshalb ist es auch unrealistisch, sich auf irgendwelche Zustände zu konzentrieren und ihnen höchsten Wirklichkeitscharakter zuzuschreiben, nur weil man der vorübergehenden angenehmen Täuschung erliegt, auf diese Weise etwas Festes in der Hand zu haben. In jedem Zustand ist seine Vergangenheit lebendig, und es ist in ihm auch schon die Zukunft angelegt. In langer Zukunft, in Milliarden von Jahren, rechnen Wissenschaftler auch mit einem „natürlichen" Ende der Erde. Und wir wissen heute schon, daß nicht einmal die Sternbilder am „ewigen" Firmament gleichbleiben. Ist es da so abwegig, auch den Menschen vorrangig unter prozeßhaftem Aspekt, ihn gleichsam mehr als Zeitwort denn als Hauptwort zu begreifen?

Auch der Mensch ist in ständiger Entwicklung, nicht nur in der Kindheit oder als wachsender Organismus, auch im späteren Leben, ja - speziell in geistiger Beziehung - bis ins hohe Alter hinein. Er ist nicht so sehr ein festes „Wesen" mit klar fixierten, mehr oder weniger unwandelbaren „objektiven Merkmalen", sondern ein in ständiger Veränderung begriffenes komplexes biologisches System.

Leben bedeutet Entwicklung, Veränderung, Reifung, ständig erneute Selbstschöpfung. Jeder formt sich ein Bild seiner Umwelt nach Kriterien, die ihm eben diese Umwelt liefert und von denen er vor der jeweils aktuellen Situation möglicherweise noch gar nichts ahnt. Und wer denkt ständig in gleicher Weise über ein und dieselbe Sache, am Morgen wie am Abend, nach einem Kännchen Tee und nach drei Gläsern Wein, satt und hungrig, froh und niedergeschlagen?

Zugleich begründet diese Erkenntnis aber auch eine - geradezu paradoxe - bedingungslose Entscheidung für die Gegenwart. Strenggenommen kennt nämlich niemand die wirkliche Vergangenheit. Er kennt nur seine Erinnerungen an die Vergangenheit. Aber diese - sehr oft, wie wir wissen, verklärten und verzerrten - Erinnerungen sind eindeutig gegenwärtiges Erleben. Und die Vergangenheit war, als sie sich tatsächlich ereignete, ebenfalls ein „aktuelles" Geschehen in der Gegenwart.

Das gleiche gilt für die Zukunft. Sie existiert real nur als gegenwärtig erlebte Vorausschau oder Erwartung und ist damit Teil eines umfassenderen gegenwärtigen Erlebens. Aus dieser Sicht, in der - als Produkte unseres Vorstellungslebens - die Vergangenheit als subjektive Erinnerung und die Zukunft als subjektive Erwartung erscheinen, erkennt man, daß die Zeit im Grunde nur aus unzähligen aktuellen Augenblicken besteht. Diese entschwinden aber zugleich wiederum im Nichts, in der „Leere", da sie sich, eben noch subjektive Zukunft gewesen, sozusagen fortlaufend in subjektive Vergangenheit verwandeln. In dieser ewigen Gegenwart verlieren Vergangenheit und Zukunft ihr Gewicht, das oft auf Menschen lastet, wenn diese sich in Schuldgefühlen über Vergangenes verlieren oder in Sorge über eine ungewisse Zukunft verzehren. Das Leben „in der Zeit" erweist sich so - nicht nur nach der Ansicht von Mystikern - als ein Leben „im Elend". Wie glücklich und zufrieden erscheinen dagegen Menschen, die in der Gegenwart „leben" und erleben, beispielsweise Patienten mit sogenanntem Sekundengedächtnis, und wie „un-schuldig“ wirken Tiere, bei denen eine solche Erlebensorientierung an Vergangenheit und Zukunft nicht ausgebildet ist.

Wenn man begreift, daß „Ewigkeit“ nicht so sehr eine sich endlos erstreckende Zeitdauer, sondern ein Erleben bedeutet, das gänzlich außerhalb der Zeit liegt, versteht man, was Nikolaus von Kues meinte, als er sagte: „Alle zeitliche Aufeinanderfolge fällt in ein und demselben 'Ewigen Jetzt' zusammen“, oder was Dante bewegte, von dem „unglaublichen Moment“ zu sprechen, „in dem alle Zeiten gegenwärtig sind“. „Das ewige Jetzt ist ein Bewußtsein, ein Bewußtsein der All-Einheit“ (Aldous Huxley).

Es ist vielleicht für den Menschen kennzeichnend, daß er immer wieder versucht ist, der dynamischen Wandlung des Lebens, in der die eigentliche Wirklichkeit liegt, feste Formen zu geben, von der „ewigen Liebe“ bis zu „tausendjährigen Reichen“. Denn unser Denken, das sich ja vornehmlich auf den Umgang mit bereits Bekanntem beschränkt, verleitet ungewollt dazu, „Versteinerungen“ des Bewußtseins zu schaffen, und gerät damit in Gefahr, die Wirklichkeit zu verfälschen. Da diese spezifische Form von Umgang mit der Welt und vor allem die Tendenz, den „Denkenden“ und die Illusion seiner zeitlich stabilen Identität zu schaffen und aufrechtzuerhalten, ein hohes Maß an Energie benötigt, steht diese, für „Selbsttäuschung“ (Bohm) erforderliche Energie für anderweitige Umweltbeziehungen nicht zur Verfügung.

Das Streben nach Sicherheit, das gerade für den abendländischen Menschen so wichtig ist, verführt ihn aber immer wieder in seinem Denken zur Feststellung angeblich klarer und eindeutiger Gegebenheiten, selbst dort, wo es sie gar nicht geben kann.

Wie selten erkennen auch Menschen im Umgang miteinander, daß ihr Urteil über das Verhalten eines anderen etwas als angeblich feststehend, d.h. letztlich statisch aus dem Fluß eines vielgestaltigen Geschehens herausreißt, das sich zudem - auch in seinen zeitlichen Zusammenhängen - aus verschiedenen Blickwinkeln als unterschiedlich darstellt. Man betrachte nur zwei streitende Kinder oder ein Ehepaar, das sich „in die Haare gerät“! Jeder ist doch wie selbstverständlich bis ins tiefste überzeugt, daß der jeweils andere (mit dem Streit) „angefangen“ hat, bis in die hohe Politik hinein. Dabei hängt es nur davon ab, an welchem Zeitpunkt des Gesamtgeschehens man mit seinem „Fest-Stellungs“-Prozeß beginnt. Und dieser Punkt, an dem etwas (für einen) „anfängt“, ist von vielen subjektiven Einflußgrößen abhängig. Der individuelle „Einstieg“ entscheidet über die erkannte „Kausalität“.

Einerseits geht der Ehemann ständig in die Kneipe, weil seine Frau zu Hause immer schlechte Laune hat und an ihm herumschimpft; andererseits ist die Frau immer schlechter Laune, weil ihr Mann in der Kneipe herumhängt und sie alleine läßt. „Ich meide dich, weil du nörgelst“ und „Ich nörgle, weil du mich meidest“, formulierte Paul Watzlawik 1969 in lapidarer Weise.

Dazu gehört auch die Vorstellung einer absoluten, ewig gültigen Wahrheit. Wenn „Wahrheit“ ein geistiger Gehalt bzw. Inhalt ist, so ist sie das aufgrund der

Tatsache, daß dieser Inhalt einem denkenden Bewußtsein gegeben ist. Da aber Bewußtsein sich in einem ständigen Wandel befindet, kann auch „Wahrheit" nur, eben weil dieser Inhalt „Wahrheit" bewußtseinsabhängig ist, ein sich veränderndes Ergebnis von Bewußtseinsprozessen, also nie absolut sein. Hier liegen auch die Grenzen allgemeingültiger Definitionen, die als solche schon wahrheitswidrig sind. Zudem ist auch das Erleben von Wahrheit etwas Ganzheitliches: denn isolierte „Wahrheiten" stellen sich erfahrungsgemäß sehr bald als „unwahr" heraus, wenn man sie in einen anderen Zusammenhang stellt (Pestalozzi).

Letztlich ist und bleibt also selbst „Wahrheit" immer etwas Geheimnisvolles, Unbegreifliches, sich stets neu Gestaltendes. Im Grunde ist vieles, dem wir dingliche Substanz zuerkennen, ein Geschehen. „Wo verschwindet deine Faust, wenn du die Hand aufmachst", pflegte man Kinder zu fragen; und Hitze ist ein dynamischer Zustand der Materie.

Der Wunsch nach festem Halt: die Utopie der Sicherheit

Zweifellos hat der Mensch ein Bedürfnis nach Gewißheit, nach unfehlbarer Wahrheit, ein Bedürfnis vielleicht auch nach dem Absoluten, dem Maximalen. Er nimmt in seiner Sehnsucht nach Gewißheit sogar Abhängigkeit in Kauf und zieht es in vielen Fällen vor, lieber einen anderen zum Feind zu haben als in der Schwebe der Ungewißheit zu bleiben, wo der andere nun „wirklich" steht. Ja es drängt ihn oft dazu, eine solche Entscheidung mit allen Mitteln durch aktives eigenes Handeln zu erzwingen. Und doch läßt sich der Schmetterling des Glücks, wie es in einem chinesischen Sprichwort heißt, nur auf der Schulter dessen nieder, der zu warten versteht. Das Merkmal „Gewißheit" ist aber, auf das Leben bezogen, reine Utopie und das Bewußtsein von „Gewißheit" in den meisten Fällen ein Ausdruck von Dummheit. Insofern sind wir abendländischen Tatsachenmenschen im Grunde Utopisten, weil es eben diese Unwandelbarkeit und Unvergänglichkeit nicht gibt; und paradoxerweise macht auch die gewaltige Anhäufung von Wissen keineswegs zwangsläufig sicher, genauso wenig, wie letztlich Reichtum glücklich macht; und wahre Liehe entfaltet sich dort, wo weder ein Drang nach Eroberung und Erwerb noch eine Tendenz des Anklammerns den Menschen bestimmen.

Im Gegenteil, je mehr man weiß, um so mehr weiß man auch um all das, was man nicht weiß; und eigenartigerweise wird auch, obwohl die Sicherheit unserer Voraussagen beständig zunimmt, die Zukunft insgesamt immer unsicherer (Gaston Berger in Dupuy). So bedeutet in vieler Hinsicht auch der Fortschritt wissenschaftlich sicherer Erkenntnisse eine Zunahme grundlegender Unsicherheit. Über je mehr angeblich sichere Dinge der Mensch verfügt, sei es im materiellen oder auch im geistigen Bereich, je organisierter sein Dasein ist, um so stärker beschäftigt ihn die Drohung der Unsicherheit; je mehr er „hat", um so stärker beschleicht ihn die Angst des Verlustes, des „Nicht-(Mehr)-Habens". Sicherheit entsteht vielmehr weit eher aus dem Gefühl, auf einem „endlosen" Weg, auf der „ewigen Suche" zu sein. Denn diese „Ewigkeit" ist in tiefstem Sinne sicher.

Wer absolute Sicherheit anstrebt, gliche, wie Alan Watts sehr schön beschreibt, einem Menschen, der ein Pfund Wasser in Papier wickeln und verschnüren oder - noch krasser ausgedrückt - einen Pudding an die Wand nageln möchte. Der Wunsch nach vollkommener Sicherheit steht einfach im Widerspruch zu der Grundnatur der Welt und des Lebens, deren Wesensmerkmale ständiger Wandel, eine feinmaschige Vernetztheit der Zusammenhänge und eine Bestimmtheit des Geschehens aus der umfassenden Situation des Augenblicks heraus sind.

Für ein mit Bewußtsein begabtes Wesen bedeutet Existieren eine ständige Veränderung, eine Veränderung in Richtung größerer Reife, einer Reife, die eine unendliche kreative Selbstorganisation bedeutet. In großer Nähe zu diesen Gedanken, die auch Albert Camus mehrfach in seinem Werk betont, steht die Bemerkung des Philosophen Paul Feyerabend, daß der Reisende seine Reise nach Kriterien beurteilt, die ihm erst im Verlauf seiner Reise einfallen und durch die Erlebnisse während dieser Reise geschaffen werden.

Wer vor dieser Unsicherheit sicher sein, sich dem Fluß des Lebens entziehen möchte, koppelt sich zwangsläufig vom Leben ab. Es ist dies der Geist, der nach kristallner Klarheit strebt, auch dort, wo es sie nicht gibt und nicht geben kann. Es ist der Geist der fertigen Antworten und verhärteten Kategorien. Festlegungen können aber niemals „dem Wechsel Sinn verleihen" (Watts).

Viele Menschen engen durch diese Haltung die Möglichkeiten einer individuellen Freiheit zunehmend ein, ja schließen sie oft sogar aus. Statt Offenheit entsteht vordergründige „Recht-Haberei". Es ist, dem Spezifischen des Lebens gegenüber, fast eine Art Selbstmord. Marilyn Ferguson zitierte einmal in diesem Sinne, daß viele Menschen im Gegensatz zu Insekten als Schmetterlinge geboren würden und in einem Kokon endeten, und Kurt Götz meint ironisch, daß keine Dummheit so groß sei, daß sie nicht durch Beharrlichkeit noch größer werden könnte. Dabei können haarsträubende Fehler sogar zum „Prinzip" werden.

Auch das Bestreben, einen Status quo beizubehalten, den Besitzstand zu wahren, mag für eine solche Tendenz der Anklammerung an Festgelegtes bezeichnend sein, ebenso die Aufregung und Angst, wenn man einer Bedrohung in dieser Richtung gewahr wird. Vielleicht hängt das aber auch damit zusammen, daß wir von früh an, vor allem auch während der ganzen Schulzeit, Informationsdaten in abgeschlossener und weitgehend apodiktischer Form vorgesetzt erhalten und in erster Linie mit mathematischen Formel, grammatikalischen Regeln, Meßdaten von Objekten, geschichtlichen Jahreszahlen usw. beliefert werden.

Leben heißt Unsicherheit akzeptieren

Es wäre aber durchaus vorstellbar, daß die geistige Welt vieler Menschen anders aussähe, wenn man ihnen schon frühzeitig nicht nur einen Sinn für größere Zusammenhänge, sondern auch einen Sinn für die Wirklichkeit der Veränderung und den Wandel der Wirklichkeit nahegebracht hätte. Vielleicht hätte sich dann bei vielen ein natürliches Gefühl für die Welt und das Leben als ein in beständigem Wandel begriffenes einheitliches Gesamt, zugleich aber auch eine Abneigung gegenüber unnatürlicher Festlegung und Stagnation entwickelt.

Der Begriff Prozeß-Bewußtsein bringt diese der Wirklichkeit angemessene Lern- und Wandlungsfähigkeit zum Ausdruck (Rogers 1981).

Es ist deshalb wichtig, ein sinnvolles Maß an Unsicherheit akzeptieren zu lernen und stärkeres Vertrauen in natürliche Entwicklungen und Selbstregulationskräfte aufzubauen. Viele Sorgen würden verschwinden, wenn man dem Leben mit mehr Vertrauen begegnen könnte. Leben bedeutet nun einmal „im Risiko stehen".

Die Lösung liegt also nicht darin, daß man die Vergänglichkeit aller Dinge verneint oder ignoriert, auch nicht darin, daß man gegen Unsicherheiten ankämpft. Es ist auch vielleicht nicht so wichtig, sich diesen Unsicherheiten zu stellen und ihnen ins Gesicht zu sehen, sondern es kommt eher darauf an, sozusagen in natürliche Entwicklungen einzutauchen, die sich aus der gegenwärtigen Situation ergeben, sich selbst in ihnen zu verlieren, sich selbst als Entwicklung (und Unsicherheit) zu erleben und dadurch zu dem wahren Selbst zu finden.

Gibt es nicht auf höchster wissenschaftlicher Ebene Zitate, die diese Denkrichtung bestätigen? Schrieb nicht Albert Einstein: „Insofern sich die Sätze der Mathematik auf die Wirklichkeit beziehen, sind sie nicht sicher; und sofern sie sicher sind, beziehen sie sich nicht auf die Wirklichkeit." Sagte nicht Max Born: „Ich glaube, daß Ideen wie absolute Richtigkeit, absolute Genauigkeit, endgültige Wahrheit usw. Hirngespinste sind, die in keiner Wissenschaft zugelassen werden sollten." Und Alan Watts warf die Frage auf, ob dieser Mangel an wirklicher Offenheit dem Leben gegenüber nicht ein wesentlicher Grund auch dafür sei, daß die ungeheuren Fortschritte des Wissens und der Technik für das, was den Wert unseres Lebens ausmacht, so wenig nützlich sind. „Es ist vergebene Mühe, daß wir den Kurs zukünftiger Ereignisse vorauszusagen und zu kontrollieren vermögen, wenn wir nicht in der Gegenwart zu leben wissen. Es ist vergebene Mühe, daß die Ärzte unser Leben verlängern, wenn wir die gewonnene Zeit benutzen, um angstvoll nach noch längerem Leben zu trachten. Es ist vergebene Mühe, daß die Ingenieure immer schnellere und leichtere Möglichkeiten zur Überbrückung von Entfernungen schaffen, wenn das Neue, das wir sehen, nur geordnet und verstanden wird in Begriffen alter Vorurteile" (Watts).

„Der Sinn der Dinge liegt nicht im angesammelten Vorrat, den die Seßhaften verzehren, sondern in der Glut der Verwandlung, des Voranschreitens oder Sehnsucht. Und die Besiegten, die sich unter dem Absatz der Sieger aufraffen, nenne ich sieghafter in ihrer Haltung als den Sieger, der seinen gestrigen Sieg wie der Seßhafte seine Vorräte genießt und bereits dem Tode entgegengeht" (St. Exupéry). Genau im gleichen Sinne formuliert der große Philosoph Karl Popper: „Im Augenblick, wo Du glaubst, Du bist mit einem Problem fertig, ist alles verloren."

Deshalb sollten auch Planungen, wie wir schon im ersten Teil gesehen haben, sinnvollerweise nicht aus definitiven Festlegungen bestehen, sondern durch eine Offenheit gegenüber künftigen Möglichkeiten bestimmt sein. Sie sollten mehr optimale Voraussetzungen für bestimmte Entwicklungen schaffen, als jeden einzelnen Punkt genauestens festzulegen. Sie sollten bei durchaus langem Planungshorizont aus jeweils eher kurzen Planungsperioden bestehen, die die „natürliche"

Entwicklung möglichst geringfügig beeinflussen. In erhaltener Offenheit und Flexibilität würden sie sich mit relativ geringfügigen Steuereingriffen dem Gang der Entwicklung anpassen, solange dieser in Richtung des grundlegenden Ziels verläuft.

4. Ganzheitliche Aspekte des Lernens

Lernen, Lehren und Erfahrung

Vergegenwärtigen wir uns noch einmal kurz, was wir ganz allgemein, d.h. von der primitivsten bis zur höchsten Form, als das eigentliche Wesen des Lernens erkannt hatten: eine Veränderung von Strukturen und Funktionen im Gehirn und damit eine Veränderung der Wahrscheinlichkeit eines bestimmten Verhaltens in der Zukunft, und zwar als Ergebnis von Erfahrung und Übung, kurz die Tatsache, daß ein lebender Organismus aus Erfahrung profitiert.

Lernen ist damit ein Grundmerkmal des Lebens schlechthin, wenn Leben als ein an offene Systeme gebundenes Phänomen den ständigen Austausch mit Umwelt beinhaltet und dieser Austausch letztlich Information und damit Erfahrung bedeutet. So entzünden sich selbst höhere Lernvorgänge, wie sie für den Menschen charakteristisch sind, bevorzugt an der konkret erfahrbaren Umwelt, und es sind die - im übrigen meist gefühlsbetonten - individuellen Erfahrungen, aus denen sich auch persönliche Identität aufbaut. Lernen ist immer eine anregende persönliche Erfahrung, und Erfahrung ist das, was jeder für sich gewinnen muß. Man kann einem Blinden noch so viel über Farben erzählen oder einem Gehörlosen über Beethoven; es wird jenseits dessen bleiben, was in den persönlichen Erfahrungsschatz eingeht. Deshalb sind persönliche Erfahrungen, eben weil sie auf das jeweilige Individuum beschränkt sind, auch so schwer übertragbar. Wie oft in der Menschheitsgeschichte beklagten das schon Väter, wenn sie voller Verzweiflung feststellten, daß ihre Söhne nicht „auf sie hören“ wollten.

Das ist wohl auch der tiefere Sinn der kurzen Geschichte, in der ein Zen-Meister gefragt wird: „Was ist der Tod?“ und zur Antwort gab: „Ich weiß es nicht.“ Als dann der Schüler erstaunt zurück fragte: „Aber ihr seid doch ein Zen-Meister?“ sprach dieser nur: „Ja, aber ich bin kein toter Zen-Meister.“ Deshalb heißt es auch in einer japanischen Sammlung von Aussprüchen: „Eine Lehre, die das tägliche Leben nicht einbezieht, ist nicht die wahre Lehre“.

Lernvorgänge, die sich auf eigene persönliche Erfahrung stützen, sind auch in sich selbst motivierend: sie machen - eben aufgrund ihrer ganzheitlichen Einbettung - „Sinn“, werden als sinnvoll erlebt.

Dabei kommt ihnen zugute, daß die Komplexität in einer lebendigen Lernsituation über viele Informationskanäle verarbeitet wird. Man weiß ja seit langem, daß Lernstoff, der während des Lernprozesses in verschiedenartiger Form erarbeitet wurde, sich erfolgreicher einprägt, besser behalten und beherrscht wird. Ein Erlebnis, das nicht nur optische und akustische Informationen verschiedenster Art enthält, sondern beispielsweise auch gleichzeitig mit Geruchs- und Vibrationseindrücken oder auch einer gewissen, aber nicht zu starken sexuellen Anregung einherging, hat einfach eine größere Chance, behalten zu werden.

Der Prozeß, in dem echte persönliche Erfahrungen zustandekommen, hängt also zum Teil sicher von äußeren Bedingungen ab. Dazu spielt aber offenbar auch eine eigenartige, nahezu geheimnisvolle innere Bereitschaft eine wichtige Rolle. Mancher Mensch durchlebt viele Situationen, in denen irgendwelche Ereignisse stattfinden ... und lernt nichts dabei. Man kann den Begriff „Zerstörung" rational kennen und sogar definieren, man kommt auch während eines Lebens an vielen Orten vorbei, an denen man auf Zerstörung und ihre Folgen trifft, ohne daß damit ein eigentliches Bedeutungserlebnis verbunden sein müßte. Dann geht man zufällig an irgendeinem Tag an einer ausgebrannten Scheune vorbei und hat plötzlich, ohne daß einem Gründe dafür bewußt wären, das tiefe Erlebnis, was Zerstörung bedeutet. Dabei war man bei früherer Gelegenheit, etwa nach einer Erdbebenkatastrophe oder in Form von Kriegsfolgen, weit intensiveren und umfangreicheren Effekten von Zerstörung begegnet.

Weil Erfahrungen auf einer ständigen Verarbeitung von Wahrnehmungen und deren Einbettung in individuelle Vorstellungs- und Denkstrukturen beruhen, machen auch verschiedene Menschen in der gleichen Situation völlig unterschiedliche Erfahrungen: Für den einen stellt die Tatsache, daß sein Freund einem Betrüger aufgesessen ist, einen erneuten Beweis für die Schlechtigkeit der Welt dar; für einen anderen führt die gleiche Tatsache aufgrund intensiven Nachdenkens darüber, wie das alles zustande kam, zur Entdeckung der von dem Betrüger angewandten Tricks; für einen dritten mag es die Bestätigung des tiefen Wertes einer Freundschaft bedeuten, wenn er seinen Freund an die Brust drückt und tröstet usw.

Eine geradezu aufregende Frage, die allerdings in der offiziellen Pädagogik bisher weitgehend vernachlässigt wurde, mag sich in diesem Zusammenhang stellen: Inwieweit und wie kann man es lernen, „echte" Erfahrungen zu machen, bzw. wie können solche Erfahrungs-Lernprozesse gefördert werden? Auch Lernen-Lernen ist eine Erfahrung. Man kann im Grunde ständig und überall lernen. Nichts zu erfahren, nichts zu lernen ist dagegen letztlich Ausdruck eigener Erbärmlichkeit im wahrsten Sinne des Wortes.

Gegenüber diesen mehr oder weniger spontan stattfindenden Prozessen persönlichen Lernens und persönlich bereichernder Erfahrungsbildung wird reines Lehren - als verabfolgte und oft gar nicht einmal angeforderte oder erwünschte Belehrung - meist in seiner Bedeutung überschätzt. Treten dabei doch unversehens die Rolle des Lehrenden und ein bestimmtes Stoffpensum mit vorrangig außenbestimmten Inhalten in den Vordergrund. Das gewährleistet aber nicht optimales Lernen. Sehr drastisch meint Carl Rogers dazu: „Mir scheint, daß alles, was man einen anderen lehren kann, relativ belanglos ist und wenig oder gar keinen bedeutsamen Einfluß auf sein Verhalten hat."

Es gibt auch kaum einen Menschen, der sich gerne „belehren" läßt. So sagt denn auch Kurt Götz: „Merkt man die Lehre, wird sie zur Leere", und in einem japanischen Sprichwort wird der starr belehrende Erzieher mit einem Mann verglichen, der „Weichkäse in Stahl spannen will".

Dabei darf schließlich ein weiterer Aspekt nicht übersehen werden: In irgendeiner Weise bedeutet Informationsgewinn zwangsläufig auch Informationsverlust. Man kann bestimmten Aufgaben nur voll nachgehen, wenn man anderes - zumindest vorübergehend - aus den Augen läßt, vergißt. Der viel zitierte „zerstreute“ Professor ist deshalb vielleicht gar nicht eigentlich zerstreut, sondern geistig voll von anderen, nämlich wissenschaftlichen Problemen in Anspruch genommen, so daß er der banalen Wirklichkeit gegenüber leicht etwas „fremd“ wirkt. Sehr bezeichnend kommt das in einem Witz zum Ausdruck, den ich einmal gelesen habe: Ein Professor sitzt, intensiv in seine wissenschaftliche Lektüre vertieft, in einem Eisenbahnabteil. Der Schaffner kommt, um die Fahrkarten zu kontrollieren. Der Professor beginnt ganz aufgeregt nach seiner Fahrkarte zu suchen, kann sie aber nirgendwo finden. Der Schaffner, der den Professor bereits kennt, bleibt ruhig und geduldig und bemerkt nach einer Weile: „Das macht doch nichts, Herr Professor. Ich bin ganz sicher, daß Sie eine Karte gelöst haben, und ich bin auch sicher, daß Sie sie irgendwann noch finden werden. Schicken Sie sie doch dann ganz einfach an die Eisenbahndirektion!“ - „Natürlich weiß ich, daß ich sie habe“, antwortet der Professor ganz erregt. „Aber was ich vor allem wissen möchte: Wo um alles in der Welt fahre ich denn hin?“

Um etwas Neues zu lernen, muß man sich oft von alten Auffassungen trennen, wie auch neue Erfahrungen ältere verdrängen. Das Aufgeben gewohnter Systeme wird aber leicht als Bedrohung empfunden, was wiederum (Lern-)Widerstand weckt. Deshalb wird häufig empfohlen, die Intensität des Erlebnisses einer mit System-Umbildungen verbundenem Bedrohung möglichst gering zu halten. Solche Umbildungen werden im übrigen als um so weniger belastend, vielleicht sogar als anregend empfunden, je früher man sich an ein solches, zu Umbildungen bereites Denken gewöhnt hat.

Führen wir uns in diesem Rahmen noch einen anderen Zusammenhang etwas näher vor Augen, den man als zeitliche Vernetztheit bezeichnen könnte.

Bei aller Erfahrungsbildung spielt der zeitliche Zusammenhang eine wichtige Rolle. Erfahrungen stehen immer irgendwie in Bezug zur Vergangenheit; gegenwärtige Erfahrungen bauen immer auf früheren Erfahrungen auf. Ich kann sie oft überhaupt nur machen, weil ich vorher schon andere Erfahrungen gemacht habe. Ihrerseits sind sie dann wieder Voraussetzungen für zukünftige Erfahrungen. Diese Lebenserkenntnis hat sich auch im Volksmund niedergeschlagen und kommt etwa in Sprichworten zum Ausdruck wie: „Verweintes Gesicht zieht die Wespen an“ oder „Für den zum Fall Geneigten liegt überall Kot bereit“.

Genauso besteht auch ein zeitlicher Zusammenhang zwischen Lernvorgängen: Manches ist nur lernbar, wenn bereits früher anderes gelernt wurde; und es ist wiederum Voraussetzung für das, was in der Zukunft gelernt werden kann. Je mehr man gelernt hat, um so leichter fällt es einem dazuzulernen; und je weniger Information in einem Gehirn gespeichert ist, um so schwieriger ist es, neue Informationen individuell zu verankern.

So besehen befindet sich der Mensch in einem immerwährenden Lernprozeß.

Denn Erfahrungen werden ständig umgeformt: Verhalten wird immer wieder neu orientiert, und stattgefundene Handlungen wirken auf Verhaltenssysteme zurück.

Man kann auch allgemein davon ausgehen, daß etwas, das wir lernen, um so nachhaltiger unser Wesen und Verhalten beeinflußt, je früher dieser Lernvorgang in der individuellen Entwicklung erfolgt.

So stellt sich - entgegen manchen kulturellen „Selbstverständlichkeiten" - durchaus die Frage, ob es nicht für ein Kind besser sein könnte, schon möglichst früh anstelle starrer Zuordnungen in einfacher Form Übergänge, Überschneidungen, Verbindungen, Zusammenhänge zu erleben und in sich die ersten Ansätze einer gewissen Flexibilität, Beweglichkeit und Offenheit aufkeimen zu lassen.

Das mag zunächst schwer, zumindest ungewohnt, erscheinen. Aber bereiten sich nicht spätere Verständnisbereitschaft und Toleranz, innere Aufgeschlossenheit und Offenheit bereits zu einer Zeit im Menschen vor, zu der man üblicherweise meint, ein Kind lediglich dressieren zu können?

Wenn man aber um die Bedeutung ganz bestimmter, das gesamte Leben eines Menschen entscheidend bestimmender erlebnismäßiger Grundschablonen in der frühen Kindheit weiß, wie beispielsweise um das „Ur-Vertrauen", dann sollte man auch, bezogen auf diese Offenheit, offener sein und bestehende Chancen zu nutzen versuchen.

Deshalb halte ich es auch für sinnvoll, wünschenswert und nützlich, jungen Menschen und speziell auch Kindern in altersgemäßer Form Gelegenheit zu geben, sich damit vertraut zu machen, was eigentlich „Information" und „Informationsverarbeitung" bedeutet. Gerade bei der Aufgeschlossenheit junger Menschen und ihrer Vertrautheit mit verschiedenartigsten Aspekten der Computertechnik liegt es eigentlich nahe, sie sich in Erkenntnisse darüber einzuführen, wie ihr Gehirn arbeitet, warum das zentrale Nervensystem so und nicht anders funktioniert, welches die Grundprinzipien sind, die den Funktionen lebender Systeme zugrunde liegen.

Junge Menschen sollten sich auch selbst in einem größeren, gleichsam kosmischen Rahmen begreifen lernen, im Verhältnis und in Beziehung zu anderen Lebewesen, zur Natur schlechthin, zur Erde, zum Universum. Denn aus dem Gefühl, ein Teil der lebendigen Welt zu sein, „sich eins mit dem Strom des Weltgeschehens" (Steiner) zu empfinden und tief innerlich den Sinn der Wandlung zu erleben, eröffnet sich eine Welt, aus der ein von innerer, bergender Sicherheit getragenes tolerantes Verständnis und eine ruhige Gelassenheit fließen, die ein ganzes Leben lang für eine Persönlichkeit bestimmend sein können. Hier liegen im übrigen auch wesentliche Voraussetzungen für innere Zufriedenheit und positive soziale Einbindung.

Sollte man allerdings von der Überzeugung ausgehen müssen, daß sich unsere Welt in Zukunft noch stärker in Richtung einer alles überwuchernden und erstickenden Bürokratie entwickelt, dann wäre sehr wohl zu überlegen, inwieweit es vorzuziehen wäre, Kindern und jungen Menschen, um ihnen spätere Enttäuschungen und alle sich daraus ergebenden Folgen zu ersparen, nicht noch überflüssige „Flausen" über eine Welt und über bestimmte Werte in den Kopf zu setzen, die es für sie gar nicht mehr geben wird. Müßte man sich dann aber nicht auch der weiteren Frage stellen, ob es unter diesen Bedingungen und für diese Verhältnisse noch sinnvoll wäre, Menschen, die aufgrund ihrer Gehirnentwicklung über ein unwahrscheinliches Geistespotential verfügen, in eine Welt zu setzen, in der dieses Potential zu hoffnungslosem Verkümmern verurteilt wäre?

Lernen, Motivation und Umfeld

In jedem Menschen ist eine *natürliche* Neigung lebendig zu lernen, solange sie nicht durch negative Erfahrungen zum Dahinwelken und Absterben verurteilt wurde. Etwas zu lernen, neue Dinge zu verstehen, macht im Grunde Freude und Spaß; und etwas gelernt zu haben, erfüllt mit innerer Genugtuung.

Ganz besonders deutlich zeigte sich das in der Schilderung, die Anne M. Sullivan von der geistigen Entwicklung ihrer blinden und taubstummen Schülerin Helen Keller gibt. Sie beschreibt beispielsweise, wie Helen, nachdem sie am Vortage einen entscheidenden Lernfortschritt gemacht hatte und darüber ganz aufgeregt geworden war, sie am nächsten Morgen in strahlender Freude küßte. In einem anderen Zusammenhang berichtet sie, wie Helen aufs Lesen so versessen ist, daß sie ein Buch mit Blindenschrift verbotenerweise abends ins Bett schmuggelt, um noch heimlich unter der Bettdecke lesen zu können. Lassen wir Anne Sullivan selbst zu Wort kommen: „Das Kind kommt mit der Fähigkeit zum Lernen auf die Welt und lernt von selbst, vorausgesetzt, daß es ihm an dem erforderlichen äußeren Anreiz nicht fehlt. ... [Helen] lernt, weil sie nicht anders kann, genau wie der Vogel fliegen lernt." Darüber hinaus läßt die erstaunliche Geschwindigkeit, mit der Helen Keller begriffliches Denken entwickelte, erkennen, daß es sich dabei nicht um einen Vorgang handelte, bei dem sozusagen etwas in ihr gar nicht Vorhandenes von außen in sie eingepflanzt wurde, sondern daß irgendetwas schon vorhanden gewesen sein muß, das dann lediglich aufgrund äußerer Aktivierung in Erscheinung trat (Lorenz 1973).

In besonderer Weise trifft das für Inhalte zu, die für die Lebensführung, für Ziele, Bedürfnisse und Interessen des Individuums von Bedeutung sind. Deshalb gilt es, diese natürliche Lust am Lernen in positiver Weise aufzugreifen und an den tatsächlichen (Lern-)Bedürfnissen und den konkreten individuellen Interessen anzuknüpfen.

Spricht man in unserem Kulturkreis von Lernen, so denkt man allerdings in erster Linie an konkrete Detailbefunde, die zu vermitteln und anzueignen sind, die „einzuprägen" sind.

Aber schon dieses Lernen baut auf Vertrauen auf. Intelligenz und Vertrauen sind auch keineswegs zwangsläufig unvereinbar. Im Gegenteil! Wenn ein Mensch grundsätzlich von tiefstem Mißtrauen gegenüber jeder von außen kommenden Information beseelt ist, würde er im Grunde gar nichts lernen können außer dem, was er ganz persönlich erkundet und erfährt. In welcher Situation wären Kinder, denen man die Dinge des Lebens erklärt, wenn sie diese Information nicht übernehmen würden. Das ist auch wohl der Grund dafür, daß eine persönlich vertraute

Beziehung eine ganz wichtige Lernvoraussetzung ist und daß immer wieder bei Fehlen einer solchen Beziehung schwere Entwicklungsstörungen im geistigen Bereich festgestellt werden konnten.

Außerdem wird ein weiterer Aspekt üblicherweise eher vernachlässigt, der sich aber in vielen Untersuchungen als überaus wichtig erwiesen hat: Es ist die positive Gesamtatmosphäre, in der Lernprozesse stattfinden. Aus vielen Untersuchungen weiß man mittlerweile, daß ein angeregtes Klima von Vertrauen, Aufrichtigkeit, Achtung, Verständnis und Wohlwollen am günstigsten ist. Der jeweils Kompetentere bringt sich dabei in voller menschlicher Zuwendung und unter Schaffung eines echten zwischenmenschlichen Kontaktes möglichst unkompliziert und authentisch ein. In einem solchen Klima findet dann beim Lernenden eine optimale eigenständige und konstruktive geistige Entwicklung statt.

Man könnte deshalb auch sagen, daß das eigentliche Wesen von „*Er*ziehung" in den *Be*ziehungen zwischen Menschen liegt. „Über das Vermitteln von Wissen vergessen wir allerdings leider zu oft jenes Lehren, das für die menschliche Entwicklung am wichtigsten ist: Jenes Lernen, das nur durch die einfache Gegenwart eines reifen und liebenden Menschen gegeben werden kann", heißt es sehr treffend bei Erich Fromm. Mit raffinierten organisatorischen Regelungen und einer Fülle technisch noch so beeindruckender Arbeits- und Lehrmittel läßt sich entgegen manchen Vorstellungen kaum etwas an tiefergehenden Lernprozessen erreichen, solange die Bereitschaft und die Möglichkeit zu partnerschaftlichem Zusammenwirken in einem lernfördernden Gesamtklima nicht bestehen.

In zahlreichen Untersuchungen hat sich ein im Grunde - wie man will - überraschender oder enttäuschender Befund für die Effektivität des Lernens herausgestellt: Mit unerhörten technischen Arrangements und methodischen Tricks läßt sich bei Menschen, die nicht motiviert und deshalb uninteressiert und gleichgültig sind, nur wenig erreichen; sind aber Schüler oder ganz allgemein lernende Menschen an sich positiv aufgeschlossen und interessiert, kommt diesen ganzen Arrangements und Tricks nur eine geringe Bedeutung zu.

Verzichtet man auf die für jeden befriedigende und oft sogar beglückende Möglichkeit eines positiven Lernklimas, werden unnötige Kräfte für lernfremde Aspekte verbraucht, die dem eigentlichen Lernvorgang verlorengehen. Wo sollen denn noch fruchtbare Lernprozesse stattfinden, wenn sich die Energien der Beteiligten in gegenseitigen Spannungen verzehren, wenn „Disziplin-Probleme" vorrangig werden oder Angst das Denken blockiert?

Gerade die Angstforschung hat das in zahlreichen Untersuchungen erwiesen und darauf auch eine bekannte Theorie aufgebaut: die nach der Universität, an der sie entwickelt wurde, benannte Yale-Theorie. Danach werden bei vielen Menschen in einer Leistungssituation zwei verschiedene Antriebe geweckt: der Antrieb zu einer sachlichen Lösung und der Angsttrieb mit dem negativen Inhalt, zu versagen, sich zu blamieren usw. Dieser Angsttrieb führt zu einer inneren Aktivierung mit negativer Gefühlstönung, die der sachlichen Bewältigung der Aufgabe Energie entzieht. Das zeigte sich vor allem bei dem Versuch, Zweifach-Aufgaben zu lösen, wenn also durch die Aufgabenstellung ohnehin Aufmerksamkeit geteilt werden mußte.

Vieles läßt sich ohnehin nur in einem ganz bestimmten Klima vermitteln, das auf den jeweils speziellen Inhalt abgestimmt ist. Jeder gute Vortragende denkt daran, sein Publikum auf das zu behandelnde Thema „einzustimmen". Manche „Offenheit" ist nur in einer bestimmten Atmosphäre gegenseitigen Verstehens und Vertrauens möglich.

Deshalb ist es auch wichtig, eine aus irgendwelchen Gründen bestehende besonders günstige Lernstimmung möglichst zu nutzen und nicht stur nach einem vorgefertigten starren Plan vorzugehen, in dem zwangsläufig zukünftige Situationen nicht berücksichtigt werden konnten. Das bedeutet auch, Lernbedürfnissen, die durch ganz aktuelle Probleme ausgelöst wurden, zu entsprechen.

Lernen und die Welt der Gefühle

Aus einer neueren Untersuchung von Jugendlichen der Bundesrepublik Deutschland geht hervor, daß über 80 % von ihnen es gut finden, „wenn die Menschen noch Träume haben". Dieses Befragungsergebnis ist ein eindeutiger Beleg dafür, wie stark rein subjektives Erleben zur umfassenden Wirklichkeit des Menschen gehört. Zu einer umfassenden Sicht menschlicher Lernprozesse gehört deshalb auch ganz entscheidend die Berücksichtigung der subjektiven Wirklichkeit unseres menschlichen Erlebens.

Menschen sind denkende *und* fühlende Wesen. Gefühle gehören in zentraler Weise zur Ganzheit des Menschen. Ja, über sie laufen ganz entscheidende Integrationsprozesse, die letztlich seelisch zu dem führen, was man als „Gemüt", aber auch als „Persönlichkeit" bezeichnet. Hier liegen im übrigen auch die erklärten Zielsetzungen der humanistischen Psychologie, nämlich die Gefühlswelt in alle Überlegungen über den Menschen einzubeziehen, Gefühle akzeptieren und mit ihnen umgehen zu lernen.

Die pädagogische Bedeutung der Gefühle wird allein schon darin deutlich, daß auch eine Erziehung zur Rationalität, wenn sie erfolgreich sein will, überhaupt nicht auf emotionale Aspekte verzichten kann. Vergessen wir doch nicht, daß Menschen „neu-gierig" sind und ein starkes Bestreben haben, Neues, ihnen bisher Unbekanntes zu erkennen und zu verstehen. Diese ganz natürliche Bereitschaft zum Lernen - im Gegensatz zum Akzeptieren von Belehrungen - ist so groß, daß sie im Grunde sofort wirksam wird, wenn nur eine Gelegenheit dazu besteht. Und es bereitet ausgesprochene Freude, das Gefühl zu haben, etwas, das einem bisher Mühe gemacht hat, plötzlich zu überblicken und zu beherrschen; es ist eine Art Erfolgserlebnis, das zu weiterem Lernen motiviert. Dazu ist aber wiederum das Grundprinzip des richtigen Maßes wichtig. Ist man nämlich zu sehr auf etwas aus, verkrampft man sich leicht; und das behindert den Lernerfolg ebenso wie mangelnde Motivation.

Der Erfolg eines Lernvorganges hängt auch sehr stark davon ab, daß die jeweiligen Inhalte von dem betreffenden Menschen als für ihn persönlich bedeutsam und nützlich eingeschätzt werden. Das, wofür man sich primär interessiert, geht nahezu ganz von allein ein. Belehrungen seitens anderer, die daran vorbeigehen, bringen dagegen meist nur wenig Erfolg.

In gleicher Weise sind auch Eigenbeurteilung und Selbstkritik üblicherweise wesentlich wirkungsvoller als irgendeine Form von Fremdbewertung. Ebenso lassen Lernprozesse, die man aus eigener Motivation heraus selbst einleitet und die man verantwortlich mitbestimmt, die dauerhaftesten Ergebnisse erwarten.

Die Zusammenhänge sind sehr vielgestaltig. Was und wie erfolgreich gelernt wird, hängt ganz wesentlich von der gesamten Motivationslage eines Menschen ab. In einem bestimmten Bereich unterhalb des Großhirns, dem sogenannten Hippocampus, der zum Limbischen System gehört (vgl. S. 158), werden Eindrücke sozusagen gefiltert. Als Folge davon gelangen nur solche Informationen in den sogenannten Langzeitspeicher unseres Gedächtnisses, die von vitaler, emotionaler Bedeutung sind.

Darüber hinaus kommt, wie sich an zahlreichen Beispielen belegen läßt, Gefühlen eine gewisse Erkenntnisfunktion zu. Diese ist allerdings eher von allgemeinem Anmutungscharakter und geringerer Präzision. Denken Sie nur daran, wie Sie in einer Situation sozusagen „riechen", daß da etwas „faul" ist, welche oft erstaunlich zutreffende Bedeutung gefühlsbetonte Ahnungen oder der vielzitierte erste Eindruck haben können.

Auch bei Tieren kann man immer wieder mit Verwunderung feststellen, was sie alles verstehen, auch wenn sie zweifellos der menschlichen Sprache nicht mächtig sind. Sie fühlen, ob sie jemand mag oder nicht mag, ob jemand Angst hat usw. Ich habe beispielsweise immer wieder bei meinem Kater beobachtet, daß er, wenn ich sozusagen neutral zu ihm hinschaute, sich nicht weiter rührte und unbeeindruckt auf seinem Platz auf dem Sofa liegen blieb, daß er aber, wenn ich in einem bestimmten Augenblick intensiv dachte und fühlte, was er für ein liebes Kerlchen ist, von seinem Sofa runtersprang, zu mir kam, auf meine Knie sprang und zu schnurren anfing. Er erkannte damit doch offensichtlich eindeutig eine ganz bestimmte Situation, bzw. meine Stimmung in dieser Situation. Andererseits ist es ausgesprochen typisch, daß man Katzen nichts befehlen kann, daß sie aber auf gütigen, liebevollen und geduldigen Zuspruch positiv reagieren.

Gefühlsbetonte Einstellungen sind nun ihrerseits grundsätzlich genauso lernbar, wie man lernen kann, Gefühle zu akzeptieren, mit ihnen sinnvoll umzugehen und sie positiv und konstruktiv zu nutzen.

Greifen wir speziell den Umgang mit anderen Menschen auf: Wir wissen seit langem, daß es in der zwischenmenschlichen Kommunikation nicht nur einen Inhalts-, sondern auch einen Beziehungsaspekt gibt, daß es also nicht nur darauf ankommt, was man sagt, sondern auch, wie man es sagt. Deshalb ist es gerade im Zeitalter zunehmender Vermassung und Anonymisierung wichtig, allgemein zwischenmenschliche Kommunikationen bewußt zu stärken und sie gezielt in Richtung einer konstruktiven Orientierung zu gestalten. Dafür gibt es auch eine ganze Reihe von praktischen Vorschlägen. Durch sie soll gegenseitiges Verstehen entwickelt und gefördert werden, und sie sollen zu gegenseitiger Sympathie zwischen Menschen und Gruppen beitragen. Denn wer sich aus Furcht vor möglichen Konflikten isoliert und Kontakte meidet, gleicht einem Menschen, der sich erneut betrinkt, um seinen Kater loszuwerden.

Schon in Tierversuchen konnte die Bedeutung gefühlsmäßiger Kontakte aufgezeigt werden. Durch Zufall hatte man beispielsweise beobachtet, daß cholesterinreiche Ernährung bei einer Gruppe von Kaninchen nicht zu dem erwarteten und bei dem größten Teil der Versuchstiere auch eingetretenen hochgradigen arteriosklerotischen Gefäßveränderungen geführt hatte. Man stand zunächst vor einem Rätsel; bis man herausfand, daß die wenigen Kaninchen, die trotz der cholesterinreichen Ernährung keine krankhaften Gewebsveränderungen aufwiesen, von ihrem Versuchsleiter neben der Fütterung mit der schädlichen Kost mit ausgesprochen zärtlicher Zuwendung behandelt worden war. Er hatte sie öfter einmal aus dem Versuchskäfig genommen, gestreichelt und mit ihnen gesprochen.

Daraufhin versuchte man dieses mehr zufällige Ergebnis im systematischen Experiment zu prüfen. Und siehe da: Von zwei Kaninchengruppen, die mit der gleichen Diät gefüttert wurden, zeigte sich bei derjenigen Gruppe, die im Gegensatz zur anderen intensiveren gefühlmäßigen Kontakt gehabt hatte (auch sie waren wiederum häufiger berührt und gestreichelt worden und man hatte zu ihnen in sanfter Weise gesprochen), ein um 60 % selteneres Vorkommen schwerer arteriosklerotischer Gefäßveränderungen (Nerem u.a.; Dossey).

Es gibt inzwischen eine ganze Reihe ähnlicher Befunde bei Menschen: Männer, die den Eindruck hatten, von ihren Frauen geliebt zu werden und in ihnen eine verläßliche Stütze zu haben, litten halb so wenig an Angina pectoris-Anfällen als Männer, die sich ungeliebt und nicht unterstützt fühlten (Medalie und Goldburt; Dossey).

Das Vorhandensein inniger und vertrauter Beziehungen scheint in der Tat ein ganz wesentlicher Schutzfaktor gegen Erkrankungen zu sein, und zwar zunächst unabhängig davon, ob dabei auch intensivere sexuelle Erlebnisse eine Rolle spielen. Deshalb stellt wohl auch, wie verschiedentlich gefunden wurde, eine gefühlsmäßige Beziehung zu einem Haustier, etwa einer Katze, ebenfalls einen gesundheitsbewahrenden Faktor von nicht zu unterschätzender Bedeutung dar. Dazu passen auch Beobachtungen, daß eine oft nach dem Tod des Lebenspartners eintretende Vereinsamung mit einer Störung in der Funktion des Immunsystems einhergeht und daß ältere Menschen, die in lebendigem Kontakt mit ihrer Umwelt verbleiben, die das Gefühl haben, anerkannt und gebraucht zu werden, einen vergleichsweise besseren Gesundheitszustand und ein höheres Leistungsvermögen gegenüber solchen älteren Menschen haben, die sich mehr oder weniger „abgeschoben“ fühlen.

Gerade junge Menschen brauchen jemanden, dem sie vertrauen und an den sie sich anschließen können; von dem sie das Gefühl haben, daß er für sie da ist; der eine Situation mit ihren Augen zu sehen vermag; der sich um sie kümmert, „ohne dabei von ihnen Besitz zu ergreifen“ (Rogers). Was sie lernen, hängt viel weniger davon ab, was offiziell gelehrt wird, als davon, was für sie eine erlebnismäßige Bedeutung hat. Und diese erlebnismäßige Bedeutung wird weitgehend durch das Gefühl einer persönlichen Verbundenheit mitbestimmt.

Wäre es nicht auch für unsere Kultur eine Alternative, jungen Menschen faszinierende Wege in ein geistiges Abenteuer zu erschließen, mit ihnen eine gemeinsame Expedition in ein geistiges Neuland durchzuführen und diese Expedition so zu gestalten, daß bei ihnen zunehmend Lust und Interesse an diesem bisher unbekannten „Land“ entstehen. Dann entwickeln sich, sozusagen selbstregulativ, Lust und Interesse, dieses „Land“ weiter selbständig zu erkunden und dafür sogar eine ganze Menge Mühe auf sich zu nehmen (vgl. Eccles).

Das hätte natürlich zur Voraussetzung, daß derjenige, der jüngeren Menschen in dieser Weise begegnet, nicht von dem Gefühl einer eigenen Überlegenheit ausgeht, sondern sich selbst in grundsätzlicher Aufgeschlossenheit und Offenheit als Suchenden und Lernenden empfindet und sich der Grenzen und der Relativität seines Wissens bewußt ist. Wenn er sich selbst ebenfalls als Suchenden sieht, kann er anstelle einer zermürbenden Darstellung von „Lernstoff“ die Grundlagen für eine beglückende gemeinsame Erfahrung und für die Entdeckung von Zusammenhängen legen, die für alle Beteiligten wirklich von Bedeutung sind (Eccles).

Um so unverständlicher ist es, wie wenig Gefühle beispielsweise in der Unterrichtsplanung und im schulischen Alltag Berücksichtigung finden. Damit ist ja ein wesentlicher Teil menschlichen Lebens aus den Chancen des Lernens ausgeblendet. Es gibt sicher eine ganze Reihe von Gründen dafür: Gefühle entsprechen nicht den wissenschaftsideologischen Vorstellungen, die nun einmal in unserer Zeit beherrschend sind; sie sind schwer oder gar nicht „objektivierbar“ oder „operationalisierbar“; man hat Sorge, ins Irrationale abzugleiten oder manipuliert zu werden; auch ist die Aufgabe, affektive Themen anzusprechen, nicht immer einfach; man hat schließlich auch eine gewisse Unsicherheit im Hinblick auf entsprechende Normen. Außerdem sind es, wenn Gefühle beispielsweise in der Schule ins Spiel treten, weit eher Gefühle der „Angst, Frustration, Unsicherheit und Enttäuschung als Interesse, Spaß, Sympathie und Erfolgserlebnisse“ (Vester).

So wird der Umgang mit Gefühlen nicht nur nicht gelernt, sondern es besteht eher eine offizielle Tendenz, sie zu unterdrücken und verkümmern zu lassen. „Weil wir durch unsere - rationale - Programmierung das Gefühl der Verbundenheit und des Vertrauens verloren haben, können wir das Vertrauen nicht mehr aufbringen, das wir brauchen, um unsere Emotionen anderen gegenüber ehrlich zu äußern und die Gefühle anderer in unser Bewußtsein eindringen zu lassen“ (Casriel). Wirksam bleiben sie aber trotzdem und äußern sich u.a. in unkontrollierten impulsiven Reaktionen oder neurotischen Komplexen. Junge Menschen lernen ja heutzutage kaum, mit eigenen Schwierigkeiten und Konflikten auf sinnvolle und sozial vernünftige Weise fertig zu werden. Sie erhalten keine Hilfe, auch einmal verzichten zu lernen, Einschränkungen zu akzeptieren, sich Bescheidung und Toleranz anzueignen. In dem Versuch, mit unausweichlichen Enttäuschungen und Frustrationen, mit eigenem Scheitern fertig zu werden, bleiben sie weitgehend auf sich selbst gestellt. Sie erhalten auch kaum Hilfe, ihr Gespür für Echtheit und Authentizität zu verfeinern. In ihrer Kontaktsuche zu Menschen außerhalb ihrer

Altersgruppe fühlen sie sich meist zurückgewiesen oder stoßen auf Falschheit und Manipulation.

Stellt man sich Fragen dieser Art, so stößt man auf eine im allgemeinen bisher kaum beachtete Problematik des Aufwachsens junger Menschen in unserer Gesellschaft. Vieles endet in Resignation und „Frust", obwohl doch das Lernen ein ganz natürliches Bedürfnis darstellt und soviel Freude machen kann.

Um wirklich echte Lernprozesse zu ermöglichen, kann man einfach nicht von einem einseitig verengten Bild des Menschen ausgehen. Man muß den Menschen als Ganzheit nehmen. Schon der 1746 geborene Schweizer Erzieher und Sozialreformer Johann Heinrich Pestalozzi hatte eine gleichgewichtige Bildung von „Kopf, Herz und Hand" gefordert. Und gerade bei jungen Menschen besteht eine besonders große Ansprechbarkeit und Bereitschaft gegenüber emotional-motivationalen Aspekten des Lebens.

Wir haben ja im zweiten Teil des Buches ausführlicher hirnphysiologische Grundlagen des Lernens erörtert. Dabei haben wir beispielsweise gesehen, daß schon jedes einfache Wahrnehmen einen viel umfassenderen Prozeß darstellt, als man früher anzunehmen gewohnt war. So werden zunächst Zellkomplexe der sogenannten Formatio reticularis[4] und des sogenannten aufsteigenden reticulären Aktivierungssystems (ARAS) eingeschaltet. Das führt zu einer allgemeinen Anregung der gesamten Hirntätigkeit sowie zu einer speziellen Aktivierung derjenigen Zentren, die für die jeweilige Reizverarbeitung zuständig sind.

Jede Wahrnehmung hat aber über die allgemeine und spezielle Anregungswirkung auch einen unmittelbaren gefühlsmäßigen Erlebnisaspekt, der durch Einschaltung subkortikaler Bereiche zustandekommt. Hier erfolgt auch die bereits erwähnte Filterung der Wahrnehmungsinhalte für eine langfristige Gedächtnisspeicherung. In Verbindung damit begegnet uns auch hier wieder das Grundprinzip eines mittleren Maßes, einer mittleren affektiven Anregung. Wer „überdreht" ist, lernt letztlich genausowenig wie derjenige, der kaum von einem Thema angeregt ist.

Im Rahmen einer sinnvollen und konstruktiven Entfaltung des eigenen Gefühlslebens ist es deshalb beispielsweise wichtig, die Empfindsamkeit gegenüber allen möglichen Gegebenheiten der Umwelt und auch gegenüber eigenen Gewohnheiten zu schärfen, sich für Selbsterfahrungen, etwa auch gegenüber Konsumgewohnheiten bei sich selbst und in der Umwelt aufzuschließen. Es ist weiter wertvoll, auch das Unglück, die Trauer oder die innere Hilflosigkeit anderer echt miterleben zu können, mehr und mehr einen „Sinn", ein „Gefühl" für Situationen, „für eine Sache", für Menschen zu gewinnen. Dann hat man auch die Voraussetzungen, in entsprechenden Situationen angemessen reagieren zu können. Schließlich bereichert es auch einen Menschen, sich über die Auswirkungen seines eigenen Tuns oder Unterlassens auf andere, auf eine Gruppe oder Gemeinschaft Gedanken machen zu können und seinen Sinn für solidarisches Denken und Handeln zu

4 Vgl. Abb. 31, S. 155.

stärken. Die eigene Identität muß darunter keineswegs leiden. Im Gegenteil, sie wird reicher.

Jeder, der Lernprozesse anderer Menschen fördern möchte, sollte sich der Wirklichkeit dieser Menschen voll aufschließen, ihre „Persönlichkeit" und Individualität, ihre „Motivationen" und die Welt ihres Alltags in möglichst ganzheitlicher Weise zu erfassen versuchen. Er sollte sich bemühen, sich auf die Denkwelt und die Probleme der Menschen einzustellen, denen er helfen möchte. Er sollte versuchen, möglichst ganzheitliche Lernprozesse in Gang kommen und eine weite und zusammenhängende Sicht vom Leben entdecken zu lassen. Er kann auch sozusagen als Katalysator wirken, generell ein tiefes und echtes Gefühlsleben aufkeimen lassen und persönlich bedeutsame Erfahrungen ermöglichen, anstatt sich sozusagen zwischen den Lernenden und sein tatsächliches Erleben zu schieben.

Dazu gehört auch, auf einer anderen Linie, auf Einsicht begründete angepaßte Reaktionen bei Verärgerung zu üben, ein „sportliches" Verhalten im Falle von Niederlagen und das Verkraften-Lernen von Belastungen jeglicher Art zu trainieren.

Ganz allgemein kann es nur von Vorteil sein, konstruktive Gefühlsbindungen auch öffentlich zu fördern. Schon ein Grüßen und Lächeln erhöht das Gefühl sympathischer Zusammengehörigkeit und vermindert die Möglichkeiten eines Entstehens aggressiver Tendenzen. Viele unserer Landsleute, die im Urlaub in den Süden fahren, erleben diese freundliche Zugewandtheit in beeindruckender Weise und sind nach ihrer Rückkehr enttäuscht, auf Menschen zu treffen, die nicht einmal einen freundlichen Gruß erwidern, ja sogar mit Stolz betonen, daß sie sich nicht von jedem einfach grüßen lassen.

Letztlich stellen sogar Zugewandtheit, Sympathie, Liebe und Redlichkeit bessere Grundlagen menschlichen Zusammenlebens dar als formale Normen. „Die jahrhundertelange Diskriminierung der Emotionalität hat den Blick dafür radikal getrübt, daß die einzige ursprüngliche menschliche Antriebskraft überhaupt, die einen Abbau von inhumanen Unterdrückungsverhältnissen motivieren kann, in dem Urphänomen der Sympathie steckt, mit dem Teilen von Stärke und Schwäche und der Symmetrie von Geben und Nehmen" (H.E. Richter).

Schließlich kommt einer allgemeinen stärkeren Humanisierung der menschlichen Umwelt und der Ermöglichung einer stärkeren inneren Erfüllung im Beruf eine große Bedeutung zu. Es gibt auch zahlreiche Belege dafür, daß das Alter von einem Menschen als um so weniger belastend erlebt wird, je mehr er auch außerwirtschaftliche Werte in seinem Beruf erlebt und je mehr er innerlich positiv erfüllte Freizeitaktivitäten mit Engagement ausgeübt hat und ausübt.

Auch für den Lehrer in der Schule würden sich aus diesen Erkenntnissen weiterreichende Folgerungen ergeben. Dabei bräuchte - und sollte - er gar nicht unbedingt festlegen wollen, in welcher Richtung bei seinen Schülern Lernprozesse zu verlaufen haben. „Es ist viel wichtiger, daß der Schüler zu seinem eigenen Denken kommt, als daß er die 'richtigen' Dinge denkt" (Jeffreys). Ein Lehrer, der diese gefühlsmäßig bestimmte ganzheitliche Sicht des Menschen nicht vernachlässigt, wird immer wieder versuchen, in Staunen oder auch in Begeisterung zu versetzen, Überraschendes und Unerwartetes zu bringen, Interesse und Neugier zu wecken, zum Nachdenken anzuregen, persönliche Betroffenheit zu bewirken und Antworten und Lösungen auch ruhig einmal offenzulassen. Abraham Maslow sagte einmal: „Es macht mehr Spaß, in einer Welt der Wunder als in einer Welt von Aktenschränken zu leben". Sehr beeindruckend sind auch die Worte St. Exupérys: „Wenn Du ein Schiff bauen willst, so trommle nicht Männer zusammen, um Holz zu beschaffen, Werkzeuge vorzubereiten, Aufgaben zu vergeben und die Arbeit einzuteilen, sondern lehre die Männer die Sehnsucht nach dem weiten, endlosen Meer!"

Was in einer Situation tatsächlich gelernt wird, hängt viel wesentlicher von dem ab, was ein Mensch in dieser Situation subjektiv erlebt, als von dem, was ein anderer sich vorgenommen hat, ihm beizubringen.

Letztlich kommt es in erster Linie weder auf das geschickte Arrangement von Bedingungen noch auf die Güte von vornherein festgelegter Ziele oder Bewertungskriterien an, sondern auf die Aufrichtigkeit einer Begegnung, in der man sich um den anderen kümmert. Diese aber ist ihrem Wesen nach spontan, nicht vorhersagbar und einmalig (Clark Moustakas, zit. nach Le Shan).

Zur Ganzheitlichkeit motorischer Lernvorgänge

Auch im Handeln der Menschen wird, wie wir bereits sahen, die Bedeutung der Ganzheitlichkeit in beeindruckender Weise deutlich, und ganzheitliche Aspekte betreffen auch das motorische Lernen.

Diese Ganzheitlichkeit ist bei näherer Betrachtung ein eigenartiges Phänomen. Hugo Kükelhaus stellt das in seinem Buch „Organismus und Technik" mehrfach in plastischer Weise heraus. Er beschreibt, wie man zu straucheln anfängt, wenn man auf den nächsten Schritt achtet. Schon beim ersten Schritt müsse das Kind das Wagnis eingehen, zu fallen. Es müsse lernen, sich fallenzulassen, ohne zu fallen. Jeder Schritt sei ein Fallen und jeder weitere Schritt ein aufgefangener Fall.

Kükelhaus erklärt auch, daß Balancieren nur möglich ist, wenn man nicht auf den nächsten Schritt achtet, sondern in der Blickrichtung der Schiene oder des Seils ins „Unendliche" schaut, genau so wie der Skiläufer eigentlich immer nur den Horizont anvisieren dürfe, sich gleichsam dem Horizont überlassen müsse, um in der Bahn sicher zu fahren.

Jeder weiß, wie sehr er komplexe, normalerweise „automatisch" erfolgende Bewegungsabläufe durcheinanderbringen kann, wenn er etwa beim schnellen Heruntergehen einer Treppe oder auch beim Autofahren versucht, Einzelbewegungen bewußt zu planen.

Sehr eindrucksvoll ist auch die Schilderung, die Eugen Herrigel in dem Büchlein „Zen und die Kunst des Bogenschießens" gibt: So wie der fliegende Vogel ganz einfach fliege, ohne daran zu denken, daß er fliegen müsse, sei die rechte Kunst des Bogenschießens quasi absichtslos. In dieser von gleichmütig lockerer

Versenkung in die Aufgabe getragenen Absichtslosigkeit verweile der Schütze während des Zustandes höchster Spannung. Je hartnäckiger man aber das Abschießen des Pfeiles erleben wolle, um so weniger werde es einem gelingen. Es gehe vielmehr um ein Eintauchen in den Zusammenhang zwischen uns und dem All, das Eintauchen in die große verbindende Einheit, die sich konkret in einer Einheit von Schütze und Scheibe verwirkliche. Deshalb müsse der Schuß „vom Schützen abfallen wie eine reife Frucht oder wie die Schneelast vom Bambusblatt", noch ehe er es gedacht habe.

Tim Gallway beschreibt ähnliche Zusammenhänge in seinem Buch über das „Innere Spiel" (beim Tennis). Er stellte nämlich als Tennislehrer fest, daß irgendwelche konkreten Anweisungen bei einem pflichteifrigen Schüler die Wahrscheinlichkeit verminderten, die gewünschte Korrektur zu erreichen. Er beobachtete beispielsweise einmal, daß alle Übungsbälle seiner Schüler als Zeichen gelungener Schläge in der betreffenden Ecke des Platzes und nicht am Netz lagen und sprach seinen Schülern darüber ein Lob aus. Er war zunächst überrascht, als ein Mädchen ausbrach: „O je, das mußten Sie gerade jetzt sagen, bevor ich an der Reihe bin". Dieses Mädchen machte auch daraufhin eine ganze Reihe von Fehlern.

Gallway schlägt sogar als Trick vor, einen ausnahmsweise unüberwindlich guten Gegner beim Seitenwechsel zu fragen: „Sag mal, was machst Du eigentlich heute anders, daß Deine Vorhand so sensationell ist?" Er geht dabei von der hohen Wahrscheinlichkeit aus, daß der Gegner in dem Moment, in dem er nachzudenken anfängt, sozusagen „aus der Ekstase aufwachen" wird.

Deshalb propagiert Gallway im Sinne des Zen-Paradoxons von der „mühelosen Anstrengung" anstelle der Belehrung durch Worte eine Programmierung durch Bilder und eine beurteilungsfreie Beobachtung. Kritik als Akt, einem Ereignis einen negativen oder positiven Wert beizumessen, lenkt die Psyche automatisch in eine Ebene ab, in der reibungslose Handlungsvollzüge als stimmige Ganzheiten nicht mehr möglich sind, weil sie auf dieser Ebene gar nicht programmiert sind. Deshalb sollte man auch die Fehler von Schülern gar nicht kritisieren, sondern sie als Bestandteile eines natürlichen Entwicklungsprozesses ansehen.

Gallway empfiehlt auch jedem, sich einer persönlichkeitsbezogenen Selbstkritik zu enthalten und auf das natürliche Geschehen der Dinge zu vertrauen. Seine Schlüsselworte sind „lassen" und „losgelöstes Interesse". „Wenn man sich bemüht, alles genau nach Vorschrift zu machen, wird man Unbeholfenheit, Unbeständigkeit und Frustration erreichen. Wenn man dagegen in der Aufgabe und im Ziel aufgeht - d.h. sein 'Ich' auszuschalten versteht - wächst man über sich hinaus." Wie kommt es, das viele Sportler allein dadurch, daß sie sportlichen Vorbildern mit Freude und Interesse zuschauen, anschließend ein sehr viel stärkeres Bedürfnis zu dieser speziellen sportlichen Betätigung haben und, wenn sie das Bedürfnis in die Tat umsetzen, eine überdurchschnittliche Form bei sich erleben? Gallway erklärt es damit, daß man, auf das Tennis bezogen, durch das Beobachten von Spitzenspielern für sein eigenes Spiel profitiert. Dieser Gewinn komme aber nicht durch eine exakte Analyse der Schläge zustande, sondern dadurch, daß man sich, ohne zu denken, auf Bewegungsabläufe konzentriere und Bilder in sich aufnehme.

Bezeichnenderweise sind ja auch die motorischen Zentren des Gehirns nicht nur für Bewegungsvorgänge als solche zuständig, sondern an den der Bewegung vorausgehenden gedanklichen Abläufen beteiligt. Handlungskompetenz bedarf daher einer großen Offenheit und Weite im Wahrnehmen möglichst vieler Aspekte einer Situation. Und sie bedarf einer ganzheitlichen Strukturierung, in die zumindest die wesentlichen Komponenten der Wirklichkeit und der Verarbeitungs- und Planungsabläufe im menschlichen Gehirn integriert werden. Das eigentlich Entscheidende dabei ist aber nicht die Zahl der berücksichtigten Merkmale, sondern eine grundlegende Haltung der Offenheit und eine Bereitschaft, komplexe Zusammenhänge als solche zu erkennen und anzuerkennen, nicht aber sie willkürlich zu beschneiden.

Zur Ganzheitlichkeit des Handelns gehört aber auch noch ein ganz anderer, schon fast paradoxer Zusammenhang, der das Handeln quasi in ein umfassenderes System einfügt. Zum Handeln gehört nämlich auch das Nicht-Handeln, das „Lassen". Ich kann ja nur etwas tun, indem ich etwas anderes nicht tue.

Beides, Handeln und Unterlassen, sind eigentlich nicht Gegensätze, sondern ergänzende Aspekte eines Systems. Das wird in der asiatischen Philosophie sehr viel deutlicher gesehen, wo „Lassen" nicht Pessimismus oder Resignation bedeutet, sondern „Vertrauen in den in der Welt und der Einzelseele waltenden Sinn" zum Ausdruck bringt. Zuviel Aktivität, zuviel Anstrengung, zuviel Mühe kann entgegen allen Erwartungen gerade negative Wirkungen haben und sogar Gefahren mit sich bringen. „Mühelose Anstrengung", „absichtliche Absichtslosigkeit", „losgelöstes Interesse" sind Kennzeichnungen einer oft wesentlich erfolgreicheren Gegenposition. So besehen, liegt das richtige Verhalten, wie es in der „Goldenen Blüte" heißt, in der Mitte zwischen Sein und Nichtsein.

Der lange Weg vom Reden zum Handeln

Die grundlegende Beziehung des Menschen zur Welt drückt sich im Handeln aus. „Man kann sich einfach nicht nicht-verhalten", sagt Paul Watzlawick.

Gerade bei jungen Menschen ist ein starker biologisch begründeter Drang nach Erfahrung, Betätigung und Erprobung lebendig. Das Bedürfnis nach irgendeiner Form von Aktivität ist bei ihnen sehr ausgeprägt. Sie benötigen das auch zur Entwicklung ihrer Hirnfunktionen.

Dadurch ist ihr Verhalten allerdings sehr oft durch unkontrollierte Impulse bestimmt. Manche ihrer Verhaltensweisen können sogar geradezu „als ein Aufschrei ohnmächtiger Wut und Verzweiflung angesichts der Tatsache verstanden werden, sozusagen bereits in jungen Jahren lebendig begraben zu werden" (Ferguson).

Für den überzeugten Bürokraten und Institutionalisten mag es erstaunlich und im Grunde vielleicht sogar befremdlich erscheinen, daß so vieles im menschlichen Leben immer noch ohne offizielle Anordnung geschieht. Ist es aber nicht doch auf der anderen Seite tröstlich, zugleich allerdings auch für die Wirklichkeit dieser Welt und des Lebens bezeichnend, daß beispielsweise ein Kind laufen lernt, ohne daß ihm die Mutter ausführliche verbale Erklärungen und Instruktionen zuteil werden läßt. Gewiß, mag man einwenden, hier spielen vorrangig biologische Reifungsprozesse eine Rolle. Würde man aber einen Wissenschaftler ersuchen, den Prozeß des Radfahrens zu erklären, der als solcher zweifellos nicht biologisch vorprogrammiert ist, hätte er wahrscheinlich zunächst einige Schwierigkeiten. Noch größere Schwierigkeiten hätte aber zweifellos der Junge, der rein auf dieser theoretischen Grundlage zum Radfahrer werden möchte. Die meisten Jungen steigen dagegen aufs Rad und fahren ohne ausführliche theoretische Instruktionen schriftlicher oder mündlicher Art einfach los. Sie könnten auch, nachdem sie es gelernt haben, aus ihrer eigenen Erfahrung heraus kaum erklären, wie sie es machen. Und doch, wenn sie wieder auf ihr Fahrrad steigen, ist ihnen alles „Wissen" praktisch gegenwärtig.

Ähnlich würde mancher Autofahrer, wenn man ihn nach der Lage seines Rückwärtsganges fragte, in Verlegenheit kommen. Sitzt er aber in seinem Wagen, um rückwärts aus der Garage zu fahren, legt er den Rückwärtsgang ein, ohne auch nur eine Sekunde zu zögern.

Von wie vielen Dingen sind Sie täglich umgeben, mit denen Sie problemlos umgehen! Und doch müßten Sie auf eine rein theoretische Frage wahrscheinlich passen. Versuchen Sie es einmal! Beschreiben Sie einmal aus der Erinnerung, was Sie im einzelnen genau sehen, wenn Sie aus dem Schlafzimmerfenster schauen! Oder versuchen Sie einmal folgende Fragen zu beantworten:

- Wie sieht der Adler auf der Rückseite eines Markstückes und eines Fünfmarkstückes aus? Ist es der gleiche Adler?
- Welche Figur befindet sich auf der Rückseite eines Zehnpfennigstückes?
- Wie oft steht die 10 auf einem Zehn-DM-Schein?
- Welche Farbe hat die Innenverkleidung des Fahrstuhls in Ihrem Büro oder in Ihrer Fabrik?
- Wo steht die 100 auf dem Tachometer Ihres Wagens?
- Wie sieht Ihr Wohnungsschlüssel genau aus?
- Wieviel Stufen hat die Treppe in dem Haus, in dem Sie wohnen?
- Hat Ihre Armbanduhr römische oder arabische Ziffern oder nur Striche? (u.a. Reichel)

Sie sehen, Sie können mit den Dingen umgehen, ohne sie im einzelnen genau zu kennen. Sie erwerben auch automatisch fast nur ein konkretes Wissen von dem, was für Ihr praktisches Handeln wichtig ist. Kein Körper kann ein Gift dadurch ausscheiden, daß er dessen Namen kennt, sagt Alan Watts, und Idries Shah erzählt die Geschichte von den zwei Derwischen, die sich begegnen:

Ein herkömmlich denkender Derwisch aus einer strengen klassischen Schule ging eines Tages an einem Flußufer entlang. Plötzlich hörte er einen lauten Schrei, der von einer Insel im Fluß zu ihm drang. Er erkannte, daß irgend jemand mehrere Male hintereinander den „Ruf des Derwischs" ausstieß. Er bemerkte aber auch, daß der Mann die Silben völlig falsch aussprach, und fühlte sich verpflichtet, den Unglücklichen zu korrigieren; denn es hieß, daß ein Mann, der die heilige Formel richtig wiederholen könne, sogar fähig sei, auf den Wellen zu gehen.

So ruderte er zu der mitten im Strom liegenden Insel und versuchte, dem anderen Derwisch klarzumachen, wie er die Silben richtig aussprechen müsse. Dieser war ihm zutiefst dankbar; und so ruderte er voller Stolz über die gute Tat in seinem Boot wieder zum Flußufer zurück. Da hörte er, wie der zweite Derwisch erneut anfing, den Ausruf in der alten, falschen Art zu wiederholen. Als er noch betrübt über die Dummheit und Halsstarrigkeit der menschlichen Natur nachdachte, sah er plötzlich eine seltsame Erscheinung: Von der Insel kam der andere Derwisch auf ihn zu und ging wie selbstverständlich auf der Wasseroberfläche. Erstaunt hörte er auf zu rudern. Als der zweite Derwisch am Boot angekommen war, entschuldigte er sich: „Sei mir nicht böse, wenn ich Dich noch einmal belästige; aber darf ich Dich bitten, mir noch einmal die richtige Form des Ausrufs zu sagen; denn ich habe sie nicht richtig behalten."

Früher hegte man die Auffassung, daß es möglich sei, lediglich durch reine Informationsvermittlung Verhalten zu beeinflussen. Auch heute sind noch viele Menschen, unter ihnen auch eine nicht geringe Zahl von Pädagogen, der Meinung, daß es so sei.

Nach dem derzeitigen Wissensstand hat aber eine Informationsvermittlung als solche kaum einen nennenswerten Einfluß auf späteres Verhalten. Es kommt vielmehr auf zahlreiche weitere Voraussetzungen an, die sich, wenn sie nicht erfüllt sind, als Hindernisse zwischen die gute Absicht und den (Verhaltens-)Erfolg schieben.

Lassen wir die Kette von Voraussetzungen einmal kurz Revue passieren, wobei

Abbildung 51: *Der weite Weg von der Information zum Verhalten*

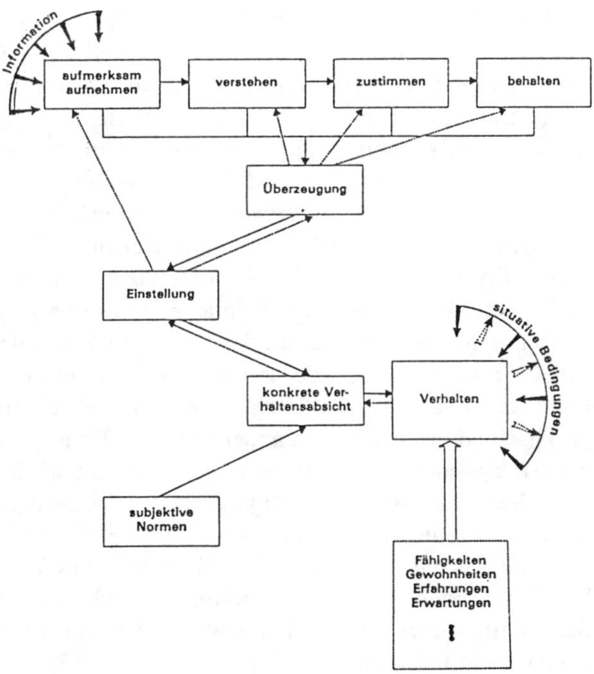

ich mich an das Modell der amerikanischen Psychologen Martin Fishbein und Jack Ajzen anlehne.

Eine erste Voraussetzung ist, daß derjenige, an den man sich wendet, überhaupt zuhört. Schläft er beispielsweise während eines Vortrages ein, so sind die schönsten Worte vergebens gesprochen. Von Informationsvermittlung im eigentlichen Sinne kann man dann wohl kaum sprechen. Denn Information setzt - neben dem Sender - immer einen funktionierenden Empfänger voraus. Die notwendige Aufmerksamkeit stellt sich übrigens - ich komme damit auf einen bereits bekannten Punkt zurück - am allerehesten dadurch ein, daß die tatsächlichen persönlichen Interessen des Empfängers angesprochen werden.

Ist diese Hürde der Aufmerksamkeit genommen, kann die Information trotzdem wirkungslos bleiben, weil sie einfach nicht verstanden wurde. Ob nun wirklich etwas verstanden wurde, erfährt man nicht durch schlichtes Nachfragen. Denn die meisten werden - schon aus reiner Menschenfreundlichkeit und um ihre Ruhe zu haben - mit „ja“ antworten. Auch ein freudig aufleuchtendes Augenpaar besagt noch nicht alles. Selbst wenn sich das Aufleuchten tatsächlich auf das Gesagte bezieht, bedeutet das noch nicht, daß das Gesagte als das verstanden wurde, als was es gemeint war. Der Angesprochene kann - subjektiv - etwas ganz anderes und - wenn man Pech hat - sogar das Gegenteil verstanden haben.

Ich erinnere mich sehr gut an einen Vortragsabend vor langen Jahren. Ich hatte vor einem Industrieverband einen Vortrag über Vorurteile gehalten. Nach Abschluß meines Vortrages schienen, nach dem Beifall zu schließen, die Zuhörer recht zufrieden zu sein. Der Vorsitzende kam zum Rednerpult, um mir zu danken, und ich hörte die Worte: „Wissen Sie, was mich am meisten beeindruckt hat an Ihrem Vortrag? Das Beispiel mit den rothaarigen Frauen! Denn schon mein Großvater hat mir immer gesagt: 'Junge, wenn Du mal mit einer rothaarigen Frau ... ...' usw.“ Dabei hatte ich das Beispiel mit den rothaarigen Frauen genau als Beleg des Gegenteils, nämlich eines unbegründeten Vorurteils, angeführt.

Für das Verstehen ist auch die Gesamtatmosphäre entscheidend, aus der heraus man ein echtes Feedback erwarten kann (vgl. S. 102 ff.). Es lohnt sich deshalb immer, wenn die Möglichkeit besteht, Beispiele für das Gesagte aus dem persönlichen Erfahrungsschatz der Zuhörer zu sammeln bzw. seinen jeweiligen Gesprächspartner um dessen persönliche Erfahrung zu bitten.

Nun gut! Nehmen wir an, das Gesagte wurde auch verstanden. Dann kann es trotzdem passieren, daß der Angesprochene nach wie vor innerlich anderer Meinung ist. Er sagt sich vielleicht: „Rein theoretisch mag der ja Recht haben. Aber praktisch ist das doch ganz anders“, oder „das ist ja alles schön und gut, aber das kann *ich* ja nicht machen!“ usw. Es muß also auch eine innere Zustimmung zu dem Gesagten erfolgen: „Ach ja, so hängt das zusammen! Jetzt kann ich mir auch erklären, warum ich neulich ...“.

Aber was nutzt das alles, wenn der andere aufmerksam zugehört, Sie verstanden hat, Ihnen auch innerlich zustimmt und alles, was Sie ihm gesagt haben, kurz danach im Trubel seines Alltags wieder vergißt. Er muß das, was Sie ihm gesagt haben, auch behalten.

Über diese ganze Kette von Voraussetzungen entsteht dann mehr oder weniger das, was man als Überzeugungen bezeichnet. Diese wiederum bewirken, wenn sie in genügender Zahl vorhanden sind, bestimmte Einstellungen, also gefühlsgetönte Grundorientierungen mit entsprechender Verhaltenstendenz.

Diese Einstellungen müssen aber in ganz konkrete Verhaltensabsichten übersetzt werden, um eine Grundlage tatsächlicher Verhaltensweisen zu werden. Es genügt beispielsweise nicht, wenn man sich sagt: „Dem armen Teufel müßte geholfen werden, der tut mir wirklich leid", aber nichts konkret plant oder unternimmt. Vielmehr müßte man sich sagen: „Weil ich Mitleid mit ihm habe und ihm geholfen werden müßte, werde ich jetzt gleich dies oder jenes tun oder heute abend noch ein Paket fertig machen, das ich dann morgen früh als erstes auf die Post bringe."

Das Zustandekommen konkreter Verhaltensabsichten hängt aber wiederum sehr stark von normativen Aspekten ab. Manches, was man an sich gerne täte, tut man einfach nicht, weil es gegen subjektiv verbindliche Normen verstößt. Diese beziehen sich einerseits auf die Überzeugungen des Betreffenden, was für ihn wichtige Menschen in seiner Umgebung denken, bzw. was sie nach seiner Meinung von ihm erwarten. Andererseits spielt natürlich auch eine Rolle, inwieweit man selbst geneigt und motiviert ist, den Erwartungen dieser Personen zu entsprechen.

Ein Verhalten wird nun um so stärker mit der Verhaltensabsicht übereinstimmen, je mehr die Verhaltensabsicht so speziell und konkret wird, wie ein bestimmtes Verhalten zwangsläufig ist. Denn indem man etwas tut, kommt es notwendigerweise zu einem ganz konkreten Ereignis. Dabei ist u.a. von Einfluß, wie stabil die Verhaltensabsicht und wie hoch das Maß ist, in dem das Ausführen der Verhaltensabsicht willentlicher Kontrolle unterliegt.

Selbst wenn aber alle bisher erwähnten Voraussetzungen lückenlos und voll erfüllt wären, ist damit immer noch nicht gewährleistet, daß es tatsächlich zu einem bestimmten Verhalten kommt. Das hängt von einer ganzen Reihe weiterer Einflußgrößen ab: den Fähigkeiten, der ganzen Lebensvorgeschichte, eingeschliffenen Gewohnheiten, der Gegenwart anderer Personen, alternativen Verhaltensmöglichkeiten, einem Übermaß oder einem Mangel an Gelegenheit, unvorhergesehenen äußeren Ereignissen und vielem anderen mehr.

Dabei sind vor allem situative Einflüsse von starker und oft sogar entscheidender verhaltensbestimmender Wirkung. Sie können noch so gut gelaunt und wohlwollend gestimmt sein; wenn Ihr Gegenüber Ihnen eine freche und bösartige Bemerkung an die andere macht und überhaupt keine Bereitschaft erkennen läßt, auf Sie einzugehen, wird Ihre Stimmung bald umschlagen. Umgekehrt können Sie jemandem heftig die Meinung sagen wollen, aber vor seinem - oder ihrem - freundlich überwältigenden Charme mögen ihre grimmigen Absichten wie Butter in der Sonne dahinschmelzen.

Das bedeutet in aller Klarheit: Weit stärker als durch die unmittelbar auf den Menschen gerichteten - im weitesten Sinne erzieherischen - Ansätze wird das Verhalten des Menschen durch situative Bedingungen und bestimmte Voraussetzungen beeinflußt, die nicht erzieherischer Art sind. Es ist sozusagen der in fast allen Situationen irgendwie vorhandene Anreiz oder Druck in Richtung eines bestimmten Verhaltens, dem sich Menschen selbst dann, wenn sie vorher anders eingestellt gewesen sein sollten, offenbar kaum entziehen können. Der Mensch ist eben keine abstrakte Größe, die sich in einem abstrakten Raum verhält, sondern er ist ein konkretes flexibles Wesen, das sich auf einem bestimmten Hintergrund in einer konkreten Situation verhält, die durch eine Unzahl charakteristischer Merkmale gekennzeichnet ist.

Wenn wir nun Verhalten nicht als isolierte Größe, sondern als ein recht kompliziertes Ergebnis eines komplexen Systemgeschehens ansehen, muß man sich natürlich auch von der Vorstellung einer lediglich in einer Richtung verlaufenden Kausalität trennen. Vom Verhalten gehen nämlich wiederum - sozusagen rückwirkend - sehr starke Wirkungen auf Einstellungen und Überzeugungen sowie letztlich auch auf die Informationsaufnahme aus. Durch bestimmte Verhaltensweisen, d.h. also dadurch, daß man sich verhältnismäßig beständig in einer bestimmten Weise verhält, formen sich „automatisch" entsprechende, zu dem gezeigten Verhalten passende Einstellungen heraus. Diese bestimmen wiederum zum großen Teil darüber, welche Informationen überhaupt aufgenommen und auf welche Weise sie interpretiert werden. Habe ich mich - aus welchen Gründen auch immer - einem bestimmten anderen Menschen gegenüber häufiger unhöflich verhalten, so wird in mir mit der Zeit mehr oder weniger die Überzeugung entstehen, daß dieser andere ein unangenehmer Zeitgenosse ist, den man sich am besten vom Leibe halten sollte. Damit wäre dann die notwendige innere Übereinstimmung erzielt, die offenbar für den Menschen sehr wichtig ist.

Bis zu den - leider immer noch weltweit verbreiteten - Folterungen hin zeigt sich in der Geschichte der Menschheit die durchgängige Tendenz, die Qualität von Menschen, die man - aus welchen Gründen auch immer - zu quälen begonnen hatte, geistig-moralisch abzuwerten. Sie werden zunehmend sozusagen als „Abschaum" oder „Unkraut" erlebt. Die eigenen Handlungen können dann nachträglich innerlich als gerechtfertigt akzeptiert werden. Das Selbstsystem scheidet den „unverdaulichen" Widerspruch aus.

Durch Handeln und handlungsbezogene Erfahrung erwirbt man also auf verhältnismäßig leichte Weise dauerhaftes Wissen, vor allem aber lebens- und wirklichkeitsbezogene Erfahrung. Handeln ist sozusagen die aktive Seite der Erfahrung und bestimmt darüber hinaus auch die Art der Erkenntnis (Dewey).

Hier liegt auch der Sinn, nicht in jeder Situation tatsächliche Erfahrung unter Hinweis auf gedankliche Vorstellungen nach dem Motto „das geht doch nicht" zu verhindern, sondern - in durchaus kritischer Weise und unter entsprechender Vorsicht - dies oder jenes durchaus einmal zu versuchen. „Wo kämen wir hin, wenn jeder sagte, 'wo kämen wir hin', und keiner ginge, um zu schauen, wo wir hinkämen, wenn wir gingen" (Graffiti).

Lernprozesse laufen ja auch gewöhnlich um so fruchtbarer ab, je mehr der Lernende selber aktiv engagiert ist. Eine allzu rasche Aufnahme von Information, die man sich nicht wirklich selbst „er-arbeitet", bringt dagegen weit weniger dauerhaften Nutzen. Aus dem gleichen Grunde empfiehlt es sich auch, von den Problemen der Lernenden auszugehen, von Situationen, in denen einem Lernenden bewußt wird, daß das, was er in einer bestimmten Beziehung weiß und kann, nicht ausreicht, um ein angestrebtes Ziel zu erreichen oder einen bestimmten Nachteil zu vermeiden. Es ist deshalb meist von großem Vorteil, wenn der Lernende selbst eine Möglichkeit hat, Lernprozesse mitzubestimmen, d.h. seine „Probleme" einzubringen und sich an Planung und Entscheidung zu beteiligen. Eine solche Situation führt nahezu „automatisch" zu einer positiven Lernmotivation. Außerdem ist dann auch die Bereitschaft wesentlich größer, sich selbst und das eigene Verhalten kritisch zu beurteilen.

Unabhängig davon ergibt sich allein aus der Tatsache, wie ein Gehirn „geschaltet" ist, daß eigene Aktivität, eigenständiges Denken, das Selbstentdecken von Zusammenhängen entsprechende Lernprozesse erleichtern und intensivieren. Denn die intensive Einbeziehung motorischer Zentren einschließlich der sogenannten Assoziationsbereiche bedeutet eine entscheidende Verstärkung allgemeiner Lernprozesse. Hier liegt auch der grundsätzliche Wert, eigenständig denken zu lernen und selbständig Lösungen finden zu können, kurz „Lernen zu lernen".

Deshalb ist es für wirkliches Lernen von erheblicher Tragweite, nicht nur über Dinge zu reden, sondern auch aktiv mit ihnen zu arbeiten, zu hantieren, die Wechselwirkungen mit der Umwelt aktiv zu erleben. Bedeutsames Lernen kommt in entscheidender Weise durch praktisches Tun zustande. „Reife kann man sich nur erwerben, indem man an der Lösung reifer Probleme teilnimmt, anders geht das nicht - was da in den Schulen zum Herstellen von Reife versucht wird, ist kindisch" (Feyerabend).

Wer in seiner konkreten Wirklichkeit zu handeln gewohnt ist und ständig irgendwelchen Problemen gegenübersteht, die er bewältigen muß, erwirbt auch sehr viel leichter das entsprechende theoretische Wissen. Er ist aber auch sehr viel kritischer gegenüber theoretischen „Trapezakten", die sich von der Wirklichkeit in nicht mehr nachvollziehbarer Weise abgehoben haben.

Als Unterstützung unmittelbar verhaltensbezogener Lernprozesse, sind verbale Hinweise und Zusammenfassungen durchaus wichtig und hilfreich. Ohne Bezug auf tatsächliches Verhalten und praktische Erfahrung bleiben sie aber relativ wirkungslos. Auf rein verbalem Wege lerne ich kein Verhalten. „Ich lerne Handeln nicht durch Reden über Handeln, sondern dadurch, daß ich handle" (Hielscher).

Lernen hat es also ganz entscheidend mit Aktion, mit Handeln zu tun und ist als solches ein immanentes Merkmal des Lebens. Deshalb ist es falsch, Lernen nur quasi als Vorbereitung auf das (spätere) Leben zu verstehen, sondern richtig ist eigentlich Lernen nur als wesentlicher Aspekt des Lebens schlechthin zu begreifen. Dadurch, daß ich lebe, lerne ich, vor allem, indem ich handle. Deshalb muß auch aus dieser Sicht dem Lernen durch aktive Erfahrung der eindeutige Vorrang vor einem Lernen durch entsprechende Belehrungen auf rein sprachlichem Wege eingeräumt werden.

Schon Experimente mit Kätzchen aus dem gleichen Wurf lieferten eindeutige Belege dafür, daß das aktive Erkunden der Umwelt die Gehirnentwicklung entscheidend fördert. Kätzchen, die diese Möglichkeit hatten, entwickelten sich gehirn- und leistungsmäßig (es handelte sich insbesondere um Versuche zu der optischen Unterscheidungsfähigkeit) wesentlich besser als Kätzchen, die der gleichen anregungsreichen optischen Umwelt ausgesetzt waren, diese aber nur als passive Passagiere in einer Gondel erlebten.

Man kann also den derzeitigen Erkenntnisstand dahingehend zusammenfassen, daß durch rein sprachliche Vermittlung rationaler Erkenntnisse kein entsprechendes Verhalten herbeigeführt werden kann (vgl. Tausch). Ein Lernvorgang ist, bezogen auf das spätere Verhalten in der Wirklichkeit, um so wirkungsvoller, je näher die Lernsituation der tatsächlich bedeutungsvollen Lebenssituation ist, in der ein bestimmtes Verhalten erwartet wird. Je entfernter umgekehrt die Lernsituation von der natürlichen Situation des „Ernstfalls" ist, um so geringer scheinen die Erfolge zu sein.

Daraus ergibt sich die Konsequenz, jeden Lernvorgang aus der Sicht des Lernenden möglichst aktiv zu gestalten. Das gilt für körperliche ebenso wie für geistige Tätigkeiten. Persönliche Erlebnisse und Erfahrungen sind einfach unersetzbar. Echte Lernprozesse mit langdauernden Wirkungen können nur durch den Umgang mit der Umwelt in konkreten Situationen zustande kommen. Dazu gehört auch die praktische Begegnung mit Menschen.

Dabei stellt sich erneut die Frage, ob es nicht überhaupt grundsätzlich sinnvoll und gar ratsam ist, lediglich Situationen zur umfassenden aktiven Eigenentwicklung zur Verfügung zu stellen und helfend zur Seite zu stehen, wenn Hilfe in irgendeiner Richtung benötigt oder gewünscht wird, ohne eine solche Richtung zwangsläufig vorzugeben oder anzusteuern.

Ein letzter Gesichtspunkt: Wenn ich von Handeln und Verhalten spreche, denke ich nicht so sehr an große abstrakte Aktionen und Aktionsprogramme, die doch meist nur wieder aus Gerede bestehen und von der tatsächlichen Wirklichkeit sehr weit entfernt sind. Ich denke vielmehr in aller Bescheidung und Bescheidenheit an das ganz konkrete Verhalten in ganz konkreten Situationen. Hier, in solchen Situationen des täglichen Lebens, entscheidet sich mein Verhalten, und hier entscheidet sich auch das Problem meiner Existenz und meines Wesens.

„Es gibt nichts Gutes, außer man tut es", sagt Erich Kästner. Und bei Antoine de Saint-Exupéry finden wir eine in ihrer Einfachheit schlicht überzeugende Aussage, die im Gegensatz zu den großen Worten mancher Politiker steht, die aber die tagtägliche Wirklichkeit der Menschen betrifft: „Ich will die Schönheit meiner Tempel begründen, gegen die sich die Menschen austauschen können und die ihrem Leben einen Sinn geben. Doch als ich heute Abend in der Einöde meiner Liebe einherging, begegnete ich einem kleinen Mädchen in Tränen. Ich bog seinen Kopf zurück, um in seinen Augen zu lesen. Und sein Kummer hat mich geblendet. Wenn ich es ablehne, Herr, ihn kennenzulernen, lehne ich einen Teil der Welt ab und habe mein Werk nicht vollendet. Es geht nicht darum, daß ich mich von meinen großen Zielen abwende, aber es gilt, dieses kleine Mädchen zu trösten! Denn nur dann geht alles gut in der Welt. Auch das kleine Mädchen ist Sinnbild der Welt" (Stadt in der Wüste).

5. Polaritäten und Synthesen

Zur grundsätzlichen Bedeutung von Polaritäten

Polaritäten sind ein wesentliches Merkmal des Lebens (vgl. 171). Der Begriff bedeutet ein Aufeinanderbezogensein von Gegensätzlichem, und solche aufeinander bezogene Gegensätze bezeichnen wir als Pole. Zwischen diesen Polen als Endpunkten einer bestimmten Merkmalsdimension liegt eine quasi unendliche Folge von Übergängen. Jede in einer speziellen Dimension bedeutsame Gegebenheit kann so an einer ganz bestimmten Stelle auf der „Skala" zwischen den jeweiligen Polen eingeordnet werden.

Dabei ist eine eigenartige Beziehung interessant. Verfolgt man nämlich eine bestimmte Vorstellung mit letzter logischer Konsequenz, gewahrt man plötzlich, daß sie, so wie bei der Überlagerung von Lichtwellen neben Licht auch Dunkelheit entsteht (Interferenzphänomen), mit ihrem Gegenteil identisch ist, so daß der dualistische Gegensatz, wie es auch in der Hegelschen Konzeption zum Ausdruck kommt, in sich zusammenfällt (Bohm).

Es ist nun für Prozesse fast nie von Vorteil, wenn eine bestimmte Seite, ein „Pol", auf längere Dauer das absolute Übergewicht hat. Leben bedeutet vielmehr eine vielseitige „dynamische Balance" (Ruth S. Cohn).

Als grundlegendes tragendes Merkmal von Leben lassen sich Polaritäten und Widersprüche wohl auch nicht durch noch so intensives Nachdenken auflösen. Das einzig letztlich Sinnvolle und Angemessene dürfte vielmehr sein, sich die innere Weite und Gelassenheit anzueignen, sie zu akzeptieren, oder mit anderen Worten, das Leben zu leben.

Indem man schlicht in aller Offenheit lebt, eröffnet sich die Chance, eine Engstirnigkeit zu überwinden, die menschliches Denken auf verschiedenartige Weise behindern kann. Ein solches engstirniges Denken muß nicht nur darin bestehen, daß man Dinge und Ereignisse, weil man es aus irgendwelchen Gründen nun einmal so gelernt und sich daran gewöhnt hat, eben nur unter einem Blickwinkel sieht. Es zeigt sich auch - und eigentlich sogar noch stärker - darin, daß man die Dinge der Welt nach aller Möglichkeit jeweils einem der beiden Pole einer Dimension zuordnen möchte und dabei die Strecke endloser Übergänge zwischen den Polen vernachlässigt. Auf dieser Strecke aber bildet sich die Wirklichkeit ab. Die Pole sind, so wie sich das wimmelnde Leben auf der Erde weder am Nord-, noch am Südpol abspielt, ordnende „Ideal"-Produkte und „tote" Bezugspunkte unseres Geistes, die uns für die Erfassung einer komplexen und schwer überschaubaren Wirklichkeit Orientierung geben. Auch ein Kapitän orientiert sich sehr wohl am Licht eines Leuchtturms, sein Schiff könnte aber nie auf diesem Licht schwimmen.

Nach einer die Realität jeweiliger Pole illusionär überschätzenden Sichtweise, der bekannten „Entweder-oder-Einstellung" muß etwas entweder gut oder schlecht, entweder schön oder häßlich, muß jemand entweder Freund oder Feind, entweder unterlegen oder überlegen, etwas schlechthin „so" oder (umgekehrt) „so" sein. Damit hebt man aber die Möglichkeit auf zu erkennen, daß die Wirklichkeit als solche zwischen gedachten Extremen liegt. Man verhindert eine differenziertere Sichtweise und setzt sich außerstande zu begreifen, daß etwas sogar - je nach dem Blickwinkel - beides beispielsweise richtig und falsch zugleich sein kann. Ein halb mit Wasser gefülltes Glas kann zugleich mit vollem Recht als halb voll und als halb leer bezeichnet werden. Außerdem verschiebt sich der Standort irgendeiner Gegebenheit oder irgendeines Ereignisses auf einer gedachten Skala im dynamischen Zusammenspiel der Einflußgrößen immer wieder.

Man übersieht auch zu leicht, daß die Natur „echte" und „falsche" Arten ebensowenig kennt wie eine Unterscheidung von „Kraut" und „Un-kraut", daß es vielmehr unser egozentrisches menschliches Interesse und unser Gliederungsbedürfnis ist, das die einen von den anderen abtrennt und diesen Abgrenzungen, ähnlich wie bei vielen politischen Grenzen, auch zugleich einen Wertcharakter beimißt. In vielen Fällen entstehen erst durch solche Abgrenzungen Konflikte und Kämpfe zwischen Menschen, die von der Sache her völlig unnötig und sinnlos sind. Die meisten menschlichen Probleme sind sogar Probleme und Konflikte über Grenzen und Gegensätze, die Menschen erst geschaffen haben. Das gilt nicht nur für Völker wie beispielsweise die Armenier oder Kurden, die seit Generationen durch künstliche Abgrenzungen auseinandergerissen sind und letztlich unter den Folgen willkürlicher Staatsgrenzen leiden. Es gilt ebenso für die unglücklichen Folgen nahezu jeglicher theoretischer Klassifizierung, wie sie beispielsweise auch bei den mit erwarteten Verpflichtungen einhergehenden Zuweisungen zu Ständen, Klassen oder welchen Gruppierungen auch immer vorliegt.

Die meist weit wichtigere umfassende Einheit der Gegensätze und die oft sehr viel stärkeren verbindenden Gemeinsamkeiten werden dabei zum Nachteil der Menschen vernachlässigt. Wellenkamm und Wellental sind aber überhaupt nur verstehbar als Aspekte einer einheitlichen Wellenbewegung. So sind auch Leihen und Verleihen, Kaufen und Verkaufen zwei Seiten eines im Grunde einheitlichen Geschehens. Auch die Trennung von Land und Wasser ist mindestens ebenso stark eine Berührung, in der das eine mit dem anderen in Verbindung tritt. So heißt es auch aus der Erkenntnis dieser Zusammenhänge in einem buddhistischen Text, daß die Phänomene des Daseins nicht von der Art sind, daß sie sich gegenseitig ausschließen, sondern daß sie letztlich „eins" sind. Nur unsere falsche Vorstellung lehre uns, daß sie unbedingt auseinandergehalten werden müßten, obwohl sie in Wirklichkeit zusammenhängen und voneinander abhängen. Unsere „Grenzen" sind also zum großen Teil Illusionen, nicht Ausdruck der Wirklichkeit, sondern Ausdruck der Art und Weise, wie wir die Wirklichkeit „kartographieren" (vgl. Wilber).

Polaritäten menschlichen Daseins

Polaritäten spielen aber zweifellos für unsere Erfassung der Wirklichkeit eine große Rolle, und Polaritäten als ein fruchtbares Aufeinander-Bezogensein von Gegensätzlichem sind eine Grundweise, in der sich uns die Dinge der Welt darstellen. Wir sind deshalb auch immer wieder im Verlaufe der Beschäftigung mit Lebensprozessen auf solche Polaritäten gestoßen. Sie bestehen in unterschiedlichster Beziehung und überschneiden sich in vielfältiger Weise. Ich möchte beispielhaft einige von ihnen kurz erläutern.

Eine erste Polarität mag schon zwischen Wissen und Nicht-Wissen gesehen werden. Denn beide stehen sich nicht schlicht gegenüber, sondern sind aufeinander bezogen. Jedes Wissen bedarf des Wissens um das Nicht-Wissen, um nicht schlichtes Nicht-Wissen zu sein. Das Wissen muß sich sogar des Nicht-Wissens bewußt werden, das es selbst mit sich bringt. Und erst, wenn zum Wissen (und zum Wissen um das Wissen) das Wissen um das Nicht-Wissen hinzutritt, kann wahres Wissen entstehen.

Eine besonders wichtige Polarität im Bereich des Erkennens besteht natürlich zwischen Detailwissen und Einsicht. Wohl begründete Einzelkenntnisse und konkretes Sachwissen sind zweifellos außerordentlich wertvoll, ja unabdingbar notwendig. Ohne sie bleiben alle Überlegungen bezüglich umfassender Zusammenhänge zu leicht im Nebel des Allgemeinen. Auch kann es durchaus sein, daß einzelnen Faktoren in bestimmten Zusammenhängen eine große, manchmal sogar entscheidende Bedeutung zukommt. Ein Geleitzug kann bekanntlich nach einer alten Erfahrung nur so schnell wie das langsamste Schiff vorankommen, und das Fehlen einer einzigen Voraussetzung kann einen umfassenden Plan zum Scheitern bringen.

„Vielwisserei" als solche garantiert aber noch nicht „Einsicht" und „Bildung". So stellt Georg Christoph Lichtenberg lapidar fest, daß man sogar „sehr seichte Köpfe findet, die zum Erstaunen viel wissen", betont aber auch, daß jemand, der beispielsweise nichts als Chemie versteht, auch diese nicht verstehe.

Ähnlich soll der amerikanische Physiker Archibald Wheeler einmal gesagt haben, daß keine Theorie der Physik, die sich nur mit Physik befasse, jemals die Physik werde erklären können (zit. nach Sarfatti in Wilber). Dazu tritt eine andere Gefahr: Schon der 275 v. Chr. verstorbene chinesische Weise Chuang-Tse meinte einmal, bei dem Bemühen, immer tiefer zu graben, um immer mehr zu erfassen, laufe man Gefahr die Rückkehr zu vergessen, und bekomme am Ende doch nur einen Leichnam, ein Gespenst der Wirklichkeit zu Gesicht.

Wichtig ist bei allem Wissenserwerb, daß man sich nicht in der zerstückelten Fülle der Information verliert und sich darüber klar ist, wie leicht sich - schon durch die Sprache - tatsächliche Zusammenhänge in ein nicht der eigentlichen Wirklichkeit entsprechendes Nacheinander verwandeln.

Einzelfakten und eine Einsicht in bestehende Zusammenhänge müssen sich also ergänzen. Denn es gilt beides zu vermeiden: nichts über alles (der klassische Humanist) und alles über nichts (der typische wissenschaftliche Experte) zu wissen

(G.B. Shaw). Schon Blaise Pascal betonte mit Nachdruck, daß es unmöglich sei, einzelne Teile wirklich zu kennen, ohne um das Ganze zu wissen, ebenso aber auch, daß es unmöglich sei, das Ganze zu kennen, ohne nicht um die Besonderheiten der Einzelteile zu wissen.

Systemdenken und Detailwissen müssen sich wechselseitig befruchten. Wie die Gefahr eines Mißverstehens der Wirklichkeit ebenso in der fleischlosen Theorie wie in der ohne theoretische Einsicht erfolgenden Faktenermittlung liegt, liegen die Chancen der Erkenntnis sozusagen zwischen den unzähligen Sandkörnern der Wüste und den berauschenden Gleichnissen der Dichtung. Jede vereinfachende Rückführung der umfassenden Systemwirklichkeit auf einen bestimmten Erklärungsansatz, sei dieser analytischer oder ganzheitlicher Art, bedeutet eine Einbuße an Information über die Wirklichkeit und damit eine Verminderung der Chancen, in dieser Wirklichkeit dauerhaft erfolgreich bestehen zu können. Es ist oft nicht einfach, die Ausgewogenheit der Ansätze zu wahren. Manchmal ist es sogar eine Art Drahtseilakt, bei dem man darauf achten muß, rechtzeitig die Balance wiederherzustellen, um nicht nach einer Seite abzustürzen.

Etwas „einsehen“ bedeutet ja, etwas in seinen Beziehungen und in seiner Verbundenheit zu anderen Dingen zu erkennen, die Grundlagen und das Umfeld von Dingen und Ereignissen zu begreifen. So finden ja auch Lernprozesse von Menschen, die in einem Flußtal leben, in einem anderen Rahmen statt als Lernprozesse von Bergbewohnern, laufen deshalb zum Teil anders ab und führen zu unterschiedlichen Weltsichten.

Wer dieses Umfeld begriffen hat, kann sich vor manchem Schaden bewahren. Es geht ihm dann nicht so, wie dem Schweizer Ehepaar, von dem die Londoner „Times“ am 21.8.1971 berichtete: Das Ehepaar ging in Hongkong in ein Restaurant essen und nahm seinen Pudel mit. Der Sprache und der Eßgewohnheiten der dortigen Bevölkerung unkundig, signalisierten sie dem Ober mit Hilfe von Eßgebärden, daß er den Hund füttern solle. Der Ober nahm daraufhin den Pudel mit. Später brachte er eine Platte mit einem silbernen Deckel. Darunter fanden sie ihren Pudel, gebraten, in einer Pfeffersauce und mit Bambussprossen garniert.

Man kann sich durchaus darin trainieren, immer wieder zwischen einer Blickrichtung auf Detailfakten und einer sinnvollen Zusammenschau, sozusagen zwischen teleskopischer und mikroskopischer Einstellung zu wechseln. In der einen Richtung gewinnt der Erkenntnisvorgang an Genauigkeit und Präzision, in der anderen an Perspektive und bedeutungsmäßiger Einordnung.

Das kennzeichnet ja auch einen guten Dokumentarfilm, daß er nicht nur die Bilder einer landschaftlichen Gesamtszenerie bringt, sondern daneben immer wieder ins Detail geht, eine schöne, seltene Blume zeichnet, das Gesicht eines Mädchens, eine müde, sich in der Sonne räkelnde Katze usw., um dann wieder den Blick auf die Berge zu richten, die sich hinter einem Dorf auftun.

Eine wesentliche Hilfe kann es sein zu versuchen, eine begründete Auswahl zu treffen und die Information nach ihrer tatsächlichen, aus dem Systemzusammenhang abzuleitenden Wichtigkeit zu organisieren. Damit liegt das eigentliche Ziel in der Organisation des Wissens und nicht in seiner Beschränkung. Es kommt also beim Lernen nicht so sehr auf die Anhäufung von Information an (was man heute bereits weitgehend Computern überlassen kann), sondern auf die Entwicklung von Strukturen. Denn dadurch werden Erfahrungen und Vorstellungen organisiert und miteinander in Beziehung gesetzt; das ist aber eine entscheidende Grundlage, um komplexere Probleme lösen zu können.

Neben der Polarität zwischen Detailwissen und umfassenderer Einsicht ist vor allem die Polarität zwischen *theoretischer Abstraktion* und *konkreter Erfahrung* bedeutungsvoll.

Wenn Menschen die Wirklichkeit geistig verarbeiten, wird die Fülle der Information meist durch Rückführung auf entsprechende grundlegende Gemeinsamkeiten verringert und damit ein besserer Überblick ermöglicht. Zugleich wird es möglich, über die unmittelbare aktuelle Realität hinauszudenken, sich zukünftige Entwicklungen vorzustellen und auch mittelbare Auswirkungen eines Ereignisses oder Verhaltens zu bedenken. „Nur der Dumme schaut auf den Finger, wenn man ihm den Mond zeigt."

Andererseits verliert man, wenn man immer nur in die weite Ferne blickt, sehr leicht den Blick für die Realität „vor der Nase", und das Streben nach dem Absoluten, bestenfalls in der Unendlichkeit Erreichbaren verhindert die Verwirklichung des tatsächlich Möglichen. Deshalb läuft man auch bei jeder intensiveren theoretischen Beschäftigung Gefahr, eine erfahrungsbezogene Aufgeschlossenheit zu verlieren und „Tatsachen" so zu verzerren, daß sie in ein vorgefaßtes Schema passen.

So stellt sich oft die Frage, ob die Ordnung, die wir in unserer Umwelt „entdecken" und ihr aufprägen, tatsächlich die Ordnung der Natur bzw. Ausdruck unserer natürlichen organismischen Ordnung ist, oder nicht vielmehr das Produkt einer einseitigen Vorherrschaft eines zunehmend verselbständigten einzelnen Organs, nämlich unseres Gehirns.

Viele abstrakte Denksysteme, ob in der Philosophie oder in der Politik, lösen sich nämlich unverhältnismäßig rasch von ihrer Verankerung und ihrem eigentlichen Ausgangspunkt in der tatsächlichen Lebenswirklichkeit; und viele Dinge, die wir glauben „erfaßt" zu haben, sind eine Summe von Abstraktionen, nicht aber mehr die Dinge selbst, die uns unversehens beim Prozeß der „Erfassung" sozusagen durch die Maschen unseres Netzes geschlüpft sind. Man glaubt dann noch zu fühlen, denkt aber nur die Gefühle, glaubt noch zu empfinden, empfindet aber nur noch Worte.

Umgekehrt gewinnt jedes Bemühen um theoretische Erkenntnisse durch die Verbindung und die Anreicherung mit persönlicher Erfahrung. Um das zu erreichen, ist es wichtig, Dinge und Ereignisse immer wieder unmittelbar auf sich wirken zu lassen, ohne sofort zu klassifizieren, zu bewerten oder mit Argumenten eingreifen zu wollen. Der englische Biologe Thomas Henry Huxley soll diese Haltung einmal sehr plastisch formuliert haben: „Setz dich vor den Fakten auf den Boden nieder wie ein kleines Kind! Sei bereit, alle vorgefaßten Meinungen fallen zu lassen und folge der Natur, wohin auch immer sie dich führen mag – oder du wirst nichts lernen". Menschen, die zu dieser Haltung in der Lage sind,

sind auch weit weniger in Gefahr, „den Fisch in den Zweigen des Obstbaumes zu suchen“, wie es in einem japanischen Sprichwort heißt (zit. nach Wilber).

Es gilt also auf der einen Seite, die Fähigkeit zur Abstraktion zu entwickeln und zu fördern. Es gilt aber zugleich auch, Grenzen und Gefahren der Abstraktion zu erkennen, den Sinn für das konkrete Augenmaß, die liebevolle Zuwendung zur konkreten Realität immer wieder zu wecken und auszubauen sowie beide Tendenzen - in angemessenem Verhältnis zu den jeweiligen Anforderungen - in einem flexiblen Gleichgewicht zu halten. Menschliches Handeln darf sich nicht in blindwütigem Aktivismus erschöpfen, und theoretische Überlegungen dürfen sich Fragen ihrer praktischen Bedeutsamkeit nicht verschließen. Wir müssen wieder lernen, Begriffe nicht durch andere Begriffe, sondern durch die Wirklichkeit zu erklären, mit der wir vertraut sind, sie an ihr zu prüfen und zu erhärten.

Mit der Abstraktion hängt sehr eng eine weitere Gefahr zusammen: Abstrakte Begriffe für das Wirkliche zu nehmen und ihr Gefangener zu bleiben. Das kommt gleichnishaft in einer Geschichte zum Ausdruck, die über Mullah Nasrudin berichtet wird: Er war einmal in einer finsteren Nacht unterwegs. In der einen Hand hielt er, um sich schützen zu können, ein Schwert, in der anderen einen Dolch. Unterwegs überfiel ihn ein Räuber und stahl ihm seinen Esel mitsamt den Satteltaschen, die mit kostbaren Büchern gefüllt waren. Am nächsten Tage beklagte er sein Schicksal in einem Teehaus und jemand fragte ihn: „Aber warum hast du ihn mit deinen Besitztümern weggehen lassen, Mullah? Konntest du ihn nicht davon abhalten?“ - „Wenn ich nicht meine Hände voll gehabt hätte“, sagte der Mullah, „wäre die Sache ganz anders verlaufen.“

Die Geschichte zeigt, wie wenig es oft praktisch wert ist, Gefangener fertiger Formeln zu sein, ohne zu begreifen, was sie bedeuten und wie man mit ihnen umgehen muß. Genau das gleiche meint Vinoba Bhave, wenn er betont, daß die Bedeutung des Wortes „Pferd“ nicht im Wörterbuch, sondern im Stall stehe.

Der Versuch, inneres Erleben und innere Erfahrung als solche in Worte zu bringen, gleicht nach Alan Watts ohnehin dem Bemühen, Wasser in Pakete zu schnüren oder den Wind in einer Schachtel zu fangen. Fast verzweifelt klingt es, wenn er weiterschreibt: „Was ist das? - Das ist eine Rose. - Aber 'eine Rose' ist ein Laut. Was ist ein Laut? Ein Laut sind Schallwellen, die auf das Trommelfell treffen. So ist also eine Rose ein Druck von Schallwellen auf das Trommelfell - nein! Eine Rose ist eine Rose ... ist eine Rose, ist eine Rose, ist eine Rose ...“

Was man auch von irgendeinem Gegenstand oder Ereignis sagen mag, also die Namen, mit denen man etwas beschreibt, sind eine Sache; die andere Sache aber ist das betreffende Ding selbst. Vor allem im asiatischen Kulturraum finden sich viele Weisheiten, die dieses Problem zum Ausdruck bringen.

Es ließe sich eine Vielzahl weiterer, für den Umgang mit sachlichen Problemen wichtiger polarer Entsprechungen anfügen, etwa zwischen Phantasie und Realitätssinn, zwischen großzügiger Weitsicht einerseits sowie Gründlichkeit und Genauigkeit andererseits, zwischen divergentem und konvergentem Denken oder zwischen Klarheit und Präzision einerseits sowie Reichtum und Fülle andererseits.

Doch betrachten wir die Polaritätsproblematik einmal im Hinblick auf die menschliche Persönlichkeit.

Auch für die Persönlichkeit des Menschen ist eine integrative Ergänzung polarer Gegensätzlichkeiten befruchtend und bereichernd. Ohne eine solche Synthese würden wesentliche Möglichkeiten der Menschen veröden und versiegen. Vielleicht ist sie sogar für die Art homo sapiens eine Voraussetzung ihres Überlebens.

Können doch Menschen nur miteinander kommunizieren, wenn sie einerseits eine gemeinsame Welt haben, die sie eint, andererseits aber auch in dieser Welt voneinander getrennt und unterschieden sind, sozusagen aus unterschiedlichen Teilwelten zueinander sprechen. Denn sonst wäre ja in unterschiedsloser Identität eine Kommunikation überflüssig und sinnlos. Es ist sozusagen wie bei einem Tisch, der die Familie zum Abendessen vereint, zugleich aber jedes einzelne Familienmitglied von dem anderen trennt.

Sogar im Selbstkonzept des Menschen treten unterschiedliche Komponenten zusammen: wie einen nach eigener Meinung die anderen sehen, wie man nach der eigenen Vorstellung für die anderen sein sollte, wie man sich selbst sieht und wie man selbst sein möchte.

Von erheblicher Wichtigkeit für die Abrundung und Ausgeglichenheit einer Persönlichkeit ist beispielsweise die polare Ergänzung von Empfindlichkeit und Festigkeit, von Sensibilität und Stabilität. Welch beglückende Erfahrung ist es, selbst Ungewöhnliches, Fernliegendes, ja geradezu Unbegreifliches feinfühlig zu verstehen, und trotzdem in der Stabilität des eigenen Wesensgrundes zu ruhen. Karl Jaspers hat das einmal sehr überzeugend formuliert: „Es gibt ein Dabeisein im Inneren des anderen Menschen, in einem versuchenden Sich-Selbst-Verwandeln, gleichsam in einem Schauspielertum, das doch getragen ist von Substanz; es gibt eine Ungewaltsamtkeit hingebend hörender Haltung bei Unbeirrbarkeit des Grundes."

Eine weiterer Aspekt: Die Ergänzung von aktivem Handeln und meditativer Besinnung war bereits eine Grundregel der mittelalterlichen Mönche. Auch hier handelt es sich für den Menschen um eine Polarität: zwischen Aktion und Reflexion, zwischen Handeln und Überlegen, zwischen aktivem Zupacken und besinnlicher Beschaulichkeit, ja, selbst zwischen Handeln und Nichthandeln, zwischen Tun und Unterlassen.

Von ähnlicher Bedeutung ist die Polarität zwischen Aktivität und Hemmung, zwischen Spontaneität und Disziplin oder - in den extremen Formen - zwischen unkontrollierter Zügellosigkeit und ängstlicher Gehemmtheit.

Schließlich ist für den Menschen als soziales Wesen auch eine letzte Polarität wichtig: die zwischen individueller Verwirklichung und sozialer Anpassung, zwischen Selbstbestimmung, freier Entscheidung und Eigenverantwortung einerseits sowie sozialem Eingebundensein, sozialem Engagement und sozialer Verpflichtung andererseits. Es geht dabei um einen Ausgleich und eine Balance zwischen „Ich" und „Wir", um ein Gleichgewicht innerhalb der individuellen sozialen Identität eines Menschen.

Bei Albert Camus begegnen uns als die beiden entscheidenden Merkmale der „Condition humaine": die Einsamkeit und die Solidarität. „Das Nicht-Verstehen und das Miß-Verstehen trennt die Menschen und wirft sie in die Einsamkeit, die, wie der Tod, ihre wahre Gemeinsamkeit ist." Es ist eine eigenartige Faszination in Camus' Schriften, in denen er an vielen Stellen das (durchaus sprechende) Schweigen verehrt. Aber Schweigen ist nicht einfach. Und die Gemeinschaft besteht darin - und sie besteht auch darauf - daß man (miteinander) spricht.

Maß und Synthese

Wie wir immer wieder sahen, ist Leben eine komplizierte und differenzierte Einheit von Widersprüchlichem und Gegensätzlichem, etwas, in dem sich Vergangenes, Gegenwärtiges und Zukünftiges ständig neu durchmischen und in dem Körperliches und Seelisches im Rahmen einer umfassenden Einheit ununterscheidbar ineinandergreifen. Es ist eine „Einheit von Aufbau und Zerstörung, Gesetz und Spontaneität, Ordnung und Chaos, Komplexität und Einfachheit, Anspannung und Entspannung, Strömung und Formung, Bewegung und Ruhe" (Duhm). Das gilt es zu sehen und innerlich zu akzeptieren. Ja, Humanität kann geradezu als aktive Toleranz gegenüber Gegensätzlichem und Offenem verstanden werden (Duhm).

In einer solchen Integration oder Verschmelzung ergeben sich Eigenschaften, die in eigenartiger Weise etwas Ganzheitliches spiegeln, auch wenn das vielleicht auf den ersten Blick einer klassischen Sichtweise befremdlich und kompliziert erscheinen mag: „Kraft ohne Herrschaft, Festigkeit ohne Härte, Klarheit ohne Kälte, Spannung ohne Verkrampfung, Haltung ohne Starrheit, Weichheit ohne Schwäche, Schönheit ohne Eitelkeit, Anpassung ohne Selbstaufgabe, Ausstrahlung ohne Manipulation" (Duhm).

Zugleich beruht eine solche Integration auf dem Prinzip des Maßes. Wir sind der Bedeutung des Maßes und des Maßvollen, die manchen Kulturen vertrauter ist als gerade der unseren, im Verlaufe der bisherigen Überlegungen im Grunde immer wieder begegnet. Ich erinnere als Beispiel nur daran, daß ein mittleres Antriebsniveau, vor allem bei etwas schwierigeren Lernaufgaben, zu den günstigsten Ergebnissen führt. Ist das Antriebsniveau zu niedrig, fehlt die grundlegende Aktivierung, um überhaupt etwas zu leisten, beispielsweise speziell zu lernen. Ist es aber zu hoch, „dreht man durch" oder verkrampft sich.

„Der gierige Falke reißt sich selbst die Klauen ab, da er sie zu tief in die Beute schlägt", heißt es in einem asiatischen Sprichwort. So kann auch eine einseitige überzogene moralische Einstellung gegenüber der Lebenswirklichkeit unangemessen sein, zumal sie die für das menschliche Miteinander-Umgehen so wichtige Toleranz weitgehend ausschaltet.

Alle Exzesse bedrohen die Existenz. Der Organismus kann an der Unterfunktion, aber auch an der Überfunktion einer Drüse erkranken, wie das Beispiel des Myxoedems und der sogenannten Basedowschen Erkrankung im Falle der Schilddrüsenfunktion zeigen. So wie weder Überfluß noch Mangel dem optimalen Funktionieren eines Systems dienlich sind, wirkt sich eine einseitig übersteigerte konservative Tendenz für eine Gesellschaft ebenso schädlich aus wie eine überzogene progressive. Beide sind für das Überleben einer Kultur wichtig (Lorenz). Auch daß ich in diesem Buch - bei allem erklärten Engagement - immer wieder versucht habe, konkrete Einzelbefunde und Alltagsbeispiele mit ganzheitlichen Aussagen zu verflechten, ist als Ausdruck meines Bemühens zu verstehen, eine Einseitigkeit zu vermeiden, die der Sache nicht dienlich wäre. Denn ausschließliche „Ganzheit" wäre auch nur wieder Halbheit (Toffler).

Deshalb sollte man auch schon Kindern gegenüber behilflich sein, in einfacher Form ganzheitliche Zusammenhänge, Übergänge, Überschneidungen und Verbindungen zu erkennen, die ersten Ansätze von Flexibilität, Beweglichkeit und Offenheit aufkeimen zu lassen, sowie Alternativen - auch solche ungewöhnlicher Art - sehen zu lernen.

Es gibt allerdings viele Tendenzen im Menschen die ein Bestreben um eine ganzheitliche Sichtweise erschweren. Eine ganze Reihe von ihnen haben wir bereits kennengelernt.

Da gibt es u.a. die Tendenz, dasjenige, womit man sich zunehmend beschäftigt, für gut, wichtig und schließlich für das alleinig Bedeutsame und letztlich „Wahre" zu halten. Das ist Ausdruck eines positiven Rückkoppelungsprozesses, der Sichtweise und Verhalten in wechselseitiger Verstärkung bestimmt. Geistige Abläufe werden dabei sozusagen einbetoniert. Schon die reine Kenntnis von etwas, das Verfügen über bestimmte Begriffe, legt uns fest und kanalisiert unser Denken.

Ähnliches gilt auch hinsichtlich der Methoden, die man zur Lösung von Problemen anwendet. Wenn ein bestimmtes Verfahren sich in einem speziellen Fall bewährt hat, neigt man sehr leicht dazu, dieses Verfahren auch in anderem Zusammenhang einzusetzen. Man konzentriert sich immer stärker auf weitere Verbesserungen und Verfeinerungen und gelangt zu einer immer ausgefeilteren Technik. Von dort aus erhält man auch immer wieder neue seelische „Verstärkungen" und verliert aus dem Auge, daß es eigentlich einmal um ein ganz anderes Ziel gegangen war. Unversehens ist jedoch im Verlaufe der Zeit in einer Art „Umfinalisierung" das Mittel zum Ziel, die Methode zum Selbstzweck geworden. „Wer aber als einziges Werkzeug einen Hammer hat, neigt schließlich dazu, alles wie einen Nagel zu behandeln" (Maslow).

Sehr typisch ist das bei Menschen, die sich der Ordnung lediglich zum Zweck der Ordnung opfern. Ich erinnere mich an einen Patienten, einen Finanzbeamten, den ich vor langen Jahren zu behandeln hatte. Da mir ein seelischer Hintergrund seiner Beschwerden wahrscheinlich schien, sprach ich mit seiner Frau. Was sie mir erzählte, war schlechthin phantastisch. Sie sagte: „Er ist ein lieber Mensch; aber seitdem er wegen seiner Beschwerden nicht mehr arbeitet, ist es ganz schlimm mit ihm geworden. Wenn unser Junge beispielsweise ein neues Schulheft braucht, muß er auf einem bestimmten Formular einen schriftlichen Antrag mit entsprechender Begründung stellen. Ich muß dann das Formular über dem vorgedruckten Wort 'befürwortet' unterschreiben, und die Genehmigung erfolgt durch meinen Mann, der als 'Haushaltsvorstand' über den Worten 'geprüft und genehmigt' zeichnet. Das wäre ja noch alles erträglich, wenn ich nicht für alles und jedes einen Antrag stellen müßte und wenn mein Mann nicht den ganzen Tag auf den Anträgen 'säße'. Wenn ich mich dann beschwere, entgegnet er mir - meist noch wütend - er habe eben so viele Anträge zu bearbeiten. Und wenn ihm das Abendessen zu wenig ist, weil er den 'Wurst-Antrag' noch nicht bearbeitet hat, kriege ich auch noch Ärger."

Manche Probleme bleiben ungelöst, manche Fragen unbeantwortet, nicht weil es keine Lösung oder keine Antwort gäbe, sondern weil die Sichtweise dessen, den man um Rat und Hilfe fragt, durch die Methode festgelegt ist, weil er nur eine Methode kennt und pflegt und weil diese Methode keinen Zugang zur Lösung des betreffenden Problems bietet.

So sind wir alle auf unsere Weise festgelegt. Und doch gibt es immer auch anderes. Ja, selbst wenn man mehrere Alternativen vor sich sieht, kann es durchaus sein, daß sie alle an der bestehenden Problematik vorbeizielen. Sehr häufig wird dabei *eine* Möglichkeit übersehen, die oft sogar die sachlich angemessenste Lösung darstellt: eine ganz bestimmte Alternative, ein „Entweder-Oder", so, wie es von außen vorgegeben wird, überhaupt zu ignorieren. „Das Gegenteil eines echten Dialogs kann sowohl Lüge wie Schweigen sein" (Camus). Man kann nämlich eine Stellung beziehen, die einfach außerhalb der Dimension liegt, in der man eine Festlegung erwartet oder fordert - und man kann der Absolutheit das Gewicht dem Maßvollen entgegensetzen.

Das rechte Maß der Kritik

Die Bedeutung des rechten Maßes oder des grundsätzlich Maßvollen betrifft auch die Kritik. Natürlich ist es außerordentlich wichtig, kritisch zu sein und kritisch zu denken. Die Entwicklung und Förderung von Kritikbereitschaft und Kritikfähigkeit sind zweifellos als solche etwas Positives, zumal in Abgrenzung zu einer kritiklosen Unterwerfung unter alles und jedes. Deshalb ist es unbedingt wertvoll, den Mut, die Bereitschaft und die Fähigkeit zu kritischer Besinnung und kritischer Stellungnahme zu entwickeln und zu fördern.

Kritike techne bedeutet ja ursprünglich im griechischen die Kunst der Unterscheidung; und kritisch zu sein, drückt in diesem Sinne eine prüfende Einstellung aus, die in sachlich begründeter Weise zu einer Ablehnung, aber durchaus auch zu einer Bejahung oder einem abgewogenen Differenzieren dessen führen kann, was Gegenstand der kritischen Betrachtung war.

Die Gefahr einer Einseitigkeit und Maßlosigkeit taucht aber dann auf, wenn „kritisch" gleichbedeutend damit wird, sich grundsätzlich „aufs hohe Roß zu setzen", in jedem Fall in Opposition zu gehen und anderes aus reiner Gewohnheit abschätzig zu bewerten, abzutun und abzulehnen.

Auch hierbei kommt es also auf die Ausgewogenheit im geistigen Gesamtsystem an. Deshalb sollte das ständige Bemühen um konstruktive Eigenleistungen den kritischen Tendenzen mindestens die Waage halten. Es bedeutet einen für einen selbst nachteiligen Verlust an Ausgewogenheit und eine für die eigene

Persönlichkeit möglicherweise verhängnisvolle Einseitigkeit, wenn man nur das eine tut und das andere vernachlässigt.

Es ist ohne Zweifel für jeden ein persönlicher Gewinn, zu erkennen und in echtem Sinne zu erleben, wie unendlich einfacher es ist, kritisch abschätzige Bemerkungen zu machen und an allem irgendetwas Negatives zu finden, und um wieviel schwerer es ist, etwas selbst konstruktiv zustande zu bringen. „Jeder dumme Junge kann einen Käfer zertreten; aber kein Professor dieser Welt kann einen herstellen." Außerdem vergißt man als Kritiker meist nur allzu leicht, sich selbst zumindest ab und zu einmal kritisch zu betrachten.

Ausgewogenheit ist also auch in dieser Beziehung ein sehr wichtiger Gesichtspunkt. Unterdrücke ich jedwede Kritik, dann kann sich nichts weiterentwickeln, und es kommt zu geistloser Erstarrung. Lebe und handle ich nur in und aus der Kritik, dann kann der Effekt eigentlich nur die Zerstörung des Bestehenden und der Verlust konstruktiver Möglichkeiten sein. Unglücklicherweise - unglücklich für den einzelnen und unglücklich für die Menschheit - zeigt die bisherige geschichtliche Entwicklung bevorzugt die Tendenz zu einem Wechsel mehr oder weniger polarer Grundorientierungen, nicht aber - oder nur ganz selten - Ansätze zu einer ausgewogenen Synthese. In diesem Rahmen dürfte es nur allzu bezeichnend sein, daß immer nur die jeweilige politische Opposition ganz genau weiß, was getan werden müßte und gegen die jeweilige Regierungspartei heftigste Vorwürfe erhebt. Das erinnert mich an zahlreiche Untersuchungsergebnisse über Selbst- und Fremdeinschätzung von Verkehrsteilnehmern: Die meisten Autofahrer hielten sich selbst für zumindest einigermaßen gute Fahrer, dafür aber die meisten anderen Fahrer für „eher" oder gar „sehr schlecht".

Es gibt aber noch einen weiteren Aspekt zur Stellenwertbestimmung der Kritik: Der Verlust an Konstruktivem betrifft ja am Ende auch denjenigen persönlich, der aus einseitiger Kritikhaltung heraus denkt und handelt. Er entwickelt zwar eine immer kritischere und sehr bald auch wegen ihrer Aggressivität gefürchtete Kritik. Er ist aber auch grundsätzlich in seinem Denken immer stärker auf die negativen Seiten von allem, was ihm begegnet, eingeengt. Dabei wird er aber erfahrungsgemäß innerlich unzufriedener. Überraschend schnell und überraschend oft endet so der Weg kritikloser Kritik in allgemeiner Unzufriedenheit, in ungesteuerten aggressiven Aktionen oder lähmender Enttäuschung.

Genauso wenig ist es sinnvoll - und weder der Persönlichkeit des Betreffenden noch der Sache dienlich - aufzubegehren, nur um zu rebellieren oder zwanghaft konformistisch zu sein, nur um mit anderen übereinzustimmen (Jeffreys). Kann es doch nur darum gehen, die tatsächlichen Gegebenheiten sensibel wahrzunehmen und sich angemessen in flexiblem Verhalten darauf einzustellen, was die jeweilige Situation erfordert.

6. Das Prinzip der Komplementarität

Das Komplementaritätsprinzip in der Physik

Viele Gegensätze und Widersprüche lassen sich nicht ohne weiteres auflösen, obwohl sie aufeinander bezogen sind. Viele Phänomene, die irgendwie zusammengehören, gehen keine Synthese ein und widersetzen sich einer Integration. Sie bleiben unvereinbar nebeneinander bestehen - und sind doch, obwohl sie nicht gleichzeitig möglich sind, Teil einer höheren, übergeordneten Wahrheit, in der sie sich ergänzen. Sie bleiben komplementär, wenn „Komplementarität" die innere Zusammengehörigkeit echter Alternativen bedeutet, d.h. alternativer Möglichkeiten, dasselbe Phänomen als etwas Verschiedenes zu erfahren.

Damit ist eine neue Qualität von Einheit gedacht: weder Summe, noch Produkt, noch Verschmelzung; es ist ein - allerdings Gleichzeitigkeit ausschließendes - „Sowohl-als-Auch", bzw. ein „Weder-Nur - Noch-Nur".

Die Konzeption der Komplementarität geht auf den dänischen Physiker und Atomwissenschaftler Niels Bohr zurück, der das Prinzip, auch als „Kopenhagener Deutung" bekannt, 1927 erstmals der Öffentlichkeit vorstellte.

Was versteht man in der Physik unter diesem Begriff „Komplementarität", der auch die von dem deutschen Atomphysiker Werner Heisenberg entdeckte Unschärfe-Relationen[5] sozusagen als formalisierten Spezialfall umfaßt?

Zum besseren Verständnis möchte ich zunächst an die Erkenntnis von der „Doppelnatur" des Lichts oder auch der Elektronen anknüpfen. Licht und Elektronen stellen sich ja, je nach der Situation, in der sie vorkommen und in der sie sich experimentell beobachten lassen, entweder als Teilchen oder als Wellen dar. Einerseits spricht beispielsweise die Tatsache, daß Licht die Fähigkeit hat, aus Metallen Elektronen herauszuschlagen, dafür, daß Lichtteilchen, sogenannte Photonen, quasi als Geschosse auf das Metall aufprallen. Andererseits wird Licht in verschiedenen Medien unterschiedlich gebrochen und an kleinen Objekten gebeugt, so daß beispielsweise bei Durchtritt des Lichts durch zwei senkrechte Schlitze einer Platte auf der dahinterliegenden Wand nicht zwei Lichtflecke, sondern ein sogenanntes Beugungs- bzw. Interferenzmuster mit helleren und dunkleren

5 Nach der Unschärfe-Relation, einem entscheidenden Schlüssel zum Verständnis der Quantenmechanik, der allerdings durch neuere Erkenntnisse der sogenannten Quanten-Elektrodynamik etwas an Bedeutung verloren hat, ist es einem Beobachter nicht möglich, gleichzeitig Ort und Impuls eines Teilchens zu bestimmen. Nach der Heisenbergschen Formel ist das Produkt aus den Unschärfen von Ort und Geschwindigkeit, die eine „objektive" Beobachtung eines Teilchens unmöglich machen, mindestens so groß wie die sogenannte Plancksche Konstante, dividiert durch die doppelte Teilchenmasse.

Streifen sichtbar wird. Das sind aber Phänomene, die eindeutig dem entsprechen, was man vom Verhalten von Wellen her kennt.

Beide Erkenntnisse betreffen den gleichen Gegenstand, können aber nicht gleichzeitig gewonnen werden, da sie jeweils nur unter Bedingungen zustandekommen, die sich gegenseitig ausschließen. Sie stehen also - eindeutig belegt - nebeneinander, obwohl sie sich gegenseitig auszuschließen scheinen. Man könnte also durchaus sagen: Was Licht bzw. was ein Elektron „wirklich" ist, Teilchen oder Welle, ist eine unbeantwortbare Frage. Einerseits muß ein Elektron - auch als Klick in einem Geigerzähler erkennbar - als ein elektrisch geladenes Teilchen angesehen werden, weil die Bestimmung seiner trägen Masse immer das gleiche Resultat ergibt. Andererseits sind die Interferenzeffekte, die beim Durchgang von Elektronen durch Kristalle auftreten, unvereinbar mit der mechanischen Auffassung der Bewegung von Teilchen. Beide Phänomene, Teilchen und Wellen, sind also quasi durch ganz bestimmte Möglichkeiten der Erfassung erreichte unterschiedliche Projektionen einer direkt nicht mehr vorstellbaren Gegebenheit.

Vor die direkte Alternative gestellt, müßte man mit Nachdruck betonen, daß Licht oder Elektronen weder - nur - das eine, noch - nur - das andere sind. Was wir sagen können ist vielmehr, daß sie sich in bestimmten Situationen für uns so und in anderen Situationen so darstellen. Anders ausgedrückt: Beide Sichtweisen sind trotz offensichtlicher Unvereinbarkeit der ermittelten Eigenschaften für die vollständige Beschreibung des Phänomens „Licht" bzw. „Elektron" erforderlich. Der vordergründige Widerspruch wird zu einer von der Sache her unabweisbaren Ergänzung.

Bohr bringt selbst ein sehr anschauliches Beispiel, das der Beobachtung durch jeden einzelnen zugänglich ist: Wenn man sich in einem dunklen Raum mit Hilfe eines Stockes zu orientieren versucht, gelangt man zu unterschiedlichen Eindrükken, je nachdem, ob man den Stock lose oder fest anfaßt. Bei losem Anfassen erlebt man den Stock als zu dem jeweils berührten Objekt gehörig, während bei festem Anpacken des Stockes die Berührungswahrnehmung gleichsam an die Spitze des Stockes verlagert erscheint.

Damit ist aber eine bisher gänzlich ungewohnte Beziehung zwischen Erfahrungen gedacht, die mit Hilfe verschiedener Versuchsanordnungen gewonnen wurden. Eine Welle hat keine bestimmte Position, und eine genaue Bestimmung einer räumlichen und zeitlichen Position einer Wellenform ist logisch nicht mit einer genauen Spezifizierung ihrer Frequenz verträglich. Gleichzeitige Raum-Zeit-Beschreibung und Frequenz-Beschreibung schließen sich aus.

Genau das versteht Niels Bohr unter Komplementarität: Die innere Zusammengehörigkeit alternativer Möglichkeiten, denselben Erkenntnisgegenstand als etwas Verschiedenes zu erfahren. „Unter bestimmten, einander ausschließenden Versuchsbedingungen gewonnene Aufschlüsse über das Verhalten eines und desselben Objekts können als komplementär bezeichnet werden, da sie, obgleich ihre Beschreibung mit Hilfe alltäglicher Begriffe nicht zu einem einheitlichen Bild zusammengefaßt werden kann, doch jede für sich gleich wesentliche Seiten der Gesamtheit aller Erfahrungen über das Objekt ausdrückt, die überhaupt in jenem

Gebiet möglich sind" (Bohr 1958). Indem ein Beobachter sich auf ein ganz bestimmtes Phänomen konzentriert, es also sozusagen zwingt, für ihn erfaßbar hervorzutreten, werden andere Erscheinungsweisen des gleichen Gebildes unbeobachtbar, weil die Bedingungen ihres Hervortretens unvereinbar sind mit denen, unter denen das erstgenannte Phänomen für ihn erfaßbar wird (Jordan).

Die unterschiedlichen Erkenntnisse betreffen das gleiche Objekt und gehören somit zusammen; sie schließen sich aber gleichzeitig insofern aus, als sie nicht zugleich für denselben Zeitpunkt erfolgen können. In diesem Sinne bezeichnet Bohr sie als komplementär.

Die Konzeption der Komplementarität schafft also einen Rahmen, „der weit genug ist, eine Darstellung der fundamentalen Gesetzmäßigkeiten der Natur zu umspannen, die nicht in einem einzelnen Bilde zusammengefaßt werden können" (Bohr). Komplementarität bedeutet daher nichts Mystisches, sondern bringt nur „die mit unserer Stellung bei Beschreibung und Zusammenfassung von Erfahrungen im Bereich der Atomphysik verbundenen logischen Bedingungen zum Ausdruck" (Bohr).

Erweitert man die ursprüngliche Bohrsche Konzeption, bei der es sich um zwei mögliche Beschreibungen eines elementaren Objekts handelte, auf den Fall eines zusammengesetzten Systems, so trifft man auf die gleiche Beziehung. Nehmen wir ein Metallstück: Wir können entweder seine Temperatur bestimmen oder aber „seine Gitterstruktur analysieren und die Dynamik einzelner Bausteine beschreiben". Tun wir letzteres in dem Bemühen um Kenntnis der Bewegungen im Detail, so können wir keine Information über die Temperatur erhalten, die ja an eine statische Verteilung der Bewegungen gebunden ist (Fischer). Die Möglichkeit einer Bestimmung der Temperatur eines Systems ist komplementär zur mechanischen Beschreibung seiner Moleküle.

Ein Erkenntnisgegenstand oder ein Phänomen wird also in seiner Tatsächlichkeit oder seiner inneren Wirklichkeit nur unter Anlegen verschiedener Aspekte, aus dem Zusammentreten unterschiedlicher Zugangsweisen erfahrbar. Und keiner dieser Aspekte bzw. keine dieser Zugangsweisen kann in ihrer Gültigkeit von den jeweils anderen Erkenntniswarten aus bewertet werden. Ein umfassendes Verständnis eines Gegenstandes oder eines Ereignisses erfordert also im Grunde unterschiedliche und oft widersprüchliche, aber doch zusammengehörige Betrachtungsweisen, wodurch eine eindeutige Beschreibung oder eine klare Abgrenzung (Definition) unmöglich wird. Etwas in sich Ganzes ist fast immer etwas, das nur im Wechsel verschiedener Beziehungen zu einem Subjekt als solches erkannt, d.h. letztlich nur in einer komplementären Beschreibung erfaßt werden kann.

Um etwas gründlich und umfassend zu erkennen, ist es also paradoxerweise unabdingbar, dieses „Etwas" als Verschiedenes zu erfahren, wobei jeder Ansatz zugleich die Möglichkeit, ja die Notwendigkeit anderer Ansätze voraussetzt.

An die Stelle einer grundsätzlichen Trennung von Subjekt und Objekt tritt damit die grundsätzliche Einheit beider, und die Methode, mit der ich an einen Gegenstand, ein Ereignis oder ein Problem herangehe, ist nicht etwas Neutrales, sondern ein Zugriff, der den Gegenstand mitbestimmt, ein untrennbarer Teil des

Phänomens. „Die Wechselwirkung zwischen den Meßgeräten und den Objekten, die bei gewöhnlichen Erfahrungen der klassischen Physik vernachlässigt werden kann, bildet in der Quanten-Physik einen integrierenden Teil des Phänomens" (Bohr).

Denn der Versuch einer Analyse der „Individualität quantenabhängiger atomarer Vorgänge" nach dem Muster der klassischen Physik scheitert „an der Unmöglichkeit einer scharfen Unterscheidung zwischen dem unbeeinflußten Verhalten atomarer Objekte und ihrer Wechselwirkung mit den zu einer solchen Analyse unentbehrlichen Meßgeräten". Die Beobachtung führt als solche zu einem veränderten Quanten-Zustand des betreffenden Objekts, so daß der Beobachter eben mit seinem Eingriff den jeweiligen Zustand des Objekts bestimmt. Betrachtet man eine bestimmte experimentelle Anordnung als eine an das Objekt gerichtete Frage, so hängt es sozusagen von der Frage ab, welche Antwort man erhält. „Durch seine Frage legt der Beobachter sein Objekt auf eine bestimmte Eigenschaft fest" (Fischer).

Im Gegensatz zu der unseren Sinnen zugänglichen Trennung von Raum und Zeit, die nur dadurch möglich ist, daß die in unserem Leben üblicherweise auftretenden Geschwindigkeiten im Verhältnis zur Geschwindigkeit des Lichts ausgesprochen gering sind, erscheinen subatomare Teilchen im einen Fall als Objekte mit einer bestimmten Masse, im anderen als energetische Vorgänge. Das entspricht im übrigen der allgemeinen Erkenntnis, daß unser Kausaldenken nur dadurch bedingt und zweckmäßig ist, daß die Wirkungen, mit denen wir es im täglichen Leben und auch in der physikalischen Teilwissenschaft der Mechanik zu tun haben, im Vergleich zur Kleinheit des sogenannten Planckschen Wirkungs-Quantums[6] ausgesprochen grob sind. Denn die klassischen Naturgesetze der Physik gelten nur insoweit, als sie sich auf Körper beziehen, die aus einer praktisch unendlichen Zahl von Atomen aufgebaut sind.

Daß der Mensch diese Gesetzmäßigkeiten entdeckte und einer objektiven Realität zuschrieb, hängt wohl sehr entscheidend mit den Grenzen dessen zusammen, was der Mensch in einfachen Begriffen von Raum und Zeit beschreiben kann. Deshalb darf man auch die Naturwissenschaften nicht mit der Realität der Natur verwechseln, sondern muß sie als Teil der Beziehung zwischen Mensch und Natur begreifen.

---

6 Max Planck gelangte Anfang dieses Jahrhunderts zu der für die sogenannte Quantentheorie grundlegenden Konzeption eines universellen Wirkungsquantums durch seine Untersuchungen der Wärmestrahlungsgesetze. Dabei gewann er die Erkenntnis, daß die Energie atomarer Teilchen sich nicht beliebig ändern kann, sondern unstetig in Form sogenannter Quantensprünge zu- oder abnimmt. Seine Formel des Wirkungsquantums

$$h = 6{,}624 \times 10^{-27 \text{ erg-sec}}$$

geht als Produkt mit der Schwingungszahl n der betreffenden Strahlungsart in die Bestimmung der Quantengröße E ein (E = h x n). Durch diese Entdeckung bewies er, daß die Theorien der klassischen Physik Idealisierungen darstellen. Denn sie gelten nur für die Beschreibung von Phänomenen, bei denen alle in Betracht kommenden Wirkungen genügend groß sind, um die Existenz des Wirkungsquantums vernachlässigen zu können.

Der klassische Begriff der exakten Objektivierbarkeit ist damit im atomaren Bereich unhaltbar geworden. Denn einmal ermittelte oder gemessene Eigenschaften können grundsätzlich nur im Gesamtzusammenhang einer ganz spezifischen Beobachtungssituation Geltung haben, und jede Beobachtung in Bereichen, in denen das Plancksche Wirkungsquantum eine Rolle spielt, bedeutet einen Eingriff in den Ablauf der Erscheinungen, so daß die eigentliche Grundlage für eine kausale Beschreibungsweise entfällt. Damit aber hört das naturwissenschaftliche Weltbild, wie Werner Heisenberg feststellte, im Grunde auf, „ein eigentlich naturwissenschaftliches zu sein“, und die Idealvorstellung einer Kausalität erweitert sich zu einem viel grundsätzlicheren Prinzip.

Komplementarität als logisches Prinzip

Schon Niels Bohr selbst hatte seine Erkenntnis von der Komplementarität, die wohl nach wie vor eine der grundlegendsten Konzeptionen unseres Jahrhunderts darstellt, immer wieder über die Physik hinaus auf andere wissenschaftliche Fragestellungen ausgeweitet. Als Ergebnis seiner Überlegungen gelangte er zu der Überzeugung, daß kein wirklich tiefgreifendes Phänomen unserer Welt sprachlich eindeutig definiert werden könne, sondern in Erweiterung des begrifflichen Rahmens und unter dem Aspekt der Einheit unserer Erkenntnis zu seiner Beschreibung mindestens zwei einander ausschließende „komplementäre“ Zugangsweisen erfordere. Er weist ausdrücklich darauf hin, daß es sich bei dieser Ausweitung nicht um mehr oder weniger vage Analogien, sondern um klare Beispiele logischer Beziehungen handele, denen man in unterschiedlichen Zusammenhängen der verschiedensten Forschungsgebiete begegne.

So stellt das Komplementaritätsprinzip in seiner grundlegenden Idee nicht so sehr ein physikalisches, sondern vielmehr ein logisches Prinzip dar, das die Gefahr falscher Antithesen vermeidet.

Danach sind zwei Beschreibungen logisch komplementär, wenn sie sich auf etwas Gemeinsames beziehen, wenn jede von ihnen erschöpfend ist, sie aber trotzdem unterschiedliche Feststellungen treffen und wenn sich die logischen Voraussetzungen gegenseitig ausschließen, so daß bedeutsame Aspekte der einen in der anderen unberücksichtigt bleiben (MacKay). Das ist beispielsweise in der Geometrie der Fall, wenn eine dreidimensionale Figur auf eine zweidimensionale Fläche projiziert wird. Jede Projektion für sich ist erschöpfend, indem sie alle Punkte der Figur einschließt, und doch fehlt ihr notwendigerweise ein Aspekt, der in einer zweiten, senkrecht zur ersten stehenden Projektion zutage tritt.

Verschiedene Denksysteme können so, wenn man ihrer speziellen „Logik“ folgt, in sich stimmig und schlüssig sein; trotzdem können sich unterschiedliche Denksysteme gegenseitig ausschließen; sie gehören aber insofern auch wieder zusammen, als sich erst auf einer Ebene, auf der unterschiedliche Systeme zusammentreten, eine vollere Wirklichkeit erschließt, die jenseits einer bestimmten Zugangsweise liegt. Das Komplementaritätsprinzip setzt damit die Grenzen für eine exakte Formulierung von Begriffen.

Ähnlich wie in Gödels mathematischem Theorem[7] sind nach Bohr übliche Definitionen entweder eindeutig, dann aber unvollständig, oder vollständig, dann aber nicht eindeutig; denn sie umschließen in diesem Fall komplementäre Begriffe, die im Rahmen der gewohnten Logik unvereinbar sind.

Komplementarität kann so zwischen Feststellungen auf der gleichen logischen Ebene (wie bei projektiven Beschreibungen einer geometrischen Figur), aber auch zwischen Feststellungen auf unterschiedlichen logischen Ebenen (etwa bei der Beschreibung der physikalischen und der informativ-inhaltlichen Merkmale eines Signals) auftreten. Grundsätzlich erscheinen komplementäre Feststellungen jedoch dort angezeigt und erforderlich, wo verfügbare Begriffe oder Beschreibungsmöglichkeiten einer niedrigeren logischen Dimension angehören als der Gegenstand der Beschreibung.

In diesem Sinne wurde schon von Niels Bohr, aber auch von anderen, vieles als komplementär verstanden, das zunächst als schlichte antithetische Alternative gesehen worden war und auch vordergründig so erscheinen könnte.

So sind nicht nur Inhalt und Form, Struktur und Funktion, Autonomie und Abhängigkeit, Teil und Ganzes, Beständigkeit und Wandel, „Zufall“ und Notwendigkeit, Diskretheit und Kontinuität bzw. das Digitale und das Analoge, das analytische und das holographische Erklärungsmodell, wissenschaftliche Definition und lebensbezogene Anwendung eines Begriffes oder Zustand und Beobachtung komplementär. Auch das Verhältnis von Sinn und Kausalität im Verstehen von Phänomenen spiegelt diese Beziehung.

Man kann das Befallenwerden von einer Infektionskrankheit durch den intensiven Kontakt mit einer Infektionsquelle, mit dem Eintreten von Mikroben in den Atemweg, mit ihrer Zahl, Vermehrungsquote usw. erklären. Man kann erklärend auch auf Einstellungen wie Unachtsamkeit und Sorglosigkeit, eventuell aber auch Angst vor Ansteckung, zurückgreifen; und man kann sich bewußt machen, in welch tiefe Lebenskrise mit depressiv-resignierter Stimmung und geschwundenem Lebenswillen ein Mann nach dem Tode seiner geliebten Frau geraten war. Alle drei Sichtweisen wären komplementär.

Ebenso kann ich einen Text wörtlich und dem Inhalt nach interpretieren; beides, die explizite und die implizite Interpretation stehen im Grunde im Verhältnis der Komplementarität zueinander (Fischer). Überhaupt kann man mit Hilfe der Sprache Gegenstände sowohl individualisierend beschreiben als auch in verallgemeinernder Abstraktion erfassen. Je mehr man sich um das eine bemüht, um so weniger ist das andere möglich. Ebenso bedeutet eine möglichst exakt-detaillierte Beschreibung meist einen Verzicht auf ganzheitliche Erfassung, während letztere eher gleichnishaft als konkret beschreibend verfährt (Schadewaldt).

Ferner wären Reifung und „Bildung“ oder Rolle und Person als komplementär anzusehen. Nicht komplementär dagegen wären Kennzeichnungen, die zwar auf verschiedenem Niveau der Verdichtung erfolgen, aber im Grunde – auf gleicher

7 Kurt Gödel hatte anfangs der 30iger Jahre die gesamte Axiomatik grundsätzlich relativiert, indem er mathematisch belegte, daß die Nicht-Widersprüchlichkeit der formalen Arithmetik nicht durch Methoden beweisbar ist, die in der formalen Arithmetik formalisierbar sind.

logischer Ebene - synonym sind und sich durch keinen qualitativen Sprung unterscheiden, wie die Beschreibung von Druckwellen in der Luft und von Tonimpulsen bestimmter Dauer, Frequenz und Intensität.

Eine grundsätzliche Komplementarität begegnet uns in vielen Wissenschaften vor allem in den beiden Möglichkeiten, einen Gegenstand als Ganzes oder von seinen Teilen her zu erfassen, wie es u.a. im Verhältnis der Betrachtung von Elementar-Teilchen und „Feldern" der Fall ist. Ein ganz alltägliches Beispiel wäre etwa, wenn man einmal jeweils den Blick auf jede einzelne einer Anzahl elektrischer Lampen richtet, die der Reihe nach aufleuchten, oder andererseits beobachtet, wie eine Lichtreklame etwa den Namen „Pelz Müller" an eine Hauswand „schreibt".

Bohr selbst hatte schon auf ein grundsätzliches komplementäres Verhältnis zwischen der Sicht einer physikalistischen Reduktion von Lebensvorgängen und den Vorstellungen einer Autonomie aus biologischem oder psychologischem Blickwinkel hingewiesen.

Ähnlich gibt es in der Chemie zweifellos wertvollen Aufschluß, Merkmale einer Substanz aus der Struktur ihrer Moleküle zu erklären; und doch ist das Wesen flüssigen Wassers und sind die Wandlungen des Wassers in Dampf und in Eis nicht exakt gerade aus der Kombination von zwei Wasserstoff-Atomen und einem Sauerstoff-Atom abzuleiten. Viele chemische Reaktionen laufen, beispielsweise in Lösungen im Reagenzglas, nur unter Bedingungen ab, in denen keine Lokalisierung möglich ist. Konzentriert man sich dagegen darauf, etwa mit Hilfe des Elektronenmikroskops lokalisierte Vorgänge zu erfassen, finden diese Reaktionen nicht mehr statt (Fischer).

Komplementäre Erkenntnis in Biologie und Physiologie

Auch in den nicht-quantenphysikalischen Naturwissenschaften ist, zum Teil noch direkt auf Bohr zurückgehend, im Verlauf der letzten Jahrzehnte von vielen Forschern auf verschiedenartige Formen der Komplementarität hingewiesen worden: auf die Möglichkeit eines molekular-biologischen Ansatzes zur Erklärung der Lebensentstehung und der Vorstellung der letztlichen Unableitbarkeit und Eigenwertigkeit des Phänomens Leben, die eine mechanisch-reduktionistische Beschreibung unmöglich macht; auf die Verbindung zweier komplementärer Beschreibungsarten, von denen sich die eine auf die Struktur, bzw. auf bestimmte Muster, die andere auf die Funktion, bzw. bestimmte Prozesse konzentriert, die aber erst beide zusammen ein Verstehen biologischer Organismen ermöglichen; auf die Komplementarität von physikalisch-strukturellen und informationstheoretischen Erkenntnisansätzen in der Genetik; auf die Komplementarität einer entwicklungsgeschichtlichen, evolutionären und einer physiologischen, also einer diachronischen und synchronischen Analyse biologischer Phänomene (Fischer).

Auch in der Physiologie, der Lehre von den in Organismen ablaufenden Funktionen, spontanen Tätigkeiten und Reaktionen, läßt sich diese Aufzählung fortsetzen. So könnte man die in Teil II besprochenen polaren Entsprechungen in der

Funktion des Zentralnervensystems wie u.a. Selbstbestimmung und Gebundenheit, Beständigkeit und Wandel, Begrenzung und Ausbreitung, Spezialisierung und Ganzheit als komplementär verstehen. Das Bild, das sich so von der Funktion des Zentralnervensystems ergibt, gehört einer höheren Ebene an, so wie die dreidimensionale Wirklichkeit des Aquariums gegenüber zweidimensionalen Projektionen, die sich auf getrennten Fernsehschirmen abbilden, wenn zwei im rechten Winkel zueinander angebrachte Fernsehkameras das Geschehen im Aquarium filmen (Bohm).

Ganz allgemein dürfte auch eine Komplementarität sowohl zwischen physiologischen Abläufen im Gehirn und Bewußtseinsvorgängen, zwischen Erleben und Verhalten als auch zwischen meßbarer Belastung und individueller Belastungsbewertung bestehen. Physiologische und psychologische Zugangsweisen und Begriffsgebäude sind Ausdruck „zweier grundverschiedener Erkenntniszugänge und Bezugssysteme von Beschreibungsmöglichkeiten" (Fahrenberg). Und dieses Verhältnis bedeutet keineswegs eine analoge Übertragung quantenphysikalischer Erkenntnisse auf Biologie oder Psychologie, sondern die Herausarbeitung einer grundlegend eigenen logischen Struktur.

Einer physiologischen Komplementarität, die mir besonders reizvoll erscheint, wollen wir uns noch kurz etwas eingehender zuwenden. Sie knüpft an das an, was ich auf S. 159 über die beiden Großhirnhälften ausgeführt habe.

Die Funktion unseres Gehirns beruht ja u.a. auf einem Zusammenspiel zwischen rechter und linker Großhirnhälfte. Sehr vieles spricht nun dafür, in den Funktionen beider Großhirnhälften insofern eine Ergänzung im Sinne einer Komplementarität zu sehen, als sie bei kognitiven und emotionalen Aktivitäten unterschiedliche Rollen spielen, offenbar auch eine verschiedene Bewußtseinsbedeutsamkeit haben sowie eingehende Information auf unterschiedliche Weise verarbeiten. Dabei hat die rechte Hälfte mehr das grundsätzliche Ziel im Auge, während die linke eher für Details zuständig ist. Damit hängt beispielsweise zusammen, daß die meisten Menschen bei intensivem Kopfrechnen nach rechts schauen, weil dabei die linke Hemisphäre aktiver ist, und daß, wenn man einen Stab mit der rechten Hand zu Balancieren versucht und dann zu sprechen beginnt, die Leistung schlechter wird.

Mit der rechten Hirnhälfte sind wir sehr viel leichter in der Lage, ein ganzes Gesicht als solches zu erkennen, während die linke Hälfte sich eher an ganz bestimmten hervortretenden Details orientiert. Vielleicht hängen damit auch zwei unterschiedliche Orientierungsarten zusammen, wenn man sich etwa verlaufen hat: Nach der einen Methode geht man von einer vagen - und doch oft außerordentlich gewissen - Anmutung aus, die sich auf einen sehr allgemeinen Richtungs-„Sinn" und ausgesprochen allgemeine Qualitäten der Umwelt stützt; nach der anderen orientiert man sich an ganz bestimmten Zeichen: „Am einen Ende der Lichtung stand eine alles überragende Birke, und der Weg hatte dort eine große Pfütze", oder „rechts war eine Tankstelle und etwas weiter links eine Bäckerei mit ausgesprochen kärglicher Auslage" oder ähnlichem. Eigenartigerweise büßt man die erste Möglichkeit, nach der man sich spontan zu orientieren bereit war, schlagartig ein, wenn man von Begleitern auf bestimmte Details hin angesprochen wird, und beginnt unsicher zu werden.

Sind beide Hälften in der Funktion nicht in ausgewogenem Einklang, kann es zu Störungen kommen. Das kann schon der Fall sein, wenn man sich bewußt wird, daß einem jemand sozusagen kritisch beobachtend über die Schulter schaut, oder wenn man selbst in bislang automatisch ablaufende Vorgänge beobachtend eingreift. Vergleichen Sie einmal die Bewegungen eines geübten Tänzers, der ganz im Rhythmus des Tanzes aufgeht, mit denen eines Anfängers, der sich sozusagen jeden Schritt einzeln vornehmen muß, oder versuchen Sie einmal, wenn Sie Klavier spielen sollten, konzentriert Ihre Finger zu beobachten!

Nach Balkendurchtrennungsexperimenten bzw. Balkenoperationen konnten darüber hinaus ganz charakteristische Unterschiede in der Funktion herausgearbeitet werden, u.a. einerseits eine verschlechterte Fähigkeit der rechten Hand zu zeichnen und andererseits eine verschlechterte Schreibfähigkeit mit der linken Hand. Jeder weiß ja auch aus der alltäglichen Erfahrung, wie „sinnlos" Worte angesichts eines tief erschütternden und ergreifenden Erlebens wirken und wie „sinnlos" Gefühle und intuitive Erfahrungen für den sind, der einen Beweis in klaren und logisch schlüssigen Argumenten erwartet.

Aus der Erkenntnis, daß unsere Erziehungs- und Bildungsbemühungen im Sinne der klassischen rational-mechanistischen Wissenschaftstradition eine Einführung in ein verhältnismäßig einseitiges Weltbild darstellen, das einer Vorrangstellung und Bevorzugung der linken Großhirn-Hemisphäre entsprechen würde, hat es gerade in den letzten Jahrzehnten zahlreiche Ansätze gegeben, die das Gewicht stärker auf nicht-sprachliche Aspekte legen, ohne daß damit die Vorstellung einer gänzlichen Unabhängigkeit der Funktion beider Hemisphären verbunden sein müßte. In ihnen kommt es mehr darauf an, ganzheitlich wahrzunehmen zu lernen, in stärkerer Weise Übereinstimmungen als Abgrenzungen zu entdecken, Systemzusammenhänge zu erkennen, intuitiv Bilder oder Modelle zu erschauen.

So wird beispielsweise beim Erlernen des Zeichnens empfohlen, Dinge auf den Kopf gestellt nachzuzeichnen, also ein Bild auf den Kopf zu drehen und dann abzuzeichnen. Dabei stellte man übrigens überraschenderweise fest, daß die so gefertigten Zeichnungen bzw. Kopien viel präziser waren als die normalen Kopien. Es wird weiter vorgeschlagen, sich - sogar ohne hinzusehen, was man zeichnet - auf die Zeichnung von Rändern und Konturen zu konzentrieren und sich selbst neben den optischen Eindrücken auch Tasterlebnisse vorzustellen. Ferner wird die Aufmerksamkeit auf den leeren Raum gelenkt, indem quasi das Raum-Negativ zum Positiv wird, um damit das „Nichts" positiv real erlebbar zu machen. Ähnliches steckt hinter der Absicht, speziell Schatten zu zeichnen, also Licht- und Schattenfelder als Formen sehen zu lernen. Vor allem wird natürlich in diesem Rahmen auch das Portrait-Zeichnen für besonders nützlich gehalten. Umgekehrt ist es interessant, welchen Eindruck Gesichter auf einen machen, wenn man sich vorstellt, sie zeichnen zu wollen. Um wieviel anders sieht man sie, allein durch die veränderte Beobachtungsweise! (vgl. Edwards).

Offenbar gehen solche Zeichen-Aktivitäten, wie von verschiedenen Seiten berichtet wird, auch mit einer veränderten Bewußtseinslage einher, und eigenartigerweise entwickeln sich die meisten Erwachsenen der westlichen Kulturen im Niveau ihrer Zeichnungen kaum über das hinaus, was sie mit 9 bis 10 Jahren konnten. Vielleicht hängt das in der Tat damit zusammen, daß bei den Kindern mit zunehmendem Alter immer stärker begriffliches Wissen an die Stelle bildlicher Wahrnehmung tritt. Geben wir den Kindern nicht auch dadurch, daß wir auf Gegenstände zeigen und diese Gegenstände benennen und benennen lassen, zu verstehen, in erster Linie die vorrangige Wichtigkeit von Bezeichnungen und Etiketten zu beachten, und wird nicht die Fähigkeit, staunend zu entdecken, unter den Wortlawinen unserer modernen Zeit verschüttet? (Edwards).

„Aber was nützt es, wenn man Worte hört und die Wirklichkeit der Dinge nicht selber erfährt?", könnte man im buddhistischen Sinne fragen. Denn für Buddha stellt das große Schweigen, das zu hören bereit ist, das der eigentlichen Wahrheit allein sinnentsprechende Verhalten dar.

Gibt es nicht auch in der Musik einen ähnlichen Unterschied? Behandelt doch die orientalische Musik nicht so sehr ein bestimmtes melodisches Thema, sondern strebt eher in monoton einschmeichelnder Weise einen bestimmten Seelenzustand an, ähnlich wie eine „endlose" Folge gleicher Rhythmen, etwa bei einer Macumba[8], den aktiv Beteiligten wie den Zuhörer in eine Form von Ekstase zu versetzen vermag. Das Erleben als solches, das Sich-in-etwas-Hineinleben ohne sekundäre Reflexion und ohne Ichbezug, diese Art erfahrender Selbstverwandlung am Phänomen ist durchaus eine eigene Erkenntnisweise, in der die einzigartigen komplexen Möglichkeiten des menschlichen Gehirns genutzt werden, um eine Entsprechung zu einer bestimmten Ganzheitlichkeit der Umwelt herzustellen. Diese lauschende Ich-Auflösung und die schweigend-aufnehmende Selbstverwandlung stehen in betontem Gegensatz zu einer - aus dieser Sicht so wirkenden - vordergründigen Geschwätzigkeit und zu der Orientierung an leeren „actions".

Psychosoziale und kulturelle Aspekte der Komplementarität

Niels Bohr selbst sah nicht nur bei lebenden Organismen und den Eigenschaften menschlicher Individuen, sondern auch bei den Merkmalen kultureller Gemeinschaften Ganzheitsbezüge, deren Beschreibung eine typisch komplementäre Ausdrucksweise erfordere.

So führte er 1958 in einem Beitrag über „Atomphysik und Philosophie" aus, daß bei der Analyse und Synthese in anderen Erkenntnisgebieten Umstände vorlägen, die an jene der Quantenphysik erinnerten. Eine wesentliche Grundlage für die Ausweitung der Komplementaritätskonzeption erblickt er dabei in der Be-

8 Die Macumba ist eine in Brasilien bekannte und dem Voodoo-Kult in der Karibik ähnliche, von rhythmischer Musik unterlegte kultische Veranstaltung, in der u.a. auch Hähne und andere Tiere geopfert werden. In ihr vermischen sich in stark gefühlsbetonter und in Ekstase führender Weise afrikanische und katholische Elemente. Die Teilnehmer werden von einem bestimmten Gott „besessen", dessen Eigenschaften sie nachahmen und für den sie sprechen.

schaffenheit der strukturellen Bedingungen von Organismen. Denn diese seien so, daß mikro-physikalischen Wirkungen, also letztlich akausalen, undeterminierten Ereignissen, eine entscheidende Rolle für die Gesamtreaktion eines Organismus zukomme[9]. „Die Akausalität der quantenphysikalischen Einzelreaktionen bedingt auch eine gewisse Akausalität der Organismen“ (P. Jordan).

Bohr sieht auch eine „enge Verbindung“ zwischen der Situation bei der Analyse von Atom-Phänomenen und den charakteristischen Merkmalen des Beobachtungsproblems in der Psychologie. Er meint sogar generell, daß irgendwelchen Beobachtungen im anthropologischen Bereich, die das Phänomen des Lebens nicht zerstören sollen, noch engere grundsätzliche Schranken gezogen seien als denjenigen, die sich aus den quantenphysikalischen Reaktionsgesetzen der Atome und Moleküle ergeben (Jordan). Die Tatsache, daß man bei Wiederholung des gleichen Experiments auf verschiedene Ergebnisse treffe, lasse sich hier wie dort nur mit Hilfe statistischer Zusammenhänge umfassend beschreiben.

Bohr weist auch darauf hin, daß man bei einer psychologischen Analyse nicht zwischen den Phänomenen selbst und ihrer bewußten Wahrnehmung, d.h. bezüglich des eigenen Erlebens kaum scharf zwischen Subjekt und Objekt unterscheiden könne. Je nach den bestehenden Bedingungen stellt sich ein Gefühlszustand eher als Teil des subjektiven Erlebens oder als Teil eines von dem Subjekt zu beobachtenden Prozesses dar. Dadurch aber ist, genauso wie in der subatomaren Physik, eine einfache Kausalbeschreibung nach dem Muster der klassischen Physik nicht möglich. „Wenn wir unsere eigenen Gefühle zu analysieren oder sie in logischer Weise zu erklären versuchen, besitzen wir sie kaum mehr“ (Bohr). Sie stehen auch offenbar, genauso wie Instinkte, in Komplementarität zu begrifflich-rationaler Vernunft.

Grundsätzlich sieht Bohr also im psychologischen Bereich wie in der Quantenphysik die gleiche logische Situation gegeben, vor allem dort, wo Unbewußtes ins Spiel tritt. Denn gegenüber solchen Situationen versagten Objektivierung und Kausalitätsprinzip.

Pascual Jordan bringt in diesem Zusammenhang als veranschaulichenden Extremfall das Beispiel eines Menschen mit Persönlichkeitsspaltung. Hier könne, genauso wie ein Elektron nicht gleichzeitig als ausgedehnte Welle und ausdehnungsloser Punkt beobachtet werden könne, niemand sagen: „Ich bin die Person X, und ich bin gleichzeitig die von X verschiedene Person Y.“ Die im Rahmen einer gespaltenen Persönlichkeit nebeneinander, aber eben nicht gleichzeitig existierenden Teilpersonen haben gegenseitig kein Wissen voneinander und teilen auch nicht die gleichen Erlebnisse. So beruht ja auch eine psychotherapeutische Behandlung sehr häufig darauf, ein feststellbares, aber der bewußten Wahrnehmung entzogenes Symptom aus dem Unbewußten heraustreten zu lassen, es voll bewußt werden zu lassen, um dadurch sein Verschwinden zu erreichen.

Die psychologische Seite der menschlichen Existenz erscheint in dieser Weise

---

9 Es mag interessant sein, daß die Empfindlichkeit von Wahrnehmungsorganen bis an die Größenordnung individueller Quantenprozesse heranreicht (Bohr).

eingespannt in die Komplementarität von Erleben und Verhalten. Kenntnis über Menschen ergibt sich daher sowohl aus der subjektiven Schau nach innen als auch aus der Verhaltensbeschreibung von außen. Es ist aber offenbar nicht möglich, gleichzeitig beides im Blickpunkt zu haben.

Das ist von weitergehender Bedeutung. Denn es wird darin deutlich, daß unterschiedliche Erklärungsansätze ihren spezifischen Erklärungswert haben, isoliert betrachtet aber nur einen umgrenzten Teil der Wirklichkeit treffen.

Ich habe in meinem Buch „Der Mensch im Fortschritt der Medizin" auf eine spezifische Form von Komplementarität hingewiesen, die die Beurteilung eines Kranken durch den Arzt betrifft. Welch umfangreiches und zutreffendes Bild eines Patienten muß sich ergeben, wenn der Arzt dahin gelangt, ihn nicht nur aus seiner eigenen medizinischen, eventuell zusätzlich spezialisierten Informationswarte einer „objektiven" Wissenschaft zu beurteilen, sondern ihn zusätzlich auch aus einer patientenorientierten Sicht zu verstehen versucht; wenn er sowohl seine „objektive" als auch die „subjektive" Sicht des Patienten zur Diagnosestellung nutzt. Das Bild des Arztes von seinem Patienten wird unter Zugrundelegung dieser beiden, sich nicht selten widersprechenden und ausschließenden Aspekte wesentlich reicher. Der Arzt erkennt dabei zugleich, wie stark er selbst, mit seinem ganz spezifischen Auftreten und ganz spezifischen Verhaltensweisen, auf andere wirkt. Er könnte sich selbst teilweise in seinen Befunden wiedererkennen.

Zudem bietet sich, analog der Rolle des Beobachters in der modernen subatomaren Physik, aus diesen Überlegungen eine tiefere Konsequenz für die eigene beobachtende und beurteilende Stellung gegenüber einem anderen Menschen an. Denn hier wie dort, in der Atomphysik wie in der Psychologie, kann eine objektive Beschreibung nur dadurch erreicht werden, daß man in die Beschreibung der Phänomene den ausdrücklichen Hinweis auf die Versuchs- bzw. Beobachtungsbedingungen einbezieht. Die Erlangung von Wissen ist in beiden Fällen untrennbar mit den Möglichkeiten der Fragestellung verbunden. „Wie man in den Wald hineinruft, schallt es zurück", heißt es in einem alten Sprichwort. Damit aber bleibt immer wieder - trotz aller gegenseitigen Bemühungen - die Trennungslinie zwischen Subjekt und Objekt verschieblich.

Jeder sollte sich deshalb vergegenwärtigen, daß es keine unabhängigen Eigenschaften von Dingen oder von Menschen gibt, sondern daß diese Merkmale immer unlöslich mit einer ganz bestimmten Beobachtungssituation verbunden sind, zu der er als Beobachter selbst gehört und die er ebenso selbst mitbestimmt wie die in dieser Situation erhaltenen Ergebnisse.

Erst wenn es einem gelingt, die anläßlich unterschiedlicher Bedingungen verschiedenartigen Erfahrungen über einen Menschen in - wenn auch noch so widersprüchlicher - Ergänzung zueinander zu sehen, hat man im Grunde etwas über den hinter den abweichenden Erscheinungsbildern stehenden Menschen gelernt und sich einem wirklichen Verstehen genähert - und hat auch vielleicht den Sinn des in der chinesischen Philosophie oft benutzten Satzes begriffen, der da sagt, daß wir selbst im großen Drama des Lebens sowohl Schauspieler als auch Zuschauer sind.

Wie in der Atomphysik dürfte daher für menschliche Beziehungen gelten, daß auch Erkenntnis über Menschen nur insoweit Erkenntnis über Menschen darstellt, als sie in einer ganz bestimmten - beispielsweise schulischen - Situation von einer ganz bestimmten Beobachtungswarte aus, in einer Beobachtungssituation mit ganz bestimmten persönlichen und institutionellen Voraussetzungen gewonnen wurde. Insofern bedarf sie im Grunde zwangsläufig der Ergänzung durch andere Sichtweisen.

Eine solche Erkenntnis schließt im übrigen auch eine Komplementarität psychologischer und soziologischer Erklärungsaspekte ein, denn auch eine auf das Erleben und Verhalten der einzelnen menschlichen Persönlichkeit gerichtete Betrachtung und eine Betrachtung, die auf Merkmale gerichtet ist, wie sie sich aus der Zugehörigheit zu bestimmten sozialen Gruppen ergibt, sind komplementär. Wir vermögen einen Menschen nie gleichzeitig in beiden Bezugsrahmen zu sehen, genauso wie sich biologische Erklärungsansätze und ethische Zugangswege zur Beschreibung und Erklärung einer menschlichen Autonomie auszuschließen und zugleich zu ergänzen scheinen. Außerdem umfaßt die Stellung eines Individuums innerhalb einer Gemeinschaft zwangsläufig mehrere, oft sogar zahlreiche Seiten, die sich nicht selten gegenseitig ausschließen, obwohl sie gleichermaßen für die Wirklichkeit dieses Individuums kennzeichnend sind.

Niels Bohr setzte sich schließlich auch mit der Schwierigkeit des Verstehens zwischen unterschiedlichen Kulturen auseinander. Vor allem wies er auf die Unmöglichkeit hin, das Wesen einer bestimmten Kultur vor dem Hintergrund von Traditionen einer anderen Kultur zu würdigen. Denn verschiedenartige menschliche Kulturen seien komplementär zueinander. „Jede Kultur stellt in der Tat ein harmonisches Gleichgewicht traditionsbestimmter Konventionen dar, mittels deren sich die Möglichkeiten des Menschenlebens in einer eigentümlichen Weise entfalten können, die uns stets neue Seiten ihres unbegrenzten Reichtums und ihrer Mannigfaltigkeit enthüllen."

Er sieht das Haupthindernis für eine vorurteilsfreie Haltung gegenüber der Beziehung zwischen den verschiedenen menschlichen Kulturen in den tiefgehenden Unterschieden dieses Traditionshintergrundes. Denn wir können eine unvermeidliche Wechselwirkung sozusagen zwischen den Objekten und den Meßgeräten sowie die Unmöglichkeit einer scharfen Unterscheidung zwischen objektivem Inhalt und beobachtendem Subjekt nicht verhindern. So begegnet man gerade in der Forschung primitiver Kulturen einmal der Gefahr, diese Kulturen durch den unvermeidlichen Kontakt zu verderben. Zum anderen steht man vor der Schwierigkeit, sich weitgehend von der eigenen kulturellen Sichtweise lösen zu müssen, erfährt aber auch, wie stark man als Forscher selbst durch solche Studien beeinflußt wird. Je mehr das aber der Fall ist, je mehr man sich in die fremde Kultur eingelebt hat, um so schwerer fällt es einem, das Maßsystem der eigenen Kultur anzulegen. Auch hier also eine tiefgreifende Komplementarität menschlicher Erfahrungsbildung!

Im Inneren aller menschlichen Kulturen mag schließlich durchgehend eine Komplementarität sowohl von Gerechtigkeit und Liebe (die Anwendung des Gesetzes läßt kaum Raum für die Entfaltung von Nächstenliebe) als auch von männlichem und weiblichem Prinzip wirksam sein, wie sie im Grunde sehr eindrucksvoll in dem Yin-Yang-Prinzip zum Ausdruck kommt, dessen graphische Darstellung Bohr bezeichnenderweise in das Zentrum seines Wappenschildes aufnahm. Komplementarität stellt sich so als eine Erkenntnisfigur dar, bei der man Gegensätze in ihrer Selbständigkeit beläßt, sie aber zugleich in ihrem Aufeinander-verwiesen-sein versteht.

Wer die Konzeption der Komplementarität aus dieser erweiterten Sicht betrachtet, mag empfinden, wie sich auf einer solchen geistigen Grundlage der Blick verständnisvoll weitet, wie sich gegenüber anderen Menschen, aber auch gegenüber einem selbst, eine Art begründeter Toleranz und Gelassenheit einstellt, was keineswegs mit einem resignierten „laissez-faire" identisch ist. Bohr selbst, der stets um Ausgleich bemüht war, sah in ihr einen Versuch, „einen Ausdruck für die Harmonie des Daseins zu finden" (1985) und eine wahrhaft humane, ja fast moralische Norm im Denken zu etablieren.

Sehr eindrucksvoll beschreibt diese Sicht auch Antoine de Saint-Exupéry in den Worten, die er dem Berberfürsten in seiner „Stadt in der Wüste" in den Mund legt: „Der eine glaubt, der Wohlstand bewältige alle Probleme; denn der Mensch, der all seiner Bürden ledig sei, werde die Zeit finden, sein Herz, seine Seele und seinen Verstand zu pflegen. Der andere aber glaubt, der Wert ihres Herzens, ihres Verstandes und ihrer Seele beruhe nicht auf den Speisen, die man den Menschen reicht, und nicht in den Erleichterungen, die man ihnen vergönnt, sondern auf den Opfern, die man von ihnen verlangt ...

Und beide sind sie im Recht. Denn wer gedeiht in der Versklavung, unter dem Druck einer grausamen und vertierenden Arbeit? Wer aber gedeiht in Zügellosigkeit, in Achtung vor Fäulnis und sinnloser Arbeit?"

An anderer Stelle fährt er fort: „Im Grunde träumen sie alle von der gleichen Stadt. Der eine aber verlangt das Recht zum Handeln für den Menschen, so wie er ist. Der andere hingegen fordert das Recht, den Menschen zu formen, damit er zum wahren Sein gelangen und handeln könne. Und beide preisen sie den gleichen Menschen."

Das komplementäre Verhältnis von Wissenschaft und Religion

Sieht man Materie und Geist als zwei grundsätzliche Seinsweisen, die sich von einem gemeinsamen übergeordneten Grund abheben, und versteht man das Menschenleben zugleich als einen Teil des riesigen Stroms kosmischer Wirklichkeit, ergibt sich eine Sicht, in der auch die unterschiedlichen Weisen als komplementär angesehen werden können, auf die Menschen versuchen, sich der Wirklichkeit der Welt und ihrer selbst anzunähern, Wahrheit zu erfahren, sich einem Sinn ihres Daseins „begreifend" und „umgreifend" zu erschließen. Jede dieser Weisen könnte in sich schlüssig sein, würde aber gleichzeitig von ihrer Warte die anderen Möglichkeiten ausschließen. Denn die grundlegenden Voraussetzungen jeder Erfahrungsweise bleiben für diese selbst unangetastet. Und doch erlaubt keine Sichtweise, isoliert für sich stehend, einen vollständigen Zugang zur Wirklichkeit und Wahrheit.

Das gilt, wie jeder, der nicht durch Vorurteile in seinem Blick getrübt und eingeengt ist, sowohl für religiöse und politische Dogmen als auch für das, was derzeit als „wissenschaftlich" angesehen wird.

Gerade das Verhältnis von Wissenschaft und Religion, ähnlich wie übrigens das von Wissenschaft und Kunst, zeigt diesen komplementären Aspekt sehr deutlich. Vielleicht sind auch alle Religionen, die bisher auf der Erde entstanden sind, entgegen der dogmatischen Kompromißlosigkeit fanatischer Eiferer nebeneinander von grundsätzlichem und sich ergänzendem Wert für die Menschheit.

Wissenschaft und Religion stellen jedenfalls in sich stimmige Systeme dar, die beide der umfassenden Zielsetzung des Menschen dienen, die Welt zu verstehen, um sicherer leben und sich damit in der Welt besser verteidigen und behaupten zu können. Jedes der beiden Systeme versucht jedoch, eine Überprüfung seiner grundlegenden Voraussetzungen zu vermeiden und zu verhindern.

Ein religiöser Mythos als personifizierte Komposition von „universellem Gültigkeitsanspruch, in der sich die Geschichte von Ursprung, Aufstieg und Wandel einer Herrschaft übersinnlicher Mächte verkörpert" (Hellpach), wird und muß es unannehmbar finden, seine mit ehrfürchtiger Scheu gehütete Erkenntnis „wirklicher Vorgänge" einer naturwissenschaftlichen Analyse unterziehen zu lassen.

In ähnlicher Weise entzieht sich aber auch Wissenschaft üblicherweise einem tieferen Nachdenken über sich selbst und ihr „Umfeld" aus einer anderen als eben einer rein und speziell wissenschaftlichen Sicht. So wie die Wissenschaft das menschliche Schicksal, haben über Jahrhunderte hin Mythen menschliche Geschichte und die Bewältigung der Wirklichkeit durch Menschen maßgeblich bestimmt. Auch sie spiegeln auf *ihre* Weise die Erfahrungs-Welt von Kulturen.

Inhaltlich könnte man sehr wohl sagen, daß die wissenschaftliche Empirie, wie das Beispiel des Behaviorismus in krasser Deutlichkeit zeigt, Erkenntnis über Seelisches von außen her zugänglich zu machen versucht, während Religion im wesentlichen Erkenntnisse aus innerer Evidenz ableitet. Die weitreichende zwischenmenschliche Übereinstimmung über grundlegende voraussetzungslose Voraussetzungen ist - rein formal gesehen und als geschichtliches Faktum - eine ganz wesentliche, wenn auch nur selten beachtete Gemeinsamkeit zwischen Mythos und wissenschaftlich belegter Naturgesetzlichkeit. Denn es gibt, wenn man es genau und unvoreingenommen kritisch besieht, genauso wenig eine rein empirische Begründung von Naturgesetzen wie es „Beweise" für Mythen gibt. Aber weder Mythos noch wissenschaftliche Theorien entstammen ausschließlich sinnlichen Erfahrungen; sie hängen beide entscheidend von „theoretischen" Vorannahmen ab. Beides sind theoretische Sätze und Systeme, zwischen denen auf wirklich überzeugender geistiger Grundlage keine Entscheidung getroffen werden kann.

Wissenschaft ist im Grunde genauso wenig rational wie Mythen; denn auch sie beruht auf ganz bestimmten, logisch nicht weiter rückführbaren grundlegenden Vorannahmen. Diese sind nicht weiter ableitbar, weil man entweder mit irgendeiner dogmatischen Setzung an irgendeinem geschichtlichen Punkt stehenbleibt oder sich auf den Weg eines unendlichen Rückgriffs begibt, der ebenfalls letztlich keine rationale Lösung darstellen würde. Ebenso wie bei Mythen sind weder die Endzwecke der Wissenschaft noch die entscheidenden Grundannahmen streng rationaler Art, d.h. logisch ableitbar. Wir täuschen uns, wenn wir die Wissenschaft als „Paradebeispiel“ von Rationalität ansehen und wissenschaftliches Vorgehen aus einer gewissen historischen Gewohnheit eben für den Ausdruck streng empirischer Erhebungen oder vernunftmäßiger Überlegungen halten. „Wir leben in Wahrheit nicht in einer vernünftigeren Welt als früher, wir leben nur in einer solchen, in der man sich blind für diejenigen Seiten möglicher Wirklichkeit gemacht hat, die keine durchgängige Formalisierung oder Rationalisierung zulassen.“ „Die Frage, ob es rationaler ist, die Wirklichkeit mehr in logisch-systematischer Form wissenschaftlicher Theorien oder in der aufgelockerten Form von Mythen zu sehen, ist mit der Frage identisch, wo die größere empirische Übereinstimmung zu finden ist. Darauf gibt es - aber - keine definitive Antwort“ (K. Hübner).

Selbst Karl Popper räumt vorbehaltlos ein, daß Rationalität theoretisch begrenzt sei: „Die rationalistische Einstellung beruht auf einem irrationalen Entschluß oder auf dem Glauben an die Vernunft“. Selbst der von ihm vertretene „kritische Rationalismus“ ist - so besehen - ein Wahlangebot, das allerdings - nach Popper - den Vorteil bietet, offen die eigenen Grenzen anzuerkennen und zuzugeben, daß auch er auf einer irrationalen Entscheidung beruhe. „Menschen werden zu Rationalisten, weil sie sich mit einem kleinen Teil der Wirklichkeit begnügen“ (Grønbech).

Dort, wo diese weitreichende, im Grunde als universal gültig erlebte zwischenmenschliche Übereinstimmung über voraussetzungslose Voraussetzungen fehlt, entstehen im Grundlegenden unterschiedliche wissenschaftliche „Schulmeinungen“ ebenso wie religiöse Spaltungen. Und jede Richtung hält jeweils ihren eigenen Weg für den absolut richtigen, bzw. für den absoluten schlechthin. Streng logisch betrachtet, gibt es jedoch keine rationale Entscheidung zugunsten irgendeiner Glaubensauffassung oder wissenschaftlichen Grundannahme. Für beide bleibt ein Maß an Willkürlichkeit unaustilgbar. Das Wesen eigentlicher Rationalität besteht aber gerade darin, Willkürentscheidungen auszuschließen.

So vertreten ja auch die Skeptiker die Auffassung, daß die Wahl zwischen konkurrierenden absoluten Standpunkten wegen der Unmöglichkeit einer durchgehenden Rationalität willkürlich getroffen werden müsse. Und letztlich ist es - ähnlich wie bei dem Gödelschen Unvollständigkeitstheorem (S. 313) unmöglich zu beweisen, daß etwas, das wir als rational zu bezeichnen gewohnt sind, tatsächlich im letzten Grunde rational ist. Die Wirklichkeitserkenntnis dieser Welt ist also im Grunde keine in sich stimmige Summe von Erkenntnisakten, sondern eine freie, aus einem tiefen Vertrauen gespeiste Entscheidung. Das heutzutage der Wissenschaft grundsätzlich - von Bürgern und Politikern - entgegengebrachte Vertrauen unterscheidet sich in nichts von dem Vertrauen mittelalterlicher Menschen in die Kirche und ihre Priester. Wer damals nicht als Christ galt, hatte ähnliche Schwierigkeiten öffentlicher Ächtung wie jemand, der heute am Wert wissenschaftlich-technischen Fortschritts zweifelt. Eine mit Selbstgerechtigkeit und Intoleranz einhergehende unbewußte Angst vor dem Verlust dieser „Glaubensordnung" beherrschte den Menschen damals als „Hölle" und wird heute als geistiges „Chaos" bezeichnet. Die zwei großen „Wahrheiten" dieser Welt scheinen - selbst auf dieser Ebene - im Verhältnis der Komplementarität zueinander zu stehen. Es wäre falsch, deshalb Wissenschaft und Wissenschaftlichkeit abzulehnen. Es wäre aber genauso falsch, sich in ungerechtfertigten Erwartungen ihren Entscheidungen und Ratschlägen vorbehaltlos zu überlassen.

Es zeigt sich also aus dieser Sicht, daß wissenschaftliche Eigenständigkeit ein wesentliches Merkmal unserer abendländischen Kultur geworden ist, daß aber auch beseligende mystische Visionen eine Geistigkeit zum Ausdruck bringen, deren Fehlen einem kulturellen Mangel gleichkäme. Beide, wissenschaftliche Rationalität und religiöse Schau, für sich allein sind aber offenbar nicht in der Lage, die tatsächliche Ganzheitlichkeit menschlichen Lebens und Erlebens zum Ausdruck zu bringen. Auch sie scheinen im Verhältnis der Komplementarität zueinander zu stehen. Denn keine der beiden Sichtweisen allein führt zu einer befriedigenden, umfassenden Schau menschlichen Lebens. Jede stellt lediglich ein für sich selbst überzeugendes und sich selbst mit - oft nur scheinbaren - Erfolgen bestätigendes einseitiges Deutungsschema der Welt dar.

Steigen wir aus den Höhen wissenschaftlich-religiöser Überlegungen wieder hinab zu einer anderen, sehr konkreten Komplementarität.

Tagwelt und Nachtwelt, Logik und Intuition

Psychologisch würde man bei der Ergänzung der Funktionsweisen der beiden Großhirn-Hemisphären am ehesten von einer Polarität zwischen Logik und Intuition sprechen. Man könnte sich deshalb fragen, ob angesichts dieser hirnphysiologisch fundierten Entsprechung nicht eine Verbindung von Wissenschaft und Kunst sinnvoller wäre als eine nur die eine Seite stärker betonende Zusammenfassung von „Wissenschaft und Technik".

Interessanterweise schreibt der russische Naturwissenschaftler Leonid I. Ponomarjoff in seinem Buch „Jenseits des Quant's", daß die Wissenschaft nur eine der Methoden zur Erkenntnis der Welt darstelle und die Kunst ein anderes komplementäres Verfahren verkörpere. „Wissenschaft und Kunst schließen einander nicht aus, sondern ergänzen sich gegenseitig. In ihren höchsten Erscheinungsformen sind beide ebensowenig voneinander trennbar wie die Eigenschaft „Welle - Teilchen" im Atom. Sie spiegeln verschiedene komplementäre Seiten des menschlichen Erkenntnisprozesses wider und geben nur vereint eine vollständige Vorstellung von der Welt."

Die Aussagen in einem Bereich, dem der Wissenschaft, sind explizit in Sätzen formuliert, während die Kunst ihre Einsichten vorwiegend implizit, etwa in Sinfonien oder Gemälden, zum Ausdruck bringt. Die Wissenschaft kann ein Musikinstrument in allen Konstruktionsmerkmalen genauestens beschreiben; sie kann auch erklären, wie bei Betätigen des Instruments Klänge zustande kommen; sie vermag aber nichts darüber zu sagen, was eigentlich geschieht, wenn sich beispielsweise ein Pianist ans Klavier setzt und improvisiert.

Man kann die Worte einer Buchseite zählen und den logischen Gedankengang eines Autors analysieren - und man kann über den Inhalt einer Seite in Tränen ausbrechen oder eine tiefbeglückende Einsicht gewinnen. Es gibt Menschen, denen herrliche Melodien einfallen und die nichts von den Grundregeln der Musik verstehen. Es gibt andere, die etwas exakt zu beweisen verstehen ... und doch nicht „recht" haben. Es gibt vor allem auch den Vorgang, daß sich tiefempfundene Erlebnisse auflösen, wenn man sie zu enträtseln versucht, so wie sehr oft etwas Wesentliches von einem Gefühl in dem Moment verschwindet, in dem man darüber zu sprechen beginnt. „Um das Singen und Tanzen zu verachten, genügt es, beide in ihre Bestandteile zu zerlegen", sagte schon Mark Aurel.

Kunst ist dort, wo ein nicht näher beschreibbarer Eindruck überzeugt, ja überwältigt, wo plötzlich etwas „Wunder-bares" anklingt, uns ein Zauber empfängt, der einer geheimnisvollen Synthese in den Verwandlungen des Zufalls entspringt. Und Kunst lebt von dem unmittelbaren Eindruck des Augenblicks, auch wenn dieser Eindruck einen Menschen sehr lange bestimmen, ihm vielleicht sogar Zeit seines Lebens nicht mehr entschwinden mag. Wissenschaft dagegen versucht, auf dem Weg der Analyse sowie kausal-logischer Erklärungen quasi die Gesetzmäßigkeiten des „Zufalls" oder der „Wunder" aufzudecken.

Beiden aber ist im Wesen etwas gemeinsam, was wohl auch bei den alten Griechen in dem umgreifenden Begriff „Techne" zum Ausdruck kam: ein Gefühl des Staunens und der Versuch, in eine im weitesten Sinne erkennende Beziehung zur Welt zu treten, Einsicht in bestehende Beziehungen zu gewinnen. Und beide mögen sich berühren, wenn beispielsweise in wissenschaftlichen Entdeckungen und Empfindungen eine künstlerisch-intuitive Note zutage tritt oder mathematische Beziehungen erkennbar werden, die dem „goldenen Schnitt" oder einer Oktave zugrunde liegen.

Der Schweizer Anthropologe und Psychotherapeut Carl Gustav Jung hat ja bekanntlich - neben dem Fühlen und Empfinden - Denken und Intuieren als psychische Grundfunktionen unterschieden. Das für ihn sehr eng mit der Sprache zusammenhängende Denken bezeichnet er als diejenige Funktion, „die gegebene Vorstellungsinhalte in begriffliche Zusammenhänge bringt und auf diese begriffliche Weise sowie aufgrund logischer Folgerungen zu einem Verstehen der Welt und zu der erforderlichen Anpassung zu gelangen sucht".

Demgegenüber versteht Jung unter Intuition diejenige Funktion, die unbewußt, gleichsam instinktiv die Wahrnehmung eines fertigen Ganzen mit dem Charakter des Gegebenen, nicht des Abgeleiteten vermittelt. Ähnlich geht es ja auch der Zen-Lehre um die Weckung eines unmittelbaren metaphysischen Bewußtseins, ohne empirische, wissend-nachdenkende Ich-Aktivitäten.

Die Entstehung des Intuierten, das ja durch das Merkmal der Sicherheit und Gewißheit beeindruckt, ist offen. Intuition stellt sich als plötzliche und einmalige Erfahrung von besonderer Evidenz und starker persönlicher Betonung dar, die - unabhängig von früherer Erfahrung - einen spontanen Einblick in bisher verborgene Zusammenhänge vermittelt. Im Zustand der Intuition, meinte einmal Rudolf Steiner, „steht man nicht mehr den Objekten der Beobachtung gegenüber, sondern man befindet sich gewissermaßen in ihnen". „Was die Augen sehen, ist Wissen. Was das Herz weiß, ist Gewißheit", ist eine alte Erkenntnis der Sufis[10].

Ein vollständiges menschliches Bewußtsein umfaßt die beiden Modi, so wie ein vollständiger Tag das Tageslicht und die nächtliche Dunkelheit einschließt (Ornstein). Verschließt man sich einer der beiden Erfassungsweisen, verschließt man sich der Wirklichkeit in ihrer Fülle und in ihrem Reichtum. Das ist auch mit ein Grund dafür, daß ich in diesem Buch immer wieder plastische Erzählungen in wissenschaftliche Berichte und Überlegungen einstreute. Belegen doch Untersuchungen, u.a. aus dem Langley Porter Institut in San Francisco, eindeutig, daß das Lesen und Anhören von Erzählungen mit phantastischem, gefühlsgetöntem, gleichnishaftem und humorvollem Inhalt einerseits und Berichte mehr technischen Inhalts andererseits die beiden Großhirn-Hemisphären in unterschiedlicher Weise aktivieren: der zentrale Bereich der rechten Großhirnhälfte reagierte beispielsweise auf Sufi-Erzählungen deutlich stärker. Es spricht auch weiter dafür, daß das Verstehen des Sinns von Erzählungen und Gleichnissen eine in der Intelligenzforschung zwar stark vernachlässigte, aber doch sehr grundlegende Äußerungsform menschlicher Intelligenz darstellt, die vielleicht sogar im Rahmen menschlichen Zusammenlebens wesentlich wichtiger ist als das, was üblicherweise im Rahmen klassischer Intelligenztests gemessen wird.

Vielleicht findet menschliches Bewußtsein sogar einmal in ferner Zeit zu einer neuen, höheren Ebene, in der sich Vernunft und Intuition in echter Weise ergänzen, vielleicht sogar - als rationale Intuition oder intuitive Vernunft - verschmelzen, in der träumende Verwandlung des Lebens und lebendige Gestaltung der Träume ineinandergreifen.

Es ist immer wieder erstaunlich, wie unabhängig inneres Glück von äußeren Wohlstand und Erfolg ist. Der Schweizer Psychiater Medard Boss berichtet in seiner „Indienfahrt eines Psychiaters" verwundert: „Die mir immer wieder aufs neue begegnende, tief innerliche, noch heute das ganze Leben durchwaltende religiöse Geborgenheit und Verwurzelung ungezählter indischer Menschen war es denn auch, die mich in Indien durch alle materielle Not hindurch so unvergleichlich viel mehr zufriedene, heiter lächelnde, von innen heraus strahlende Gesichter begegnen ließ, als wir bei uns zu sehen gewohnt sind, obwohl wir im Westen doch alle vergleichsweise im Luxus schwimmen."

Diese Beobachtungen sind aber natürlich nicht von absoluter Gültigkeit, und Nachteile einseitiger Überbetonungen liegen auf der Hand: Es gibt dort Weise, die sich in gelassener Abgeklärtheit und Entrücktheit den drängenden konkreten Problemen ihrer Zeit und ihrer Gesellschaft entziehen; es gibt hier Experten, die „alles wissen", vor allem auch alles beweisen und widerlegen können, ohne je zu

10 Sufismus bezeichnet die Mystik im Islam. Es geht ihm um ein direktes, nicht durch die Sinne oder den Intellekt vermitteltes Wissen über die Bedeutung des Lebens und die innere Bedeutsamkeit gewöhnlicher Ereignisse durch die Entwicklung einer höheren und beglückenden Wahrnehmungsfähigkeit.

erfahren, worum es eigentlich geht. Man lacht über ungeschickt gewählte Worte, die aber im Grunde einen tiefen Inhalt zum Ausdruck bringen, und argumentiert formal-logisch ein tiefempfundenes persönliches Anliegen hinweg. In der Ablehnung eines diffus erscheinenden „mystischen Nebels“ ist alles klar - aber auch eng und arm.

Der amerikanische Psychologe Robert Ornstein versucht den Sinn einer Synthese an einem fiktiven Beispiel zu verdeutlichen: „Nehmen wir einmal an, es gäbe zwei völlig voneinander unabhängige Forschergruppen: Die eine Gruppe arbeitet ausschließlich bei Tage, die andere ausschließlich bei Nacht. Keine der beiden Gruppen kann sich gut mit der anderen verständigen. Wenn diejenigen, die nachts arbeiten, den Blick nach oben richten und das schwache Sternenlicht am Himmel sehen, können sie vielleicht Unterlagen liefern, die die Position der Sterne zu jedem beliebigen Zeitpunkt voraussagen. Doch diese Aufzeichnungen werden für einen, der nur Tageslicht erfährt, vollkommen unverständlich sein. Die Helligkeit der Sonne hält den Blicken das subtile Licht der Sterne verborgen. Und die Unfähigkeit vieler Wissenschaftler, das 'subtile Licht' zu finden, bestärkt sie nur in ihrer Überzeugung, daß die 'Sterne' nicht existieren.“

Die esoterischen Disziplinen anderer Kulturen haben sich mehr auf jenen inneren, rezeptiven Raum der „Nacht“ spezialisiert. Ihre oft mißverstandenen Techniken sind Übungen zur Veränderung der Funktion des menschlicher Nervensystems, analog zum Auslöschen des hellen Tageslichts, bis die schwachen Sterne sichtbar werden.

Spannung und Harmonie

Es ist sicher nicht einfach, Gegensätzliches und Widersprüchliches in sich zu vereinen. Das gilt für Menschen wie für Gesellschaften. Aber es ist die einzige wirkliche Chance zu einer Weiter- und Höherentwicklung. Ohne diese Möglichkeit müßte der einzelne, wenn er nicht einer einengenden Einseitigkeit erliegt, innerlich auseinanderbrechen, in Haß, Mißgunst und Resignation versinken; ohne sie erscheint auch eine positive Zukunft der Menschheit angesichts der vielen derzeit bestehenden widersprüchlichen Tendenzen undenkbar. Deshalb ist die fruchtbare Verbindung von Unterschiedlichem und sogar Gegensätzlichem so wichtig.

So stellt eine sachliche, situationsbezogene Flexibilität einen Ausgleich dar zwischen innerer Unbeständigkeit und Starrheit; souveräne authentische Echtheit steht zwischen Naivität und vielseitiger, vielleicht sogar „verschlagener“ Welterfahrung; die in Spannung gehaltene Paarung von Großzügigkeit und Gründlichkeit vermeidet ein Abgleiten in Oberflächlichkeit und Pedanterie; Schöpferkraft hält das Gleichgewicht zwischen Anarchie und Sterilität, und die mit Eigenständigkeit gepaarte angepaßte Aufgeschlossenheit verliert sich weder in gehaltloser Übernahme des jeweils anderen noch in starr-autoritärer Selbstbetonung (Duhm).

Bei einer solchen, Spannung und Harmonie vereinenden Integration besteht darüber hinaus jederzeit die Möglichkeit, aus höherer Warte und zugleich aus einer feinen Sensibilität für die jeweilige Situation, die eine oder die andere Seite vorübergehend stärker hervortreten zu lassen. Die spezifischen Merkmale bestimmter Gegebenheiten und Probleme würden über den der jeweiligen Situation oder dem jeweiligen Problem angemessenen Zugang entscheiden. Und warum sollte man das eigentlich nicht üben, den für bestimmte Probleme, Aufgaben oder Lösungsphasen jeweils sinnvolleren Ansatz zu wählen?

„Wenn die Zeit der Stille da ist: Stille. Zur Zeit der Kameradschaft: Kameradschaft. Wenn Anstrengung am Platz ist: Anstrengung. Ist Zeit und Platz für alles: alles", heißt es im Ausspruch eines Derwischs (Shah), hinter dem der Sinn für eine in sich harmonische, abgerundete und Gegensätzliches umfassende Ganzheit spürbar wird.

Schon Heraklit betonte, daß jedes Ding zu seinem Sein seines Gegenteils bedürfe, und für die Lehre des Tao hängen Spaltung und Sinnverlust eng zusammen. In der Tat besteht geradezu ein wesentliches Grundmerkmal des Lebendigen, wie wir sahen, in der funktionalen Zusammengehörigkeit und im Aufeinander-angewiesen-Sein des Gegensätzlichen. So gibt es eine höhere Einheit von Ursache und Wirkung, von Ordnung und Chaos, von Gut und Böse, von Bewegung und Ruhe, von Leben und Tod, von Freiheit und Notwendigkeit, von Anspannung und Entspannung, von Anfang und Ende, von Aufbau und Untergang.

Besteht nicht in gleicher Weise eigentlich wahre Humanität geradezu aus aktiver Toleranz für Gegensätzliches und Offenes (Duhm)? Hat Albert Camus, der ja Zeit seines Lebens ablehnte, eine „Totalphilosophie" zur Lösung menschlicher Probleme zu entwickeln, nicht recht, wenn er feststellt, daß es keine Liebe zum Leben ohne Verzweiflung am Leben gibt!? An anderer Stelle betont er von sich selbst: „Mich ekelt vor der Welt, in der ich lebe; aber ich fühle mich solidarisch mit den Menschen, die leiden". Jede auswählende Entscheidung sah er als einen Betrug am Ganzen des Lebens. Und es bedeutete für ihn wahren menschlichen Mut, die Augen sowohl gegenüber dem Licht als auch gegenüber Schatten und Tod offenzuhalten.

Noch beeindruckender bringt er diese Zusammengehörigkeit von Gegensätzlichem, die im Erleben heutiger Menschen eine oft so belastende Zerrissenheit bedeutet und ein fast charakteristisches Merkmal des Lebensgefühls heutiger Menschen geworden ist, in der „Heimkehr nach Tipasa" zum Ausdruck:

„Auf dem Vorgebirge, das ich einst geliebt, zwischen den nassen Säulen des zerstörten Tempels, schien es mir, als folgte ich jemand, dessen Schritte ich noch auf den Steinplatten und Mosaiken hörte, den ich aber nie mehr erreichen würde. Dann ging ich nach Paris und blieb einige Jahre, ohne heimzukehren ...

Und zum zweiten Mal ging ich in Algier unter dem Regen, der mir der gleiche schien wie bei meinem Abschied, den ich für endgültig gehalten hatte, und inmitten dieser unendlichen Melancholie, die nach Regen und Meer roch, und obgleich der Himmel voller Nebel war, die Rücken der Menschen unter dem Regen flohen und das grelle Licht der Cafés die Gesichter verzerrte, beharrte ich in meiner Hoffnung...

Von neuem machte ich mich dann auf den Weg nach Tipasa ... Hinter den Ruinen sah man, soweit das Auge reichte, nur verwitterte Steine, wilde Absinth-

Sträucher und vollendet schöne Säulen in der kristallklaren Durchsichtigkeit der Luft. Der Morgen schien erstarrt, die Sonne stand für einen Augenblick still. In diesem Licht und in diesem Schweigen zerrannen langsam die Jahre der Raserei und der Nacht. Ich lauschte in mir einem fast vergessenen Klang, als finge mein Herz nach langem Stillestehen ganz sachte wieder zu klopfen an ... Ich fand jene frühere Schönheit wieder, den jungen Himmel, und erkannte mein Glück, daß ich durch die ärgsten Jahre des Wahns hindurch die Erinnerung an diesen Himmel in mir bewahrt hatte ...

Ich habe Tipasa neuerdings verlassen und habe Europa mit seinen Kämpfen wiedergefunden. Doch die Erinnerung an jenen Tag trägt mich noch immer und hilft mir, mit dem gleichen Herzen das Mitreißende wie auch das Bedrückende hinzunehmen. Was kann ich in dieser schweren Stunde anderes ersehnen, als daß ich nichts ausschließen möge und lerne, sowohl den schwarzen wie den weißen Faden zum gleichen Seil zu winden, das bis zum Zerreißen gespannt ist? In allem, was ich bis heute getan und gesagt habe, glaube ich diese zwei Kräfte zu erkennen, auch wenn sie sich widerstreiten. Ich konnte das Licht, in dem ich geboren wurde, nicht leugnen und wollte auch die Dienstpflicht an unserer Zeit nicht von mir weisen ... Ja es gibt die Schönheit, und es gibt die Erniedrigungen. Wie schwer es auch sei, ich möchte weder der einen noch den anderen untreu werden ...

So steht im Traum des Lebens der Mensch, der seine Wahrheit entdeckt und sie auf der Erde des Todes verliert, um durch Krieg, Geschrei, das wahnwitzige Verlangen nach Gerechtigkeit und schließlich durch den Schmerz zu jener stillen Heimat zurückzufinden, wo selbst der Tod glückhaftes Schweigen ist.

Das Geheimnis, das ich suche, ist in einem Tal mit Olivenbäumen vergraben, unter dem Gras und den kühlen Veilchen, bei einem alten Haus, das nach Weinranken duftet. Während mehr als 20 Jahren habe ich dieses Tal durchmessen und jene, die ihm gleichen; ich habe die stummen Ziegenhirten befragt, ich habe an die Tore der unbewohnten Ruinen geklopft. Manchmal, in der Stunde des ersten Sternes im hellen Himmel, unter einem Regen zarten Lichts, glaubte ich zu wissen. Ich wußte, in Wahrheit. Und vielleicht weiß ich immer. Aber niemand will jenes Geheimnis, ich selber wahrscheinlich auch nicht, und ich kann mich doch von meinen Geheimnissen nicht trennen.

Ich lebe in meiner Familie, die über reiche und häßliche Städte aus Steinen und Dunst zu herrschen glaubt. Tag und Nacht redet sie laut, und alles neigt sich vor ihr, die sich selber vor nichts beugt; sie bleibt taub für alle Geheimnisse. Ihre Macht, die mich trägt, langweilt mich jedoch, und ich habe manchmal genug von ihrem Geschrei. Aber ihr Unglück ist auch das meine ...

Doch eines Tages, wenn wir aus Erschöpfung und Unwissenheit zu sterben bereit sein werden, vielleicht werde ich dann auf unsere lauten Gräber verzichten und mich in jenes Tal legen, unter das gleiche Licht, und ein letztes Mal erfahren, was ich weiß."

Literatur

Adey, W.R.: Studies of Hippocampal electrical activity during approach learning, in: *Fessard, A.:* Council for International Organization of Medical Sciences Brain Mechanisms and Learning, a Symposium. London, 1961

Das Affen-Regen-Mäntelchen. Japanische Sprichwörter, Hrsg.: *W. Helwig.* München, 1958

Alfvén, H.: Atome, Mensch und Universum. Frankfurt/Main, 1971

Ammermann, Ch.: Motivation und Denken. Weinheim, 1977

Anderson, R.: A Holography Model of Transpersonal Consciousness, in: Journal of Transpersonal Psychology, 1979

Angermeier, W.F.: Praktische Lerntips für Studierende aller Fachrichtungen. Berlin, 1976

Appel, Th., Paulo Freire, Julius, K. Nyerere: Normen und Erziehungsziele zweier sozial-revolutionärer Bildungskonzeptionen in der Dritten Welt. Analyse und Kritik. Unveröffentlichte Diplomarbeit. Pädagogische Hochschule Niedersachsen. Göttingen, 1975

Arnold, K.-H.: Der Situationsbegriff in den Sozialwissenschaften. Weinheim u.a., 1981

Aschersleben, K.: Motivationsprobleme in der Schule. Stuttgart u.a., 1977

Aselmeier, U.: Biologische Anthropologie und Pädagogik. Weinheim u.a., 1973

Ashby, W.R.: Design for a Brain. The Origin of Adaptive Behaviour. New York, 1960

Asimow, I.: View from a height. Doubleday, 1963

Asperger, H., F. Haider: Befreiung zur Menschlichkeit. Die Bedeutung des Emotionalen in der Erziehung. Wien, 1976

Atlan, H.: Entre le Cristal et la Fumée. Paris, 1979

Aunac, P.: L'Hologrammophisme cérébral, in: *G. Pinson, A. Demailly, D. Favre:* La Pensée. Approche holographique. Lyon, 1985

Aurobindo, S.: Lights on life problems. Bombay, 1950

Aurobindo, S.: The future evolution of man. Wheaton, 1974

Bailey, R.: Das Gehirn. Amsterdam, 1980

Barnett, S.A.: A Study in behavior. London, 1963

Bateson, G.: Ökologie des Geistes. Frankfurt/Main, 1981

Battista, J.R.: Das holographische Modell, Informationstheorie und Bewußtsein, in: Das holographische Weltbild. München, 1988

Benedetti, G.: Psyche und Biologie. Stuttgart, 1973

Benedict, R.: Patterns of culture. Boston, 1959

Benesch, H.: Der Ursprung des Geistes. München, 1980

Bennis, W.G., K.D. Banne, R. Chin.: Änderung des Sozialverhaltens. Stuttgart, 1975

Bentow, J.: Stalking the wild Pendulum: On the Mechanics of Consciousness. New York, 1977

Berendt, J.E.: Die Welt ist Klang. Nada Brahma. Frankfurt/Main, 1983

Bertalanffy, L.v.: Der Organismus als physikalisches System, in: Die Naturwissenschaften, H. 33, 20. Jg., 1940

Bertalanffy, L.v.: Das biologische Weltbild. Bern, 1949

Bertalanffy, L.v.: An Outline of General System Theory, in: British Journal for the Philosophy of Science, H. 1, 1950

Bertelanffy, L.v.: General System Theory - Foundations, Development, Applications. New York, 1968

Bhagavadgita – Des Erhabenen Sang. Düsseldorf u.a., 1955

Bhave, V.: Erziehung ohne Manipulation, in: „Viele Wege", Hrsg.: *S. Kumar, R. Hentschel.* München, 1985

Blakemore, C.: Mechanics of the mind. Cambridge, 1977
Blinkov, S.M., J.I. Glezer: Das Zentralnervensystem in Zahlen und Tabellen. Jena, 1968
Böcher, W.: Der Mensch im Fortschritt der Medizin. Heidelberg, 1987
Bogdanow, A.A.: Commission for the geological map of the world, subcommission for the tectonic map of the world. 22. International Congress Techtonicheskije Karty Kontonentow. Moskau, 1967
Bohm, D.: Die implizite Ordnung. München, 1985
Bohm, D.: Implizite und explizite Ordnung: Zwei Aspekte des Universums, in: *K. Wilber* (Hrsg.): Das holographische Weltbild. München, 1988
Bohm, D.: Der Physiker und der Mystiker - ist ein Dialog zwischen ihnen möglich? In: *K. Wilber* (Hrsg.): Das holographische Weltbild. München, 1988
Bohr, N.: Atomtheorie und Naturbeschreibung. Berlin, 1931
Bohr, N.: Atomphysik und menschliche Erkenntnis I. Braunschweig, 1964
Bohr, N.: Erkenntnistheoretische Fragen in der Physik und die menschlichen Kulturen, in: Atomphysik und menschliche Erkenntnis I. Braunschweig, 1964
Bohr, N.: Einheit und Wissen, in: Atomphysik und menschliche Erkenntnis I. Braunschweig, 1964
Bohr, N.: Atomphysik und menschliche Erkenntnis II. Braunschweig, 1966
Bohr, N.: Atomphysik und Philosophie, in: Atomphysik und menschliche Erkenntnis II. Braunschweig, 1966
Bohr, N.: Atomphysik und menschliche Erkenntnis. Aufsätze und Vorträge aus den Jahren 1930 bis 1961. Braunschweig u.a., 1985
Bollnow, O.F.: Die Pädagogische Atmosphäre. Heidelberg, 1970
Bonner, J.T.: Kultur-Evolution bei Tieren. Berlin u.a., 1983
Bono, E. de: Beyond Yes and No. Harmondsworth/Middlesex, 1972
Bono, E. de: Der Denkprozeß. Reinbek/b. Hamburg, 1975
Bono, E. de: Lateral Thinking for Management. Harmondsworth/ Middlesex, 1982
Born, M.: Vorlesungen über Atommechanik. Berlin, 1925
Boss, M.: Indienfahrt eines Psychiaters. Bern u.a., 1976
Bossel, H., M. Strobel: Anwendung des Orientierungsansatzes bei Systemsimulation und formalisierter Planung, in: Systemtheorie in Wirtschaft und Verwaltung, Ansätze und Anwendungen, Hrsg.: *J. Baetge, N. Brachthauser, R. Hornberg, J. Jerasek.* Berlin, 1978
Bossel, H., M. Strobel: Experiments with an „intelligent" World Model, in: Futures, H. 6, 1978
Boulding, K.E.: General Systems as a Point of View, in: Views on General Systems Theory, Hrsg.: *M.D. Mesarovic.* New York u. a., 1964
Boulding, K., A. Kuhn, L. Senesh: Systemanalyse und ihre Anwendnng im Unterricht. Bad Heilbrunn, 1975
Braitenberg, V.: Gehirngespinste. Berlin u.a., 1973
Breitenstein, R.: Nichts ist so einfach wie es aussieht. München, 1983
Brezinka, W.: Grundbegriffe der Erziehungswissenschaft. München, 1974
Brezinka, W.: Grenzen der Erziehung, in: Pädagogische Rundschau, H. 35, 1981
Brim, O.G., J. Kagan (Hrsg.): Constancy and Change in Human Development. London, 1981
Brocher, T., C. Sies: Psychoanalyse und Neurobiologie: Zum Modell der Autopoiese als Regulationsprinzip. Stuttgart, 1986
Brody, N., P. Oppenheim: Application of Bohr's Principle of Complimentarity to the Mind-Body Problem, in: Journal of . Philosophy, Nr. 66, 1969
Brunkhorst, H.: Systemtheorie, in: Enzyklopädie Erziehungswissenschaft, Hrsg.: *D. Lenzen.* Stuttgart, 1983
Bühler, K.: Tatsachen und Probleme zu einer Psychologie der Denkvorgänge, in: Arch. f.d. ges. Psychol., H. 8,9,12, 1907
Bund der Steuerzahler: Die öffentliche Verschwendung. Bad Wörishofen, 1982
Burow, O.-A., K. Scherpp: Lernziel Menschlichkeit, Gestaltpädagogik - eine Chance für die Schule und Erziehung. München, 1981
Campbell, B.: Ökologie des Menschen. München, 1985

Camus, A.: Fragen zur Zeit. Reinbeck/b. Hamburg, 1960
Camus, A.: Tagebuch 1935 - 1942. Reinbek/b. Hamburg, 1963
Camus, A.: Literarische Essays. Reinbek/b. Hamburg, 1973
Cannon, W.B.: The wisdom of the body. London, 1932
Capra, F.: Der kosmische Reigen. München, 1983
Capra, F.: Wendezeit. Bern u.a., 1983
Capra, F.: Das Tao der Physik. Bern u.a., 1984
Capra, F.: Das Gleichgewicht zwischen Yin und Yang, in: Viele Wege, Hrsg.: *S. Kumar, R. Hentschel.* München, 1985
Casriel, D.: Die Wiederentdeckung des Gefühls. München, 1975
Castaneda, C.: Eine andere Realität: Die Lehren des Don Juan - Ein Yaqui-Weg des Wissens. Frankfurt/Main, 1972
Changeux, J.P.: L'homme neuronal. Paris, 1983 (deutsch: Der neuronale Mensch. Reinbek bei Hamburg, 1984
Chardin, P.T. de: Der Mensch im Kosmos. München, 1959
Chardin, P.T. de: Das Tor in die Zukunft, Ausgewählte Texte zu Fragen der Zeit. München, 1984
Charon, J.E.: L'homme et L'univers. Paris, 1974
Charon, J.E.: Der Geist der Materie. Wien u.a., 1979
Chin, R.: System- und Entwicklungsmodelle - ihr Nutzen für den Politiker, in: Bennis, H.G. et al: Änderung des Sozialverhaltens, Stuttgart, 1975
Cohn, R.C.: Von der Psychoanalyse zur themenzentrierten Interaktion. Stuttgart, 1975
Colloque de Cérisy: L'auto-organisation de la physique en politique. Paris, 1983
Cramer, F.: Ordnung, Komplexität und Chaos - Denkversuche an den Grenzen der Wissenschaft, in: *R. Kurzrock* (Hrsg.): Grenzen der Forschung. Berlin, 1980
Crozier, M.: On ne change pas la société par décret. Paris, 1979
Derbolav, J.: Pädagogik und Politik. Stuttgart u.a., 1975
Deussen, P.: Sechzig Upanishads des Veda. Leipzig, 1938
Deutsch, K.W,: Politische Kybernetik, Modelle und Perspektiven. Freiburg, 1969
Deutsch, K.W.: Staat, Regierung, Politik. Freiburg, 1976
Dewey, J.: Psychologische Grundfragen der Erziehung. München u.a., 1974
Dewey, J.: Experience and Education. London, 1975
Ditfurth, H.v.: Der Geist fiel nicht vom Himmel. Hamburg, 1976
Ditfurth, H.v.: Im Anfang war der Wasserstoff. München u.a.,1979
Ditfurth, H.v.: So laßt uns denn ein Apfelbäumchen pflanzen. Hamburg u.a., 1985
Dörner, D.: Wie Menschen eine Welt verbessern wollten und sie dabei zerstörten, in: Bild der Wissenschaft, H. 2, 1975
Dörner, D.: Problemlösen als Informationsverarbeitung. Stuttgart, 1976
Dörner, D.: Vernetztes Denken - Strategien zur Problembewältigung, in: Bild der Wissenschaft, H. 3, 1977
Dörner, D., F. Reither: Über das Problemlösen in sehr komplexen Realitätsbereichen, in: Zeitschrift f. experimentelle und angewandte Psychologie, Nr. XXV, 1978
Dörner, D., W. Kreuzig, F. Reither, T. Stäudel: Lohhausen, vom Umgang mit Unbestimmtheit und Komplexität. Bonn, 1983
Dossey, L.: Die Medizin von Raum und Zeit. Basel., 1984
Dröscher, V.B.: Magie der Sinne im Tierreich. München, 1984
Dschuang-Dsi. Das wahre Buch vom südlichen Blütenland. Köln, 1972
Duerr, H.P.: Der Wissenschaftler und das Irrationale. Beiträge aus der Psychologie, Bd. I-IV. Frankfurt/Main, 1985
Duhm, D.: Synthese der Wissenschaft: Der werdende Mensch. Heidelberg, 1979
Duhm, D.: Aufbruch zur neuen Kultur. München, 1982
Dupuy, J.P.: Ordres et désordres, Enquête sur un nouveau paradigme. Paris, 1982
Easton, D.: The Political System. New York, 1971

Eccles, J.C.: Facing reality. Heidelberg, 1970 (deutsch: Wahrheit und Wirklichkeit. Berlin u.a., 1975)
Eccles, J.C.: Das Gehirn des Menschen. München, 1979
Eccles, J.C., H. Zeier: Gehirn und Geist. Biologische Erkenntnisse über Vorgeschichte, Wesen und Zukunft des Menschen, München, 1980
Eddington, A.S.: Raum, Zeit und Schwere. Ein Umriß der allgemeinen Relativitätstheorie. Braunschweig, 1923
Eddington, A.S.: Philosophie der Naturwissenschaft. Wien, 1949
Edwards, B.: Garantiert Zeichnen lernen. Reinbek/b. Hamburg, 1982
Eick, J.: Wie man eine Volkswirtschaft ruinieren kann. Frankfurt/Main, 1974
Eilenberger, G.: Festkörperphysik: Quo Vadis, in: Physikalische Blätter, Mainz, 1981
Einstein, A.: Über die spezielle und die allgemeine Relativitätstheorie. Braunschweig, 1920
Einstein, A., L. Infeld: Die Evolution der Physik. Wien u.a., 1950
Einstein, A. u.a.: Das Relativitätsprinzip: eine Sammlung von Abhandlungen. Darmstadt, 1974
Encyclopédie de la Pléiade: Logique et Connaissance Scientifique. Volume Publié sous la Direction de Jean Piaget. Paris, 1967
Erben, H.K.: Leben heißt sterben. Frankfurt/Main u.a., 1984
Erismann, Th.H.: Grundprobleme der Kybernetik - zwischen Technik und Psychologie. Berlin u.a., 1972
Etzioni, A.: Soziologie der Organisationen. München, 1968
Etzioni, A.: Die aktive Gesellschaft. Opladen, 1975
Ewert, J.-P.: Neuro-Ethologie, Einführung in die neurophysiologischen Grundlagen des Verhaltens. Berlin u.a., 1976
Eysenck, H.J.: The scientific study of personality. London, 1952
Eysenck, H.J.: The biological basis of personality. Springfield, 1967
Fahrenberg, J.: Zum Verständnis des Komplementaritätsprinzips, in: Z. f. klinische Psychologie und Psychotherapie, H.3, 29, 1981
Fair, Ch.M.: Das fehlprogrammierte Gehirn. München, 1971
Favre, D.: L'Hologrammorphisme cérébral, in: *Pinson, G., A. Demailly, D. Favre:* La Pensée. Approche holographique. Lyon, 1985
Ferguson, M.: Die Revolution der Gehirnforschung. Freiburg, 1981
Ferguson, M.: Die sanfte Verschwörung. Basel, 1982
Ferguson, M.: Wirklichkeit und Wandel - Karl Pribram als Pionier der Gehirn- und Bewußtseinsforschung, in: *K. Wilber* (Hrsg.): Das holographische Weltbild, München, 1988
Feyerabend, P.: Von der beschränkten Gültigkeit methodologischer Regeln, in: Neue Hefte f. Philosophie, H. 213, 1972
Feyerabend, P.: Wider den Methodenzwang. Frankfurt/Main, 1976
Feyerabend, P.: Erkenntnis für freie Menschen. Frankfurt/Main, 1979
Feyerabend, P.: Wissenschaft als Kunst, in: Psychologie heute, H. 9, 1983
Feyerabend, P.: Irrationalität oder: Wer hat Angst vorm schwarzen Mann? In: Der Wissenschaftler und das Irrationale. 3. Band: Beiträge aus der Philosophie. Hrsg.: *H.P. Duerr.* Frankfurt/Main, 1985
Fietkau, H.-J.: Bedingungen ökologischen Handelns. Weinheim u.a., 1984
Fischer, E.P.: Sowohl als auch. Hamburg u.a., 1987
Fishbein, M., Ajzen: Belief, Attitude, Intention and Behavior. Reading/Mass., 1975
Foerster, H.V.: Entdecken oder Erfinden. Wie läßt sich Verstehen verstehen? In: Einführung in den Konstruktivismus, München, 1985
Forrester, J.W.: World dynamics. Cambridge, 1971
Forrester, J.W.: Der teuflische Regelkreis. Stuttgart, 1972
Forrester, J.W.: Nach jeder Depression ein neuer Aufschwung? In: Bild der Wissenschaft, H. 2, 1982
Freire, P.: Pädagogik der Unterdrückten. Stuttgart, 1982
Frisch, K.v.: Biologie. München, 1967

Frisch, M.: Tagebücher 1946 - 1949. Frankfurt/Main, 1950
Fromm, E.: Die Furcht vor der Freiheit. Frankfurt/Main, 1966
Fromm, E.: Revolution und Hoffnung. Stuttgart, 1971
Fromm, E.: Haben und Sein. Stuttgart, 1976
Fuchs, R.: Zielvorstellung, Anpassung und Begehren während der Willenshandlung. Bericht über den Kongreß des Berufsverbandes Deutscher Psychologen. Bonn, 1947
Fuchs, R.: Über die Darstellung motivierender Erwartungen, in: Psychologische Beiträge, VIII, 1964
Gabor, D.: Improved holographic model of temporal recall. London, 1968
Gallway, W.T.: Tennis und Psyche - Das innere Spiel. München, 1977
Gazzaniga, M.: The integrated mind. New York, 1978
Gazzaniga, M., J. E. Le Doux: Neuropsychologische Integration kognitiver Prozesse. Stuttgart, 1983
Gendlin, E.T.: Experiencing and the Creation of Meaning. New York, 1962
Georgescu-Roegen, N.: The Entropy Law and the Economic Process. Cambridge/Mass., 1971
Gerke, P.R.: Wie denkt der Mensch. München, 1987
Geser, H.: Strukturformen und Funktionsleistungen sozialer Systeme. Opladen, 1983
Gierer, A.: Die Physik, das Leben und die Seele. München, 1985
Giesecke, A.: Zur Kriegsamenorrhöe, in: Z. Zentralblatt f. Gynäkologie, 1917
Glees, P.: Das menschliche Gehirn. Stuttgart, 1971
Goetz, K.: 3 x täglich. Stuttgart 1964
Graumann, C.-F.(Hrsg.): Kurt-Lewin-Werkausgabe, Bd. 4: Feldtheorie. Stuttgart, 1982
Greguss, P. (Hrsg.): Holography in Medicine. Richmond/Surrey, 1975
Grof, S.: Die holonomische Theorie. Ein neues Paradigma für die Bewußtseinsforschung, in: Der Wissenschaftler und das Irrationale, Hrsg. *H.P. Duerr,* Bd. 4: Beiträge aus der Psychologie, Frankfurt/Main, 1985
Grønbech, V.: Götter und Menschen. Reinbek, 1967
Grossman, S.P.: A Textbook of physiological Psychology. New York u.a., 1967
Grünbaum, A.: Complementarity in Quantum Physics and its philosophical Generalisations, in: Journal of Philosophy, H. 54, 1977
Grünewald, H.: Schaltplan des Geistes. Eine Einführung in das Nervensystem. Reinbek/b. Hamburg, 1971
Gruhl, H.: Ein Planet wird geplündert. Frankfurt/Main, 1975
Guss, K. (Hrsg.) Gestalttheorie und Erziehung. Darmstadt, 1975
Gutberlet, V.: Komplexität und Komplementarität. Frankfurt/M. u.a., 1984
Guttmann, G.: Einführung in die Neuropsychologie. Bern u.a., 1972
Haber, H.: Gefangen in Raum und Zeit. Stuttgart, 1975
Hägerhäll, B.: Übersäuerung der Umwelt- eine massive Zerstörung der Ökosysteme in Schweden, in: Aktuelle Informationen aus Schweden, Nr. 281, 1982
Haldane, J.B.S.: Time in Biology, in: Science Progress, 1956
Hall, E.T.: Beyond Culture. Doubleday, 1976
Hamer, E.: Wer finanziert den Staat? München, 1982
Hampden-Turner, Ch.: Modelle des Menschen. Weinheim u.a., 1982
Harmon, L.D.: The recognition of faces, in: Scientific American, Nr. 75, 1973
Hayek, F.A, von: Mißbrauch und Verfall der Vernunft. Salzburg, 1979
Heck, H.-D.: Gezeiten der Weltwirtschaft, in: Bild der Wissenschaft, H. 12, 1982
Heisenberg, W., N. Bohr: Die Kopenhagener Deutung der Quantentheorie. Stuttgart, 1963
Heisenberg, W.: Der Teil und das Ganze. Gespräche im Umkreis der Atomphysik. München, 1972
Heisenberg, W.: Das Naturbild der heutigen Physik. Hamburg, 1972
Heisenberg, W.: Schritte über Grenzen: Gesammelte Reden und Aufsätze. München, 1976
Heisenberg, W.: Physik und Philosophie. Stuttgart, 1978
Held, R., A. Hein: Movement - produced stimulation in the development of visually guided behavior, in: J. comp. Physiol. Psych. H. 56, 1963

Hellhammer, D.: Gehirn und Verhalten. Münster, 1983
Hellpach, W.: Sozialpsychologie. Stuttgart, 1946
Hellpach, W.: Kulturpsychologie. Stuttgart, 1953
Helwig, P.: Charakterologie. Stuttgart, 1952
Hentschel, R.: Schritte in die richtige Richtung, in: Metapolitik, Hrsg.: *S. Kumar, R. Hentschel.* München, 1985
Hernegger, R.: Vom Reflex zur Selbststeuerung. München, 1985
Herrigel, E.: Zen und die Kunst des Bogenschießens. München, 1981
Heuer, H.: Bewegungslernen. Stuttgart, 1983
Heyerdahl. Th.: Wie man einen Ozean umbringt, in: Die Welt, Nr. 14, 1976
Hielscher, H.: Pädagogische und psychologische Erkenntnisse zur Entwicklung von Kindern zwischen drei und acht Jahren. Vortrag anl. des achten gemeinschaftl. AFO/GUVU-Studienkursus „Verkehrssicherheitsarbeit für Kinder und Jugendliche - eine interdisziplinäre Aufgabe". Köln, 1981
Hinte, W.: Non-direktive Pädagogik. Dissertation zur Erlangung eines Doktorgrades der Erziehungswissenschaft an der Universität Essen - Gesamthochschule. Essen, 1978
Hinz, E.: Denken und Systemtheorie. Weinheim u.a., 1982
Hofbauer, J., K. Sigmund: Evolutionstheorie und dynamische Systeme. Berlin, 1984
Holst, E. v., H. Mittelstadt: Das Reafferenz-Prinzip, in: Naturwissenschaft, H. 37, 1950
Holst, E.v.: Sozialer Stress bei Tupajas. Die Aktivierung des sympathischen Nervensystems und ihre Beziehung zu hormonal ausgelösten ethologischen und physiologischen Veränderungen, in: Z. Vergl. Physiol. Nr. 63, 1969
Hora, T.: Tao, Zen and Existential Psychotherapy, in: Psychologia, Nr. 2, 1959
Hübner, K.: Wie irrational sind Mythen und Götter? In: Der Wissenschaftler und das Irrationale, Hrsg.: *H.P. Duerr,* 3. Band: Beiträge aus der Philosophie. Frankfurt/M., 1985
Humboldt, W.v.: Über die Verschiedenheit des menschlichen Sprachbaues und ihren Einfluß auf die geistige Entwicklung des Menschengeschlechtes. Neudruck Darmstadt, 1949
Huxley, A.: The perennial philosophy. London, 1968
Huxley, A.: Pforten der Wahrnehmung. München, 1970
Illies, J.: Evolution des Lebendingen, in: Wir sind Evolution, Hrsg.: *G.K. Kaltenbrunner.* Freiburg, 1981
Irle, M.: Soziale Systeme. Göttingen, 1963
Jackson, J.H.: Selected writings. New York, 1958
Jacob, F.: Das Spiel der Möglichkeiten. München, 1983
Jakob, F.: La logique du vivant. Paris, 1970 (deutsch: Die Logik des Lebenden. Frankfurt/M. 1972
Jaspers, K.: Allgemeine Psychopathologie. Berlin u.a., 1946
Jastrow, R.: The Enchanted Loom. New York, 1981
Jastrow, R.: Au-delà du cerveau. Paris, 1982
Jeffreys, M.V.C.: Personal values in the modern world. Harmondsworth/Middlesex, 1968
Jensen, A.R.: Genetics and Education. London, 1972
Jensen, St.: Bildungsplanung als Systemtheorie. Bielefeld, 1970
Jensen, St.: Systemtheorie. Stuttgart u.a., 1983
Jerne, N.K.: Antibodies and Learning. Selection versus Instruction, in: *Quarton, G.C., Th. Melnechuk, F.O. Schmitt:* The Neurosciences. New York, 1970
Jonas, H.: Organismus und Freiheit. Ansätze zu einer philosophischen Biologie. Göttingen, 1973
Jordan, P.: Verdrängung und Komplexität. Hamburg u.a., 1947
Jordan, P.: Das Bild der modernen Physik. Hamburg, 1948
Kaltenbrunner, G.-K. (Hrsg.): Wir sind Evolution. München, 1981
Kaspar, R.: Die Evolution erkenntnisgewinnender Mechanismen, in: Biologie in unserer Zeit, Nr. 1, 10. Jg., 1980
Kaspar, R.: Das Werden lebendiger Ordnung. Von der Synthetischen Theorie zur Systemtheorie der Evolution, in: Praxis Naturwiss., Nr. 30, 1981

Kaspar, R.: Die Evolution der Erkenntnis, in: G.K. Kaltenbrunner (Hrsg.): Wir sind Evolution. München, 1981
Kaspar, R.: Die Evolution des Lebendigen als Erkenntnisvorgang, in: Umschau 80, H. 16, 1980
Katz, D.: Gestaltpsychologie. Basel u.a., 1969
Kinsbourne, M. (Hrsg.): Asymmetrical Function of the Brain. Cambridge, 1978
Kissin, B.: Conscious and Unconscious Programs in the Brain. New York, 1986
Knaul, E.: Das biologische Massenwirkungsgesetz. Berg, 1985
König, E., H. Riedel: System-theoretische Didaktik. Weinheim, 1974
Koestler, A.: The Lotus and the Robot. London, 1960
Koestler, A.: Der göttliche Funke. Bern, 1966
Koestler, A.: The Ghost in the Machine. London, 1967
Koestler, A., J.R. Smythies: Das neue Menschenbild. Wien u.a., 1970
Koestler, A.: Jenseits ven Atomismus und Holismus - Der Begriff des Holons, in: *Koestler, A., Smythies, J.R.* (Hrsg.): Das neue Menschenbild. Wien u.a., 1970
Koestler, A.: Der Mensch - Irrläufer der Evolution. Bern u.a., 1981
Kohler, S.: Über Aufbau und Wandlung der Wahrnehmungswelt. Wien, 1951
Kohr, L.: Angemessene Technologie, in: Metapolitik, Hrsg.: *S. Kumar, R. Hentschel.* München, 1985
Kondratjew, N.D.: The long waves in economic life. New York, 1944
Kornhuber, H.H.: Geist und Freiheit als biologische Probleme, in: Die Psychologie des 20. Jahrhunderts, Bd. VI, (Lorenz und die Folgen), Zürich, 1979
Kothari, D.S.: The Complementarity Principle and Eastern Philosophy, in: N. Bohr - A Centenary Vol., Hrsg.: *A.P. French, P.J. Kennedy.* Cambridge, USA, 1985
Krueger, F.R.: Physik und Evolution. Physikalische Ansätze zu einer Einheit der Naturwissenschaften auf evolutionärer Grundlage. Berlin u.a., 1984
Kükelhaus, H.: Urzahl und Gebärde. Grundzüge eines kommenden Maßbewußtseins. Berlin, 1934
Kükelhaus, H.: Fassen, Fühlen, Bilden. Köln, 1978
Kükelhaus, H.: Organismus und Technik. Frankfurt/M. 1979
Kuhlenbeck, H.: Gehirn und Bewußtsein. Berlin, 1977
Kuhlenbeck, H.: Gehirn, Bewußtsein und Wirklichkeit. Darmstadt, 1986
Kunst-Wilson, W.R., R.B. Zajonc: Affective discrimination of stimuli that cannot be recognized, in: Science, Nr. 207, 1980
Laing, R.: Phänomenologie der Erfahrung. Frankfurt/M. 1969
Laing, R.: Knoten. Reinbek/b. Hamburg, 1983
Lamprecht, J.: Verhalten. Grundlagen - Erkenntnisse - Entwicklungen der Ethologie. Freiburg u.a., 1972
Lanner, E.: Illusionen. München u.a., 1973
Laotse: Tao Te King. Das Buch des Alten vom Sinn und Leben, übers. v. R. Wilhelm. Jena, 1923
Lashley, K.S.: In search of the engram, in: Animal Behaviour 4. New York, 1950
Lassahn, R.: Pädagogische Anthropologie. Heidelberg, 1983
Lefevr, V.A., G.L. Smoljan: Spieltheoretische Beschreibung des Urteilens in Konfliktsituationen, in: Bewßtsein und Handlung, Probleme und Ergebnisse der sowjetischen Psychologie, Hrsg.: *Th. Kussmann.* Bern u.a., 1971
Leitner, S.: So lernt man lernen. Angewandte Lernpsychologie - ein Weg zum Erfolg. Freiburg, 1973
Leonhard, G.B.: Erziehung durch Faszination. Anschlag auf die ordentliche Schule. Reinbek/b. Hamburg, 1973
Le Roy Ladurie, E.: Homme-animal, nature-culture, les problémes de l'équilibre démographique, in: *E. Morin, M. Piattelli-Palmarelli:* L'unité de l'homme 3. Pour une anthropologie fondamentale, Paris 1974
LeShan, L.: Psychotherapie gegen den Krebs. Stuttgart, 1982

Lessing, D.: Die Memoiren einer Überlebenden. Frankfurt/M. 1979
Lévi-Strauss, C.: La mentalité primitive. Paris, 1922
Lévi-Strauss, C.: Strukturelle Amthropologie. Frankfurt/M., 1972
Lewin, K.: Feldtheorien in den Sozialwissenschaften. Bern, 1963
Liedtke, M.: Evolution und Erziehung. Göttingen, 1972
Lin Vutang: Weisheit des lächelnden Lebens. Stuttgart, 1952
Lin Yutang: Laotse. Frankfurt/M. u.a., 1955
Lorenz, K.: Die angeborenen Formen möglicher Erfahrung, in: Tierpsychologie, H. 5, 1943
Lorenz, K.: Die Rückseite des Spiegels. München, 1973
Lorenz, K.: Wege zur Evolutionären Erkenntnistheorie, in: *J.A. Ott, G.P. Wagner, F.M. Wuketits:* Evolution, Ordnung und Erkenntnis. Berlin u.a., 1985
Lovelock, J.E.: Unsere Erde wird überleben: Gaia - Eine optimistische Ökologie. München u.a., 1982
Lovins, A.: Sanfte Energie, in: Metapolitik, Hrsg.: *S. Kumar, R. Hentschel.* München, 1985
Luft, A.G.G.: Die Dummheit, die Geißel der Menschheit. München, 1986
Luhmann, N.: Einfache Sozialsysteme, in: Seminar Kommunikation, Interaktion, Identität, Hrsg.: *M. Anwarter, E. Kirsch, K. Schröter.* Frankfurt/M. 1976
Lumsden, Ch.J., E.O. Wilson: Genes, mind and culture. Cambridge/Mass. u.a., 1981
Lund, R.D.: Development and Plasticity of the brain. New York, 1978
Lutz, R.: Bewußtseins(R)evolution. Heidelberg, 1983
MacKay, D.M.: „Complementarity", in: Aristotelian Society, Suppl. Vol. 32, 1958
MacRay, D.M.: „Complementarity", in: Scientific and Theological Thinking, Zygon, Journal of religion and science 9 (3), 1974
Mager, R.F.: Motivation und Lernerfolg. Weinheim u.a., 1971
Mandl, H., G. Huber (Hrsg.): Kognitive Komplexität. Göttingen, 1978
Mandler, G.: Denken und Fühlen. Zur Psychologie emotionaler und kognitiver Prozesse. Paderborn, 1979
Marek, J.: Systemtheoretische Strategie in der Unfallforschung, in: Hefte zur Unfallheilkunde. 12. Tagung der Österreichischen Gesellschaft für Unfallchirurgie 1976. H. 130, 1978
Marfeld, A.F.: Kybernetik des Gehirns. Berlin, 1970
Margulis, L., J E. Lovelock: Biological Modulation of the Earth's Atmosphere, in: Icarus, H. 21, 1974
Maruyama, M.: Epistemology of Social Science Research: Exploration in Culture Researches, in: Dialectica, H. 23, Nr. 314, 1969
Maruyama, M.: Symbiotization of Cultural Heterogenity: Scientific Epistemological and Aesthetic Bases, in: *M. Maruyama, A.M. Harkins:* Cultures of the Future. Paris, 1978
Maruyama, M.: Toward Human Futuristics, in: *Maruyama, M., A.M. Harkins:* Cultures of the Future. Paris, 1978
Maslow, A.H.: Motivation and Personality. New York, 1954
Maslow, A.H.: Die Psychologie der Wissenschaft. München, 1977
McConnell, J.V.: Memory Transfer Through Cannibalism in Planaria, in: Journal of Neuropsychiatry, Nr. 3 (suppl. 1).
McLean, P.D.: Man and his animal brain, in: Mod. Med., Bd. 32, 1964
McLeam, P.D.: A Triune Concept of the Brain and Behavior, in: *Boog u. Campbell* (Hrsg.): The Hincks Memorial Lectures, Toronto, 1973
Medalie, J.H., U. Goldbourt: Angine pectoris among 10 000 men, II, Psychosocial and other risk factors as evidenced by a multivariate analysis of a five year incidence study, in: Am. Journal of Med., 60/5, 1976
Meadows, D., D. Meadows, E. Zahn, P. Milling: Die Grenzen des Wachstums. Bericht des Club of Rome zur Lage der Menschheit. Reinbek/b. Hamburg, 1973
Menzel, E., W. Mirandé, I. Weingärtner: Fourier-Optik und Holographie. Wien u.a.
Merton, Th.: Weisheit der Stille. Bern, 1975
Mesarovic, M.D. (Hrsg.): Systems Theory and Biology. New York, 1968

Mesarovic, M.D., E. Pestel: Menschheit am Wendepunkt. 2. Bericht an den Club of Rome zur Weltlage. Stuttgart, 1974
Metzger, W.: Psychologie. Darmstadt, 1954
Metzger, W.: Stimmung und Leistung. Münster, 1967
Meyer-Abich, K.M.: Korrespondenz, Individualität und Komplementarität - Eine Studie zur Geistesgeschichte der Quantentheorie in den Beiträgen Niels Bohrs. Wiesbaden, 1965
Meyer-Abich, K.M.: Komplementarität - Die Sprache und die Einheit der Physik, in: Der Physikunterricht 1, 1978
Meyer-Abich, K.M. (Hrsg.): Wissenschaft als Beruf im 199. Jahrzehnt. Ein Vortrag zur Erneuerung der Wissenschaft, in: Physik, Philosophie und Politik. Für Carl Friedrich von Weizsäcker zum 70. Geburtstag, München u.a., 1982
Miller, G.A., E. Galanter, K.H. Pribram: Plans and the Structure of Behavior. New York, 1960
Miller, G.A., E. Galanter, K.H, Pribram: Strategien des Handelns. Stuttgart, 1974
Milne, L.J., M. Milne: Das Gleichgewicht in der Natur. Hamburg u.a., 1965
Morin, E.: Le paradigme perdu: la nature humaine.Paris, 1973
Morin, E., M. Piattelli-Palmarini: L'unitee l'homme. 2. Le cerveau humain. Paris, 1974
Morin, E., M. Piattelli-Palmarini: L'unité de l'homme. 3. Pour une anthropologie fondamentale. Paris, 1974
Morin, E.: Le Complexe d'Adam et l'Adam complexe, in: *E. Morin, M. Piattelli-Palmarini:* L'unité pour l'homme. 3. Pour une anthropologie fondamentale. Paris, 1974
Morin, E.: La Méthode. 1. La Nature de la Nature. Paris, 1977
Morin, E.: La Méthode. 2. La Vie de la Vie. Paris, 1980
Morin, E.: Science avec conscience. Paris, 1982
Neber, H. (Hrsg.): Entdeckendes Lernen? Weinheim, 1981
Needham, J.: Order and Life. Yale Univers. 1936
Nerem, R.M., M.J. Levesque, F. Cornhill: Social environment as a factor in diet-induced atherosclerosis, in: Science, Nr. 208, 1980
Niku, B.: Über den Einfluß räuberischer Feinde auf die Ausbreitung von Acrythosiphon Pisum (Harr.) (Aphididae) im Bestand, in: *Dtsch. Ges. f. angewandte Entomologie und die entomologische Gesellschaft in der BRD* etc., 21. Vortragsveranstaltung, München, 6.-10.9. 1971
Norberg-Hodge, H.: Ladakh - eine bedrohte Kultur, in: Metapolitik, Hrsg.: *S. Kumar, R. Hentschel,* München, 1985
Oerter, R., E. Weber (Hrsg.): Der Aspekt des Emotionalen in Unterricht und Erziehung. Donauwörth, 1975
Oeser, E.: Informationsverdichtung als universales Ökonomieprinzip der Evolution, in: *J.A. Ott, S.P. Wagner, F.M. Wuketits:* Evolution, Ordnung und Erkenntnis. Berlin u.a., 1985
Optner, St.: Systems Analysis. Middlesex, 1973
Ornstein, R.: Die Psychologie des Bewußtseins. Frankfurt/M., 1976
Oser, F., K.H. Reich: Zur Entwicklung von Denken in Komplementarität, in: Berichte zur Erziehungs-Wissenschaft aus dem Pädagogischen Institut der Universität Freiburg/ Schweiz, H. 53, 1986
Ott, J.A.: Adaptive Strategies at the Ecosystems Level: Example from Two Benthic Marine Systems, in: Marine Ecology 2 (2), 1981
Ott, J.A., G.P. Wagner, F.M. Wuketits: Evolution, Ordnung und Erkenntnis. Berlin u.a., 1985
Parsons, T.: The social system. London, 1951
Pauli, W.: Die philosophische Bedeutung der Idee der Komplementarität, in: Experimenta, VI, H. 2, 1950
Pauli, W.: Die philosophische Bedeutung der Idee der Komplementarität, in: *W, Pauli:* Physik und Erkenntnistheorie. Braunschweig, 1984
Pestalozzi, J.H.: Kritische Ausgabe der Gesamtwerke. Berlin, 1927
Pestalozzi, H.A.: Nach uns die Zukunft. Bern, 1979
Pettigrew, J.D.: The paradox of the critical period for striate cortex, in: *C.W. Cotman* (Hrsg.): Neuronal Plasticity, New York, 1978

Pfeiffer, W.M.: Transkulturelle Psychiatrie. Ergebnisse und Probleme. Stuttgart, 1971
Piaget, J.: Psychologie der Intelligenz. Olten u.a., 1972
Piaget, J.: Die Entwicklung des Erkennens III. Stuttgart, 1973
Piaget, J.: L'epistémologie et ses variétés, in: Logique et connaissance scientifique. Paris, 1973
Piaget, J.: Biologie und Erkenntnis. Über die Beziehung zwischen organischen Regulationen und kognitiven Prozessen. Frankfurt/M., 1974
Pinson, G., A. Demailly, D. Favre: La Pensée. Approche holographique. Lyon, 1985
Pinson, G.: Hologrammorphisme et Logique Holoscopique IIin: *G. Pinson, A. Demailly, D. Favre:* La Pensée. Approche holographique. Lyon, 1985
Pinson, G., D. Favre: Hologrammorphisme et Logique Holoscopique I, in: *G. Pinson, A. Demailly, D. Favre:* La Pensée. Approche holographique. Lyon, 1985
Planck, M.: Wege zur physikalischen Erkenntnis. Leipzig, 1934
Ponomarjow, L.I.: Jenseits des Quants. Eine populäre Quantenphysik. Köln, 1977
Popper, K.R.: Logik der Forschung. Tübingen, 1973
Popper, K.R., J.C. Eccles: Das Ich und sein Gehirn. München u.a., 1982
Portmann, A.: Biologische Fragmente zu einer Lehre vom Menschen. Basel u.a., 1969
Pribram, K.H.: Languages of the Brain: Experimental Paradoxes and Principles, in: Neuropsychology. New York, 1971
Pribram, K.H.: Worum geht es beim holographischen Paradigma?, in: *K. Wilber* (Hrsg.): Das holographische Weltbild. München, 1988
Pribram, K.H., M. Nuwer, R. Baron: The holographic hypothesis of memory structure in brain function and perception, in: *D.H. Krantz* et al: Contemporary developments in mathematical psychology, vol. II. San Francisco, 1974
Quarton, G.C., T. Melnechuk, F.O. Schmitt: The Neurosciences. New York, 1967
Rapoport, A.: General Systems Theory: A Bridge between two Cultures, in: Behavior Science, Vol. 21. 1976
Rechus, K., Bydlinski: Weißt du, daß die Bäume reden? Weisheit der Indianer, (ausgewählt und übertragen). Wien u.a., 1983
Reeves, H.: L'heure de s'enivrer. Paris, 1986
Reiser, O.L.: Kosmischer Humanismus und Welteinheit. Frankfurt/M., 1978
Rensch, B.: Homo Sapiens. Vom Tier zum Halbgott. Göttingen, 1965
Rensch, B.: Biophilosophie. Stuttgart, 1968
Rensch, B.: Das universale Weltbild. Frankfurt/M., 1977
Rensch, B.: Stammesgeschichte des Lebendigen, in: *W. Böhme* (Hrsg.): Wie entsteht der Geist? Herrenalber Texte, 23. Karlsruhe, 1980
Reykowski, J.: Psychologie der Emotionen, (aus dem Polnischen übertragen und bearbeitet von W. Wehrstedt). Donauwörth 1973
Richter, H.E.: Der Gotteskomplex. Reinbek/b. Hamburg, 1979
Riedl, R.: Die Ordnung des Lebendigen. Systembedingungen der Evolution. Hamburg u.a., 1975
Riedl, R.: Biologie der Erkenntnis. Berlin u.a., 1980
Rifkin, J.: Entropie - ein neues Weltbild. Hamburg, 1982
Ritchie, D.: Gehirn und Computer. Stuttgart, 1984
Rösler, F.: Hirnelektrische Korrelate kognitiver Prozesse, Bd. 2, in: Lehr- und Forschungstexte Psychologie, Hrsg.: *D. Albert, K. Pawlik, K.H. Stapf, W. Stroebe.* Berlin u.a., 1982
Rogers, C.R.: Lernen in Freiheit. München, 1974
Rogers, C.R.: Entwicklung der Persönlichkeit. Stuttgart, 1976
Rogers, C.R.: Die Kraft des Guten. München, 1978
Rogers, C.R.: Der neue Mensch. Stuttgart, 1981
Rogge, K.E.: Physiologische Psychologie. München u.a., 1981
Rohracher, H.: Die Arbeitsweise des Gehirns und die psychischen Vorgänge. München, 1967
Rose, St.: The Conscious Brain. Harmondsworth/Middlesex, 1978
Rüdiger, W.: Probleme der Physiologie des Gehirns. Berlin, 1965

Russell, P.: The Brain Book. London, 1979
Sacher, H. : Regulierungspsychologie. Regeltheoretische Analysen menschlicher Verhaltensweisen und Erlebensformen. Wien u. a.,1978
Sacher, H. : Regulierungspsychologie Bd. 2: Prinzipien und Perspektiven einer regeltheoretischen Anthropologie. Wien u.a., 1980
Sacher, H. : Regulierungspsychologie Bd. 3: Probleme und Beispiele einer Anthropo-Kybernetik. Wien u.a., 1983
Sänger-Bredt, I.: Die kosmischen Gesetze. Frankfurt/Main, 1976
Saint-Exupéry, A. de: Der kleine Prinz. Düsseldorf, 1984
Saint-Exypéry, A. de: Wind, Sand und Sterne. Düsseldorf, 1956
Saint-Exypéry, A. de: Die Stadt in der Wüste. Düsseldorf, 1951
Salk, J.: Survival of the Wisest. New York, 1973 (deutsch: Wir können überleben. Freibung u. a., 1975)
Samples, K.: Der Geist von Mutter Erde. Basel, 1983
Sarfatti, J.: Implications of Meta-Physics for Psychoenergetic Systems, in : Psychoenergetic Systems 1. 1974
Sartre, J.P.: La transcendance de l'ego. Paris, 1938
Schade, J.P.: Die Funktionen des Nervensystems. Stuttgart, 1973
Schäfer, A.: Systemtheorien und Pädagogik. FfM, 1983
Schiepek, G.: Das Konzept der systemischen Diagnostik, in: *G. Schiepek:* Systeme erkennen Systeme. München u.a., 1987
Schmaltz, G.: Östliche Weisheit und westliche Psychotherapie. Stuttgart, 1959
Schneider, M.: Physiologie des Menschen. Berlin u.a., 1966
Schrödinger, E.: What is Life and Mind and Matter. Cambridge Univ., 1967 (deutsch: Was ist Leben? Bern, 1946)
Schütze, Ch.: Energie-Entropie: Das Weltgesetz vom Niedergang, in: Natur 5. 1984
Schumacher, E.F.: Die Rückkehr zum menschlichen Maß. Reinbek/b. Hamburg, 1979
Seitelberger, F.: Gehirn und Umwelt, in: Österr. Ärztetg. 30/19, 1975
Selbach, H.: Das Kippschwingungsprinzip, in: *W. Birkmayer, A. Sturm* (Hrsg.): Klinische Pathologie des vegetativen Nervensystems, Bd. 1. Stuttgart 1976
Selye, H.: Streß beherrscht unser Leben. Düsseldorf, 1957
Selye, H.: The effects of adaptation to various damaging agents on the female sex organs in the rat, in: Endocrinology, 25. 1939
Selye, H.: Stress without distress. New York, 1976
Shah, I.: The pleasantries of the incredible Mulla Nasrudin. London, 1968
Shah, I.: Das Geheimnis der Derwische. Freiburg, 1982
Shah, I.: Karawane der Träume. Basel, 1982
Shah, I.: Wege des Lernens. München 1985
Shah, I.: Die spirituelle Psychologie der Sufis. München, 1985
Sherrington, Ch.S.: The integrative Action of the Nervous System. Cambridge, 1947
Slobodkin, L.B.: How to be a Predator. Am. Zoologist, 8. 1968
Slobodkin, L.B.: Prudent predation does not require group selection, in: The am. Naturalist, 108. 1974
Slobodkin, L.B.: The strategy of evolution, in: Am. Scientist, 52. 1964
Smith, H.E.: Principles of Holography. London, 1969
Smuts, J.Ch.: Die holistische Welt, Berlin, 1938
Smythies, J.R.: Brain and Mind. New York, 1965
Spencer, H: Gesellschaft als System kosmischer Gleichgewichte, in: Soziale Systeme, Hrsg.: *K.H. Tjaden.* Neuwied, 1971
Sperry, R.W.: Mental unity following surgical disconnection of the cerebral hemispheres. Harvey Lectures, 62. 1968
Sperry, R.W., M.S. Gazzaniga, J.E. Bogen: Interhemispheric relationships, in: *P.J. Vinken u. S. W. Bruyn:* Handbook of Clinical Neurology, Vol.4. Amsterdam, 1969
Stanesby, D.: Science, Reason and Religion. London u.a., 1985

Stein, H.-J.: Die Kunst des Bogenschießens Kyudo. Bern u.a., 1985

Steinbuch, K.: Systemanalyse. Versuch einer Abgrenzung, Methoden und Beispiele, in : IBM-Nachrichten, 17. Jg. 1967

Steinbuch, K.: Automat und Mensch. Auf dem Weg zu einer kybernetischen Anthropologie. Berlin u.a., 1971

Steiner, R.: Anthroposophische Menschenkunde und Pädagogik. Dornach, 1979

Steiner, R.: Der Wert des Denkens für eine den Menschen befriedigende Erkenntnis. Das Verhältnis der Geisteswissenschaft zur Naturwissenschaft. 1984

Steiner, R.: Spirituelle Psychologie. Stuttgart, 1984

Stratton, G.M.: Vision without inversion of the retinal image, in: Psychol. Rev. 4. 1897

Stobaugh, R., D. Yergin (Hrsg.): Energie-Report der Harvard Business School. München, 1980

Strongman, K.T.: The psychology of Emotion. London u.a., 1973

Stützel, W.: Marktpreis und Menschenwürde. Stuttgart, 1982

Suzuki, D.T., R. de Martino, E. Fromm: Zen-Buddhismus und Psychoanalyse, Frankfurt/Main, 1971

Tausch, R. u. A.M. Tausch: Erziehungspsychologie. Göttingen, 1971

Taylor, G.R.: Das Selbstmord-Programm. Frankfurt/Main, 1971

Teichmann, H.: Das Riechvermögen des Aales. Naturwissenschaften 44. 1957

Thomas, L.: Die Meduse und die Schnecke - Gedanken eines Biologen über die Hysterien von Mensch und Natur. Köln, 1981

Thompson, R.F.: Introduction to Physiological Psychology. New York, 1975

Tjaden, K.H. (Hrsg.): Soziale Systeme. Neuwied 1971

Toffler, A.: Die Zukunftschance. München, 1980

Toynbee, A., D. Ikeda: Wähle das Leben. Düsseldorf, 1982

Urban, K.B.: Der Systemansatz in der Pädagogik. Oldenburg, 1985

Valjavec, F.: Identité sociale et évolution. Frankfurt/Main u.a., 1983

Varela, F.J.: Das Gehen ist der Weg, in : Andere Wirklichkeiten, Hrsg.: *R. Kakuska.* München, 1984

Varela, F.J.: On being autonomous: the lessons of natural history for systems theory, in: Applied General Systems Research, G. Klir Ed. New York, 1978

Vendryès, P.: Vie et probabilité. Paris, 1942

Vendryès, P.: Vers la théorie de l'homme. Paris, 1973

Vester, F.: Denken, Lernen, Vergessen. Stuttgart, 1975

Vester, F.: Das kybernetische System Leben, in: Bild der Wissenschaft 3. 1977

Vester, F.: Unsere Welt ist ein vernetztes System - Denken in Zusammehängen, in: Bild der Wissenschaft 9. 1978

Vester, F.: Neuland des Denkens. Stuttgart, 1980

Vester, F., A. v. Hesler: Das Sensitivitätsmodell. Frankfurt/Main, 1980

Vickers, G.: The regulation of political systems, in: General Systems XII. 1967

Vollmer, G.: Evolutionäre Erkenntnistheorie. Stuttgart, 1975 *Vollmer, G.:* Evolutionäre Erkenntnistheorie und Leib-Seele-Problem, in: *W. Böhme* (Hrsg.): Wie entsteht der Geist?, Herrenalber Texte 23. Karlsruhe, 1980

Walter, W.G.: Das lebende Gehirn. Entwicklung und Funktion. München u.a., 1963

Watson, D.L.: Scientists are Human. London, 1938

Watson D.L.: The Study of Human Nature. Ohio, 1953

Watts, A.: Die Illusion des Ich. München, 1980

Watts, A.: Der Lauf des Wassers. Frankfurt/Main, 1983

Watts, A.: Die Weisheit des ungesicherten Lebens. München, 1983

Watzlawik, P., J.H. Beavin, D.D. Jackson: Menschliche Kommunikation, Formen, Störungen, Paradoxien. Bern u.a., 1969

Watzlawik, P.: Die erfundene Wirklichkeit. München, 1981

Watzlawik, P.: Wirklichkeitsanpassung oder angepaßte Wirklichkeit, in: Einführung in den Konstruktivismus. München, 1985

Weber, R.: Feldbewußtsein und Feldethik, in: *K. Wilber* (Hrsg.): Das holographische Weltbild. München, 1988
Wedekind, H.: Systemanalyse. München, 1973
Weinstein, S.: Functional cerebral hemispheric asymmetry, in: Kinsbourne, M. Ed.: Asymmetrical Function of the Brain. Cambridge, 1978
Weiss, P.A.: 1+1≠2, in: *Quartons, G.C., Th. Melnechuk, F.O. Schmitt:* The Neurosciences Ed. New York, 1970
Weiss, P.A.: Das lebende System: Ein Beispiel für den Schichten-Determinismus, in: *Koestler, A., J. R. Smythies:* Das neue Weltbild. Wien u.a., 1970
Weiss, P.A.: Hierachically Organized Systems in Theory and Practice. New York, 1971
Weiss, P.A.: The Science of Life: The Living System - a System for Living. New York, 1973
Weizsäcker, E.v.: Offene Systeme I, Beiträge zur Zeitstruktur von Information, Entropie und Evolution. Stuttgart, 1974
Welwood, J.: Das holographische Weltbild und die Struktur der Erfahrung, in: *K. Wilber* (Hrsg.): Das holographische Weltbild. München, 1988
Wertheimer, M.: Drei Abhandlungen zur Gestalttheorie. Erlangen, 1925
Westlake, P.R.: The possibilities of neural holographic processes within the brain, in: Kybernetik 7. 1970
Whitehead, A.N.: Wissenschaft und moderne Welt. Zürich, 1949
Whorf, B.L.: Sprache, Denken, Wirklichkeit. Reinbek, 1964
Wickler, W.: Antworten der Verhaltensforschung. München, 1970
Wickler, W.: Die Biologie der 10 Gebote. München, 1971
Wilber, K. (Hrsg.): Das holographische Weltbild. München, 1988
Wilden, A.: Ecosystems and Economic Systems, in: *M. Maruyama:* Cultures of the Future. Paris, 1978
Wilden, A.: System and Structure. London, 1980
Wilson, R.A.: Ist Gott eine Droge oder haben wir sie nur falsch verstanden. Basel, 1984
Witte, W.: Zum Gestalt- und Systemcharakter psychischer Bezugssysteme, in: *S. Ertel, L. Kemmler, N. Stadler:* Gestalttheorie in der modernen Psychologie. Darmstadt, 1975
Wooldridge, D.E.: Mechanik der Gehirnvorgänge. Wien u.a., 1967
Wuketits, F.Y.: Grundriß der Evolutionstheorie. Darmstadt, 1982
Young, J.Z.: Learning as a process of selection and amplification, in: Journ. Royal Soc. Medicine, 72. 1979
Zahn, E.: Systemforschung in der Bundesrepublik Deutschland. Hannover, 1972
Zeleny, M.: Autopoiesis, Dissipative Structures and spontaneous social orders. Boulder, 1980
Zimbardo, P.G: Psychologie, Berlin u.a., 1983
Zimmer, D.E.: Die Vernunft der Gefühle. München, 1981
Zuccarelli, H.: Ears hear by making sounds, in: New Scientist. 1983

Personenregister

Abdullah, Sahl 246
Adey, W.R. 168
Ajzen, Jack 292
Anderson, R. 198
Asimow, I. 121
Atlan, H. 46
Aurobindo, S. 246

Barnett, S.A. 220
Bateson, Gregory 91, 217, 255, 268
Benedetti, G. 178
Bentow, J. 198
Berger, Gaston 271
Bertalanffy, Ludwig von 73, 87
Bhave, Vinoba 250, 302
Bogdanow, A.A. 94
Bohm, David 19, 190, 193, 245, 270, 297, 315
Bohr, Niels 308f., 310 - 314, 317f., 320f.
Bonner, J.T. 200
Born, Max 273
Boss, Medard 326
Bossel, Hartmut 86
Boulding, K.E. 234
Breitenstein, Rolf 42, 47
Brezinka, W. 219
Brown, Robert 140
Bühler, Karl 139
Bund der Steuerzahler 31

Campbell, B. 23, 42, 110
Camus, Albert 19, 272, 304, 306, 328
Cannon, Walter Bradford 104
Capra, F. 197, 269
Casriel, D. 284
Castaneda, Carlos 228
Castoriadis, Cornelius 72
Chardin, P. Teilhard de 14
Charon, J.E. 239, 265
Chuang Tsu 64
Chuang-Tse 299
Cohn, Ruth S. 297
Crozier, M. 77

Dante Alighieri 270
de Bono, Edward 239 - 242
Demailly 193
Demokrit 175
Deutsch, Karl W. 41, 59
Dewey, John 255, 294
Ditfurth, Hoimar von 38, 123, 127, 162, 217
Dörner, Dietrich 40, 47, 53, 100f.
Dossey, L. 283
Dröscher, Vitus B. 263
Duhm, D. 304, 327f.
Dunbar 179
Dupuy, J.P. 121, 271

Eccles, J.C. 13, 130, 284
Edwards, B. 316f.
Eick, Jürgen 30
Einstein, Albert 34, 78, 254, 261, 266, 273
Epikur 165
Erben, H.K. 122
Escher, Maurits 114
Etzioni, A. 96
Ewert, J.-P. 28
Eysenck, Hans Jürgen 181

Fahrenberg, J. 315
Favre, D. 193, 195f.
Ferguson, Marilyn 190, 197, 204, 272, 289
Fessard 168
Feyerabend, Paul 268, 272, 295
Fibonacci, Leonardo 196
Fischer, E.P. 310f., 313f.
Fishbein, Martin 292
Foerster, H. von 184

Forrester, Jay W. 33, 66
Fourier, Jean B. Joseph 191
Freire, Paolo 236
Freud, Sigmund 165
Frisch, Karl von 26
Frisch, Max 226, 246
Fromm, Erich 44, 280
Fuchs, R. 165

Gabor, Dennis 187
Galanter 153
Gallway, W. Tim 288
Galvani, Luigi 148
Gendlin, E.T. 249
Gerke, P.R. 138, 147, 262
Gierer, A. 91
Gödel, Kurt 313, 323
Goldburt, U. 283
Götz, Kurt 272, 276
Grønbech, V. 323
Guss, K. 46

Haber, Heinz 262, 264
Hafiz 244
Hägerhäll, B. 24
Haldane, J.B.S. 200
Hall, Edward T. 65
Hampden-Turner, Charles 241
Harlow, Harry 179
Harlow, Margret 179
Heck, H.-D. 34
Hegel, Georg Wilhelm Friedrich 297
Hein, Piet 207
Heine, Heinrich 110
Heisenberg, Werner 41, 237, 308, 312
Hellpach, Willy 99, 162, 176, 322
Helmholtz, Hermann 193
Helwig, P. 171
Henschel 96
Heraklit 328
Hernegger, R. 155
Herrigel, Eugen 287
Heyerdahl, Thor 24
Hielscher, H. 295
Hinte, W. 256
Holst, Erich von 162
Hubel, David H. 177, 191
Hübner, K. 323
Humboldt, Wilhelm von 248
Huxley, Aldous 270
Huxley, Thomas Henry 301

Jacks 26
Jaspers, Karl 303
Jastrow, R. 138
Jeffreys, M.V.C. 286, 307
Jensen, A.R. (oder St.?) 86, 260
Jerne, N.K. 201
Jordan, Pascual 118, 310, 318
Junaid 268
Jung, Carl Gustav 222, 325

Kant, Immanuel 142
Kaspar, Robert 203, 211
Kasper 120
Kästner, Erich 296
Kissin, B. 248
Kleist, Heinrich von 55
Knaul, E. 24, 38, 202
Koestler, Arthur 79, 177
Kohler, S. 180
Kohr, L. 97
Kondratjew, Vladimir 33
König, 231
Kornmüller 142
Köstler 179
Kues, Nikolaus von 270
Kühlenbeck, 148
Kükelhaus, Hugo 287
Kunst-Wilson, W.R. 248

Laing, Ronald 91
Lanner, Edi 267
Lao-Tse 165
Laotse 63
Lashley, K.S. 187
Lausch 138
Le Roy Ladurie, E. 29
Le Shan, L. 287
Lefevr 91
Leibniz, Gottfried Wilhelm 16, 197
Lessing, Doris 16
Lévi-Strauss, Claude 218
Lewin, Kurt 254
Lichtenberg, Georg Christoph 299
Liedtke, M. 218
Linton 127

Lorenz, Konrad 123, 126, 133, 206, 229, 245, 279, 305
Lovelock, James E. 37
Lovins, A. 30
Luft, Achim G.G. 261
Lumsden, Ch.J. 200

MacKay, D.M. 312
Marfeld, A.F. 167
Margulis, Lynn 37
Mark Aurel 325
Maruyama, Magoroh 257f.
Maslow, Abraham 252, 256, 287, 305
Matisse, Henri 247
McLean, Paul 181 - 183
Medalie, J.H. 283
Mendelejew, Dmitrij I. 195
Merton, Robert K. 246
Mesarovic, M.D. 32, 60
Mettler 33
Metzger, W. 77
Meyer-Abich, Klaus M. 33, 44
Miller, G.A. 153
Milne, L.J. 27
Milne, M. 27
Mittelstaedt, H. 162
Morin, Edgar 15, 72, 86, 123, 128, 183, 185
Moustakas, Clark 287
Murphy 42

Nerem 283
Niku, B. 26

Ohm, Georg Simon 193
Oltersdorf 33
Ornstein, Robert E. 77, 326f.
Ott, Jörg A. 98

Pascal, Blaise 12, 72, 265, 300
Pestalozzi, Hans A. 234
Pestalozzi, Johann Heinrich 271, 285
Pestel 32, 60
Pettigrew, J.D. 178
Pinson, G. 195f.
Planck, Max 308, 311
Ponomarjoff, Leonid I. 324
Popper, Karl R. 130, 167, 260, 273, 323
Pribram, Karl H. 153, 157, 190f., 197

Reeves, H. 64, 75, 265
Reichel 12, 290
Richter, Horst E. 286
Riedel 231
Riedl, Rupert 72, 124, 126, 207ff., 216, 265
Ritchie, D. 138
Rogers, Carl R. 273, 276, 283
Rohracher, Hubert 145
Rose, St. 81, 136, 183

Saad el Dia Jabravi 47
Saint-Exupéry, Antoine de 55, 59, 245f., 250, 255, 273, 287, 296, 321
Salk, J. 179
Samples, K. 246
Sarfatti, J. 299
Sartre, Jean Paul 166
Schadewaldt, 313
Schaller, 220
Schrödinger, E. 35
Schütze, Christian 38
Selye, Hans 28
Shah, Idris 11, 48, 62, 252, 290, 328
Shaw, George Bernard 300
Sheldrake 92
Sherrington, Charles 148
Slobodkin, Lawrence B. 94
Sokrates 202
Spengler, Oswald 99
Sperry, Roger W. 179
Steiner, Rudolf 278, 326
Stendhal [Marie Henri Beyle] 238
Stratton, G.M. 180
Strobel, Michael 86
Stützel, Wolfgang 30f., 55
Sullivan, Anne M. 279
Suzuki, D.T. 248, 250

Tausch, R. (oder A.M.?) 296
Taylor, Gordon Rattray 22f., 25
Teichmann, H. 263

Valjavec, F. 199
Varela, Francisco 132, 144, 202
Vendryès, Henri 139, 172
Vester, Frederic 26, 37, 57, 59, 131, 284

Walter, W. Gray 136
Watson, Lyall 131, 189
Watts, Alan 252, 271 - 273, 289, 302
Watzlawik, Paul 93, 202, 238, 270, 289
Weiß, Paul A. 70
Weizsäcker, C.F. von 49
Welwood, J. 249
Wheeler, Archibald 299
White 26
Whorf, B.L. 65
Wiesel, Torsten N. 177, 191
Wilber, K. 298f., 302
Wilson, R.A. 41, 159, 200

Young, J.Z. 135

Zahn, E. 26, 89
Zajonk 248
Zimbardo, P.G. 137
Zuccarelli, H. 131

Sachregister

Abgrenzungen 248, 298
Abhängigkeit 218
Abstraktion 301
Aha-Erlebnis 139
Aktivierungsniveau 155
Aktivität 295
Aktualgenese 139
Alternativen 306
Ameisen 47
Angstforschung 280
Anmutung 248
Anpassung 172, 199
- soziale 303
Ansatz, interdisziplinärer 50
Antizipation 166
Aspekte, normative 293
Assoziation 192
- Assoziationsfelder 160
Assuan-Staudamm 23
Astbohrerlarven 25
Atom 95
Aufmerksamkeit 292
Ausbreitung 180
Ausdifferenzierung 181
Ausgewogenheit 306f.
Auslöse-Mechanismen
- angeborene 214
- erlernte 215
Authentizität 256
Autonomie 139

Bahnung 150
Balken 158
Bedeutungsumkreis 247
Bedingungsabhängigkeit 230
Begegnung, pädagogische 252
Begrenzung 180
Begriffe 266, 302
behalten 292
Behaviorismus 322
Belohnung, soziale 166
Beobachter 85, 225
Beobachtungssituation 319
Bereitschaft 276
- biologische 132
Bescheidung 284, 296
Besinnung 303
Beständigkeit 174
Betriebsgröße, optimale 96
Beurteilung 319
Beutefische 93
Bewegungsabläufe 287
Bewußtsein 326
Beziehung, gefühlsmäßige 283
Bezugssysteme 77
Bildungsbemühungen 316
Bilharziose 23
Biochips 138
Biologie 12, 112
Bit 67
Bogenschießen 287
Brownsche Molekularbewegung 140
Buddhismus 237, 250
Bürokraten 31

Datenerhebung 43
DDT 24f.
Definitionen 256
Defizitmodell 253
Dendriten 146
Denken 142, 165, 325
- divergentes 244
- ganzheitliches 254
- laterales 240, 242f.
- lineares 52
- systemisches 224f.
- vernetztes 232
- vertikales 240
Denksysteme 84, 312
Desintegration 144
Detailwissen und Einsicht 299
Dezentralisation 96

Doppelbindungs-Theorie 218
Dritte Welt 33

Echtheit 256
Egoismus 250
Egozentrismus 69
Eigenentwicklung, aktive 296
Eigenreflex 151
Einbettung, sozio-kulturelle 127
Eindeutigkeit 232
Einfalt 61
Einflüsse, situative 293
Eingriffe 27, 59
- biologische 26
Einheit 247, 304
- der Gegensätze 298
- höhere 328
Einsamkeit 304
Einseitigkeit 249
Einstellungen 282, 293f.
Emergenz 71
Empfindlichkeit 303
Empfindlichkeits-Verstellungen 212
Empfindsamkeit 285
Entropie 34, 39
Entscheidungssituation 47
Entweder-Oder 298
Entweder-Oder-Schema 61
Entwicklung 176, 260
Entwicklungsgeschichte 206, 210, 216, 218
Entwicklungshilfe 23
Erbsenläuse 26
Erfahrung(en) 192, 199, 205, 208, 214, 216, 258, 275f., 294, 301
- konkrete 301
Erkennen 170
Erkenntnis über Menschen 320
Erkenntnisansatz, holoskopischer 194
Erkenntniskritik 44
Erkenntnisprozesse 193
Erregungkonvergenz 150
Erregungsdivergenz 150
Erregungsleitung 148
Erstarrung 99
Ertragssteigerung 26
Erwartung 208
Erziehung 218, 222, 227
Erziehungs-Bedürftigkeit 219
Estampedas 176
Etikettierungen 245
Ewigkeit 270
Extraversion 181
Exzesse 304

Fakten 43
Faktoren, sozio-kulturelle 253
Familiensituation 253
Feinfühligkeit 257
Feld 252 - 254
Felder, morphogenetische 177
„Fest-Stellungs"-Prozeß 270
Festlegung 175
Flexibilität 170, 257, 278, 305, 327
Förderungen 205
Formatio reticularis 154
Freiheit 142
Funktion des Nervensystems 131
Funktionäre 267
Funktionen
- höhere seelische 166
- kurvenlineare 54

Gaia-Hypothese 37
Ganzheit 184, 197, 245
Ganzheitlichkeit 144, 248
Ganzheitspsychologie 73
Gebietsreform 31
Gebundenheit 172
Gedächtnis 190f.
Gefühle 249, 281
Gegentaktverstärkung 184
Gegenwart 269
Gehirn 66, 129, 134, 200
- Gehirn und Computer 137
- triunisches 183
- Gehirn/Seele 133
- Gehirnmasse 125
Geist 124
Gelassenheit 297, 321
Gemeinsamkeiten 298
Gemüt 281
Genom 200
Gerechtigkeit und Liebe 320
Gesamtatmosphäre 280, 292
Gesellschaft(en) 71, 96
- pluralistische 267
Gesetzmäßigkeit 210

Gestalt(en) 42, 75
Gestaltpsychologie 73
Gewißheit 210, 271
Gewöhnung 212
- Gewöhnungsphänomene 213
- Gewöhnungsvorgänge 191
Geworfenheit 268
Gleichgewicht 26, 93, 174
- Gleichgewichtsfunktionen 30
- Gleichgewichtsprozeß 164
Grad der Vernetztheit 97
Grenzen des Verstehens 66
Größen, kritische 49
Größenordnungen 264
Großhirn 157
Großhirnhälften 315
Großsysteme 235
Gruppeninteressen 255

Habituierung 212
Halbzentren 156
Handeln 289, 295, 303
Handlungsvollzüge 288
Harvard-Energie-Report 32
Häufigkeiten 206
Hemisphären 157, 159
Hemmung(en) 150, 205
Heuschreckenplage 22
High-Context Cultures 65
Hippocampus 169, 282
Höherentwicklung 327
Holographie 187
Homologien 211
Homöostase 104
Humanisierung 286
Humanität 328
Hungeramenorrhoe 29
Hypothesenbildung 258

Ich-Betonung 250
Ideen 244
Ideorealgesetz 162
Immunforschung 201
Industrialisierung 38
Information 122, 199f., 292
- Informationsgewinn 277
- Informationsvermittlung 291
Integration 144, 181, 304
- Integrationsebenen 168
Intelligenz 173
Interaktion(en) 225f.
- transversale 97
Interesse(n) 282, 292
Interferenzmuster 188, 308
Intoleranz 324
Introversion 181
Intuition 325
Irradiation 180
Irritabilität 147
Irrtümer 261
Isomere 80
Isomorphie 197

Kausalität 91, 294
- Kausalitäts-Bewußtsein 209
Kindchen-Schema 156
Kindheit 173
Klassifizierung 298
Kleinhirn 154
Koan 238
Kohlendioxid 37
Kommunikation 282
- Kommunikationsprozesse 120
- kommunizieren 303
Komplementarität 314
- kulturelle 320
- psychologische 319f.
Komplementaritätsprinzip 244, 308
Komplexität 11, 45f., 61, 275
Kompliziertheit 46
Konformismus 244
Kontakterweiterung 257
Kontext 76
Körper und Geist 245
Kreis 63
Kreislauf 62
Kreisprozesse 63
Kriterium 45
Kritik 306
Kunst 325

Lassen 289
Leben 118f., 246, 269, 297, 304, 314
Lebensbewährung 207
Lebenserfahrung 228
Lebensraum 254
Lehren 219, 275f.
- Lehr-Bereitschaft 219

Lernen 199, 228, 275, 295
- Lern-Widerstand 277
- Lernbedürfnisse 281
- Lernbedürftigkeit 219
- Lernbereitschaft 205
- Lerndisposition 204
- Lernebenen 217, 268
- Lernen in Systemen 233
- konditioniertes 215
- lernen 233
- Lernklima 280
- Lernprogrammierung 204
- Lernunfähigkeit 222
- Lernvorgänge, motorische 287
Licht 308
Limbisches System 158
Logik 312
- Logik und Intuition 324
- kartesianische 194
- natürliche 195
Lokalisation 181
Low-Context Cultures 65

Malaria 22, 24
Marktwirtschaft, freie 94
Maß 304, 306
Maximierung 59, 100
Medizin 29, 319
Mensch/Tier 126
Meta-System 85
Methoden 305f.
Monokulturen 97
Motivation 279
- Motivationslage 282
multi-loop-structure 103
Mungo 26
Musik 317
Mythos/Mythen 322

Nachahmung 219
Neg-Entropie 36
Nervenzelle 145
Netzwerk 42
Nullpunkt 78

Objekt 251
Objektivierbarkeit 312
Objektivität 85
Offenheit 250, 256, 260, 273, 284, 305
Ölmarkt 32
Ontogenese 177
operation's research 88
Optik, innere 83
Optimierung 59, 86, 210
Ordnung 120, 301, 305
Organisation 79, 95, 121
- Organisationsniveau 79
Organismen 119
Organismus 124

Pädagogik 276
Parteilichkeit 51
Person 246
Persönlichkeit 81, 193, 281, 303
Perspektive 267
- Perspektiven-Wechsel 267
Phantasie 243, 257
Phylogenese 179
Physik 308
Physiologie 314
Planung 273
- Planungsabläufe 289
- Planungshorizont 86
Plastizität 175, 201, 206
Polaritäten 297, 299
Politik 51, 56, 58
Politiker 39, 232, 267
Praxis, holoskopische 195
Prinzip 272
- logisches 312
Probleme 47
- Problemorientierung 59, 295
Produkte, geistige 130, 167
Projektionsfelder 160
Prozeß-Bewußtsein 273
Prozeßhaftigkeit 268
Psychologie 318f.
Psychologie, humanistische 256, 281
Pupillenreaktion 106

Quantentheorie 311
Quetzalcóatl 64

Radfahren 290
Raubfische 93
Reafferenz-Prinzip 162
Realsystem 84
Reflex, bedingter 215

Reflexkreise 152
Regelkreis 211
- Regelkreis-Modell 101
Regulation(en) 27, 29
Reifung 204
Relativieren 260, 266
Relativität 260
Religion(en) 321f.
Renshaw-Zellen 151
Reserven 141, 172
- und Regulationen 141
Revolutionen 114
Risiko 206
Rückenmark 149f.
Rückkoppelung(en) 103, 123, 231
- negative 104
- positive 107, 305
- sekundäre negative 112
- Zusammenspiel positiver und negativer 112
Rückkoppelungssysteme, hierarchische 114
Rückwirkung 42
Rüstung 32

Saurer Regen 24
Schlüsselreize 155, 214
Schule 284, 286
Seetaucher 24
Selbst-System 229
Selbstbestimmung 172
Selbstbild 174
Selbstentdecken 295
Selbstkonzept 303
Selbstmordrate 253
Selbstorganisation 18, 272
Selbstregulation 59
Selbstsystem 294
Selbstverwandlung 246, 317
Sensibilisierung 212
Sensitivierung 212f.
Sicherheit 270f.
Signale 220
Simulationsmodelle 88
Sinn 255, 273, 275
- gefühlter 249
Situation(en) 90, 296
Skalenschritte 78
Solidarität 304
Sophisten 202
Sowohl-als-Auch 308
Sozialisation 229
Sozialwohnungen 31
Spannung 93f.
- und Harmonie 327
Spezialisierung 97, 184
Spezialisten 50
Spielverhalten 215
Spiralentwicklung 211
Sprache 221, 247
Stammhirn 153
Steuerschraube 55
Stickstoff-Kreislauf 36
Strategien, zukunftsorientierte 57
Stress 28
Struktur(en) 79, 98, 301
- des zentralen Nervensystems 132
- polare 171
Strukturierung 229
Subjekt-Objekt-Verschmelzung 251
Subsystem 72
Sufismus 326
Supersysteme 72
Symbiose 82
Symbole 165
Sympathie 286
Synapsen 148f.
Synthese 304, 307
System(e) 70, 79, 118, 224
- offene 119
- soziale 70
- sozio-kulturelle 106
- Arten von Systemen 118
- Aufbrechen von Systemen 236
- Systemanalyse 88
- System-Bedingungen 231
- System-Betrachtung 89
- Systemdenken 92
- Systemdynamik 225
- Systemebene 82
- Systemforschung 85
- Hierarchie von Systemen 82
- Systemprinzip 225
- Systemtheorie, allgemeine 87
- System-Umwelt 72, 95
- Wechsel des Systems 237
- System und „Zufall“ 139
- Systemzufriedenheit 98

Tao 269, 328
Techne 325
Teile 71
Temperatur-Regelung 105
Thermodynamik, zweiter Hauptsatz der 34
Toleranz 251, 256, 321, 328
TOTE-Einheit 153
Tradierung 199
- Traditionshintergrund 320
Transspektionsmethode 258
Tupajas 28

Übergänge 297
Überlastung 100
Überlegung 216
Übervölkerung 28
Überzeugungen 293
Übung 199
Umfeld 41, 279
- soziokulturelles 62
Umfinalisierung 305
umgehen 290
Umstände 255
Umwelt 121, 216
- sozio-kulturelle 203
Unbestimmtheit 256
Ungewißheit 139
Unschärfe-Relation 308
Unsicherheit 271
- akzeptieren 272
Unterernährung 33
Unterweisung 220
Unzufriedenheit 307
Ur-Vertrauen 278
Ursprung, biologischer 265

Verbundenheit 284
Vergessen 205
Verhalten 130, 293
- Verhaltensabsichten 293
Verknüpfung 163
- zeitliche 254
Vernetztheit 49
- zeitliche 277
Vernunft 216
Verschmutzungsprobleme 41
Verständnis 251
Verstehen 292
Versuch und Irrtum 215
Vertrauen 279, 284
Vorstellungskraft 264

Wahrheit 19, 270
Wahrnehmen 285
Wahrnehmung 190, 201
- Wahrnehmungstäuschungen 75
Wahrscheinlichkeiten 206
- Wahrscheinlichkeits-Kalkulationen 207
walk-in-Methode 258
Wandel 174
Wechselwirkung 70, 311
- soziale 108
- Wechselwirkungsgeschehen 91
Welt, künstliche 221
Weltwirtschaft 32
Werden, dynamisches 268
Wertorientierung 81
Widerspruchsfreiheit 232
Wirklichkeit 132, 262, 266, 297
- Wirklichkeitserkenntnis 323
- Wirklichkeitsprüfung 257
Wirkungskreise 41
Wirtschaft 39
Wissen und Nicht-Wissen 299
Wissenschaft 85, 246, 321f.
- Wissenschaft und Kunst 324
Wolfskinder 179

Yale-Theorie 280
Yin und Yang 64
- Yin-Yang-Prinzip 321

Zeichnen 316
Zelle 145
Zen 246, 275, 287, 325
Zen-Lehre 246
Zentralisierung 97
Zentralnervensystem 131
Zentren 183
Zivilisationskrankheiten 253
Zuckerrohrbau 26
Zugangsweisen, komplementäre 312
Zukunft 19
Zusammengehörigkeit 209
- von Gegensätzlichem 328
Zusammenhänge 22, 27, 40, 255
Zusammenschau 51
Zusammenspiel 184
Zustimmung 292
Zuwachs 56
Zwischenneuronen 151